Mes Mémoires

. III

1826 à 1830

Alexandre Dumas

(Traducteur : EM Waller)

Writat

Cette édition parue en 2024

ISBN : 9789359942087

Publié par
Writat
email : info@writat.com

Contenu

LIVRE I

CHAPITRE I

Je deviens un employé à part entière - Les mauvaises pièces - Thibaut - Mes études avec lui - Là où elles m'ont été utiles - *Amaury* et les phtisiques - Mes lectures - Walter Scott - Cooper - Byron - Le plaisir de manger *de la choucroute* au Parthénon

Le 1er janvier 1824, je fus promu d'employé surnuméraire à douze cents francs par an à celui d'employé régulier à quinze cents. Je considérais cette situation comme une situation des plus florissantes, et je pensais qu'il était maintenant temps d'envoyer chercher ma mère. Je ne l'avais pas vue depuis neuf mois et cette longue séparation commençait à me chagriner. Au cours de ces neuf mois, j'avais fait une triste découverte, qu'il valait mieux que je fasse, à savoir que je n'avais rien appris du tout de ce que j'avais besoin d'apprendre pour progresser dans la carrière que je souhaitais exercer. en haut. Mais cela ne me décourageait pas, car j'étais satisfait d'être désormais, une fois pour toutes, solidement établi à Paris et de ne pas mourir de faim, grâce à mes 125 francs mensuels ; je redoublai donc de zèle, et, cessant de songer à la limite de temps que j'avais fixée pour arriver à mon but, je résolus de l'employer à m'appliquer à l'étude.

Malheureusement, après avoir soustrait mes heures de bureau, il me restait très peu de temps. Je devais être au Palais-Royal vers dix heures et demie du matin, et nous ne partions qu'à cinq heures du soir. De plus, il y avait une fonction particulière liée à la fonction de secrétaire, qui n'existait pour aucune autre fonction. Ernest ou moi devions revenir, de huit heures à dix heures du soir, pendant que le duc d'Orléans habitait Neuilly, pour s'occuper de ce qu'on appelait le *portefeuille* ; et le duc d'Orléans, aimant la vie à la campagne, passait les trois quarts de l'année à Neuilly. La tâche n'était pas difficile, mais elle était impérative ; elle consistait à envoyer par courrier au duc d'Orléans les journaux du soir et les lettres de sa journée, et à recevoir en retour les commandes du lendemain. Cela signifiait une perte de deux heures le soir et, bien entendu, il était impossible d'aller voir une pièce sauf au Théâtre-Français, qui jouxtait nos bureaux. Il est juste de dire que M. Oudard, qui disposait chaque jour de trois billets pour n'importe quelle place au théâtre, nous en offrait parfois un, acte de générosité qui ne se manifestait presque jamais que lorsque se jouaient de mauvaises pièces. Encore faut-il entendre par « pièces pauvres » l'époque où ni Talma ni Mademoiselle Mars ne jouaient. Mais comme je voulais aller au théâtre pour étudier, ces jours de mauvaises pièces étaient souvent pour moi des expositions profitables. Ensuite, j'ai conclu un accord avec Ernest selon lequel chacun de nous avait sa semaine, et nous obtenions ainsi quinze nuits gratuites par mois.

J'avais fait la connaissance d'un jeune médecin nommé Thibaut ; il n'avait aucune pratique à cette époque, même s'il n'était pas dépourvu de capacités. Un remède qu'il a apporté a fait sa réputation, et un autre sa fortune. Il guérit Félix Deviolaine, le jeune cousin dont j'ai parlé plusieurs fois et dont j'aurai l'occasion de reparler, d'une maladie de poitrine parvenue aux derniers stades, en provoquant un rhumatisme articulaire qui entraîna l'inflammation ; et, par son habileté, il parvint à guérir la marquise de Lagrange, qu'il accompagnait en Italie, d'une affection chronique considérée comme incurable. Lorsque la marquise fut rétablie en parfaite santé, elle fut si reconnaissante de l'avoir épousé, et ils vivent tous deux aujourd'hui dans leurs domaines près de Gros-Bois. Comme Thibaut dispose d'une fortune de quarante à cinquante mille livres de revenus, il n'exerce plus le métier de médecin que pour le bénéfice de ses fleurs et de ses fruits.

Mais, à cette époque, Thibaut, comme Adolphe et moi, était sans le sou ; nous étions tous deux ses patients, et, financièrement parlant, de très mauvais patients. Comment sommes-nous devenus les patients de Thibaut ? Je vais expliquer. En 1823 et 1824, il était de mode de souffrir de maux de poitrine ; tout le monde était phtisique, les poètes surtout ; il était de bon ton de cracher du sang après chaque émotion un peu encline au sensationnel, et de mourir avant d'avoir trente ans. Bien sûr, Adolphe et moi, jeunes, grands et minces, estimions que nous avions pleinement droit à ce privilège, et beaucoup de personnes qui nous connaissaient étaient d'accord que nous y avions un droit. J'ai maintenant perdu tout droit à cette distinction, mais, pour être juste envers Adolphe, il a toujours la sienne ; car aujourd'hui, à quarante-six ans, il est aussi grand et aussi maigre qu'il l'était alors, lorsqu'il en avait vingt et un.

Thibaut savait tout ce que j'ignorais, alors il entreprit mon éducation, et ce n'était pas une tâche facile. Nous passions presque toutes nos soirées ensemble dans une petite pièce de la rue du Pélican, qui donnait sur le passage Véro-Dodat. J'étais à cent mètres du Palais-Royal, c'était donc la chose la plus simple que l'on puisse imaginer de sortir de mes quartiers pour préparer mon colis pour le courrier. Le matin, j'accompagnais souvent Thibaut à l'Hôpital de la Charité, où j'ai acquis quelques connaissances en physiologie et en anatomie, même si je n'ai jamais pu vaincre mon aversion pour les opérations et les cadavres. Ces visites m'ont permis d'acquérir un certain nombre de connaissances médicales et chirurgicales, qui m'ont souvent été très utiles dans l'écriture de mes romans. Comme par exemple dans *Amaury*, où j'ai retracé les différentes phases d'une maladie pulmonaire chez mon héroïne Madeleine, avec une telle précision qu'un jour je reçus le compliment d'une visite de M. Noailles, venu me demander d'arrêter la parution de ce roman dans la *Presse*. Sa fille et son gendre, qui étaient tous deux au même stade de phtisie, avaient reconnu leurs symptômes précis dans la maladie de Madeleine, et attendaient tous les matins avec impatience le journal pour savoir si la fille de M. d'Avrigny allait mourir ou pas. Comme la fille de M. d'Avrigny avait été condamnée à mort et par le sort et par son auteur, le *feuilleton* fut interrompu et, pour consoler les deux pauvres invalides, j'improvisai, manuscrite, une conclusion qui faisait naître leurs espérances, mais qui, hélas. ! ne les a pas rendus à la santé. Le *feuilleton* ne fut repris qu'après leur mort. Les lecteurs de la *Presse* avaient remarqué l'interruption, mais en ignoraient la cause. Maintenant, ils le savent.

J'ai dit que j'allais avec Thibaut à l'Hôpital de la Charité presque tous les matins, de six à sept heures. Le soir, nous étudiions la physique et la chimie dans sa chambre ; et c'est dans sa chambre que j'ai fait ma première étude des poisons employés par Madame de Villefort à *Monte-Cristo* , étude que j'ai suivie et perfectionnée plus tard, avec Ruolz.

Une belle jeune voisine, Mademoiselle Walker, qui était modiste, nous rejoignait dans nos recherches. Comme la poule de La Fontaine, elle n'a pas réussi à nous mettre en désaccord, Thibaut et moi, même si elle a essayé toutes sortes de procédés, mais heureusement aucun n'a réussi, et nous avons réussi tous les trois à rester en bons termes.

Je dois beaucoup à Thibaut pour m'avoir appris la méthode de travail ainsi que les connaissances actuelles. Je raconterai plus tard comment Thibaut, dont le nom est plusieurs fois cité dans *l'Histoire de dix ans* , par Louis Blanc, fut obligé, en raison de ses relations avec la famille du maréchal Gérard, de jouer un certain rôle dans la Révolution de Juillet. .

Sur la persuasion de Lassagne, je m'orientai vers d'autres directions et commençai un cours de lecture. Walter Scott est arrivé en premier. Le premier roman que j'ai lu du « barde écossais », comme on l'appelait alors, était *Ivanhoe* . Habitué aux douces intrigues de Madame Cottin, ou aux farces farfelues de l'auteur des *Barons de Felsheim* et de l' *Enfant du Carnaval* , il m'a fallu du temps pour m'habituer aux manières grossières et grossières de Gurth le porcher, et à les plaisanteries facétieuses de Wamba, le bouffon de Cédric. Mais quand l'auteur m'a présenté la salle à manger romantique du vieux Saxon ; quand j'avais vu le feu de l'âtre, alimenté par un chêne entier, et sa lumière scintillante sur le moine et sur la robe du pèlerin inconnu ; quand je vis tous les membres de la famille du thane prendre place près de la longue planche de chêne, depuis le chef du château, le roi de son territoire, jusqu'au moindre serviteur ; quand j'ai vu le Juif Isaac dans son bonnet jaune, et sa fille Rébecca dans son corselet d'or ; quand le tournoi d'Ashby m'avait donné un avant-goût des puissants coups d'épée et de lance que je retrouverais à Froissart, oh ! puis, peu à peu, les nuages qui m'avaient voilé la vue commencèrent à se dissiper, je vis s'ouvrir devant moi des horizons plus étendus qu'aucun ne m'était apparu lorsqu'Adolphe de Louvain opérait dans mon imagination provinciale ces changements que j'ai déjà évoqués.

Vint ensuite Cooper, avec ses grandes forêts, ses vastes prairies, ses océans sans limites, ses *Pionniers* , sa *Prairie* , ses Peaux- *Rouges* , trois chefs-d'œuvre de description, où l'absence de substance se cache bien sous la richesse du style, de sorte qu'on va jusqu'au bout. à travers un roman de lui, comme l'apôtre, sur un terrain toujours prêt à bâiller et à engloutir, et pourtant, néanmoins, on est soutenu, non par la foi mais par le style, de la première page à la dernière.

Puis vint Byron, Byron, poète lyrique et dramatique, mort à Missolonghi au moment où je commençais à l'étudier à Paris. Il y avait depuis quelque temps une colère immense contre Lord Byron ; la gloire du poète avait puisé un nouveau glamour dans les bivouacs des camps grecs ; son nom sera désormais associé à ceux des célèbres Grecs d'autrefois ; non seulement Byron serait évoqué comme apparenté à Sir Walter Scott et Chateaubriand, mais au même titre que les noms de Mavrocordato, Ulysse et Canaris.

Un jour, avant même que le monde sache que le célèbre poète était malade, on lisait dans les journaux ce qui suit :

"MISSOLONGHI, 20 *avril*

"Notre ville offre un spectacle des plus touchants ; nous sommes tous en deuil, car notre illustre bienfaiteur est décédé hier à six heures du soir, le 19 courant."

Byron était mort à trente-sept ans, comme Raphaël ; il était mort pendant les fêtes de Pâques, et trente-sept volées furent tirées, une pour chaque année de sa vie, dans chaque ville, répandant la nouvelle de sa mort depuis la Thrace jusqu'au Pirée et depuis l'Épire jusqu'aux côtes asiatiques.

Les tribunaux, les bureaux publics et les magasins ont été fermés pendant trois jours ; pendant trois jours, la danse, les divertissements publics et le son des instruments de musique furent interdits ; et le deuil public dura trois semaines.

Pauvre Byron ! il ne voulait que combattre et aider à remporter une victoire, ou, s'il était vaincu, mourir les armes à la main. Comme général, il aurait eu une grande joie de diriger les Souliotes au siège de Lépante ; Lépante, pays de Don Juan et de Charles Quint, lui semblait un nom approprié pour associer le sien ; c'était une terre noble pour laquelle on pouvait saigner et mourir.

Mais il ne devait pas réaliser ce bonheur ; il mourut à Missolonghi, et c'est lui qui rendit célèbre une terre inconnue, au lieu de recevoir lui-même l'éclat d'une terre sacrée ; les gens disent : « Byron est mort à Missolonghi », et non « Missolonghi, l'endroit où Byron est mort ».

Le grand homme ne se doutait pas qu'en mourant pour les Grecs, il mourait seulement pour que l'Europe, comme me l'a dit un jour le duc d'Orléans, ait le plaisir de manger de la choucroute au pied du Parthénon !

Pauvre barde immortel, mort dans l'espoir que la nouvelle de sa mort résonnerait dans tous les cœurs ! qu'aurait-il dit s'il avait pu entendre, alors que je me précipitais, le journal contenant l'annonce fatale dans ma main, criant désespérément : « Byron est mort », l'un des assistants de notre bureau demandait : « Qui était Byron ? Une telle question me causait à la fois de la douleur et du plaisir mêlés ; J'avais alors trouvé quelqu'un de plus ignorant encore que moi, et c'était l'un des principaux commis du bureau. S'il s'agissait d'un simple commis-copieur, je ne me serais pas senti aussi consolé.

Cette mort inattendue d'un des plus grands poètes de l'époque m'a profondément marqué ; J'ai senti instinctivement que Byron était plus qu'un poète, qu'il était l'un de ces dirigeants dont les paroles inspirées, dans le silence de la nuit et dans l'obscurité où vit l'art, sont entendues dans toutes les nations, dont les rayons brillants éclairent le monde entier. . De tels hommes ne sont généralement pas seulement des prophètes mais aussi des martyrs. Ils créent à partir de leurs propres souffrances des pensées divines qui agissent comme des incitations pour les autres ; c'est au spectacle de leurs propres tortures qu'ils poussent des cris qui serrent le cœur. Si Prométhée ou Napoléon avaient été poètes, pensez quels vers chacun aurait gravé sur son rocher de malheur !

Nous essaierons donc de rendre compte des souffrances de cet homme, qui fut chassé de son propre pays comme s'il était un Barabbas, pour mourir pour les Grecs comme le Christ l'a fait pour les Juifs.

Il faut traverser la mort avant de pouvoir transfigurer.

CHAPITRE II

L'enfance de Byron. Son chagrin d'être boiteux. Mary Duff. La diseuse de bonne aventure de Malvern. Comment Byron et Robert Peel ont fait la connaissance. Miss Parker. Miss Chaworth. Versets sur son portrait. Musters — Lady Morgan — *Bardes anglais et critiques écossais* — Lettres de Byron à sa mère — Il prend son siège à la Chambre des Lords

Byron est né le 22 janvier 1788, d'une famille si ancienne et si noble qu'elle pouvait se ranger parmi de nombreuses familles royales. A sa naissance, l'enfant qui était prédestiné à devenir si célèbre eut le pied luxé et personne ne s'en aperçut. Cet accident le rendit boiteux, et nous verrons quelle influence cette infirmité eut sur sa vie.

Quatre hommes célèbres de la fin du XVIIIe et du début du XIXe siècle étaient boiteux : le maréchal Soult, M. de Talleyrand, Walter Scott et Lord Byron. Une écrivaine a déclaré que "Byron aurait donné la moitié de sa renommée s'il avait pu être aussi fier de ses pieds que de ses mains". On assure que l'oiseau de Junon, le paon, oubliait son riche plumage et poussait un cri de détresse chaque fois qu'il regardait ses pieds. Et Byron, le roi des poètes, qui avait beaucoup de paon, n'était pas plus philosophe que ce roi des oiseaux.

"Quel bel enfant !" Une dame a fait remarquer un jour que Byron avait trois ans et qu'elle l'a vu, fouet à la main, jouer avec les genoux de sa nourrice ; " mais quel dommage qu'il soit infirme ! "

L'enfant se retourna, leva son fouet et fouetta la femme de toutes ses forces. "Je ne dis pas ça !" il a dit.

Sa mère, chose étrange à dire, n'a jamais compris à quel point l'enfant était fier. Byron a été incompris par les deux êtres qui, lorsqu'ils comprennent un homme, peuvent répandre le plus de bonheur sur sa vie : sa mère et sa femme. La mère de Byron, comme nous l'avons dit, n'a jamais réalisé la fierté de l'enfant et avait l'habitude de l'appeler « mon garçon boiteux ».

Si vous voulez savoir ce que ce défaut de l'amour maternel a coûté à l'enfant, lisez ce que dit Arnold dans la première scène de *The Deformed Transformed* :

" *Une forêt*

Entrent ARNOLD *et sa mère* BERTHA

Bert.
Dehors, bossu !

Arn.
Je suis né ainsi, mère !

Bert.
Dehors, Toi incube ! Toi cauchemar ! De sept fils, Le seul avortement !

Arn.
Puisse-je avoir été ainsi ,Et je n'ai jamais vu la lumière !

Bert.
Je le ferais aussi ! Mais comme tu l' as — *par* conséquent
, — et fais de ton mieux !

.

Arn.
Il *porte* son fardeau : — mais, mon cœur ! Soutiendra-t-il
ce que vous lui imposez, mère ? Je t'aime, ou, du moins, je t'ai aimé : rien
que toi, dans la nature, ne peut aimer quelque chose comme moi. .Vous
m'avez soigné, ne me tuez pas ! »

À l'âge de cinq ans, Byron fut envoyé à l'école d'Aberdeen, où ils ne payaient
pour lui que cinq shillings par quart. J'avais pensé qu'aucun enfant n'avait
jamais été éduqué à moindre coût que moi ; mais je me suis trompé, et je
présente mes félicitations à Byron comme un frère au moins dans la
pauvreté.

Bien que le futur poète ait passé une année entière dans cette école, un de
ses biographes nous raconte qu'il a difficilement réussi à apprendre ses
lettres. J'avais cet avantage supplémentaire sur Byron que ma mère m'avait
appris à lire : Dieu m'a donné au moins la moitié de ce qui avait été refusé à
Byron : une bonne mère.

De l'école d'Aberdeen, Byron passa à l'université de la même ville. Hélas! il
était l'un des pires savants et se trouvait toujours au bas de sa classe.
Beaucoup de ses camarades de classe peuvent raconter les plaisanteries que
ses maîtres faisaient à ses dépens.

En 1798, le vieux Lord Byron mourut. C'était un roué de qualité, qui avait
connu bien des amours et des duels. Il tua son ami Chaworth dans l'un de
ses duels, un événement qui devait également avoir une influence sur la vie
de son fils.

Deux ans auparavant, le jeune Byron avait visité les Highlands écossais, d'où
il tirait cet amour des hauts sommets, partagé par les aigles et les poètes, qui
lui fit plus tard chanter les louanges des Alpes, des Apennins et du Parnasse.

C'est lors de cette tournée que notre Dante rencontra sa Béatrice ; elle s'appelait Mary Duff et elle n'avait que huit ans.

Le vieux Lord Byron mourut à l'abbaye de Newstead et Byron était son héritier. Il a quitté Aberdeen avec sa mère. Ils vendirent leurs meubles pour soixante-quinze livres sterling — autre point de similitude entre nous (j'espère qu'on me pardonnera mes comparaisons, je n'aurai pas beaucoup de fierté à les insister davantage) — et ils arrivèrent à Newstead. Là, on confia le jeune homme aux soins d'un charlatan nommé Lavemde pour essayer de guérir son pied, car cette infirmité occupait la plus grande partie de ses pensées. Comme on vit que la boiterie du jeune lord n'était ni meilleure ni pire pour le traitement de ce charlatan, il fut envoyé à Londres, où il fut confié pour ses besoins physiques au docteur Baillie, et pour son équipement moral au docteur Glennie. Là, les deux docteurs eurent une certaine réussite, car le docteur Glennie eut la satisfaction, après l'avoir mis en route, de voir son élève surpasser tous ses contemporains, en lettres et en poésie.

Le Dr Baillie a réussi à guérir suffisamment son pied pour lui permettre de porter une botte ordinaire, de sorte que sa boiterie ne semble pas être plus qu'une légère claudication. Grande était la joie du fier jeune homme, et il la communiquait à sa nourrice, qu'il aimait beaucoup.

En 1801, alors qu'il avait treize ans, Byron suivit sa mère à Cheltenham, où la vue des collines de Malvern, rappelant sa première visite dans les Highlands, le fit une profonde impression, surtout lorsqu'il les voyait tôt le matin et le soir. Quand lui et sa mère étaient à cheval ensemble, ils apprirent auprès des gens de la campagne l'existence d'une célèbre sorcière de ces régions, et Lady Byron prit envie de la consulter. Elle ne dit rien du garçon et se présenta à la sorcière comme une femme célibataire. Mais la sorcière secoua la tête.

« Vous n'êtes pas une servante, dit-elle ; vous avez été femme et vous êtes maintenant veuve ; vous avez un fils qui risque d'être empoisonné avant d'avoir atteint sa majorité ; il se mariera deux fois, et la deuxième fois ce sera avec un étranger.

Nous verrons tout de suite que, s'il n'était pas exactement empoisonné, il avait peur de l'être, et on sait que, s'il ne se remariait pas, du moins il trouvait une belle dame vénitienne de haut rang qui lui faisait plaisir. à lui pour son premier mariage, sauf dans le souvenir de son malheur.

Sous la tutelle du Dr Glennie, Byron s'est rendu à Harrow. Le Dr Drury était alors directeur, et il fut le premier à déceler quelques faibles aperçus de ce que deviendrait un jour le poète.

« Ici, j'ai fait mes premiers vers, dit Byron, ils n'ont été reçus que froidement ; mais, pour me venger, j'ai livré de glorieuses batailles à Harrow : je n'ai perdu qu'un combat sur sept !

C'est à Harrow qu'il fit la connaissance de Sir Robert Peel, et la manière dont ils devinrent rapidement amis donne une idée du caractère de Byron.

Un de leurs camarades, plus grand et plus fort qu'eux, avec lequel ils n'avaient par conséquent aucun rapport, fut découvert par Byron en train de battre le pauvre Peel.

Byron s'est approché et a dit :

"Combien de coups comptez-vous encore donner à Robert ?"

« Quelles affaires vous occupent ? » rétorqua le combattant. "Pourquoi poses-tu une telle question ?"

"Parce que, s'il te plaît, bourreau, je prendrai la moitié des coups que tu lui destines et je te les rendrai plus tard, tu comprends, quand je serai plus grand."

Après Harrow, le jeune homme part terminer ses études à l'Université de Cambridge ; mais il était toujours impatient des études régulières, tout comme il l'était des modes de jouissance ordinaires : la seule chose qu'il apprenait était de savoir nager ; sa seule récréation était le dressage d'un ours.

En 1806, alors qu'il avait dix-huit ans, il rejoignit sa mère à Newstead. Les relations entre la mère et le fils n'étaient pas du tout tendres ; au contraire, ils se disputaient presque toujours. L'une de ces querelles alla même si bien un jour que chacun se rendit tour à tour chez un pharmacien, à cinq minutes d'intervalle, pour savoir s'il avait vendu l'autre poison, et, sur la réponse négative, le priait de ne pas le faire. Outre la petite Mary Duff, dont il tomba amoureux à l'âge de neuf ans, Byron conçut une passion à douze ans pour sa cousine, Miss Parker, pour laquelle il composa ses premiers vers. Ils étaient perdus et le poète ne se souvenait jamais de ce qu'ils étaient. Miss Parker mourut et céda la place à Miss Chaworth, la fille de l'homme que le vieux Lord Byron avait tué. Mais cette fois, c'est la véritable passion de la virilité naissante, tendre et profonde, qui marquera toute sa vie. Miss Chaworth était belle, charmante et riche.

"Hélas!" dit Byron, notre union aurait effacé le souvenir du sang versé entre nos pères ; elle aurait réuni deux riches domaines et deux êtres qui se seraient assez bien entendus, et puis… et puis… Ah ! sait ce qui a pu se passer ! »

Mais Byron était boiteux ; il était obligé d'éviter toute sorte d'exercices qui pouvaient révéler sa difformité, et par conséquent la danse. Or Miss Chaworth aimait particulièrement danser, et Byron se tenait debout, appuyé contre un coin près de la porte ou contre la cheminée, les bras croisés, les sourcils froncés, les lèvres retroussées de colère, tandis que la musique emportait loin de lui la jeune fille qu'il aimait. aimé, quelque danseur plus heureux que lui de la guider dans les figures d'un quadrille ou dans le tourbillon d'une valse. Un jour, quelqu'un a dit à Mary Chaworth :

"Sais-tu que Byron semble profondément amoureux de toi ?"

"Eh bien, qu'est-ce que ça m'importe ?" répondit Marie.

"Quoi ! tu penses ce que tu dis ?"

"Bien sûr que oui. Penses-tu vraiment que je pourrais prendre soin de ce garçon boiteux ?"

Byron a entendu les questions et les réponses, et il a dit que c'était comme si un poignard l'avait frappé en plein cœur. Ces paroles ont été prononcées à minuit ; mais il se précipita hors de la maison comme un fou et courut sans s'arrêter à Newstead, où, à son arrivée, il tomba presque évanoui d'épuisement.

Et pourtant, la dédaigneuse Miss Chaworth lui ayant un jour envoyé son portrait, Byron, en échange, lui envoya les vers suivants :

A MARIE

EN RECEVOANT SA PHOTO

"Cette faible ressemblance de tes charmes, Bien que fort comme l'art
mortel pourrait le donner, Mon cœur constant de peur désarme, Ravive
mes espoirs et m'ordonne de vivre.

Ici je peux tracer les mèches d'or Qui autour de ton front enneigé ondule,
Les joues sorties du moule de la beauté,
Les lèvres qui ont fait de moi l'esclave de la beauté.

Ici, je peux tracer — ah, non ! cet œil, dont l'azur flotte dans le feu liquide,
Doit défier tout l'art du peintre,
Et l'enlever du la tâche se retire.

Ici, je vois sa belle teinte ; mais où est l'être qui m'égare si doucement,
qui a donné un éclat à son bleu, comme Luna sur l'océan qui joue,

ma douce copie est bien plus chère à moi, sans vie, insensible comme toi !
art, que toutes les formes vivantes pourraient l'être, sauf celle qui t'a placé

près de mon cœur.

Elle l'a placé, triste, avec une peur inutile,
de peur que le temps ne puisse ébranler mon âme vacillante, inconsciente
que son image là
tenait tous les sens sous contrôle rapide.

Au fil des heures, des années, du temps, cela me réjouira ; mon espoir, dans
les moments sombres, s'élèvera ; dans le dernier conflit de la vie,
j'apparaîtrai et
rencontrerai mon regard affectueux qui expire.

Un an plus tard, Miss Chaworth se marie.

"Sortez votre mouchoir, mon fils", dit un jour Lady Byron au garçon en
rentrant chez lui.

"Pourquoi, maman ?"

"Parce que j'ai de mauvaises nouvelles pour toi."

"Qu'est-ce que c'est?"

"Mlle Chaworth est mariée."

Byron tira son mouchoir de sa poche, se moucha, et avec cette expression
de sarcasme qu'il savait si bien prendre à certains moments, il dit :

"Est-ce tout?"

"N'est-ce pas suffisant ?" » demanda Lady Byron, qui connaissait bien la
véritable douleur qu'il cachait sous cette apparente indifférence.

"Assez pour me faire verser des larmes ? Non, en effet !" et Byron remit son
mouchoir dans sa poche.

Lorsque Lady Byron eut annoncé à son fils de cette manière insensible et
moqueuse le mariage de son adorée Mary, et que Byron eut pris un air
souriant d'indifférence à la nouvelle, remettant dans sa poche son mouchoir
non mouillé par une larme, le pauvre garçon se rendit chez lui. sa chambre,
le cœur brisé, et, prenant dans sa main le portrait de son amie infidèle, le
poète essaya de réconforter l'amant, s'invitant au deuil, mettant en mots sa
passion.

De là résultaient ces tristes soupirs de cœur brisé adressés à *Mme Musters* :

À UNE DAME

"Oh ! si mon destin avait été uni au tien, comme autrefois cet engagement
semblait être un gage,

ces folies n'auraient pas été alors les miennes,
car alors ma paix n'aurait pas été rompue.

C'est à toi que je dois ces premières fautes. À toi, le sage et le vieux qui me
réprimande : Ils connaissent mes péchés, mais ne savent pas que c'était à
toi de rompre les liens de l'amour.

Car autrefois mon âme, comme la tienne, était pure,
et tous ses feux naissants pouvaient s'étouffer ; maintenant tes vœux ne
durent plus, accordés par toi à un autre.

Peut-être pourrais-je détruire sa paix, et gâcher les bonheurs qui l'attendent.
Pourtant, que mon rival sourie de joie, pour l'amour de toi, je ne peux pas
le haïr

depuis ton . La forme angélique a disparu, Mon cœur ne peut plus se
reposer avec personne ; mais ce qu'il cherchait en toi seul, tente, hélas, de le
trouver chez plusieurs.

Alors, porte-toi bien, servante trompeuse ! Il était vain et inutile de te
regretter ; ni d'espérer. , ni la mémoire ne peuvent leur venir en aide,
mais l'orgueil peut m'apprendre à t'oublier.

Pourtant, toute cette perte de vertige d'années, cette série fastidieuse de
plaisirs dérisoires,
ces amours variées, ces craintes de matrone,
ces tensions irréfléchies aux mesures de la passion —

si tu l'étais ; la mienne avait tous été réduits au silence :
cette joue, maintenant pâle à cause des premières émeutes, n'avait jamais
été rougie par la passion trépidante, mais s'était épanouie dans le calme et le
calme domestique.

Oui, autrefois la scène rurale était douce, car la nature semblait sourire
devant toi ; et autrefois ma poitrine abhorrait la tromperie, — car alors elle
ne battait que pour t'adorer.

Mais maintenant je cherche d'autres joies : Penser conduirait mon âme à la
folie ; Dans des foules irréfléchies et un bruit vide,
je conquiers la moitié de la tristesse de mon sein.

Pourtant, même chez eux, une pensée se glissera malgré tout effort vain,

— et mes amis pourraient avoir pitié de ce que je ressens, —
de savoir que tu es perdu pour toujours.

Hélas! Miss Chaworth ne devait pas, comme Mme Musters, être plus heureuse dans son mariage que l'homme qu'elle avait abandonné. Elle épousa John Musters, Esq., en août 1805, et vécut misérablement jusqu'en 1832, date à laquelle elle mourut d'une manière aussi mélancolique qu'elle avait vécu. Une bande d'insurgés de Nottingham est venue et a mis le feu à Colwick Hall, où elle vivait. Elle et sa fille se réfugièrent dans une serre et, étant déjà en mauvaise santé, elle prit froid et tomba malade, et mourut pratiquement de la même maladie dont Byron était mort huit ans auparavant.

Comme le dit Byron dans le deuxième vers de son poème à Mme Musters, c'est à la suite de la rupture de son amitié avec Miss Chaworth qu'il se jeta exclusivement à la recherche du plaisir. Il flirtait, montait à cheval, jouait, élevait des chiens, se mettait à la natation, à l'escrime et au tir au pistolet.

Mais il trouva le temps d'écrire un livre intitulé *Heures d'oisiveté* au milieu de toutes ces réjouissances et exercices sportifs. Il venait de publier ce livre lorsque Lady Morgan, que je devais connaître trente ans plus tard, le rencontra pour la première fois.

Voici sa description de la réunion : -

« Tout à coup, mes regards éblouis furent arrêtés par un jeune homme d'une très grande beauté. Son expression était taciturne, et pourtant il y avait là autant de timidité que de mépris. Il était seul, et se tenait dans un coin près d'une porte, les bras croisés sur les bras. poitrine, et l'on sentait que, bien qu'il se trouvât au milieu d'une foule animée et brillante, il n'en faisait pas partie.

« «Comment allez-vous, Lord Byron ? » lui demanda une jolie jeune créature, habillée à la pointe de la mode.

"Lord Byron ! A ce mot, tous les braves Byrons qui avaient appartenu à la chevalerie anglaise et française se levèrent devant mon esprit ; mais j'ignorais que le beau jeune homme qui était leur descendant était destiné à donner un droit encore plus grand au nom du l'admiration de la postérité que le plus vaillant chevalier de France, ou que le plus fidèle cavalier d'Angleterre qui ait jamais porté le même nom, la renommée ne se répandit que très lentement dans notre province de Tirerag et quoique Lord Byron eût déjà *fait le premier pas* dans cette carrière ; qui devait aboutir à la reconnaissance triomphale de son merveilleux génie, et de l'injustice et de l'ingratitude de ses compatriotes, je ne savais alors rien de cette renommée future, quand j'entendis le nom de Byron, sinon ce qui me poussa à me dire : le « Va te pendre, Byron » d'Henri IV.

Pauvre dame Morgan ! elle n'était pas contente de ses citations historiques ! mais qu'importe ? elle ne les regardait pas de très près. C'était Biron sans le *y* dont Henri coupa la tête ; et c'est de Crillon qu'il écrivait : « Va te pendre !

Mais la renommée littéraire qui manquait à Byron allait bientôt lui être accordée par la critique. L' *Edinburgh Review* , dans un article écrit par M. Brougham, devenu par la suite Lord Brougham, attaqua violemment le jeune poète.

La vie de Lord Byron était destinée à être un combat continu. Né boiteux, il a persévéré jusqu'à devenir le meilleur nageur, le meilleur tireur et le cavalier le plus intrépide de son temps. Le monde a nié son génie, alors il a décidé de devenir le premier poète de son époque.

Sa réponse à l'article de l' *Edinburgh Review* fut cette terrible satire lancée à ses critiques sous le titre de *English Bards and Scotch Reviewers* , en tête de laquelle figuraient ces deux épigrammes de Shakespeare et de Pope :

"Je préfère être un chaton et crier miaou !
Que l'un de ces mêmes marchands de ballades !" — *Shakespeare.*

« Nous avons de tels bardes éhontés ; et pourtant c'est vrai, il y a aussi des critiques fous et abandonnés. » — *Pape.*

Lorsque Byron eut lancé cette lance, il ne put reculer. Il s'était voué corps et âme à la poésie, il avait revêtu le manteau de Nessus qui devait le consumer mais aussi l'immortaliser. Et pourtant, il hésita un instant. De naissance, il avait le droit de siéger à la Chambre des Lords et il a décidé d'y siéger. Si ses pairs aristocratiques le recevaient cordialement, qui savait ce qui pourrait arriver ? Il pourrait tout abandonner, même l'idée de son voyage en Perse avec son ami Hobhouse, pour suivre son camarade d'école Robert Peel dans une carrière politique. Tout devrait dépendre d'un sourire ou d'une poignée de main ; et pour une telle reconnaissance, il jetait la plume qui avait écrit les *Hours of Idleness* et *les English Bards and Scotch Reviewers* ; pour un sourire et une poignée de main, il disait adieu aux jeux, aux paris, aux courses, à l'ivresse, et rompait avec ces folies de jeunesse dans lesquelles il avait tenté de noyer le souvenir de Miss Chaworth ; il les quitterait tous, même la femme qui l'avait suivi à Brighton, habillée en homme, et dont la présence scandaleuse avait soulevé l'indignation de la prude aristocratie anglaise !

C'est dans cette crise qu'il écrivit à sa mère la lettre suivante, qui montre combien de froideur existait entre la mère et le fils :

"À L'HONORABLE DAME BYRON

"ABBAYE DE NEWSTEAD, NOTTS 7
octobre 1808

" Chère Madame, je n'ai pas de lit pour les Hanson ni pour personne d'autre à l'heure actuelle. Les Hanson dorment à Mansfield. Je ne sais pas si je ressemble à Jean Jacques Rousseau. Je n'ai pas l'ambition d'être comme un fou si illustre, mais cela je sachez que je vivrai à ma manière, et aussi seul que possible. Lorsque mes chambres seront prêtes, je serai heureux de vous voir : à l'heure actuelle, ce serait inapproprié et inconfortable pour les deux parties. Vous ne pouvez guère vous opposer à mon rendu. mon hôtel demeure habitable, malgré mon départ pour la Perse en mars (ou mai au plus loin), puisque *vous* en serez *locataire* jusqu'à mon retour et en cas d'accident (car j'ai déjà fait faire mon testament dès mes vingt ans) ; -un), j'ai pris soin que vous ayez la maison et le manoir pour *la vie*, en plus d'un revenu suffisant. Vous voyez donc que mes améliorations ne sont pas entièrement égoïstes. — Adieu, croyez-moi, bien sincèrement,
BYRON.

Dans une autre lettre à sa mère, datée du 6 mars 1809, il ajoute :

"Ce que vous dites est tout à fait vrai : quoi qu'il arrive, *Newstead* et moi *restons* ou tombons ensemble. J'ai maintenant vécu sur place, j'y ai fixé mon cœur, et aucune pression, présente ou future, ne m'incitera à troquer. le dernier vestige de notre héritage. J'ai en moi cette fierté qui me permettra de supporter les privations, mais si j'obtenais en échange de Newstead Abbey la première fortune du pays, je rejetterais la proposition. votre esprit est tranquille à ce sujet ; M. Hanson parle comme un homme d'affaires sur le sujet ; je me sens comme un homme d'honneur, et je ne vendrai pas Newstead *au retour* des affidavits de Carhais . , en Cornouailles, *et je ferai bientôt quelque chose à la Chambre : je dois me précipiter, ou tout est fini.* Ma satire doit rester secrète pendant un *mois*, après quoi vous pourrez dire ce que vous voudrez à ce sujet. infâme, et j'ai refusé de donner des détails sur ma famille au chancelier. Je l'ai *fouetté* dans mes rimes, et peut-être que Sa Seigneurie regrettera de ne pas avoir été plus conciliante. Ils me disent qu'il y aura une vente ; Je l'espère, car le libraire s'est bien comporté, en ce qui concerne la bonne publication. — Croyez-moi, etc.,
BYRON

" *PS* : Vous aurez une hypothèque sur une des fermes. "

Mais Byron était condamné d'avance. Il eut les plus grandes difficultés à obtenir les papiers nécessaires pour établir son titre de pairie, et, trois jours après avoir écrit la lettre ci-dessus, c'est-à-dire le 9 mars 1809, six semaines après avoir atteint sa majorité, il se présenta à la maison des seigneurs.

De cette épreuve, nous l'avons dit, devait dépendre toute sa carrière. Comme il le dit à sa mère, sa Satire devait rester secrète pendant un mois encore, et s'il était bien accueilli par ses illustres confrères, elle devait rester inédite et le poète inconnu.

C'était la volonté de la Providence que ces aristocrates fussent injustes envers ce jeune homme, ce garçon, et même plus qu'injustes, cruels.

Il entra seul dans la maison et paraissait calme, bien que son visage fût d'une pâleur mortelle ; pas un regard bienveillant ne l'encourageait, pas une seule main n'était tendue vers la sienne ; il cherchait en vain un seul regard amical dans cette illustre assemblée, mais toutes les têtes étaient détournées.

Il se décida alors. Lui, Lord Byron, revendiquerait une nouvelle fois la noblesse pour sa postérité, puisque son titre actuel était méprisé par ses contemporains. Il publia sa Satire et partit avec M. Hobhouse au mois de juin de la même année 1809.

CHAPITRE III

Byron à Lisbonne. — Comment il s'est disputé avec ses propres compatriotes. — Son poème *Childe Harold*. — Ses accès de folie et de dépression qui en ont résulté. — Son mariage. — Ses querelles conjugales. — Il quitte de nouveau l'Angleterre. — Ses adieux à sa femme et à son enfant. — Sa vie et ses amours à Venise. — Il part pour la Grèce. — Son arrivée à Missolonghi. — Sa maladie et sa mort.

Les premières nouvelles reçues du poète-voyageur venaient de Lisbonne, et elles portaient la marque de ce sombre esprit de moquerie qui, lorsqu'il est pleinement développé, devient génie.

La lettre était adressée à M. Hodgson et commençait ainsi :

"Je suis très heureux ici, parce que j'aime les oranges, et que je parle du mauvais latin aux moines, qui le comprennent, car c'est comme le leur, - et je vais dans le monde (avec mes pistolets de poche), et je nage dans le Le Tage a traversé tout d'un coup, et je monte sur un âne ou sur une mule, et je jure en portugais, et j'ai la diarrhée et les piqûres de moustiques. Mais qu'en est-il des gens qui se font plaisir.

Et pourtant, tandis qu'il se moquait ainsi, il pouvait écrire des lignes aussi tristes que celles-ci dans *Childe Harold* :

CANTO I

IX

"Et personne ne l'aimait : bien que dans les salles et dans les berceaux, il rassemblait des fêtards de loin et de près, il les connaissait les flatteurs de l'heure de fête ; les parasites sans cœur de la joie actuelle. Oui ! personne ne l'aimait... pas ses lemans chéris —
Mais la pompe et la puissance seules sont l'affaire des femmes, et là où elles sont légères, Eros trouve un refuge ;

X

Childe Harold avait une mère — pas oubliée,
bien qu'il ait évité cette mère; poitrine, une poitrine d'acier : Vous qui avez su de quoi raffoler
de quelques objets chers, ressentirez avec tristesse de telles séparations
briser le cœur qu'ils espèrent tendrement guérir.

XI

Sa maison, sa demeure, son héritage, ses terres, Les dames rieuses dont il faisait ses délices, Dont les grands yeux bleus, les cheveux blonds et les mains enneigées ,
pouvaient ébranler la sainteté d'un anachorète, et avaient longtemps nourri son appétit de jeunesse. Ses gobelets débordaient de tous les vins coûteux, et tout ce qui se rapportait au luxe l'invitait, sans un soupir, à traverser la saumure, à traverser les rives de Paynim et à dépasser la ligne centrale de la Terre.

Et c'est dans cet esprit qu'il quitta l'Angleterre pour commencer ses premiers voyages ; et si, par hasard, un membre de l'aristocratie demandait qui était ce jeune lord Byron qui avait inscrit son nom sur la liste des pairs, ceux qui étaient les mieux informés répondraient :

"C'est un jeune débauché, petit-neveu du vieux Byron qui a tué Chaworth en duel ; il possède une vieille abbaye en ruine et une fortune qui a été découpée et dilapidée. Quand il était au collège, où il n'a jamais fait rien. bien, il a gardé un ours ; depuis qu'il a quitté l'université, il s'est associé à des prostituées et à des escrocs, buvant jusqu'à s'enivrer jusqu'à sortir d'un crâne humain et, lorsqu'il est ivre, écrivant de la poésie. »

Byron a laissé son pays en guerre contre ses semblables, et une strophe du premier chant du poème dont nous venons de parler a suffi à le mettre également en désaccord avec les femmes – une affaire bien plus grave :

CANTO I

LVIII

"Le phoque Le doigt capitonné de l'Amour a impressionné
Dénote la douceur de ce menton qui supporte son contact :
Ses lèvres, dont les baisers font la moue pour quitter leur nid,
ordonnent à l'homme d'être vaillant avant de mériter tel : Son regard est d'une beauté sauvage ! combien Phœbus a-t-il courtisé en vain pour gâter sa joue, qui brille encore plus doucement de son étreinte amoureuse ! Qui dans le Nord chercherait des dames plus pâles ? Comme leurs formes semblent pauvres, comme elles sont languissantes, blafardes et faibles !

Un tel anathème, lancé par le poète contre cette Angleterre que Shakespeare comparait à un nid de cygne au milieu d'un grand lac, rencontra une grande notoriété ; car *le Pèlerinage de Childe Harold* , le premier chant dont Byron écrivit au cours de ses voyages, reçut un formidable accueil.

Byron a visité le Portugal, le sud de l'Espagne, la Sardaigne et la Sicile ; puis il traversa l'Albanie et l'Illyrie, parcourut la Morée, s'arrêtant à Thèbes, Athènes, Delphes et Constantinople. Si l'on en croit ses propres paroles, il attendait avec effroi son retour :

"En effet, mes perspectives ne sont pas très agréables. Embarrassé dans mes affaires privées, indifférent au public, solitaire sans désir d'être social, avec un corps un peu affaibli par une succession de fièvres, mais un esprit, j'espère, mais ininterrompu, Je rentre *chez moi* sans espoir et presque sans désir. La première chose que j'aurai à rencontrer sera un avocat, ensuite un créancier, puis des charbonniers, des agriculteurs, des géomètres, et tous les attachements agréables aux domaines en ruine. et des mines de charbon contestées. Bref, je suis malade et désolé, et quand j'aurai un peu réparé mes affaires irréparables, je partirai, soit pour faire campagne en Espagne, soit pour retourner vers l'Est, où je pourrai au moins avoir un ciel sans nuages et une cessation de l'impertinence.

L'auteur de ce qui précède avait à peine vingt-quatre ans, il portait l'un des noms les plus anciens des îles britanniques, il était pair d'Angleterre et allait devenir le principal poète de son temps !

Le premier chant de *Childe Harold* devait le révéler dans ce dernier rôle, et il vendit son poème pour deux cents livres sterling.

Sa mère mourut subitement en Écosse deux mois après son retour, en 1811.

« Un jour, dit Lord Byron, j'ai appris qu'elle était malade ; le lendemain, j'ai appris qu'elle était morte !

Et ce n'était pas tout. Presque au même moment, ses deux meilleurs amis, Wingfield et Matthews, moururent tous deux.

Byron écrivit à M. Davies :—

"Une malédiction pèse sur moi et sur les miens. Ma mère repose morte dans cette maison; un de mes meilleurs amis s'est noyé dans un fossé. Que puis-je dire, penser ou faire? Venez à moi. Je suis presque désolé - laissé presque seul au monde. »

On retrouve des traces de ces chagrins à la fin du deuxième chant de *Childe Harold* :—

"Tout ce que tu pouvais avoir de moi, mort sévère ! tu l'as ;
le parent, l'ami, et maintenant plus qu'un ami ; jamais encore tes flèches
n'ont volé aussi vite, et le chagrin avec le chagrin continuant encore à se
mélanger, ne m'a arraché" d le peu de joie que la vie n'avait pas encore
apportée.

Quel est le pire des malheurs qui attendent l'âge ?
Qu'est-ce qui marque la ride la plus profonde sur le front ? Voir chaque
être cher effacé de la page de la vie, et être seul sur terre, comme moi. Je
suis maintenant. Devant le Châtieur, laissez-moi humblement m'incliner,
O'er coeurs divisés et o'er espoirs détruits :
Continuez, jours vains et imprudents, puissiez-vous couler, Puisque le
temps a refait ce que mon âme a apprécié, Et avec les maux d'Eld miens les
années précédentes se sont alliés.

Byron se réjouissait grandement du succès qui avait rencontré le premier
chant de son *Childe Harold* ; la seconde fut composée après son retour en
Angleterre, comme le prouve la strophe sur la mort de sa mère.

Même l' *Edinburgh Review* a réparé son erreur en niant que l'auteur de *Hours
of Idleness* ait une vocation pour la poésie.

« Lord Byron », remarquaient maintenant les critiques écossais, « s'est
beaucoup amélioré depuis la dernière fois que nous avons examiné son
œuvre. Ce nouveau volume est plein d'originalité et de talent ; l'auteur ici
répare les péchés littéraires de sa jeunesse et fait plus , car il promet de nous
donner encore un meilleur travail.

Lord Byron a reçu 600 £ pour les deux premiers chants de *Childe Harold* , et
son succès fut si grand que, pour la troisième partie, il fut payé 1 575 £ et
pour la quatrième 2 100 £. On disait alors, et avec quelque vérité, qu'il
vendait ses poèmes à raison d'une guinée le vers.

Avec le succès est venue la popularité. Tout le monde voulait voir ce poète
apparu soudain parmi eux comme un météore brillant, éclairant les ténèbres
de la nuit, et acheter ses œuvres. Ils virent son visage et virent qu'il était beau
; ils prononcèrent son nom et se rappelèrent que, par son père, il était d'une
race illustre, et que, par sa mère, il descendait de Jane Stuart, fille de Jacques
II. d'Écosse, il avait du sang royal dans les veines. Il avait dit dans son poème
qu'il avait vu tout ce qui valait la peine d'être vu et que tout cela l'ennuyait,
qu'il avait commis toutes sortes de péchés et même de crimes ; il avait dit —
confession des plus extraordinaires pour un poète de vingt-cinq ans
seulement — qu'il ne pouvait pas tomber amoureux même de la plus belle des
femmes que Londres ait à montrer. *Ces fleurs pâles et alanguies du Nord* , comme
il les appelait, juraient, à leur tour, de lui faire rompre son serment.

Ce n'était pas une question difficile pour ceux qui connaissaient Lord Byron
; beaucoup ont réussi sans trop d'efforts ; Lady Caroline Lamb a réussi le
mieux. Elle était la fille du comte de Bamborough et avait épousé, en 1805,
William Lamb, deuxième fils de Lord Melbourne.

Byron tomba follement amoureux d'elle et lui proposa de s'enfuir avec elle ; mais elle a refusé. Quelle fut la cause de l'amère rupture entre eux qui aboutit à ce que Lady Lamb écrivit le roman intitulé *Glenarvon* contre son ancien amant et à ce qu'il la traitât avec un grand dédain pendant le reste de sa vie ? Nous aurions probablement dû trouver une réponse à ces questions dans les Mémoires de Lord Byron que Thomas Moore a brûlées. Qui sait? peut-être les a-t-il brûlés à cause de cet épisode. Après cette querelle, Byron acquit une réputation de dandy ; il devint le fréquentateur à la mode des stations d'eau et des assemblées aristocratiques. Mais cette vie-là se terminait comme elle devait finir, dans la lassitude et le dégoût ; et le 27 février 1814, le poète écrivait :

" Me voici, seul, au lieu de dîner chez Lord H., où on m'a demandé, mais je n'ai pas envie d'aller nulle part. Hobhouse dit que je suis en train de cultiver un *loup garou* , un hobgobelin solitaire. Vrai : " Je suis moi seul.'"

Une idée étrange s'empara alors du misanthrope, du poète aux inspirations taries, de l'homme aux multiples dissipations : il se marierait et s'installerait. Il avait épuisé tous les plaisirs que la jeunesse pouvait offrir ; il aspirait à quelque chose de nouveau, même si cela signifiait de la misère. Cette expérience méconnue et douloureuse que Lady Byron lui réservait. Mais le plus étrange, c'est qu'il souhaitait se marier pour le plaisir de se marier, et non pour le bien de la femme. Lui, qui avait autrefois parié cinquante livres avec M. Hay qu'il ne se marierait jamais, était si pressé de se marier qu'il ne se souciait pas de qui était cette dame.

Il discuta de son intention avec Lady Melbourne, et Lady Melbourne proposa une jeune femme que Byron ne connaissait pas ; Byron a suggéré Miss Milbanke.

« Vous avez tort, » dit Lady Melbourne, « et pour deux raisons : premièrement, parce que vous avez besoin d'argent et que Miss Milbanke ne pourrait vous en rapporter que dix mille livres ; et deuxièmement, parce que vous voulez une femme qui admire vous, et Miss Milbanke n'admire personne d'autre qu'elle-même.

"Eh bien," dit Lord Byron, "comment s'appelle votre jeune dame ?"

Lady Melbourne prononça son nom et Byron écrivit aussitôt à ses parents, qui lui envoyèrent un refus.

"Bien!" dit Byron. "Vous voyez maintenant que Miss Milbanke sera ma femme." Et il s'assit aussitôt et écrivit à Miss Milbanke pour lui faire part de ses vœux.

Mais Lady Melbourne ne voulait pas que les choses se terminent ainsi ; elle arracha la lettre des mains de Byron quand il l'eut terminée et l'apporta à la fenêtre pour la lire, tandis que Byron restait tranquillement assis sur son siège. Après l'avoir lue, elle dit : « Eh bien, je dois admettre que c'est une très jolie lettre ; c'est dommage qu'elle ne soit pas distribuée.

"Alors donne-le-moi", dit Byron, "et je le scellerai et je l'enverrai."

Lady Melbourne rendit la lettre à Byron, qui la scella et s'assura qu'elle parvenait à son adresse.

Il se maria le 2 janvier 1815, dans la maison de Sir Ralph Milbanke. Il envoya les cinquante livres à M. Hay le même jour, sans attendre qu'on lui demande l'argent.

Exactement un mois plus tard, il écrivait :

" 2 février 1815

"La lune de mélasse est terminée, je suis éveillé et je me retrouve marié. Swift dit: 'Aucun homme *sage ne* s'est jamais marié'; mais, pour un imbécile, je pense que c'est le plus ambrosial de tous les états futurs possibles. "

La lune de miel s'est déroulée chez Sir Ralph Milbanke ; après cela, le jeune couple s'est rendu chez eux à Piccadilly. Mais ici, les soucis du ménage les ont rattrapés. La dot de 10 000 £ de Miss Milbanke n'avait fait qu'irriter les créanciers de Lord Byron. Les créanciers ne se reposent que lorsque rien ne leur est donné, car alors ils sont au désespoir ; mais un paiement partiel les met en colère. Poussés par les 10 000 £ qu'ils avaient obtenus, les ducs ne laissèrent pas un instant de paix au jeune couple ; à mesure que ces ennuis augmentaient, les relations entre mari et femme devenaient plus froides et plus distantes. Puis, alors que son mari était le plus malheureux et ne fut sauvé de l'emprisonnement que grâce à son statut de pair du royaume, Lady Byron quitta Londres sous couvert d'une visite à son père. Leurs adieux furent, conventionnellement parlant, plutôt affectueux et ils convinrent de se revoir dans un mois. Durant son voyage, Lady Byron écrivit une lettre assez tendre à son mari ; puis, un matin, Lord Byron apprit de son beau-père, sir Ralph Milbanke, qu'il ne devait pas espérer revoir jamais sa femme et sa fille.

Quelle était la raison de cette séparation soudaine qui, malgré toutes les protestations de Byron, s'est soldée par un divorce ? Le poète l'attribuait à l'influence d'une vieille gouvernante de Lady Byron, Mme Clermont, contre laquelle il lança cette terrible satire intitulée « A Sketch », et cette épigramme et apostrophe du Maure à Iago :

"Honnête, honnête Iago !
Si tu es un diable, je ne peux pas tuer le e."

qui commence par ces lignes : -

"Née dans le grenier, élevée dans la cuisine,
promue de là pour coiffer la tête de sa maîtresse; ensuite, pour quelques
grâces, service inexprimé, et d'après son salaire seulement à deviner, élevée
de la toilette à la table, - où ses supérieurs émerveillés attendent derrière sa
chaise,
les yeux impassibles et le front sans vergogne, elle dîne dans l'assiette
qu'elle a récemment lavée.

Aussitôt une immense clameur s'éleva dans les journaux et dans la société
contre le poète qui, à force de génie, avait déjà vaincu ceux de ses adversaires
qu'on pourrait appeler la première coalition contre lui.

C'est toujours le cas des hommes haut placés qui sont sous les yeux du public
: des tempêtes surgissent à l'improviste, dont la victime ne soupçonne
l'existence que lorsqu'elles éclatent sur sa tête. On peut les comparer à des
trombes d'eau, et elles se déversent sur le poète, qu'il soit un Schiller ou un
Dante, un Ovide ou un Byron, l'écrasant complètement, lui déchirant le cœur
et le corps, détruisant sa renommée, renversant sa réputation, déracinant son
honneur. Ces tempêtes viennent des inimitiés, des haines et des jalousies
suscitées par son génie ; ce sont les hyènes qui le suivent dans l'obscurité, qui
n'osent pas l'attaquer tant qu'il peut se tenir debout et ferme, mais qui se
jettent sur lui dès qu'il chancelle, et le dévorent aussitôt qu'il tombe.

Byron réalisa qu'il devrait céder devant ses ennemis ; il quitta donc
l'Angleterre, dans l'intention de rallier ses forces au milieu des environs
paisibles des terres étrangères, pour trouver un moyen de se venger d'elles.
Il quitte l'Angleterre le 25 avril 1816. Il avait publié durant ses six années à
Londres, les deux premiers chants de *Childe Harold* , *Le Giaour* , *La Fiancée
d'Abydos* , *Le Siège de Corinthe* , *Lara* et *Le Corsaire.*

Il partit, et ses plus tristes regrets furent pour la femme qui l'avait exilé et
pour la fille qu'il avait à peine vue et qu'il ne devait plus jamais revoir.

"Porte-toi bien ! et si pour toujours.
Toujours pour toujours, porte-toi bien : même s'il est impitoyable, jamais
mon cœur ne se rebellera contre toi.

Que ce sein soit découvert devant toi
Où ta tête a si souvent reposé, Tandis que ce sein placide le sommeil est
venu sur toi , ce que
tu ne peux plus savoir : . rassemble-toi, quand les premiers accents de notre
enfant couleront, lui apprendras-tu à dire « Père ! » Même si elle doit
renoncer à ses soins,

quand ses petites mains te presseront, quand sa lèvre contre la tienne sera
pressée, pense à celui dont la prière est Je te bénirai,
pense à celui que ton amour a béni !

Si ses traits ressemblent à ceux que tu ne verras plus, alors ton cœur
tremblera doucement avec un pouls pourtant fidèle à moi.

C'était à la mère : puis, dans *Childe Harold*, il s'adresse à son enfant : —

« Ton visage ressemble-t-il à celui de ta mère, ma belle enfant !
Ada, fille unique de ma maison et de mon cœur ? La dernière fois que j'ai
vu tes jeunes yeux bleus, ils ont souri, et puis nous nous sommes séparés,
non pas comme maintenant nous nous séparons,
mais avec un espoir. —

Ma fille ! avec ton nom commence cette chanson ;
ma fille avec ton nom finira ainsi ;
je ne te vois pas, je ne t'entends pas, mais personne ne
peut être ainsi enveloppé en toi ; Les années s'étendent : Même si tu ne
devrais jamais voir mon front, Ma voix se mélangera à tes visions futures,
Et atteindra ton cœur, quand le mien sera froid, Un signe et un ton, même
issu du moule de ton père,

Pour aider le développement de ton esprit . , pour regarder l'aube de tes
petites joies, pour t'asseoir et voir presque ta croissance même, pour te voir
saisir la connaissance des objets, — des merveilles encore pour toi !
Pour te tenir légèrement sur un genou doux, et imprimer sur ta douce joue
le baiser d'un parent, — Ceci, semble-t-il, ne m'était pas réservé ; pourtant
c'était dans ma nature : en l'état, je ne sais pas ce qu'il y a là, pourtant
quelque chose de semblable à cela

pourtant, même s'il faut enseigner la haine ennuyeuse comme devoir,
je le sais. que tu m'aimeras; bien que mon nom doive être fermé à toi,
comme un sortilège encore lourd de désolation et une revendication brisée
: bien que la tombe se soit fermée entre nous, — c'était la même chose, je
sais que tu m'aimeras ; Même si drainer
mon sang de ton être était un but
et un objectif, tout serait en vain, tu m'aimerais pourtant, mais tu retiens
encore plus que la vie.

L'enfant de l'amour, bien que né dans l'amertume, et nourri dans la
convulsion. De ton père, c'étaient les éléments, et le tien non moins.
Il y en a encore autour de toi, mais ton feu sera plus tempéré et ton espoir
bien plus élevé. Doux soit ton sommeil bercé ! Au-dessus de la mer et des

montagnes où je respire maintenant, je voudrais volontiers répandre sur toi une telle bénédiction, comme , avec un soupir, je pense que tu aurais pu l'être pour moi.

"Ah!" remarqua madame de Staël (la pauvre exilée qui, debout au bord du lac Léman, soupirait après le caniveau qui coulait dans la rue du Bac), — ah ! ça ne me dérangerait pas d'être malheureuse, si j'étais Lady Byron, d'avoir inspiré de tels lignes comme celles du cerveau de mon mari ! »

Peut être; mais Lord Byron et Madame de Staël auraient formé un couple extraordinaire, et ne s'y trompe pas.

Byron n'était pas si pressé de voyager loin cette fois ; peut-être voulait-il seulement tendre la double corde qui le liait à l'Angleterre, et non la rompre complètement.

Il débarqua en Belgique, visita le champ de Waterloo, encore mouillé du sang de trois nations ; descendit le Rhin et s'installa un temps sur les bords du lac Léman. C'est ici qu'il rencontre Madame de Staël, exilée presque autant sous la Restauration que sous l'Empire. "Mon plus grand plaisir, au milieu des magnifiques tableaux du lac Léman, fut de contempler l'auteur de *Corinne* ."

A Diodati, Byron renouvelle son exploit de nage d'Abydos en traversant le lac Léman où il a quatre lieues de large. Et c'est à Diodati qu'il écrit le troisième chant de *Childe Harold* , *Le Prisonnier de Chillon* et *Manfred*. Goethe, dans un journal allemand, revendiquait l'idée originale de *Manfred* , comme si *Manfred* ne descendait pas aussi directement de Satan que *Faust* le descendait de Polichinelle ! Ô pauvre homme riche ! avec toute ta renommée européenne et ta réputation mondiale, voudrais-tu arracher la feuille que ton frère poète a si pécheresse arrachée de ta couronne de laurier !

Ne peut-on presque entendre ce que disait d'Alembert de l'auteur du *Zaïre* et du *Dictionnaire philosophique* :

"Cet homme est incompréhensible ! Il a une renommée qui satisferait un million d'hommes, et pourtant il veut un autre ha'porth."

Byron se venge en dédiant certains de ses poèmes à Goethe.

Byron partit pour l'Italie au mois d'octobre, s'arrêtant d'abord à Milan pour visiter la Bibliothèque Ambrosienne. Sa prochaine halte fut à Vérone, où il vit le tombeau de Juliette ; et, finalement, il s'installa à Venise, où son nom devint un mot familier.

Venise n'avait jamais possédé de chevaux hormis les quatre chevaux de bronze qui figuraient depuis douze ans au sommet de l'arc de triomphe du Carrousel. Mais Byron ne marchait jamais, et il fut donc le premier dont les chevaux vivants claquaient sur la place Saint-Marc, sur le quai des Esclavons et sur les bords de la Brenta.

C'est à Venise que commence le véritable roman de sa vie. Il y eut trois amours, chacune dans un rang différent de la société vénitienne : avec Marguerite, Marianne et... Hélas ! la plus infidèle des trois était la grande dame dont on ne connaîtra pas le nom, celle que Byron aimait plus que tout, peut-être plus que Miss Chaworth, plus que Caroline Lamb.

Il est curieux de penser que cette dame, même aujourd'hui, trente-trois ans après l'époque dont j'écris, est toujours une femme fascinante. Je l'ai connue à Rome, alors qu'elle était dans toute l'épanouissement de sa beauté, qu'elle était presque aussi merveilleuse à écouter qu'à regarder, à entendre qu'à voir.

Elle ne vivait que des souvenirs du grand poète qu'elle avait aimé. Il semblait que les années de leur amour constituaient le seul point positif de sa vie et qu'en regardant en arrière, l'obscurité qui formait le reste de sa vie était ignorée par elle. Mais si je commençais à parler d'elle, il me faudrait révéler son nom ; Il faudrait que je parle des promenades que nous faisions ensemble au clair de lune au Forum et au Colisée ; Il me faudrait répéter ce qu'elle me disait dans l'ombre de ces grandes ruines, lorsqu'elle ne parlait que des morts illustres, qui avaient foulé avec elle les mêmes pierres que nous marchions et s'étaient assis à ses côtés dans les mêmes lieux où nous nous sommes reposés.

Oh! madame, madame ! Pourquoi avez-vous été infidèle à la mémoire du poète, alors que vos souvenirs de lui n'avaient cessé de se renforcer, aidés par sa mort, jusqu'à ce que vous ayez magnifié votre amour en un dieu ? Pourquoi l'honneur d'avoir été la maîtresse de Byron ne suffisait-il pas, au lieu de prendre n'importe quel titre qu'un mari, si distingué soit-il, pourrait vous donner ?

Si j'osais répéter ici ce que Déjazet disait un jour à Georges, à propos de Napoléon !

Il est vrai que Byron, avec toutes ses fantaisies, ses excentricités et ses passions, ne pouvait pas avoir été un amant très agréable. Mais elle aurait dû lui être infidèle de son vivant, et non après sa mort.

Le monde a pardonné à l'impératrice Joséphine ses infidélités aux Tuileries, mais il ne pardonnera jamais à Marie-Louise, la veuve, son infidélité à Parme.

Nous n'en dirons pas plus, Madame ; nous penserons plutôt aux poèmes que Byron écrivit à Venise. Ici, il compose *Marino Faliero* , *Les Deux Foscari* , *Sardanapale* , *Caïn* , *La Prophétie de Dante* et les troisième et quatrième chants de *Don Juan.*

Lorsque Naples se révolta en 1820 et 1821, Byron écrivit au gouvernement napolitain et lui offrit sa bourse et son épée. Ainsi, lorsque la réaction éclata, que Ferdinand revint une seconde fois de Sicile et que les listes des proscrits furent publiées dans toute l'Italie, on craignit que le nom de Byron ne soit un parmi les exilés. Il arriva alors que les pauvres gens de Ravenne rédigèrent une pétition adressée au cardinal, demandant qu'il lui soit permis de rester parmi eux.

Cet homme qui offrit hardiment et ouvertement mille louis aux Napolitains fut une source de secours intarissable pour les pauvres de Venise et de ses environs ; aucun pauvre ne lui a jamais tendu la main et ne l'a retirée vide, même si Byron lui-même était dans la plus grande détresse, et plus d'une fois il a dû emprunter pour donner. Il ne le savait que trop bien lorsqu'il disait : « Ceux qui m'ont persécuté si longtemps et si cruellement triompheront, et justice ne me sera rendue que lorsque cette main sera aussi froide que leur cœur. »

Ainsi, partout où il allait, il laissait une impression de feu, il éblouissait, réchauffait ou brûlait.

En 1821, Byron quitte Venise, dans les rues de laquelle personne ne l'a jamais vu à pied ; la Brenta, sur les rives de laquelle personne ne l'avait jamais vu se promener ; la place Saint-Marc, dont il n'avait jamais contemplé les beautés que d'une fenêtre, de peur de révéler aux beautés de Venise la légère difformité de sa jambe, que même la largeur de son pantalon ne pouvait dissimuler.

De Venise, il se rend à Pise. Là l'attendaient la nouvelle de deux nouveaux troubles : la mort de sa fille naturelle par une Anglaise et la mort de son ami Shelley, noyé au cours d'un voyage en bateau de Livourne à Lerici. Il a envoyé le corps de sa fille en Angleterre pour l'enterrer.

Pour sauver le corps de son ami Shelley des attentions que les prêtres italiens lui auraient sans doute prodigués, il résolut de le faire brûler selon la coutume des anciens.

Trelawney, l'audacieux pirate, était présent et raconte les étranges rites funéraires, comme il raconte sa chasse au lion ou son combat avec le prince malais. C'était un compagnon digne du noble poète, et il était lui-même poète ; son livre est rempli de descriptions merveilleuses, d'autant plus merveilleuses qu'elles sont toujours vraies, bien qu'elles paraissent incroyables.

« Nous étions au bord de la mer », a déclaré Trelawney ; "Devant nous s'étendaient la mer et ses îles, derrière nous les Apennins, et à nos côtés se trouvait le grand bûcher funéraire flamboyant. Les flammes, attisées par le vent de la mer, prenaient mille formes fantastiques. Le temps était très les vagues paresseuses de la Méditerranée embrassaient doucement le rivage, les sables étaient jaune d'or et contrastaient fortement avec le bleu profond du ciel ; les montagnes élevaient leurs crêtes enneigées dans les nuages, et les flammes du bûcher brûlaient toujours plus haut et plus haut dans les airs. »

De Pise, Byron se rendit à Gênes. C'est dans cette ville, autrefois reine de la Méditerranée, qu'il conçut l'idée d'aller en Grèce, pour exercer pour cette « Niobé des Nations », comme il l'appelait, les mêmes fonctions que Naples n'avait pas jugé bon d'accepter lorsque lui a proposé.

Jusqu'à présent, Byron s'était principalement consacré aux individus ; maintenant il entendait se consacrer à un peuple.

Au mois d'avril 1823, il entra en communication avec le Comité grec et, vers la fin de juillet, il quitta l'Italie. Sa réputation s'était extraordinairement accrue, non seulement en Italie, en France et en Allemagne, mais aussi en Angleterre.

Un fait donnera une idée de la hauteur à laquelle sa réputation était parvenue.

Une insurrection avait éclaté en Écosse, dans le comté où se trouvait la propriété de sa mère. Les rebelles durent traverser les domaines de Lady Byron pour atteindre leur destination, mais aux limites de la propriété ils s'arrêtèrent et décidèrent de traverser en file indienne, pour ne parcourir qu'un chemin étroit dans les cultures. Ils ne prirent pas les mêmes précautions sur d'autres domaines, qu'ils dévastèrent complètement.

Byron racontait souvent cet incident avec fierté.

« Voyez, dit-il, comme on se venge de la haine de mes ennemis.

Avant de quitter l'Italie, il écrivit en marge d'un livre qui lui avait été prêté :

« Si tout ce qu'on dit de moi est vrai, je suis indigne de revoir l'Angleterre ; si tout ce qu'on dit de moi est faux, l'Angleterre ne mérite pas de me revoir.

Mais il pressentait qu'il avait quitté pour toujours sa terre natale ; et Lady Blessington m'a raconté elle-même que, lorsqu'elle rencontra Byron à Gênes, la veille de son départ, il lui dit :

« Nous nous sommes revus aujourd'hui, mais demain nous serons séparés, qui sait pour combien de temps ? Quelque chose ici (et il posa la main sur son cœur) me dit que nous nous rencontrons pour la dernière fois ; en Grèce et n'en reviendra jamais.

Vers la fin décembre, Byron débarquait en Morée et, quelques jours plus tard, il pénétrait dans la ville, malgré la flottille turque qui assiégeait Missolonghi. Il fut accueilli par des cris enthousiastes de la part du peuple, qui le conduisit en triomphe jusqu'à la maison qu'on lui avait préparée.

Une fois établi là-bas, toute l'âme de Byron était concentrée dans le seul désir de voir triompher la cause qu'il avait défendue, ou de mourir en défendant de nouveaux Thermopyles. Aucun de ces espoirs ne devait lui être accordé. Il fut saisi d'une violente crise de fièvre le 15 février 1824, qui se développa rapidement, lui causa de nombreuses souffrances et l'affaiblit grandement. Mais dès qu'il fut suffisamment rétabli, il reprit les promenades quotidiennes à cheval qui étaient sa plus grande récréation. Le 9 avril, il a été très mouillé en roulant et, même s'il a tout changé à son retour chez lui, il s'est senti mal, car il était resté plus de deux heures dans ses vêtements mouillés. Pendant la nuit, il y eut un léger retour de la fièvre, quoiqu'il dormît bien ; mais le 10, vers onze heures du matin, il se plaignit d'une violente douleur à la tête et de souffrances dans les bras et les jambes ; néanmoins, il réussit à monter à cheval dans l'après-midi. Son ancien serviteur Fletcher, dont nous allons maintenant emprunter les derniers détails, attendait son retour.

"Comment allez-vous, monseigneur ?" Il a demandé.

"La selle n'était pas sèche", répondit Byron, "et j'ai peur que l'humidité ne me rende encore malade."

Et en effet, il était évident le lendemain matin que l'indisposition de Byron était devenue plus grave : il avait eu de la fièvre toute la nuit et semblait très déprimé. Fletcher lui a préparé une tasse d'arrow-root ; il en goûta quelques cuillerées, puis il rendit la boisson au vieux domestique.

« C'est excellent, dit-il, mais je ne peux plus en boire.

Le troisième jour, Fletcher devint sérieusement inquiet à son sujet. Durant toutes ses autres crises rhumatismales, son maître n'avait jamais manqué de sommeil, mais cette fois il ne parvenait pas à dormir du tout.

Il s'est donc rendu chez les deux médecins de la ville, les Drs. Bruno et Millingen, et leur posa plusieurs questions sur la nature de la maladie dont ils pensaient que Lord Byron souffrait. Tous deux assurèrent au vieux valet de chambre qu'il n'avait pas besoin de s'alarmer, que son maître ne courait aucun danger, mais que dans deux ou trois jours il serait de nouveau debout, et qu'alors, disaient-ils, l'attaque ne reviendrait plus. C'était le 13. Le 14, comme la fièvre n'avait pas quitté son maître et que le malade ne dormait toujours pas, Fletcher pria Byron, malgré l'assurance des deux médecins, de le laisser faire venir le docteur Thomas, de Zante.

"Consultez les deux médecins," répondit le malade, "et agissez selon leurs instructions."

Fletcher obéit et les deux médecins déclarèrent qu'il n'était pas nécessaire d'avoir recours à un troisième avis. Fletcher rapporta cette réponse à son maître, qui secoua la tête et dit :

"J'ai bien peur qu'ils ne sachent rien de ma maladie."

"Dans ce cas, monseigneur", insista Fletcher, "appelez un autre médecin."

"Ils me disent", a poursuivi Byron, sans répondre directement à Fletcher, "que c'est un frisson comme j'en ai eu auparavant."

"Mais je suis sûr, monseigneur, que vous n'avez jamais eu de problème aussi grave auparavant", répondit le valet de chambre.

"Je suis d'accord avec vous", fut la réponse de Byron ; et il tomba dans une rêverie dont aucune persuasion ne pouvait le tirer.

Le 15, Fletcher, dont le dévouement fidèle devinait l'état réel de son maître, demanda de nouveau la permission d'aller chercher le docteur Thomas ; mais les médecins de Missolonghi insistaient toujours sur le fait qu'il n'y avait aucune raison de s'alarmer. Jusqu'à présent, ils avaient traité leur malade avec des purgatifs qui, comme Byron n'avait pris qu'une tasse ou deux de bouillon pendant huit jours, étaient des remèdes beaucoup trop puissants et ne pouvaient avoir aucun effet désirable. Ils ne faisaient qu'augmenter la faiblesse, déjà extrême à cause du manque de sommeil.

Cependant, le 15 au soir, les médecins commencèrent à s'inquiéter et parlèrent de saigner leur malade ; mais il s'y opposa vigoureusement, demandant au Dr Millingen s'il pensait que le besoin de saigner était urgent. Le médecin répondit qu'il croyait pouvoir remettre cela sans danger au lendemain. Ainsi, le 16 au soir, ils saignèrent Byron au bras droit, lui ôtant seize onces de sang très enflammé. Le Dr Bruno secoua la tête en examinant le sang.

"Je lui ai toujours dit qu'il fallait le saigner", murmura-t-il, "mais il ne laisserait jamais cela se faire."

Ensuite, les médecins se sont longuement disputés sur le temps perdu.

Fletcher proposa à nouveau d'envoyer chercher le Dr Thomas à Zante, mais les médecins répondirent :

"Ce serait inutile ; avant qu'il puisse arriver ici, votre maître sera soit hors de danger, soit mort."

Entre-temps, la maladie s'est aggravée et le Dr Bruno a conseillé une seconde hémorragie. Fletcher fit savoir à son maître que les deux médecins jugeaient une autre hémorragie indispensable, et cette fois Lord Byron ne fit aucune résistance ; il tendit le bras et dit :

"Voici mon bras : ils feront ce qu'ils voudront." Puis il ajouta : « Ne vous ai-je pas dit, Fletcher, qu'ils ne comprennent absolument rien à ma maladie !

Byron devenait de plus en plus faible. Le 17, on l'a saigné le matin, et encore deux fois dans l'après-midi du même jour. Il s'évanouissait après chaque saignement et, à partir de ce jour, il perdit lui-même tout espoir.

« Je ne peux pas dormir, » dit-il à Fletcher, « et vous savez maintenant que je n'ai pas dormi depuis une semaine ; or, c'est un fait qu'un homme ne peut pas vivre longtemps sans dormir ; devient fou, et rien ne peut le sauver. Je préfère me faire sauter la cervelle dix fois plutôt que de devenir fou, je n'ai pas peur de la mort, je la regarderai approcher avec plus de sang-froid qu'on ne le croit.

Le 18, Byron était parfaitement satisfait de sa fin prochaine.

"Je crains", dit-il à Fletcher, "que Tita et vous ne tombiez malades en me soignant ainsi, jour et nuit."

Pourtant, tous deux refusaient de prendre du repos. Fletcher avait eu la sagesse de mettre hors de sa portée les pistolets et le poignard de son maître, dès le 16, lorsqu'il avait vu que la fièvre risquait de produire le délire.

Le 18, il répète à plusieurs reprises que les médecins de Missolonghi ne comprennent pas du tout son cas.

"Eh bien," répondit Fletcher pour la dixième fois, "laissez-moi aller chercher le Dr Thomas à Zante."

"Non, n'y allez pas... Envoyez-le chercher, Fletcher, mais faites vite."

Fletcher ne perdit pas une seconde pour envoyer un messager, puis il informa les deux médecins qu'il venait de faire appeler le Dr Thomas.

« Vous aviez bien raison, dirent-ils, car nous commençons nous-mêmes à nous sentir très inquiets.

En rentrant dans la chambre de son maître, Byron dit à Fletcher :

"Eh bien, tu as envoyé ?"

"Oui mon Seigneur."

"Bien ! Je souhaite savoir ce qui m'arrive."

Quelques instants plus tard, il fut pris d'une nouvelle crise de délire, et lorsqu'il reprit connaissance, il dit :

"Je commence à croire que je suis gravement malade. Si je dois mourir plus tôt que prévu, je désire vous donner quelques instructions. Veux-tu être sûr de les exécuter pour moi ?"

« Oh ! monseigneur, vous pouvez être sûr de ma fidélité, » répondit le valet de chambre ; "mais vous vivrez encore assez longtemps, j'espère, et pourrez vous occuper de vos propres affaires."

"Non", dit Byron en secouant la tête; "Non, la fin est venue... Je dois tout vous dire, Fletcher, et sans perdre un instant de temps."

« Dois-je aller chercher une plume, de l'encre et du papier, monseigneur ? demanda le voiturier.

"Oh non, nous devrions perdre trop de temps, et nous n'en avons pas à perdre. Faites attention."

"J'écoute, mon seigneur."

"Votre avenir est assuré."

" Oh ! monseigneur, " s'écria le pauvre valet de chambre en fondant en larmes, " je vous supplie de penser à des choses plus importantes. "

"Mon enfant!" murmura le mourant, ma chère fille, ma pauvre Ada, si j'avais pu la voir ! Apportez-lui ma bénédiction, Fletcher ; aussi à ma sœur Augusta et à ses enfants... Vous devez la prendre aussi pour Lady Byron... Dites-lui… dites-lui tout… vous êtes bien dans son estime… »

La voix du mourant lui manquait, et, quoiqu'il fît des efforts pour continuer à parler, le valet de chambre ne distingua que des expressions décousues, d'où, avec la plus grande difficulté, il tira ce qui suit :

"Fletcher... si vous n'exécutez pas... les ordres que je vous ai donnés... je vous hanterai... si Dieu me le permet..."

« Mais, monseigneur, s'écria le valet désespéré, je n'ai pas pu entendre un mot de ce que vous me dites.

"Oh ! mon Dieu, mon Dieu !" murmura Byron, alors il est maintenant trop tard... Tu ne m'as vraiment pas entendu ?

"Non, monseigneur ; mais essayez encore de me faire comprendre vos souhaits."

"Impossible impossible!" murmura le mourant ; "Il est trop tard... tout est fini... et pourtant... approche-toi, approche-toi, Fletcher... je vais réessayer."

Et il renouvela ses tentatives, mais tout fut en vain ; il ne pouvait prononcer que quelques mots entrecoupés, tels que : « Ma femme !... mon enfant... ma sœur. Vous savez tout... vous leur direz tout... vous connaissez mes vœux.

Rien de plus n'était intelligible.

C'était le 18 à midi. Les médecins tinrent une nouvelle consultation et décidèrent de donner au patient de la quinine dans du vin.

Il n'avait pris, comme je l'ai dit, qu'un peu de bouillon et deux cuillerées d'arrow-root pendant huit jours. Il prit de la quinine et montra par signes qu'il voulait dormir ; il ne parla plus à moins d'être interrogé.

"Voulez-vous que j'aille chercher M. Parry ?" » lui a demandé Fletcher.

"Oui, va le chercher", répondit-il.

Un instant plus tard, le valet revint avec lui. M. Parry se pencha sur son lit et Byron devint excité en le reconnaissant.

« Restez tranquille », dit M. Parry ; et le malade versa quelques larmes, puis parut s'endormir.

Ce fut le début d'un état de coma qui dura près de vingt-quatre heures.

Puis, vers huit heures du soir, il se réveilla et Fletcher l'entendit dire : "Et maintenant, je dois m'endormir..."

Ce furent les derniers mots qu'il prononça. Sa tête retomba immobile sur son oreiller. Il n'a jamais bougé pendant vingt-quatre heures ; il y avait parfois des spasmes d'étouffement et un bruit rauque dans sa respiration : c'était tout. Fletcher appelait Tita pour l'aider à relever la tête du malade, qui semblait assez engourdi, et les deux domestiques relevaient la tête chaque fois que les signes d'étouffement revenaient.

Cela dura jusqu'au 19, lorsque, à six heures du soir, Byron ouvrit et ferma les yeux sans aucun signe de douleur et sans bouger aucune autre partie de son corps.

"Oh ! mon Dieu," s'écria Fletcher, "je pense que mon seigneur a rendu son dernier souffle !"

Les médecins se sont approchés et ont pris son pouls.

« Vous avez raison », dirent-ils ; "il est mort!...."

Le 22 avril, la dépouille de Byron a été transportée à l'église où reposent Marco Bozariz et le général Normann. Le corps était enfermé dans un cercueil en bois brut ; il était recouvert d'un manteau noir, et sur le manteau ils plaçaient un casque, une épée et une couronne de lauriers.

Byron avait exprimé le souhait que son corps soit enterré dans son pays natal ; mais les Grecs demandèrent à pouvoir garder son cœur, et ceux qui l'avaient cruellement fait saigner de son vivant, l'abandonnèrent quand il fut mort.

Sa fille Ada, que j'ai revue depuis à Florence, fut déclarée fille adoptive de la Grèce. Je ne sais pas si le roi Othon Ier s'en souvint lorsqu'il monta sur le trône.

CHAPITRE IV

Célébrité usurpée : M. Lemercier et ses œuvres - Le lièvre blanc de Racan - *Le Fiesque* de M. Ancelot - Les artistes romantiques - Scheffer - Delacroix - Sigalon - Schnetz - Coigniet - Boulanger - Géricault - *La Méduse* dans l'atelier de l'artiste - Les funérailles de Lord Byron en Angleterre - Le corps de Sheridan réclamé pour dette

---

Tandis que le corps de Lord Byron était transporté de Missolonghi vers l'Angleterre, le mouvement littéraire en France progressait régulièrement. M. Liadière et M. Lemercier ont chacun fait de leur mieux aux prises avec Shakespeare et Rowe, chacun a produit *Jane Shore* ; M. Liadière à l'Odéon le 2 avril, et M. Lemercier au Théâtre-Français le 1er. La production de M. Liadière réussit tout juste à payer ses frais, tandis que celle de M. Lemercier fut un échec, malgré Talma, qui y joua deux rôles : celui de Gloucester et celui d'un mendiant. Talma était merveilleuse dans cette pièce, si pauvre soit-elle. Il y tenta ce qui était alors considéré comme une chose très extraordinaire. Lui, homme de belle présence, gracieux d'allure, plein de poésie, haut d'esprit et éloquent, jouait le rôle du bossu infirme Richard. La façon dont il a réussi à faire paraître son épaule droite plus haute que sa gauche et son bras paralysé était un miracle d'habileté, et la scène de dénonciation était un miracle de talent. Mais rien ne pouvait sauver une pièce aussi misérable. Il est grand temps maintenant que certaines réputations imméritées, soutenues par de belles coteries et des associations d'intrigues et de brassages, soient montrées sous leur vrai jour.

Par exemple, il y a l'auteur d'*Agamemnon* et de *Pinto* : il ne méritait pas le quart de la réputation qu'il recevait. *Agamemnon* est une pièce ennuyeuse et sans vie, dépourvue de sentiment poétique, de sens, de rythme et de style ; qu'est-ce comparé à l'*Oreste* d'Eschyle ? *Pinto* est un drame de l'école de Beaumarchais, la pire école dramatique que je connaisse ; la pièce serait morte de mort naturelle au bout de huit ou dix représentations si le censeur impérial n'avait pas été assez stupide pour tenter de l'étouffer. La persécution accordée à *Pinto* lui a donné une sorte de célébrité, mais, qu'on y joue de nos jours, on verra bientôt l'inutilité de l'imitation d'Eschyle et de Sénèque, la soi-disant création originale. Et pourtant ces deux pièces constituent les œuvres principales de l'auteur.

Essayez aussi de lire un certain nombre d'autres tragédies, drames et poèmes tombés, ensevelis sous les cris, les rires et les huées du public ! Essayez de lire *Méléagre* ou *Lovelace* ou *le Lévite d'Éphraïm* ; puis, quand vous aurez laissé de côté ces trois premiers ouvrages du même auteur, que vous vous sentirez suffisamment rétabli et que vous pourrez à nouveau respirer librement, reprenez la tâche et essayez de lire *Ophis, Plaute* ou *la Comédie latine, Baudouin, Christophe Colomb, Charlemagne.* , *Saint Louis, la Démence de Charles VI., Frédegonde et Brunehaut* , que Mademoiselle Rachel dans un but inconnu tira du tombeau, et galvanisées trois ou quatre fois sans pouvoir redonner vie. Alors, quoi d'autre? Restez... nous serions perdus sur le champ de bataille, parmi les productions qui ne s'attardent même pas blessées, mais tombent complètement mortes : *Camille* et *le Masque de poix* , et *Cahin-Caha* et *la Panhypocrisiade* : la folie succède à la médiocrité ; pure absurdité et calvaire.

Et pourtant, bien que blessé par ces rebuffades et complètement mutilé par ses chutes, M. Lemercier restait tranquillement assis dans son fauteuil du Palais Mazarin, ainsi que ses collègues, M. Droz, M. Briffaut et M. Lebrun, un essayant de faire oublier qu'il avait écrit un petit volume sur *Bonheur* , un autre qu'il avait perpétré une tragédie intitulée *Minus II.* , et la troisième, qu'il avait raté le feu dans son *Cid d'Andalousie* et mutilé *la Maria Stuart de Schiller* - il n'aurait pas eu besoin de dire quoi que ce soit, le monde l'aurait laissé dormir aussi tranquillement dans sa tombe que les spectateurs l'avaient voulu. dormi pendant l'exécution de ses pièces, si le sifflement n'avait jamais été inventé. Mais rien de tel ne s'est produit ! Lorsque M. Lemercier aperçut le mouvement littéraire de 1829, il cria au sacrilège, au manque de bon goût et au scandale de la chose ; il signe des pétitions au roi pour avoir la représentation d' *Henri III.* et de *Marion Delorme* arrêtée ; il barre l'entrée de l'Académie lorsque Lamartine et Victor Hugo tentent d'y entrer ; il opposa l'archevêque de Paris à l'un et fit venir un M. Flourens pour mater l'autre ; il retrouva suffisamment l'usage de ses jambes pour courir partout et recueillir des voix contre eux, et l'usage de sa main droite pour tourner la serrure contre eux. Grâce au ciel, je n'ai eu que très peu de relations avec ce méchant petit chien, et je n'ai eu aucune querelle personnelle avec lui, puisque je n'ai jamais eu de relations avec l'Académie ; mais comme il faut que quelqu'un se lève et parle pour la justice, je revendique le privilège d'être le premier à donner l'exemple.

Lorsque M. Flourens fut nommé à la place d'Hugo, je passais par le salon vert du Théâtre-Français. J'oublie quelle était la nouvelle pièce, mais M. Lemercier y discutait contre l'auteur de *Notre-Dame de Paris* et de *Marion Delorme* et les *Orientales* , comme il l'avait combattu toute la journée, en silence, à l'Académie. J'ai écouté sa diatribe pendant quelques minutes, puis, secouant la tête, je lui ai dit :

" Monsieur Lemercier, vous avez refusé votre vote à Victor Hugo ; mais il y a une chose que vous serez obligé de lui céder un jour, c'est votre place. Prenez garde qu'au lieu des choses méchantes que vous dites contre lui ici, il ne sera pas obligé de dire un jour un mot gentil pour vous à l'Académie.

Et cela s'est produit exactement comme je l'avais prédit. Il n'était pas facile de faire l'éloge de Lemercier, mais Hugo y parvint en décrivant l'époque au lieu de parler de l'homme, en se référant à l'empereur plutôt qu'au poète.

"Avez-vous lu mon discours?" Hugo m'a demandé le lendemain de sa réalisation.

"Oui."

"Eh bien, qu'en penses-tu ?"

"Je pense que vous lisez comme si vous veniez de succéder à Bonaparte comme membre de l'Institut, au lieu de M. Lemercier comme membre de l'Académie."

— Bon sang ! J'aurais préféré vous voir là-bas plutôt que moi-même. Comment vous en seriez-vous sorti ?

"Comme Racan l'a fait, en disant que mon gros lapin blanc avait mangé mon discours."

Racan, on s'en souvient, s'est présenté un jour devant l'Académie avec les bribes d'un discours qu'il avait l'intention de lire.

« Messieurs, dit-il, j'avais préparé un discours magnifique, qui ne pouvait manquer de gagner vos suffrages ; mais mon gros lapin blanc l'a englouti ce matin... Je vous ai apporté les restes, et vous devez essayer. pour en tirer le meilleur parti possible ! »

" Ah ! en effet, " répondit Hugo ; "J'aurais pu faire ça, mais cela ne m'est jamais venu à l'esprit."

Jane Shore de M. Liadière fit pour Mademoiselle Georges ce que *Jane Shore de M. Lemercier* avait fait pour Talma. C'était d'ailleurs la première tentative de Mademoiselle Georges dans le drame shakespearien : elle y conduisait dans *Christine* et dans *Lucrèce Borgia*.

C'était l'âge des limitations ; personne n'était assez fort pour être original. Ils durent chercher des choses fraîches au-delà de la frontière ; ils cherchaient à entrer dans les théâtres sur les épaules de Rowe ou de Schiller : s'ils réussissaient, ils mettaient tranquillement dehors l'auteur allemand ou anglais ; s'ils arrivaient mal, ils tombaient sur lui, et cela brisait le choc de leur chute.

Jane Shore de M. Liadière , l'Odéon a présenté *la Fiesque de M. Ancelot*. Mais M. Ancelot était un puriste : il n'a jamais imaginé que *la Fiesque de Schiller* puisse être présentée complète comme dans la pièce allemande ; c'est pourquoi il supprima entièrement et discrètement le caractère du Maure.

Pouvez-vous imaginer *Fiesque* débarrassée de la Maure ! sans le Maure ! le piquet principal sur lequel est accroché le drame ! Sans le Maure ! le personnage pour lequel Schiller a construit sa pièce ! Quand aurons-nous une loi qui, tout en permettant la traduction, interdira la mutilation ? Les Italiens n'ont pas de loi concernant les traducteurs ; mais ils ont un proverbe aussi court qu'expressif, aussi concis que vrai : *Traduttore, traditore* .

Pendant ce temps, l'école romantique, bien qu'encore timide dans les milieux théâtraux et littéraires, envahissait hardiment d'autres branches de l'art.

M. Thiers, en histoire, avait publié sa *Révolution française* , et Botta son *Histoire d'Italie* ; M. de Barante faisait son excellente *Chronique des ducs de Bourgogne* , ouvrage plein de savoir et d'éclat, qui, cette fois, bien qu'accidentellement, ouvrit à son auteur les portes de l'Académie. Mais la lutte était plus visible en peinture. David mort et Girodet tout juste mort, leurs successeurs furent Scheffer, Delacroix, Sigalon, Schnetz, Coigniet, Boulanger et Géricault. Les œuvres de cette galaxie de jeunes artistes audacieux ornent les murs du Salon de 1824. Scheffer y expose sa *Mort de Gaston de Foix*. C'était un de ses premiers tableaux, d'une couleur plutôt criarde, mais le visage du guerrier agenouillé à la tête de Gaston ressortait le plus remarquablement ; Scheffer était le peintre-poète, le meilleur traducteur de Goethe que je connaisse ; il a recréé tout un monde de personnages allemands, de Mignon au roi de Thulé, de Faust à Marguerite.

C'est Scheffer qui a transposé sur la toile la grande et exquise histoire de Francesca da Rimini de Dante, une conception que tous les poètes dramatiques n'ont pas réussi à reproduire ; Scheffer a trouvé le temps de se joindre à toutes les conspirations en cours, chez Dermoncourt, Caron et la Fayette, et a pourtant réussi à devenir l'un des meilleurs peintres que la France ait jamais produits.

Puis il y a Delacroix, dont *le Massacre de Scio* suscite de nombreuses discussions dans toutes les écoles de peintres. Delacroix était voué à être poursuivi par des ignorants fanatiques et des vilipendants déterminés, tout comme Hugo en littérature ; il s'était déjà fait connaître par son *Dante traversant le Styx* ; et toute sa vie il conserva le privilège, rare parmi les artistes, de pouvoir soulever une tempête de haine et d'admiration sur la production de chaque œuvre nouvelle. Delacroix est un intellectuel, plein de savoir autant que d'imagination, mais il a une particularité, il s'obstinera à vouloir devenir le collègue de M. Picot et de M. Abel de Pujol, qui, espérons-le, auront volontiers aucun de lui.

Vient ensuite Sigalon, avec sa nature méridionale rude et passionnée. Son tableau, *Locuste faisant sur un esclave l'essai de ses poisons* , avait été recommandé à la connaissance de M. Laffitte, et ce banquier mécène l'acheta, probablement avant de l'avoir vu ; lorsqu'on l'accrochait dans son salon, elle terrifiait la clientèle des banques et tous les marchands du marché monétaire. Tout le monde demandait au futur ministre pourquoi il avait acheté un tableau aussi horrible, plutôt qu'un des petits joyaux de Madame Haudebourg-Lescaut ou de Mademoiselle d'Hervilly. M. Laffitte fut tellement tourmenté qu'il fit venir Sigalon et le pria de reprendre sa *Locuste* , ce qui menaçait de rendre hystériques les grandes dames du monde commercial, le suppliant de lui peindre autre chose à la place.

Sigalon a repris sa *Locuste* , mais je ne sais pas ce qu'il a donné en échange. Hélas! Sigalon faisait partie de ceux qui étaient destinés à une mort prématurée. Il fut envoyé à Rome pour copier *le Jugement dernier de Michel-Ange* , et il n'eut que le temps de léguer cette grande œuvre à la France et de tendre les bras vers son pays, avant de mourir.

Schnetz avait trois tableaux au Salon de 1824, deux grandes toiles qui auraient pu être peintes par n'importe qui aussi bien que par lui-même, et un de ces tableaux *de genre* dans lesquels il est inimitable. Ce tableau *de genre* s'appelait *Un Sixte-Quint enfant* , le sujet étant une gitane prédisant qu'il deviendrait pape. Le lecteur devinera avec quelle fidélité Schnetz réussit à représenter dans sa toile de six pieds de haut sur quatre pieds de large, un vieux devin, un jeune berger et une jeune Romaine : le *Sixte-Quint* était un chef-d'œuvre.

Le Massacre des Innocents de Coigniet était accroché en face de la porte et attirait l'attention dès l'entrée. Elle représentait une femme accroupie, d'apparence désordonnée par un long voyage, l'effroi dans les regards et très pâle, se cachant, ou plutôt cachant son enfant, dans le coin d'un mur en ruine, tandis que le massacre se poursuivait au loin. C'était une belle œuvre dont chaque détail, bien pensé, bien exécuté, bien peint, je m'en souviens encore, après vingt-cinq ans.

Boulanger avait tiré le sujet de sa peinture des œuvres du célèbre poète qui venait de mourir. Mazeppa, capturé, est attaché à un cheval sauvage, qui va l'emporter, le cœur brisé, évanoui et mourant, vers ces terres nouvelles où un royaume l'attendait à son réveil. Les contorsions des jeunes membres forts qui luttaient, se raidissaient, contre les méchants qui le fouettaient sur le dos de la bête sauvage, offraient un merveilleux contraste, non seulement dans la présentation technique de la chair, qui était tout à fait excellente, mais même dans plus encore dans les souffrances physiques et morales de Mazeppa par rapport à la force insensible de ses bourreaux.

Il y avait enfin Géricault qui, bien que non représenté au Salon de cette année-là, faisait presque autant parler d'eux que ceux dont les tableaux étaient accrochés aux murs. Et cela parce que la nouvelle école, à la recherche d'un chef, estimait que Géricault était l'homme idéal, même s'il n'avait jusqu'alors peint que quelques études. Il venait d'achever *le Hussard* et *le Cuirassier* , que le Musée avait récemment rachetés à l'avènement du roi Louis-Philippe, et il achevait sa *Méduse*. Pauvre Géricault ! lui aussi devait mourir, et mourir misérablement, après avoir fait sa *Méduse*. Je l'ai vu une semaine avant sa mort. Le lecteur se demande comment j'ai connu Géricault ? De la même manière que j'ai fait la connaissance de Béranger et Manuel. Lors de mes dîners hebdomadaires chez M. Arnault, je rencontrais souvent le colonel Bro, brave et excellent soldat, à qui toute pensée de l'armée était chère, et qui m'avait été amical uniquement parce que j'étais le fils d'un général qui servait à la Révolution. Bien sûr, Bro était opposé au gouvernement Bourbon. Il avait une maison rue des Martyrs, au n° 23, et dans cette maison logeaient diverses personnes selon leurs fortunes diverses : Manuel le député expulsé de la Chambre, Béranger le poète et Géricault. Un jour que nous parlions de Géricault qui était mourant, frère m'a dit :

"Venez voir son tableau *la Méduse* et le peintre lui-même, avant sa mort, afin que vous puissiez au moins dire que vous avez vu un des plus grands peintres qui aient jamais vécu."

Je me gardai bien de refuser, comme on le croit facilement, et le rendez-vous fut fixé pour le lendemain. Vous demandez de quoi Géricault est mort ? Écoutez et observez comment, à chaque instant, le destin semblait mettre une croix sur son nom. Il possédait une fortune, un revenu d'environ douze mille livres ; il aimait les chevaux et les peignait admirablement. Un jour, alors qu'il montait à cheval, il s'aperçut que la boucle de sa ceinture de culotte s'était détachée : il attacha ensemble les deux extrémités de la sangle et partit au galop. Son cheval l'a projeté et le nœud de la sangle a meurtri deux vertèbres de la moelle épinière lors de sa chute. Il était alors sous traitement pour une maladie qui s'est installée à cet endroit ; la blessure ne cicatrisa jamais, et Géricault, l'espoir de tout un siècle, mourut d'une des maladies les plus longues et les plus douloureuses qui soient : la carie de la colonne vertébrale. Lorsque nous l'avons appelé, il était occupé à dessiner sa main gauche avec sa droite.

"Qu'est-ce que tu cherches, Géricault ?" demanda le colonel.

" Vous voyez, mon cher, " dit le mourant, " je fais mon profit. Ma main droite ne trouvera jamais une meilleure étude anatomique que celle que ma main gauche peut lui offrir, et l'égoïste en profite. "

Et en effet, Géricault était si maigre qu'on pouvait voir les os et les muscles de sa main à travers la peau, comme on le voit sur les moulages en plâtre utilisés pour les modèles des étudiants en art.

"Mon cher ami," demanda frère, "comment as-tu supporté ton opération hier ?"

"Très bien... c'était une expérience très curieuse. Imaginez, ces bouchers me coupaient pendant dix minutes."

"Tu as dû horriblement souffrir."

"Pas grand chose... J'ai pensé à autre chose."

"A quoi as-tu pensé ?"

"Une image."

"Comment était-ce?"

" C'était très simple. J'avais la tête de mon lit tournée vers la vitre, pour que, pendant que les médecins travaillaient derrière mon dos, je puisse voir ce qu'ils faisaient quand je me soulevais sur mes coudes. Ah ! si je pouvais mais guéris-toi, je jure que je ferais une noble suite à l'étude d'anatomie d'André Vésale. Seulement, mon étude anatomique serait prise sur un homme vivant.

C'est précisément cette scène que, deux ans plus tard, Talma répéta devant Adolphe et moi, alors qu'il était dans son bain.

Frère a demandé au malade la permission de monter voir sa *Méduse.*

« Faites ce que vous voulez, dit Géricault ; "tu es dans ta propre maison." Et il continua à tirer sa main.

Je restai longtemps devant ce tableau merveilleux, bien qu'à cette époque j'ignorais l'art et que je fusse incapable de l'estimer à sa juste valeur. En sortant de l'atelier, j'ai marché sur une toile renversée. Je l'ai ramassé, j'ai regardé le côté droit et j'ai vu une magnifique tête d'ange déchu : je l'ai donnée à Fr.

"Voyez," dis-je, "ce que j'ai trouvé par terre."

Bro est retourné dans la chambre du malade.

"Eh bien, mon cher, vous êtes fou de laisser des choses pareilles traîner sur le sol."

« Savez-vous à qui appartient cette tête ? » demanda Géricault en riant.

"Non."

"Eh bien, mon bon ami, c'est la tête du fils de votre portier. Il est entré dans mon atelier l'autre jour, et j'ai été tellement frappé par les possibilités de son visage que je lui ai demandé de s'asseoir pour moi, et en dix minutes, je avez fait cette étude à partir de cela. Voudriez-vous l'avoir ?

"Mais s'il s'agit d'une étude, vous l'avez fait pour un objet."

— Oui, pour l'objet d'étude lui-même. Cela vous sera peut-être utile un jour.

"Un jour, mon cher frère, c'est loin, et entre-temps beaucoup d'eau aura coulé sous les ponts et beaucoup de cadavres auront été transportés par les portes du cimetière Montmartre."

"Bien bien!" dit frère.

— Prends-le, mon ami, et garde-le, répondit Géricault ; "si jamais je le veux, je pourrai le trouver chez toi."

Puis il nous salua et nous le quittions ; Bro emportant la tête de son ange. Une semaine plus tard, Géricault mourut, et son ami intime et exécuteur testamentaire, Dreux-d'Orcy, eut les plus grandes difficultés à convaincre les autorités des Beaux-Arts d'acheter pour six mille francs *la Méduse* , toile qui est aujourd'hui considérée comme l'une des les biens les plus précieux du Musée. Pourtant, le gouvernement le voulait simplement dans le but de couper cinq ou six têtes pour que ses élèves puissent les copier. Heureusement, de Dreux-d'Orcy a mis fin à ce sacrilège avant qu'il n'ait dépassé son stade initial.

Mais je vois que j'ai oublié de parler d'Horace Vernet, de M. Ingres et de Delaroche, dont chacun mérite une mention particulière. Ils recevront un avis sous peu, mais d'abord un mot de plus sur Lord Byron.

Le 5 juillet, le corps du noble seigneur atteint Londres depuis Missolonghi. Il gisait dans une coque perforée trempée dans un tonneau d'alcool de vin. Lorsque le corps fut débarqué du *Florida* , dans lequel il avait été transporté, le capitaine allait jeter ce liquide par-dessus bord ; mais maintenant que Lord Byron était mort, même ses propres compatriotes devenaient ses adorateurs, et ces admirateurs demandèrent au capitaine l'esprit de vin dans lequel le corps de Lord Byron avait été conservé, offrant en échange un louis une pinte. Le capitaine accepta l'offre, et la somme ainsi reçue était au même tarif par pinte que, disait-on, le poète avait reçu par ligne. Deux jours après l'arrivée du corps, une autopsie fut pratiquée et les médecins, qui auraient pourtant dû pouvoir découvrir certaines choses, découvrirent que Lord Byron était mort parce qu'il avait refusé de se faire saigner. Son corps fut déposé en état, mais seuls furent admis ceux qui avaient des billets spéciaux remis par son exécuteur testamentaire ; cependant, malgré cette précaution, la foule était si nombreuse qu'il fallut faire appel à une force armée pour maintenir l'ordre. Les esprits du vin avaient assez bien conservé la chair pour que le poète soit encore reconnaissable : ses mains, surtout, étaient restées presque vivantes dans leur beauté, ces mains dont le noble excentrique avait si bien pris soin que, même en nageant, , il avait porté des gants ! Ses beaux cheveux, dont il était très fier, étaient devenus presque gris, bien qu'il n'eût que trente-sept ans. Chaque cheveu blanc de la tête du poète pourrait raconter une histoire de chagrin. L'enthousiasme du public à l'égard de Byron était tel que la question se posa aussitôt de l'enterrer à l'abbaye de

Westminster ; mais ses amis craignirent que les autorités refusent la demande et la famille déclara que son corps serait enterré dans le caveau de l'abbaye de Newstead, où reposaient ses ancêtres. Même sa mort a soulevé la clameur des langues qui l'ont poursuivi tout au long de sa vie. Le 12, une foule immense se rassembla dès le point du jour sur le trajet que devait emprunter le cortège. Le colonel Leigh, le beau-frère de Byron, était le principal pleureur ; et dans les six voitures qui suivirent se trouvaient les députés de l'opposition les plus célèbres : Hobhouse, Douglas Kinnaird, sir Francis Burdett et O'Meara, chirurgien de l'empereur. Puis, dans leurs voitures particulières, suivaient le duc de Sussex, frère du roi, le marquis de Lansdowne, le comte Grey, lord Holland, etc. Deux députés grecs fermaient le cortège. Lorsqu'il atteignit Hampstead Road, le rythme s'accéléra ; il était prévu de passer la nuit à Welwyn, et de partir de bonne heure le lendemain, mardi, pour atteindre Higham-Ferrers dans la soirée ; mercredi, il devait atteindre Oakham ; jeudi, Nottingham ; et l'abbaye de Newstead vendredi. L'arrangement fut ponctuellement exécuté et le vendredi 17 août, le corps fut déposé dans la sépulture de ses ancêtres. Byron, exilé par sa femme, traqué par sa propre famille et repoussé par ses contemporains, avait enfin gagné le droit de rentrer triomphalement dans son pays et chez lui. Il était mort! Et pourtant, cela aurait pu lui arriver comme cela est arrivé au cadavre de Sheridan ; pauvre Sheridan, qui buvait tellement de rhum, de brandy et d'absinthe que Lord Byron lui dit un jour lors d'une orgie :
"Sheridan ! Sheridan ! tu bois assez d'alcool pour mettre le feu au gilet de flanelle que tu portes près de ta peau."
Et la prophétie s'est réalisée : Sheridan a tellement bu que son gilet de flanelle a été brûlé. Sheridan était mort ; et il laissa ses poches et ses bouteilles vides. Cela n'empêcha pas les plus hauts personnages du pays de lui faire honneur, car il gisait mort dans sa maison, qui avait été vidée de tout par ses créanciers. Ces amis qui avaient peut-être refusé la veille de lui prêter dix guinées lui offrirent une sépulture royale. Le cercueil allait être porté au corbillard, lorsqu'un gentilhomme vêtu d'un profond deuil de la tête aux pieds et apparemment accablé de chagrin, entra dans la chambre où étaient rassemblés les gentilshommes les plus aristocratiques des trois royaumes, et s'avançant. au cercueil, il demanda, comme faveur particulière, de pouvoir regarder une dernière fois les traits de son malheureux ami. On le refusa d'abord, mais ses supplications étaient si véhémentes, sa voix si cassée, il était si secoué de sanglots, qu'on n'aimait pas refuser d'être entendu à une telle douleur. Le dessus du cercueil fut dévissé et le corps de Sheridan découvert. Alors l'expression du visage du monsieur en deuil changea complètement, et il sortit de sa poche un ordre de saisie du corps et en prit possession. Il était huissier. M. Canning et Lord Lydmouth ont emmené l'homme dehors et ont réglé le montant qu'il réclamait, à savoir la somme de 480 £.

CHAPITRE V

Ma mère vient vivre avec moi. — Un duc de Chartres m'est né. — Chateaubriand et M. de Villèle. — Brièveté épistolaire. — Rétablissement de la censure. — Un roi de France ne doit jamais être malade. — Bulletins de santé de Louis XVIII. — Ses derniers instants et sa mort — Ode de Victor Hugo — M. Torbet et le tombeau de Napoléon - Le voyage de La Fayette en Amérique - Les ovations pleuvent sur lui

Ma mère avait été aussi seule sans moi que je l'avais été sans elle, alors, en réponse à ma lettre, elle ferma le bureau de tabac, vendit une partie de nos meubles miteux et m'écrivit qu'elle venait à Paris : apportant avec elle son châlit, une commode, une table, deux fauteuils, quatre chaises et cent louis en espèces sonnantes et trébuchantes. Cent louis ! Eh bien, c'était exactement le double de mon revenu annuel et nous devrions maintenant avoir 2400 francs par an pour les deux prochaines années, donc pour cette période nous devrions nous sentir assez en sécurité. Il était d'autant plus important de s'y installer que, le 29 juillet 1824, tandis que le duc de Montpensier venait au monde au Palais-Royal, un duc de Chartres me naissait au n°1 de la place des Italiens. Ceci, joint à l'exiguïté de ma petite chambre jaune, où il n'y avait pas de place pour ma mère, était une des raisons qui m'obligeaient à chercher un nouveau logement. Trouver une nouvelle maison était une considération sérieuse ; les logements étaient très chers à proximité du Palais-Royal, et si j'étais trop loin du Palais-Royal, mes quatre allers-retours par jour entraînaient une usure sérieuse du cuir des chaussures. Toute dépense pèse lourdement sur un homme qui ne gagne que quatre francs cinq sous par jour.

J'avais en effet deux ou trois pièces en main avec de Leuven, mais j'étais obligé de m'avouer que probablement de Leuven, qui n'avait pas réussi à réussir avec Soulié — que nous reconnaissions comme le meilleur d'entre nous — ne le ferait pas. avoir plus de chance avec moi. Son *Bon Vieillard* avait été décliné au Gymnase ; sa *Pauvre Fille* avait été rejetée par le Vaudeville, et son *Château de Kenilworth* n'avait même pas été lu : Mademoiselle Lévêque avait poliment fait dire qu'elle n'avait pas « le temps pour le moment » de s'occuper d'un nouveau rôle, et la Porte-Saint -Martin avait reçu un mélodrame sur le même sujet.

Il me fallait donc trouver un logement, comme je l'ai dit, qui ne soit pas trop loin et pourtant dont le loyer ne soit pas trop élevé. Je me mis au travail et découvris des chambres au n° 53 du faubourg Saint-Denis, dans une maison attenante au *Lion d'Argent*. Nous avions deux pièces au deuxième étage donnant sur la rue, l'une servant de débarras, de salle à manger et de cuisine.

Nous nous rendîmes vite compte que ces appartements nous payaient beaucoup trop cher : ils étaient de 350 francs. Finalement tout fut réglé ; ma mère a envoyé ses marchandises par transporteur et est arrivée en même temps qu'eux. Nous étions ravis de nous retrouver à nouveau ; ma mère, cependant, était un peu inquiète et incapable de partager et de croire à tous mes espoirs et à tous mes projets ; car elle pouvait se prévaloir d'une vie longue et triste, au cours de laquelle elle avait connu toutes sortes de déceptions et de chagrins. Je la consolai de mon mieux, et, pour lui rendre agréables les quatre ou cinq premiers jours de sa vie à Paris, j'usai de toute l'influence que j'avais auprès de M. Oudard, de M. Arnault et d'Adolphe de Louvain pour l'obtenir. ses billets pour le théâtre. Au bout d'une semaine, nous étions installés dans notre petit nid, et aussi habitués à notre nouvelle vie que si nous n'en avions jamais connu d'autre. Sur le même palier que nous, mais du côté opposé, logeait un digne garçon de quarante ans, nommé Després, qui était employé dans un département ministériel. Il était un des habitués du Caveau ; il compose des chansons dans le style de Brazier et d'Armand Gouffé ; et il avait fait jouer une ou deux pièces dans des théâtres de second ordre. Il mourait de consomption. Lorsque, après avoir payé deux échéances, nous trouvâmes que notre logement était plus cher que ce que nous pouvions nous permettre, il nous dit :

" Attendez ma mort, qui ne saurait tarder maintenant ; alors vous pourrez prendre mon appartement, qui est très commode, et seulement deux cent trente francs. "

Et, en fait, il mourut six semaines plus tard – dans cette humeur calme, douce, calme et philosophique que j'ai remarquée chez presque tous ceux qui sont nés au XVIIIe siècle. Et, comme il nous l'avait ordonné, nous avons pris ses chambres lorsqu'elles étaient vacantes, et nous nous sommes trouvés logés selon nos moyens.

Entre-temps, des changements politiques se produisaient. M. de Villèle (que mon ami Méry devait tant rendre célèbre et qui, à son tour, lui rendait aussi le compliment) partageait le pouvoir politique avec M. de Chateaubriand ; et pendant deux ans ils offrirent le spectacle insolite d'une alliance entre un financier et un poète. Il est facile de croire qu'une telle relation ne devait pas durer longtemps, et les deux ministres se sont disputés sur deux projets de loi. M. de Chateaubriand crut cimenter la monarchie par l'acte de durée septennale, M. de Villèle crut enrichir l'État par un acte concernant la conversion des consols (*rentes*). La loi concernant la conversion des consoles fut rejetée par la Chambre des pairs à la majorité de 128 voix contre 94. On remarqua que M. de Chateaubriand, qui paraissait opposé à la loi, ne se leva pas pour la défendre à la Tribune. On a même dit qu'il avait voté contre. Une telle opposition, dirigée contre le président du Conseil, était punie avec la brutalité et la brutalité des sentiments particuliers aux hommes d'argent.

Lorsque M. de Chateaubriand se rendit à la messe le jour de la Pentecôte, il fut informé qu'une dépêche très urgente l'attendait au ministère. Il s'y rendit aussitôt, et trouva une lettre du président du Conseil dans les termes suivants :

"M. LE VICOMTE, j'obéis à l'ordre du Roi en vous remettant le mandat ci-joint."

Le mandat ci-joint était un licenciement. Dix minutes plus tard, M. de Villèle avait reçu à son tour la réponse de M. de Chateaubriand. La lettre du ministre des Affaires étrangères était aussi laconique que celle reçue du ministre des Finances :

" M. LE COMTE,... J'ai quitté le ministère des Affaires étrangères ; le ministère est à votre disposition. "

Il y avait exactement quinze mots dans chaque lettre : c'était la faute des mots eux-mêmes, et non celle de M. de Chateaubriand, si la réponse [1] contenait quatre lettres de plus.

Ce renvoi fut une pilule bien amère pour l'auteur du *Génie du Christianisme* , et c'est à propos de cet événement qu'il prononça ces paroles que nous croyons avoir déjà citées :

"Je n'avais même pas volé une montre sur la cheminée du roi !" avait-il dit en quittant le ministère des Affaires étrangères.

L'ordre avait été rédigé par M. de Renneville, dont nous parlerons plus tard, le secrétaire décrit par Méry et de Barthélemy comme étant *cousu aux basques de M. de Villèle.*

« M. de Renneville, dit Chateaubriand dans ses *Mémoires* , a encore la bonté de paraître embarrassé en ma présence ! Et, bon Dieu, qui est ce M. de Renneville, pour que je pense un jour à lui ? Je le rencontre. Assez souvent, ... sait-il par hasard que je sais que l'ordre de rayer mon nom de la liste des ministres était de sa main ?

Il y avait effectivement des hommes, sous l'Empire, qui avaient la lâcheté de se couper l'index pour éviter de devenir soldats. C'est dommage que certains hommes n'aient pas le courage de se couper toute la main avant d'écrire certaines choses.

Mais au moment où M. de Chateaubriand était chassé du ministère, la Providence signait un arrêté, en termes presque aussi brusques, pour Louis XVIII. quitter cette vie. Le roi était malade lors de la fête de Saint-Louis, si malade qu'il fut conseillé de ne pas le recevoir, à cause de la fatigue que cela lui occasionnerait ; mais, avec sa sentenosité habituelle, le roi répondit : « Un roi de France peut mourir, mais il ne doit jamais être malade.

Comme si Louis XVIII. Voulant laisser la voie facile à son successeur, en ce qui concerne le rejet de l'appel du ministère public dans l'affaire de l' *Aristarque* , il relança la loi du 31 mars 1820 et du 26 juillet 1821, c'est-à-dire qu'il re- instaure la censure. C'est une étrange coïncidence que, lorsque cela se produit, les rois soient généralement sur le point de tomber ou de mourir. Le rétablissement de la censure produisit un tumulte terrible ; pour rendre justice aux hommes de lettres de cette époque, aucun d'eux n'ose accepter ou exercer publiquement la fonction de censeur ; une commission secrète dut être organisée et placée sous la présidence du *conseiller d'État directeur général* de la police. M. de Chateaubriand se jeta alors ouvertement dans l'opposition contre cette mesure et publia ses *Lettres sur la censure*. En quelques jours, les journaux libéraux d'opposition et les journaux royalistes n'offraient à leurs abonnés que des chroniques vierges.

Deux jours après Louis XVIII. avait dit qu'un roi de France pouvait mourir mais qu'il ne devait jamais être malade — c'est-à-dire que les 27 et 28 août, lors de ses deux dernières promenades à Choisy, il comprit qu'il lui fallait sérieusement aborder la question de la mort. Mais il continua à donner des audiences, à présider le Conseil et à diriger l'œuvre des ministres avec un courage qu'on ne peut qu'admirer, quand on pense qu'il souffrait de mortifications des jambes, des tissus cellulaires, des muscles et même des os. dont étaient pourris; le pied droit entièrement et la partie inférieure de la jambe aussi haute que le mollet étaient devenus mortifiés, les os en étaient tout à fait mous et quatre orteils étaient pourris. Ce n'est qu'après une consultation de médecins tenue dans la nuit du 12 septembre qu'il fut décidé que l'état du roi de France ne pouvait plus être caché à ses sujets. Jusqu'à cette époque Louis XVIII. avait été fidèle aux principes énoncés par lui et avait refusé d'admettre qu'il était malade. " Vous ne savez pas ce que signifie dire à un peuple que son roi est malade. Cela signifie qu'il doit fermer la Bourse et les lieux de divertissement ; mes souffrances seront prolongées, et je ne veux pas que les intérêts publics souffrent pendant si longtemps. temps."

Le 13 septembre au matin, deux bulletins parurent en même temps au *Moniteur* , signés par les médecins et par le premier gentilhomme de la Chambre.

Ils annoncèrent la maladie du roi et montrèrent très clairement que sa maladie était incurable. A la fin du deuxième bulletin venait l'ordre que Louis XVIII. avait très redouté, ordonnant la fermeture de la Bourse et des théâtres. C'étaient les premiers bulletins que la France lisait depuis un demi-siècle, c'est-à-dire depuis la mort de Louis XV, et ce seraient les derniers qu'elle lirait.

" LES TUILERIES , 12 *septembre* , 6 *heures du matin*

« Les infirmités chroniques et de longue durée du Roi se sont sensiblement aggravées depuis quelque temps, sa santé s'est considérablement dégradée et son état nécessite des consultations plus fréquentes.

« La constitution de Sa Majesté et les soins qu'il a pris à lui-même avaient fait espérer depuis quelque temps qu'il pourrait être rétabli dans son état de santé habituel ; mais on ne peut dissimuler maintenant que ses forces ont diminué considérablement et que les espoirs divertis ont moins de chances de se réaliser.

(Signé) PORTAL, ALIBERT, MONTAIGU, DISTEL, DUPUYTREU, THÉVENOT
Premier Gentilhomme de la Chambre du Roi

COMTE DE DAMAS"

Deuxième bulletin

"21 *heures*

"La fièvre a augmenté au cours de la journée. Les membres inférieurs sont devenus extrêmement froids : la faiblesse et la léthargie ont également augmenté, et le pouls est devenu très faible et irrégulier.

(Signé) PORTAL, ALIBERT, MONTAIGU, DISTEL, DUPUYTREU, THÉVENOT
Premier Gentilhomme de la Chambre du Roi

COMTE DE DAMAS"

« En considération de l'état de santé du Roi, tous les théâtres et lieux de divertissement public, ainsi que la Bourse, seront fermés jusqu'à nouvel ordre, et des prières publiques seront offertes dans chaque paroisse. »

Le 16, à quatre heures du matin, Louis XVIII. rendit son dernier souffle. Il avait béni les deux enfants royaux de France la veille au soir. Puis, se tournant vers son frère le comte d'Artois, qui allait changer son titre pour celui de Charles X, et désignant le duc de Bordeaux, il dit : « Frère, veillez bien à la couronne de cet enfant. "

Les craintes du roi mourant pour l'avenir de son neveu étaient presque prophétiques. Il avait rassemblé toutes ses forces restantes pour prononcer ces derniers mots. Sa respiration devint bientôt rauque et son pouls intermittent, et une crise fut atteinte au cours de laquelle le roi tomba dans un état de calme alarmant. A deux heures du matin, le pouls battait à peine et la voix lui manquait complètement, bien qu'il signifiait du regard qu'il comprenait et entendait encore les exhortations de son confesseur. Enfin, à quatre heures du matin, lorsque le dernier signe de vie cessa et que le corps devint immobile pour toujours, M. Alibert tira une des mains du roi hors du couvre-lit et dit : « Le roi est mort. A ces mots, le comte d'Artois, qui n'avait pas quitté son frère depuis deux jours, s'agenouilla au bord du lit et lui baisa la main. Madame la duchesse d'Angoulême et Mademoiselle suivirent son exemple ; puis tous deux se jetèrent dans les bras du comte d'Artois et y restèrent quelque temps en pleurant amèrement.

Alors que le nouveau roi quittait la chambre mortuaire pour regagner ses appartements, un héraut d'armes s'écria à trois reprises :

"Le roi est mort, messieurs ! Vive le roi !"

Et à partir de ce moment, Charles X fut roi de France. Le 23 septembre, nous regardions par nos fenêtres le cortège funèbre du dernier roi qui devait être conduit à Saint-Denis.

Chateaubriand a écrit un poème, *le Roi est mort ! vive le roi !* sur la mort du roi, et ce fut l'une des productions les plus pauvres qui soient jamais sorties de sa plume.

La même occasion inspira à Victor Hugo la publication de ses *Funérailles de Louis XVIII,* et ce fut une de ses plus belles odes. Je n'ai pas besoin de demander la patience à mes lecteurs si je cite quelques strophes : -

Un autre avait dit : 'De ma race
Ce grand tombeau sera le port;Je veux, aux rois que je remplace,Succéder jusque dans la mort.Ma dépouille ici doit descendre!C'est pour faire place à ma cendreQu'on dépeupla c c'est des caveaux noirs;
Il faut un nouveau maître au monde;A ce sépulcre que je fondeIl faut des osssements nouveaux!

'Je promets ma poussière à ces voûtes funestes.A cet insigne honneur ce temple a seul des droits;Car je veux que le ver qui rongera mes reste es
Ait déjà dévoré des rois.Et, lorsque mes neveux, dans leur fortune altière,Domineront l'Europe entière, Du Kremlin à l'Escurial, Ils viendront tour à tour dormir dans ces lieux sombres,
Afin que je sommeille, escorté de leurs ombres,
Dans mon linceul impérial !

Celui qui disait ces parolesCroyait, soldat audacieux,Voir, en magnifiques symboles,Sa destinée écrite aux cieux.Dans ses étreintes foudroyantes,Son aigle, aux serres flamboyantes,Eût étouffé l'aigle romain;La victoire était sa compagne,Et le globe de CharlemagneÉtait trop léger pour sa main!

Eh bien, des potentats ce formidable maîtreDans l'espoir de sa mort par le
ciel fut trompé.De ses ambitions, c'est la seule peut-êtreDont le mais lui
soit échappé.En vain tout secondait sa marc il meurtrière;
En vain sa gloire incendiaire
En tous lieux portait son flambeau;
Tout chargé de faisceaux, de sceptres, de couronnes, Ce vaste ravisseur
d'empires et de trônes Ne mets usurper un tombeau !

Tombé sous la main qui châtie, L'Europe l'a laissé prisonnier.
Premier roi de sa dynastie,Il en fut aussi le dernier.Une île où grondent les
tempêtesReçu ce géant des conquêtes,Tyran que nul n'osait juger,Vieux
guerrier qui, dans sa misère,Dut l'obole de BélisaireA la pitié de l 'étranger.

Loin du sacré tombeau qu'il s'arrangeait naguère,
C'est là que, dépouillé du royal appareil,Il dort enveloppé de son manteau
de guerre,Sans compagnon de son sommeil.Et, tandis qu'il n'a plus, de
l'empire du monde,Qu'un noir rocher battu de l'onde,Qu'un vie ux saule
battu du vent,
Un roi longtemps banni, qui fit nos jours prospères,
Descend au lit de mort où reposaient ses pères,Sous la garde du Dieu
vivant!"

Mais le poète est trop généreux envers Napoléon en le qualifiant de « *ce vieux
saule battu du vent* », car à ce moment précis les autorités de Sainte-Hélène
ayant aboli le péage initialement imposé et soumis par les visiteurs du
tombeau de Napoléon, M. Torbet, propriétaire du terrain dans lequel
l'empereur était enterré, lorsqu'il constata qu'il ne pouvait plus tirer profit du
corps, demanda qu'il soit exhumé et enlevé. autre part. Il y eut une longue
controverse à ce sujet, et M. Torbet menaça de déterrer lui-même le corps
de l'homme qui, malgré ce qu'avait écrit le poète, avait tout usurpé, même sa
propre tombe, et de jeter les restes dehors. l'autoroute, jusqu'à ce qu'enfin le
gouvernement décide que la Compagnie des Indes devrait acheter le terrain
à Torbet pour cinq cents livres sterling. Il fut décidé qu'à l'avenir, grâce à
cette *douceur* accordée à M. Torbet, on visiterait gratuitement le tombeau de
Napoléon. Nous avons déjà mentionné trois fois le nom de M. Torbet :
disons-le une quatrième fois, afin qu'il ne soit pas oublié.

S'il y avait quelque chose qui pouvait compenser une telle honte pour
l'humanité, pour les actes dont se délectait M. Torbet, ce serait l'accueil
réservé quarante ans après à la Fayette en Amérique, lorsque cette nation
envoya un de ses plus beaux navires, le *Cadmus* . pour l'emmener en
Amérique en tant qu'invité de la nation. C'était en effet un beau spectacle de
voir une nation entière se soulever pour faire honneur à l'un des fondateurs
de sa liberté.

Dès que les deux Chambres apprirent, le 12 janvier, que la Fayette envisageait de faire une visite aux États-Unis, elles rédigèrent une résolution, sur la motion de M. Mitchell, à l'effet suivant :

"Voyant que l'illustre champion de notre liberté et le héros de notre Révolution, l'ami et camarade de Washington, le marquis de la Fayette, qui fut officier général volontaire pendant la guerre de notre Indépendance, a exprimé le vif désir de lui rendre visite à notre pays, à la liberté duquel son courage, son sang et sa richesse ont largement contribué,

"Il est résolu que le Président soit prié de transmettre au marquis de la Fayette une expression des sentiments de respect, de gratitude et d'attachement affectueux que le gouvernement et le peuple américain nourrissent à son égard, et de l'assurer que l'accomplissement de son le désir et l'intention de visiter leur pays seront accueillis tant par le peuple que par le gouvernement avec un profond plaisir et une fierté patriotique.

« Il est en outre résolu que le Président s'informera de l'heure à laquelle il conviendra le mieux au marquis de la Fayette de faire sa visite, afin qu'un des vaisseaux de la nation lui soit offert comme moyen de transport. ".

Ainsi, conformément à cette offre, la Fayette s'embarqua au Havre, à bord du *Cadmus*, le 13 juillet, et atteignit New York le 15 août, après un voyage de trente-deux jours. Aucune fête nationale n'a jamais fait honneur à un personnage plus noble ou plus saint. Lorsqu'il quitta l'Amérique du Nord, celle-ci comptait à peine trois millions d'habitants ; maintenant, dix-sept millions de personnes l'accueillaient. Tout était changé : les forêts étaient devenues des plaines, les plaines étaient devenues des villes, et des millions de bateaux à vapeur, dont le premier avait été lancé en 1808 par Fulton, après avoir été refusé par la France, sillonnaient désormais des rivières aussi grandes que des lacs. , et sur des lacs aussi grands que des océans. Les villes n'étaient pas non plus du type artificiel que Potemkine avait construit le long de la route Catherine qui traverse la Crimée ; la civilisation moderne traversait l'Atlantique à grands pas comme s'il s'agissait d'un fleuve, pour poser pour la première fois son pied dans le Nouveau Monde.

Après quatre mois de fêtes données et d'honneurs comblés à l'ami de Washington, une commission spéciale déposa le 20 décembre un projet de loi ainsi rédigé :

« Que la somme de 200 000 dollars soit offerte au major-général la Fayette en reconnaissance de ses précieux services, et pour l'indemniser de ses dépenses dans la Révolution américaine ; aussi qu'une partie des terres soit mise de côté des terres non encore appropriées, pour l'établissement d'un township pour le major-général la Fayette, et que cet acte lui soit remis par le président des États-Unis.

Ce projet de loi a été adopté avec enthousiasme par la Chambre des Représentants le 22 décembre et par le Sénat le 23.

Il faut juste dire, avant de prendre congé de l'année 1824, que, le 2 décembre, M. Droz et M. de Lamartine étaient en compétition pour l'Académie, et que M. Droz fut élu et M. de Lamartine rejeté.

---

[1] Dans l'original français.—TRANS.

CHAPITRE VI

Tallancourt et Betz – Le café *Hollandais* – Mon manteau Quiroga – Premier défi – Une leçon de tir – La veille de mon duel – Analyse de mes sensations – Mon adversaire ne parvient pas à son rendez-vous – Les secondes le traquent – Le duel – Tallancourt et le chien enragé

———

Le 3 janvier 1825, un de nos amis, nommé Tallancourt, ayant, par les sollicitations de Vatout, été promu de sa charge à la bibliothèque du duc d'Orléans, m'offrit, ainsi qu'un autre de nos amis appelé Betz, un dîner au Palais-Royal. Tous deux étaient d'anciens soldats. Tallancourt avait combattu à Waterloo. Après la défaite, il fouilla dans ses poches et constata qu'elles étaient vides, il se frappa le ventre et sentit qu'il était creux, alors, apercevant un petit canon démonté, et étant doté d'une force herculéenne, il le souleva sur son épaule. et le vendit, à deux lieues de là, à un fondeur de fer, pour dix francs. Grâce à ces dix francs, il réussit à effectuer une retraite assez confortable et il retourna dans son pays natal de Semur, où Vatout lui trouva une place d'abord dans les bureaux du duc d'Orléans et enfin à la bibliothèque. Après le dîner, ces messieurs, fumeurs invétérés, comme il convient aux vieux soldats de trente-deux et trente-cinq ans, proposèrent de s'arrêter au café *Hollandais* pour fumer un cigare. Je ne voulais pas les abandonner, malgré mon aversion pour les cafés-tabacs, et pour la première, et j'espère pouvoir dire pour la dernière fois de ma vie, je franchis le seuil de ce fameux établissement qui s'orne au dehors des signe d'un navire. Je possédais un grand manteau, romantiquement appelé à l'époque Quiroga ; J'avais convoité un tel manteau avec autant de passion que les fameuses bottines, et j'avais fini par l'obtenir avec autant de difficulté. Apparemment, ma tenue vestimentaire agaçait un des habitués qui, à ce moment-là, jouait au billard ; il échangea quelques mots avec son antagoniste, accompagnés d'un regard dans ma direction, et un éclat de rire s'ensuivit. C'était assez pour m'exaspérer, alors j'ai pris une réplique, et en mélangeant toutes les balles, j'ai dit :

"Qui voudrait jouer au billard avec moi ?"

— Mais, remontra Tallancourt, la table appartient à ces messieurs.

"Eh bien," dis-je en regardant droit dans les yeux le joueur avec lequel je souhaitais spécialement avoir affaire, "nous allons chasser ces hommes, et je m'attaquerai à ce monsieur" ; et je m'avançai vers lui.

La provocation était trop grossière et trop pointue pour ne pas susciter la colère.

Betz et Tallancourt se jetèrent aussitôt à mon secours, car ils me connaissaient trop bien pour ne pas savoir que je ne devrais insulter personne de cette façon sans bonne occasion. Ce qui nous importait avant tout était que l'on ne bruite pas que nous avions pris part à une misérable querelle de café. Mon adversaire et moi avons donc échangé des cartes et fixé un rendez-vous pour l'avant-avant-veille, à neuf heures du matin. le matin, près du café qui jouxte le seuil de la grande maison solitaire qui s'est longtemps dressée au milieu de la place du Carrousel, appelée l' *hôtel de Nantes*. Certes, Tallancourt et Betz étaient mes seconds, quoiqu'ils fussent un peu inquiets de leur commission : d'abord, parce que j'étais très jeune, et que c'était mon premier duel ; ensuite, parce que je venais de venir de province et qu'on ne savait pas si je savais manier les armes à feu que j'allais utiliser. Ils avaient fixé avec les seconds de mon adversaire, M. Charles B..., notre rendez-vous pour le lendemain à quatre heures de l'après-midi, dans le jardin du Palais-Royal, en face de la Rotonde, afin de leur donner plus de temps pour me coacher.

En sortant du café, ils me prièrent de leur dire la cause de ma querelle, ce que je m'empressai de faire ; puis, comme ils étaient chargés de s'occuper de la question des armes, ils me demandèrent quelle arme je préférais. Je répondis que la question des armes m'était indifférente et que, comme j'avais confié mes intérêts entre leurs mains, c'était leur affaire et non la mienne. Mon assurance les a quelque peu apaisés ; mais Tallancourt insista néanmoins pour que je m'exerce, le lendemain matin, à neuf heures, au stand de tir de Gosset. Je n'avais pas mis les pieds dans un stand de tir depuis mon arrivée à Paris ; mais ma familiarité avec *le Kukenreiter* de M. de Leuven n'a pas pu être oubliée, ni mes ardoises brisées, et les grenouilles que j'ai tirées en deux et les morceaux de carton tenus à la main comme cibles chez Ponce. Tallancourt a demandé une douzaine de balles.

"Est-ce que monsieur veut tourner *à la poupée* ou *à la mouche* ?" m'a demandé le garçon.

Comme je ne comprenais pas bien les habitudes et les termes du tournage parisien, je me tournai vers Tallancourt, qui me demanda une *poupée*. Le garçon plaça une poupée en métal sur la pointe – sans doute la plus grande que l'établissement puisse produire ; car le garçon (qui s'appelait Philippe — on se souvient des moindres détails liés à des événements de cette sorte), remarquant mon ignorance totale des méthodes du stand de tir, me prit pour un écolier. Tallancourt aussi, c'était évident, partageait l'opinion du garçon à mon sujet. Je dois avouer que cette unanimité m'a piqué.

« Dis-moi, demandai-je à Tallancourt, combien coûte ce jouet en métal ?

« Quatre sous, dit-il.

"Et combien de balles avez-vous demandé ?"

"Une douzaine."

"Eh bien, comme je ne suis pas assez riche pour me permettre le luxe de briser une douzaine de poupées, je ferai cadeau à celle-ci de onze balles, et je la briserai avec la douzième."

"Que veux-tu dire?" demanda Tallancourt.

"Vous verrez comment nous avons joué ce jeu à Villers-Cotterêts, mon cher Tallancourt."

Je me suis approché de la cible, j'ai tracé un cercle autour de la poupée et j'ai commencé les opérations. Tout s'est passé comme je l'avais prévu. Je fis ce que j'avais fait vingt fois avec de Louvain et de la Ponce, mais comme Tallancourt assistait pour la première fois à mes démarches, il fut parfaitement étonné de ce qui se passait.

« Eh bien, tout ira bien avec les pistolets, je vois, et je me sentirai assez à l'aise si vous tirez le premier coup, » dit-il ; "mais supposons qu'ils choisissent des épées ?"

"Eh bien, s'ils choisissent les épées, nous devons combattre avec des épées, mon ami, c'est tout."

"Pouvez-vous vous défendre avec une épée ?"

"Je l'espère."

« Je pose cette question, ajouta Tallancourt, car je n'aime pas les pistolets.

"Je suis d'accord avec toi, ce sont des armes diaboliques."

"Je n'accepterai que si j'y suis contraint."

"Vous aurez tout à fait raison."

« Tu es d'accord avec moi, alors ? »

"Absolument."

"Eh bien, tant mieux ! Donnez vingt-quatre sous à ce garçon et allons déjeuner."

Heureusement, nous n'étions que le quatrième jour du mois, je pouvais donc me permettre les vingt-quatre sous. Nous avons déjeuné et sommes allés au bureau. Betz était déjà là, et il prit Tallancourt à part, sans doute pour s'enquérir de mes qualités ; mais j'avais tout lieu de croire que Tallancourt le rassurait. A cinq heures, Betz et Tallancourt vinrent m'annoncer que mon adversaire avait choisi l'épée. Le rendez-vous devait être le même, le lendemain à neuf heures, à l' *hôtel de Nantes*. Je suis rentré chez moi avec un visage souriant, même si mon cœur battait assez vite. En matière de courage, j'avais fait les observations suivantes à mon sujet. J'étais d'un tempérament sanguin et je me jetais volontiers dans la voie du danger ; si le danger était imminent et que je pouvais l'attaquer sur-le-champ, mon courage ne me faisait jamais défaut, car j'étais soutenu par l'excitation. Si, au contraire, je devais attendre quelques heures, mes nerfs cédaient et je me résignais après m'être exposé au danger. Mais peu à peu, après réflexion, le courage moral l'emporta sur la lâcheté physique et lui commanda vigoureusement de bien se conduire. Arrivé sur place, j'ai frissonné jusqu'au bas du dos ; mais je n'ai jamais montré le moindre signe extérieur de mes sentiments. Je me suis battu en duel en 1834, et Bixio était mon second : il était alors étudiant en médecine, et, en tâtant mon pouls juste après que j'eus pris mon pistolet, il n'indiquait que soixante-neuf pulsations par minute, deux battements plus rapides. que la normale. Plus j'attends, plus je deviens calme. D'ailleurs, je crois que tout homme, surtout s'il est doté d'organisations sensibles, craint naturellement le danger, et s'il est laissé à ses propres instincts, il fera de son mieux pour y échapper ; il est retenu simplement et uniquement par la force morale et l'orgueil viril, et s'expose à la mort et à la souffrance avec un visage souriant. Pour preuve de cette théorie, je puis mentionner qu'un homme de ce tempérament, courageux dans ses heures de veille, est lâche dans ses rêves ; car dans le sommeil l'âme est absente, et seule la partie animale demeure en elle ; et, à défaut de sa force, de sa volonté et de son orgueil, sa partie physique a peur.

Eh bien, je suis rentré chez moi sans dire un mot de ce qui s'était passé ; mais je suis resté toute la nuit avec ma mère.

C'était le milieu de l'hiver, donc je n'ai pas eu à aller constituer le portfolio. Je me levai le lendemain matin à huit heures, et, faisant une sorte d'excuse à ma mère, je l'embrassai et je sortis avec l'épée de mon père sous mon manteau. Tallancourt s'était engagé à fournir une seconde épée. J'arrivai à neuf heures moins dix à l' *hôtel de Nantes* , et nous y trouvâmes les deux secondes de mon adversaire. Je n'avais pas pris de petit déjeuner, car Thibaut, qui nous accompagnait, m'avait conseillé de ne pas manger, de peur d'être saigné. Nous attendions : neuf heures et demie, dix, onze heures sonnaient. Betz et Tallancourt étaient terriblement impatients, car le retard de mon adversaire les mettait en retard à leur bureau. Je dois avouer que, en ce qui me concerne, j'étais enchanté ; J'avais espéré que l'affaire se terminerait par des excuses, et je n'aurais pas souhaité mieux. A onze heures, les parrains de mon adversaire renoncèrent à attendre, avec dégoût, et suggérèrent à mes seconds d'aller tous rendre visite à leur filleul, qui habitait, je crois, rue Coquillière. Quant à moi, on me renvoyait au bureau, et, au cas où on nous reprocherait notre absence, je devais expliquer franchement à Oudard ce qui s'était passé et lui dire la cause de notre absence. Mais il n'était pas nécessaire d'avouer quoi que ce soit, car j'appris qu'Oudard avait été mandé par la duchesse d'Orléans. Betz et Tallancourt revinrent une demi-heure plus tard : ils avaient trouvé mon adversaire au lit ! Lorsqu'on lui fit remarquer qu'il aurait dû être ailleurs que dans son lit, M. Charles B... répondit qu'ayant patiné sur le canal toute la journée précédente, à sept heures du matin, il se sentait si profondément fatigué qu'il n'avait pas assez de force pour se relever. Ses deux seconds considérèrent cette excuse si faible qu'ils lui dirent qu'il n'aurait plus besoin de compter sur leurs services, si la querelle persistait. Sur quoi ils se retirèrent. Mais Betz et Tallancourt, bien plus en colère que moi au fond du cœur, étaient restés, et ils avaient insisté pour que M. Charles B... leur fasse savoir à quelle heure ils pouvaient espérer le voir entrer en campagne le lendemain. . Il nous promit de nous retrouver, avec deux nouveaux seconds, à la barrière de Rochechouart, le lendemain, à neuf heures. Le combat pourrait avoir lieu dans l'une des carrières de Montmartre. L'affaire n'a donc été que reportée. J'ai remercié très cordialement mes deux seconds en leur disant qu'ils avaient tout à fait bien fait et que j'attendrais. La journée se passa assez tranquillement, et en m'absorbant dans mon travail et dans mes conversations, j'arrivai même à oublier que je devais me battre le lendemain. Néanmoins, un léger spasme me prenait le cœur de temps en temps, pour être étouffé dans un bâillement.

Je rentrai tôt à la maison, comme la veille, et restai chez ma mère.

Le lendemain, c'était la Douzième Nuit, et quelqu'un nous avait offert un gâteau aux haricots. Ma mère était la reine. Je l'ai embrassée et j'aurais aimé pouvoir l'embrasser pendant trente ans de plus à la même heure, au même jour et à la même occasion. Je ne savais que trop bien ce que je faisais quand je faisais un tel vœu. J'ai bien dormi pendant les quatre ou cinq premières heures de la nuit, assez mal pendant les deux ou trois heures restantes. Je quittai ma mère à huit heures et demie, comme la veille, mais cette fois je n'avais pas d'épée à porter, Tallancourt s'était chargé des deux. A neuf heures moins dix, nous atteignîmes la barrière de Rochechouart ; et, comme neuf heures sonnaient, un fiacre amena notre homme et ses deux nouveaux seconds. Ils descendirent, s'inclinèrent, traversèrent silencieusement le boulevard extérieur et atteignirent les remparts du mont. Un des seconds de mon adversaire, devenu depuis mon ami (comme la plupart de ceux qui, ne me connaissant pas, ont commencé par être mes ennemis), s'est approché de moi et, me prenant évidemment pour l'un des témoins, sont entrés en conversation avec moi. Nous avons marché près d'une demi-heure avant de trouver un endroit convenable. Il faisait très froid et il avait neigé toute la nuit ; il neigeait encore ; donc presque toutes les carrières étaient occupées.

Comme il n'est pas habituel que six personnes traversent des champs à dix heures du matin par un temps pareil, les gens des carrières se sont montrés curieux de notre vagabond et nous ont suivis. Nous avions déjà un public assez considérable, et il était probable que plus nous irions ainsi, plus il augmenterait ; il était donc impératif que nous nous arrêtions au premier endroit qui paraissait, je ne dirai pas convenable, mais possible, à notre dessein. J'avoue que la marche m'aurait paru très longue si je n'avais pas parlé tout le long du chemin avec le témoin de mon adversaire. Enfin ils s'établirent sur une sorte de plateau de dix pas de large sur vingt de long, qui avait autant d'espace qu'il nous fallait. Ici, nous nous sommes arrêtés. Tallancourt sortit les épées de sous son manteau et les remit aux témoins pour qu'ils les interrogent. Celui qu'il avait apporté était deux pouces plus long que l'autre ; Tallancourt n'avait pas fait de choix, il avait pris le premier qui lui tombait sous la main ; il proposa donc de tirer au sort celui qui aurait l'épée la plus longue. Je terminai le débat en déclarant que je prendrais le plus court, qui était celui de mon père. J'ai de loin préféré perdre les deux pouces d'acier supplémentaires plutôt que de voir l'épée de mon père se retourner contre ma poitrine. Ce n'est qu'à ce moment-là que le second de mon adversaire découvrit que l'homme avec qui il avait parlé tout le long du trajet était l'autre duelliste. Il ne restait que peu de temps lorsque le terrain fut choisi et les épées distribuées ; il faisait horriblement froid, et notre auditoire augmentait à chaque instant.

J'ai enlevé mon manteau et je suis resté sur mes gardes. Puis mon adversaire m'a demandé d'enlever mon gilet et ma chemise ainsi que mon manteau. La demande me paraissait exorbitante ; mais, comme il insistait, j'enfonçai mon épée dans la neige et je jetai mon gilet et ma chemise par-dessus mon habit. Puis, comme je ne voulais même pas garder mes bretelles, et comme, comme le pauvre Géricault, j'avais perdu la boucle de mon pantalon, j'ai noué les deux bretelles pour me ceinturer les reins. Ces préparatifs minutieux duraient une minute ou deux, pendant lesquelles mon épée restait fixée dans la neige. Ensuite, je l'ai ramassé et je suis monté de garde d'assez mauvaise humeur. Mon adversaire avait donné ses ordres avec beaucoup de confiance en lui, et comme il avait également choisi des épées comme armes, je m'attendais à avoir affaire à un épéiste expérimenté. Je me suis donc mis au travail avec prudence. Mais à mon grand étonnement, je vis qu'il se mit très négligemment sur ses gardes et s'exposa à mon épée. Bien entendu, son insouciance n'était peut-être qu'une ruse pour me surprendre, alors qu'il pouvait profiter de mon imprudence. J'ai fait un pas en arrière et j'ai baissé mon épée.

« Prêt, monsieur, » dis-je ; "défendez-vous!"

"Mais que se passe-t-il si je ne choisis pas de me mettre en position de défense ?" répondit mon adversaire.

"Eh bien, c'est votre affaire,... mais votre goût est particulier, je dois le dire."

Je me mis en garde, je l'attaquai *en quarte* , et sans faire une passe avec mon épée pour tâter mon homme, je sortis librement *en tierce*. Il fit un bond en arrière, buta sur une racine de vigne et tomba éperdument.

"Oh ! oh !" s'écria Tallancourt, l'avez-vous vraiment tué du premier coup ?

"Non", répondis-je, "je ne pense pas ; je n'avais même pas réussi, je l'ai à peine touché."

Pendant ce temps, les secondes de mon adversaire s'étaient écoulées jusqu'à M. B... qui se levait. La pointe de mon épée lui avait transpercé l'épaule, et comme sa position dans la neige avait gelé l'acier, la sensation qu'elle avait procurée à mon adversaire était si saisissante que, bien que légèrement blessé, le choc l'avait renversé. Heureusement, je n'avais pas réussi le premier, sinon j'aurais certainement dû le faire passer. Il s'est avéré. que le pauvre garçon n'avait jamais manié une épée auparavant !

Lorsqu'il fit cet aveu, et compte tenu de la blessure qu'il avait reçue, il fut décidé que le combat s'arrêterait là. J'ai mis mon épée dans son bouclier ; J'ai enfilé ma chemise, mon gilet et mon manteau ; Je m'enveloppai dans mon Quiroga, et je descendis les remparts de Montmartre le cœur beaucoup plus léger que je ne les avais montés.

Telle était la cause, telle était la sensation, telle était l'issue de mon premier duel. Que sont devenus les deux hommes qui étaient mes seconds ? J'ai perdu de vue Betz : il a obtenu un poste de *receveur particulier* en province. Depuis, un vague bruit m'est parvenu sur sa mort. Quant à Tallancourt, le pauvre garçon ! Je l'ai vu mourir misérablement, malheureux et malheureux. Le duc d'Orléans s'en prit à lui ; car il était du type d'outils que le prince aimait : actif mais pas trop intelligent. De plus, Tallancourt possédait une autre qualité : bien qu'il fût suffisamment intelligent, il savait quand paraître stupide. Lorsque le duc d'Orléans devint roi, il fit appeler Tallancourt, car il ne pouvait se passer de lui. Si sa fortune n'était pas exactement faite – on ne fait pas souvent fortune en étant associé aux rois – sa position était, en tout cas, sûre. Comme Tallancourt n'avait pas quitté le duc d'Orléans les 27, 28 et 29 juillet, il connaissait pas mal de secrets d'État concernant la Révolution de 1830. Lorsque le roi serait à Neuilly, il enverrait volontairement Tallancourt à Paris, et l'Hercule d'un type, mal à l'aise dans son fauteuil, assis à sa table, dans son bureau, parcourait la distance à pied, pour respirer le grand air et gonfler un peu ses gros poumons.

Un jour, un énorme chien sauvage sauta du fossé au bord de la grande route et se jeta sur lui. Tallancourt leva instinctivement les mains pour sauver sa face et, par une chance inouïe, il saisit ainsi la bête autour du cou. Il était inutile pour le chien de lutter contre la poigne puissante de deux poings comme ceux de Tallancourt, qui étranglaient le chien de plus en plus fort, et au bout de cinq minutes environ, la brute était étranglée et le géant n'avait même pas reçu une égratignure. Mais pendant ces cinq minutes de lutte et de danger mortel, le cerveau de Tallancourt subit une terrible tension, et cinq ou six mois plus tard, un ramollissement du cerveau s'installa. Pendant un an, le pauvre Tallancourt devint visiblement plus faible, tant moralement que physiquement ; sa force et son intellect, sa faculté de mouvement et même sa voix déclinèrent, et il mourut à petits pas, après dix-huit mois de souffrance.

CHAPITRE VII

Le duc d'Orléans reçoit le titre d' *Altesse Royale* . — Le couronnement de Charles X. — Récit de la cérémonie par Madame la duchesse d'Orléans. — Mort de Ferdinand de Naples. — De Laville de Miremont. — *Le Cid d'Andalousie* . — M. . Pierre Lebrun—Une lecture au camp de Compiègne— M. Taylor nomma un commissaire royal au Théâtre-Français—Le curé Bergeron—M. Viennet - Deux de ses lettres - Pichat et son *Léonidas*

Ma mère n'a jamais rien su de l'histoire de mon duel ; elle serait morte de chagrin si elle en avait eu le moindre soupçon. Comme nous ne revenions au bureau que vers une heure, il fallut tout raconter à Oudard ; et il paraissait tout à fait content, après avoir entendu le récit de Betz et de Tallancourt, de la façon dont son employé s'était conduit. D'ailleurs, le Palais-Royal était dans un état de fête constant depuis l'avènement de Sa Majesté Charles X au trône. Le duc d'Orléans venait de recevoir du nouveau roi le titre d'Altesse Royale, faveur qu'il avait vainement sollicitée auprès de Louis XVIII. Comme nous l'avons déjà évoqué, Louis XVIII. il refusa obstinément tous ceux qui lui demandaient d'accorder ce privilège à M. le duc d'Orléans.

« Il sera toujours suffisamment proche du trône », répondait-il.

Et d'une autre manière, Charles X s'est rendu très populaire.

En complément de sa phrase : « Rien n'est changé en France, il y a simplement un Français de plus en France », il ajoute un autre dicton, plus simple encore et tout aussi apprécié :

"Mes amis, qu'il y ait des critiques plus larges !"

Et, au milieu de la réjouissance générale, les préparatifs de son couronnement se poursuivirent avec faste.

Les derniers couronnements avaient apporté à leur suite le malheur. On se souvient qu'à Reims, Louis XVI. avait rapidement retiré la couronne de sa tête.

« Qu'y a-t-il, Sire ? demanda l'archevêque.

"Cette couronne me fait mal", répondit Louis XVI. Et vingt ans plus tard, il mourut sur l'échafaud.

Napoléon voulait être couronné par un fonctionnaire plus élevé qu'un archevêque ; il voulait avoir un pape et avait fait venir Pie VII. venir du Vatican à Rome à Notre-Dame de Paris.

"Il fallut presqu'un Dieu pour consacrer cet homme!
Le prêtre, monarque de Rome, Vint sacrer son front menaçant, Car sans doute, en secret effrayé de lui-même,
Il voulait recevoir son sanglant diadème Des mains d'où le pardon descendre!"

Quinze ans plus tard, Napoléon meurt à Sainte-Hélène ! Et maintenant c'était au tour de Charles X.

Tous les souverains de la chrétienté avaient été informés de la célébration solennelle et avaient envoyé leurs ambassadeurs extraordinaires. L'Autriche était représentée par le prince Esterhazy ; l'Espagne par le duc de Villa-Hermosa ; Grande-Bretagne par le duc de Northumberland ; la Prusse par le général de Zastrow ; et la Russie par le prince Volkonski.

Le roi et le dauphin quittent les Tuileries à onze heures et demie le matin du 24 mai et se mettent en route pour Compiègne. Tout s'est bien passé jusqu'à Fismes ; mais un accident de mauvais augure pour le roi, dont le règne ne devait durer que six ans et se terminer par son exil. En descendant à Fismes, les batteries de la garde royale, montées en dingle à gauche de la route, tirèrent un salut pour saluer le roi. La détonation et son écho furent terribles, et au bruit de la fusillade les chevaux attachés à la voiture contenant les ducs d'Aumont et de Damas, et les comtes de Cossé et Curial, s'enfuirent ; la voiture a été renversée et brisée en morceaux sur la chaussée. Deux des quatre occupants de la voiture furent grièvement blessés : MM. le duc de Damas et le comte Curial ; le cas de ce dernier était le plus grave : il avait la clavicule cassée. Sans la force et la présence d'esprit du cocher, le roi lui-même n'aurait pas échappé à un accident similaire. Ses chevaux s'enfuirent ; mais le cocher eut l'intelligence de ne pas chercher à les arrêter, et fit tous ses efforts pour les retenir au centre de la chaussée ; et après dix minutes de carrière effrénée, ils se calmèrent.

Au village de Tinqueux le roi trouva le duc d'Orléans et le duc de Bourbon qui l'attendaient. La pluie, qui n'avait jamais cessé de tomber toute la matinée, cessa, et le soleil, qui jusqu'alors ne s'était pas montré, brillait maintenant avec éclat. Le roi, M. le Dauphin, M. le duc d'Orléans et M. le duc de Bourbon montèrent dans le carrosse du sacre, et dans le langage du *Rapport du Sacre* , « tout le chemin jusqu'à Reims était un *arc de triomphe* ."

Après la cérémonie du couronnement, Charles X signa l'amnistie accordée aux déserteurs de la marine et aux délinquants politiques. C'est cette amnistie qui ramena Carrel en France. Treize ans plus tard, Charles X mourut à Goritz.

Madame la duchesse d'Orléans avait assisté au couronnement et en avait écrit un récit dans son journal privé en italien. De retour à Paris, elle désire le faire traduire en français et charge Oudard de le faire. Oudard, très embarrassé, me remit l'album en me donnant quelques jours de congé pour le lui traduire. Cet album fut le livre dans lequel la duchesse d'Orléans écrivait ses pensées les plus secrètes et racontait ses actes privés. Il ne m'était pas interdit de le lire, alors bien sûr je l'ai lu. Cependant, il n'y avait pas un seul mot dans tout le livre qui aurait pu faire rougir un ange, bien qu'il contenait les actions et les réflexions de la duchesse d'Orléans au cours des dix dernières années, même si elle n'a jamais eu l'intention de le laisser entre ses mains. , pas même pour passer dans ceux du duc d'Orléans, puisque c'était pour le duc d'Orléans que se faisait la traduction. Une chose m'a surtout frappé en lisant, c'est la profonde gratitude de Madame la duchesse d'Orléans pour les faveurs que le nouveau roi Charles X avait prodiguées au prince son époux, et pour les bontés manifestées chaque jour. envers elle et sa famille par Madame la Duchesse de Berry.

Hélas et hélas ! combien de fois le souvenir de cet album m'est venu à l'esprit en voyant le roi Charles X à Gratz et Madame la duchesse de Berry à Blaye, et cela m'a fait frémir en pensant à quelle profondeur la religieuse Marie-Amélie devait J'ai souffert lorsque, à cause de ce que les princes appellent « nécessités politiques », l'honneur de l'une et la couronne de l'autre furent brisés entre les mains de son mari.

Une autre page attira également mon attention et me captura longtemps, dans laquelle Madame la duchesse d'Orléans racontait avec quel amour et tact son mari lui annonçait la nouvelle du décès de son père, Ferdinand Ier. Or, Ferdinand Ier était le roi même qui avait retenu mon père prisonnier dans les cachots de Naples pendant dix-huit mois ; le même homme qui s'était laissé tenter à trois reprises de l'empoisonner et une fois de tenter son assassinat ; lui, le berger qui avait dévoré son propre troupeau pendant ces terribles années de 1798-99, venait d'être appelé à rendre compte de sa gestion au Seigneur. C'était une étrange coïncidence que moi, le fils d'une des victimes du roi, devais tenir cet album entre mes mains et lire les effusions douloureuses du chagrin de la fille à la mort de son père ! Quelle étrange juxtaposition de destin et de fortunes ! Cependant, il était mort, comme les hommes justes doivent mourir ; lui qui avait vu ceux qu'il appelait ses amis pendus sous ses yeux, brûlés sous ses fenêtres, éventrés et déchiquetés en sa présence même ; le peuple qu'une capitulation perfide avait livré entre ses mains ; ceux qui, sous un autre règne, auraient pu être l'honneur de leur roi et la gloire du pays !

Le 3 janvier 1825, il dormait tranquillement, à deux heures du matin. Ses serviteurs l'entendirent tousser à plusieurs reprises ; puis, à huit heures, comme il ne les avait pas convoqués selon son habitude, les officiers de sa chambre, suivis des médecins de la cour, entrèrent dans sa chambre et le trouvèrent mort d'une attaque d'apoplexie. Ferdinand Ier venait de régner soixante-cinq ans, lorsqu'il mourut à l'âge de soixante-quatorze ans.

Oudard obtint sa traduction, qu'il recopié dans sa propre écriture, et la remit comme sienne à la duchesse d'Orléans. Il m'a, il est vrai, fidèlement raconté les compliments qu'il en avait reçus, en ajoutant celui pour lequel je lui étais bien plus reconnaissant : deux billets pour la première représentation de *Roman* au Théâtre-Français ; c'était une comédie en vers capitale en cinq actes, de Laville de Miremont, déjà connue grâce à *Folliculaire* , pièce plus louable par son action que par toute autre qualité. Je connaissais très bien de Laville : une accusation de Lemercier l'inquiétait beaucoup. Lemercier avait accusé de Laville, qui avait occupé le poste de censeur, d'avoir supprimé son *Charles VI.* et d'avoir ensuite utilisé son intrigue et ses idées. Mais d'abord, de Laville a clairement prouvé, tant par *Folliculaire* que par *Roman* , qu'il n'avait pas besoin d'emprunter des idées aux pièces d'autrui ; d'ailleurs, il était absolument incapable d'accomplir une telle action. Il y avait une création charmante dans *Roman* : un père amical et presque compagnon des escapades d'un fils qui lui était né alors qu'il n'avait que vingt ans. Rien de plus naturel que cette situation, que de Laville fut le premier à employer dans une pièce de théâtre.

Grâce à la gentillesse de Talma, j'avais vu plusieurs fois le *Cid d'Andalousie*. L'exemple de Casimir Delavigne est contagieux : Talma ayant participé à la comédie, Mademoiselle Mars se demande pourquoi elle ne jouerait pas à la tragédie ; d'où les nouvelles retrouvailles des deux acteurs dans le *Cid d'Andalousie* . Mais M. Pierre Lebrun, auteur d'un *Ulysse* qui n'avait pas été joué, ou, ce qui est bien pire, qui n'avait couru qu'un ou deux soirs, n'était pas Casimir Delavigne. Il n'y avait rien à l'époque pour le soutenir comme il y en avait eu en 1820 lorsque, dans *Maria Stuart* , il avait pu s'appuyer sur la solide charpente de Schiller. Réduit à dessiner des romanceros espagnols qui ne suggéraient que des scènes simples, il lui manquait tout : la puissance, l'originalité et le style, et malgré le soutien inhabituel de Talma et de Mademoiselle Mars, qui avait doublé la puissance d'un créateur fort et qui ne pouvant dissimuler la faiblesse d'un faible écrivain, le *Cid d'Andalousie* tomba à plat dès la première représentation, parvint à survivre à la seconde, soutenu par des applaudissements loués, traîna misérablement cinq ou six nuits, puis fut finalement retiré de la scène. facture. Cet échec fut le début de la fortune de M. Pierre Lebrun, académicien, pair de France et directeur de l'Imprimerie Royale.

Ô vénérable divinité, Médiocrité ! Tu as sûrement le secret de la précieuse essence donnée à Phaon par Vénus pour assurer la réussite dans ce monde qui est le nôtre ! Toi qui as longtemps rejeté Hugo, Lamartine et Charles Nodier ! Toi qui as laissé mourir Soulié et Balzac sans faire pour eux le tiers de ce que tu as fait pour M. Pierre Lebrun ! Toi qui as ignoré Alfred de

Musset, — sagement, malgré toute la lumière de l'originalité, toute la force nerveuse, fais cligner les yeux de ta chouette ! Toi dont la statue à base de plomb doit avoir cent pieds de haut, pour que son ombre tombe sur le Pont des Arts et sur le monument respectable auquel elle conduit ! Ô médiocrité ! seule divinité pour laquelle la France n'a pas de 21 janvier, de 29 juillet ou de 24 février ! Toi que je méprise par-dessus tout au monde, et que je voudrais haïr si jamais je pouvais haïr quoi que ce soit ! Regardez-moi toujours de travers et soyez indulgent envers mes ennemis, c'est la seule grâce que je vous demande. Et à cette condition, puisses-tu rester tranquillement en possession de l'avenir, comme tu l'as été du passé !

Notons maintenant bien que l'échec du *Cid d'Andalousie* a eu lieu en 1825. On aurait donc pu raisonnablement espérer qu'en 1838, treize ans plus tard, le malchanceux *Cid* aurait été oublié de tous, même de son auteur. Rien de la sorte. A Compiègne, dans sa maison de campagne, le duc d'Orléans divertissait ses camarades en faisant du sport dans la forêt le jour, et la nuit il ouvrait ses salons à ceux qui préféraient jouer aux cartes, danser et causer. Un soir, une idée fatale vint à la tête du malheureux prince. Se tournant vers plusieurs poètes qui se tenaient autour, il leur dit :

"Messieurs, voyons lequel d'entre vous a de la poésie à nous lire."

Tout le monde gardait le silence, comme on le comprendra facilement, et reculait d'un pas ou deux ; sauf M. Pierre Lebrun qui s'est avancé.

« Je le ferai, Monseigneur, » dit-il ; et il s'assit et sortit un manuscrit de sa poche, pensez-y ! tout un manuscrit ! — et, au milieu du silence général, il lut le titre :

"Messieurs, le *Cid d'Andalousie*. "

Ils le regardèrent tous ; mais il n'y avait pas d'issue, ils étaient pris au piège, et M. le duc d'Orléans surtout. Ma parole, ce fut un grand succès. La lecture finie et les compliments faits, M. le duc d'Orléans me dit :

" Dumas, pouvez-vous me dire quelle était la raison du bruit que j'ai entendu du côté de la fenêtre et qui a interrompu M. Lebrun, vers le début du troisième acte ? "

"Monseigneur, répondis-je, c'est A... qui s'est accroupi derrière les rideaux, où il pouvait dormir plus confortablement; mais il paraît qu'il a fait un cauchemar: il a donné un coup de poing à un petit stand et a brisé une table. plein de porcelaine de Sèvres, dont il regrette excessivement.

— Il ne faut pas qu'il en soit mécontent, dit le duc d'Orléans ; " dites-lui qu'il a bien fait, et je supporterai le prix de la porcelaine. "

Le pauvre duc était un prince aussi sage que Salomon et aussi bon que saint Louis !

A d'autres égards aussi, le Théâtre-Français n'a pas eu beaucoup de chance à cette époque. Après avoir joué le *Cid d'Andalousie* de M. Lebrun, elle a joué *Judith* et *Bélisaire de M. de Comberousse* , de M. de Jouy. Un changement important avait eu lieu au théâtre de la rue de Richelieu. Le baron Taylor avait été nommé commissaire royal à la place de M. Choron, sur la recommandation de MM. Lemercier, Viennet et Alexandre Duval.

Lorsque Charles X revint à Paris après le couronnement, et que l'évêque d'Orléans ordonna que des prières soient offertes en remerciement pour le bon accomplissement de la cérémonie qui venait de se terminer, M. Bergeron, curé de la commune de Saint-Sulpice, canton de Blois, après avoir délivré de son pupitre le mandat de l'évêque, ajouta ces simples mots :

« Mes frères bien-aimés, comme Charles X n'est pas chrétien, comme il veut garder la Charte, qui est un acte contraire à la religion, nous ne devons pas prier pour lui, pas plus que pour Louis XVIII, qui fut le fondateur de cette Charte ; ils sont tous deux damnés. Ceux qui sont d'accord avec moi, s'il vous plaît, levez-vous.

Et trois cents auditeurs sur quatre cents se levèrent et déclarèrent par cet acte qu'ils étaient entièrement du même avis que leur prêtre.

Hélas! Si l'Académie avait pu savoir quel genre d'homme était le baron Taylor, que l'ordre de Charles X avait introduit dans le sanctuaire de la Comédie-Française ! Si seulement elle avait pu deviner qu'il allait ouvrir ses portes à MM. Alexandre Dumas, Victor Hugo et de Vigny, [1] il aurait suivi l'exemple du curé Bergeron et excommunié le roi Charles X. Mais il n'en savait rien du tout.

Le premier mauvais tour que fit le nouveau commissaire du roi à ses patrons fut de faire jouer *Sigismond de Bourgogne de M. Viennet et Camille* de M. Lemercier . Il est à peine besoin de mentionner que ces deux pièces sont tombées à plat. Cela ne décourage pas M. Lemercier : il décide de changer de style de jeu et commence un mélodrame intitulé Le *Masque de poix*. Cela exalta M. Viennet, qui, au lieu de changer de méthode, comme son honoré confrère, résolut au contraire de forcer sa méthode à l'accepter, et commença par lire dans les salons son *Achille* , pièce qui avait été écrit vingt ans auparavant, et qui avait été accepté il y a dix ans.

" Ne trouvez-vous pas mon Achille très héroïque ? " dit-il à M. Arnault, après une de ces lectures.

— Oui, répondit M. Arnault, féroce comme un dindon !

Mais il y a peu d'hommes qui soient plus brillants en répartie que M. Viennet. C'était comme assister à un combat décisif en lice pour l'entendre, sauf qu'il ne ripostait jamais lorsque son adversaire manquait le feu. Il constituait certainement une cible favorable pour de telles attaques, et les gens ne tardaient pas à profiter de ces opportunités. Une fois, chez Nodier, il s'approcha de Michaud.

« Dis-moi, Michaud, commença-t-il d'un ton qui lui était particulier, dis-moi ce que tu en penses, je viens d'achever un poème de trente mille vers.

— Il faudra quinze mille hommes pour les lire, répondit Michaud.

Une autre fois, lors d'un dîner, M. Viennet s'en prit à Lamartine.

"C'est un chiot", dit-il, "qui se croit le plus grand homme politique de son époque, et qui n'est même pas le premier poète !"

— En tout cas, rétorqua Mme Sophie Gay à l'autre bout de la table, il n'est pas le dernier, cette place est déjà occupée.

Outre tout ce que M. Viennet a écrit en vers, fables, comédies, tragédies, épîtres et poèmes épiques, il a écrit quelques lettres en prose qui sont de parfaits modèles. Nous les citerons intégralement et textuellement ; des extraits ne donneraient pas une bonne idée de leur style. L'une faisait référence à la nomination d'Hugo comme officier de la Légion d'honneur ; l'autre était en rapport avec sa propre nomination à la pairie. Car M. Viennet était à la fois député et pair de France, en plus d'être commandeur de la Légion d'honneur et membre de l'Académie.

Voici la première lettre de M. Viennet :

« MONSIEUR,—Je n'ai pas dit que je ne voulais plus porter la croix d'officier de la Légion d'honneur, depuis qu'on l'avait donné au chef de l'école romantique.

"En ôtant mon ruban de la boutonnière où l'empereur l'avait placé, j'ai suivi seulement l'exemple de la plupart des généraux de la vieille armée, qui découvre plus facile de se faire remarquer en paraissant dans les rues sans décoration Il ne s'agissait ici ni de romantiques ni de classiques.

"Il est tout naturel qu'un ministre romantique décore ses amis; il serait cependant plus juste de donner la croix de chevalier à ceux qui auraient eu le courage de lire jusqu'au bout les vers ou la prose de ces messieurs , et la croix d'officier à ceux qui les auraient compris Je désire, en outre, qu'on n'en donne que douze par an aux écrivains qui font des libelles contre les grands pouvoirs de l'État, les ministres et les députés : il. faut de la mesure dans les encouragements.—Agréez, etc., VIENNET"

Et voici la lettre de M. Viennet concernant sa nomination à la pairie de France :

"MONSIEUR,—Sur la foi d'un journal judiciaire que je ne connais pas, vous publiez, que, du vendredi dernier, je me suis empressé d'écrire à M. Vedel, pour mettre opposition à la représentation des *Serments* , et vous accompagnez cette annonce d'une fort jolie épigramme contre cette comédie. L'épigramme me touche fort peu, elle sort peut-être de la même plume qui avait loué l'ouvrage quand l'auteur avait arrêté d'être un homme politique. ne prétend pas l'empêcher de continuer, mais le fait n'est pas vrai et je me récrie. Il n'y a eu de ma part ni possibilité ni volonté de faire ce qu'on m'impute. la campagne, et je suis arrivé chez moi, à Paris, vers les sept heures, sans me douter de ce que *le Moniteur* avait publié, le matin, d'honorable pour moi. de paire, attendu qu'il avait expédié, le matin même, pour mon village, une lettre officielle qui portait ce titre, et comme cette lettre ne m'est pas encore revenu, j'ignore à quel ministre je suis redevable de ce premier avis. Quant à ma volonté, elle n'existe point, elle n'existera jamais ! c'est m'insulter que de me croire capable d'abjurer les travaux et les honneurs littéraires, pour un honneur politique. La Charte n'a pas établi d'incompatibilité entre le poète dramatique et le pair de France ; si elle l'eût fait, j'aurais refusé la paire. Les lettres et les succès de théâtre honorent ceux qui cultivent les unes et qui réalisent les autres sans intrigue et sans bassesse. Au lieu d'y renoncer, je sollicite, au contraire, avec plus d'instance la représentation des *Serments* , la mise en scène d'une de mes tragédies et la lecture d'une comédie en cinq actes. Si vous avez quelque crédit auprès de M. le directeur du Théâtre-Français, veuillez l'employeur en ma faveur. Les épigrammes dont on m'a poursuivi comme député sont bien usés; vous devez désirer qu'on en renouvelle la matière, et une nouvelle comédie, une nouvelle tragédie de moi, serait de merveilleux aliments pour la verve satirique de mes adversaires. Service Rendons-nous mutuellement ce; je vous en serai très-reconnaissant pour mon compte, et je vous prie d'agréer d'avance les remercîments de votre très-humble serviteur, VIENNET"

Revenons maintenant au baron Taylor et aux changements qu'il a apportés au Théâtre-Français. Au Panorama-Dramatique, il avait réalisé seul *Ismaël et Maryam ; Bertram* en collaboration avec Nodier ; et *Ali-Pacha* avec l'aide de Pichat.

Pichat était alors un jeune homme de vingt-huit ans : une de ses pièces, *Léonidas* , avait été reçue deux ou trois ans auparavant au Théâtre-Français. Taylor a extrait *Léonidas* du pandémonium dans lequel il se trouvait et l'a fait répéter. Talma fut choisi pour le rôle de Léonidas : non que son esprit suprême se trompât sur le rôle qui, dramatiquement parlant, n'était rien du tout ; mais en matière d'« affaires », il y avait quelque chose de nouveau à faire, et le pauvre Talma, jusqu'au jour de sa mort, cherchait toujours de nouveaux mondes, et, moins heureux que Vasco de Gama, il ne parvint jamais à les trouver. C'était d'ailleurs un moment très approprié pour jouer *Léonidas* ; toute l'Europe regardait vers les successeurs des trois cents Spartiates. Et la nouvelle pièce, ainsi annoncée à l'avance, devait être mise en scène avec une somptuosité inhabituelle et des effets inouïs. Je me souviens bien de la première représentation de la tragédie de *Léonidas* , où l'on sentait poindre des idées nouvelles, où chaque parole historique qui immortalisait la fameuse défense des Thermopéliens était heureusement adaptée et admirablement rendue par Talma. Un hémistiche du jeune Agis fut substitué à la ligne écrite. Agis, blessé, tomba en s'écriant :

"Ils sont tous morts... Je meurs !..."

La pièce reçut un accueil très enthousiaste, en raison des circonstances dans lesquelles elle fut jouée. Ce fut une splendide réussite pour Talma : il ressemblait à une statue antique descendue de sa colonne. Après la représentation, alors que le rideau était tombé, j'ai vu un groupe bruyant de gens en liesse se précipiter dans le couloir et dans le foyer, soucieux de transmettre leurs amicales félicitations. Un beau jeune homme, au visage aussi radieux qu'un Apollon conquérant, formait le centre et était le héros du groupe. Il est l'auteur de *Léonidas.* Hélas! il mourut seulement deux ans plus tard, avant d'avoir à peine porté à ses lèvres la coupe enivrante du succès. Mais Taylor eut au moins le bonheur de lui tendre le nectar qui adoucit ses derniers instants. Sans Taylor, Pichat serait mort dans l'obscurité, et même s'il n'était qu'un météore éphémère, nombreux sont ceux, dont moi-même, qui se souviennent de la lumière éclatante qu'il a apportée au cours de sa courte carrière !

---

[1] Il sera bien entendu entendu que je place mon propre nom et celui de mes honorés confrères selon l'ordre chronologique des représentations d' *Henri III* , *de Marion Delorme* et *d'Othello.*

CHAPITRE VIII

Mort du général Foy. — Ses funérailles. — L' *Altesse Royale.* — L'assassinat de Paul-Louis Courier. — La mort de l'empereur Alexandre. — Comparaison de l'Angleterre et de la Russie. — La raison pour laquelle ces deux puissances se sont accrues au cours du siècle dernier. — Comment Napoléon entendait conquérir l'Inde.

Puisque nous venons de prononcer le mot *mort,* consacrons entièrement ce chapitre à la pâle fille d'Érèbe et de la Nuit.

Le 26 juin, la princesse Pauline Borghèse mourut à Florence et, avec elle, un des souvenirs les plus marquants de ma première jeunesse passa dans les régions de l'éternité.

Puis, le 28 novembre, j'ai appris une nouvelle qui a été pour moi un choc plus désastreux sur le plan personnel. En sortant du bureau, j'ai vu des gens discuter ensemble et je les ai entendus dire : « Vous savez que le général Foy est mort !

Ils étaient enclins à douter de l'information ! Mais il est une sorte de nouvelles sur lesquelles on ne doute jamais ; car qui, si elle était fausse, oserait répandre la nouvelle que les lèvres d'airain du Destin seules ont le droit d'annoncer ? Oui, le général Foy était mort aussitôt après son retour d'un voyage dans les Pyrénées, où il était allé prendre les eaux ; il mourut d'un anévrisme, et la nouvelle de sa mort arriva avant celle de sa maladie. Ils avaient caché la maladie, dans l'espoir qu'elle ne serait pas mortelle ; mais depuis une semaine, elle avait fait des progrès terribles ; les crises d'étouffement, commençant à un quart d'heure d'intervalle, se succédaient plus rapidement, et les nausées se produisaient constamment. Les deux neveux du général étaient avec lui, ne quittant pas un instant son chevet, lui prodiguant tous les soins possibles, et comme ils étaient tous deux des hommes, il ne cherchait pas à leur cacher sa grave condition.

« Je sens, dit-il, une certaine puissance destructrice à l'œuvre en moi ; je lutte contre elle, mais elle est trop forte pour moi et vaincra mes efforts.

Lorsque la dernière heure approchait, il ressentait le besoin de plus d'air, bien que nous soyons en novembre, et il aspirait aux rayons réconfortants du pâle soleil d'hiver. Ses neveux l'ont placé sur un canapé devant la fenêtre, mais il n'a pas réussi à rester assis plus d'un instant.

« Mes enfants, dit-il à ses neveux, mes chers enfants, ramenez-moi dans mon lit, et que Dieu en soit l'issue finale . »

A peine avait-il prononcé ces paroles que Dieu libéra son esprit pur et loyal du corps dans lequel il était confiné. Je suis rentré chez ma mère complètement malheureux. Tout obscur que j'étais, je sentais que le grand homme qui venait de disparaître avait le droit d'attendre quelque retour de l'inconnu dont il avait réellement commencé la carrière. J'ai donc écrit le morceau de poésie dont j'ai déjà cité une strophe. Ce n'étaient pas mes premiers vers, Dieu me pardonne les autres, mais ce furent les premiers dans lesquels, si ancienne et si défectueuse que soit la forme, apparaissait quelque chose qui ressemblait à une idée. Sur quelque deux cent cinquante à trois cents vers, seule cette strophe est heureusement restée dans ma mémoire. J'ai fait imprimer cette ode – à mes frais, bien sûr. Cela a coûté deux ou trois cents francs à ma pauvre mère ; Pourtant, aucun de nous ne l'a regretté. Tous les poèmes qui furent écrits à cette occasion furent rassemblés sous le titre *Couronne poétique du général Foy* , et ils formèrent à eux seuls un volume.

Les vers les plus remarquables de tout le volume étaient ceux d'une belle jeune fille de dix-sept ou dix-huit ans, appelée Delphine Gay, qui venait de se faire connaître par un volume d' *Essais poétiques.* C'est l'élégie que la mort du général Foy lui a inspirée d'écrire ; il fut cité dans tous les journaux de l'époque et fut extrêmement populaire :

"Pleurez, Français, pleurez! la patrie est en deuil;
Pleurez le défenseur que la mort vous enlève;Et vous, nobles guerriers, sur son muet cercueilDisputez-vous l'honneur de déposer son glaive!

Vous ne l'enten drez plus, l'orateur redouté
Dont l'injure jamais ne souilla l'éloquence;Celui qui, de nos rois respectant la puissance,En fidèle sujet parla de liberté:Le ciel, lui décernant la sainte récompense,A a commencé trop tôt son immortalité!

Son bras libère ton dans la tombe est esclave;
Son front pur s'est glacé sous le laurier vainqueur,Et le signe sacré, cette étoile du brave,Ne sent plus palpiter son cœur.

Hier, quand de ses jours la source fut tarie, La France, en le voyant sur sa couche étendue, Implor ait un accent de cette voix chérie...
Hélas ! au cri plaignant jeté par la patrie
C'est la première fois qu'il n'a pas répondu!"

Les funérailles du général Foy ont eu lieu le 30 novembre. Le corps fut transporté de sa maison à l'église Notre-Dame de Lorette ; et trente mille personnes le suivirent, malgré une pluie battante qui tomba sans cesse depuis midi jusqu'à quatre heures de l'après-midi, et des centaines de milliers de spectateurs se pressèrent sur la chaussée. La livrée du duc d'Orléans se distinguait parmi les voitures de deuil qui formaient le cortège. Le lendemain des funérailles, la chanson suivante, dirigée contre le prince qui venait d'exprimer publiquement son appréciation du talent et du caractère du noble général et illustre patriote, retentissait dans toutes les rues de Paris :

AIR —*Tous les bourgeois de Châtres*

"Bon Dieu! quelle cohue!Quel attroupement noir!Il tient toute la rueAussi loin qu'on peut voir.Est-ce pompe funèbre ou pompe triomphale?Est-il mort quelque gros richard?Ca r j 'aperçois là-bas le char
D'une Altesse Royale.

Est-ce un songe civique ?

Appuyé sur sa canne,Un vieil et bon bourgeoisMe regarde, ricane,Et me dit à mi-voix:Un carbonaro mort cause tout ce scandale;Tout frère a son billet de part;C'est pourquoi nous voyons le charD'une Altesse Royale .

'Le défunt qu'on révère,
C'est Foy l'homme de bien,
C'est Foy l'homme de guerre,C'est Foy le citoyen. Jamais à sa vertu, vertu ne fut égale! Moi, je n' en crois rien pour ma part;Mais, ici, j'aime voir le charD'une Altesse Royale.

'Ce Foy, d'après nature,Ce déput é fameux,
Fut un soldat parjure,Un Français factieux.Aux vertus de Berton, la sienne fut égale;Ce n'est pas l'effet du hasard,Si nous voyons ici le charD 'une Altesse Royale.

'Sortis de leurs repaires,Au signal tricolore,Les amis et les frèresSuivent leur général.
De la France c'est là l'élite libérale;Qu'ils sont bien près du corbillard!Qu'ils sont bien tous autour du charD'une Altesse Royale!

'Philippe de ton pèreNe te souviens-il pas?Dans la même carrièreTu marches sur ses pas.Tu c rois mener, tu suis la horde libérale;
Elle rit sous ce corbillard,En voyant derrière son charTon Altesse Royale.'"

Quoique cette injure fut anonyme, on devinait d'où elle venait, d'autant plus qu'on en tirait cent mille exemplaires et en distribuait gratuitement. Seuls les poètes dotés par le gouvernement pouvaient produire de tels doggerels ; seules les œuvres invendables sont imprimées par centaines de milliers. Laissons de côté ce côté misérable de l'affaire. Il y avait un côté grand, noble et magnifique, quand le bruit se répandit que le général Foy était mort sans pouvoir léguer à sa femme autre chose que son nom illustre : une souscription fut ouverte qui, en trois mois, rapporta un million. francs].

En une année, un gouvernement et un peuple avaient chacun manifesté ce rare article, un beau sentiment de gratitude : le gouvernement américain avait voté un million pour la Fayette, et le peuple français avait recueilli un million pour la veuve et les enfants du général. Foie.

Vers le début de l'année était survenu le décès d'un homme qui avait autant contribué à l'émancipation de la France par sa plume, que le général Foy par ses discours. Vers dix heures du matin du 11 avril, Paul-Louis Courier de Méré fut retrouvé assassiné à trois quarts de lieue de sa résidence de campagne, dans le bois de Larçay. Il avait été tué d'un coup de fusil ou de pistolet, qui lui avait pénétré jusqu'en bas de la cuisse droite ; l'arme était chargée de trois petites balles, dont une restait dans le corps, et les deux autres étaient ressorties de part en part. La liasse a été retrouvée à côté de la balle à l'intérieur du corps, ce qui montre que la victime avait été tuée de près ; ses vêtements aussi étaient roussis autour de la partie blessée. Trois personnes furent arrêtées, Symphorien et Pierre Dubois, charretiers, qui plaidèrent et prouvèrent un alibi et furent relaxés ; et Louis Frémont, que le jury a acquitté. Ainsi Paul-Louis Courier, le célèbre savant, précurseur de M. de Cormenin, homme intellectuel par excellence, fut assassiné sans que son assassin soit découvert. Le Parti libéral a perdu en Courrier l'un de ses plus vaillants champions; il a fait pour le pamphlet ce que Béranger a fait pour la chanson.

Mais la mort qui produisit la sensation la plus profonde et la plus émouvante fut celle de l'empereur Alexandre, qui devait influencer non seulement les affaires de France, mais le sort du monde entier. Quand j'étais petit enfant, j'ai failli me faire renverser à Villers-Cotterêts par un petit *kibitz*, conduit par un cocher qui se penchait sur les trois chevaux qu'il faisait avancer d'un grand pas, à l'aide d'un court fouet. Ce cocher portait une casquette de cuir et un uniforme vert, il avait une barbe naissante, des anneaux d'or aux oreilles et son visage était tacheté de taches de rousseur. Il conduisait deux officiers habillés à peu près pareils, portant une étoile, deux ou trois croix et deux énormes épaulettes. L'un de ces deux officiers était une espèce de Kalmouk, hideux de visage, rude d'allure, bruyant de voix ; il jurait en français à pleine voix et semblait connaître particulièrement bien notre langue, en ce qui concerne ses expressions grossières d'argot. L'autre était un bel homme de trente-trois ou trente-quatre ans, aussi doux et aussi poli, que son compagnon paraissait vulgaire et mal élevé. Ses cheveux étaient blond doré, et même s'il avait l'air fort et en bonne santé, un doux sourire triste jouait sur ses lèvres chaque fois qu'il corrigeait son compagnon grossier.

C'était l'empereur Alexandre : selon Napoléon, le plus beau et le plus perfide des Grecs. Son compagnon était le Grand-Duc Constantin, et leur chauffeur était le Grand-Duc Michel. C'était un étrange trio, une vision presque grotesque, qui défilait sous mes yeux et s'imprimait si vivement dans ma mémoire que je le revois passer devant moi aujourd'hui, trente-sept ans après, la voiture basse tirée par ses trois chevaux, le cocher et ses deux compagnons. Eh bien, celui qui possédait la figure douce et mélancolique, celui qui vécut le plus longtemps dans ma mémoire de ces trois hommes, fut le premier à mourir. Napoléon avait fait tout son possible à Erfürt pour faire de cet homme non seulement un allié, mais un frère. Ils s'étaient appelés Charlemagne et Constantin, et Napoléon avait offert à Alexandre l'empire d'Orient à condition qu'il le laisse en possession paisible de l'empire d'Occident. Car l'empereur avait été impressionné par une idée dominante au cours de son règne : il avait compris que notre allié naturel contre notre ennemi naturel l'Angleterre était la Russie. Et en vérité, je prie mes lecteurs de bien réfléchir à la question, au lieu d'accepter des traditions politiques éculées et transmises toutes faites : les alliances entre nations se renforcent en raison de *différences d'intérêts* et non en raison de *similitudes de principes*. Or, quelle conséquence avait pour l'Angleterre de proclamer des principes semblables à ceux de la France, si elle avait les mêmes intérêts dans le monde entier ? Qu'importe que la Russie ait des principes différents tant que ses intérêts sont différents des nôtres ? Revenez sur plus d'un siècle et voyez comment l'Angleterre a gagné en puissance ; et vous constaterez qu'elle nous a volé, nous, son pays voisin et allié, tout ce sur quoi elle pouvait mettre la main. Revenez sur un siècle de croissance russe et vous verrez qu'elle n'a touché à rien qui nous appartient. Comptez les colonies de l'un et considérez les limites de l'autre. L'Angleterre, qui, il y a un siècle, ne possédait que cinq usines en Inde : Bombay, Singapour, Madras, Calcutta et Chandernagor ; qui ne possédait que Terre-Neuve, en Amérique du Nord, et cette bande de côte qui s'étend comme une frange depuis l'Arcadie jusqu'en Floride ; qui ne possédait que les îles Lucaya parmi les Bahamas, les Barbades parmi les Petites Antilles et la Jamaïque dans le golfe du Mexique ; dont la seule station dans la partie équinoxiale de l'océan Atlantique était Sainte-Hélène, de triste mémoire ; aujourd'hui, telle une gigantesque araignée de mer, a étendu sa toile sur les cinq parties du globe. En Europe, elle possède l'Irlande, Malte, Heligoland et Gibraltar ; en Asie, la ville d'Aden, qui domine la mer Rouge, comme Gibraltar la Méditerranée ; Ceylan, cette grande péninsule de l'Inde, du Népal, de Lahore, du Sind, du Baloutchistan et de Kaboul ; les îles de Singapour, Poulo-Penang et Sumatra ; c'est-à-dire un total de 122,333 lieues carrées de territoire, supportant 723,000,000 d'hommes. Sans compter, en Afrique, Bathurst, les îles de Léon, la Sierra-Leone, une partie de la côte de Guinée, Fernando-Po, l'île de l'Ascension et Sainte-Hélène, dont nous avons déjà parlé ; Colonie du Cap, Natal, Maurice, Rodriguez, Seychelles, Socotra ;

en Amérique, le Canada, tout le continent septentrional depuis le banc de Terre-Neuve jusqu'à l'embouchure du fleuve Mackenzie ; presque toutes les Antilles ; Trinidad, une partie de la Guyane, les îles Falkland, le Belize, Tuathan et les Bermudes ; dans le Pacifique, la moitié de l'Australie, la Terre de Van-Diemen , la Nouvelle-Zélande , l'île Norfolk, Hawaï et le protectorat général des îles polynésiennes. Elle a tout prévu et est prête à tout. Peut-être qu'un jour l'isthme de Panama sera coupé ; si c'est le cas, elle prépare le Belize sur place. Peut-être l'isthme de Suez sera-t-il également ouvert ; si c'est le cas, elle a Aden comme sentinelle de garde. Le passage de la Méditerranée à l'océan Indien lui appartiendra, et le passage du golfe du Mexique à l'immense océan Pacifique. Dans ses coffres-forts de l'Amirauté, il détiendra les clés de l'Inde et du Pacifique, comme il détient déjà celles de la Méditerranée. Mais ce n'est pas tout. Par son titre de protectrice des îles Ioniennes, elle détient l'entrée et la sortie de l'Adriatique et de la mer Égée ; elle a posé le pied sur le territoire des anciens Épirotes et des Albanais modernes. Quand l'Irlande refusera de lui prêter sa paysannerie et l'Ecosse ses Highlanders, quand les marchés d'esclaves tenus par les princes allemands lui seront fermés, elle recrutera ses recrues dans les tribus guerrières, elle aura ses Arnautes, comme le vice-roi d'Egypte. , ou comme le Pacha d'Acre et de Tripoli. Elle aura à Corfou une escadre qui pourra atteindre les Dardanelles dans quelques jours ; elle aura à Céphalonie une armée qui pourra atteindre le sommet des Balkans en une semaine. Puis, lorsqu'elle aura détruit notre influence à Constantinople, elle fera tout son possible pour supplanter l'influence russe en Grèce, et il lui suffira de quelques navires de guerre pour détruire toute la côte commerciale de l'Autriche. C'est ce qu'a fait l'Angleterre ; et l'on voit avec quels puissants alliés elle a accru sa force, le Canada, l'Inde, les Antilles et Maurice ; on voit comme elle a le contrôle complet de la Méditerranée, que Napoléon appelait un *lac français* et qui ne devait avoir aucun autre maître. que nous-mêmes ; vous voyez comment l'Angleterre nous a arraché petit à petit notre protectorat sur la Terre Sainte, l'Egypte et Tunis, nous enviant notre possession d'Alger, que nous avons achetée avec du sang et des trésors et dont elle a réussi à nous ravir il y a vingt ans.

Passons maintenant à la Russie et voyons quel pays étranger elle est comparée au nôtre. Il y a cent ans, la Russie s'étendait de Kiev à l'île Saint-Laurent, des grandes montagnes de l'Oural jusqu'au golfe d'Ienisseï, et peut-être ont raison ceux qui pensent que c'était dans le but de limiter son extension. que Behring a découvert les détroits qui portent son nom.

La Russie ne devait pas rester en retrait et ne s'est pas arrêtée là : elle a franchi son ancienne limite de Kiev. Le serpent scandinave qui enveloppait les deux tiers du globe s'est étendu : il a ouvert ses gueules pour dévorer la Prusse ; — à l'Ouest, ses gueules touchent d'un côté la Vistule, de l'autre le golfe de

Botnie. A l'Est, dans l'une de ses expansions vermiformes, il a franchi le détroit de Behring et ne s'est arrêté complètement qu'à la rencontre des domaines de l'Angleterre. Séparé de l'autre extrémité du monde, au pied du mont Saint-Elias et des Blackburn Mountains, comme si une barrière s'élevait derrière lui, il domine aujourd'hui sur toute cette côte découpée qui, en guise de limite ultime à la surface du globe, borde l'océan Arctique depuis la rivière Piasina jusqu'aux îles Bear ; du lac Piasina au Cap Saint. Ainsi, en un siècle, la Russie a acquis à la Suède la Finlande, Abo, Viborg, l'Esthonie, la Livonie, Riga, Reval et une partie de la Laponie ; , Polotsk, Minsk, Bialystok, Kamenetz, Tarnopol, Vilna, Grodno, Varsovie, de Pologne ; — une partie de la Petite Tartarie, la Crimée, la Bessarabie, la côte de la mer Noire, le protectorat de Serbie, de Moldavie et de Valachie, de Turquie ;— Géorgie, Tiflis, Erivan et une partie de la Circassie depuis la Perse ;—les îles Aléoutiennes et la partie nord-ouest du continent nord depuis l'archipel du Saint-Laurent, depuis l'Amérique. De l'autre côté de la mer Noire, elle surveille la Turquie, qu'elle est toujours prête à envahir, dès que la France et l'Angleterre le lui permettront. Alors, si, comme cela semble probable, elle annexe un jour la Suède, elle pourra fermer le détroit du Sund à l'ouest et les Dardanelles à l'est, et personne ne pourra alors y entrer sans qu'elle quitte la mer Noire ou la Baltique, ces deux grands miroirs. dans lequel se reflètent déjà les tours d'Odessa et de Saint-Pétersbourg. Sa plus grande longueur s'étend sur 3,800 lieues, et sa plus grande largeur est de 1,400 lieues. Dans toute cette étendue de territoire, elle n'a pas un pouce de terre autrefois nôtre. Elle compte 70 000 000 d'habitants et pas une seule âme ne nous a jamais appartenu.

Le 24 juin 1807, Lariboissière, général d'artillerie, fait construire un radeau sur le Niémen et y place un pavillon. Le 25, à une heure de l'après-midi, l'Empereur Napoléon, avec le grand-duc de Berg, Murat, les maréchaux Berthier et Bessières, le général Duroc et Caulaincourt le grand écuyer, traversèrent de la rive gauche du fleuve pour visiter ce pavillon. , préparé pour lui. L'empereur Alexandre partit en même temps de la rive droite, accompagné du grand-duc Constantin, de Benigsen, du général en chef le prince Labanof, du général Ouvarov et du comte de Liéven, aide de camp général. Les deux bateaux atteignirent tous deux le radeau en même temps, et ainsi deux empereurs montèrent sur l'île flottante, se firent face, se serrèrent la main et s'embrassèrent.

Cette réunion était le prélude à la paix de Tilsit : et la paix de Tilsit était censée détruire l'Angleterre. Tout d'abord, par le décret de Berlin concernant le blocus continental, l'Angleterre avait été mise sur le banc des accusés devant un tribunal européen. Dans les mers du Nord, la Russie, le Danemark et la Hollande, et dans la Méditerranée, la France et l'Espagne, lui avaient fermé leurs ports et s'étaient solennellement engagés à ne faire aucun commerce avec elle.

Il n'y avait donc que le Portugal sur l'océan Atlantique et la Suède sur la Baltique qui lui étaient ouverts.

Par un traité du 27 octobre 1807, Napoléon décida que la maison de Bragance avait cessé de régner et le 27 septembre 1808, Alexandre décida d'entrer en guerre contre Gustave IV. Mais ça n'était pas tout . Sur ce radeau et dans ce pavillon, sur le Niémen, un projet bien plus terrible était organisé.

« C'est par l'Inde qu'il faut abattre l'Angleterre », avait dit Bonaparte en incitant le Directoire à déclencher la campagne d'Egypte. Et, d'Alexandrie, il avait envoyé un messager à Tippoo-Sahib, pour l'encourager à prendre les armes. Mais le messager ne dépassa pas Aden : le trône de Mysore était tombé et Tippoo-Sahib était mort. A partir de ce moment, la conquête de l'Inde, qui avait été l'un des rêves de Bonaparte, devint le dessein fondamental de Napoléon.

Pourquoi avait-il fait la paix avec Alexandre ? Pourquoi l'avait-il embrassé sur le Niémen ? Pourquoi l'avait-il appelé Constantin ? Pourquoi lui avait-il proposé l'Empire d'Orient ? Afin de s'en faire un allié sûr, afin que, appuyé sur l'alliance, il puisse conquérir l'Inde. Qu'est-ce qui empêchait Napoléon de faire ce qu'Alexandre avait fait, deux mille deux cents ans avant lui ? Ce serait ridiculement facile, comme vous le constaterez ! Trente-cinq mille Russes pourraient embarquer sur la Volga, descendre le fleuve jusqu'à Astrakan, descendre la mer Caspienne et débarquer à Astrabad. Trente-cinq mille Français pourraient descendre le Danube jusqu'à la mer Noire ; là, ils pourraient s'embarquer, et, à l'extrémité de la mer d'Azov, débarquer sur les rives du Don ; ils pouvaient remonter le fleuve pendant près de cent lieues, traverser les douze ou quatorze lieues qui séparaient les deux fleuves, le Don et la Volga, au point de leur plus proche rapprochement, puis descendre ce dernier fleuve jusqu'à Astrakan, et à Astrakan embarque pour rejoindre les Russes à Astrabad. Soixante-dix mille hommes se réuniraient au cœur de la Perse avant que l'Angleterre ne se rende compte de leurs mouvements. A Astrabad, ils seraient exactement à cent cinquante lieues du royaume de Kaboul, et il ne leur faudrait que douze jours pour atteindre l'Inde ; une douzaine de jours suffiraient pour rejoindre Hérat depuis Astrabad par la fertile vallée de Herio Rud.

De Hérat à Kandahar, il y avait cent lieues de route splendide ; de Kandahar à Ghizni cinquante lieues ; de Ghizni à Attock, soixante ; et les deux armées seraient sur l'Indus, fleuve avec un débit d'environ une lieue à l'heure, avec un nombre illimité de gués, jamais plus de dix à quinze pieds de profondeur, entre Attock et Dera-Ismail-Khan. C'est d'ailleurs la route suivie par tous les envahisseurs indiens précédents, de l'an 1000 à 1729, de Mahmoud de

Ghizni à Nadir-Shah. Mahmoud de Ghizni avait à lui seul envahi l'Inde sept fois entre les années 1000 et 1021. Dans sa sixième expédition, en trois mois, il avait pénétré depuis sa capitale de Ghizni jusqu'à Chanaud, ville située à cent milles au sud-ouest de Delhi ; dans le septième, il pénétra jusqu'au centre du Gujarat et rasa le temple de Somnath. Puis, en 1184, vint Mahomet Gouri, qui marcha sur Delhi par la même route, *via* Attock et Lahore, s'empara de la ville et substitua sa dynastie à celle de Mahmoud de Ghizni. Puis, en 1396, arriva Timur le boiteux, communément appelé Tamerlan. Il partit de Samarcande, traversa la rivière Amou, laissant Balkh à sa droite, descendit Kaboul par le défilé d'Andesab, suivit les berges de la rivière jusqu'à Attock, où il la traversa et envahit le Pendjaub, s'emparant de Delhi, qu'il mit aux mains de le feu et l'épée, et, l'année suivante, après quatorze mois de campagne, il retourna en Tartarie. Puis vint Baber en 1505, qui traversa de nouveau l'Indus, s'établit à Lahore, et de Lahore attaqua Delhi, qu'il prit, y fondant la dynastie mongole. Enfin, en 1739, Nadir-Shah descendit de Perse sur Kaboul, et, suivant la même route jusqu'à Lahore, s'empara de Delhi, qu'il pilla pendant trois jours. Ce serait probablement à Delhi que les deux armées combinées de la Russie et de la France rencontreraient les forces anglo-indiennes. Lorsque Napoléon et Alexandre auraient démoli cette armée, ils marcheraient ensuite sur Bombay, plutôt que sur Calcutta, qui n'est qu'un centre commercial ; la destruction de Bombay serait bien plus dommageable pour l'Angleterre que celle de Calcutta, puisque c'est par Bombay que l'Angleterre communique avec la mer Rouge et l'Europe. Si Bombay était prise, la tête du serpent serait écrasée ; il ne resterait plus que Madras, avec ses pauvres fortifications, et Calcutta avec sa forteresse, qui, sans pouvoir les soutenir, aurait besoin de quinze mille hommes pour la défendre.

La puissance de l'Angleterre en Inde serait anéantie et la Russie lui succéderait : Alexandre prendrait pour part la Turquie en Europe, la Turquie en Asie, la Perse et l'Inde ; tandis que nous prendrions la Hollande, l'Italie, l'Espagne, le Portugal, toute la côte africaine depuis Tunis jusqu'au Caire, la mer Rouge avec ses colonies chrétiennes et la Syrie jusqu'au golfe Persique.

Inutile d'ajouter que Malte, les îles Ioniennes et la Grèce, jusqu'aux Dardanelles, nous seraient également cédées. Et alors la Méditerranée serait véritablement un *lac français* , par lequel nous partagerions le commerce de l'Inde avec notre sœur la Russie.

Si Alexandre avait tenu sa promesse, au lieu de trahir son allié, ce rêve serait devenu réalité.

On voit donc qu'il y avait une autre raison à la guerre avec la Russie, outre le refus de la main de la princesse Olga, que tout le monde s'obstine à considérer comme la seule cause. Alexandre vaincu, il serait contraint par la force de faire ce qu'il avait refusé de faire par bonne volonté. Mais Dieu a vu autrement.

CHAPITRE IX

L'empereur Alexandre. — Lettre du tsar Nicolas à Karamsine. — Histoire à la manière de Suétone et de Saint-Simon. — Catherine et Potemkine. — Madame Braniska. — Le prix du taxi impérial. — Un bal chez M. de Caulaincourt. pipe - Le batelier et le cocher de l'empereur

Nous allons maintenant consacrer quelques mots à l'empereur qui avait failli à Napoléon dans sa haute mission de partage du monde, et au grand-duc Constantin, que l'Europe entière, ignorant le secret de famille que nous allons raconter, regardait comme son successeur.

L'histoire de la Russie est moins connue que celle d'autres pays, non pas parce qu'elle ne vaut pas la peine d'être connue, mais parce que personne n'ose l'écrire. Un seul homme, Karamsine, reçut cette mission, mais il mourut avant d'avoir accompli sa tâche, le 3 juin 1826, dans le palais de la Taurida, où l'empereur l'avait hébergé.

Trois semaines avant sa mort, l'empereur Nicolas, qui était sur le trône depuis six mois, lui écrivit la lettre suivante, qui pourrait bien servir d'exemple à certains chefs de gouvernement, qui se flattent d'avoir des idées plus libérales que disent-ils, ce sont ceux du tsar de toutes les Russies :

CZARKOSJELO, 25 *mai* 1826

"NICOLAI-MIKAÏLOVITCH,—Comme votre santé défaillante vous oblige à quitter pendant un certain temps votre pays natal pour chercher un climat plus chaud, il me fait grand plaisir de vous exprimer, à cette occasion, l'espoir sincère que vous bientôt revenez parmi nous avec des forces renouvelées, pour servir toujours les intérêts et l'honneur de votre pays comme vous l'avez fait jusqu'ici. J'ai beaucoup de plaisir à témoigner, au nom du défunt empereur, qui connaissait votre dévouement noble et désintéressé à son égard. personne, en mon nom personnel et au nom de toute la Russie, à notre reconnaissance reconnaissante pour vos services en tant que citoyen et auteur. L'empereur Alexandre vous a dit : « Le peuple russe mérite de connaître son histoire » et celle que vous avez. écrit est digne du peuple russe.

"Je réalise maintenant l'intention que mon frère n'a pas eu le temps de réaliser. Le papier qui l'accompagne vous assurera de ma bonne volonté; ce n'est qu'un acte de justice, en ce qui me concerne, mais je le considère aussi à la lumière de un héritage sacré qui m'a été confié par l'empereur Alexandre.

"J'espère que vos voyages vous seront bénéfiques et vous donneront suffisamment de force pour terminer le travail principal de votre vie."

Cette lettre aurait pu être signée par François Ier, Louis XIV. ou Napoléon, mais c'était simplement signé « Nicolas ». Il y avait avec lui un oukase qui informait le ministre des Finances que Sa Majesté Impériale avait accordé une pension de cinq mille roubles à M. de Karamsine, qui serait continuée à sa femme et à ses enfants ; les fils devaient jouir de la pension jusqu'à ce qu'ils fussent en âge d'entrer dans l'armée, les filles jusqu'à leur mariage.

Karamsine est mort avant d'avoir pu terminer son histoire ; mais, s'il avait été terminé, il nous aurait seulement informé des faits généraux et des grands événements liés à l'empire russe, et il ne nous aurait donné aucun détail du genre que nous allons raconter.

Il y a deux manières d'écrire l'histoire : l'une, à la manière de Tacite, l'autre à la manière de Suétone ; l'un comme Voltaire, l'autre comme Saint-Simon. Tacite est magnifique, mais Suétone nous paraît plus amusant. Voltaire est limpide, mais Saint-Simon est un écrivain bien plus pittoresque.

Nous allons maintenant écrire quelques pages de l'histoire russe comme Suétone écrivait l'histoire romaine et comme Saint-Simon écrivait l'histoire française. Le lecteur connaît bien sûr Catherine II. par son nom ? — celle que Voltaire appelait la Sémiramis du Nord ; qui donnait des pensions à nos lettrés sous Louis XV. les proscrivait ou les laissait mourir de faim, même s'il ne les avait pas proscrits.

Catherine II. était âgé de trente-trois ans; elle était belle, bienveillante et pieuse ; jusqu'à cet âge, elle avait été considérée comme fidèle à son mari Pierre III, quand tout à coup elle apprit que l'empereur avait l'intention de la répudier pour épouser la comtesse Vorontsov, et comme excuse de cette répudiation il proposa de déclarer que la naissance de Paul-Petrovitch avait été illégitime. Elle comprit vite qu'il s'agissait pour elle d'une question de vie ou de mort, et de trône pour son fils ; il y avait une partie à jouer, et celui qui serait le premier sur le terrain gagnerait. La nouvelle lui fut annoncée un soir à dix heures. Vers onze heures, elle avait quitté le château de Peterhof, où elle habitait, et, comme elle ne voulait pas que son départ soit connu en faisant préparer sa voiture, elle arrêta la charrette d'un paysan et monta à côté de lui, le charretier s'imaginant qu'il il prenait simplement une femme de la campagne. Elle arriva à Saint- Pétersbourg au moment où le jour commençait à se lever. Dès son arrivée, elle ordonna de faire sortir les régiments de la garnison sans révéler dans quel but , rassembla les quelques amis sur lesquels elle croyait pouvoir compter et partit avec eux défiler devant les soldats rassemblés. Elle parcourait les lignes à cheval, s'adressait aux officiers, invoquait leur chevalerie d'hommes d'honneur et faisait appel à leur loyauté de soldats ; puis elle saisit une épée, la tira de son fourreau, jeta le fourreau loin d'elle, et, craignant que l'épée ne tombât de ses mains inhabituelles, demanda un nœud d'épée pour l'attacher à son poignet. Un jeune officier de vingt-huit ans entendit la demande de sa souveraine à travers le fracas des cris d'enthousiasme poussés par les régiments, franchit les rangs, courut à ses côtés en lui offrant son nœud d'épée ; puis, lorsque Catherine eut accepté son offre avec le sourire gracieux d'une femme acharnée à régner en impératrice, d'une reine en quête d'un trône, le jeune officier se détourna pour se replier à sa place ; mais son cheval, qui devait un jour partager la bonne fortune de son maître, refusa de s'écarter ; il se cabrait, dansait, et, habitué aux manœuvres de cavalerie, persistait à se ranger à côté du cheval de l'impératrice. Catherine, aussi superstitieuse que tous ceux qui jouent leur fortune sur un coup de dé, croyait augurer de l'obstination du cheval que son cavalier deviendrait un de ses plus puissants défenseurs ; et elle l'a promu. Huit jours plus tard, après que Pierre III, qui avait été fait prisonnier par celui-là même qu'il croyait faire captif, eut renoncé entre les mains de Catherine la couronne qu'il avait eu l'intention de lui arracher, l'impératrice fit chercher le jeune officier de l'Empire. *place du Sénat* , en fit un de sa suite et le nomma palefrenier de la chambre de son palais. Le nom de ce jeune homme était Potemkine. A partir de ce jour, sans gêner en rien le règne des douze Césars, comme on appelait le nouveau régime, Potemkine devint le favori de l'impératrice, et sa préférence pour lui ne fit que croître.

Beaucoup, espérant le remplacer, cherchèrent à saper sa position et se ruinèrent. Un jeune Servien, nommé Lovitz, lui-même protégé de Potemkine, croyait avoir réussi. Il avait été placé auprès de l'impératrice par son patron, et résolut de profiter de l'absence de son protecteur pour le perdre. Comment y est-il parvenu ? Cela doit rester un des secrets du cabinet que les murs du palais de l'Ermitage ne nous ont pas révélés. On sait seulement que Potemkine fut mandé au palais ; qu'en entrant dans ses appartements, on lui dit qu'il était complètement déshonoré, qu'il était exilé, et qu'on le menaçait de mort s'il n'obéissait pas. Il se rendit aussitôt, taché comme il l'était après son voyage, dans les appartements de l'impératrice. Un jeune officier d'ordonnance essaya de lui barrer l'entrée, mais Potemkine le prit par les hanches, le souleva, le jeta à travers la chambre, entra dans la chambre de l'impératrice et, au bout de dix minutes, en ressortit avec un papier à la main.

« Tiens, monsieur, dit-il au jeune officier encore très ébranlé par le traitement qu'il venait de recevoir, voici le brevet de capitainerie que Sa Majesté a bien voulu signer pour vous.

Le même jour, Lovitz fut exilé dans la ville de Schaklov, qui devint pour lui une principauté.

De temps en temps, Potemkine rêvait du duché de Courlande et du trône de Pologne ; mais, après y avoir réfléchi davantage, il comprit qu'il ne voulait ni l'un ni l'autre, car, que la couronne soit ducale ou royale, il savait qu'il ne pouvait être ni plus puissant ni plus heureux qu'il ne l'était dans sa position actuelle. Ne passait-il pas entre ses mains toutes les heures, pour jouer comme un cow-boy joue avec des cailloux, plus de diamants, de rubis et d'émeraudes qu'aucune couronne ne pourrait en contenir ? N'avait-il pas des courriers à sa disposition pour lui chercher des esturgeons de la Volga, des pastèques d'Astrakan, des raisins de Crimée et les plus belles fleurs d'où qu'on puisse les trouver ? N'offrait-il pas à son souverain, chaque jour de l'An, une assiette de cerises qui lui coûtait dix mille roubles ?

Le prince de Ligne (grand-père du prince de ce nom, que nous connaissons), auteur des charmants mémoires qui portent son nom et des lettres les plus intellectuellement raffinées qui aient probablement jamais été écrites, connut Potemkine et dit de lui-

"Cet homme était un mélange d'idées colossales, romantiques et barbares."

Le prince de Ligne avait raison. Pendant trente ans, aucune action, bonne ou mauvaise, ne fut accomplie en Russie sans son intervention : ange ou démon, il créait ou détruisait au gré de son caprice ; il a tout mis à six et sept, mais il a insufflé la vie à tout ; rien ne se passait sans lui ; quand il réapparut, tout le reste disparut et, devant sa présence, disparut dans les limbes.

Un jour, il eut l'idée de construire un palais pour Catherine ; elle venait de conquérir Taurida, et ce palais devait être un monument en souvenir de cette conquête. En trois mois, le palais fut érigé dans la capitale de Catherine, sans que Catherine n'en sache rien ; puis, un soir, Potemkine invita l'impératrice à une fête nocturne qu'il désirait donner en son honneur, disait-il, dans le palais qui s'étendait le long de la rive gauche de la Neva ; et là, au milieu de beaux arbres, brillamment éclairés et brillants de marbre, elle trouva le palais des fées qui semblait avoir surgi d'un coup de baguette, rempli de statues, magnifiquement meublées, ses lacs regorgeant d'or, d'argent et d'azur. des poissons.

Tout ce qui concernait cet homme était mystérieux, sa mort comme sa vie, sa fin inattendue comme son début insoupçonné. Il avait passé un an à Saint-Pétersbourg dans des fêtes et des orgies de toutes sortes, avait réussi à faire avancer les frontières de la Russie jusqu'au Caucase, et pensait que, cette nouvelle frontière désormais tracée, il en avait fait assez pour sa gloire et celle de Catherine. . Tout à coup, il apprit que le vieux Repnine avait profité de son absence pour vaincre les Turcs et, les forçant à exiger la paix, avait fait plus en deux mois qu'en trois ans. Il n'y avait donc plus de repos pour le favori, mais plus de gloire pour le général. Il était malade, mais cela n'avait pas d'importance ! Il lutterait contre sa maladie et la tuerait. Il partit, traversa Jassy et arriva à Otchakoff, où il s'arrêta pour une nuit ; le lendemain, à l'aube, il reprit sa route ; mais, après avoir parcouru plusieurs verstes, l'atmosphère dans sa voiture l'étouffa, et il la fit arrêter : son manteau était étendu au bord d'un fossé, et il se coucha dessus, haletant ; il est mort dans les bras de sa nièce avant un quart d'heure ! Je connaissais sa nièce ; Je l'ai entendue raconter les détails de la mort de son oncle comme si elle venait juste de se produire. Elle avait soixante-dix ans quand je l'ai connue. Elle s'appelait Madame Braniska et demeurait à Odessa. Elle était très riche, valant peut-être entre soixante et cent millions. Elle possédait certains des plus beaux saphirs, perles, rubis et diamants du monde. Comment avait-elle commencé une telle collection de pierres précieuses ? Elle racontait — car elle aimait beaucoup parler de tout ce qui concernait son oncle — que Potemkine, comme nous l'avons dit, n'aimait rien tant que de jouer avec des pierres précieuses qu'il versait en cascade de main en main ; celles qui, s'échappant du cours principal de la cataracte, tombaient à terre, tombaient aux mains de l'enfant gâté, qui en faisait une collection. Souvent, lorsqu'il se préparait à se reposer, sur un pouf, un divan ou un canapé, Potemkine glissait ses bras sous le coussin, puis, lorsqu'il s'endormait, ses mains se détendaient et une poignée de perles tombait, qu'il il oublierait de décrocher à son réveil. Sa nièce le savait et, soit pendant son sommeil, soit après son réveil, elle soulevait le coussin et emportait les trésors. Qu'importe à Potemkine ? Ses poches étaient pleines d'autres pierres précieuses ! Et, quand ses poches étaient vides, n'avait-il pas les tonneaux pleins, comme les souverains de Samarcand, de Bagdad et de Bassora, évoqués dans les *Mille et une Nuits* ?

Cette madame Braniska était un personnage singulier, avec ses soixante à cent millions. Elle avait souvent des accès d'avarice, entrecoupés d'élans de générosité – des traits très inhabituels à trouver réunis chez une seule personne. Par exemple, elle envoyait à son fils, qui habitait soit à Moscou, soit à Saint-Pétersbourg, 500 000 francs pour un cadeau de nouvel an, et ajoutait à la lettre un post-scriptum en disant :

" J'ai un terrible rhume ; envoyez-moi des jujubes, mais attendez de voir une occasion opportune ; la voiture de Moscou et d'Odessa est ruineuse ! "

Catherine a failli mourir lorsqu'elle a appris la mort de Potemkine ; ces deux grands cœurs et ces deux vies semblaient battre à l'unisson. Elle s'évanouit trois fois à l'annonce de cette funeste nouvelle, le pleura longtemps et le regretta toujours.

Paul-Petrovitch, pour qui elle avait sauvé la couronne en l'enlevant à Pierre III, devint le père de cette riche postérité dont j'avais vu un spécimen dans le kibitz conduit par le grand-duc Michel, outre l'empereur régnant sur -jour.

A cette époque, personne ne pensait un instant qu'il régnerait un jour. Parcourant sa belle et nombreuse descendance, les yeux de Catherine étaient le plus constamment fixés sur les deux aînés, et par leurs noms mêmes — l'un s'appelait Alexandre et l'autre Constantin — elle semblait s'être partagé d'avance le monde entre eux. Cette idée était en effet si bien ancrée dans son esprit, qu'elle les fit peindre, alors qu'ils étaient tous deux enfants, l'un coupant le nœud gordien, l'autre portant l'étendard romain. Elle poussa l'idée plus loin encore et les fit éduquer conformément aux deux mêmes grandes idées. Constantin, qu'elle destinait à l'Empire d'Orient, n'avait que des infirmières et des précepteurs grecs, tandis qu'Alexandre, destiné à gouverner l'Empire d'Occident, était entouré d'Anglais, d'Allemands et de Français. Rien n'aurait pu être plus diamétralement différent que les méthodes employées dans l'éducation des augustes élèves. Tandis qu'Alexandre, âgé de douze ans, disait à Graft, son professeur de physique expérimentale, qui lui disait que la lumière était une émanation continue du soleil : « Cela ne peut pas être vrai, sinon le soleil diminuerait de jour en jour », Constantin disait à son professeur spécial, Saken, qui s'efforçait de lui faire apprendre à lire : « Non, je ne veux pas apprendre à lire ; tu lis sans cesse, et cela ne fait que te rendre de plus en plus stupide.

Nous verrons plus tard combien les prévisions de l'impératrice étaient erronées à l'égard de Constantin ; mais d'abord nous consacrerons un peu d'attention à l'empereur Alexandre.

Il était très aimé du peuple et des nobles ; aimé en raison de son propre caractère, et peut-être plus encore en raison de la peur avec laquelle Constantin était considéré. De nombreuses anecdotes sont racontées à son éloge, faisant honneur à sa gentillesse, à son courage et à sa capacité. Un jour, alors qu'il marchait à pied, comme c'était son habitude, voyant des menaces de pluie, il héla un drovsky pour le conduire au palais impérial ; à son arrivée, l'empereur fouilla dans ses poches et constata qu'il n'avait pas d'argent.

« Attendez, dit-il au chauffeur ; "Je vous ferai envoyer votre tarif."

"Oh oui, je connais cette histoire," grogna l'homme.

"Qu'est-ce que tu dis?" demanda l'empereur.

"Je dis que je ne peux pas compter sur vos promesses."

"Pourquoi pas?" demanda Alexandre.

"Oh, je sais de quoi je parle", a déclaré le chauffeur.

"Eh bien, laisse-moi tout savoir."

"Je dis qu'il y a trop de personnes que j'emmène dans des maisons à double porte, qui entrent sans me payer leur course, trop de débiteurs que je ne revois plus."

" Quoi ! même au palais de l'empereur ? "

"Oh, il y en a plus là-bas que partout ailleurs ; vous ne savez pas à quel point les grands nobles ont la mémoire courte."

"Mais vous devriez vous plaindre, dénoncer les voleurs et les faire arrêter", dit Alexandre.

"J'ai pris un noble ! Votre Excellence sait sûrement que nous, pauvres diables, n'avons aucun pouvoir pour faire quoi que ce soit de pareil. Si c'était l'un des nôtres, ce serait une autre affaire et assez facile", ajouta le chauffeur en désignant son longue barbe, " car ils savent comment nous joindre ; mais vous tous, grands nobles, avez le menton trop rasé pour cela... Bonsoir, il n'y a plus rien à dire, à moins que Votre Excellence ne veuille bien fouiller votre encore une fois mes poches, au cas où il y aurait une bagatelle pour me payer.

"Non", dit l'empereur, "cela ne servirait à rien... mais j'ai une idée."

"Qu'est-ce que c'est?"

"Vous voyez ce manteau, il vaut plus que votre billet, n'est-ce pas ?"

"Certainement ! Et si Votre Excellence souhaite me le donner sans attendre le changement...?"

"Non ! gardez-le en gage et ne le renoncez pas jusqu'à ce que j'envoie quelqu'un le chercher avec votre billet."

"Très bien, très bien, vous êtes en quelque sorte un gentleman raisonnable, vous l'êtes", répondit le chauffeur.

Cinq minutes plus tard, le chauffeur reçut un billet de cent roubles en échange du manteau promis. L'empereur avait remboursé les dettes de ceux qui venaient le voir ainsi que les siennes ; mais le chauffeur a fait croire qu'il n'avait toujours rien à payer.

À l'époque où Napoléon et Alexandre étaient en bons termes, lorsqu'il s'inclinait vers lui et souriait à la ligne,

"L'amitié d'un grand homme est un bienfait des dieux !"

L'empereur Alexandre assistait un soir à un bal donné par M. de Caulaincourt, ambassadeur de France, et à minuit l'hôte fut informé que la maison était en feu. Le souvenir des terribles accidents survenus lors de l'incendie du bal du prince de Schwartzenberg était encore dans toutes les têtes, aussi la première crainte de Caulaincourt, lorsqu'il reçut la nouvelle de l'incendie, fut qu'il y aurait une panique et que les mêmes conséquences désastreuses se produiraient à sa maison. Il décida donc de s'assurer d'abord de la gravité du danger, il plaça donc un aide de camp à chaque porte avec l'ordre que personne ne devait sortir, et il se dirigea vers l'empereur.

« Sire, la maison est en feu », dit-il à voix basse. " Je vais moi-même voir comment vont les choses ; il importe que personne ne soit averti du danger jusqu'à ce que nous puissions connaître l'ampleur et la nature du péril. Mes aides de camp ont reçu l'ordre d'empêcher quiconque d'aller dehors, à l'exception de Votre Majesté et de Leurs Altesses Impériales les Grands-Ducs et Grandes-Duchesses. Si Votre Majesté désire donc se retirer, la voie est libre... Mais il me sera peut-être permis de suggérer que personne ne le fera. prêts à prendre peur devant le feu s'ils voient Votre Majesté parmi eux.

« Très bien, » dit l'empereur ; "vas-y, je vais rester ici."

M. de Caulaincourt sortit et découvrit que, comme il l'avait prévu, le danger n'était pas aussi grave qu'on lui avait d'abord laissé entendre. Il retourna à la salle de bal et trouva l'empereur dansant une polonaise. Ils échangèrent des regards significatifs et l'empereur dansa jusqu'au bout. Le bal terminé, il demanda à Caulaincourt où en étaient les choses.

« Tout va bien, sire, » répondit l'ambassadeur ; "le feu a été éteint." Et c'était tout.

Ce n'est que le lendemain que les invités qui avaient assisté à cette magnifique fête apprirent que, depuis un quart d'heure, ils avaient, selon l'expression de M. de Salvandy, « dansé sur un volcan ».

Nous avons dit que l'empereur Alexandre aimait se promener seul dans les rues de Saint-Pétersbourg ; il avait également la même habitude lorsqu'il voyageait. Il voyageait un jour à travers la Petite-Russie, lorsqu'il arriva dans un grand village, et tandis que les palefreniers changeaient de chevaux, il sauta de sa voiture et dit aux postillons qu'il avait l'intention de marcher à pied pendant un moment, et qu'ils n'avaient donc pas besoin de se presser après. lui. Alors, seul, simplement vêtu d'un manteau militaire et dépouillé de tous ses insignes, il commença sa promenade. Arrivé à la fin du village, il vit qu'il y avait deux routes et ne savait pas laquelle prendre. Il s'approcha donc d'un homme qui portait un manteau militaire très semblable au sien. L'homme était assis devant sa porte, fumant la pipe.

« Mon ami, demanda l'empereur, laquelle de ces deux routes dois-je prendre pour arriver à... ?

A cette question, l'homme à la pipe regarda l'interrogateur de la tête aux pieds et, étonné qu'un voyageur d'apparence aussi ordinaire ose parler avec cette familiarité à un homme de son importance (surtout en Russie, où les différences de rang occupent une grande place). entre supérieurs et inférieurs), il continua à tirer sur sa pipe et dit sèchement :

"La route à droite."

L'empereur comprit et respecta le motif de son indignation hautaine.

"Pardonnez-moi, monsieur," dit-il en touchant sa casquette, en s'approchant de l'homme à la pipe, "puis-je poser encore une question...?"

"Qu'est-ce que c'est?"

« Puis-je vous demander votre grade dans l'armée ?

"Devine ça."

"Eh bien... peut-être que Monsieur est lieutenant ?"

"Plus haut."

"Un capitaine ?"

"Encore plus haut."

"Majeur?"

"Continue."

« Commandant d'un bataillon ?

"Oui, et je ne l'ai obtenu qu'à force de travail !..."

L'empereur s'inclina.

"Et maintenant," dit l'homme à la pipe, persuadé qu'il parlait à un inférieur, "qui es-tu, mon brave homme ?"

"Devinez", répondit l'empereur à son tour.

"Lieutenant?"

"Plus haut."

"Capitaine?"

"Encore plus haut."

"Majeur? "

"Continue."

« Commandant d'un bataillon ?

"Essayer à nouveau."

L'interrogateur sortit sa pipe de sa bouche.

"Colonel?"

"Vous ne l'avez pas encore."

L'homme se releva et adopta une attitude plus respectueuse.

« Votre Excellence est lieutenant-général, peut-être ?

"Vous vous rapprochez."

"Alors Votre Altesse doit être feld-maréchal ?"

« Encore une fois, commandant.

« Sa Majesté Impériale ! s'écria l'interrogateur stupéfait en laissant tomber sa pipe et en la brisant en morceaux.

"Exactement", répondit Alexandre avec un sourire.

« Ah ! sire, s'écria l'officier en joignant les mains, je vous demande pardon !

"Oh ! qu'est-ce qu'il y a à pardonner ?" dit Alexandre. "Je t'ai demandé de me dire le chemin et tu me l'as dit. Merci."

Et l'empereur, faisant un signe de la main au pauvre commandant stupéfait, prit la route à sa droite et fut bientôt rattrapé par sa voiture.

Une autre fois encore, alors qu'il était en voyage (car la vie d'Alexandre, fils de Paul, se passa comme celle d'Alexandre, fils de Philippe, en voyages perpétuels), alors qu'il traversait un lac dans le département d'Archange, l'empereur fut surpris par un violent coup de vent. Alexandre était d'un tempérament mélancolique, et la mélancolie grandissait en lui, de sorte qu'il voyageait le plus souvent tout seul. Il était donc seul dans une barque avec seulement le batelier, et les vagues du lac, fouettées par la tempête, montaient haut et menaçaient de les submerger.

« Mon ami, » dit l'empereur au batelier, qui perdait rapidement son sang-froid sous le poids de la responsabilité qui pesait sur lui, « il y a environ dix-huit cents ans, César fut placé dans une situation semblable à la nôtre, et il dit : avec fierté à son batelier : "N'aie pas peur, tu portes César et sa chance !" Je ne suis pas César ; je crois plus en Dieu et j'ai moins confiance en ma chance que le vainqueur de Pompée, mais écoutez-moi : oubliez que je suis l'empereur, regardez-moi simplement comme un homme comme vous, et tâchez de vous sauver. nous deux."

A ces paroles, que le batelier russe comprit sans doute beaucoup mieux que le pilote Opportunus ne comprit les injonctions de César, le brave garçon recommença sa lutte et, grâce à des efforts acharnés, parvint à faire atterrir le bateau en toute sécurité sur le rivage.

Malheureusement, Alexandre n'a pas eu autant de chance avec son cocher qu'avec son batelier. Alors qu'il voyageait dans les provinces limitrophes du Don, il fut violemment éjecté de son drovsky et sa jambe fut blessée. Esclave de cette discipline qu'il imposait aux autres et qu'il rendait plus efficace par son propre exemple, il tenait à continuer son voyage malgré ses blessures, afin d'arriver à destination au jour promis. Mais la fatigue et le manque d'attention prompte provoquèrent un empoisonnement du sang par la blessure. L'érysipèle s'installait dans la jambe, réapparaissait encore et encore, confinant l'empereur au lit pendant des semaines et le laissant boiteux pendant des mois. Il eut une violente crise du même mal au cours de l'hiver 1824. Il vivait à Czarkosjelo, sa retraite favorite, à laquelle il s'attacha de plus en plus, car elle lui permettait de s'abandonner à la profonde mélancolie qui s'emparait de son esprit. . Il s'était promené jusque tard, oubliant le froid, tant il était absorbé dans ses réflexions mélancoliques, et lorsqu'il arrivait chez lui, il était gelé ; il fit monter son repas dans sa chambre, et la nuit même il fut atteint d'érysipèle, accompagné d'une température plus élevée que dans aucune de ses maladies antérieures. La fièvre était si forte qu'il devint délire au bout de quelques heures. Ils emmenèrent l'empereur dans un traîneau fermé à Saint-Pétersbourg, et dès qu'ils l'y arrivèrent, ils le remirent entre les mains des médecins les plus intelligents. Tous ceux-ci, à l'exception de son chirurgien spécial, le Dr Wylie, étaient unanimement d'avis que sa jambe devait être amputée. Mais Wylie a pris sur lui seul la responsabilité de s'occuper de l'auguste patient et a réussi une fois de plus à lui sauver la vie. L'empereur revint à Czarkosjelo presque avant d'être guéri de sa maladie ; car toutes ses autres résidences lui étaient devenues désagréables. Il était là seul avec le fantôme de sa grandeur solitaire, un fantôme qui nécessairement l'effrayait. Il ne donnait audience qu'à des heures spéciales aux ministres qui faisaient ses affaires pour lui ; sa vie ressemblait plus à celle d'un trappiste pleurant ses péchés qu'à celle d'un grand empereur ayant d'innombrables vies à sa charge.

Alexandre se levait à six heures en hiver et à cinq heures en été, s'habillait, se rendait dans son bureau, où il trouvait un fin mouchoir de batiste plié et posé à gauche de son bureau, et un paquet de dix plumes d'oie fraîchement coupées au fond. côté droit de celui-ci. Là, l'empereur se mettait au travail, n'utilisant jamais deux fois la même plume s'il était interrompu dans ses travaux, bien que ses plumes ne fussent utilisées que pour signer son nom ; puis, quand il avait fini son budget de la matinée et tout signé, il sortait dans le parc , où, quelles que fussent les rumeurs de conspiration qui couraient (et depuis deux ans, elles n'en manquaient pas), il toujours marcher sans surveillance, sans autre garde que les sentinelles du palais.

Vers cinq heures, il rentrait au palais, dînait seul et se couchait dans son appartement privé au son mélancolique de la musique choisie par lui-même, endormi dans le même état d'esprit triste dans lequel il avait passé son réveil. heures.

L'impératrice acceptait cette séparation physique et mentale avec une philosophie qui lui était propre. Sa douce influence se faisait sentir autour de l'empereur, sans jamais être perçue, et elle semblait veiller sur son époux bien-aimé comme un ange du ciel.

L'hiver et le printemps de 1824 se passèrent ainsi ; mais, l'été venu, les médecins déclarèrent unanimement qu'un voyage était nécessaire pour rétablir la santé de l'empereur, conseillant la Crimée comme le meilleur climat pour hâter sa convalescence. Et comme s'il avait pressenti qu'il arriverait à la fin de sa vie, Alexandre ne faisait aucun projet pour l'année à venir. Il consentait avec une profonde indifférence à tout ce qui se décidait pour lui. L'impératrice était plus alarmée par cet état d'acquiescement morbide que s'il eût été dans un état constant d'irritabilité ; elle demanda et obtint la permission de l'accompagner ; et, après un service public sollicitant une bénédiction pour son voyage, en présence de toute la famille impériale, Alexandre quitta Saint-Pétersbourg, conduit par son fidèle cocher Ivan, et suivi de son chirurgien Wylie, et de plusieurs officiers d'ordonnance sous le commandement. du général Diebitch.

Il partit le 13 septembre à quatre heures du matin et l'impératrice partit le 15. Seul son cadavre était destiné à regagner la capitale quatre mois plus tard.

CHAPITRE X

Alexandre quitte Saint-Pétersbourg. — Ses pressentiments de sa mort. — Les deux étoiles vues à Taganrog. — La maladie de l'empereur. — Ses derniers instants. — Comment on apprit sa mort à Saint-Pétersbourg. — Le grand-duc Constantin. — Son caractère et ses goûts. il a renoncé à son droit au trône impérial - Jeannette Groudzenska

Le départ de l'empereur impliquait naturellement une augmentation de travail avant son départ, de sorte qu'il ne put écrire et dire adieu à sa mère, l'impératrice douairière, avant quatre heures de l'après-midi du 12 septembre. A quatre heures, il fit soudain très noir, un gros nuage éclipsant la lumière. L'empereur appela son valet de chambre.

« Fœdor, dit-il, apporte-moi des lumières.

Le valet de chambre apporta quatre bougies ; mais il fit de nouveau jour avant que l'empereur ait fini d'écrire, et le valet de chambre entra aussitôt pour les éteindre.

« Sire, demanda-t-il, dois-je enlever les lumières ?

"Pourquoi?" demanda l'empereur.

"Parce que nous considérons comme un mauvais présage d'écrire à la lumière artificielle alors qu'il fait jour."

"Quelle conclusion en tirez-vous ?"

" Moi, Sire ?... Je n'en déduis rien. "

"Mais oui, je comprends. Vous pensez que les gens qui passent, voyant la lumière à l'intérieur, imagineront qu'il y a eu un mort dans la maison."

"Exactement, Sire."

"Ah, eh bien, enlève les bougies."

L'empereur ne parut pas tenir compte des observations de son valet de chambre, mais l'incident resta gravé dans son esprit.

Comme nous l'avons déjà noté, il quitta la ville de Saint-Pétersbourg le 13 septembre à quatre heures du matin, au moment même où le soleil commençait à se lever.

Il arrêta sa voiture et regarda en arrière la ville du tsar Pierre, plongé dans une profonde tristesse, comme averti par une voix intérieure qu'il la regardait pour la dernière fois. L'empereur avait passé la nuit précédente en prière, tant au couvent Saint-Alexandre Nevski qu'à la cathédrale de Kasan. Au monastère, il eut un entretien, qui dura près d'une heure, avec les moines et le métropolite Séraphin. Ce dernier raconta à l'empereur l'histoire d'un moine de son couvent qui s'était volontairement soumis à une vie de la plus scrupuleuse austérité en s'enfermant dans un lieu creux, creusé dans les épais murs du couvent, où il entendait se rendre. passer tous ses jours restants. Malgré l'heure tardive, l'empereur demanda à être conduit dans la cellule de ce moine et s'entretint avec lui pendant près de vingt minutes.

Avant de quitter Saint-Pétersbourg, Alexandre souhaitait revoir son bien-aimé Czarkosjelo. Il monta à cheval devant la porte du palais et parcourut tous ses lieux favoris, comme pour leur dire adieu. Lorsque Fœdor demanda à Alexandre quand il comptait revenir au palais impérial, il montra du doigt une image du Christ et dit :

" Lui seul le sait ! "

L'empereur atteignit Taganrog vers la fin du mois de septembre. Le 5 octobre, l'impératrice, qui ne pouvait voyager que par petites étapes en raison de son état de santé, y arriva également. L'empereur s'avança un peu en avant de l'impératrice, et ensemble ils firent une entrée solennelle dans la ville.

Pourquoi l'empereur avait-il pris goût à Taganrog ? Cela semblait inexplicable, sinon à cause de cette destinée fatale qui contraint les hommes vers le lieu où il est prédestiné qu'ils doivent mourir.

Taganrog est situé dans le plus beau climat de la Crimée, au milieu d'un pays fertile et dans un endroit agréable à l'entrée de la mer d'Azov, près des embouchures du Don et de la Volga ; mais la ville elle-même ne contient qu'un amas de maisons délabrées, dont un sixième environ sont construites en brique ou en pierre, tandis que le reste n'est en réalité que des cabanes en bois enduites d'un mélange d'argile et de boue. Les rues sont certes larges, mais elles ne sont pas pavées, et le sol est si poudreux qu'à la moindre averse on s'enfonce dans la boue jusqu'aux genoux. Puis, lorsque la chaleur du soleil a asséché ce marais humide, les bœufs et les chevaux qui passent soulèvent de tels nuages de poussière qu'il est impossible, en plein jour, de distinguer un homme d'une bête de somme à dix pas de distance. Cette poussière pénètre tout ; il passe à travers les stores fermés, les volets bien fermés et les rideaux les plus impénétrables ; il se fraye un chemin à travers les vêtements, si épais qu'ils soient, et remplit l'eau d'une sorte de croûte qu'on ne peut précipiter qu'en la faisant bouillir avec des sels de tartre. L'empereur descendit à la maison du gouverneur, mais il sortit tôt le matin et ne revint qu'à l'heure du dîner, à deux heures. A quatre heures, il fit une autre longue excursion, ne revenant qu'à la tombée de la nuit, négligeant toutes les précautions que les indigènes eux-mêmes prennent contre les dangereuses fièvres paludéennes répandues sur toute la côte ; la nuit, il dormait sur un lit de camp, la tête posée sur un oreiller en cuir. Les pressentiments de sa fin prochaine ne l'ont jamais quitté. Le soir même de son arrivée à Taganrog, au moment où son valet de chambre allait le quitter pour la nuit, il lui dit :

" Fœdor, les bougies que je t'ai ordonné de sortir de mon cabinet à Saint-Pétersbourg me reviennent constamment à l'esprit ; d'ici peu elles brûleront pour moi. "

Durant une nuit du mois d'octobre, plusieurs habitants de Taganrog aperçurent, à deux heures du matin, au-dessus de la maison où demeurait l'empereur, deux étoiles qui d'abord étaient très éloignées l'une de l'autre, puis se rapprochèrent et puis à nouveau séparés. Ce phénomène s'est répété trois fois. Puis l'une des étoiles se transforma peu à peu en une boule lumineuse de dimensions considérables, effaçant l'autre, et peu après disparut sous l'horizon et n'était plus visible. Lors de sa chute, la plus grande étoile a laissé la plus petite à sa place ; mais lui aussi pâlit peu à peu et disparut bientôt aussi. Les superstitieux interprétaient que l'étoile la plus grande et la plus brillante était l'empereur Alexandre, et l'autre l'impératrice ; ils auguraient par le présage que l'empereur allait bientôt mourir, et que l'impératrice ne survivrait à son mari que quelques mois.

Outre ses excursions quotidiennes, l'empereur en faisait d'autres qui duraient plusieurs journées entières, soit dans les environs du Don, soit à Tcherkask, soit à Donetz. Il était prêt à partir pour Astrakan, lorsque le comte Voronzov, gouverneur d'Odessa, arriva pour dire à l'empereur que le mécontentement grandissait dans toute la Crimée et causerait des troubles considérables, si l'empereur ne réprimait pas l'insubordination et ne calmait pas l'inquiétude. par sa présence personnelle.

Il y avait une distance d'environ trois cents lieues à parcourir ; mais que sont trois cents lieues en Russie ? Alexandre promit à l'impératrice qu'il reviendrait dans un mois et donna l'ordre de son départ. Il fut impatient et irritable tout au long du voyage, attitude d'esprit si en désaccord avec sa douce mélancolie habituelle qu'elle surprit tout autour de lui ; il se plaignait que les chevaux n'allaient pas assez vite ; du mauvais état des routes, du froid le matin, de la chaleur à midi, du gel la nuit. Le Dr Wylie conseilla au voyageur de prendre des précautions contre les changements de température qu'il semblait ressentir si souvent, mais ici l'humeur capricieuse de l'empereur se montra : il rejeta les manteaux et les capes, courtisant apparemment les dangers mêmes contre lesquels ses amis lui conseillaient de se prémunir. . Enfin, un soir, il prit froid et une toux persistante se transforma en une fièvre intermittente qui, aggravée par l'obstination du malade, était devenue, lorsqu'ils arrivèrent à Oridov, une fièvre grave, que le médecin reconnut comme une crise du même type. le genre qui avait fait rage tout l'automne, de Taganrog à Sébastopol. Ils revinrent aussitôt vers Taganrog, l' empereur lui-même donnant l'ordre de retracer leur voyage. Sur le chemin du retour, le médecin insista auprès de son patient sur la nécessité de prendre des mesures promptes, car il connaissait la gravité de la nature de son mal. Mais l'empereur s'y opposa.

"Laissez-moi tranquille", dit-il. "C'est sûrement moi qui sais le mieux ce dont j'ai besoin : je veux du repos, de la solitude et du calme... Prenez soin de mes nerfs, docteur, ce sont eux qui sont dans un état si déplorable."

" Sire, " répondit Wylie, " les rois sont beaucoup plus sujets aux troubles nerveux que les individus ordinaires. "

"C'est vrai", répondit Alexandre, "surtout aujourd'hui... Ah ! docteur, docteur", continua-t-il en secouant la tête, "j'ai de nombreuses raisons d'être malade !"

Malgré les objections du médecin, Alexandre faisait une partie du trajet à cheval, jusqu'à ce qu'il se sente obligé de retourner à sa voiture, et il était si épuisé au moment où il mettait le pied dans la maison du gouverneur à Taganrog qu'il s'est évanoui.

Même si l'impératrice était elle-même en train de mourir d'une maladie cardiaque, elle oublia ses propres souffrances et se ressaisit lorsqu'elle vit l'état de son mari. Lorsqu'il fut un peu mieux, Alexandre écrivit pour rassurer sa mère impériale, lui disant que même s'il était malade, elle ne devait pas s'inquiéter ; qu'il était capable de manger et qu'il n'y avait rien de grave à craindre. C'était le 18 novembre. Le 24, la fièvre s'installa avec une vigueur accrue, et l'érysipèle de la jambe disparut.

"Voir!" s'écria l'empereur en voyant ce qui venait d'arriver, c'est la fin... Je mourrai comme ma sœur est morte !

Mais il refusait toujours de prendre des médicaments. Alors que le Dr Wylie se tenait à ses côtés cette nuit-là, il s'exclama soudain en se tournant vers le médecin :

"Quel acte ! Quel acte déplorable !"

Quel souvenir lui arracha une exclamation si douloureuse ? On ne peut guère douter qu'il fasse allusion à la mort de Paul, étouffé dans une chambre au-dessus de sa tête et dont il entendit les derniers gémissements, sans oser aller à son secours.

Le 27, l'empereur se rendit enfin entre les mains de son médecin, qui appliqua aussitôt des sangsues ; cette application lui procura un peu de soulagement, mais la fièvre revint bientôt plus forte que jamais. Ils essayèrent des sinapismes, mais ne parvinrent pas à faire baisser la température, et le patient comprit alors qu'il était temps de se préparer à sa fin. Un confesseur lui fut amené à cinq heures du matin.

« Père, lui dit Alexandre en lui tendant la main, traite-moi comme un être ordinaire et non comme un empereur.

Le prêtre s'approcha de son lit, reçut la confession impériale et administra les sacrements au noble invalide. Vers deux heures, les douleurs de l'empereur augmentèrent terriblement.

"Oh!" s'exclama-t-il, vaincu par ses souffrances. "Mon Dieu ! les rois doivent-ils souffrir plus quand ils meurent que les autres hommes ?..."

Pendant la nuit, il perdit connaissance et resta dans un état de léthargie complète toute la journée suivante. Le 29, il reprit connaissance et de faibles espoirs naquirent. L'impératrice surveillait son lit et remarqua qu'il dormait un peu avant l'aube. Il ne se réveilla qu'à neuf heures du matin, juste au moment où le soleil brillait derrière quelques nuages avec autant d'éclat que lors des plus belles journées d'été. En ouvrant les yeux, Alexandre vit qu'il était inondé de soleil.

"Quel beau temps !" s'écria-t-il avec cette joie fervente à la vue du soleil que l'on remarque si souvent chez les mourants.

Puis, se tournant vers l'impératrice et lui baisant la main, il dit :

"Madame, vous devez être épuisée de fatigue."

Puis il retomba dans le même état de torpeur dont il était momentanément sorti. Tout espoir de guérison fut abandonné le 30. Cependant, vers deux heures du matin, le général Diébitch parla d'un vieillard nommé Alexandrovitch, qui avait, dit-il, sauvé plusieurs Tartares de la même fièvre qui avait attaqué l'empereur. Ils ont envoyé chercher ce vieil homme à l'instigation du Dr Wylie, et il est arrivé à huit heures. Il regarda l'empereur, secoua la tête et dit :

" Il est trop tard ; d'ailleurs ceux que j'ai guéris n'ont pas souffert de ce mal. "

Et il partit, emportant avec lui la dernière lueur d'espoir de l'impératrice. Cependant l'empereur rouvrit les yeux vers dix heures et demie du matin, et tous attendirent avec inquiétude qu'il parla. Mais il n'a pas prononcé un mot ; il prit seulement la main de l'impératrice, la baisa et la posa sur son cœur. L'impératrice resta penchée sur lui dans la position que la main de son mari lui faisait prendre, et à onze heures moins dix, l'empereur mourut. Le visage de l'impératrice était si proche du sien qu'elle le sentit rendre son dernier souffle.

Elle poussa un cri terrible et tomba à genoux en prière ; même le médecin n'osait pas s'approcher du corps, car elle avait fait signe à tout le monde de ne pas la déranger. Puis, quelques minutes après, elle se releva plus calme, ferma les yeux de l'empereur restés ouverts, lui attacha un mouchoir autour de la tête pour empêcher ses mâchoires de tomber, lui baisa les mains déjà froides comme la glace, et, Tombant de nouveau à genoux, elle resta en prière au chevet du lit jusqu'à ce que les médecins soient obligés de lui demander de se retirer dans une autre chambre, pendant qu'ils faisaient une autopsie.

Pendant que se déroulait cette triste opération, l'impératrice veuve écrivait à l'impératrice douairière :

"Notre ange est au ciel, tandis que moi je m'attarde encore sur la terre... Hélas ! qui aurait pensé que moi, faible et malade comme je suis, je lui aurais survécu ?... Mère, je te supplie de ne pas l'abandonner. moi, car je suis absolument seul dans ce monde de douleur !

« Le visage de notre mort bien-aimé a repris son expression de douce bonté ; son sourire m'assure qu'il est heureux et que ses yeux voient de meilleures choses qu'ici-bas... Mon seul réconfort dans cette perte irréparable est que je ne lui survivra pas longtemps !..."

Et effectivement, l'impératrice mourut six mois plus tard.

La lettre fut envoyée par courrier à Saint-Pétersbourg, où la maladie de l'empereur était déjà connue. Il s'était lui-même écrit, le 17 novembre, pour lui dire qu'il avait dû retourner à Taganrog pour cause de maladie. Le 24, l'impératrice Elisabeth avait écrit à la grande-duchesse Hélène pour lui demander d'informer l'impératrice Marie que l'empereur allait bien. Le 27 cependant, le général Diebitch avait fait savoir que l'empereur souffrait d'une crise de fièvre jaune ; et le 29 novembre, l'impératrice Elisabeth écrivit de nouveau à l'impératrice douairière pour lui faire part d'une amélioration temporaire de la condition de l'empereur. Bien que cette amélioration soit si légère, l'impératrice douairière et les grands-ducs Nicolas et Michel ordonnèrent qu'un *Te Deum* soit chanté le 9 décembre dans la grande cathédrale métropolitaine de Kasan. Les gens s'y rendaient en foule joyeux, car la bonne nouvelle avait été exagérée à cause d'eux. Vers la fin de l'office, le grand-duc Nicolas fut averti qu'un messager de Taganrog l'attendait dans la sacristie ; il était porteur d'une dépêche qui ne devait être remise qu'en personne. Le grand-duc se leva et entra dans la sacristie, où il trouva le messager, et reçut de ses mains la lettre que nous avons déjà lue. Il n'avait même pas besoin de lire la lettre : son contenu lui était révélé par le sceau noir.

Le grand-duc Nicolas fit venir le métropolite et lui annonça la triste nouvelle, le chargeant d'annoncer la nouvelle le plus doucement possible à l'impératrice douairière, car il sentait qu'il n'avait pas le courage de remplir lui-même cette cruelle mission. Il revint alors et prit sa place auprès de celle qui, ignorant la triste vérité, priait pour la vie de son fils décédé. A peine le grand-duc eut-il repris sa place à ses côtés, que le métropolite rentra dans le chœur. C'était un bel homme âgé, avec une longue barbe blanche et des cheveux qui lui tombaient presque jusqu'à la taille. Sur un signe de sa part, toutes les voix qui chantaient des hymnes de reconnaissance au Ciel cessèrent, et un silence de mort s'ensuivit. Puis, les yeux de tous tournés vers lui, il se dirigea lentement et solennellement vers l'autel, démonta le massif crucifix d'argent et le drapa d'un voile noir ; puis il s'avança vers l'impératrice douairière et lui donna à baiser le crucifix drapé de noir.

"Mon fils est mort !" s'écria l'impératrice ; et elle tomba à genoux, comme, dix-huit siècles auparavant, au pied de la croix de son Fils, était tombée une autre Mère, la Reine du Ciel, dont elle portait le nom.

Et c'est ainsi que la Russie apprit qu'elle avait perdu son empereur.

Nous avions promis de raconter l'histoire de l'étrange sacrifice par lequel un homme abandonna un empire, histoire d'autant plus étrange que l'empire était une monarchie absolue, et qu'il lui aurait alors succédé de cinquante-trois millions de personnes. sujets, et sur un territoire qui couvrait déjà un septième partie du monde, sans compter les possibilités futures d'expansion. Cette histoire est la suivante : -

Le lecteur sait quel était un ours ukrainien Constantin, toujours grognant, grommelant ou rugissant, dont le visage ne ressemblait pas plus à celui d'un être humain que le visage de Kalmouk n'est à celui d'un homme ; il était aussi rude que son frère Alexandre était courtois, aussi laid que son frère Nicolas était beau ; un vrai fils de Paul quand il était de mauvaise humeur. Nous avons appris sa réponse d'enfant à son propre précepteur, qui essayait de lui faire apprendre à lire :

"Je ne veux pas apprendre à lire ; tu lis toujours et tu deviens de plus en plus stupide chaque jour."

On croira facilement qu'un esprit construit de cette façon n'avait aucune inclination vers l'apprentissage. Mais à mesure que le jeune prince détestait ses exercices mentaux, son amour pour les activités militaires augmentait. Il y succéda à son père Paul, qui se levait à cinq heures du matin après sa nuit de noces pour contrôler les manœuvres d'un peloton de soldats qui montaient la garde à proximité. Sa prédilection militaire conduisit Constantin à passer tout son temps aux exercices militaires, à cheval, à se perfectionner dans le maniement de la lance, à manœuvrer ses hommes, accomplissements qui lui semblaient bien plus utiles que la géométrie, l'astronomie ou la botanique. Ils ne réussirent à lui faire apprendre le français qu'en lui disant que les meilleurs livres de tactique militaire étaient écrits dans cette langue. Grande fut sa joie lorsque Paul eut une rupture avec la France et lorsque Souvarov fut envoyé en Italie. Le grand-duc fut placé sous les ordres d'un vieux maréchal, chef qui convenait parfaitement à Constantin, puisqu'il était de la vieille souche russe, plus sauvage, plus brutal, moins civilisé, si cela est possible, que son jeune élève. Constantin participa à ses victoires sur le Mincio et à ses défaites dans les Alpes ; il le regarda creuser la tombe dans laquelle il souhaitait être enterré vivant. La conséquence de la fréquentation d'un compagnon aussi grossier fut de développer les particularités propres du jeune prince à un tel point, que les gens se demandèrent plus d'une fois si Paul, en étant forcé de céder l'empire à Alexandre, avait mis un point d'honneur à léguer son fou. tempérament à Constantin.

Après la campagne de France et le traité de Vienne, Constantin fut nommé vice-roi de Pologne. C'était juste le poste pour lui. Ici, placé à la tête d'une nation guerrière, dont toute l'histoire est une longue lutte, ses goûts militaires grandissent avec une énergie redoublée ; malheureusement, il substitua des affrontements anarchiques aux luttes sanglantes auxquelles il venait de prendre part. Été comme hiver, qu'il habite le palais de Bruhl ou qu'il réside au palais du Belvédère, il était debout et équipé de son uniforme de général à trois heures du matin, sans l'aide d'aucun valet de chambre pour sa toilette. Il s'asseyait alors devant une table couverte de listes régimentaires et d'ordres militaires, dans une pièce où chaque panneau des murs était peint de différents costumes régimentaires ; il lut les rapports rédigés la veille, soit par le colonel Axamilovisky, soit par Suboividsky, le préfet de police, signifiant son approbation ou sa désapprobation dans une note parallèle. À l'exception des lettres qu'il écrit à certains membres de sa famille, ce sont les seules occasions où il manipule un stylo. Ce travail le prenait généralement jusqu'à neuf heures du matin, lorsqu'il prenait le petit-déjeuner précipité d'un soldat. Il descendit ensuite sur la place d'armes pour inspecter quelques régiments d'infanterie ou un escadron de cavalerie. L'orchestre le salua à son approche et la revue commença immédiatement. Les pelotons défilaient devant le vice-roi, un peu à l'écart, avec une précision mathématique, spectacle qui le remplissait toujours d'une joie enfantine et l'émouvait autant que si les hommes marchaient vers une véritable bataille. Il se tenait debout, les regardant passer, vêtu de l'uniforme vert de l'infanterie légère, sa casquette ornée de plumes de coq posée sur sa tête de telle manière qu'un des coins touchait son épaulette gauche, tandis que l'autre pointait vers le ciel sous un angle alarmant. En bas brillaient, comme deux anthrax, des yeux qui ressemblaient plus à ceux d'un chacal qu'à ceux d'un être humain, placés au-dessous d'un front étroit, sillonné de rides profondes, témoignant d'une préoccupation constante et anxieuse ; et ses longs sourcils épais étaient tordus à cause de son froncement de sourcils habituel. Dans ses moments d'extrême bonheur, l'étrange vivacité de l'expression du tsarovitch, jointe à son nez retroussé qui ressemblait à celui d'un squelette et à sa lèvre inférieure saillante, donnaient à sa tête un aspect très sauvage. Son cou, qu'il pouvait pousser et retirer à volonté, entrait et sortait de son collier comme celui d'une tortue par le dessous de sa carapace. Tandis qu'il écoutait la musique et voyait les hommes qu'il avait entraînés et entendait le piétinement mesuré de leurs pieds, tout son être s'épanouissait de délice, jusqu'à paraître fiévreux d'excitation : la rougeur lui montait aux joues, ses bras se raidissaient contre ses bras. corps jusqu'aux coudes, ses poings rigides et étroitement serrés s'ouvraient et se fermaient nerveusement, tandis que ses pieds agités battaient la mesure, et sa voix gutturale de temps en temps, entre ses ordres âpres, laissait échapper des cris rauques, rauques et inhumains. , expressif, alternativement, de satisfaction ou de colère, selon que les choses lui plaisent ou qu'il voit quelque chose qui offense son sens de la discipline. Car, en effet, sa colère était un spectacle terrible, et sa bonne humeur était celle d'un sauvage rude.

S'il était content, il éclatait de rire, se frottait les mains bruyamment et de façon hilarante, frappait le sol d'un pied puis de l'autre : s'il apercevait un enfant à ce moment-là, il l'attraperait. le tenait, le retournait et le retournait comme un singe avec une poupée, faisait que l'enfant l'embrassait, lui pinçait les joues, lui tirait le nez, puis le posant, il le renvoyait avec la première pièce d'or ou d'argent de son passage. ses mains qu'il pouvait trouver dans sa poche.

Lorsqu'il était en colère, il rugissait, frappant le soldat qui avait échoué dans son travail, poussant lui-même l'homme vers la prison, criant ou plutôt hurlant des imprécations après lui jusqu'à ce que l'homme soit hors de vue. Sa sévérité s'étendait en effet à tous, aux animaux comme aux hommes. Un jour, il fit pendre un singe parce qu'il faisait trop de bruit : il fouetta encore et encore un cheval avec sa canne parce qu'il trébuchait alors qu'il avait pendant un petit moment, avec confiance, laissé tomber les rênes sur son cou ; et il fit tirer un matin sur un chien parce qu'il l'avait empêché de dormir la nuit avec ses hurlements. Entre ces accès de colère et ces moments d'exultation, il fut sujet à des heures de dépression. Il tomba dans des humeurs de profonde mélancolie qui se terminèrent par une prostration complète. Faible comme une femme, il s'allongeait sur son canapé ou se roulait par terre, en proie à des crises de nervosité.

Dans ces moments-là, même la personne la plus favorisée n'osait pas s'approcher de lui. Le dernier valet de chambre qui sortait de la chambre ouvrait grand la fenêtre et la porte, et sur le seuil apparaissait une femme blonde et pâle, vêtue presque toujours d'une robe blanche fermée par une ceinture bleue, l'expression triste comme celle d'un fantôme, et, comme un fantôme, souriant à travers sa mélancolie. La vision eut une influence magique sur Constantin ; son moral s'éclairait, il soupirait d'abord, puis sanglotait, criait et, après des larmes amères et abondantes, il posait sa tête sur les genoux de la femme et s'endormait pour se réveiller guéri.

Cette femme était l'ange gardien de la Pologne, Jeannette Groudzenska. Un jour, lorsqu'elle était toute enfant, elle priait dans l'église métropolitaine de Varsovie, devant une image de la Vierge, lorsqu'une couronne d'immortelles qui avait été placée au pied du tableau lui tomba sur la tête, s'appuyant dessus , jusqu'à ce qu'elle il l'a retiré et l'a replacé sur son ongle. De retour chez elle, Jeannette raconta cet incident à son père, qui le raconta à un vieux cosaque ukrainien que l'on pensait être un vu. Le vieux cosaque répondit que la chute de la couronne sacrée sur la tête de la jeune fille signifiait que Dieu avait prévu une couronne terrestre pour elle. elle, si elle n'y avait pas elle-même renoncé en le rendant à la Vierge, qui lui garderait à la place une couronne céleste. Père et fille avaient complètement oublié cette prédiction, ou, s'ils ne l'avaient pas complètement oubliée, ils n'y pensaient que comme un rêve, lorsque le hasard, ou plutôt, dirons-nous, la Providence, qui veillait sur les intérêts de cinquante-trois millions de personnes, d'hommes, mettait face à face Constantine et Jeannette.

Alors il arriva que ce sauvage au sang chaud, cet ours rugissant, devint timide comme une jeune fille ; celui qui brisait toute opposition, qui disposait de la vie des pères et de l'honneur de leurs enfants, venait timidement vers le vieux père pour lui demander la main de Jeannette, le suppliant de ne pas lui refuser l'être sans la présence duquel il ne pourrait jamais être. heureux à nouveau. Le vieillard se souvint de la prédiction du cosaque, et voyant dans la demande du vice-roi l'accomplissement des desseins du Tout-Puissant, le vice-roi obtint son consentement et celui de la fille. Il fallait alors obtenir l'approbation de l'empereur. Alexandre avait une crainte constante de ce qu'il adviendrait de l'empire entre les mains de Constantin. Plus que quiconque, il se sentait responsable d'avoir eu la charge d'âmes qui lui avaient été confiées du Ciel. Il essaya donc d'utiliser cette histoire d'amour au profit de la communauté dans son ensemble, mais sans grand espoir d'y parvenir. Il accorda son consentement à la condition que Constantin abdiquerait sa succession, et attendit la réponse du frère avec autant d'anxiété que son frère attendait la sienne. Constantin reçut la dépêche impériale, l'ouvrit, la lut, poussa un cri de joie et renonça à ses droits. Oui, cet homme étrange et inexplicable a renoncé à son droit au trône, lui, un Jupiter olympien, devant le regard duquel tout un peuple tremblait. Il renonça à son double droit à la souveraineté orientale et occidentale en échange du cœur d'une jeune fille : un empire contenant deux grandes capitales et un territoire qui commençait sur les rives de la Baltique et se terminait dans les montagnes Rocheuses, un empire baigné par la mer. par sept mers.

Jeannette Groudzenska reçut de l'empereur Alexandre en échange le titre de princesse de Lovics.

Néanmoins, lorsque la nouvelle de la mort de l'empereur Alexandre parvint à Saint-Pétersbourg, le grand-duc Nicolas ignora le fait de la renonciation, prêta serment d'allégeance au grand-duc Constantin et lui envoya un messager pour l'inviter à venir. et prends possession du trône. Mais en même temps que cette lettre était transportée de Saint-Pétersbourg à Varsovie, le grand-duc Michel se rendait de Varsovie à Saint-Pétersbourg avec la lettre suivante de Constantin à son frère :

" MON TRÈS CHÈRE FRÈRE, C'est avec la plus profonde douleur que j'ai appris hier soir la nouvelle du décès de notre souverain adoré et mon bienfaiteur, l'Empereur Alexandre. Je m'empresse de vous exprimer mes sentiments de tristesse face à ce cruel malheur, et en même temps je vous informe que j'adresse une lettre des mêmes   mains
à Sa Majesté Impériale, notre royale mère, dans laquelle je déclare que, conformément à l'édit que j'ai obtenu en date de février 1822, sanctionnant ma renonciation au trône , c'est toujours ma résolution inaltérable de vous céder tous mes droits de succession au trône de l'empereur de toutes les Russies.
Je prie donc notre mère bien-aimée et ceux qui sont concernés par cette affaire, de vous annoncer que mes vœux à cet égard sont toujours inchangés.
, afin que les choses puissent être réglées comme prévu.

"Après avoir fait cette déclaration, je considère comme mon devoir sacré de implorer très humblement Votre Majesté Impériale de me laisser être le premier à vous prêter allégeance et soumission fidèles, et de me permettre affirmer que je ne souhaite aucune nouvelle dignité ni aucun nouveau titre ; Je veux simplement et uniquement conserver mon titre de tsarovitch, que mon vénéré père a daigné me conférer en reconnaissance de mes services. Désormais mon seul bonheur sera d'offrir à Votre Majesté Impériale les témoignages de mon plus profond respect et de mon
dévouement sans bornes ; Je peux offrir en gage plus de trente ans de bons et loyaux services et le zèle inébranlable que j'ai déployé envers mon père et mon frère impériaux. Animé de ces sentiments, je ne cesserai de servir Votre Majesté   Impériale
et vos successeurs aussi longtemps que la vie me sera accordée, dans mes charges et fonctions actuelles. — Je suis, avec le plus profond respect,

CONSTANTIN"

Le lendemain du jour où le grand-duc Nicolas eut envoyé son courrier au tsarovitch, le Conseil d'État l'avait informé qu'il avait été chargé de conserver pour lui un document qui leur avait été remis le 15 octobre 1823, scellé du sceau de l'empereur Alexandre et accompagné d'une lettre autographe de Sa Majesté, qui les avait chargés de conserver le document jusqu'à nouvel ordre, et en cas de décès de l'ouvrir lors d'une séance extraordinaire.

Or, l'empereur étant mort, le Conseil d'État avait ouvert le paquet, et, dans un double emballage, on trouvait la renonciation du grand-duc Constantin à l'empire de toutes les Russies. Cette renonciation était formulée dans les termes suivants :

"SIRE,—je suis enhardi par les nombreuses preuves de la bonté de Votre Majesté Impériale envers moi pour oser implorer votre indulgence supplémentaire et déposer mes humbles pétitions à vos pieds. Comme je ne me crois pas adapté à mes dotations mentales et à mes qualifications, ni doté de capacités suffisantes, si jamais je suis appelé à occuper la position élevée que ma naissance me permettrait d'occuper, j'implore sincèrement Votre Majesté Impériale de transférer mes droits à mon successeur immédiat et de placer ainsi l'empire pour toujours sur une base stable. En ce qui me concerne, ma renonciation donnera une garantie supplémentaire et une force accrue au serment solennel que j'ai prêté, lors de mon divorce d'avec ma première femme. L'état actuel des choses m'établit plus fermement dans l'opinion. jour après jour, j'ai raison de prendre cette mesure, et elle prouvera la sincérité de mes sentiments envers l'empire et envers le monde entier.

"Que Votre Majesté Impériale soit émue d'écouter favorablement mes supplications, d'influencer notre noble mère à considérer les choses sous le même angle et de sanctionner mes souhaits avec votre consentement impérial !

« Dans le domaine de la vie privée, je m'efforcerai toujours de donner le bon exemple à vos fidèles sujets et à tous ceux qui sont animés d'un sentiment d'affection envers notre pays bien-aimé. — Je reste, avec le plus profond respect,

CONSTANTIN"

A cette lettre l'empereur avait fait la réponse suivante :

" MON TRÈS CHER FRÈRE, Je viens de lire votre lettre avec toute l'attention qu'elle mérite. Je ne suis pas surpris de son contenu, puisque j'ai toujours compris et apprécié les hauts sentiments de votre cœur ; elle m'a fourni une preuve de plus de de votre sincère attachement à l'État et de votre souci clairvoyant de la conservation de ses meilleurs intérêts. J'ai communiqué le contenu de votre lettre à notre mère bien-aimée, comme vous me l'avez demandé, elle l'a lu avec les mêmes sentiments que ceux-là ; J'ai exprimé et je reconnais avec reconnaissance les nobles motivations qui vous ont poussé. Après avoir examiné les raisons que vous nous avez exposées, la seule solution que nous nous sentons libres de prendre est de vous laisser toute liberté de suivre votre détermination fixe et de demander à Dieu Tout-Puissant de le faire. bénissez votre zèle sincère et faites en sorte qu'il produise une issue heureuse. — Je suis toujours votre frère très affectueux,

ALEXANDRE"

Nicolas attend cependant la réponse du tsarovitch et ce n'est que le 25 décembre qu'il publie un manifeste acceptant le trône qui lui est conféré par la renonciation de son frère aîné. Il fixa ensuite le lendemain, le 26, pour la prestation du serment d'allégeance à lui-même et à son fils aîné, le grand-duc Alexandre.

Et c'est l'étrange histoire de ces deux frères et le refus d'une des couronnes les plus splendides que le monde puisse offrir, et comment Constantin est resté simplement le tsarovitch et Nicolas est devenu l'empereur de toutes les Russies.

LIVRE II

CHAPITRE I

Rousseau et Romieu. — Conversation avec le portier. — La chandelle de huit heures. — Les *Deux Magots* . — A quelle heure il faut remonter sa montre. — M. le sous-préfet aime plaisanter—Henry Monnier—Un paragraphe d'information—Sur les soupers—Sur les cigares

Tandis que ces grands événements se produisaient dans les hautes sphères politiques, nos modestes fortunes étaient en déclin. Les cent louis que ma mère avait apportés avec elle étaient épuisés ; nous fûmes stupéfaits de constater que nous avions dépensé en un an et demi près de 4,000 francs, près de 11,1800 francs, c'est-à-dire plus que ce que nous aurions dû faire, t ; Il était donc impératif que je remplisse mes promesses et que j'augmente mon salaire en travaillant en dehors de mes heures de bureau.

De Leuven et moi-même avions vaillamment et obstinément collaboré ensemble, mais cela n'avait abouti à aucun résultat, ce qui nous a fait crier amèrement à haute voix contre l'injustice des managers et le manque de goût des directions, même si, dans ma barbe, j'étais plus juste dans ma critique de nos efforts, et j'ai franchement admis que si j'avais été manager, je n'aurais pas accepté mon propre travail. Nous décidâmes donc de faire certains sacrifices et demandâmes à Rousseau de se joindre à nous, afin qu'il puisse apporter à nos ouvrages ces indescriptibles finitions qui feraient toute la différence du monde. Ces sacrifices consistèrent à nous procurer plusieurs bouteilles de bon vieux Bordeaux, des flacons de rhum et du pain de sucre. Rousseau appartenait à la célèbre école des Favart, Radet, Collé, Désaugiers, Armand Gouffé et Cie, qui ne travaillaient jamais qu'au bruit des bouchons qui éclataient, avec la vision bouillonnante des vapeurs des bols à punch sous leurs yeux. Rousseau avait une réputation qu'il fut plus tard obligé de partager à contrecœur avec son illustre collaborateur Romieu. A une certaine époque, je n'aurais pas osé parler ainsi du fameux préfet de la Dordogne, de peur de nuire à sa carrière politique. On se souvient de la détresse provoquée par la nouvelle (qui s'est heureusement révélée fausse) selon laquelle il avait été dévoré par des insectes, et comment ses partisans se sont empressés de lancer cette plaisanterie mal intentionnée à la face des misérables journaux qui s'étaient répandus. le rapport. C'est vrai, hélas ! si difficile à un homme intellectuel de se faire pardonner son esprit, et à un homme drôle de passer pour un homme sérieux, que Romieu commençait à peine à se remettre de cette double réputation, malheureusement mais trop méritée, que, après dix ans aux *sous -préfecture* et *préfecture* , un sort semblable à celui du pauvre cordonnier romain qui apprit à un corbeau à s'écrier : « *Vive César Auguste !* » le César Auguste de France tomba, et toutes les peines et tous les travaux de

Romieu furent perdus, *opera et impensa periit* . Romieu se retira dans la vie privée, et la chute dont il a été question ci-dessus, qui, contrairement aux lois de la gravité, s'opérait de bas en haut, nous laissait toute liberté à l'égard de l'auteur de l' *Enfant trouvé* et de l' *Ère des Césars*.

En 1825 donc, Romieu collaborait avec Rousseau ; mais, comme pour Adolphe et moi, ils n'en retirèrent absolument rien, sinon une foule d'aventures toutes plus délicieusement amusantes que la précédente, qui payèrent leurs dépenses au *café du Roi* et au *café des Variétés*.

Soyons clairs, car il pourrait y avoir une certaine ambiguïté en la matière, et on pourrait penser que quelque chose est également ressorti de notre collaboration.

Non, il ne nous est rien arrivé du tout : Adolphe avait toujours été gai comme un moine trappiste, tandis que moi, quoique de nature extrêmement légère, je ne pouvais que rire des farces des autres, sans jamais pouvoir, dans toutes les circonstances, farces qui ont été faites, pour être plus qu'un simple spectateur. J'ai profondément admiré l'habileté de Rousseau et de Romieu dans ces vers. Il y avait donc peu de soirs où Rousseau surtout (qui ne pouvait pas porter son vin aussi bien que Romieu, mais qui, il faut le reconnaître, était amateur d'excellents vins), abandonné à lui-même par son perfide Pylade, devait être ramené chez lui par quelque patrouille ou autre, et conduit au commissariat pour avoir fait du tapage nocturne. Mais Rousseau était comme ces enfants à qui, pour éviter de se perdre, on apprend leur nom et leur adresse. Rousseau avait profondément gravé dans sa mémoire le nom d'un certain policier de sa connaissance, et il y était si fermement gravé que ni le vin, ni l'eau-de-vie, ni le rhum, ni le punch n'étaient assez puissants pour l'effacer. Rousseau chancelant, Rousseau bégayant, Rousseau serré, Rousseau ivre, Rousseau ivre mort, Rousseau oubliant le nom et l'adresse de sa mère, le nom et l'adresse de Romieu, son propre nom et sa propre adresse, pouvait toujours articuler distinctement le nom et l'adresse de ce policier en particulier !

Et comme personne ne pouvait refuser à un homme aussi ivre qu'il était la demande raisonnable d'être conduit chez un policier, Rousseau fut conduit chez son ami, qui lui fit une leçon solennelle, mais finit toujours par le libérer.

Une fois cependant, la conférence fut plus vive que d'habitude, et Rousseau l'écouta avec un air très pénitent. Puis, tandis que le policier lui reprochait de troubler son sommeil, le réveillant ainsi nuit après nuit, Rousseau répondit :

" Vous avez bien raison, et je vous promets que je me ferai désormais présenter devant quelqu'un d'autre une fois toutes les trois fois. "

Il a tenu parole. Mais tous les policiers n'étaient pas aussi patients que le bon M.—. Le premier devant lequel Rousseau comparut l'envoya au corps de garde de Saint-Martin et l'y retint pendant quelques jours. Après cette expérience, il décide de reprendre ses anciennes habitudes.

Rousseau et Romieu aimaient beaucoup faire des farces aux porteurs et aux épiciers. Rousseau passait la tête par la grille d'un portier et criait :

"Bonne journée mon ami."

"Bonjour, monsieur."

"Puis-je vous demander quel oiseau vous avez à votre fenêtre ?"

"C'est une casquette noire, monsieur."

" Ah ! en effet !... Pourquoi gardez-vous une casquette noire ? "

"Parce qu'il chante si bien, monsieur."

"Vraiment?"

"Arrêtez-vous et écoutez..."

Et le portier mettait ses mains sur ses hanches et remuait la tête de haut en bas avec un sourire aux lèvres en écoutant le chant de sa casquette noire.

" Ah ! tu as raison !... Tu es marié ? "

— Oui, monsieur, je me suis marié trois fois.

"Et où est ta femme ?"

"Ma femme, Monsieur veut dire ?"

"Oui, bien sûr, ta femme."

"Elle est chez le locataire, au cinquième étage."

"En effet ! en effet ! Et que fait-elle chez le locataire du cinquième étage ?"

"Chargé."

"Le locataire du cinquième étage est-il jeune ou vieux ?"

"Entre les deux."

"Bien... Et vos enfants ?"

"Je n'en ai pas."

"Tu n'en as pas ?"

"Non."

"Alors qu'avez-vous fait pendant vos trois mariages ?"

"Excusez-moi... Monsieur veut quelqu'un ?"

"Non."

« Monsieur veut quelque chose ?

"Non."

"Eh bien, depuis un quart d'heure, Monsieur me pose question sur question."

"Oui."

« Que voulais-tu dire par ces questions ?

"Rien du tout."

" Quoi ! rien du tout ?... Mais Monsieur avait sûrement une raison ? "

"Aucun."

"Monsieur n'avait aucune raison ?"

"Non."

"Eh bien, j'aimerais bien savoir pourquoi Monsieur m'a fait l'honneur...?"

"Eh bien, je passais par là... J'ai vu les mots au-dessus de votre loge ' *Parlez au porteur* ', alors je vous ai parlé."

Romieu entrait dans une épicerie.

"Bonjour, monsieur."

"Monsieur, votre très humble serviteur."

"Avez-vous huit bougies par livre ?"

— Certainement, monsieur, il y en a beaucoup ; c'est un article très demandé, car il y a plus de petites bourses que de grandes.

"Votre observation, monsieur, a un goût supérieur à celui de l'épicerie."

Romieu et l'épicier se saluèrent.

"Vous me flattez, monsieur."

"Monsieur a dit qu'il voulait...?"

"Une bougie de huit par livre."

"Seulement un?"

"Oui, au début, je verrai plus tard."

L'épicier sortit une bougie d'un paquet.

"Le voici, monsieur."

"Voulez-vous le couper en deux ? Je déteste les bougies doigtées !"

— C'est vrai, monsieur, ils sentent si fort... Voici votre bougie en deux morceaux.

" Ah ! maintenant, aurez-vous la bonté de couper chacune de ces moitiés en quatre morceaux ? "

"En quatre ?"

"Oui ; j'ai besoin de huit morceaux de bougie pour mon usage."

"Voici vos huit pièces, monsieur."

"Pardonnez-moi, voulez-vous m'obliger en me préparant les mèches ?"

"Les huit au complet ?"

"Sept plutôt, puisqu'on a naturellement sa mèche prête."

"Tout à fait."

"C'est bon... là, là, très bien... là, merci. Maintenant alors... pose-les sur le comptoir à trois pouces les uns des autres... Ah !..."

"Mais à quoi ça sert ?"

"Vous verrez... Maintenant, auriez-vous la bonté de me prêter une allumette de Lucifer ?"

"Certainement... prends-en un."

"Merci."

Et Romieu allumait solennellement les huit bouts de bougies.

"Mais à quoi ça sert, monsieur ?"

"Je crée une farce."

"Une farce ?"

"Oui."

"Et maintenant ...?"

« Et maintenant la farce est finie, j'y vais » ; et Romieu faisait un signe de tête à l'épicier et s'en allait.

" Quoi ! tu pars sans payer la bougie ? " cria l'épicier. "Payez au moins la bougie."

Romieu se retournait...

"Si je payais la bougie, où serait la farce ?"

Et il poursuivait son chemin sans se soucier des objurgations de l'épicier.

Parfois, les ambitions de Romieu dépassaient celles des épiciers taquins, et il faisait des farces irrévérencieuses dans les cercles supérieurs du commerce.

Un soir, il passait rue de Seine, au coin de la rue de Bussy, à minuit et demi, lorsqu'un commis s'apprêtait à fermer la boutique des *Deux Magots*. Généralement, l'établissement fermait à onze heures, il était donc inhabituellement tard.

Romieu se précipita à l'intérieur du magasin.

"Où est le propriétaire de l'établissement ?"

"MP——?"

"Oui."

"Il s'est couché."

« Est-il parti depuis longtemps ?

"Environ une heure."

"Mais il dort dans la maison ?"

"Certainement."

"Emmène-moi vers lui."

"Mais, monsieur..."

"Sans délai."

"Mais...."

"Immédiatement."

"Votre communication est-elle donc d'une nature si urgente ?"

"C'est tellement important que je frémis de peur d'arriver trop tard."

"Puisque Monsieur m'assure..."

"Viens, emmène-moi vers lui, emmène-moi vite vers lui !"

L'employé n'attendit pas pour fermer la boutique, mais emmena Romieu dans une antichambre où M. P... ronflait comme une basse de viole.

"M. P——! M. P——!..." cria le vendeur.

"Eh bien, qu'est-ce qu'il y a ? Va au diable avec toi ! Que veux-tu ?"

"Ce n'est pas moi..."

"Que veux-tu dire en disant que ce n'est pas toi ?"

"Non, c'est un monsieur qui souhaite quelques mots avec vous."

"A cette heure de la nuit ?"

"Il dit que c'est très urgent."

"Où est monsieur ?"

"Il est à la porte. Entrez, monsieur, entrez."

Romieu entra sur la pointe des pieds, son chapeau à la main, avec un visage souriant.

— Pardon, monsieur, mille pardons de vous déranger.

" Oh ! n'en parlez pas, monsieur ; ce n'est rien. Qu'est-ce que vous avez ? "

"Je souhaite parler avec votre partenaire."

"Avec mon partenaire ?"

"Oui."

"Mais je n'ai pas de partenaire."

"Tu ne l'as pas fait ?"

"Non."

"Alors pourquoi mettre votre pancarte ' *Aux Deux Magots* ' ? Cela trompe le public !"

Mais il arrivait parfois que le canular soit reconnu et qu'il se retrouve alors pris à son propre piège.

Un jour Rousseau entra chez un horloger.

"Monsieur, je voudrais voir de belles montres."

"Monsieur, voici précisément l'article que vous désirez."

"De qui est la marque ?"

"Chez Leroy."

"Qui est Leroy ?"

"L'un des plus célèbres de mon métier."

"Alors tu peux le garantir ?"

"Je peux."

"Combien de fois par semaine faut-il le remonter ?"

"Une fois."

"Matin ou soir ?"

"Ce que vous préférez ; même s'il est vraiment préférable de le remonter le matin."

"Pourquoi?"

— Parce qu'on peut être ivre le soir, monsieur Rousseau, et casser le ressort.

Rousseau fut rattrapé cette fois ; il partit en promettant à l'horloger sa coutume, promesse qu'il ne tint jamais, compte tenu de la réplique de l'horloger.

On voit que lorsque Romieu devint d'abord sous-préfet puis préfet, il ne put continuer ce genre de plaisanterie ; néanmoins je comprends que le vieil Adam resurgirait en lui de temps en temps, car il est bien difficile d'effacer des penchants naturels, qui, selon le poète d'Auteuil, persisteront à revenir à plein régime.

On raconte ainsi qu'un soir, le sous-préfet rentrait chez lui, à onze heures, après souper ; — quand Romieu était à Paris et dînait dehors, il ne rentrait chez lui que le lendemain matin ; mais toute créature le sait, hélas ! que Paris, ce n'est pas la province ! — et il aperçut trois ou quatre gamins des rues du quartier, occupés à jeter des pierres sur le réverbère complémentaire qui était toujours allumé devant la *sous-préfecture* ; cependant, comme ce n'était pas Paris, mais seulement une ville de province, les jeunes guttersnipes étaient des rustres de la campagne, et avaient déjà jeté quatre ou cinq pierres sans pouvoir toucher l'endroit. Le sous-préfet les vit sans être vu et haussa les épaules. Enfin, ne pouvant plus se contenir à la vue d'une telle maladresse, il s'approcha d'eux, se plaça au milieu des gamins étonnés, ramassa la première pierre qu'il aperçut, la lança - et voilà ! la lampe a cessé d'être une lampe. « C'est ainsi qu'il faut procéder, messieurs », dit-il, et il entra chez lui en murmurant :

"Oh ! les jeunes gens d'aujourd'hui sont des dégénérés !"

Parfois aussi, M. le préfet, dans son brave habit tressé, daignait se montrer gourmand, car qui n'a pas ses mauvais moments ? même le plus sage pèche sept fois par jour, de même l'intellectuel peut se transformer en bête une fois par an.

Henri Monnier, le spirituel caricaturiste, charmant créateur de *proverbes* et ami de tous, de passage à Périgueux, alla rendre visite à son vieux camarade Romieu et s'invita ce jour-là à dîner. M. le préfet donna un dîner solennel, les invités étant pour la plupart des fonctionnaires du département, les plus sévères et les plus pointilleux qu'il put trouver. Il en fallut beaucoup pour intimider Henri Monnier ; il bavardait, racontait toutes sortes d'histoires aussi librement que s'il avait été dans sa propre maison, ou dans la vôtre ou dans la mienne ; en d'autres termes, il était charmant. Mais il remarqua que, même s'il s'adressait constamment à Romieu dans un langage familier, Romieu persistait également à être formel avec lui.

C'était tout à fait contraire à leurs us et coutumes. Henri Monnier s'est assuré qu'il ne s'agissait d'aucun malentendu ; puis, quand il fut sûr d'avoir raison, il cria d'un bout à l'autre de la table : « Écoute, mon cher Romieu, pourquoi m'appelles-tu comme *toi* alors que j'utilise le *tu familier* ? La compagnie ici prendra toi pour mon valet de chambre.

Paris manqua beaucoup à Romieu lorsqu'il le quitta, même s'il possédait encore Rousseau ; comme les autorités voulaient faire de Romieu un préfet, Paris aurait aimé qu'il soit préfet de Paris, mais apparemment cela n'était pas possible. Comment Romieu aurait-il pu laisser Rousseau derrière lui à Paris ? Ah ! Rousseau ne lui a jamais pardonné cela ! Il a écrit une très jolie chanson à ce sujet, que je donnerai à mes lecteurs, si je la trouve.

Lorsque Romieu fut nommé sous-préfet, Rousseau sauta de joie ; ce serait, affirmait-il, une grave omission de la part du gouvernement que de nommer Romieu sous-préfet sans donner à Rousseau un titre ou un autre ; et comme Rousseau n'avait même pas demandé une sous-préfecture après la Révolution, il était raisonnable de ne pas blâmer le gouvernement, et, moins fier que César, il était tout à fait disposé à jouer le second rôle. Il part à la recherche de Romieu.

"Bravo, mon cher ami, je te félicite."

"Oh ! tu as entendu ?"

"Le diable que j'ai!"

"Oui, ils m'ont nommé sous-préfet."

"Bien?"

"Eh bien, quoi ?"

"J'espère que tu penses à moi."

"Je pense à toi ? De quelle manière ?"

"Vous aurez besoin d'une secrétaire, je pense."

"Oui, je le ferai."

"Vous n'en avez pas encore?"

"Non."

" Très bien, c'est donc ma place. Douze cents francs, la nourriture, le logement et votre compagnie. Je ne pourrais rien demander de mieux. "

"En effet?" dit Romieu.

"Viens maintenant!"

"Revenez après-demain, et je vous dirai si la chose est possible."

"Possible ! Que diable devrait-il empêcher... ?"

Rousseau partit et revint deux jours plus tard. Il trouva Romieu très sérieux, voire anxieux.

"Bien?" Il a demandé.

"Eh bien, mon cher ami, je suis au désespoir."

"Pourquoi?"

"Impossible!"

"Impossible de m'emmener avec toi ?"

"Oui... tu vois..."

"Non, je ne vois pas."

"Avant de pouvoir t'emmener avec moi, j'ai dû me renseigner."

"Sur moi?"

"Oui, à propos de toi, et j'ai appris..."

"Tu as appris...?"

"J'ai appris que tu buvais."

Rousseau est parti ; mais cette fois il ne revint plus. Pauvre Rousseau ! Trois mois avant sa mort, il a raconté cette histoire à mon fils et à moi, les larmes aux yeux.

« Romieu finira mal », dit-il d'un ton aussi tragique que celui de Calchas ; "c'est un être ingrat."

Que le ciel préserve Romieu de la prédiction de Rousseau !

Romieu resta trois ans en province sans revenir à Paris, et pendant ces trois années son absence entraîna de grands changements dans la capitale, comme semble le dire le distique suivant d'un auteur inconnu :

"Lorsque Romieu revint du Monomotapa
Paris ne soupeait plus, et Paris ressoupa."

J'ai dit que de grands changements s'étaient produits à Paris, j'aurais dû dire des changements fatals. La cessation des dîners a entraîné des conséquences plus gênantes dans un monde civilisé qu'on pourrait le supposer. J'attribue notre état actuel de dégénérescence intellectuelle à l'arrêt des dîners et à l'innovation du cigare. À Dieu ne plaise, je devrais déclarer que les capacités mentales de nos fils ne sont pas égales aux nôtres ; Moi, au moins, j'ai un fils qui ne me pardonnerait pas si je faisais une telle déclaration. Mais ils sont d'un autre type d'esprit. Le temps seul peut décider lequel est le meilleur des deux.

Nous, hommes de quarante ans et plus, conservons encore quelque chose de l'esprit aristocratique du XVIIIe siècle, tempéré par l'esprit chevaleresque de l'Empire.

Les femmes avaient une grande influence sur les esprits de cette époque et les dîners étaient un véritable facteur social.

Vers onze heures du soir, tous les soucis de la journée sont écartés, et l'on sait qu'il reste encore six à huit heures à passer à son aise entre la fin de la nuit et le jour. Lorsqu'on s'assoit à une table bien remplie, face à face avec une jolie fille, dans l'excitation agréable des lumières et des fleurs, l'esprit se laisse emporter dans le royaume des rêves, quoique bien éveillé, et à ce moment-là il atteint ses plus hauts élans de brillance et d'exaltation. Ce n'est pas seulement qu'on est plus brillant à l'heure du souper qu'à tout autre repas, et qu'on a plus d'esprit qu'à tout autre repas, mais notre nature même semble être différente.

Je suis sûr que la plupart des paroles spirituelles du XVIIIe siècle étaient dites à l'heure du souper. Faisons donc encore de ces soupers, et nous ne manquerons pas de ce qui les rendait si brillants.

Passons maintenant au cigare. Autrefois, après *le déjeuner* , hommes et femmes se rendaient à la salle de billard ou au jardin ; après le dîner, ils se rendaient au salon ; et là la conversation continuerait sur les mêmes lignes, qu'elle soit décousue ou plus générale. Aujourd'hui, à peine les hommes se lèvent-ils de table qu'ils se disent : « Venez, prenons un cigare.

Puis ils sortent et se promènent sur les trottoirs en fumant. Ils y rencontrent aussi des femmes, mais pas du tout capables du même genre d'esprit que celles qu'ils viennent de laisser au salon. L'esprit des hommes est élevé au niveau des femmes avec lesquelles ils s'associent ; on ne peut pas se rabaisser devant la plus belle moitié de la création. Et cette généralisation se vérifie chaque jour.

On ne rencontre pas les mêmes personnes dans les promenades publiques deux jours de suite, mais, même si les gens changent, le type de conversation est toujours à peu près le même. Imperceptiblement, le ton de l'esprit diminue. Si l'on ajoute à cela l'influence du narcotique contenu dans le tabac, on peut juger de ce que sera l'état de la société dans un demi-siècle si le goût du cigare ne cesse de croître. Nous aurons en France en 1950 à peu près autant d'activité intellectuelle qu'il y en a aujourd'hui en Hollande.

Le lecteur verra que nous sommes loin de Rousseau et de Romieu. Il ne nous reste plus qu'à nous occuper de Rousseau, revenons donc à lui.

CHAPITRE II

La lanterne - *La Chasse et l'Amour* - Le rôle de Rousseau - Le distique sur le lièvre - Le *distique de facture* - Comment il peut y avoir des lièvres *et* des lièvres - Réception à l'Ambigu - Mes premières recettes d'auteur - Qui était Porcher —Pourquoi personne ne peut rien dire contre Mélesville

De Louvain et moi sommes allés retrouver Rousseau, qui habitait alors rue du Petit-Carreau avec une femme. Nous l'avons trouvé dans un état d'esprit fou. La veille, il avait soupé, et très bien aussi, chez Philippe — autant dire ici que je peux recommander Philippe comme le seul homme resté chez qui on puisse encore bien souper. Rousseau était parti avec Romieu vers une heure du matin, tout ivre. Il n'avait pas fait deux pas, que l'air frais produisit son effet habituel, et il s'enivra ; après avoir fait une centaine de pas, il était ivre mort. Romieu fit des efforts héroïques pour le conduire le plus loin possible ; mais, après avoir été entraîné à deux reprises sur le trottoir, il a décidé de le placer dans la position la plus sûre possible puis de le quitter. Aussi, à trente pas de sa porte, reconnaissant l'impossibilité de l'entraîner plus loin, Romieu le coucha confortablement devant la porte d'un fruitier, sur un tas de feuilles de choux et de fanes de carottes mortes qu'il y trouva, en appuyant sa tête contre un mur. mur. Puis, à l'aide de ses jointures et de ses bottes, il heurta un épicier voisin, où il acheta une lanterne, qu'il alluma et posa à côté de Rousseau. Puis il fit ses adieux à son malheureux ami, en s'adressant à lui dans les termes suivants, moitié en satisfaction d'un devoir accompli, moitié en supplication aux puissances d'en haut :

"Et maintenant, dors tranquille, fils d'Épicure. Personne ne te piétinera !"

Rousseau passa la nuit assez tranquillement, grâce à la lampe qui le surveillait, et il se réveilla en trouvant deux ou trois sous à la main. Des âmes charitables lui avaient fait l'aumône, le prenant pour un pauvre misérable. Mais, comme il était dans son quartier, lorsque le jour parut, il fut reconnu à la fois par l'épicier et par le fruitier, et en fut extrêmement humilié. Nous l'avons réconforté en lui offrant un bon petit déjeuner au *café des Variétés* et, étant dimanche, donc férié, nous l'avons ensuite emmené chez Adolphe.

Adolphe avait alors un appartement très charmant, presque aussi joli que celui de Soulié. La maison que M. Arnault avait bâtie rue de la Bruyère était une très belle maison, et la famille de Leuven avait suivi les Arnault de la rue Pigalle à la rue de la Bruyère. Nous nous asseyâmes et priâmes du thé, Rousseau déclarant qu'il mourait de soif, puis nous lisâmes chacun tour à tour à notre hôte l'ensemble de nos essais littéraires, afin qu'il juge par lui-même lequel lui paraissait le plus digne de son exaltée protection. Au moment où nous arrivâmes à la deuxième scène, Rousseau prétendit qu'il entendrait mieux s'il se couchait sur le lit d'Adolphe, et en conséquence il monta dessus ; à la quatrième scène, il ronflait, ce qui témoignait que, si doux que soit le lit d'herbes que lui prêtait le fruitier de la rue du Petit-Carreau, on ne dort jamais bien quand on reste dehors toute la nuit. Nous respectâmes le sommeil de Rousseau et attendîmes patiemment qu'il se réveille. Lorsqu'il s'est réveillé, sa tête était lourde et il ne pouvait pas mettre deux idées ensemble, alors il a demandé à pouvoir suivre notre MSS. avec lui, et j'ai promis de les lire attentivement à la maison et de nous faire connaître le résultat. Nous lui confiâmes nos trésors, deux mélodrames et trois opéras-comiques, et nous décidâmes de dîner avec lui chez Adolphe le jeudi suivant. Madame de Louvain elle-même se chargea de veiller à ce que le dîner soit bon et bien servi, car elle sentait l'importance de l'occasion, et Rousseau fut invité par lettre aussi bien que verbalement. Au bas de la lettre, là où l'on met des invitations au bal « Danse », on met : « Il y aura deux bouteilles de champagne » ; et Rousseau, bien sûr, est arrivé.

Ni les mélodrames ni les vaudevilles ne lui avaient plu. Les mélodrames étaient empruntés à des romans trop connus, dont de nombreux mélodrames avaient déjà été tirés. Les vaudevilles étaient fondés sur des idées ennuyeuses du début à la fin. Des hommes plus forts que nous auraient pu être renversés par un tel verdict. Mais Adolphe avait une idée qui soutenait notre courage et apaisait notre amour-propre.

« Il ne les a pas lus », me murmura-t-il.

"Très probablement", répondis-je.

Cette semi-conviction nous a quelque peu redonné le moral. Au dessert, je racontai plusieurs histoires, et parmi elles un conte de chasse.

" Que voulez-vous dire, s'écria Rousseau, en racontant des histoires aussi capitales que celle-là, et en vous amusant à crier des mélodrames de Florian et des contes de M. Bouilly ? Pourquoi, dans l'histoire que vous venez de raconter, il y a une comédie complète en lui-même, *la Chasse et l'Amour* .

"Tu le penses?" nous sommes-nous exclamés tous les deux.

(A cette époque de notre amitié, nous nous adressions à Rousseau dans un langage formel.)

"Et bien, je le fais."

"Mais supposons que nous écrivions cette comedietta...?"

"Faisons-le !" avons-nous répété en chœur.

"Attendez un instant, pas si vite", dit Rousseau. "Il y a encore une autre bouteille de champagne; buvons-la."

"Oui," dit Adolphe, "et il nous en faut un tiers pour trinquer à notre nouvelle entreprise. Nous y travaillerons immédiatement."

"Amen!" s'écria Rousseau ; et il leva son verre. "Au succès de *la Chasse et l'Amour* !" il pleure.

Nous avons eu soin de rendre pleinement justice au toast, qui a été renouvelé jusqu'à ce qu'il ne reste plus une goutte de la liqueur dorée dans la bouteille.

« La troisième bouteille ! dit Rousseau en vidant les dernières gouttes de la seconde dans son verre.

"Mettenons-nous au travail sur le projet... La troisième bouteille sera amenée."

"Très bien, commençons !" s'écria Rousseau.

Nous sonnâmes le domestique, qui enleva les assiettes, la vaisselle et le torchon, ne laissant que les trois verres ; puis des plumes, de l'encre et du papier furent posés sur la table, une plume fut enfoncée dans ma main et la troisième bouteille fut apportée. Elle fut vidée en un quart d'heure, et au bout d'une heure le plan était établi. Ne me demandez pas de décrire la pièce, je n'ai aucune envie de m'en souvenir. Nous avons divisé les vingt et une scènes qui, je crois, composaient l'œuvre, en trois divisions de sept chacune. Mes sept étaient ceux du début, Rousseau prenait celui du dénouement et de Leuven celui du milieu. Ensuite, nous nous sommes donné rendez-vous au dîner dans une semaine pour lire la pièce, chacun s'engageant à terminer son rôle dans une semaine. C'est ainsi qu'on composait les pièces de la vieille école. Scribe a changé tout cela, à la manière du médecin de Molière, qui avait localisé le foie à gauche et le cœur à droite. Ce qui avait été entrepris avant l'époque de Scribe dans un esprit de caprice et de légèreté fut transformé par lui en une affaire sérieuse. Mes sept scènes ont été écrites la nuit suivante. Au jour fixé, nous nous retrouvâmes tous ; Adolphe et moi avions fait notre part, mais Rousseau n'avait pas écrit un mot de lui. Il a déclaré qu'il était tellement habitué à écrire en compagnie que ses idées ne coulaient pas lorsqu'il était seul et qu'il ne pouvait rien faire. Nous avons dit à Rousseau que cela ne devait certainement pas l'arrêter, car nous lui tiendrons compagnie.

Il fut convenu que la soirée de ce jour serait consacrée à réviser les parties d'Adolphe et les miennes, et que le lendemain commenceraient les séances pendant lesquelles Rousseau composerait sa partie . Mon rôle fut lu et accueilli par de grands applaudissements ; un couplet étonna particulièrement Rousseau. Le rôle comique était rempli par un sportif parisien, à lunettes, un sportif de la plaine de Saint-Denis en fait ; et il chante les vers suivants pour expliquer ses prouesses : -

"La terreur de la perdrix
Et l'effroi de la bécasse,Pour mon adresse à la chasse,On me cite dans Paris.Dangereux comme la bombe,Sous mes coups rien qui ne tombe,Le cerf comme la colombe,A ma seule vue , enfin,Tout le gibier à la fièvre;
Car, pour mettre à has un lièvre,Je sais un fameux lapin!"

Adolphe lut son rôle et reçut une mention honorable pour son travail dans le *distique de facture*. [1] Personne aujourd'hui n'a connaissance du *distique de facture* , sauf les Nestors de l'art, qui gardent d'agréables souvenirs des *his* et *ter* [encores répétés] qui accueillaient presque toujours le *distique de facture*. Voici les distiques d'Adolphe — à chacun son dû : —

AIR DU VAUDEVILLE DES *BLOUSES*

"Un seul instant examinez le monde,Vous ne venez que chasseurs ici-bas.Autour de moi quand on chasse à la ronde,Pourquoi donc seul ne chasserais-je pas?

Dans nos salons, un gras parfumé d' ambre
De vingt beautés chasse à la fois les cœurs,Un intrigant rampant dans l'antichambreChasse un cordon, un regard, des faveurs.Sans consulter son miroir ni son âge,Une coquette, à soixante-dix ans,En minaudant, chasse encore l 'homm age
Que l'on adresse à ses petits-enfants.Un lourd journal que la haine dévore,Toujours en vain chasse des souscripteurs;Et l'Opéra, sans en trouver encore,Depuis longtemps chasse des spectateurs
. de Melpomène,
Chasse la gloire et parvenir à son but :
Un autre croit, sans prendre autant de peine,Qu'il lui suffit de chasser l'Institut.Pendant vingt ans, les drapeaux de la FranceSur l'univers flottèrent en vainqueurs,Et l'étranger sait par expérience,Si nos soldats sont tous de bons chasseurs:
Un seul instant examinez le monde,Vous ne verrez que chasseurs ici-bas.Autour de moi quand on chasse à la ronde,Pourquoi donc seul ne chasserais-je pas ?"

Comme nous l'avons dit, il ne restait plus que le rôle de Rousseau à faire. Nous nous mimes au travail le lendemain soir, mais, à cause de la confection du sac postal, nous ne pûmes commencer qu'à neuf heures, et nous ne finissâmes qu'à une heure du matin. Comme j'habitais le faubourg Saint-Denis, il m'incombait de conduire Rousseau rue Poissonnière. Mais lorsque

Rousseau quitta nos mains, il était presque toujours en bonne santé d'esprit et de corps, aussi je n'eus pas besoin de dépenser de l'argent pour acheter des lanternes pour le surveiller.

La pièce terminée, il fallait réfléchir à quel théâtre nous présenterions notre *chef-d'œuvre*. Je n'avais aucune préférence en la matière ; tant que la pièce était jouée et reprise promptement, je me souciais peu de la maison où on me présentait. Adolphe et Rousseau étaient pour le Gymnase, et comme je n'avais rien à dire contre cette maison, c'était convenu. Rousseau demanda une lecture et, comme il y avait déjà fait jouer ses pièces, on ne pouvait lui refuser une audition. Il obtient donc une lecture, mais Poirson, qui est le moteur du Gymnase, le fait attendre trois semaines. Il n'y avait plus qu'à attendre : nous attendions depuis deux ans !

Le grand jour arriva enfin. Nous avions fait en sorte que les noms de deux auteurs seulement apparaissent dans l'ouvrage. J'ai généreusement cédé le poste d'honneur à de Leuven, car je ne souhaitais pas que mon nom soit connu avant d'avoir accompli une œuvre vraiment importante. Tout dépend en ce monde d'un bon début, et me faire connaître par *la Chasse et l'Amour*, si remarquable que fût cet ouvrage, ne semblait pas à mon orgueil ambitieux un début assez digne. Car, même si mes espoirs s'étaient amenuisés au cours des deux dernières années, ma fierté était toujours au premier plan. Il fut donc décidé que je n'apparaîtrais ni lors de la lecture ni sur l'affiche de la pièce, mais que mon nom, Dumas, serait publié lors de l'impression de la pièce.

Le grand jour arriva enfin. Nous déjeunâmes ensemble au café du Roi ; puis, à dix heures et demie, nous nous séparâmes : Rousseau et Adolphe allèrent au Gymnase, et moi j'allai à mon bureau.

Oh! Je dois avouer que j'ai eu une terrible tension de onze heures à trois heures. A trois heures, la porte s'ouvrit et, par l'entrebâillement, j'aperçus deux visages tristes. Rousseau arrive en tête, suivi de de Leuven. *La Chasse et l'Amour* avait été refusée à l'unanimité. Il n'y avait pas eu une seule voix dissidente. Poirson parut étonné qu'on ait pu rêver de lire une telle œuvre dans un théâtre qui portait le noble titre de Théâtre de Madame. Il fut terriblement scandalisé par le passage qui se terminait par ces quatre vers :

"A ma seule vue, enfin,
Tout le gibier a la fièvre; Car, pour mettre à has un lièvre, Je suis un
fameux lapin!"

Rousseau lui fit remarquer qu'il n'y avait pas toujours eu, même dans les saisons interdites, une telle horreur du gibier, puisque, dans l' *Héritière*, Scribe avait fait dire à son colonel, en brandissant un vieux lièvre qu'il tirait de son gibier : sac:-

"Voyez ces favoris épais
Sous lesquels se cachent ses lèvres; C'est le Nestor de ces forêts, C'est le
patriarche des lièvres! D'avoir pu le tuer vivant,
Je me glorifîrai sans cesse, Car, si je tardais d' un instant,Il allait mourir de
vieillesse!"

Mais Poirson rétorqua qu'il y avait des lièvres *et* des lièvres ; que la
comparaison que M. Scribe faisait du sien, à un patriarche et à Nestor,
l'élevait aux yeux de tous les gens cultivés, tandis que l'horrible jeu de mots
que nous nous étions permis en opposant le mot *lièvre* à *lapin* était du pire
goût, et ne serait même pas toléré par un *théâtre de boulevard*. Je demandai
innocemment si le Gymnase n'était pas un théâtre de boulevard ; et
maintenant ce fut au tour de Rousseau de me payer : il était très en colère
contre moi, car il regardait mon passage comme la cause de notre refus.

"Tu dois apprendre, mon cher ami, qu'il y a des boulevards *et* des boulevards,
comme il y a des lièvres *et* des lièvres."

J'ai été extrêmement surpris; Je n'avais jamais fait de distinction entre les
lièvres, sinon en les divisant en lièvres tendres et en lièvres durs ; ou, en
matière de boulevards, au-delà, en été, préférant ceux qui étaient les plus
ombragés à ceux qui étaient les plus ensoleillés, et en hiver ceux qui étaient
ensoleillés à ceux qui étaient ombragés. Je me trompais : les lièvres et les
boulevards avaient des degrés de rang.

Nous nous sommes séparés après avoir fixé un rendez-vous pour cette nuit-
là. Lassagne remarqua que j'étais abattu et se montra très sympathique.
Quand Ernest eut le dos tourné, il dit :

— Ce n'est pas grave, mon cher ami, nous écrirons une pièce ensemble.

"Tu le penses vraiment ?" J'ai pleuré en sautant de joie.

"Faire taire!" il a dit; "Ne va pas danser comme ça dans les couloirs et beugler
dans le bureau."

"Oh, ne t'inquiète pas !"

" J'ai lu votre ode au général Foy ; elle est grossière, mais elle contient
plusieurs lignes excellentes et deux ou trois bonnes métaphores. Je vous
aiderai à réussir. "

"Oh, merci, merci!"

— Mais nous serons peut-être obligés de faire appel à une tierce personne,
car ni vous ni moi n'avons pu assister aux répétitions ; d'ailleurs, il ne faut
pas savoir que j'y suis pour quelque chose.

"Ajoutez qui vous voulez. Mais quand pouvons-nous commencer ?"

"Eh bien, essayez de penser à un sujet, et je ferai de même ; nous sélectionnerons ensuite celui qui nous semble le plus probable."

Puis Ernest revint et Lassagne posa le doigt sur ses lèvres. J'ai hoché la tête et l'affaire a été réglée. Ce soir-là, comme convenu, Adolphe, Rousseau et moi nous sommes retrouvés.

Quoi de plus mélancolique qu'une réunion d'auteurs dont les œuvres ont été refusées ? A moins d'être un Corneille ou un M. Viennet, il y a toujours le doute obsédant que le directeur ait peut-être raison, et l'auteur s'est trompé lui-même. Plutôt que de trancher d'emblée cette question capitale, nous avons adopté une méthode *via media* , qui consistait à la lire devant un autre théâtre. Mais vers où devons-nous l'amener ? Poirson nous avait condamnés avec mépris aux théâtres du boulevard, alors Rousseau nous proposa de le lire à l'Ambigu. Le gérant, Warez, était un de ses amis, il avait donc une chance d'être entendu immédiatement, ce qui ne serait certainement pas le cas ailleurs. Nous sanctionnâmes donc la proposition, et la lecture, que Rousseau demanda le lendemain, fut accordée pour le samedi suivant.

Nous attendions ce jour avec une grande anxiété, moi surtout ; car le résultat, aussi misérable qu'il puisse être, était pour moi presque une question de vie ou de mort. Ma mère et moi étions terrifiés de voir à quel point nous étions presque au bout de nos ressources. Quoique notre voisin Després soit mort et que nous ayons pris ses chambres comme il nous l'avait conseillé, puisqu'elles coûtaient cent francs moins cher que les nôtres, et quoique nous fassions la plus grande économie possible dans nos dépenses, nos ressources diminuaient peu à peu, mais assez sensiblement. assez vite pour nous donner une sérieuse inquiétude alors que nous envisageions le moment où nous serions réduits à vivre de mes seuls revenus.

Le samedi mouvementé est arrivé.

Je suis allé à mon bureau, les autres à la lecture.

A une heure, la porte de mon bureau s'ouvrit, mais derrière elle se tenaient deux visages dont l'expression ne me laissait pas plus de place au doute que la première fois.

"Accepté?" J'ai pleuré.

— Avec acclamation, mon cher enfant, dit Rousseau.

"Et le passage du lièvre ?"

"Encore!"

Oh! instabilité du jugement humain ! ce qui avait révolté M. Poirson mettait M. Warez en extase.

Il semblait donc qu'il y avait bien des lièvres *et* des lièvres, des boulevards *et* des boulevards. J'ai vérifié à quoi correspondraient les droits de l'auteur d'un vaudeville écrit pour l'Ambigu. Ils consistaient en douze francs de droit d'auteur et six places de théâtre. Cela signifiait quatre francs chacun par nuit et deux places. Ces deux places étaient évaluées à quarante sous. Le total que je gagnerais de mes débuts dramatiques serait de six francs par jour. Six francs par jour, bien entendu, équivalaient à mon salaire et encore la moitié. Seulement, quand notre première représentation serait-elle donnée ? On avait promis à Rousseau que ce serait le plus tôt possible et, en effet, il fut sommé de le lire aux acteurs dans huit jours. C'était en effet une journée marquante. Lorsqu'il revint après la lecture, Rousseau m'attira à l'écart.

« Écoutez, » dit-il ; "Nous sommes devenus des amis intimes au cours de nos hauts et de nos bas, de déceptions et de joies - si vous avez besoin d'un peu d'argent..."

« En manque d'argent ? Je devrais penser que je le suis, en effet ! »

" Très bien ; si vous en avez besoin, je vous parlerai d'un brave garçon qui vous en prêtera. "

"Sur quelle sécurité ?"

"Sur vos billets."

"Sur quels billets ?"

"Eh bien, sur tes billets de théâtre."

"Sur mes deux sièges par jour ?"

"Oui, c'est ce que je veux dire. Je lui ai vendu mes billets et mes droits... il m'a payé deux cent cinquante francs d'avance. Alors, je me suis dit, il ne faut pas oublier mes amis. J'ai soufflé vous vous portez bien ; je lui ai dit que vous étiez un jeune homme qui commençait votre carrière, mais que vous étiez très prometteur. Je lui ai laissé l'impression que j'allais surpasser Scribe et Casimir Delavigne, et il vous attend ce soir. au café de l'Ambigu."

"Comment s'appelle votre homme ?"

"Porcher."

"Bien ! J'y vais."

Rousseau avait déjà fait un peu de chemin lorsqu'il revint.

"Au revoir, parle-lui de ce que tu veux, mais ne lui lance pas Mélesville."

"Pourquoi pensez-vous que je devrais dire quelque chose contre Mélesville ? Je n'ai que du bien de lui."

"Oh, espèce d'idiot, mon garçon ! Ne sais-tu pas que dans le domaine littéraire, c'est de ceux qu'on pense le mieux qu'on dit les pires choses ?"

"Non, je ne savais pas... Mais pourquoi ne faut-il pas dire du mal de Mélesville à Porcher ?"

"Un jour, quand j'aurai le temps, je te le dirai."

Et Rousseau me fit un signe de tête amical et, d'un geste de la main, s'en alla en faisant tinter ses 250 francs, me laissant me demander pourquoi je ne pourrais pas descendre Mélesville jusqu'à Porcher.

Je n'ai pas attendu l'heure habituelle de fermeture, mais j'ai couru chez moi joyeusement pour annoncer la bonne nouvelle à ma mère. Je n'ai cependant pas mentionné l'offre que Rousseau m'avait faite. Le soir, après avoir confectionné mon deuxième courrier, je me rendis au café de l'Ambigu et demandai M. Porcher. On m'a montré qu'il jouait aux dominos. Je me suis approché de lui et il savait probablement qui j'étais, car il s'est levé.

« Je suis le jeune homme dont parlait Rousseau », lui dis-je.

"Je suis à votre service, monsieur. Êtes-vous pressé ou me permettez-vous de terminer ma partie de dominos ?"

— Achevez-le, monsieur, je ne suis pas pressé, je vais faire un tour sur le boulevard.

Je suis sorti du café pour attendre et Porcher est sorti cinq minutes plus tard.

— Vous avez donc fait accepter une pièce à l'Ambigu ? il a commencé.

"Oui, et cela a été mis en répétition aujourd'hui."

"Je sais. Et tu veux une avance d'argent sur tes billets ?"

"Écouter!" J'ai dit; "C'est comme ça que je suis placé." Et je lui ai raconté en quelques mots toute l'histoire de ma vie.

"Combien voulez-vous sur vos billets ? Vous savez qu'ils ne valent que deux francs par jour ?"

"Oh oui, je le sais trop bien !"

"Je ne peux donc pas vous donner grand-chose."

"Je le sais aussi."

"Car la pièce pourrait ne pas être une réussite."

"Eh bien, que peux-tu me donner ?"

"Combien ?... Voyons !"

Je rassemblai tout mon courage, car je trouvais moi-même que la demande était exorbitante.

"Pouvez-vous me donner cinquante francs ?"

"Oh oui", a déclaré Porcher.

"Quand?"

"Tout de suite, je n'ai pas la somme sur moi, mais je vais la chercher au café."

"Et je viendrai vous donner un reçu."

— Ce n'est pas nécessaire ; je mettrai votre nom sur mon registre, comme je le fais pour celui de M. Mélesville et des autres auteurs ; mais il est entendu, n'est-ce pas, que vous ferez toujours affaire avec moi ?

"Je suis d'accord, sur mon honneur sacré."

Porcher entra, récupéra cinquante francs sur le bureau et me les remit. J'ai éprouvé peu de sensations aussi délicieuses que le contact du premier argent que j'ai gagné avec ma plume : jusqu'ici, ce que j'avais gagné n'avait été que grâce à mon orthographe.

« Écoutez, dit-il, soyez raisonnable, travaillez dur, et je vous présenterai Mélesville.

Je regardai Porcher : c'était la deuxième fois qu'il prononçait le nom à propos duquel Rousseau m'avait particulièrement mis en garde.

"Pourquoi devrais-je faire la connaissance de Mélesville ?" Ai-je osé demander timidement.

"Eh bien, pour travailler avec lui, bien sûr. Si tu travaillais avec Mélesville, ton avenir serait assuré."

J'ai regardé Porcher.

« Écoutez, monsieur, dis-je ; « J'ai terriblement peur que ce que je vais vous dire ne vous déplaise.

"Oh ! oh !" commença Porcher. — Vous ne me direz rien contre M. Mélesville, n'est-ce pas ?

— À Dieu ne plaise, monsieur ; non ! Je n'ai vu M. Mélesville qu'une ou deux fois, je crois, tout au plus : c'est un homme d'environ trente-cinq ans, n'est-ce pas ?

"Oui."

« Sombre et mince ?

"Oui."

"Toujours en train de rire ?"

"Oui."

"Avec une magnifique dentition ?"

"C'est lui."

"Eh bien, M. Mélesville est un homme d'un génie infini."

"Il l'est effectivement !"

"Mais j'ai une ambition."

"Qu'est-ce que c'est?"

"Réussir par mes propres efforts dans un an ou deux."

"Dans quelle maison ?"

"Au Théâtre-Français."

" Ah ! ah ! ce serait un mauvais travail. "

« Au Théâtre-Français ?

"Oui."

"Pour qui?"

"Pour moi."

"Pourquoi?"

" Ah ! vous n'imaginez pas les difficultés qu'on fait pour leurs billets dans ce foutu théâtre. N'importe ! Les droits d'auteur sont bons, et si vous parvenez à y entrer, eh bien ! vous ferez très bien... seulement, Je vous préviens, ce ne sera pas une mince affaire. »

— Je le sais bien ; mais je connais un peu M. Talma.

"Oh ! très bien, alors ; cela équivaut au dicton romain : je connais le pape." Bon, excellent, magnifique ! Allez-y... mais n'oubliez pas que vos premières transactions ont été avec Porcher."

"Je m'en souviendrai."

"Ayez une bonne mémoire ; les gens qui ont une bonne mémoire ont généralement bon cœur."

"Monsieur, je pense que vous êtes une preuve vivante de votre propre déclaration."

"Pourquoi?"

"Parce que vous avez cité trois fois le nom de Mélesville."

" Mélesville ! Eh bien, monsieur, je me suiciderais pour lui. "

"Je ne serai pas assez curieux pour demander la raison de cette dévotion."

" Oh ! ça s'explique facilement. J'étais coiffeur et je coupais les cheveux de M. Mélesville ; il était dans les bons livres de Fortune, mais ça n'avait pas d'importance ! il écrivait des pièces de théâtre. Il y a dix ou douze ans, et puis les auteurs Ils n'ont pas vendu leurs billets, ils les ont donnés."

"Monsieur Porcher, croyez-moi, si j'étais plus riche, je vous donnerais le mien avec le plus grand plaisir."

" Vous ne comprenez pas : les billets, à cette époque, étaient donnés, pas vendus. M. Mélesville m'a donc donné ses billets ; j'ai été voir ses pièces avec des amis, et j'ai applaudi. Il a joué tant de pièces, et m'a donné tellement de billets, qu'une idée m'est venue ; à savoir, au lieu de les prendre et de les donner pour rien, de les lui acheter et de les vendre, alors je lui ai proposé l'affaire : « Tu es un niais. « Porcher, me dit-il, qu'est-ce que tu peux en tirer ? 'Laisse-moi essayer.' « Oh, essayez si vous le souhaitez, mon cher ami. J'ai essayé, monsieur, et ça a réussi. Depuis lors, j'ai continué ma petite affaire, et si jamais j'acquiers une fortune, ce sera à M. Mélesville que je la devrai. vous montrer son portrait ainsi que ceux de ma femme et de mes enfants.

Depuis, je suis venu plusieurs fois chez Porcher, cent fois sans doute pour lui demander son aide, une fois seulement pour lui prêter assistance, et chaque fois que j'y suis allé, j'ai regardé le portrait de Mélesville, relevé par la gratitude de ce digne l'homme au niveau de ceux de sa femme et de ses enfants. Porcher avait autrefois quelque chose à demander à Cavé, lorsque Cavé était directeur des Beaux-Arts. J'ai emmené Porcher chez Cavé, et j'ai dit à ce dernier :

"Regardez ici, je vous amène un homme qui a fait plus pour la littérature au cours des vingt-cinq dernières années que vous et vos prédécesseurs et successeurs n'avez fait, ou ne ferez, en un siècle."

Et j'ai seulement dit ce qui était vrai. Il ne vient à l'idée d'aucun lutteur littéraire de s'adresser au ministre de l'Intérieur ou au directeur des Beaux-

Arts pour ses difficultés pécuniaires. Mais il lui vient à l'idée de s'adresser à Porcher, et il sera aidé. Il trouvera un visage joyeux et une banque ouverte chez Porcher, deux choses qu'il ne trouvera certainement pas au ministère de l'Intérieur. Théaulon, Soulié et Balzac parmi les morts, et tous les auteurs encore vivants, me le confirmeront.

Depuis vingt-cinq ans, Porcher a probablement prêté 500 000 francs aux hommes de lettres. Je suis pour moi aussi reconnaissant à Porcher que Porcher l'était à Mélesville, et quand je lui rends visite aujourd'hui, je me sens à la fois fier et ravi de voir mon propre portrait, en buste, pastel et médaillon, accroché à côté des portraits des siens. enfants. Mais je lui suis surtout reconnaissant de ces cinquante premiers francs qu'il m'a donnés, que j'ai portés à ma mère, et qui ont ravivé dans son cœur la fleur céleste de l'espérance qui commençait à se faner ! Et demandez à Mme Porcher, qui a connu tous les plus beaux esprits de France, de vous faire voir quelques-unes des charmantes lettres qu'elle a reçues. Elle devrait certainement en publier une sélection. Ils ne céderaient pas en intérêt à ceux de Mme de Sévigné, quoiqu'ils fussent d'une nature quelque peu différente. Nous en choisirons une au hasard, envoyée par un auteur de notre connaissance ; ce n'est pas l'une des miennes, quoique la signature ressemble extraordinairement à la mienne. Il avait demandé le modeste prêt de cent francs et avait reçu la réponse qu'il devait attendre quelques jours, après quoi l'opération pourrait selon toute vraisemblance se réaliser. Voici la lettre :—

" " Attendez quelques jours, madame ! Eh bien, c'est comme dire à un homme dont on va couper la tête de danser une gigue... ou de faire un jeu de mots ; eh bien, dans quelques jours, je serai millionnaire ! j'aurai eu cinq cents francs ! Si je m'adresse à vous, si je vous dérange, c'est que je suis réduit à un tel état de misère que je pourrais même donner des points à Job, le héros le plus malheureux des temps passés. n'envoyez pas les cent francs par mon esclave, je dilapiderai mes derniers sous à me procurer une clarinette et un caniche-chien, et je viendrai jouer avec eux devant votre porte, avec l'inscription en gros sur le ventre : — Ayez pitié d'un homme de lettres que Mme Porcher a abandonné. Voulez-vous que je vienne vous demander les cent francs sur ma tête, ou que je crie : « Vive la république », ou que j'épouse Mademoiselle Moralès ? — Préférez-vous que j'aille à l'Odéon, ou que je déniche des talents *à Cachardy* , ou que je porte *des chapeaux. gibus* ? Je ferai exactement ce que tu m'ordonneras, si seulement tu m'envoyais les cent francs plutôt que pas du tout, avec un dévouement profond et réitéré.

X--

" *PS* : Peu m'importe que les cent francs soient en argent, en or ou en billets : envoyez ce qui vous conviendra. "

[1] "Un distique écrit pour l'effet et surtout remarquable par la richesse de ses rimes."—LITTRÉ.

CHAPITRE III

Le succès de ma première pièce – Mes trois histoires – M. Marie et son orthographe - Madame Setier - Une mauvaise spéculation - Le *Pâtre* , de Montvoisin - L' *Oreiller* - Madame Desbordes-Valmore - Comment elle est devenue poétesse - Madame Amable Tastu - Le *Dernier jour de l'année* - *Zéphire*

La Chasse et l'Amour fut jouée lors d'une représentation spéciale le 22 septembre 1825. Ce fut un immense succès. Dubourjal prit le rôle principal ; J'oublie complètement qui étaient les autres acteurs. J'aurais certainement oublié le titre de la pièce ainsi que les noms des acteurs, si je n'avais pas voulu indiquer le point de départ des cent drames que je composerai probablement, comme j'indiquerai tout à l'heure le point de départ de la six cents volumes que j'ai écrits. Ce succès inspira à Porcher assez de confiance pour me prêter cent écus en plus de ce que j'avais déjà eu, et sur la foi de mes futurs billets. Maintenant, vous allez entendre ce que sont devenues les cent écus. Pendant que *la Chasse et l'Amour* était en répétition, et que je cherchais autour de moi un sujet pour commencer à travailler avec Lassagne, j'avais écrit un petit livre de contes que je voulais publier. C'était l'époque des grands succès dans les petites affaires ; J'ai déjà fait la même remarque à propos de *la Pauvre Fille de Soumet et des Savoyards* de M. Guirand , et je la répète. Il en était de même pour deux ou trois nouvelles que venaient de publier Madame de Duras et Madame de Salm, mais non pour la mienne. Je n'ai pas bien compris la nature de ces succès, ni, plus exactement, de la sensation qu'ils produisaient. Je ne me rendais pas compte du rôle que jouait la position sociale des auteurs illustres, et je ne voyais pas pourquoi je n'aurais pas la même réputation et le même succès dans mes récits que Mesdames de Duras et de Salm (*Ourika* , etc.) avait eu avec le leur. J'avais écrit trois contes, qui formaient un petit volume, et j'offris ce petit volume à six éditeurs qui le refusèrent du premier coup d'oeil, et, pour leur rendre leur dû, sans la moindre hésitation. Ces trois contes s'appelaient *Laurette* , *Blanche de Beaulieu* et... mais j'ai totalement oublié le titre du troisième. Mais de *Blanche de Beaulieu* j'ai fait depuis la *Rose rouge* ; et à partir du troisième, dont j'ai oublié le titre, j'ai construit le *Cocher de Cabriolet.* Après avoir rencontré refus sur refus chez les éditeurs, et étant convaincu que la parution de mon livre ferait dans le monde littéraire une sensation tout aussi grande qu'*Ourika* , je me décidai à imprimer le volume à mes frais.

Il y avait quelque part, à cette époque, un homme qui faisait valoir une revendication très particulière. Il prétendait bouleverser toutes les règles de l'orthographe, et leur substituer une orthographe sans aucune règle. Selon sa conception, chaque mot devait être écrit tel qu'il était prononcé, et il ne se souciait pas de savoir s'il venait du grec ou du celtique, du latin, de l'arabe ou de l'espagnol. Ainsi il écrirait l'adverbe *aucunement*, dont nous venons de faire usage, *oqunemen*.

C'était déjà assez difficile à lire, mais il considérait que c'était beaucoup plus facile à écrire. Il s'appelait M. Marle. M. Marle cherchait partout des recrues pour son orthographe ; il se rendit compte qu'il ne pourrait provoquer aucune révolution à moins, à la manière d'Attila, de rassembler une force d'environ un million de partisans.

Or, ayant sans doute décidé que les hommes de lettres, et les vaudevilistes en particulier, seraient les plus susceptibles de méconnaître l'orthographe correcte, il fit des efforts particuliers pour recruter parmi nous, et, digne homme, il publia un journal écrit dans la langue étrange dont nous avons parlé plus haut. Il publie le journal dans une imprimerie appartenant à Setier, qui habite cour des Fontaines. Quand j'ai fait la connaissance de M. Marie, j'ai fait aussi celle de M. et de Mme Setier. Madame Setier était une femme remarquable. Elle était anglaise, ou, en tout cas, elle connaissait parfaitement la langue. Elle m'a proposé de traduire quelques pièces de théâtre en anglais, ce qui, selon elle, me permettrait de me lancer facilement sur la scène française. Comme la cour des Fontaines était voisine de mon bureau, auquel, comme je l'ai dit, j'étais obligé de retourner tous les soirs, et proche aussi du passage Véro-Dodat où habitait mon ami Thibaut, chez qui j'allais tous les jours, Je visitais fréquemment l'établissement de la cour des Fontaines.

Quand mes trois nouvelles furent terminées, je les donnai à lire à Madame Setier. Madame Setier, étant une femme, avait un caractère indulgent ; elle trouvait mes histoires charmantes et demandait à son mari de les imprimer à la moitié de son prix habituel. Mille exemplaires des contes — je pensais qu'on ne pouvait pas en imprimer trop — coûteraient 600 francs, et M. Setier accepta de les imprimer pour 300. Il supporterait les 300 francs restants. Après qu'il se serait remboursé les 300 francs, nous devions nous partager les bénéfices à parts égales. C'est pourquoi j'ai demandé à Porcher de me prêter 300 francs sur mes prochains billets d'auteur. J'ai porté mes 300 francs à M. Setier, je lui ai remis mon MS. et, deux jours après, j'éprouvais le plaisir de corriger mes premières épreuves. Qui aurait pensé que ce qui me procurait alors une grande joie deviendrait, dans l'après-vie, une lassitude pour la chair ?

Au bout d'un mois, pendant lequel *la Chasse et l'Amour* connut un parcours triomphal, me rapportant 180 francs de droits d'auteur et de vente de mes billets, mon volume de nouvelles parut sous mon nom, sous le titre *Nouvelles contemporaines.* .

Quatre exemplaires furent vendus et un article fut consacré dans le *Figaro*. L'article est d'Étienne Arago. Quand ce chapitre paraîtra, j'espère qu'il sera rentré en France. En tout cas, s'il s'en aperçoit, dans son exil, sa surprise sera grande sans doute de constater que je me souviens, après vingt-cinq ans d'intervalle, d'un article qu'il aura oublié. Les quatre exemplaires vendus rapportèrent dix francs à la caisse de M. Setier. Ainsi, M. Setier a dû débourser 290 francs pour avoir imprimé les *Nouvelles contemporaines* , et moi 300 francs pour les avoir écrites. C'était une spéculation malheureuse pour nous deux. Je me rappelai alors le conseil que m'avait donné un éditeur très avisé, M. Bossange :

"Faites-vous un nom, et ensuite je publierai vos œuvres."

C'était justement la difficulté ! *Se faire un nom !* C'est la condition posée à tout homme qui entreprend de tracer sa propre carrière. Lorsqu'on la lui pose pour la première fois, il se demande, désespéré, comment la condition pourra jamais être remplie ; et néanmoins il le remplit.

Je ne crois pas à l'existence de talents ignorés, ni à un génie qui reste méconnu. Il doit y avoir des raisons pour lesquelles Gilbert et Hégésippe Moreau sont morts à l'hôpital. Il doit y avoir des raisons pour lesquelles Escousse et Lebras se sont suicidés. C'est une chose difficile à dire, mais aucun de ces deux pauvres imbéciles, s'ils avaient vécu, n'aurait acquis au bout de vingt ans de travail la réputation que leur donnait l'épitaphe de Béranger.

Je me mis donc au travail très sérieusement pour me faire un nom suffisant pour vendre mes livres, afin de n'avoir plus à payer la moitié du prix de leur impression. Et d'ailleurs, ce nom, si court et humble soit-il, commençait déjà à être connu dans le pays. Vatout avait lu mon *Ode au général Foy* et mes *Nouvelles contemporaines* (car on conçoit que la vente de quatre exemplaires seulement avait donné un large champ à ma générosité en matière d'exemplaires de présentation), et un jour il m'en envoya trois ou quatre des lithographies, me demandant d'en prendre une et de composer quelques lignes pour passer en dessous. Cela nécessite une explication. Vatout publie la *Galerie du Palais-Royal.* C'était un ouvrage somptueusement imprimé et parut sous le patronage du duc d'Orléans. C'était une reproduction lithographique de tous les tableaux de la galerie du Palais-Royal, avec des notices, des renseignements ou des lignes composées en leur honneur par tous les hommes de lettres de l'époque. Il semblerait donc que je fasse partie de ces personnages littéraires, puisque Vatout m'a demandé quelques lignes. Mon raisonnement était donc plus un sophisme qu'un dilemme ; mais, comme je n'avais personne avec qui en discuter, cela se présenta à moi comme un dilemme et devint pour moi un encouragement. Oh! je n'avais alors besoin de rien d'autre que d'encouragements de toutes parts. J'ai sélectionné une estampe représentant un jeune berger romain, d'après un tableau de Montvoisin. Le garçon dormait à l'ombre d'un bosquet de vigne.

Je ne reproduis pas les vers que j'ai faits sur ce sujet pour leur mérite, mais plutôt comme une étude intéressante de mes progrès en diction poétique :

"Il est une heure plus brûlante
Où le char du soleil, au zénith arrêté, Suspend sa course dévorante, Et vers des torrents de flamme et de clarté. Alors, un ciel d'airain pèse au loin sur la terre, Les monts sont déserts és, la plaine est solitaire,
L'oiseau n'a plus de voix pour chanter ses amours, Et, sur la rive desséchée, La fleur implore en vain, immobile et penchée, Le ruisseau tari dans son cours

. bocageOù, s'arrondissant en berceaux,

Le lierr e et la vigne sauvage
Se prolongent en verts arceaux.C'est là qu'étendu sous l'ombrage,Un berger du prochain villageTrouve un sommeil réparateur;Et près de lui son chien fidèleVeille, sentinelle attentive,Sur les troupeaux et le pasteur!

je une fils des montagnes,
Et mon œil, aux débris épars autour de toi,Reconnaît ces vastes campagnes,Où florissait le peuple roi!Tu dors et, des mortels ignorants le. délire,Nul souvenir de gloire à ton cœur ne vient dire Que tes membres lasses ont trouvé le repos
Sur la poussière d'un empireEt sur la cendre des héros.

Ces grands noms, qu'aux siècles qui naissentLèguent les siècles expirants,Et qui toujours nous apparaissentDebout sur les débris des ans,De nos cœurs sublimes idoles,Sont pour toi de vaines paroles,
Dont les sons ne t'ont rien appris;Et, si ta bouche les répète,
C'est comme l'écho qui rejette
Des accents qu'il n'a pas compris.

Conserve donc cette ignorance,Gage d'un avenir paisible,Et qu'une molle indifférenceT'épargne mêm e un souvenir.
Que de tes jours le flot limpideCoule comme un ruisseau timideQui murmure parmi des fleurs,Et, loin des palais de la terre,Voit dans son onde solitaireLe ciel réfléchit ses couleurs.

Si du fleuve orageux des âgesTu voulais remonter les s bords,
Que verrais-tu, sur ces rivages?Du sang, des débris et des morts;Les lâches clameurs de l'envieLa vertu toujours poursuivie,Aux yeux des rois indifférents;Et, profanant les jours antiques,Sur la cendre des républiques,Des autels dressés aux tyrans.

Que dirais-tu, lorsque l'histoireViendrait dérouler à tes yeuxSes fastes
sanglants, où la gloireRecueille les erreurs des cieux?Ici, les fils de
Cornélie,Que tour à tour la tyrannieÉcrase, en passant, sous son char;Là,
trahi du dieu des ba tailles,
Caton déchirant ses entraillesPour fuir le pardon de César !

Près de ces illustres victimes,Que pleure encor la liberté,Tu verrais,
puissant de leurs crimes,Les grands fonder l'impunité:Lorsque sa rage est
assouvie,Un Sylla termina nt sa vie,
Tranquille au toit de ses aïeux;
Un Tibère que l'on encense,
Et qu'à sa mort un peuple immensOse placer au rang des dieux.

Alors, à cette heure voilée,Où l'ombre remplace le jour,Quand les échos de
la valléeRedisent de doux chants d'amour,
Seul peut-être, au pied des collines,
D'où Rome sort de ses ruines,Viendrais-tu sans chiens, sans troupeaux,Et,
regrettant ton ignorance,Fuirais-tu les jeux et la danse,Pour soupirer sur des
tombeaux!"

Cependant M. Marle avait été obligé de renoncer à son journal, et Adolphe
et moi nous proposions de mettre à profit ses deux ou trois cents abonnés
en faisant de ces braves gens un noyau pour une publication mensuelle.
Après de longues discussions sur la question de savoir s'il était préférable
que la publication soit en prose ou en vers, nous avons décidé qu'elle serait
à la fois en vers et en prose et qu'elle devrait s'intituler *Psyché*. C'était pour
moi une manière admirable de publier tout ce que j'avais écrit auparavant,
en prose et en vers, sans avoir à payer la moitié des frais. Ni la prose ni la
poésie insérées dans *Psyché* ne nous rapporteraient rien, mais en même temps
cela ne nous coûterait rien. Nous publiâmes, à cette époque, quelques vers
délicieux de madame Desbordes-Valmore et de madame Amable Tastu.
Voici ceux de Madame Desbordes-Valmore :—

"Cher petit oreiller, doux et chaud sous ma tête,
Plein de plume choisie, et blanc, et fait pour moi,Quand on a peur du vent,
des loups, de la tempête,Cher petit oreiller, que l'on dort bien sur toi!

Beaucoup, beaucoup d'enfants pauvres et nus, sans mère, Sans mai son,
n'ont jamais d'oreiller pour dormir;
Ils ont toujours sommeil.... O destinée amère! Cela, douce maman, cela me
fait gémir....

Et, quand j'ai prié Dieu pour tous ces petits anges Qui n'ont point
d'oreiller, moi, j' embrasse le mien, Et, seul en mon dou x nid, qu'à tes

pieds tu m'arrange,
Je te bénis, ma mère, et je touche le tien !

Je ne m'éveillerai qu'à la lueur premièreDe l'aube au rideau bleu; c'est si
beau de la voir !
Je vais faire, tout has, ma plus tendre prière;
Donne encore un baiser, douce ma man; bonsoir!

PRIÈRE

"Dieu des enfants! le cœur d'une petite fille,Plein de prière, écoute, est ici
dans tes mains.Hélas! on m'a parlé d'orphelins sans famille;Dans l'avenir,
mon Dieu, ne fais plus d'orphelins!

Laisse descendre, au soir, un ange qui p ardonne,
Pour répondre à des voix que l'on entend gémir;Mets, sous l'enfant perdu
que sa mère abandonne,Un petit oreiller qui le fera dormir!"

Madame Desbordes-Valmore est née à Douai.

« J'étais le dernier-né de ma mère et son seul enfant blond, m'écrivit-elle un
jour, et j'ai été baptisée avec des honneurs particuliers en raison de la couleur
de mes cheveux, qui était très admirée dans le cas de ma mère. belle comme
une Madone, et tout le monde espérait que je lui ressemblerais en tout ; mais
je ne lui ressemblais que légèrement, et si j'ai jamais été aimé, c'est
certainement pour d'autres attraits que la grande beauté. il peignait aussi des
armes sur des carrosses et des décorations d'église. Sa maison était voisine
du cimetière de la modeste paroisse de Notre-Dame de Douai. Je trouvais la
chère vieille maison très grande quand je la quittai à l'âge de sept ans mais je
l'ai revue depuis ; et c'est l'un des plus petits et des plus méchants de la ville.
Pourtant, je l'aime plus que tout autre endroit au monde, car je n'ai jamais
vraiment eu une telle paix et un tel bonheur qu'ici. grande et accablante
misère, quand mon père ne pouvait plus avoir de voitures à peindre ni
d'armoiries à dessiner... J'avais quatre ans lorsque la France traversait la
période de ses plus grandes difficultés. Les grands-oncles de mon père,
précédemment exilés en Hollande, lors de la révocation de l'édit de Nantes,
nous offraient leur immense héritage si nous renoncions à la foi catholique
pour le protestantisme. Ces deux oncles étaient centenaires et vivaient
célibataires à Amsterdam, où ils avaient fondé une maison d'édition. Je
possède quelques livres imprimés par eux dans ma pauvre petite
bibliothèque. Un conseil de famille a été convoqué. Ma mère a beaucoup
pleuré ; mon père hésitait et nous embrassa. Finalement, l'héritage nous fut
refusé par crainte de vendre nos âmes, et nous restâmes dans notre misérable
état de pauvreté, qui s'aggrava de plus en plus au fil des mois, me laissant
une impression de malheur qui ne s'est jamais effacée. Ma mère était

courageuse et audacieuse, et elle décida d'aller en Amérique pour y chercher un riche parent, dans l'espoir de rétablir la fortune de sa famille. Ses quatre enfants frémissaient à la perspective du voyage, alors elle m'a seulement emmené avec elle. Je voulais bien l'accompagner, mais le sacrifice me coûta toute ma légèreté de cœur, car j'adorais mon père comme on adore Dieu lui-même. Ce long voyage, les ports de mer, le grand océan me remplissaient de terreur, et je m'abritais contre les vêtements de ma mère comme mon seul port de refuge. Lorsque nous arrivâmes en Amérique, ma mère trouva sa cousine veuve, chassée de son domaine par les nègres. La colonie s'était révoltée et la fièvre jaune faisait rage dans toute son horreur. Réveillée ainsi brutalement de son rêve chéri, elle ne put supporter le nouveau coup qui nous avait frappé. Cela l'a tuée et elle est décédée à l'âge de quarante et un ans. J'ai failli mourir à ses côtés lorsqu'ils m'ont emmené dans mes vêtements de deuil hors de l'île en rapide dépeuplement et m'ont expédié de navire en navire, jusqu'à ce que je sois restitué à mes proches, qui étaient maintenant plus pauvres que jamais. C'est alors que le théâtre nous offrit un havre de refuge. On m'a appris à chanter ; J'ai essayé de retrouver ma bonne humeur, mais cela n'a servi à rien ; J'ai mieux réussi dans les parties mélancoliques ou pleines de passion. C'est pratiquement toute l'histoire de ma vie. J'ai été engagé au Théâtre Feydeau, et tout le monde me prédisait un avenir brillant. J'ai été nommé député avant l'âge de seize ans, sans l'espérer ni le demander ; mais alors mon rôle insignifiant ne me rapportait que quatre-vingts francs par mois, et la pauvreté avec laquelle je luttais est indescriptible. J'ai été obligé de sacrifier l'avenir pour le présent, et pour l'amour de mon père je suis retourné en province. A vingt ans, un grand chagrin m'a obligé à abandonner le chant. Le seul son de ma voix me faisait pleurer ; mais la musique résonnait toujours dans ma malheureuse tête, et les rythmes mesurés forçaient involontairement mes pensées à suivre leur rythme. Je me suis senti obligé de mettre sur papier mes idées enfiévrées, et quand cela a été fait, on m'a dit que j'avais écrit une élégie. M. Alibert, qui soignait ma santé très fragile, me recommanda d'écrire comme curatif, car il ne savait rien d'autre qui puisse servir. J'ai suivi ses conseils sans aucune connaissance ni étude de mon sujet. Et cela m'a donné bien plus de problèmes, car je n'arrivais jamais à trouver les mots justes pour exprimer mes pensées. Mon premier volume a été publié en 1822. Vous m'avez demandé, cher ami, comment je suis devenu poète. Je ne peux que vous répondre en vous racontant comment j'en suis arrivé à écrire."

Madame Tastu avait eu une vie moins troublée et moins malheureuse, et cela se voit aux pulsations calmes de ses vers. Elle avait tout simplement accepté sa condition de femme et donné sa vie à sa mère, à son mari, à ses enfants.

Elle avait vécu sa vie à la lumière de ces trois amours, ne désirant rien au-delà, ne regrettant rien, répandant la poésie de son cœur quand il devenait trop plein pour se contenir, comme l'eau déborde d'un vase trop plein. L'exemple suivant donnera une idée de son style doux et mélancolique :

"Déjà la rapide journée
Fait place aux heures du sommeil,
Et du dernier fils de l'année
S'est enfui le dernier soleil. Près du foyer, seule, inactive,
Livrée aux souvenirs puissants,
Ma pensée erre, fugitive, Des jours passés aux jours présents.Ma vue, au hasard arrêtée,Longtemps de la flamme agitéeSuit les caprices éclatants,Ou s'attache à l'acier mobileQui compte sur l'email fragileLes pas silencieux du Temps
Encore un pas, encore une heure,Et. l'année aura, sans retour,Atteint sa dernière demeure,L'aiguille aura fini son tour!Pourquoi de mon regard avideLa poursuivre ainsi tristement,Quand je ne puis, d'un seul moment,Retarder sa marche ra pide?
de s'écoulerSi quelques jours pouvoir renaître,Il n'en est pas un seul, peut-être,Que ma voix daignât rappeler ...Mais des ans la fuite m'étonne;Leurs adieux oppressent mon cœur.Je dis:' C'est encore une fleurQue l'âge enl ève à ma couronne,
Et livre au torrent destructeur;C'est une ombre ajoutée à l'ombreQui déjà s'étend sur mes jours,Un printemps retranché du nombreDe ceux dont je verrai le cours !'Écoutons ... le timbre sonoreLentement frémit douze fois;Il se tait . .. je l'écoute encore,
Et l'année expire à sa voix.
C'en est fait! en vain je l'appelle!Adieu!... Salut, sa sœur nouvelle!Salut!... quels dons chargent ta main?Quel bien nous apporte ton aile?Quels beaux jours dorment dans ton sein?Que dis-je! à mon âme tremblante
Ne révèle pas tes secrets !
D'espoir, de jeunesse et d'attraits,Aujourd'hui tu parais brillant;Et ta course, insensible et lente,Peut-être apporter les regrets.Ainsi chaque soleil se lèveTémoin de nos vœux insensés,Et, chaque jour, son cours s'achève
En emportant, comme un vain rêve,Nos vœux déçus et dispersés ...Mais l'espérance fantastique,Répandant sa clarté magiqueDans la nuit du sombre avenir,Nous guide, d'année en d'année,Jusqu'à l 'Aurore FortunéeDu jour qui ne doit point finir!"

Il y avait encore à cette époque un autre poète, un poète des plus charmants, dont le nom même est peut-être maintenant oublié, sauf de moi, et j'ai fait le vœu de ne jamais l'oublier. Il s'appelait Denne-Baron. Nous avons publié un poème de lui intitulé *Zéphire* , que le tableau de Prudhon lui avait inspiré.

C'est ici. Dites-moi si vous avez déjà lu des lignes plus douces :—

"Il est un demi-dieu, charmant, léger, volage;
Il devance l'aurore, et, d'ombrage en ombrage, Il fuit devant le char du
jour; Sur son dos éclatant, où fré missent deux ailes,
S'il portait un carquois et des flèches cruelles,Vos yeux le prendraient pour
l'Amour

C'est lui qu'on voit, le soir, quand les heures voiléesEntr'ouvrent du
couchant les portes étoilées,Glisser dans l'air à petit bruit; C'est lui qui
donne encore une voix aux Naïades,
Des soupirs à Syrinx, des concerts aux Dryades Et de doux parfums à la
nuit.

Zéphire est son doux nom; sa légère origine,Pure comme l'éther, trompa
l'œil de Lucine,Et n'eut pour témoins que les airs;D'un soufle du
printemps, d'un soupir de l'aurore,
Dans son liquide azur, le ciel le vit écloreComme un alcyon sur les mers.

Ce n'est point un enfant, mais il sort de l'enfance;
Entre deux myrtes verts, tantôt il se balance;Tantôt il joue au bord des
eaux,O u glisse sur un lac, ou promène sur l'onde
Les filets d'Arachné, la feuille vagabonde,Et le nid léger des oiseaux.

Souvent sur les hauteurs du Cynthe ou d'Érymanthe,Sous les abris voûtés
d'une source écumanteIl lutine Diane au bain;Ou, quand, aux bras de Mars,
Vénus s'est endormie,
Sur leur couche effeuillant un rosier d'Idalie, Il les cache aux yeux de
Vulcain.

Parfois, aux antres creux,—palais bizarre et sombreDe la sauvage Écho, du
sommeil et de l'ombre,—Du Lion il fuit les ardeurs;Parfois, dans un vieux
chêne, aux forêts de Cybèle,
Dans le calme des nuits il berce Philomèle, Son nid, ses chants et ses
malheurs.

O puisses-tu, Zéphire, auprès de ton poëte,Pour seul prix de mes vers, au
fond de ma retraiteCaresser un jour mes vieux ans!Et, si l e sort le veut,
puisse un jour ton haleine
Sur les bords fortunés de mon petit domaineBercer mes épis jaunissants!"

CHAPITRE IV

La maladie de Talma - Comment il aurait agi *Le Tasse* - Ses neveux - Il reçoit la visite de M. de Quélen - Pourquoi ses enfants ont renoncé à sa foi - Sa mort - *La Noce et l'Enterrement* - Oudard me fait la leçon sur mon goût pour le théâtre — La réponse capitale qui a mis le Palais-Royal d'humeur gaie — Je garde toujours la confiance de Lassagne et de la Ponce — J'obtiens anonymement un succès à la Porte-Saint-Martin.

Au milieu de ces premiers travaux littéraires, dans lesquels nous nous étions lancés avec toute l'ardeur de la jeunesse, une terrible nouvelle pour la cause de l'art se répandit dans tout Paris. Talma a été atteinte d'une maladie mortelle. Il venait peut-être d'atteindre l'apogée de son talent dans sa dernière création de la *Démence de Charles VI*. Le lecteur se souviendra de la visite qu'Adolphe et moi lui avons faite, et comment, comme il se sentait mieux, il espérait retourner au théâtre pour jouer *Tibère* , et qu'il lui montrait ses joues maigres qui lui serviraient admirablement pour prendre sur lui le rôle de Tibère. rôle du vieil empereur. Mais Talma fut frappée par une maladie mortelle. Charles VI. devait être sa dernière apparition, une apparition plus belle qu'aucune des créations de sa jeunesse ou de sa maturité, et Michelot était destiné à prendre le rôle de Tibère. Nous n'étions d'ailleurs pas les seuls à avoir des souvenirs similaires. Vers la fin de la vie de Talma, il fit un court séjour à Enghien, où Firmin vint le voir. Firmin allait justement jouer *le Tasse* , qui avait été attribué à Talma, mais auquel il avait été obligé de renoncer. Talma aimait beaucoup Firmin ; son enthousiasme l'enchantait et il lui avait souvent donné des conseils.

« Eh bien, mon cher ami, lui dit-il, tu vas donc jouer *au Tasse* ?

« À mon infini regret », fut la réponse de Firmin. "J'aurais de loin préféré te voir jouer ; cela aurait été une étude pour moi et j'aurais dû en tirer une leçon."

« Ce n'est qu'une mauvaise pièce, dit Talma, quoiqu'il y ait une belle scène au cinquième acte, où, dans l'espoir de rendre la raison au pauvre fou, on lui parle des honneurs qu'on lui prépare et de la couronne qui l'attend. Et, comme vous le savez, Firmin, au mot *couronne*, il semble comprendre ce qu'on lui dit : « Une couronne pour moi ! s'écrie-t-il. S'il en est ainsi, Alphonse ne me refusera plus sa sœur !... Où est cette couronne ? Où est-elle ? Puis, quand on la lui montre, il la regarde et dit avec tristesse : " Ce n'est pas une couronne d'or, seulement une couronne de laurier... le frère ne donnera jamais son consentement ! " Écoute , Firmin, dit Talma ; "C'est comme ça que je devrais jouer...."

Et, assis à moitié debout dans son lit, il parcourut la scène avec des accents si éloquents, et avec une expression si pathétique et abattue, pleine à la fois de désespoir et de folie, que Firmin, qui ne savait que ce qu'il venait de voir, se sentit enclin à pour vomir la pièce.

Vers le début d'octobre, l'amélioration qui avait quelque peu redonné espoir disparut, et la maladie fit des progrès si rapides que Talma lui-même exprima le désir de revoir ceux qu'il aimait le plus, et que leurs occupations les éloignaient de lui. Parmi eux se trouvait son neveu, Amédée Talma, chirurgien-dentiste à Bruxelles. Il est arrivé le 9 octobre et n'a jamais quitté son oncle jusqu'à la fin. Après que le malade eut été préparé pour ce visiteur, Amédée Talma entra dans la chambre et s'approcha du lit de son oncle. Talma lui tendit la main, l'attira contre lui et l'embrassa. Il faisait sombre, mais le jeune homme vit à l'humidité de la joue de son oncle qu'il pleurait. Cependant le malade se remit bientôt, et après un moment de pause, il dit :

"Vous ne devez pas rester ici plus de deux ou trois jours. Vos affaires n'admettront pas une absence plus longue. Je vous ai fait venir parce que vous connaissez depuis longtemps le mal dont je souffre, et mes médecins souhaitent savoir ce que vous pouvez. parlez-leur-en avant qu'ils soient appelés.

Une nouvelle consultation eut donc lieu le 12, à laquelle le jeune médecin était présent. Seuls deux ou trois des onze médecins présents pensaient qu'il y avait un espoir. Cependant les nouveaux remèdes proposés calmèrent les crises de vomissements, et celles-ci cessèrent complètement vers la fin. Quand les médecins arrivèrent à son chevet, Talma leur dit :

"Eh bien, est-ce que tout est fini ? Je ferai tout ce que tu désires... mais je doute que tu puisses m'en sortir, et je me suis réconcilié avec l'inévitable. Mais la chose qui me trouble le plus et ce dont je veux que tu te soucies car l'essentiel est ma vue : j'ai peur de perdre la vue.

Un autre neveu de Talma, nommé Charles Jeannin, arriva de Bruxelles le 16. Les plus grandes précautions furent nécessaires pour annoncer la nouvelle de ce nouveau visiteur à Talma. Rien de ce qui se passait autour de lui ne lui échappait. MM. Dupuytren, Biett et Begin étaient debout près de la cheminée, causant à voix basse, lorsque Talma entendit un mot ou deux de leur conversation.

"De quoi parles-tu?" Il a demandé.

M. Dupuytren ne lui répondit pas, mais s'approcha d'Amédée Talma. « Je demandais à ces messieurs, dit-il au jeune homme, si Talma avait été informée des visites de l'archevêque.

En fait, l'archevêque venait presque quotidiennement, mais on ne lui avait pas permis de voir le patient.

« L'archevêque ? répéta Talma. « Que dites-vous de l'archevêque ?

Amédée s'empressa de répondre :

— M. Dupuytren disait à ces messieurs, mon oncle, que l'archevêque de Paris venait tous les jours demander de vos nouvelles.

"Oh ! quel bon garçon est l'archevêque !" s'exclama Talma. "Je suis très touché qu'il se souvienne de moi... Je le rencontrais chez la princesse de Wagram : c'est un homme très excellent."

— Oui, répéta Amédée, oui, il appelle presque tous les jours.

"Ici?" » demanda Talma.

" Tiens, je lui ai parlé moi-même deux fois ; je lui ai même promis que, quand tu iras mieux, tu le reverras. "

"Oh ! non, non," dit rapidement Talma ; " mais quand je serai mieux, il sera le premier à qui je ferai appel. Je me souviens qu'une fois il eut la bonté de m'envoyer un ecclésiastique pour me dire qu'il n'avait rien à voir avec l'insulte faite à mes enfants dans l'affaire de la distribution des prix et que toute la faute retomberait sur le directeur de l'école.

Je vais raconter ce qui s'est passé : cet événement a blessé Talma au vif, car il adorait ses deux enfants.

L'archevêque de Paris est chargé de présider une remise de prix au Collège Morin. Or, il semble que les autorités n'aient pas osé demander à l'ecclésiastique de récompenser les deux fils du grand acteur, aussi les noms des deux garçons ont-ils été omis, et ce n'est qu'après le départ de M. de Quélen que les prix qu'ils avaient gagnés leur ont été remis en privé. Talma fit aussitôt renoncer à la foi catholique ses deux enfants, qui appartinrent désormais à la religion réformée.

Les médecins se retirèrent, et, comme ils partaient, M. Dupuytren dit à Amédée :

"Je vais au château : si je rencontre l'archevêque, que lui dirai-je ?"

« Eh bien, monsieur, répondit le jeune homme, je ne crois pas que vous puissiez faire mieux que de lui dire ce que nous venons d'entendre et la réponse de mon oncle à ce que j'ai dit ; si plus tard mon oncle le demande, je le ferai. j'aurai beaucoup de plaisir à le faire venir immédiatement.

Mais, au lieu de suivre ces instructions, M. Dupuytren, qui ne rencontra pas l'archevêque, se chargea de lui écrire pour lui dire qu'il pouvait aller voir Talma. L'archevêque se hâta d'accéder à la demande, dont il ignorait qu'elle venait uniquement de M. Dupuytren ; mais, comme les fois précédentes, il fut reçu par Amédée Talma. Le 18 octobre, M. Charles Jeannin fut obligé de quitter son oncle et de revenir tenir engagement à Bruxelles pour le 20. Le 19 octobre, à six heures du matin, voyant Amédée à son chevet, Talma dit :

" Quoi, mon cher garçon, tu n'es pas encore parti ? "

— Il n'y avait qu'une place libre dans la diligence, mon oncle, et je l'ai cédée à Charles, recherché d'urgence à Bruxelles.

"Quand allez-vous?"

"Demain matin."

"À quelle heure?"

"Six heures... si je peux m'asseoir."

Talma secoua doucement la tête.

« Vous me trompez, dit-il ; " vous n'avez pas pu me sauver, et vous voulez rester avec moi jusqu'au bout... Si j'avais été un paysan de Brunoy, j'aurais pu être guéri ; mais ils m'ont gâché... Cependant , ma mort leur permettra d'apprendre comment il faut soigner quelqu'un d'autre. Voilà pour la médecine ! Allez donc chercher MM. Nicod et Jacquet.

C'étaient ses avocats. Le jardinier fut appelé et envoyé pour cette mission. Talma le reconnut.

" Ah ! c'est toi, Louette ? " il a dit.

Puis, se tournant vers son neveu, il ajouta :

"Je ne l'ai pas payé depuis deux mois; il faut que vous disiez à Madame que c'est le plus nécessaire... Mais à propos, où est Caroline?"

"Elle dort."

"Ce qui veut dire qu'elle pleure."

Madame Talma entendit et elle s'approcha du lit.

"Quelle heure est-il?" continua Talma sans la voir.

"Six heures, mon oncle."

"Il est toujours six heures chez toi."

Il essaya de mettre en marche la répétition de sa montre.

"Je n'entends plus ma montre", a-t-il déclaré.

"Voulez-vous une montre ?"

"Oui, va me chercher celui qui est dans ma chambre."

Son neveu y alla, et madame Talma fut exposée.

« Ah ! vous voilà, Caroline, dit-il ; "Nous devons maintenant arranger les choses pour vous."

Son neveu a apporté l'horloge et l'a posée sur la table de nuit.

"Je suis bien laid, n'est-ce pas, mon bon Amédée ?" » remarqua Talma. "Ma barbe est si longue..."

"Vous le ferez tailler aujourd'hui."

"Donnez-moi un miroir."

Il le prit et se regarda.

"Je vous le dis, Amédée, je perds la vue; par pitié, faites quelque chose pour mes yeux. Oh! je les perdrai, je ne vois plus du tout aujourd'hui."

Les avocats arrivèrent et avec eux M. Davilliers. Mais Talma essayait en vain de discuter de questions d'affaires : il avait dépassé tout cela ; il ne pouvait parler qu'à voix basse, même s'il croyait parler très fort, et son discours devenait de plus en plus indistinct. MM. Arnault et de Jouy sont annoncés. Talma a signé pour qu'on les lui amène. M. Arnault embrassa Talma, à laquelle il était tendrement attaché, et, ce faisant, le mot « Adieu » s'échappa de ses lèvres.

« Alors, tu pars ? demanda Talma.

"Oui," répondit précipitamment Amédée, "ces messieurs vont à Bruxelles."

Les deux hommes l'embrassèrent et, pour cacher leurs sanglots, se précipitèrent hors de la chambre ; en les voyant sortir, Talma dit :

"C'est vrai, va vite et pars, alors j'espère te revoir bientôt ; plus tôt tu pars, plus vite tu reviendras."

Quand MM. de Jouy et Arnault étaient partis, on lui amena ses deux enfants, et Talma leur tendit les mains pour les baiser. Quelques minutes plus tard, il prononça trois mots :

"Voltaire !... comme Voltaire !..."

Puis, aussitôt après, il murmura :

"La chose la plus cruelle est de perdre la vue."

L'instant d'après, un meuble craqua très fort et Talma tourna la tête dans la direction du son. Une dame qui venait d'arriver profita de ce mouvement pour dire :

"Talma, c'est moi, mademoiselle Menocq."

Le mourant fit un léger signe de reconnaissance et lui serra la main. Il sonna onze heures et demie. Talma prit son mouchoir à deux mains, le porta lentement à sa bouche, s'essuya les lèvres puis le mit derrière sa tête, le tenant toujours à deux mains. Après quelques secondes, ses mains relâchèrent leur emprise et tombèrent à ses côtés. Son neveu saisit la main la plus proche de lui et sentit que sa pression lui revenait faiblement. A onze heures trente-cinq, sans convulsion ni contraction musculaire du visage, un soupir s'échappa de ses lèvres : c'était son dernier souffle.

A la mort de Garrick, quatre pairs d'Angleterre réclamèrent comme un honneur de porter les quatre coins de son drap et de suivre leur Anglais Roscius jusqu'à son lieu de repos parmi les tombeaux des rois.

Cent mille personnes suivirent le cortège funèbre de Talma, mais pas un seul représentant des hauts lieux de l'État ne figurait parmi eux.

. . . .

Lassagne m'avait dit de réfléchir à un sujet de vaudeville. Je l'avais fait et je croyais en avoir trouvé un. C'était dans les *Mille et Une Nuits*, un des épisodes des voyages de Sinbad le marin, je crois. Je dis « je crois », car je n'en suis pas tout à fait sûr, et l'affaire ne vaut pas vraiment la peine de fouiller mon bureau pour le découvrir. Sinbad, l'infatigable voyageur, arrive dans un pays où l'on enterre les femmes avec leurs maris et les maris avec leurs femmes. Il se marie imprudemment ; sa femme meurt et il échappe de peu à être enterré avec elle. Une simple bagatelle. Mais l'épisode suggérait un projet vague, que j'apportai à Lassagne.

Lassagne le lut et, si cela était possible, il fut encore plus bienveillant envers moi qu'au début, lorsqu'il vit combien j'étais déterminé à réussir. A l'exception de quelques corrections qu'il s'est engagé à apporter, il a décidé que le projet serait utile. Il communiqua donc avec un jeune homme intelligent nommé Vulpian, un de ses amis, qui devait aussi devenir plus tard l'un des miens. Vulpian est un nom de plus à marquer d'une croix dans ces souvenirs ; car il est mort. Nous nous sommes rencontrés deux ou trois fois et avons partagé la tâche. Cette fois, j'avais affaire à des collaborateurs plus pointilleux que le pauvre Rousseau dans la tenue de leurs promesses. Lors de la première réunion, chacun de nous avait sa part prête. Nous avons assemblé les trois pièces et en avons fait un tout harmonieux. Lassagne entreprit de peaufiner les travaux, ce qui lui prit trois ou quatre jours. Ceci fait, les trois auteurs, le déclarant parfait, décidèrent de le lire sous le titre de *la Noce et l'Enterrement* au Vaudeville, où Lassagne et Vulpian connurent Désaugiers. Malheureusement, Désaugiers, déjà atteint de la maladie qui l'a finalement tué, était chez lui en train de subir une deuxième ou une troisième opération et ne pouvait assister à la lecture. Le résultat de son absence fut que *la Noce et l'Enterrement* reçut au Vaudeville un refus presque aussi brusque que *la Chasse et l'Amour* au Gymnase. Il semblait que je n'étais pas favorisé par la chance lorsque je partageais mon travail avec d'autres. Je me sentais terriblement découragé. Mais je me sentis encore plus mal le lendemain de la lecture, lorsque Lassagne apparut avec une expression sombre sur le visage. Il était si rarement déprimé que je me levais de mon siège, sûr que quelque chose n'allait pas.

"Qu'est-ce qu'il y a maintenant ?" J'ai demandé.

"Assez important, mon pauvre ami; car d'une manière ou d'une autre, il s'est répandu, bien que votre nom n'ait pas été prononcé à la lecture, que j'avais écrit une pièce avec vous; et, en conséquence, Oudard vient de me faire appeler."

"Bien?"

"Eh bien, il a prétendu que je t'avais donné le goût de la littérature; il dit que ce goût ruinera ta future carrière et il m'a fait donner ma parole d'honneur non seulement de cesser de t'aider dans toute autre pièce, mais aussi de mettre de côté celui déjà terminé."

"Et tu as promis ?" J'ai demandé.

"Je me suis senti obligé de le faire pour vous, Dumas. Vous n'avez plus le général Foy pour défendre ici vos intérêts. Je ne sais pas qui vous a fait du mal en parlant à M. de Broval, mais ils le savent. ne regardez pas du tout vos penchants littéraires avec des yeux amicaux.

Je ne pense pas que mon cœur se soit jamais senti plus lourd. Les deux ou trois cents francs que nous avaient rapportés *la Chasse et l'Amour* avaient si sensiblement allégé notre situation, que j'attendais avec impatience le moment où je toucherais non seulement vingt à vingt-cinq francs de plus par mois, mais gagner quatre fois ce montant grâce à son travail littéraire. D'ailleurs, une partie de ce que devait me rapporter *la Noce et l'Enterrement était hypothéquée à Porcher, qui m'avait prêté 300 francs.* Ce que Lassagne venait de me dire bouleversait à peu près tous mes châteaux en Espagne. Il me semblait très cruel de m'interdire de travailler pour le drame en dehors des heures de bureau et d'exiger que ma mère, mon fils et moi soyons obligés de vivre avec 125 francs par mois. Ce sentiment était si fort qu'il m'a donné le courage d'aller directement à Oudard. Je suis entré dans son bureau les larmes aux yeux mais ma voix sous contrôle.

« Est-il vrai, monsieur, demandai-je, que vous ayez interdit à Lassagne de travailler avec moi ?

"Oui", fut sa réponse. "Pourquoi me demandes-tu ça?"

"Parce que je n'aurais pas dû penser que tu aurais le courage de le faire."

"Que veux-tu dire par là?"

— Eh bien, il me semble qu'il faut du courage pour condamner trois personnes à vivre avec cent vingt-cinq francs par mois.

— Et il me semble que vous devriez vous estimer bien heureux d'avoir les cent vingt-cinq francs par mois, au lieu de les mépriser.

" Je ne les méprise pas, monsieur ; au contraire, je suis très reconnaissant à ceux qui me les donnent ; seulement, je répète que la somme n'est pas suffisante et que je crois qu'il faudrait me laisser le droit d'y ajouter tant que cela ne gêne pas mon travail de bureau. »

"Cela ne gênera peut-être pas votre travail de bureau pour le moment, mais cela le fera très bientôt."

" Ce sera donc le moment pour vous de vous inquiéter. "

"Ce n'est vraiment pas mon affaire", dit M. Oudard. "Je transmets simplement et uniquement le point de vue du directeur en chef."

— De M. de Broval ?

— Oui, de M. de Broval.

"Je croyais que M. de Broval prétendait favoriser la littérature."

"La littérature ? Peut-être que oui... mais appelez-vous *la Chasse et l'Amour* et *la Noce et l'Enterrement* littérature ?"

" Certainement pas, monsieur. Mais mon nom n'était pas inscrit à l'affiche de l'Ambigu, où l'on jouait *la Chasse et l'Amour*, et il ne sera pas inscrit à l' affiche du théâtre, quel qu'il soit, qui pourrait acceptez *la Noce et l'Enterrement.*"

"Pourtant, si vous avez honte de posséder ces productions, pourquoi les réaliser ?"

" D'abord, monsieur, parce qu'à présent je ne me sens pas capable de faire mieux, et parce que, tels qu'ils sont, ils apportent du réconfort à notre pauvreté... oui, monsieur, à notre pauvreté... Je ne recule pas devant la vérité. Un jour, vous avez appris que j'avais veillé plusieurs soirs pour copier des pièces de théâtre qui rapportaient quatre francs l'acte, et que, dans les mêmes conditions, j'avais copié la comédie de M. Théaulon, l' *Indiscret* , - eh bien, vous . m'a alors complimenté sur mon courage.

"Plutôt vrai."

"Comment donc, puis-je demander, suis-je plus coupable de faire mes propres pièces que de copier celles des autres ? Il faut bien sûr savoir qu'Adolphe écrit aussi des pièces ?"

"Quel Adolphe ?"

"Adolphe de Louvain."

"Et alors ?"

"Eh bien, je vous ai entendu parler l'autre jour à M. de Broval pour appuyer la demande d'Adolphe pour un poste dans les bureaux du duc d'Orléans."

"M. Adolphe de Louvain m'a été fortement recommandé."

"Et moi, monsieur, ne vous étais-je pas aussi fortement recommandé ? Il est vrai que de Louvain vous a été fortement recommandé par Benjamin Constant, le général Gérard et Mme de Valence, tandis que je ne vous ai été recommandé que par le général Foy."

"Et qu'est ce que ca veut dire?"

"Cela veut dire que les protecteurs d'Adolphe de Louvain sont vivants alors que mon partisan est mort."

"M. Dumas!..."

"Oh ! ne vous découragez pas. Je vois que j'ai mis le bon doigt sur la tête."

"Alors vous insistez absolument pour continuer votre écriture ?"

— Oui, monsieur ; je le désire et par inclination et par nécessité.

"Très bien, produisez de la littérature comme celle de Casimir Delavigne et au lieu de vous blâmer, nous vous encouragerons."

" Monsieur, répondis-je, je n'ai pas l'âge de M. Casimir Delavigne, qui est poète lauréat depuis 1811 ; je n'ai pas non plus reçu l'éducation que M. Casimir Delavigne a eue dans un des meilleurs collèges de Paris . Non, je suis seulement vingt-deux ans ; je m'instruis tous les jours, probablement au détriment de ma santé, car tout ce que j'apprends — et je vous assure que j'étudie de nombreuses matières —, j'apprends quand les autres dorment profondément ou s'amusent. Je ne peux pas, en ce moment, produire une œuvre comme celle de M. Casimir Delavigne. Mais, M. Oudard, je vous prie, en conclusion, d'écouter attentivement ce que je vais vous dire, si étrange que cela puisse paraître à vos oreilles : si. Je ne croyais pas pouvoir faire dans les jours à venir un travail différent de celui de M. Casimir Delavigne, eh bien, monsieur, je vous rencontrerais, vous et M. de Broval, à plus de la moitié de vos vœux, et à l'instant même je vous donnerais ma promesse sacrée, je ferais le serment solennel de ne plus jamais toucher à la littérature. »

Oudard me regardait avec des yeux inexpressifs ; car ma fierté lui coupait le souffle. Je me suis incliné devant lui et je suis sorti. Cinq minutes plus tard, il se rendit chez M. Deviolaine pour lui raconter mes folies. M. Deviolaine me demanda si c'était bien en sa présence, si c'était bien à lui que j'avais dit des choses si monstrueuses.

"Oui, c'était en ma présence et devant moi", a déclaré Oudard.

— J'en parlerai à sa mère, dit M. Deviolaine ; "Et s'il continue à être possédé par cette folie, envoyez-le-moi. Je l'emmènerai dans mon bureau et je veillerai à ce qu'il ne devienne pas complètement fou."

Et en effet, ma mère en a été informée le soir même. Au retour de la confection du portfolio, je la trouvai en larmes. M. Deviolaine l'avait fait venir et lui avait raconté tout ce qui s'était passé ce matin-là entre M. Oudard et moi. Le lendemain, le crime dont je m'étais rendu coupable était du domaine public dans l'ensemble des bureaux. Les soixante-trois clercs de Son Altesse Royale ne perdaient pas une occasion de se dire en se réunissant : « Avez-vous entendu ce que Dumas a dit hier à M. Oudard ?

Et le commis à qui la question était adressée répondait soit par oui, soit par non. S'il répondait par la négative, l'histoire était racontée avec des corrections, des embellissements et des exagérations, qui faisaient le plus grand honneur à l'imagination de mes collègues. Pendant toute la journée et pendant plusieurs jours, des rires homériques résonnèrent dans les couloirs de la maison de la rue Saint-Honoré n° 216. Il y avait un comptable solitaire, engagé la veille seulement, et que personne ne connaissait encore, qui ne riait pas.

"Eh bien, lui dirent les autres, tu ne ris pas."

"Non."

"Pourquoi tu ne ris pas ?"

"Parce que cela ne me semble pas ridicule."

" Quoi ! Tu ne trouves pas que c'est une grosse plaisanterie que Dumas ait dit qu'il ferait mieux que Casimir Delavigne ? "

"En premier lieu, il n'a pas dit qu'il ferait mieux, il a dit qu'il ferait quelque chose de différent."

"C'est pareil."

"Non, c'est tout à fait différent."

— Mais connaissez-vous Dumas ?

"Oui, et parce que je le connais, je te dis qu'il fera quelque chose ; je ne sais pas ce que ce sera, mais je te dis que ce quelque chose étonnera tout le monde, sauf moi."

Cet employé, qui venait d'entrer au bureau, à la comptabilité, était mon ancien maître allemand et italien, Amédée de la Ponce.

Il y avait donc deux personnes sur les soixante-douze personnes, chefs et employés, qui composaient l'état-major officiel de Son Altesse Royale, qui ne désespéraient pas de moi ! Lassagne et lui.

Dès lors commença la guerre dont Lassagne m'avait prévenu dès mon entrée dans le bureau. Mais peu importe à quoi ressemblerait la guerre ou combien de temps elle durerait, j'étais décidé à me battre jusqu'au bout.

Une semaine plus tard, une lueur de réconfort m'est venue. Vulpian est venu nous dire, à Lassagne et à moi, que notre pièce avait été acceptée par le théâtre de la Porte-Saint-Martin pour les débuts de Serres.

On voit donc que je me rapprochais doucement du Théâtre-Français, mais j'avais suffisamment appris l'italien pour comprendre le proverbe « *Che va piano va sano* ».

Les droits de l'auteur étaient également plus élevés. Le théâtre de la Porte-Saint-Martin payait dix-huit francs pour un vaudeville et accordait douze francs de billets.

Cela me faisait donc huit francs par nuit au lieu de six ; exactement le double, cette fois, de ce que me rapportait mon travail de bureau.

La Noce et l'Enterrement a été jouée le 21 novembre 1826. Ma mère et moi avons vu ma pièce depuis l'orchestre. Comme mon nom n'apparaissait pas et que j'étais totalement inconnu, je n'éprouvais aucun inconvénient à m'accorder la satisfaction d'être présent. La pièce réussit admirablement ; mais, de même qu'un esclave rappelait aux empereurs romains, dans leurs jours de triomphe, qu'ils étaient mortels, de même, de peur que mon succès ne m'enivre, la Providence plaça un voisin à ma gauche qui remarqua, en se levant à la chute de le rideau-

" Allons, allons, ce n'est pas de telles choses qui feront soutenir le théâtre. "

Mon voisin avait raison, et il savait de quoi il parlait d'autant plus qu'il était un collègue écrivain.

La pièce fut jouée une quarantaine de fois, et comme Porcher me laissa généreusement la moitié de mes droits, ne réclamant que l'autre moitié pour liquider les avances précédentes, les quatre francs par soir que je recevais des billets nous aidèrent à passer l'hiver 1826 à 1827.

CHAPITRE V

Soulié à la scierie mécanique - Son amour platonique pour l'or - Je désire écrire un drame avec lui - Je traduis *Fiesque* - Mort d'Auguste Lafarge - Mon salaire est augmenté et ma position abaissée - Félix Deviolaine, condamné par la faculté de médecine, est sauvé par la maladie. *Louis XI. à Péronne* —La garde-robe théâtrale de Talma—La *loi de justice et d'amour*—La dissolution de la Garde nationale

A partir de ce moment, je pris ma décision fermement ; comme Ferdinand Cortés, j'avais brûlé mes bateaux, et il me fallait soit réussir, soit me pendre. Malheureusement, je ne pariais pas pour moi seul ; ma pauvre mère était également impliquée dans le jeu.

Bien que Soulié ait eu moins de chance que nous de n'avoir encore rien fait jouer de lui, j'avais deviné quelle force d'imagination résidait dans son œuvre, et j'avais décidé de tenter une œuvre de quelque importance en collaboration avec lui. Au fond, j'étais bien d'accord avec l'appréciation de M. Oudard sur mes deux premières productions, et je l'avais montré en ne voulant pas que mon nom apparaisse à propos d'aucune d'elles, tandis que, par un instinct qui ne m'égarait pas bien loin, je avait signé l' *Ode sur la mort du général Foy* , les *Nouvelles contemporaines* et *le Pâtre romain*. Mais j'ai bien décidé de ne signer aucune œuvre théâtrale avant de pouvoir faire quelque chose qui ferait sensation. Soulié avait bougé ; il logeait près de La Gare. D'une manière ou d'une autre, il était devenu chef d'une scierie dans laquelle étaient employés plus d'une centaine d'ouvriers. En comparaison avec nous, Soulié était riche. Il recevait une petite allocation de son père, plus son salaire de directeur de cet établissement industriel ; pour qu'il puisse faire tinter un peu d'or dans ses poches, ce qui était tout à fait hors de question dans notre cas. Soulié avait une véritable passion pour l'or, il aimait le regarder et le manipuler. Vers la fin de sa vie, il gagnait entre quarante et cinquante mille francs par an ; et, lorsqu'il avait des contrats à payer à la fin du mois, il gardait souvent les deux ou trois mille francs ainsi hypothéqués, dans son tiroir, du 15 au 20. Alors, pour se procurer la joie que lui procurait la vue de l'or, il changeait sa pièce de cinq francs ou ses billets de banque contre des napoléons, demandant qu'on lui envoyât les pièces les plus récentes et les plus étincelantes, même aux frais de quatre ou cinq sous par Napoléon, — car Soulié n'avait pas le bonheur de vivre dans l'heureuse période de la dépréciation de l'or, — puis, quand arriva la fin du mois, il lui coûta une telle angoisse de se séparer de son or, que , bien que la somme due soit là dans son tiroir, il réglait rarement son compte à l'échéance, préférant payer vingt, trente, cinquante ou cent francs de plus, afin de régaler ses yeux du riche métal pendant quelques jours.

plus long. Et pourtant, personne ne pourrait être plus généreux, plus libéral ou plus somptueux que Soulié. Il aimait l'or ; mais ne vous méprenez pas, ce n'était pas à la manière d'un avare qu'il l'aimait, mais comme le représentant du luxe, comme le moyen le plus sûr de se procurer tous les plaisirs de la vie : il aimait l'or pour la puissance qu'il donne. Il avait donc une prédilection toute particulière pour le roman de *Monte-Cristo*. J'espère qu'on me pardonnera de m'étendre trop longuement sur Soulié ; c'était l'une des personnalités les plus intéressantes que j'aie jamais rencontrées, et je dis de lui, comme Michelet l'a dit un jour de moi, « il était une des forces de la nature ». Je pourrais imaginer Soulié braconnant dans les forêts d'Amérique, pirate dans les mers indiennes ou dans l'océan Arctique, explorateur sur les rives du lac Tchad ou du Sénégal, bien mieux que romancier ou dramaturge.

Il était consommé aussi au milieu de ses cent ouvriers à la scierie, puisqu'il les dirigeait d'un signe de tête, d'un geste de la main, donnant ses ordres sur un ton à la fois doux et ferme. , gentil mais plein de pouvoir. Il venait de terminer son imitation de *Roméo et Juliette de Shakespeare.* Il y avait quelques lignes fines dans cette œuvre, bien conçue, de grandes pensées vigoureusement traitées ; mais, dans l'ensemble, c'était une production médiocre. Il l'avait commencé deux ans trop tard et n'avait rien tenté de nouveau à une époque où l'originalité était une des conditions de réussite.

Je dis franchement à Soulié que j'étais venu lui demander d'écrire avec moi un drame ; mais comme aucun de nous ne se sentait assez fort pour tenter quoi que ce soit de création originale, nous avons décidé de prendre un sujet de Walter Scott. Walter Scott était à la mode ; son *Kenilworth Castle* venait d'être joué avec grand succès à la Porte-Saint-Martin, et une version de *Quentin Durward* devait être jouée au Théâtre-Français. Talma reçut le rôle de Louis XI, et il avait voulu qu'il suive son Tibère. Quelle chose glorieuse cela aurait été pour le drame de Talma d'incarner un personnage de Walter Scott ! Nous avons opté pour *Old Mortality.* Il y avait deux personnages dans *Old Mortality* – John Balfour de Burley et Bothwell – qui fascinaient complètement Soulié.

Une fois notre sujet choisi, nous nous sommes mis au travail avec beaucoup d'enthousiasme ; mais nous avons vainement réfléchi ensemble, le plan n'a pas fonctionné. Pour le dire franchement, nous avions chacun trop d'individualité et nous nous heurtions continuellement les uns aux autres. Au bout de deux ou trois mois de travail infructueux, après cinq ou six réunions inutiles, nous n'avions fait aucun progrès et n'étions guère plus avancés que lors de notre première réunion. Mais j'avais énormément gagné à ma lutte contre ce rude champion ; Je sentais surgir en moi toutes sortes de forces nouvelles et, comme un aveugle à qui la vue aurait été rendue, chaque jour, petit à petit, mon champ de vision semblait s'élargir.

Pendant ce temps, je m'entraînais à manier la poésie dramatique en traduisant *la Fiesque de Schiller* en vers. J'ai entrepris cette tâche pour m'instruire moi-même, et non dans l'espoir d'être payé ; et, quoique ce ne fût pas pour me rapporter un sou, et que nous avions le plus grand besoin d'un travail qui me payât, j'eus le courage de l'achever d'un bout à l'autre.

Vers cette époque, ma pauvre mère, qui craignait toujours que je perde ma place, et qui, je dois l'avouer, était tout à fait justifiée dans ses craintes, eut à me signaler un nouvel exemple d'espérances déçues. Mon compatriote Auguste Lafarge, l'élégant clerc d'avocat qui avait momentanément révolutionné toute la ville de Villers-Cotterêts, et qui avait été obligé de vendre son fonds pour payer ses dettes, faute de trouver une épouse riche pour sauver la situation, avait se jeta dans la littérature, faute d'autres moyens de subsistance, et venait de mourir après deux ou trois ans de lutte contre une horrible pauvreté. J'avais beau dire à ma mère que Lafarge n'avait jamais eu en lui l'étoffe d'un poète dramatique ; en vain je lui dis qu'il n'avait jamais lutté, mais qu'au contraire il avait cédé sans combattre ; en vain j'insistais sur le fait que Lafarge n'avait jamais possédé une fraction de mon énergie et de ma persévérance ; le fait matériel était qu'il avait souffert de la faim et de la misère et qu'il était mort à cause de ses privations.

Un autre fait qui aurait dû apaiser ses craintes ne faisait que lui donner une nouvelle inquiétude. Betz avait été promu. Le lecteur se souvient que Betz était le gentil garçon qui avait été mon second dans le duel avec MB. Il avait été nommé commis en chef au salaire de 2400 francs, et son poste de commis aux commandes à 2000 francs fut confié à Ernest, qui, en à son tour, laissa vacante sa place de 1800 francs. Comme j'avais accompli mon travail de bureau avec une régularité à laquelle même mon pire ennemi n'aurait pu trouver à redire, et que, bien qu'ils aient pu être injustes à mon égard, ils n'étaient pas vraiment mal intentionnés, ils ne pouvaient guère refuser de me donner La place d'Ernest, que j'ai demandée à Oudard comme si c'était mon dû. Ma demande a été accédée, mais ils m'ont changé du département de secrétariat aux bureaux de relève. Le *Bureau des secours* était en réalité une branche du Secrétariat, mais il était considéré comme un service subordonné. J'aurais surtout regretté de quitter Lassagne, mais un changement avait été opéré depuis quelque temps dans la disposition des bureaux, et une chambre lui avait été donnée pour lui seul, en considération de sa position de sous-chef de bureau. C'est ainsi que j'étais tout aussi proche de lui au Bureau de Secours que je l'avais été dans les nouvelles dispositions du Secrétariat. J'ai gagné deux choses par ce changement : premièrement, une augmentation de salaire ; deuxièmement, une plus grande liberté d'action ; puisque, devant me renseigner sur les malheureux qui demandaient du secours, je passais des journées entières à parcourir Paris d'un bout à l'autre. J'aurais été très heureux, en compensation des deux avantages ainsi acquis, de renoncer à la création de portfolio, mais il n'y avait pas d'issue.

Malgré mon augmentation de salaire et la plus grande liberté que j'avais acquise, ma mère considérait ce changement dans ma situation comme une honte. Elle n'a pas été trompée ; et, si elle l'avait été, M. Deviolaine aurait eu soin de la remettre sur ce point.

En outre, une calamité très réelle menaçait de frapper cette maison avec laquelle nous étions étroitement liés. Depuis quelque temps, Félix Deviolaine, qui paraissait en parfaite santé, avait la toux et perdait de la chair. Il s'inquiétait de la faiblesse qu'il sentait grandir en lui, et un jour il me chercha et me pria de le conduire chez Thibaut, dont il m'avait souvent entendu vanter la compétence médicale. Je m'empressai de lui rendre ce service, et je le conduisis chez Thibaut, le priant d'examiner Félix avec beaucoup de soin. Thibaut le fit se déshabiller jusqu'à la taille, lui tapota la poitrine, écouta sa respiration aussi bien avec l'oreille qu'avec le stéthoscope ; et, après dix minutes d'examen, il lui dit clairement qu'il souffrait d'une grave affection pulmonaire, bien qu'il ne coure aucun danger. Mais il m'a murmuré :

"Le garçon est condamné."

Je ne peux pas décrire le chagrin et la consternation que m'a causé cette déclaration sèchement exprimée. Félix n'avait jamais été particulièrement amical envers moi ; il était d'un caractère un peu jaloux, et m'avait plutôt rebuté qu'entraîné à partager les jouissances que, grâce à la position sociale de son père, il avait pu m'obtenir, notamment en ce qui concerne le tir, que j'aimais par-dessus tout. Mais néanmoins c'était une de mes tendres amitiés de mes premiers jours, et si cette prophétie se réalisait, ce serait la première feuille que la mort arracherait à la branche d'or de mes souvenirs d'enfant.

Je ne voulais pas annoncer cette triste nouvelle à M. Deviolaine. J'ai donc cherché Oudard et lui ai raconté ce qui s'était passé. Oudard refusait catégoriquement d'y croire ; car Félix avait semblé, jusqu'à présent, le sujet le plus improbable à mourir de phtisie pulmonaire ; mais j'envoyai chercher Thibaut lui-même, et Thibaut lui répéta le verdict fatal qu'il m'avait annoncé. Sans dire toute la vérité à M. Deviolaine, Oudard lui fit entendre que Félix avait besoin de grands soins, et, comme Félix ne désirait pas avoir d'autre médecin que Thibaut, il fut convenu que Thibaut lui rendrait des visites quotidiennes. C'est alors que j'ai fait l'étude particulière de la phtisie pulmonaire dont j'ai ensuite fait usage dans mon roman *Amaury*. J'ai déjà dit qu'au moment où la prédiction de Thibaut était sur le point de se réaliser et où tous les espoirs étaient abandonnés, même dans le cœur de sa mère, ce dernier sanctuaire de l'espérance, Félix Deviolaine était miraculeusement sauvé par un rhumatisme articulaire qui lui ôtait la vie. inflammation, et a fait ce qu'aucun autre remède n'avait pu effectuer.

Pendant que se déroulaient ces événements, la représentation du drame de *Louis XI. à Péronne* , dans lequel Talma devait jouer, a eu lieu au Théâtre-Français. C'était un grand événement pour nous tous, jeunes écrivains, qui aspirions à produire une création romanesque ; Taylor avait encouragé sa production, avait veillé à ce que les costumes soient précis et la mise en scène parfaite. La pièce doit son succès en partie à l'étonnement qu'elle suscite, en partie à sa valeur intrinsèque. Je ne l'ai pas vu lors de la première présentation, car je n'étais pas en mesure de me procurer un billet et j'étais trop pauvre pour me permettre d'en acheter un à l'entrée ; mais Soulié nous rejoignit ensuite au café des Variétés et nous raconta tout cela. Il en était très enthousiaste. Cela nous a donné du courage et nous avons essayé de reprendre nos *Puritains d'Écosse* .

La succession dramatique de Talma au Théâtre-Français était divisée : Michelot prit Tibère et Louis XI ; Firmin prit le Tasse ; Joanny était prêt à entreprendre tout le répertoire de l'illustre acteur décédé ; Lafond était devenu à la fois *l'un* et *l'autre* [1] ; tout le monde considérait Talma comme un obstacle, et maintenant que cet obstacle était levé, chacun s'efforçait d'acquérir la réputation de l'homme qui avait éclipsé toutes les autres réputations. Pour ne perdre aucune chance de succès, ils se partagèrent ses costumes, comme ils se partagèrent ses rôles. Une vente publique de la garde-robe de Talma a été annoncée pour le 27 avril. Voici quelques-uns des prix obtenus par les différents costumes. Les acteurs qui espéraient acheter son talent avec ses vêtements ne les ont pas payés cher.

Francs

Charles VI. et sa perruque 205

Ladislas 230

Le Cid 62

Mithridate 100

Richard III 120

Les deux Néron 412

La couronne de Néron. 132

Othello, une fois jouée à l'Opéra 131

Léonidas 200

Clovis 97

Joad 120

Nicomède 60

Le Maire du palais 115

Philoctète 40

Typpo-Saëb 96

Leicester 321

Meynau 45

Malouines 42

Danville 130

Le Misanthrope 400

Bayard 51

Le grand maître des Templiers 40

Jean de Bourgogne 79

Manlius 80

Sylla, avec la perruque. 160

Hamlet, avec le poignard. 236

L'Oreste d' *Andromaque* . 100

L'Oreste de *Clytemnestre* . 80

fr. 3 884

Deux pièces peuvent être notées dans ce qui précède : l'une, *Les deux Néron* , et l'autre, *Othello, une fois jouée à l'Opéra*. Ces deux descriptions montrent avec quelle conscience Talma recherchait des détails sur ses costumes. Un jour, il découvrit dans Suétone que Néron était entré au Sénat vêtu d'un manteau bleu brodé d'étoiles d'or ; il fit immédiatement confectionner un costume d'après le même modèle et entra sur scène avec un manteau bleu avec des étoiles d'or comme celui que Néron avait porté en entrant au Sénat. Mais le lendemain, un critique qui ne s'était pas donné la peine de lire Suétone et qui prenait ce costume pour une bizarrerie de l'acteur, dit dans un des journaux que Talma ressemblait à la Nuit dans le prologue d' *Amphitryon*. C'était bien suffisant pour empêcher Talma de porter la robe étoilée. Une autre fois, avant de jouer *Othello* à l'Opéra pour une soirée-bénéfice, il réfléchit que le Maure étant devenu général vénitien, il avait dû nécessairement abandonner son costume oriental et adopter la robe vénitienne. Il portait donc une copie très exacte d'un costume vénitien du XVe siècle. Mais, en laissant de côté le turban, la ceinture et les pantalons bouffants ornementaux, la moitié de l'effet pittoresque avait disparu et même tout le génie de Talma n'était pas en mesure de le rattraper, alors, déçu lui-même, et pensant que le changement de costume avait eu un effet néfaste sur sa pièce, il revint au costume traditionnel pour le reste des représentations et n'utilisa plus jamais l'autre. Le costume du Misanthrope, trouvé dans la garde-robe de Talma, témoignait du désir qu'il avait toujours caressé de jouer le rôle d'Alceste, mais c'était un désir qu'il n'avait jamais osé satisfaire. La personne qui l'a acheté n'était pas affligée d'une telle modestie.

Pendant que se produisaient ces événements, si secondaires pour la France, mais d'un intérêt si vital pour nous, le gouvernement tentait sournoisement de rétablir la censure qu'il avait abolie. Dans le discours du roi à la Chambre, il avait dit :

" J'aurais préféré, s'il avait été possible, ne pas prêter attention à la presse ; mais, depuis que l'habitude de publier des articles politiques s'est développée, elle a produit de nouveaux abus qui nécessitent des moyens de répression plus efficaces et plus étendus. Il est temps pour mettre un terme aux scandales douloureux et préserver la liberté de la presse elle-même du danger de ses propres excès ; un projet vous sera soumis dans ce but.

Ce paragraphe n'était ni plus ni moins qu'une menace, qui s'est traduite par un projet de loi présenté à la Chambre sous le titre de *Projet de loi sur la police de la presse*. La lecture de cette loi fut interrompue une vingtaine de fois par l'opposition et se termina par une scène d'agitation terrible. Casimir Périer bondit de son siège en s'écriant :

"Autant présenter un projet de loi contenant l'unique article : "L'imprimerie est supprimée en France au profit de la Belgique"!"

M. de Chateaubriand appelait cette loi une *loi du vandalisme*. Et au tollé dans la capitale, la France entière a répondu, envoyant des pétitions communes et séparées pour implorer la Chambre de rejeter le projet de loi comme destructeur de toutes les libertés publiques, désastreux pour le commerce et attentatoire aux droits sacrés de propriété. Au milieu de cette terrible manifestation qui, en 1827, présageait l'opposition armée de 1830, le *Moniteur* eut ou l'habileté ou la perfidie — on ne comprend jamais bien les véritables sentiments *du Moniteur* — d'insérer dans un article en faveur de la loi le phrase la caractérisant comme une *loi de justice et d'amour*. Oh! quelle opportunité cela donnait à l'arme du sarcasme, toujours puissante en France ! Il s'attacha à cette phrase et s'en servit comme d'une arme pour, en toute occasion, piquer le cœur de M. de Peyronnet. Tout le monde s'est élevé contre cette loi, même l'Académie elle-même. C'est M. de Lacretelle qui osa entreprendre la démarche hasardeuse et difficile de tenter de réveiller les Quarante Immortels dans leurs chaises. Il leur lut, le 4 janvier, un discours enthousiasmant sur les inconvénients de la loi projetée et les entraves qu'elle imposerait à la réflexion ; il répudia cette nouvelle censure, qui devait faire des imprimeurs juges des auteurs, et demanda que l'Académie usât de sa prérogative et demandât au roi d'accéder aux instances des Quarante en retirant le projet de loi. Après une heure de discussion, il fut décidé à la presque unanimité que cette pétition serait présentée au roi, et MM. de Chateaubriand, Lacretelle et Villemain furent chargés de le rédiger. Le 21 janvier, l'avis suivant parut au *Moniteur* :—

"ART. I. La nomination du sieur Villemain, *maître des requêtes* au Conseil d'Etat, est révoquée.."

Puis, plus bas :—

« Par ordre du Roi, M. Michaud de l'Académie française ne fera plus partie des lecteurs de Sa Majesté.

« Par ordre de Son Excellence le ministre de l'Intérieur, en date de ce jour, M. de Lacretelle a été démis de ses fonctions de censeur dramatique.

Cette persécution a été accueillie par un élan d'indignation contre le gouvernement et par une sympathie démonstrative envers les victimes de la cruauté ministérielle. Finalement, le chœur de l'opposition est devenu si menaçant que le gouvernement a pris peur et a retiré le 18 avril la loi qu'il avait présentée le 29 novembre. Une fureur de joie éclata alors dans Paris : les maisons répandirent leurs habitants dans les rues, et tous les visages rayonnèrent de joie ; les mains se tendaient pour saluer, et les compagnons imprimeurs parcouraient les boulevards en criant : « Vive le roi ! agitant des drapeaux blancs ; et une illumination générale eut lieu dans tout Paris cette nuit-là. Mais le gouvernement mortifié envoya des troupes, des coups de feu furent tirés et des blessures furent reçues, et le retrait de la fameuse *loi de justice et d'amour* ne devait pas être attribué à l'intelligence du roi, mais à sa crainte.

Lorsque Charles X, monarque pauvre, aveugle et sourd, croyant que l'enthousiasme suscité par son accession au trône durerait toujours, ordonna une revue de la garde nationale le 29 avril, au Champ de Mars, il entendit , à sa grande surprise, mêlé à ces cris de « Vive le roi ! dont les souverains s'enivrent et font vibrer sur leurs trônes les cris amers et rauques de : A bas les ministres ! et "A bas les Jésuites !" Ces cris provenaient particulièrement des rangs des deuxième, troisième, cinquième, septième et huitième légions, celles appartenant à l'aristocratie financière et à la petite bourgeoisie. Étonné d'un tel accueil, Charles X s'arrêta un instant ; puis, éperonnant son cheval aux premiers rangs de la légion qui avait poussé la plus amère de ces invectives, il s'écria :

"Messieurs, je suis venu ici pour recevoir des hommages et non des conférences."

Hélas! les rois de 1827, comme ceux de 1848, auraient dû savoir que les hommages aveuglent et les conférences éclairent.

Le lendemain, à six heures du matin, tous les postes de la garde nationale étaient relevés par des troupes de ligne, et à sept heures, au lieu d'un article de fond du *Moniteur* sur la revue, paraissait l'ordre de dissolution. A partir de ce moment, il y eut une rupture entre la Branche des Anciens et la classe moyenne. La première possédait son roi, élu de droit divin, pour régner sur elle et mourir avec elle. Mais dès cette heure, les yeux clairvoyants pouvaient discerner les nuages qui approchaient et qui entraînaient sur leurs ailes la tempête de 1830.

[1] Voir vol. ii. p. 442.

CHAPITRE VI

Acteurs anglais à Paris.—Importations littéraires.— *Trente Ans* ou *la Vie d'un Joueur.* — Le *Hameau* de Kemble et Miss Smithson.—Un bas-relief de Mademoiselle de Fauveau.—Visite à Frédéric Soulié.—Il refuse d'écrire *Christine* avec moi.—A. attaque nocturne - je retrouve Adèle d'Alvin - je passe la nuit *au violon*

Vers 1822 ou 23, je crois, une troupe d'acteurs anglais tenta de donner une série de représentations au théâtre de la Porte-Saint-Martin, mais ils furent reçus avec tant d'opposition et de huées, et tant de pommes et d'oranges. avaient été jetés du fond de la fosse sur les malheureux acteurs, qu'ils furent contraints d'abandonner le champ de bataille sous le feu nourri des projectiles. Et c'est ainsi que s'exprimait l'esprit national en 1822. Mais ensuite, en 1822, il était considéré comme dégradant pour tout théâtre où les productions de MM. Caignez et Pixérécourt furent joués (sans parler de ceux de Corneille et Molière) pour prêter ses planches à un barbare comme Shakespeare, et au train d' *œuvres immondes* qui suivit dans son sillage.

Cinq années seulement s'étaient écoulées depuis cette période, et voilà que le deuxième Théâtre-Français étonnait tout le monde en annonçant qu'une troupe d'acteurs anglais allait jouer les principales pièces de Shakespeare. Les idées ont mûri si vite sous le soleil brûlant du XIXe siècle qu'il n'a fallu que cinq années pour provoquer une telle illumination de l'opinion publique. Pourtant, l'exemple de courtoisie nous avait été donné par nos voisins d'outre-Manche. Mademoiselle Georges venait de réussir — grâce sans doute aux réminiscences politiques qui l'entouraient — à obtenir ce que Talma n'a jamais obtenu, malgré son origine anglo-française, à savoir une représentation publique et non subventionnée d'une pièce française.

Le 28 juin 1827, Mademoiselle Georges donne une représentation très réussie de *Sémiramis* , sous le patronage du duc de Devonshire. Les recettes s'élèvent à huit cents livres sterling (20 000 francs). Quelques jours plus tard, toujours avec le même succès, elle incarne *Mérope*. Ce double triomphe suggéra au directeur de l'Odéon l'idée d'inviter une troupe d'acteurs anglais et une série de représentations, annoncée pour début septembre, fut attendue avec impatience. En fait, l'opinion était passée d'un mépris total à l'égard de la littérature anglaise à une admiration enthousiaste pour elle. M. Guizot, qui ne savait pas alors un mot d'anglais — et qui ne le sait que trop bien depuis — avait retraduit Shakespeare avec l'aide de Letourneur. Walter Scott, Cooper et Byron étaient entre les mains de tout le monde. M. Lemercier avait fait de *Richard III une tragédie.* ; M. Liadière en avait réalisé un autre sur *Jane Shore. Kenilworth Castle* avait été joué à la Porte-Saint-Martin ;

Louis XI. à Péronne au Théâtre-Français ; *Macbeth* à l'Opéra. On parlait de *Juliette de Frédéric Soulié* et d'Othello d'Alfred de Vigny . Assurément, le vent avait tourné à l'ouest et annonçait une révolution littéraire. Ce n'est pas tout : une pièce est jouée à la Porte-Saint-Martin, avec un dénouement emprunté aux *Vingt-Quatre Février de Werner* , qui a révolutionné tant par son style que par son exécution.

Nous voudrions dire quelques mots à propos de *Trente Ans* , ou *la Vie d'un Joueur*, de MM. Victor Ducange et Goubaux. Outre l'importance dramatique de cette œuvre, elle a mis en lumière deux artistes éminents, Frédérick et Madame Dorval. On trouve rarement deux acteurs aussi bien dotés, l'un aussi bon l'un que l'autre. C'était en effet le misérable tragédien qui, trois ans auparavant, avait joué à l'Odéon un des frères Macchabée ! C'était la petite fille, oubliée dès qu'elle avait joué le rôle ingrat de Malvina, dans Le *Vampire* !

Le drame populaire avait sa Talma, et la tragédie de boulevard sa Mademoiselle Mars. Tout le monde connaît *Trente Ans* ; tout le monde l'a vu joué par les deux artistes que je viens de citer. Mais tout le monde n'a pas été témoin de la fièvre d'excitation qui s'est emparée des acteurs et des spectateurs lors de ces premières représentations.

Les artistes anglais trouvèrent ainsi les spectateurs parisiens chaleureusement enthousiastes, réclamant avec impatience de nouvelles émotions pour remplacer celles qu'ils venaient de vivre. De tels moments sont vécus à des moments et à des saisons variés, où tout est calme en dehors du domaine de l'imagination. Comme la vie physique n'est pas en danger, les esprits soupirent après les dangers imaginaires ; la sympathie humaine doit s'exercer sur quelque chose. Douze ans de calme ont fait crier d'émotion ; dix ans de rire ont fait pleurer. Dotés d'un esprit national, agités et aventureux par nature, nous devons toujours nous exprimer de manière dramatique, que ce soit sur scène ou dans la vie réelle.

En 1827, le théâtre avait sa propre voie. Le 7 septembre, les acteurs anglais ont donné leur première représentation. Abbott ouvrit les débats par un bref discours dans un français très soigneusement prononcé, et ils jouèrent *The Rivals* du pauvre Sheridan, qui venait d'être enterré au milieu de difficultés financières ; puis *le Caprice de Fortune* d'Allingham . Les acteurs comiques de la compagnie ont remporté les honneurs de la première soirée et, bien que l'on ait remarqué un acteur comique appelé Liston et une amie jouée par Miss Smithson, nous étions tout à fait certains que la compagnie tant désirée n'avait pas été amenée à travers le monde. Canal juste pour cette démonstration de ses pouvoirs. J'avais décidé d'assister avec quelque assiduité à ces représentations anglaises, et comme Porcher avait presque récupéré les avances qu'il m'avait prêtées, je lui demandai deux cents francs, dont cent cinquante pour nos frais de ménage, et cinquante étaient destinés à m'initier aux beautés révélées par le drame anglais. Je connaissais déjà Shakespeare presque par cœur à cette époque ; mais les pièces de théâtre, selon les Allemands, sont destinées à être vues et non lues. J'ai donc résisté à la tentation d'assister à la première représentation et j'ai attendu de voir la compagnie anglaise dans Shakespeare.

Ils annoncèrent *Hamlet*. Je n'avais aucune crainte de le rater cette fois. Heureusement, c'était la semaine d'Ernest pour constituer le portefeuille. Je quittai le bureau à quatre heures et allai me placer dans la file d'attente, un peu mieux informé, cette fois, que je ne l'avais été lors de ma première visite à Paris. Je connaissais si bien *Hamlet* que je n'avais pas besoin d'acheter les mots ; Je pouvais suivre les acteurs, traduisant les mots dès qu'ils étaient prononcés. Je dois admettre que l'impression qui m'a été faite a dépassé de loin mes attentes : Kemble était merveilleux dans le rôle d'Hamlet et Miss Smithson faisait une divine Ophélie. La scène de scène, la scène du cinéma et celle des deux portraits, la scène de folie et celle du cimetière m'ont électrisée. C'est seulement alors que j'ai réalisé ce que pouvait être le drame, et à partir des ruines de mes faibles tentatives passées, provoquées par le choc de cette révélation, j'ai vu ce qu'il fallait pour créer un monde nouveau.

« Et les ténèbres étaient à la surface de l'abîme, et l'Esprit de Dieu se mouvait à la surface des eaux » ; comme le dit la Bible.

C'était la première fois que je voyais sur scène de vraies passions, inspirant des hommes et des femmes de chair et de sang. Maintenant, je comprenais les gémissements de Talma à chaque nouvelle partie qu'il créait ; J'ai compris cette aspiration éternelle à une littérature qui puisse lui donner la chance de dépeindre un héros qui devrait être un être vivant ; J'ai compris son désespoir de mourir avant d'avoir exprimé ce côté de son génie qui périssait inconnu en lui et avec lui. La génération actuelle ne comprendra pas ce que je dis ; car ses études enfantines l'ont rendu aussi familier avec Walter Scott que Lesage, Shakespeare comme Molière. Notre siècle, devenu par excellence celui de l'appréciation, sourit incrédule lorsqu'il entend dire qu'un comédien pourrait être sifflé parce qu'il était Anglais, ou une pièce huée parce qu'elle était de Shakespeare.

Ces représentations se sont poursuivies avec une popularité croissante. Après *Hamlet* vinrent *Roméo et Juliette* , puis *Othello* ; puis enfin, l'un après l'autre, tous les chefs-d'œuvre de la scène anglaise. A Kemble et à Miss Smithson appartenaient tous les honneurs de ces représentations. Il est impossible de décrire la scène de la folie d'Ophélie, la scène du balcon de *Juliette* , la scène de l'empoisonnement dans le caveau parmi les morts, la jalousie d'Othello et la mort de Desdémone, interprétées par ces deux grands artistes. Abbott s'est également montré un comédien gracieux dans les rôles qu'il a joués. Son Mercutio, entre autres, était un véritable chef-d'œuvre de jeu délicieux.

Remarquons maintenant combien il est étrange que les événements qui doivent influencer la vie d'un homme semblent s'enchaîner. Le 10, les acteurs anglais donnèrent la dernière de leur série de représentations, me laissant palpiter de nouvelles impressions et mon esprit inondé d'une nouvelle lumière. Le 4, six jours auparavant, le Salon-Exposition venait de s'ouvrir. A ce Salon, Mademoiselle de Fauveau expose deux petits bas-reliefs autour desquels se rassemblent tous les artistes.

L'un de ces bas-reliefs représentait une scène de l' *abbé* ; l'autre, l'assassinat de Monaldeschi. Je suis venu contempler ces bas-reliefs avec la foule, et j'ai sans doute apprécié plus que la plupart des spectateurs la puissance et la délicatesse de l'œuvre ainsi savamment manipulée par des doigts de femme. J'avais lu l' *Abbé* , je connaissais donc un de ces bas-reliefs ; mais j'étais si ignorant sur certaines parties de l'histoire que non seulement je ne connaissais pas l'incident représenté par l'autre sculpture, mais j'ignorais également qui était Monaldeschi ou Christine ; et j'ai quitté le Musée sans oser demander à personne de me le dire. Comme c'était dimanche et que je n'avais pas vu Soulié depuis plusieurs jours, je décidai d'aller passer une partie de la soirée avec lui à la Gare.

A neuf heures, après avoir dit à ma mère que je ne rentrerais sans doute que très tard, je suce une tasse de thé devant un grand feu (car le bois est abondant dans une scierie) et j'entame une discussion avec Soulié. concernant les modifications que sa *Juliette* devrait subir depuis que le jeu anglais avait été remarqué. Tout à coup, je me rappelai le bas-relief de la mort de Monaldeschi, et, n'osant pas demander des détails à Soulié de peur qu'il ne se moque de moi à cause de mon ignorance, je lui demandai s'il possédait une *Biographie universelle*. Il en avait un et j'ai lu les deux articles sur *Monaldeschi* et sur *Christine*. Puis, après quelques instants de réflexion, au fond desquels il me semblait voir se mouvoir toutes sortes de personnages tragiques au milieu de l'éclat des épées, je dis à Soulié, comme s'il avait suivi ma pensée :

"Tu sais, il y a un drame terrible dans tout ça ?"

"En ce que?"

"Dans l'assassinat de Monaldeschi par Christine."

"Je devrais juste le penser."

« Est-ce qu'on le fait ensemble ? »

"Non", répondit avec insistance Soulié; "Je n'ai plus l'intention de travailler avec les autres."

"Pourquoi?"

"Parce que David m'a promis la Croix, sous l'influence de M. Portalis, lorsque j'écrirai seul mon premier ouvrage important."

Je regardais Soulié avec un étonnement total. Je ne pense pas que lui-même se rende compte de la nature de ses brusques accès de colère.

"Par conséquent", a-t-il ajouté, "j'ai l'intention d'utiliser moi-même ce sujet pour une tragédie."

"Oh!" Dis-je en posant les volumes.

"Cela ne doit pas vous empêcher d'écrire votre propre drame, vous comprenez, si vous voulez vous en tenir à l'idée."

"Sur le même sujet que toi ?"

« Il y a plus d'un théâtre à Paris ; et une douzaine de manières de traiter un sujet. »

"Mais qui d'entre nous le lira au Théâtre-Français ?"

"Celui qui finira en premier."

"Est-ce que ça ne te dérangerait pas ?"

"Qu'est-ce que tu crois que ça me ferait ?"

"Vous n'êtes pas très aimable ce soir."

"Je ne suis pas de bonne humeur."

"C'est quoi ton problème?"

" Voilà le problème. Si seulement j'avais vu les acteurs anglais avant de construire ma *Juliette,* soit je ne l'aurais pas fait du tout, soit je l'aurais fait autrement. "

« Veux-tu suivre mon conseil ?

"De quelle manière ?"

"Comme le conseil sincère d'un ami.... Laissez votre *Juliette* de côté comme j'ai quitté ma *Fiesque* , et rêvez à autre chose."

"Bah ! quand ce sera fini !"

J'ai vu que Soulié était décidé à continuer et j'ai laissé tomber le sujet. Puis, comme je n'avais pas les moyens d'acheter la *Biographie universelle* , j'ai demandé à Soulié si je pouvais copier les deux articles, et il m'a permis de le faire. Il était évident que mes écrits sur le même sujet ne lui inspiraient pas beaucoup de terreur. Nous nous sommes séparés à minuit ; et, en longeant le boulevard, je rêvais déjà à ma future *Christine*. C'était une nuit sombre et pluvieuse et le boulevard était presque désert. Lorsque j'atteignis la porte Saint-Denis, au moment où je quittais le boulevard pour rentrer dans la rue, j'entendis des cris à trente pas devant moi ; puis, au milieu de l'obscurité, j'ai aperçu ce qui ressemblait à un groupe de personnes se débattant violemment sur le boulevard, et j'ai couru dans la direction des cris. Deux individus s'en prenaient à un homme et une femme. L'homme attaqué tentait de se défendre avec une canne, la femme avait été renversée et le voleur tentait de lui arracher une chaîne qui pendait autour de son cou. Je me suis jeté sur le voleur, et l'instant d'après il était à son tour à terre, et j'étais à genoux sur lui. Lorsque le deuxième voleur a vu cela, il a arrêté d'attaquer l'homme et s'est enfui. Il semblerait que, sans le vouloir, j'avais serré impitoyablement la gorge de mon voleur ; car tout à coup, à ma grande surprise, il a crié :

"Aide, aide, aide !"

Ce cri, ainsi que ceux déjà poussés par l'homme et la femme agressés, ont amené plusieurs militaires du poste militaire de Bonne-Nouvelle. Je n'avais pas relâché mon emprise sur le voleur et les soldats l'ont arraché de mes mains. Alors seulement j'ai pu répondre aux remerciements de ceux que j'avais secourus. La voix de la femme m'a frappé étrangement. C'était Adèle d'Alvin, que je n'avais pas vue depuis mon départ de Villers-Cotterets, et cet homme était son mari. Il y avait eu une représentation spéciale à la Porte-Saint-Martin où avait été jouée *la Noce et l'Enterrement* , et sachant que j'avais participé à ce chef-d'œuvre, ils avaient voulu le voir. La représentation n'était terminée que tardivement, comme c'est l'habitude dans les représentations spéciales, et Adèle avait faim. Quand ils sont sortis, ils sont allés dîner au café du théâtre, ce qui les a retardés. Au moment où ils arrivaient chez Charlard, ils furent attaqués par les deux voyous dont je les avais débarrassés et dont l'un avait été arrêté par les défenseurs de la patrie. Malheureusement, ces défenseurs du pays n'étaient pas aussi intelligents que courageux. Ils ne pouvaient distinguer entre les voleurs et les volés, entre les voleurs et les honnêtes gens, et ils nous conduisirent tous au corps de garde, nous informant que nous devions y rester jusqu'au matin. Au point du jour, ils firent venir un officier de police qui sépara le blé de l'ivraie.

Nous avons essayé de nous expliquer, et avons demandé qu'on examine soigneusement nos personnes, nos visages, nos apparences, et qu'on les compare avec ceux de l'homme que j'avais arrêté, et qu'on ne nous retienne que le lendemain avant de nous rendre justice. c'était notre dû. Mais à tout cela les défenseurs du pays répondirent imperturbables que *la nuit tous les chats paraissent gris* ; et, par conséquent, on pourrait facilement se tromper, tandis que le lendemain, on ferait *jour* là-dessus.

La décision n'était ni logique ni éloquente ; mais nous étions le parti le plus faible. Ils nous ont fait entrer, agressés et agresseurs, dans cette partie du corps de garde qu'on appelle le *violon* , et il n'y avait d'autre solution que d'attendre le bon plaisir de M. *le chef du poste.*

Nous nous appuyâmes tous les uns contre les autres, comme on le fait dans une voiture, et essayâmes de dormir. Comme Adèle et son mari s'étaient réservé un coin du lit de camp, il en restait un pour moi. J'ai longtemps regardé tristement la femme ; elle était associée aux premiers souvenirs de ma vie, et maintenant, apparemment parfaitement heureuse, elle s'endormait sur l'épaule d'un autre, à qui elle parlait avec des accents de commerce familier. Elle a eu deux enfants : la maternité l'avait consolé de son amour perdu. Ils s'endormirent tous les deux ; mais ni le voleur ni moi n'avons dormi du tout. Bientôt mes yeux s'arrachèrent de regarder Adèle et son mari ; mes pensées revinrent sur leurs pas et je repris mon rêve là où il avait été interrompu. Je voyais en esprit le bas-relief de Mademoiselle de Fauveau accroché au mur, et, dans le corps de garde du boulevard Bonne-Nouvelle, à côté de cette femme et de son mari, face à face. Face au voleur qui devait écoper de trois ans de prison aux prochaines assises, mon imagination évoque les premières scènes de *Christine.* Le lendemain, à huit heures du matin, le policier entra, prit nos dépositions et nos adresses, puis nous remit en liberté ; tandis que notre ami le voleur a été immédiatement conduit au commissariat. Je suis rentré chez moi et j'ai trouvé ma pauvre mère terriblement bouleversée. Comme moi, elle n'avait jamais fermé les yeux de la nuit. J'ai revu Adèle une ou deux fois lors de son séjour à Paris ; mais, depuis lors, mon imagination, sinon mon cœur, a été l'esclave d'une maîtresse qui a supplanté toutes mes maîtresses passées, et a même fait du mal à celles des années suivantes. Cette maîtresse, ou plutôt ce maître, c'était l'Art.

CHAPITRE VII

Repères à venir - Compliments au duc de Bordeaux - *Vates* - Brochure orléaniste de Cauchois-Lemaire - Le lac d'Enghien - Le perroquet du colonel Bro - Docteur Ferrus - Morrisel - Un cortège funéraire au top - La chasse en grand cri - Une autopsie - Explication du mort du perroquet

---

Il est très instructif pour tout esprit philosophique de passer en revue une période de temps passée et de se rappeler qu'elle était autrefois considérée comme un avenir. On peut alors voir comment les changements se sont produits progressivement ; des repères sont reconnus, et l'on se rend compte qu'il n'y a rien de soudain ni d'inexplicable dans l'évolution des choses ; ce que nous considérons dans le présent comme un hasard tout-puissant, lorsqu'on l'examine à la lumière du passé, se révèle être la Providence. Ainsi Charles X, dernier représentant d'une aristocratie mourante, était destiné à tomber ; ainsi Louis-Philippe, le représentant du peuple dans son moment le plus fort, était destiné à monter sur le trône ; et, à partir de 1827 et 1828, tout se préparait pour que l'on soit prêt à la grande catastrophe de 1830. Et pourtant, personne ne peut lire clairement les signes d'un avenir immédiat.

Tous les espoirs du pays semblaient centrés sur « l'enfant du miracle » , comme on appelait le duc de Bordeaux, et, le 1er janvier, M. de Barbé-Marbois, premier président de la *cours des Comptes* , s'adressait il lui fit ce délicieux petit discours, tout à fait adapté à l'âge et à l'intelligence du jeune prince :

" Monseigneur, vous recevrez aujourd'hui les cadeaux d'usage : le mien sera une nouvelle. Il était une fois le prince dont vous portez le nom, qui était alors aussi jeune que vous, revint à la cour de Navarre après avoir été absent. Alors qu'il était encore assis sur son cheval, il était entouré d'enfants de la campagne qui, ravis de le revoir, répétaient : « *Caye nostre Henry* », ce qui signifie « Voici notre Henri ! comme si le jeune prince leur appartenait. La reine Jeanne, sa mère, une excellente princesse, qui avait tout vu et entendu du balcon du palais, très contente de l'accueil qu'on faisait au jeune prince, lui dit : « Ces enfants, mon fils, je viens de vous donner une leçon, la plus douce que vous puissiez recevoir ; en vous appelant « *notre Henri* », on vous apprend que les princes appartiennent autant à leur patrie qu'à leur propre famille. Le prince a retenu la leçon, et c'est pourquoi depuis plus de deux siècles les Français ont continué à l'appeler « notre Henri » et parleront toujours ainsi de lui. »

M. le duc de Bordeaux écouta attentivement, puis répondit :

" *Je n'oublierai pas.* "

Déjà l'année précédente, on lui avait dit : « Et vous, Monseigneur, qui êtes encore très jeune et sur la tête duquel repose le bonheur futur de la France, rappelez-vous toujours que ce beau royaume a aussi besoin d'un bon roi, d'un roi qui aime la vérité. et souhaite qu'on le lui dise ; un roi qui méprise la flatterie et qui bannira de sa présence ceux qui le trompent. Vous vous souviendrez, Monseigneur, que cet avis vous a été donné par un vieil homme aux cheveux blancs ?

M. le duc de Bordeaux avait répondu :

" *Oui.* "

« Votre *oui* , Monseigneur, ajouta le premier président, sera inscrit dans nos annales, où vous le retrouverez lorsque vous aurez atteint votre majorité. »

Hélas; tous ces conseils étaient inutiles. Le vétéran aux cheveux blancs, qui avait tant appris en réfléchissant sur le passé, ne pouvait pas prévoir l'avenir. Dieu ne confère aux poètes que le don de clairvoyance. C'est un poète, Monseigneur, qui vous a adressé ces paroles :

"Salut, petit cousin germain !
D'un lieu d'e xil, j'ose t'écrire.
La fortune te tend la main; Ta naissance le fait sourire.

Mon premier jour aussi fut beau,Point de Français qui n'en convienne:Les rois m'adoraient au berceau ...Et, cependant, je suis à Vienne!"

C'est un poète, Sire, qui vous a adressé ces paroles :

"O rois, veillez, veillez! tâchesz d'avoir régné.
Ne nous reprenez pas ce qu'on avait gagné; Ne faites point, des coups d'une mariée rebelle, Cabrer la liberté, qui vous porte avec elle; Soyez de votre temps, écoutez ce qu'on di t,
Et tâchez d'être grands, car le peuple grandit!Écoutez, écoutez à l'horizon immense,Ce bruit qui parfois tombe et soudain recommence,Ce murmure confus, ce sourd frémissementQui roule et qui s'accroît de moment en moment ! C'est le peuple qui vient ! c'est la haute marée
Qui monte, incessamment par son astre attirée ! Chaque siècle, à son tour, qu'il soit d'or ou de fer,
Dévoré comme un cap sur qui monte la mer,
Avec ses lois, ses mœurs, les monuments qu'il fonde, Vains obstacles qui font à peine écumer l'onde,
Avec tout ce qu'on vit et qu'on ne verra plus, Disparaît sous ce flot qui n'a pas de reflux!Le sol toujours s'en va, le flot toujours s'élève;Malheur à qui, le soir, s'attarde sur la grève,Et ne demande pas au pêcheur qui s' enfuitD'où vient qu'à l'horizon l'on entend ce grand bruit !
Rois, hâtez-vous ! Rentrez dans le siècle où nous sommes;Quittez l'ancien

rivage!—A cette mer des hommesFaites place, ou voyez si vous voulez périrSur le siècle passé, que son flot doit couvrir!"

C'est encore un poète qui prononça ces mots :

"Mais bientôt, aux salutations de ce nouveau ministre,
La nuit vint révéler au futur sinistre; Des signes éclatants, au fond des précieux écrits, De ces partis vainqueurs glacèrent les esprits; Et la France espéra!—L'immortelle déesse e
Qui prête son épée aux martyrs de la Grèce,Sur le fronton aigu du sénat plébéien,Parut, en agitant son bonnet phrygien,
la croix d'or s'éclipsa de ton dôme
Sous les marbres sacrés de la place Vendôme,La terre tressaillit ! , et l'oise au souverain
S'agite radieux sur sa base d'airain!..

C'est aussi un poète qui proféra la menace suivante :

"Il est amer et triste, à l'heure où le cœur prie,
Et dans l'effusion des plus secrets moments, D'entendre à ses côtés les pleurs de la patrie, Des clameurs de colère et des gémissements.

Il est dur que toujours un destin nous entraînerAux civiques combats qu'on croyait achevés;De voir aux passions s'ouvrir encore l'arène,Et s'enfuir la concorde et le bonheur rêvé

Rien qu'à ce seul penser, tout ce qu'en moi. j'apaise!
Est prêt à s'irriter; la haine me reprend; Et, pour qui vent guérir toute haine est mauvaise, Et, pourtant, je ne puis rester indifférent

Oh
! ces duels armés entre un peuple et soi n roi
Sous le soleil d'août, dont la chaleur dévore, Le sang bouillonne vite, et nul n'est sûr de soi.

Il est vrai, comme nous l'avons dit, que l'action du gouvernement a réellement aidé la cause publique. Les procès se succèdent sans cesse contre la presse, mais la liberté sort toujours triomphante de ces rencontres, quoi qu'il arrive, et, en réussissant, tue ceux qui tentent de la supprimer. Les monarchies ne se renversent pas, elles se minent et commencent à chanceler ; puis, un jour, les gens qui les voient tremblent, crient à haute voix et tombent.

Le cas du *Spectateur religieux* fut porté de tribunal en tribunal, pour finalement être porté devant la Cour d'Orléans. M. de Senancourt, qui avait été condamné par la *police correctionnelle* à neuf mois de prison et à cinq cents francs d'amende pour son résumé des *Traditions morales et religieuses* , fut acquitté en appel.

Enfin, Cauchois-Lemaire fut condamné à quinze mois de prison et à deux mille francs d'amende, pour avoir réclamé un changement de gouvernement et un changement dans l'ordre de succession au trône dans sa *Lettre à Son Altesse royale M. le Duc. d'Orléans, sur la crise actuelle.* Cette lettre contenait les passages incriminants suivants. L'auteur exposait au prince la situation de la France et ajoutait :

" Mais vous me direz peut-être : " Que puis-je faire ? En tant que pair du royaume, la France sait que je subis un ostracisme qui m'interdit de prendre toute part aux affaires publiques. " Voilà, Monseigneur, le point en question. Parce que vous êtes suspendu de vos privilèges, êtes-vous donc suspendu du droit commun ? Le pays est-il circonscrit dans la Chambre Haute ? n'appartiennent pas à l'aristocratie, sont-elles donc sans importance ? « Des questions dangereuses », s'écrieront les uns. « Inadaptées et en tout cas hors de propos », diront d'autres, de telles questions, répondrai-je, sont à la fois naturelles et utiles. une forme constitutionnelle de gouvernement. »

Après ce paragraphe venait ce qui suit :

"Au lieu d'aller à Gand, il se rendit en Angleterre, s'épargnant ainsi du système qui marqua l'époque de 1815 et du suivi de 1815."

Puis, passant de la politique au conseil, il ajouta :

" Et pour ne pas déroger à son habitude de donner des conseils, l'auteur de cette lettre vous engage à échanger vos armes ducales contre la couronne civique. Allons, prince, prenez courage ; il reste encore dans notre monarchie une belle ouverture à votre disposition, une position telle que La Fayette pourrait occuper dans une République, celle de premier citoyen de France, votre principauté n'est qu'une sinécure mesquine à côté de ce royaume moral !

Puis, à la page suivante :—

"Le peuple français est comme un gros bébé qui a besoin d'être instruit. Prions pour qu'il ne tombe pas entre de mauvaises mains."

Encore:-

"Un patriotisme enthousiaste ne peut résister à un grand et noble exemple, à une position éminente et à une richesse immense - trois qualités toutes réunies dans la personne de Votre Altesse. Avec celles-ci, vous n'avez qu'à vous baisser pour ramasser le joyau qui se trouve à vos pieds, et que beaucoup sont vous cherchez à obtenir, mais vous ne pouvez pas les obtenir faute des qualifications dont vous avez été dotés par la grâce de Dieu. »

Alors:-

" D'ailleurs, un prince qui verrait l'État en péril ne se contenterait pas de croiser les bras, de peur que le char, manquant de direction, ne se renverse. Nous, de notre côté, avons fait tout ce qui était en notre pouvoir ; c'est à vous d'essayer, et saisir la roue avant qu'elle ne franchisse le précipice.

Et enfin:-

" Pendant que nous déclinons, disait l'auteur de cette lettre, le duc de Bordeaux, le duc de Chartres et même le duc de Reichstadt grandissent... "

Des trois princes désignés par Cauchois-Lemaire comme ayant grandi à cette époque, un seul survit.

Le duc de Reichstadt a disparu en 1832, comme une ombre s'évanouit avec le corps qui l'a projetée. Le duc de Chartres fut violemment retiré de la société en 1842, car, par sa popularité, il constituait un obstacle de taille aux projets qui se développaient en vue de leur réalisation en 1848. Enfin, le duc de Bordeaux, que Béranger avait salué au du nom de son petit cousin allemand, le duc de Reichstadt, devait rejoindre ce duc dans son exil deux ans avant sa mort. Quel spectacle mélancolique et éloquent pour le peuple que celui de tous ces enfants, nés avec des couronnes sur la tête ou à la main, qui devaient s'accrocher en pleurant aux montants des portes lorsque la tempête de la révolution venait les arracher, l'une après l'autre. l'autre, de l'auberge royale qui porte le nom de palais des Tuileries !

Je fis peu à peu la connaissance de tous les hommes de l'opposition qui commençaient, au début du XIXe siècle, l'œuvre de sape de la monarchie, tâche inachevée de la fin du XVIIIe siècle. J'ai rencontré Carrel chez M. de Louvain, où il venait souvent, car il écrivait pour le *Courrier*, dont M. de Louvain était l'un des rédacteurs en chef. J'ai rencontré Manuel, Benjamin Constant et Béranger chez Colonel Bro ; mais Béranger était le seul des trois avec lequel j'eus le temps de faire une connaissance intime ou qui eut lui-même le loisir de me jauger : les deux autres devaient mourir, l'un avant que je sois connu, et l'autre quand je fus peu connu. Mon frère était très attaché à moi. J'ai déjà raconté comment, grâce à lui, j'avais vu Géricault sur son lit mourant. Il eut un fils, alors un charmant garçon nommé Olivier, qui devint un de nos plus vaillants officiers de la nouvelle armée, comme son père avait été un des plus vaillants de l'ancienne *grande armée*. C'est sa vie qui fut si miraculeusement sauvée par le général Lamoricière alors qu'un yataghan de Bédouin était déjà à sa gorge. Je ne l'ai pas revu depuis 1829, et je vais raconter une histoire qui lui rappellera des souvenirs d'enfance où qu'il soit.

Le colonel Bro nous procurait, à Adolphe et à moi, toutes les jouissances possibles, et parmi elles le sport du tir. D'une manière ou d'une autre, je ne sais comment, il possédait alors le lac d'Enghien. En 1827 et 1828, le lac d'Enghien n'était pas un joli petit lac lisse, soigné et bien entretenu comme il l'est aujourd'hui ; elle n'avait alors pas sur ses rives de jardins publics remplis de roses, de dahlias et de jasmin ; pas de châteaux gothiques, de villas italiennes et de châlets suisses tout autour ; ni même à sa surface une flottille de cygnes, comme aujourd'hui, mendiant des gâteaux aux gens qui louaient des bateaux à trois francs cinquante centimes l'heure, sillonnant la surface de ses eaux, aussi claires que l'eau d'un bassin et aussi lisse que le verre d'un miroir. Non, le lac d'Enghien était, à cette époque, un simple lac naturel, trop boueux pour être appelé lac, et pas assez boueux pour être appelé étang. Elle était couverte de roseaux et de nénuphars, parmi lesquels jouaient des oiseaux plongeurs, des poules d'eau ricanaient et des canards sauvages barbotaient, en quantité tout à fait suffisante pour donner du jeu à une vingtaine de fusils.

Le colonel Bro avait donc prévu une journée de tir chez Adolphe et à ma demande et avait fixé un dimanche, car ce jour-là Adolphe et moi étions libres de nos bureaux et pouvions y participer. Le rendez-vous devait être chez le Colonel Bro à sept heures. Nous quittons la rue des Martyrs dans trois voitures et sommes à neuf heures à Enghien. Ici, un petit-déjeuner digne d'un thane saxon attendait les convives. A dix heures, nous commençâmes notre jeu ; à cinq heures, nous trouvâmes à nouveau un bon repas servi, et à onze heures du soir nous étions tous de retour dans nos différentes maisons. J'étais toujours prêt avant les autres s'il s'agissait de tirer, c'est pourquoi je me suis présenté chez le colonel Bro vers six heures et demie du matin. On me fit entrer dans un petit boudoir, où je me trouvai tête-à-tête avec un immense perroquet de Caroline bleu et rouge. Le perroquet était sur son support et je m'assis sur un canapé. Or, j'ai toujours ressenti le plus grand respect pour les hommes à gros nez et les animaux à gros bec ; non pas parce que je les trouve jolis, mais parce que je crois que la nature a ses raisons lorsqu'elle produit une monstruosité. Et pour cette raison, le perroquet du colonel Bro avait pleinement droit à mon plus profond respect. Je lui adressai donc quelques paroles polies, en m'asseyant, comme je l'ai dit, sur un canapé en face de son perchoir. Le perroquet me regarda un instant avec cette expression mélancolique particulière aux perroquets ; puis, avec cette précaution qui ne les abandonne jamais, il descendit lentement chaque branche de son perchoir, à l'aide de ses griffes et de son bec ; puis, enfin, le long du poteau principal du perchoir lui-même, jusqu'à ce qu'il atteigne le sol. Alors il se présenta à moi, se dandinant, s'arrêtant, regardant autour de lui de tous côtés et poussant un cri à chaque pas qu'il faisait, jusqu'à ce qu'il atteigne le bout de ma botte, où il commença à essayer de grimper sur ma jambe. Touché par cette marque de confiance de la part de l'oiseau, je lui tendis la main pour lui épargner la peine de l'ascension ; mais, soit qu'il se fût méconnu de la bonté de mes intentions, soit qu'il déguise une attaque préméditée derrière des dehors bienveillants, il avait à peine aperçu ma main à sa portée, qu'il saisit mon index et me lança un double coup de poing. mordre au-dessus de la première articulation jusqu'à l'os. La douleur était d'autant plus violente qu'elle était inattendue. J'ai poussé un cri, et, par un mouvement convulsif, ma jambe s'est raidie avec l'élasticité d'un ressort d'acier, et j'ai donné un coup de pied au perroquet qui filait avec le bout de ma botte de chasse, au milieu de sa poitrine, l'envoyant à plat contre le sol. mur. Il tomba au sol et resta là sans bouger. Sa mort a-t-elle été causée par le coup de pied ou par le coup qui a suivi ? Est-ce dû à ma botte ou à un contact avec le mur ? Je ne l'ai jamais su et je n'ai fait aucune tentative pour le savoir, car j'ai entendu des pas dans la pièce voisine. Je saisis l'oiseau qui était encore immobile, je relevai la couverture du canapé, je la poussai avec mon pied en dessous dans les profondeurs obscures, je laissai retomber la couverture et je m'assis comme si de rien n'était d'extraordinaire . Ensuite, j'ai bandé mon doigt avec mon mouchoir, puis le Colonel Bro est entré. Nous avons échangé des salutations et, comme je gardais la main dans ma poche, je n'ai rien remarqué.

Tout le monde est venu et nous sommes partis sans un seul cri, ni mouvement, ni signe d'existence du perroquet enfoui sous le canapé.

Lorsque nous arrivâmes à Enghien, un des nôtres semblait avoir la main bandée comme la mienne, et la camaraderie ouvrit entre nous un courant de sympathie. Je lui ai demandé comment il avait vécu son accident. Une porte avait été violemment fermée par le vent au moment où il avait la main entre la porte et le montant de la porte, et ses doigts s'étaient coincés. Quant à moi, je lui ai simplement dit que je m'étais coupé avec le silex de mon fusil ; car, à cette époque-là, j'utilisais encore un fusil à silex pour tirer. Ce sportif mutilé de la même main que moi se révéla être le célèbre docteur Ferrus. Dès qu'il entendit mon nom, il me demanda si j'étais le fils du général Alexandre Dumas, et, sur ma réponse affirmative, il me raconta l'histoire de la levée des quatre mousquets à quatre doigts, que j'ai donnée de son autorité dans l'armée. première partie de ces Mémoires.

Nous avions aussi parmi nous, parmi les tireurs, un ami de Telleville Arnault, un homme qui était certainement l'un des hommes les plus courageux, les plus spirituels et les plus originaux qui aient jamais existé, le colonel Morrisel. Il portait des lunettes et n'avait rien d'un colonel. Il venait de livrer un duel infructueux qui faisait plus de sensation que s'il s'était déroulé avec succès.

A cette époque, il y avait un café appelé le Café *Français* dans la rue Lafitte, qui était le lieu de ralliement de la jeunesse à la mode. Le maître d'hôtel était un grand joueur de billard nommé Changeur, et un soir il jouait avec un très jeune homme qui jugeait nécessaire de prendre des leçons à trois francs le jeu, lorsque M. le baron de B..., accompagné d'un des ses amis, entraient dans l'établissement. M. le baron de B. était un personnage un peu délicat, et célèbre d'ailleurs par deux ou trois duels heureux ou malheureux (selon le degré de philanthropie dont le lecteur est doué, et s'il le juge heureux ou malheureux). blesser ou tuer son prochain) ; il s'approcha du billard et, sans même s'adresser au jeune homme, il dit :

"Changeur, apporte-nous du café et mettons-nous au billard."

— Excusez-moi, monsieur le baron, dit Changeur étonné en désignant le jeune homme, mais je joue à un jeu.

"Eh bien, tu vas arrêter le jeu, c'est tout."

" Monsieur, " dit le jeune homme timidement et poliment, " nous n'avons plus que quelques remarques à faire ; dans dix minutes le billard sera à votre service. "

"Je ne le demande pas dans dix minutes, mais tout de suite... Viens, Changeur, viens, mon garçon, donne-moi ton signal."

Morrisel, qui était déjà vieux, gris, maigre, faible, mesquin et d'apparence pauvre, prenait une tasse de café dans un coin.

— Changeur, dit-il sans se lever et d'un ton doux qui contrastait étrangement avec les paroles qu'il prononçait, Changeur, mon garçon, je te défends d'abandonner le billard.

"Mais, monsieur," répondit Changeur très embarrassé, "si toutefois M. le baron de B... veut que je lui donne mon signal..."

— Si vous donnez votre réplique à M. le baron, Changeur, je la retirerai des mains de M. le baron et je vous la briserai sur la tête !

M. le baron de B... voyait bien que Changeur ne servait qu'à allumer la flamme. Le coup était en effet dirigé contre lui et il renvoya le coup dans la direction d'où il venait.

« Il me semble, monsieur, dit-il, que vous avez très envie de me chercher querelle.

— Je suis charmé, monsieur, que vous voyiez les choses si clairement !

"Et quelle est ton excuse pour me chercher querelle ?"

— Eh bien, parce que vous avez abusé de votre position à l'égard de ce jeune homme, et que tout abus de pouvoir, quel qu'il soit, me paraît odieux.

« Savez-vous qui je suis, monsieur ? dit le baron de B... en se dirigeant vers Morrisel d'un air menaçant.

— Oui, monsieur, répondit celui-ci en levant calmement ses lunettes ; vous êtes M. le baron de B.... Vous avez tué M.... dans un duel et blessé M.... dans un autre. Cela, je le sais de vous.

— Et pourtant vous insistez pour que je ne me laisse pas céder le billard ?

"J'insiste plus que jamais avec acharnement !"

" Très bien, monsieur ; mais vous comprenez que je considère vos propos comme une insulte. "

"Je n'offre aucune objection, monsieur."

"Nous nous retrouverons donc demain matin à six heures, s'il vous plaît, au bois de Vincennes ou au bois de Boulogne."

" Monsieur, je suis de vingt-cinq ans votre aîné, et j'ai besoin de dormir davantage ; d'ailleurs, je suis joueur, et je joue généralement toute la nuit, donc je ne me couche pas avant cinq heures et je me lève rarement avant midi. Alors , quand je me lève, j'ai ma toilette à faire, une habitude que j'ai trop longtemps gardée pour me défaire maintenant. Lorsque ma toilette est terminée, mon domestique prépare mon *déjeuner.* Après avoir déjeuné, je viens ici pour mon déjeuner. du café, comme vous le voyez ; je suis extrêmement méthodique. Maintenant, tout cela me prend jusqu'à deux heures. Donc, demain, si cela vous convient, je serai à votre disposition à deux heures et demie, mais. pas avant deux heures et demie.

— Qu'il en soit ainsi à deux heures et demie, monsieur ; voici ma carte.

Morrisel l'examina avec attention, s'inclina en signe de reconnaissance, le mit dans sa poche, en sortit deux cartes portant son adresse, en présenta une à M. le baron de B... et enveloppa l'autre dans un billet de cinq cents francs. Puis il appela Changeur, M. le baron de B..., qui regardait ce qu'il faisait.

« Changeur, dit-il, voici un billet de cinq cents francs.

"Monsieur souhaite-t-il régler son compte ?" demanda Changeur.

"Non, non, mon garçon."

— Que dois-je donc faire de ce billet de cinq cents francs ?

"Prenez d'abord les mesures de Monsieur."

Changeur regarda le baron de B..., effrayé.

"Entendez-vous?" dit Morrisel, et quand vous aurez pris sa mesure, vous pourrez l'accompagner chez l'entrepreneur de pompes funèbres.

"Au croque-mort...?"

— Oui, Changeur ; et là vous pourrez commander en mon nom — au nom du colonel Morrisel, vous comprenez bien ? — un équipage funéraire de premier ordre pour M. le baron de B.... Vous comprenez, ce sera de le meilleur !... Je sais que ce sera plus ; mais les cinq cents francs suffiront ; tu comprends, Changeur, c'est pour de très bonnes funérailles.

M. le baron de B... essaya de prendre cela pour une plaisanterie.

« Monsieur, dit-il, j'aurais dû penser que vous auriez pu laisser ma famille prendre ces dispositions.

— Non, monsieur le baron ; votre famille est ruinée, dit-on, et la chose serait mal faite. Pensez à transporter M. le baron de B... au cimetière dans un corbillard de second ordre, ou avec un char. un drap de troisième ordre ! Fi ! j'ai tué vingt-deux hommes en duel dans ma vie, monsieur le baron, et j'ai toujours supporté le prix de leurs enterrements. Comptez sur moi, vous serez bien enterré quand des étrangers verront votre. le cortège passe, je veux qu'ils demandent : « Mon cher, à qui sont ces magnifiques funérailles ? Puis, en passant sur le boulevard, Changeur répondra : « C'est celui de M. le baron de B..., le fameux duelliste, vous savez, il a brutalement forcé un jeune homme qui ne pouvait se défendre ; Morrisel s'est trouvé présent, a pris des bâtons pour le jeune homme et, ma foi, s'il n'a pas tué le baron de B... du premier coup, ce sera un excellent exemple pour tous les impertinents et tous les duellistes... ...' Au revoir, monsieur le baron de B..., c'est-à-dire jusqu'à demain. Vous connaissez mon adresse, envoyez-moi les noms de vos seconds, c'est le choix des armes.

Puis, se tournant vers le garçon : " Et maintenant, Changeur, mon garçon, tu comprends, une soirée de première classe, la meilleure qu'on puisse avoir ! Rien ne sera trop beau pour M. le baron de B... "

Et il rajusta ses lunettes, prit son parapluie et sortit.

La querelle avait fait grand bruit, et le lendemain, dès midi, le café *Français* était rempli de gens curieux, soucieux de savoir ce qui s'était passé et, plus encore, ce qui allait se passer. A une heure, Morrisel arriva comme d'habitude, ses lunettes sur le nez, son parapluie à la main. Tout le monde lui fit de la place. Morrisel s'inclina avec sa politesse accoutumée, se rendit à sa place habituelle et appela Changeur, qui courut vers lui et s'empressa de le servir.

"Mon café, Changeur", dit Morrisel; et il fondit flegmatiquement son sucre jusqu'au dernier atome, et alors M. le baron de B... entra dans le café.

Il s'avança vers Morrisel, qui leva ses lunettes, et lui rendit le salut de son adversaire, un sourire aux lèvres.

- Monsieur le comte, dit le baron, quand je vous ai insulté hier, je n'étais pas sobre ; aujourd'hui, je vous présente mes excuses, voulez-vous les accepter ? J'ai fait réparation, et je puis donc vous adresser ainsi sans nuire à mon honneur. »

"C'est votre affaire, monsieur le baron", répondit Morrisel.

Puis il se tourna vers Changeur : « Changeur, va dire aux pompes funèbres que les funérailles de M. le baron sont reportées sine die.

— C'est inutile, dit Changeur ; "J'ai pris la liberté d'attendre. Voici votre note, Colonel."

"Alors va demander ma facture à ton maître, mon garçon."

Changeur se rendit au bureau et revint avec une facture minutieusement établie.

"Ah!" dit Morrisel en baissant ses lunettes, neuf cents francs. Arrête, Changeur, voici encore un billet de cinq cents francs ; la monnaie est pour le garçon.

Puis, après avoir fini son café avec sa nonchalance habituelle, il baissa ses lunettes, prit son parapluie et partit sous les applaudissements des clients et des badauds. Si je me souviens bien, Godefroy Cavaignac a écrit un charmant récit sur cette anecdote.

Morrisel était également un joueur de cartes et jouait aussi haut que chacun le souhaitait. Un soir, lors d'une soirée soit chez Mme Regnault de Saint-Jean-d'Angély, soit chez Mme Davilliers, je ne sais plus, nous entendîmes une petite discussion se dérouler autour d'une table de cartes où il n'y avait pas tout à fait vingt-cinq louis. . Nous nous sommes approchés et avons demandé de quoi il s'agissait. Morrisel détenait les cartes ; il avait passé sept fois, et il avait gagné six cent mille francs (j'exprime volontairement les chiffres en lettres) de M. Hainguerlot. M. Hainguerlot prit les cartes et paria de récupérer les 600 000 francs en une seule partie. Morrisel était prêt à miser 500 000 francs *en partie liée*, au risque de ne conserver que 100 000 francs du célèbre banquier, car il se considérait (et à juste titre aussi) comme un très bon joueur, car lorsqu'il sortit enfin de Au tableau de faire *Charlemagne*, il s'était fait par ce jet la somme de 30 000 livres de rente, ce qui n'était pas une mauvaise somme pour un colonel en retraite. Lorsque la question fut débattue, chacun avait fait une concession. M. Hainguerlot accepta une participation de 500 000 francs et Morrisel renonça à sa *partie liée*. Deux témoins furent désignés pour chaque camp, comme dans le cas d'un duel. Morrisel a perdu. Il se leva avec le même sang-froid que s'il s'agissait seulement d'un demi-Napoléon. Il est vrai qu'il avait quand même gagné 100 000 francs.

L'été, Morrisel vivait parfois dans la maison de campagne de Madame Hamelin à Val, près de Saint-Len-Taverny. Un jour, au début de la saison de tir, il s'aventure sur les terres de la commune de Frépillon où, rencontrant le garde-chasse, il est vigoureusement menacé de poursuites judiciaires en cas de récidive. Morrisel fut invité à dîner le dimanche suivant au château de Madame Regnault de Saint-Jean-d'Angély, situé de l'autre côté du territoire interdit. Lorsque dimanche arriva, pour qu'on ne puisse pas dire qu'il avait traversé inaperçu le pays interdit, Morrisel emmena avec lui le bedeau, un instrument à vent et quatre chanteurs, forma un carré de six avec lui au centre et traversa le territoire de Frépillon. , tirant sur l'accompagnement de chants grégoriens. Lorsqu'il arriva chez Madame Régnault de Saint-Jean-d'Angély, il fut suivi par tout le village, dont la curiosité était grandement excitée par cette manière inédite de partir à la chasse.

Le pauvre Morrisel est mort des suites d'une maladie douloureuse. Malgré l'assistance chirurgicale, malgré le nitrate d'argent, malgré Civiale, Pasquier et Dupuytren, il arriva que, étant un grand buveur, il ne parvint pas à se débarrasser d'une seule goutte de la liqueur qu'il avait bue au moment de la consommation. absorbé dans son système. Ils ont prolongé sa vie en utilisant des moyens pour le faire transpirer. Enfin, un jour, comme il ne comprenait pas bien ce que les médecins lui disaient de sa maladie, il demanda si, avant de mourir lui-même, on ne pourrait pas lui procurer dans aucun hôpital le corps d'une personne décédée de la maladie dont lui-même devait mourir. Les médecins lui ont dit que c'était possible et se sont mis au travail pour en trouver un. Trois ou quatre jours plus tard, ils lui ont dit qu'ils en avaient trouvé un. Morrisel l'acheta au prix habituel — six francs, je crois —, fit rapprocher le corps de son lit, le déposa sur une table et pria un des médecins de faire une autopsie. L'autopsie terminée, Morrisel eut la satisfaction de connaître la nature exacte de la maladie dont il souffrait, et se contenta désormais de mourir tranquillement - un acte, faut-il le noter, qu'il accomplit avec un courage merveilleux.

Mais revenons au perroquet de la rue des Martyrs. Quinze jours plus tard, en revenant chez le colonel Bro's pour un autre voyage de chasse comme le précédent, j'ai été stupéfait de le retrouver sur son perchoir. Mais après quelques minutes de regard, son immobilité m'a semblé inhabituelle. Je m'y suis approché : c'était bourré !

"Oh!" J'ai dit au colonel : « Votre pauvre Jacquot est mort, n'est-ce pas ?

"Ah oui, ça l'est", répondit le colonel. "On m'a raconté à ce sujet un curieux incident, une histoire à laquelle je n'avais jamais cru auparavant, à savoir que certains animaux se cachent pour mourir, et c'est pourquoi leurs corps ne sont jamais retrouvés..."

"Bien?"

"Eh bien, pensez-y ! ce malchanceux perroquet est allé se cacher pour mourir juste sous la housse du canapé ; on l'a d'abord cru perdu ; on l'a cherché partout, et finalement on l'a trouvé là, le lendemain de notre tournage. faire la fête."

« Est-ce que ça a déjà mordu des gens ? J'ai timidement demandé au général Bro.

" *Ça ?* Jamais ! " fut la réponse du colonel.

Je songeai à montrer au colonel mon doigt encore mal marqué ; mais je réfléchis qu'il valait bien mieux laisser le colonel dans l'ignorance des défauts de caractère de son perroquet et dans l'illusion qu'il était mort, comme on l'a indiqué, d'une mort noble. Maintenant que de nombreuses années se sont écoulées depuis cet événement et qu'il ne reste probablement pas une seule plume du malheureux Jacquot, j'avoue humblement mon crime et demande pardon à tous ceux qui en sont victimes.

CHAPITRE VIII

Barthélemy et Méry—M. Éliça Gallay — Méry le dessinateur et anatomiste — *L'Épître à Sidi Mahmoud* — La bibliothèque Ponthieu — Soulé — *La Villéliade* — Barthélemy l'imprimeur — Méry l'improvisateur — Les *Vœux de la nouvelle année* — Le pastiche de *Lucrèce*

Au début du chapitre précédent, nous parlions des poètes qui étaient des prophètes ; Parlons maintenant un peu des poètes qui se sont battus pour leur métier. Et parmi eux, les plus intrépides et les plus persévérants furent sans doute MM. Barthélemy et Méry, qui effectuaient les travaux les plus pénibles comme sapeurs et aidaient aux assauts les plus durs de la première ligne de combattants. Tous deux étaient Marseillais, mais ils ne se connaissaient guère en 1825. M. Méry n'avait jamais quitté Marseille et M. Barthélemy, l'ayant quitté enfant, n'y était presque plus jamais revenu.

M. Barthélemy (que, si l'on peut, nous appellerons simplement Barthélemy par souci de concision) fit ses études au collège de Juilly et y reçut une excellente éducation en grec et en latin ; il avait déjà composé à Marseille, à la manière de Mathurin Régnier, une satire dont on avait beaucoup parlé, quoique jamais imprimée, lorsqu'il publia une ode à Charles X au moment du sacre. Elle fut perdue de vue sous les succès de ses rivaux poétiques plus célèbres de l'époque, avant même qu'elle soit connue, et Barthélemy vit son ode passer inaperçue, bien qu'elle contenait quelques strophes frappantes, parmi lesquelles celle-ci adressée à Camoëns :

"Et toi, chantre fameux des conquérants de l'Inde,
Fier de ton indigence et des lauriers du Pinde, Tu nageais sur les flots de l'abîme irrité,
Et du double trépas vainqueur digne d'envie,
D'une main tu sauvai ta vie, De l'autre tu sauve ton immortalité!"

Barthélemy avait hérité d'un certain patrimoine de son père, et il vivait tranquillement à l'hôtel *Grand-Balcon* 11 rue Traversière. Méry avait également fait ses débuts à l'âge de dix-huit ans et les avait payés par huit mois de prison. Ses débuts prennent la forme d'un pamphlet contre M. Éliça Gallay.

Quand, après vingt-cinq ans, on s'arrête pour revenir sur sa vie passée, on est surpris de constater combien d'hommes et d'événements sont complètement oubliés qui, en leur temps, ont fait beaucoup de bruit dans le monde, leur souvenir étant effacé. dès que l'équilibre sera rétabli. M. Éliça Gallay était Inspecteur de l'Université.

Un jour, il arriva à Marseille et fit son discours habituel au collège royal. Dans ce discours se trouvait la phrase qui suit : nous en donnons le sens, sinon exactement les mots eux-mêmes :

" Messieurs, nous sommes obligés d'avoir deux balances de poids et mesures. Lorsqu'un élève est loyal et religieux, tout peut lui être pardonné ; mais s'il est libéral, il faut exercer à son égard la plus grande sévérité. "

L'usage de ces deux balances de *poids* et *de mesure* fut très commenté dans les journaux de l'époque, et cela dégoûta Méry à tel point qu'il écrivit un pamphlet, un peu cinglant, semble-t-il, contre M. Éliça Gallay. ; et ce pamphlet, comme nous l'avons dit, a coûté huit mois de prison à notre auteur. Méry n'avait aucun moyen de subsistance à Marseille, il détestait la vie commerciale, il savait écrire de la poésie avec la plus grande facilité et il était adepte de l'art du jeu de dames. Il ne rêvait pas d'une vie commerciale, il ne pouvait pas compter sur la poésie, alors il résolut de se servir du jeu qui, joué comme il le jouait, devenait un art. Méry part pour Paris avec l'intention de gagner sa vie comme joueur de dessin. Il a alors vingt et un ans, et il loge chez Madame Caldairon, 11 rue des Petits-Augustins, chez Achille Vaulabelle, auteur des *Deux Restaurations* , et commence une existence partagée entre l'étude de la géologie auprès de Cuvier et le perfectionnement au jeu de dames en jouant avec les meilleurs amateurs au café *Manoury*. Il joue donc aux dames au café *Manoury* et étudie la géologie au Jardin des Plantes. En jouant dix sous par jeu, jamais plus, Méry parvint pendant un an à gagner dix francs par jour. En revanche, il ne manquait jamais sa leçon d'anatomie comparée, et Cuvier n'avait pas d'élève plus assidu que lui ; lui montrant une grande gentillesse et lui prédisant qu'il se ferait un nom en géologie. Par ailleurs, les choses se sont déroulées à merveille à l'avantage de l'avenir de notre ami marseillais. Madame Caldairon, qui l'adorait, voulait le marier à une jeune couturière très à la mode à cette époque, et dont l'affaire, une des plus florissantes de Paris, rapportait de vingt-cinq à trente mille francs de rente. Le mariage était arrangé, et Méry espérait avec joie un avenir rose, lorsque sa jeune fiancée prit froid, par une froide nuit de février 1826, alors qu'elle et Méry furent obligés de traverser à pied le pont des Arts, faute de pouvoir obtenir un billet. taxi n'importe où, soit dans la rue Jacob, soit sur le Quai. Le refroidissement s'est transformé en pneumonie, elle est décédée en trois jours et Méry était veuf avant de devenir mari. Il se croyait condamné à des lamentations éternelles ; mais les courants d'air et la géologie sont de puissantes consolations, et, sans oublier la pauvre chère fille, Méry trouva pourtant un jour l'esprit assez libre pour dire à Barthélemy :

"Mon cher, un homme qui pourrait aujourd'hui écrire des satires aurait de belles chances de s'ouvrir en politique et en poésie."

"Avez-vous une idée?" demanda Barthélemy.

"Oui certainement."

"Qu'est-ce que c'est?"

"Une épître à Sidi Mahmoud."

Vous avez oublié qui était Sidi Mahmoud, n'est-ce pas ? Eh bien, je vais vous rafraîchir la mémoire.

C'était l'envoyé envoyé par notre ami le bey de Tunis, qui n'était alors pas aussi amical avec nous qu'aujourd'hui, pour féliciter Charles X de son accession au trône. Sidi Mahmoud a été reçu solennellement le 5 mai au ministère des Affaires étrangères, par M. le baron de Damas, entouré de pairs, de députés et d'officiers généraux. Lorsque l'huissier annonça l'ambassadeur, tout le monde se leva, sauf M. de Damas, qui, représentant le roi de France, resta assis et couvert. M. de Damas salua l'ambassadeur d'un geste de la main et lui fit signe de s'asseoir. L'ambassadeur remit alors ses lettres et s'assit, et c'était à un interprète arabe de les traduire. Paris, n'ayant en ce moment rien de particulier à occuper son attention, se livrait tout entier à Sidi Mahmoud : ses trente ans, son beau visage sombre, son dolman blanc brodé de soie bleu ciel et fermé par des crochets d'or, les deux les châles qui formaient son turban et la robe en cachemire jetée sur son épaule. Méry avait parfaitement raison ; Barthélemy vit tout de suite, comme lui, que le plan était excellent. Malheureusement, il a dû se rendre à Londres.

« Composez seul votre épître, dit-il à Méry, et à mon retour nous reparlerons de la satire.

Barthélemy part pour Londres et Méry compose son épître. Lorsque l'épître fut composée, le plus dur de sa tâche n'était pas terminé, car la question était désormais de savoir comment la faire publier.

Méry porte son épître à Ponthieu, qui déclare que personne ne lisait alors de la poésie ! Méry rétorqua naturellement en désignant les vingt éditions de Casimir Delavigne, les quinze éditions de Béranger, les douze éditions de Lamartine, les dix éditions de Victor Hugo ; à chaque nom prononcé par Méry, Ponthieu disait :

"Oh! M. Casimir Delavigne, c'est autre chose! Oh! M. Béranger, c'est autre chose! Oh! M. Victor Hugo, c'est autre chose! Oh! M. Lamartine, c'est autre chose !"

Ou, pour le traduire dans la langue d'un éditeur...

"Mon cher monsieur, tous ces messieurs que vous me rappelez sont célèbres et possèdent du talent, alors que vous n'avez ni l'un ni l'autre de ces titres."

Méry bat en retraite, son épître à la main, se sentant vaincu, repoussé, mis en déroute.

Il avait entendu parler d'un autre imprimeur nommé Bérand ; mais malheureusement cet homme avait des opinions, il était partisan du gouvernement. Méry décide de lui montrer son ode comme une poésie écrite en l'honneur de M. de Villèle. L'instinct commercial de l'imprimeur ferait le reste.

Méry ne s'était pas trompé. L'imprimeur lut l'épître à Sidi Mahmoud, l'approuva tout à fait et proposa de l'imprimer à condition de rembourser ses propres frais avec le produit des premiers exemplaires vendus. Ils en ont imprimé deux mille exemplaires, et les deux mille ont disparu en moins d'une semaine.

Pendant ce temps, Barthélemy était revenu de Londres. En arrivant à Paris, il apprit le succès de l'épître, et, prenant le temps par le toupet, il composa une autre épître intitulée *Adieux à Sidi Mahmoud* , qui fut presque aussi populaire que la première. Méry et Barthélemy avaient à cette époque un ami intime qui était l'une des principales puissances du *Nain jaune* . Il s'appelait Soulé et venait d'être condamné à deux mois de prison pour un article sur Saint-Domingue. Soulé n'avait aucune envie de passer ses deux mois en prison, et comme lui et Barthélemy se ressemblaient beaucoup, suffisamment pour qu'il puisse se servir du passeport de Barthélemy, on le lui prêta ; il partit pour Londres, de Londres passa aux États-Unis, et il est aujourd'hui le premier avocat de la Nouvelle-Orléans, où il gagne cent mille francs de revenu par an. Pendant ce temps, Méry écrivait seul son épître à M. de Villèle. Ces publications, contraires au gouvernement, pleines d'humour satirique et dans l'air du temps, prirent le goût du public et rencontrèrent un grand succès. Deux autres poètes avaient maintenant inscrit leurs noms parmi ceux des adeptes de la muse poétique. Et comme ils suivaient une voie similaire, ils décidèrent de regrouper et de publier leurs ouvrages sous le titre commun de *Villéliade*. Au final, il connut quinze éditions. Mais une fois la *Villéliade* terminée, restait, comme dans le cas de l' *Épitre à Sidi Mahmoud* , la grande question de savoir quel éditeur aurait l'audace de la publier. Les éditeurs avaient trois dangers à craindre : l'amende, l'emprisonnement ou le retrait de leur licence. La monarchie de 1826 ne considérait pas cette conduite comme une mince affaire, pas plus que la République de 1852. Méry et Barthélemy allaient chez tous les éditeurs de leur connaissance pour leur proposer leur poème ; tout le monde fit semblant de l'accepter au début, mais tendit le MS. de retour après avoir lu un verset ou deux, secouant la tête et dit :

"Que celui qui publiera votre poème, ce ne sera certainement pas moi !"

Les deux collaborateurs récupérèrent leur manuscrit et repartirent faire une nouvelle tentative chez un autre éditeur, avec le même résultat. Lorsqu'ils eurent épuisé la liste des maisons d'édition connues, ils commencèrent à se rapprocher des imprimeurs avec lesquels ils avaient eu affaire. Les imprimeurs étaient dans la même situation que les éditeurs et craignaient des amendes, des peines de prison et le retrait de leur licence, de la même manière : ils refusaient.

C'est un triste travail de se retrouver avec cinq ou six mille vers de poésie entre les mains. Et quelles lignes ! Des lignes qu'un mois plus tard, la France entière devait connaître par cœur. Méry propose de faire une dernière tentative avec un imprimeur totalement inconnu. C'était un remède désespéré, mais les remèdes désespérés sauvent parfois la vie d'un patient. Ils ouvrirent l'*almanach de la librairie*, pour trouver le nom d'un imprimeur qui, par la succession des lettres de son nom, sa signification ou sa sonorité, pourrait donner quelque espérance soit aux yeux, soit aux oreilles des deux poètes. Il y avait un imprimeur nommé Auguste Barthélemy, qui habitait au n° 10 de la rue des Grands-Augustins. Le nom a semblé aux deux auteurs comme de bon augure pour eux. Ils ont pris leur MS. et se rendit chez M. Barthélemy. Ils trouvèrent un grand jeune homme, avec un visage intelligent, une expression ferme mais agréable et un air honnête et bienveillant. Ils lui exposèrent leurs difficultés.

"Votre travail est donc antagoniste au gouvernement ?" Il a demandé.

"Oui, monsieur."

"Est-ce que c'est très fort ?"

"Trop fort, semble-t-il."

"Et il y a un risque à l'imprimer ?"

"C'est ce qu'on nous dit."

"Très bien, j'imprimerai votre travail et je prendrai le risque..."

Les deux poètes tendirent tous deux la main à M. Barthélemy, qui leur rendit la pareille.

Dix jours plus tard, la *Villéliade*, pour laquelle il avait avancé les frais d'impression, de papier, de reliure, etc., paraissait et, comme nous l'avons dit, connut quinze éditions ! Cet imprimeur, qui favorisa l'opposition au temps des Bourbons et aussi sous Louis-Philippe, était notre bon et courageux ami Auguste Barthélemy, depuis représentant de l'Eure-et-Loir, tant à la

Constituante qu'à la *Législative*. Il fut obligé de fuir le pays après le 2 décembre et resta cinq mois à Bruxelles ; aujourd'hui, revenu en France et ayant refusé de prêter serment comme *conseiller général,* il vit dans son château de Lévéville, à une lieue de Chartres. Hâtons-nous de préciser que ce n'est pas avec ses économies d'imprimeur qu'il acheta ce château ; non, hélas ! sa fidélité commerciale, dont nous venons d'avoir un exemple, lui a coûté au contraire de l'ordre de cent cinquante à deux cent mille francs ! C'est l'histoire de la *Villéliade*. J'ai seulement à ajouter que dans les notes de la Sixième Chanson de l' *Énéide* Barthélemy précise que le poème a été écrit par Méry seul.

Je n'ai pas bien connu Barthélemy ; Je ne l'ai guère rencontré plus d'une ou deux fois dans ma vie ; mais je connaissais très bien Méry. Il a été, il est et il sera probablement toujours l'un de mes amis les plus proches. Et je peux facilement compter le nombre de ces amis : je n'en ai eu que deux ou trois tout au plus ; Je pourrais peut-être en dire quatre. Vous voyez donc que, si petite que soit ma maison, même si j'avais une maison, elle ne serait jamais remplie.

Rien n'était plus étrange que les différences physiques et morales entre Méry et Barthélemy. Barthélemy était d'une taille exceptionnelle, Méry d'une stature ordinaire ; Barthélemy était froid comme la glace, tandis que Méry était chaud comme le feu ; Barthélemy était réservé et tranquille, Méry bavard et ouvert comme le jour ; Barthélemy manquait d'esprit dans la conversation, tandis que Méry déversait une parfaite cascade de paroles intelligentes, une pluie d'étincelles, un feu d'artifice. Méry — et ici j'abandonne la comparaison — savait tout, ou presque tout, qu'il est possible à un homme de savoir. Il connaissait le grec comme Platon, Rome comme Vitruve, l'Inde comme Hérodote ; il parlait latin comme Cicéron, italien comme Dante, anglais comme Lord Palmerston. Passionné de musique, il se disputait un jour avec Rossini et il disait au compositeur de *Moïse* et *de Guillaume Tell* :

"Reste ! tu n'as pas besoin d'en dire plus, tu ne connais rien à la musique !"

"C'est vrai", répondit Rossini.

Même les hommes les plus doués ont leurs bons et leurs mauvais jours, leurs moments de lourdeur et de gaieté. Méry n'était jamais fatigué, Méry n'était jamais stérile. Quand, par hasard, il ne parlait pas, ce n'était pas qu'il se reposait, mais simplement parce qu'il écoutait ; ce n'était jamais parce qu'il était fatigué, c'était simplement parce qu'il tenait sa langue. Si l'on voulait que Méry pérorait, il suffisait de mettre une allumette à sa mèche et de lui mettre le feu, et il s'en allait. Et si vous le laissiez libre cours et ne le dérangeiez pas, peu importe que la conversation porte sur l'éthique, ou la littérature, ou la politique, ou les voyages, sur Socrate ou M. Cousin, Homère ou M. Viennet, Napoléon ou le président , Hérodote ou M. Cottu, vous auriez l'improvisation la plus extraordinaire qu'on ait jamais entendue. Puis, ce qui est encore plus incroyable ! et, en plus de tout cela, il n'a jamais rien dit de calomnieux, ni d'amer, ni de moqueur à l'égard d'un ami ! Si Méry avait tenu une seule fois le bout des doigts d'un homme dans son fermoir, le reste du corps était sacré à ses yeux. Et en effet, qu'est-ce qui rend les hommes méchants ? Envie! Mais de quoi Méry pourrait-il être envié ? Il est aussi savant que Nodier ; autant poète que nous tous réunis ; il est aussi paresseux que Figaro, aussi spirituel que... que Méry ; une très belle position, me semble-t-il, dans le monde littéraire. Quant à l'aptitude de Méry, elle devient proverbiale. J'en donnerai deux exemples. Un soir, c'était le 31 décembre, nous discutions en groupe de ce don facile, et un saint Thomas littéraire, dont j'ai oublié le nom, l'a remis en question. Méry rétorqua en suggérant qu'on lui fournisse un certain nombre de *combats-rimés* qu'il s'engageait à accomplir instantanément. Nous rassemblâmes nos têtes, et par un suprême effort d'imagination nous composâmes les rimes suivantes :

"Choufleur,
Trouble,Souffleur,Rouble.

Clairon,Dune,Perron,Lune.

Fusil,Coude,Grésil,Boude.

Nacarat,Conque,Baccarat,Quelconque.

Argo   ,
Jongle,Camargo,Ongle."

En moins de temps qu'il ne nous en avait fallu pour trouver les rimes, Méry composa les vers suivants :

VŒUX DE LA NOUVELLE ANNÉE——

"A tous nos Curtius je souhaite un   choufleurs;

A nos législatifs, des séances sans   inquiéter;

A l'acteur en défaut, un excellent   souffleur;

Aux Français en Russie, un grand dédain du rouble.

A Buloz, le retour de Mars et de   Clairon;

Aux marins, le bonheur de vivre sur la   dune;

A la Sainte-Chapelle, un gothique   perron;

A l'apôtre Journet, l'amitié de la   lune.

Au soldat citoyen, l'abandon du   fusil;

A l'écrivain public, un coussin pour son   coude;

A moi, l'hiver sans froid, sans neige et sans   grésil;

Un soleil qui jamais dans un ciel gris ne   Boude.

Au Juif errant, un banc de velours   nacarats;

A l'Arabe au désert, des eaux à pleine   conquérir;

Au joueur, un essaim de neuf au   baccara;

A l'homme qui s'ennuie, une douleur   quelconque.

A Leverrier, un point dans le signe d'   Argo ;

Au tigre du Bengale, un Anglais dans la   jongler;

Aux danseuses du jour, les pieds de   Camargo;

A l'auteur qu'on attaque, une griffe pour   ongle !"

Un autre soir, chez Mme de Girardin, on discuta vivement de *la Lucrèce de Ponsard.* L'Académie, méchante et mise aux abois, fut, par simple méchanceté, obligée de simuler quelque démonstration de bonne humeur. Ainsi, bien qu'elle ne connaisse pas un seul mot de *Lucrèce* , l'Académie l'a enflée, l'a louée, l'a portée aux cieux. L'œuvre est devenue la fille adoptive de tous ces êtres impuissants qui, n'ayant jamais engendré de descendance, en sont réduits à caresser les enfants des autres ; c'était, en somme, une œuvre qui allait rivaliser avec *Marion Delorme* et *Lucrèce Borgia* , la *Maréchale d'Ancre* et *Chatterton* , *Anthony* et *Mademoiselle de Belle-Isle.* C'était donc de la gaieté au palais Mazarin.

En attendant l'apparition du *chef-d'œuvre* , nous avons exprimé notre propre point de vue sur le sujet. Je connaissais et j'avais entendu *Lucrèce.* Je savais qu'il s'agissait d'une estimable tragédie de type écolier, consciencieusement montée par son auteur, qui, peut-être un peu ignorant des époques romaines, me semblait avoir confondu la Rome des rois avec celle des empereurs, Sextus Tarquin avec Caligula, Tully avec Messaline ; mais je soutenais néanmoins que l'œuvre, bien que dénuée d'imagination et de puissance dramatique, méritait d'être écoutée à cause de son style, quand Méry disait :

" Je veux écrire une *Lucrèce* et la faire jouer avant que paraisse *la Lucrèce* elle-même de Ponsard. Elle est annoncée pour le 25 du mois ; nous sommes maintenant le 14, elle ne sera jouée que le 30. Il reste plus que le temps. composer deux mille lignes, les faire lire, distribuer, répéter et jouer.

"Combien de temps vous faudra-t-il pour achever votre tragédie ?" Dis-je à Méry.

"Eh bien ! quatre cents vers par acte, cinq actes en cinq jours..."

"Alors, demain soir tu peux nous donner le premier acte ?"

"Demain soir, oui."

Nous nous sommes donné rendez-vous le lendemain soir, sans compter le moins du monde sur le premier acte de *Lucrèce de Méry* . Le lendemain, nous étions tous à l'endroit fixé, ponctuels à la minute près. Nous nous sommes transformés en public pour écouter ses lectures. Un verre d'eau fut apporté à Méry. Il s'est assis à table et nous avons fait un cercle tout autour. Il sortit son manuscrit de sa poche, toussa, se contenta de s'humidifier les lèvres avec de l'eau et lut les scènes suivantes.

Il n'avait pas fini l'acte parce qu'il avait été interrompu, mais lorsque nous entrâmes dans la *salle à manger,* il proposa de terminer ce qui manquait avant la fin de la soirée.

LUCRÈCE

TRAGÉDIE

SCÈNE PREMIÈRE

La maison de l'Aruspice Faustus, c'est-à-dire une vaste treille à mi-côte du mont Quirinal. A gauche, la façade d'une maison en briques rouges ; devant la porte, un autel supportant un dieu pénate en argile; au pied du Quirinal, dans un fond lumineux, le Champ de Mars bordé par le Tibre

FAUSTUS, *seul, à l'autel de ses dieux*

Dieu pénate d'argile, ô mon dieu domestique !
Un jour, tu seras d'or, sous un riche portique,
Tel que Rome en prépare à nos dieux immortels
Et le sang des taureaux rougira tes autels.
Mais, aujourd'hui, reçois avec un œil propiceLa prière et le don du pieux aruspice;Ces fruits qu'une vestale à cueillis, ce matin,Dans le verger du temple, au pied de l'Aventin,Et ce lait pur qui vient de la haute collineOù, la nu it, on entend une voix sibylline,
Quand le berger craintif suspend aux verts rameauxLa flûte qu'un dieu fit avec sept chalumeaux.L'aube sur le Soracte annonce sa lumière;Si j'apporte

déjà mon offrande première,C'est qu'une grande voix à retenir dans l' air;
C'est que la foudre, à gauche, a grondé sans éclair,Et que, dans cette nuit
sombre et mystérieuse,A gémi l'oiseau noir aux branches de l'yeuse.O dieu
lare ! dis-moi quel forfait odieuxDoit punir aujourd'hui la colère des
dieux,Afin que le flamine et la blanche vestale
Ouvrent du temple saint la porte orientale,Et qu'au maître des dieux, dans
les rayons naissants,Montent avec le jour la prière et l'encens.

SCÈNE II

FAUSTUS, BRUTUS, *en tunique de couleur brune, comme un
laboureur suburbain*

BRUTUS

Que les dieux te soient doux, vieillard, et que Cybèle Jamais dans tes jardins
n'ait un sillon rebelle ! La fatigue m'oppresse ; à l'étoile du soir, Hier, je vins
à la ville...

FAUSTUS

Ici, tu peux t'asseoir. Modeste est ma maison, étroite est son ence entière.
Mais j'y vénère encor l'hospitalité sainte, Et j'apaise toujours la faim de
l'indigent,
Comme si mon dieu lare était d'or ou d'argent.

BRUTUS

Je le sais.

FAUSTUS

Quelle rive, étranger, t'a vu naître ?

BRUTUS

Quand les dieux parleront, je me ferai connaître.
Ma mère est de Capène; elle m'accoutuma,Tout enfant, à servir les grands
dieux de Numa.Du haut du Quirinal, on voit ma bergerieSous le bois saint
aimé de la nymphe Égérie,Et jamais le loup fauve, autour de ma maison,Ne
souilla de ses dents une molle toison.

FAUSTUS

Et quel secret dessein à la ville t'amène ?

BRUTUS

La liberté!... Jadis Rome était son domaine,Lorsque les rois pasteurs, sur le coteau voisin,Pauvres, se couronnait de pampre et de raisin;Lorsque le vieux Évandr e arrivait dans la plaine,
Pour présider aux jeux, sous un sayon de laine,Et que partout le Tibre admirait sur ses bordsDes vertus au dedans et du chaume au dehors...Mais ces temps sont bien loin! Tout dégénère et tombeLe puissant Romulus doit frémir dans sa tombe,
En écoutant passer sur son marbre divinDes rois ivres d'orgueil, de luxure et de vin !

FAUSTUS

Jeune homme, la sagesse a parlée par ta bouche. Ton regard est serein; ta voix grossière me touche.Non, tu n'es pas de ceux qui vont à nous, rampant
Sous l'herbe des jardins, comme fait le serpent;
Infâmes délateurs qui touchent un salaireEn révélant au roi la plainte populaire,Et livrent au bourreau, sous l'arbre du chemin,
Tout citoyen encor fier du nom de Romain...

BRUTUS

Prêtre, ton fils.—Tu te souviens, sans doute ,
D'un nom sacré, d'un nom que le tyran redoute, D'un nom qui flamboyait sur le front d'un mortel, Comme un feu de Cybèle allumé sur l'autel, De Brutus ?

FAUSTUS

Sa mémoire est-elle ensevelie ? Ce nom est-il de ceux que le Romain oublie ?
Il vivra tant qu'un prêtre en tunique de lin. Dira l'hymme de Rome au dieu capitolin ! Je l'ai connu ! J'ai vu s'incliner, comme l'herbe,Ce héros sous le fer de Tarquin le Superbe!..Il est mort! Morts aussi tous ses nobles parents,
Hécato mbe de gloire immolée aux tyrans !

BRUTUS

Prêtre, il lui reste un fils.

FAUSTUS

Je le sais : corps sans âme ! Noble front que le ciel a privé de sa flamme !
Ombre errante qui va demander sa raison Au sang liquide encore au seuil
de sa maison !

BRUTUS

C'est un faux bruit : sa main à la vengeance est prête ;
Minerve a conservé sa raison dans sa tête. Son père lui légua son visage, sa
voix, Sa vertu...

FAUSTUS , *s'écriant*

Dieux, je veux l'embrasser !

BRUTUS

Tu le vois.

FAUSTUS

Oh !...
(Serrant Brutus dans ses bras)
Les dieux quelquefois jettent sur la paupièreUn voile, comme ils font aux
images de pierre ;
La vieillesse est aveugle ! Oh! je te reconnais!
Je rentre dans la vie... Oui, mon fils, je renais!O dieu lare, pourquoi ton
funèbre présage?Ou i, voilà bien son pas, son regard, son visage,
Son maintien de héros, son geste triomphant!Brutus, mort sous mes yeux,
revit en son enfant ! Mes pleurs réjouiront ma paupière ridée !... Dis, quel
heurteux distin t'a conduit ?

BRUTUS

Une idée. Le temps est précieux; le premier rayon d'or
Luit sur le fronton blanc de Jupiter Stator.Il faut agir! Apprends que, dans
Rome, j'épieLes cyniques projets de cette race impie,Et qu'elle nous
prépare un crime de l'enfer,Rêvé par l'Euménide en sa couche de fer.La vi
lle de nos dieux par le crime est gardée;
Le Sénat Dort; Tarquin fait le siège d'Ardée; La justice se voile et marche

d'un pas lent; Sextus règne au palais! Sextus !... un insolent ! Entouré nuit et
jour de ses amis infâmes, Braves comme Ixion pour insulter les femmes !
Ne laissant, sous le chaume ou le lambris doré,Dans une alcôve en deuil,
qu'un lit déshonoré! Ce matin, éveillé, l'aube luisant à peine,J'ai vu Sextus
assis sous la porte Capène.Il parlait, l'imprudent! et ne se doutait pas
Du fantôme éterne l qui brûle tous ses pas !
Donc, j'ai su qu'il attend que Rome toute entière S'éveille, et qu'un esclave
apporte sa litière. Je ne puis en douter : un obscène souci, Avant le grand
soleil, doit le conduire ici.

FAUSTUS

Ici ?

BRUTUS

Dans ta maison quel dieu jaloux amène,
Par ce sentier désert, une dame romaine ?

FAUSTUS

Une seule... elle vient aux heures du matin.

BRUTUS

Quel est son nom ?

FAUSTUS

L'hymen l'unité à Collatin.

BRUTUS

Lucrèce !... Dieux, le lys de notre gynécée ! Sainte pudeur, déf end ta fille
menacée !

FAUSTUS

Son époux est absent, et, quand le jour à lui, Elle vient consulter les
augures pour lui.

BRUTUS

Ah ! qu'aujourd'hui des dieux la puissance immortelleL'écarte!

FAUSTUS

Un bruit de pas !...

BRUTUS

Sainte pudeur ! c'est elle !...

Certes, nous voulions notre plaisanterie, mais nous ne voulions pas commettre un meurtre ; et avoir joué cette pièce au Théâtre-Français ou à la Porte-Saint-Martin, devant *la Lucrèce de M. Ponsard*, eût assurément tué cette dernière. Méry s'est donc relevé au milieu du premier acte.

Un dernier mot sur 1828.

A cette époque, Méry habite 29 rue du Harlay, dans les mêmes pièces que Carrel. Leurs soirées étaient généralement composées de Rabbe, Raffenel et Reboul.

De ces cinq amis, presque inséparables, quatre furent cruellement enlevés dans la fleur de l'âge. Rabbe, par une terrible maladie qui le conduisit dans sa tombe aussi défiguré que si ses traits avaient été rongés par un tigre. Carrel et Reboul furent tués en duel, l'un à Saint-Mandé, l'autre à la Martinique. Raffenel fut mis en pièces sur l'Acropole par un boulet de canon turc.

CHAPITRE IX

Je passe du Secrétariat au Bureau des Archives. M. Bichet.—En quoi je ressemble à Piron.—Mes loisirs.—M. Pieyre et M. Parseval de Grandmaison. — Une scène manquante dans *Distrait.* — *La Peyrouse* . — Un succès pour moi tout seul.

C'est au jardin du Luxembourg que j'ai fait la connaissance de Méry. C'est là que je lui ai été présenté. Nous nous sommes rapprochés comme le fer et l'aimant ; et, même si je ne pouvais vraiment pas dire lequel de nous était du fer et quel aimant, nous sommes devenus inséparables. J'étais déjà bien en avance avec mon drame *Christine.* Je lui ai répété environ deux ou trois cents vers, et il m'a beaucoup encouragé. J'avais grand besoin de cet encouragement.

Je venais de subir un changement de poste. Quand Oudard a vu que j'étais incorrigible et a découvert que je travaillais dans une pièce de théâtre, il m'a fait passer du Secrétariat aux Archives. Et cela équivalait à me déshonorer. J'y fus mis avec un petit vieillard de quatre-vingts ans, nommé M. Bichet, qui, depuis 1788, était toujours vêtu d'une culotte de satin, de bas panachés, d'un habit de drap noir et d'un gilet de soie fleurie. Ce costume était complété par des volants et des volants. Son visage, entouré d'un halo de cheveux blancs comme neige se terminant par une petite queue, était rouge, honnête et bienveillant. Il essaya de me recevoir brutalement, mais n'y parvint pas. Mon extrême politesse à son égard le désarma. Il me montra ma place et chargea ma table de tous les arriérés de travail accumulés que le manque d'un commis depuis un mois avait entraîné. J'ai terminé le travail au bout de trois jours. Je le lui ai apporté dans son bureau et lui ai demandé autre chose.

"Quoi ! déjà autre chose ?" il s'est excalmé.

"Certainement."

"Pourquoi?"

"Parce que j'ai fait ce que tu m'as donné."

"Complètement fini ?"

"Complètement."

"Oh oh oh!" haleta M. Bichet.

Et il a pris mon travail avec l'air d'un homme qui se dit : "Ça a dû être assez bien arnaqueé !"

M. Bichet s'était trompé : j'avais été excité. Chaque rapport, chaque dépêche, chaque exemplaire lui arrachait une exclamation de joie.

" Vraiment, dit-il, vraiment c'est très bien ! Excellent, monsieur, excellent !... Votre écriture est du même style que celle de Piron, monsieur. "

"Dieu ! C'est un beau compliment pour moi."

— Vous connaissez l'écriture de Piron ? Il a été commis-copieur pendant cinq ans dans ce greffe, monsieur.

"Oh, en effet !... Donc mon écriture est comme la sienne ?"

"Tu as un autre point commun avec lui, à ce que j'entends."

" Qu'est-ce que c'est, monsieur ? "

"Vous écrivez de la poésie."

"Hélas!..."

Il s'est approché de moi et m'a dit d'un ton espiègle :

« Les poèmes que vous composez sont-ils du même style que les siens ?

"Non, monsieur."

" Ah ! je ne le pensais pas. Piron était un jeune chien gai !... Je l'ai vu chez Madame de Montesson... Je suppose que vous n'avez jamais connu Madame de Montesson, n'est-ce pas ? "

"Oui, je l'ai fait, monsieur; mon père m'a emmené chez elle quand j'étais tout petit."

"C'était une femme charmante, monsieur, une femme charmante, et elle recevait la meilleure société de Paris."

"Maintenant, monsieur," demandai-je, "voulez-vous s'il vous plaît me donner du nouveau travail?"

"Quel travail?"

"Pourquoi ! n'importe quel travail."

"Mais il n'y a plus rien à faire !"

"Quoi ! rien d'autre à faire ?"

"Non, puisque tu as tout fini."

"Mais que dois-je faire alors ?"

« Comme vous voudrez, monsieur.

"Voulez-vous dire que je dois faire ce que j'aime ?"

"Oui... jusqu'à ce qu'un nouveau travail arrive, quand je le mettrai sur ton bureau et que tu pourras alors te mettre au travail."

"Et pendant mes moments libres ?..."

"Jeune homme, jeune homme ! à ton âge, tu ne devrais pas perdre un seul instant."

" Je suis tout à fait de votre avis, monsieur, et vous serez convaincu de mon industrie si vous me laissez finir... "

"Ah ah!"

"Je veux savoir si je peux travailler sur ma tragédie pendant mon temps libre ?"

Remarquez que j'ai dit *tragédie* au lieu de *drame* ; Je ne voulais pas effrayer M. Bichet.

— Alors, vous composez une tragédie ? il a dit.

"Hum !... Je ne sais pas si je dois vous le dire."

— Pourquoi pas ? Je n'y vois aucun mal. Mon vieil ami Pieyre a écrit une comédie.

"Oui, monsieur, et c'est une très frappante : *l'École des Pères.* "

"Tu le sais?"

"Je l'ai lu."

"Bien... Et puis, aussi, un autre de mes vieux amis, Parseval de Grandmaison, écrit de la poésie épique."

"Oui, *Philippe-Auguste* , par exemple."

"Tu l'as lu ?"

"Non, j'avoue que non."

"Eh bien, permettez-moi de dire que, si l'un écrit des comédies et l'autre des poèmes épiques, ils n'en sont pas moins de dignes hommes."

— Au contraire, monsieur, ce sont tous deux d'excellents gars.

"Les avez-vous rencontrés ?"

"Jamais."

"Hum hum...."

Et M. Bichet semblait réfléchir tout seul.

"Bien !..." dit-il après un moment de silence.

— Alors, monsieur, vous n'avez plus rien à me dire pour le moment ?

"Rien."

"Bien sûr, je serai à mon bureau, et si vous me voulez..."

"Certainement ; tu peux y aller."

Je repris ma place avec délice. Sauf la perte de Lassagne et d'Ernest, ma disgrâce s'est transformée en privilège. Le garçon de bureau m'a prévenu que si j'arrivais avant onze heures, je ne le trouverais pas là, et que si je restais après quatre heures, il m'enfermerait en partant. Alors, plus de portefeuilles à constituer, toutes mes soirées pour moi seul, et un chef qui ne m'empêchait pas d'écrire des tragédies ! Et aussitôt je me mis au travail sur *Christine*. Je ne saurais dire depuis combien de temps je travaillais lorsque le garçon de bureau vint me dire que M. Bichet me voulait dans son bureau. J'entrai aussitôt. M. Bichet n'était pas seul cette fois ; à sa droite se tenait un petit vieillard et à sa gauche un grand vieillard. Tandis qu'ils se tenaient là, les trois juges, devant lesquels je semblais être sur le point d'être traduit en justice, ressemblaient à Minis, Éacus et Rhadamanthe. Je m'inclinai, me sentant considérablement surpris.

— Voyez, le voilà, dit M. Bichet. — Ma foi, son écriture est belle, elle ressemble exactement à celle de Piron, et il a fait quinze jours de travail en trois.

"Qu'est-ce que vous m'avez dit que monsieur a fait d'ailleurs ?" demanda le grand vieillard.

"Eh bien, il écrit de la poésie !"

" Ah ! oui, tout à fait, la poésie... "

Une lumière m'est apparue.

"Ai-je l'honneur de m'adresser à M. Parseval de Grandmaison ?" J'ai demandé.

"Oui, monsieur," répondit-il.

Puis, se tournant vers l'autre vieux monsieur, il dit :

— Pensez seulement, mon cher Pieyre, que je suis si distrait, qu'il m'est arrivé l'autre jour la chose la plus extraordinaire.

"Qu'est-ce que c'était?"

"Imaginez ! J'ai oublié mon propre nom."

"Bah!" s'écria M. Bichet.

"Votre propre nom ? Pas votre propre nom ?" demanda M. Pieyre.

"Oui, mon nom, mon propre nom ! C'était dans le contrat de mariage de... quel est son nom... tu sais, qui a épousé la fille d'un tel... ?"

"Comment puis-je vous aider sur une information aussi légère que celle-là ?"

" Oh ! chérie, chérie ! la fille d'un tel... qui est ma collègue à l'Académie ?... qui écrit des comédies... qui a écrit... Je ne me souviens plus ce que c'était... Une pièce de théâtre que Mercier avait déjà fait, vous le savez bien ?

"Alexandre Duval ?...

"Oui, oui; c'était à la signature du contrat de quel est son nom... qui a épousé sa fille... un architecte... qui a écrit un ouvrage sur quelque chose... qui a été brûlé... dans l'éruption du Vésuve, où quelqu'un est mort...."

"Oh oui ! Marois, qui a écrit un ouvrage sur *Pompéi* , où mourut Pline ?" J'ai hasardé timidement.

"C'est exactement ça !... Merci, monsieur."

Et il s'allongea tranquillement dans son fauteuil, après m'avoir d'abord fait une gracieuse révérence.

"Eh bien," dit M. Bichet, "allez, finissez votre histoire, mon cher ami."

"Quelle histoire?"

"Eh bien, l'histoire que tu racontais."

« Est-ce que je racontais une histoire ?

" Bien sûr, " dit M. Pieyre ; "Vous racontiez, mon cher ami, qu'à la signature du contrat de mariage de Marois, qui a épousé la fille d'Alexandre Duval, vous aviez oublié votre nom."

"Oh oui, c'est vrai... Eh bien, ça y était. Tout le monde a signé : puis je me suis dit : "Maintenant, c'est mon tour de signer", et je me suis préparé à le faire. J'ai commencé à réfléchir à mon nom et — diable ! je ne m'en souvenais plus ! J'ai cru devoir demander à mon voisin comment je m'appelais, et comme ce serait humiliant pour moi. C'était au rez-de-chaussée, et la porte donnait sur. le jardin. Je me suis précipité dans le jardin, en me frappant le front et en me disant : « Espèce de coquin, quel est ton nom ? Oui, en effet, s'il avait fallu que je me souvienne de mon nom pour ne pas être pendu, j'aurais été pendu, justement. Cependant mon tour de signer était venu, et on me cherchait dans l'entrée. le jardin. — Eh bien, ça va, dit-il, voilà ce diable de Parseval de Grandmaison pris d'une crise poétique, juste au moment où il devrait signer... Tiens ! « Ça y est, m'écriai-je , ça y est : Parseval de Grandmaison ! et je suis monté à table et j'ai signé.

"C'est exactement la scène qu'il faut dans le *Distrait* ", dis-je en souriant.

"Oui, monsieur, vous avez bien raison, il en a besoin; et si vous écriviez de la poésie, je vous dirais: Ajoutez-le."

— Mais, interpola M. Bichet, il écrit de la poésie, c'est justement pour cela que vous l'avez fait appeler.

" Ah ! c'est vrai, c'est vrai !... Eh bien, jeune homme, viens nous réciter quelques-uns de tes vers. "

"Quelque chose qui vient de ta tragédie."

" Ah ! vous écrivez une tragédie ? "

"Oui, monsieur."

"Quel est ton sujet ?" demanda M. Parseval de Grandmaison.

"Christine..."

"Un bon sujet ! Quelqu'un en a écrit un sur le même thème... Très pauvre ! ah ! très pauvre !"

" Pardonnez-moi, messieurs, j'aimerais bien mieux vous réciter autre chose que des vers de ma tragédie. " Les lignes de ma tragédie étaient des lignes dramatiques, qui ne seraient probablement pas très du goût de ces messieurs. "Je préférerais de loin," ajoutai-je, "vous réciter une ode."

"Oh ! oh ! une ode !" dit M. Parseval de Grandmaison.

"Oh ! oh ! une ode !" dit M. Pieyre.

"Oh ! oh ! une ode !" dit M. Bichet.

— Eh bien, maintenant, l'ode, dit M. Parseval. "Qu'est-ce qu'il se passe, jeune homme ?"

" Vous vous souvenez peut-être que, depuis quelque temps, on s'intéresse beaucoup à la Peyrouse ? Les journaux annoncent même dernièrement que des traces du naufrage ont été retrouvées... "

"Est-ce ainsi?" demanda M. Bichet.

"Oui, c'est vrai", dit M. Pieyre.

« J'ai bien connu la Peyrouse, dit M. Parseval de Grandmaison.

— Moi aussi, dit M. Pieyre.

« Je ne la connaissais pas, dit M. Bichet, mais j'ai connu Piron.

« Ce n'est pas la même chose, dit M. Parseval.

— Donnez-nous votre ode, jeune homme, dit M. Pieyre.

"Ça y est, monsieur, puisque vous voudriez l'entendre."

"Viens, viens, n'aie pas peur", dit le vieux Bichet.

Je rassemblai toutes mes forces, et d'un ton assez confiant je répétai les lignes suivantes, qui, je pense, peuvent indiquer que j'avais fait quelques progrès :

LA PEYROUSE

Le ciel est pur, la mer est belle! Un vaisseau, près de fuir le port,
Tourmente son ancre rebelle, Fixée au sable, qu'elle mord.
Il est impatient d'une onde
Plus agitée et plus profonde;Le géant voudrait respirer!Il lui faut pour air
les tempêtes;Il lui faut les combats pour fêtes,Et l'Océan pour s'égarer.

Silencieux et solitaire,Un homme est debout sur le pont,Son regard, fi xé
vers la terre,
Trouve un regard qui lui répond.
Sur le rivage en vain la foule,
Comme un torrent, s'amasse et roule,Il y suit des yeux de l'amourCelle qui,
du monde exilée,Doit désormais, triste et voilée,Attendre l'heure du retour
. [1]

Son œil se trouble sous ses larmes,Et, pourtant, ce fils des dangersA vu de
lointaines alarmes,A vu des mondes étrangers:Deux fois le cercle de la ter
re,
Découvrant pour lui son mystère,Des bords glacés aux bords
brûlants,Sentit, comme un fer qui déchire,La carène de son navire
Sillonner ses robustes flancs.

Et la fortune enchanteresse Ne l'entraînait pas sur les flots; L'espoir de la
douce paresse
Ne berçait pas ses matelots.
Dédaigneux des biens des deux mondes,Il ne fatiguait pas les ondesPour
aller ravir, tour à tour,L'or que voit germer le PotoseL'émeraude à
Golconde éclose,Et les perles de Visapour.

C'est une plus noble espéranceQui sout ient ses travaux divers.
Sa parole, au nom de la France,Court interroger l'univers.Il faut que

l'univers réponde!Dans son immensité féconde,Peut-être cherche-t-il encorQuelque désert âpre et sauvage,Quelque délicieux rivage,Que garde un autre Adamas tor.

Il le trouvera! Mais silence!Du canon le bruit a roulé;Au haut du mât, qui se balance,Un pavillon s'est déroulé.Comme un coursier dans la carrièreTraîne un nuage de poussièreQue double sa vitesse,Le vaisseau s'élance avec grâce,A sa suite laissant pour trace
Un grand sillon argenté.

Bientôt ses maturités puissantesNe sont plus qu'un léger roseau;Ses voiles flottent, blanchissantes,Comme les ailes d'un oiseau.Puis, sur la mouvante surface,C'est un nuage qui s'efface,Un point que devinent les yeux,
Qui s'éloigne, s'éloigne encore,
Ainsi qu'une ombre s'évapore...
Et la mer se confond aux précieux.

Alors, lentement dans la foule,Meurt le dernier cri du départ;Silencieuse, elle s'écouleEn s'interrogeant du regard.Puis l'ombre, à so n tour descendue,
Occupe seule l'étendue.Rien sur la mer, rien sur le port;Au bruit monotone de l'onde,Pas un bruit humain qui réponde:L'univers fatigué s'endort!

Les ans passent, et leur silenceN'est interrompu quelquefoisQue par un long cri qui s'élance ,
Proféré pour cent mille voix.On a, sur un rivage lointain,Trouvé les débris d'un naufrage ...Vaisseaux, volez sur cet écueil !Les vaisseaux ont revu la FranceMais les signes de l'espéranceSont changés en signes de deuil!

Hélas!... com bien de fois, trompée,
La France reprit son espoir!Tantôt, c'est un tronçon d'épéeQu'aux mains d'un sauvage on crut voir;Tantôt, c'est un vieil insulaireSéduit par l' appât du salaire,Qui se souvient, avec effort,Que d'étrangers d'une autre raceJadis il aperçut la trace
Dans une île... là-bas... au nord.

Que fais-tu loin de ta patrie,Qui t'aimait entre ses enfants,Lorsque, pour ta tête chérie,Elle a des lauriers triomphants?Pour toi, la mer s'est-elle ouverte?Dors-tu sur un lit d' algues vertes ?
Ou, par un destin plus fatal,
Sens-tu tes pesantes journées
Rouler sur ton front des annéesQu'ignore le pays natal ?

Et, pourtant, te dictant ta route,Un roi t'a tracé ton chemin;Mais du ciel le pouvoir, sans doute,A heurté le pouvoir humain.Et, tan dis qu'à leur ignorance
Du retour sourit l'espérance,Dieu , sur les tables de la loi,A deux différentes tempêtesA déjà voué les deux têtesDu navigateur et du roi!..."

J'avais suivi avec la plus grande attention l'effet produit sur mes auditeurs. M. Parseval cligna des paupières et enroula simplement ses pouces l'un autour de l'autre ; M. Pieyre ouvrit grand les yeux et sourit, la bouche grande ouverte également. Le père Bichet, aussi curieux que moi de l'impression que je faisais sur ses deux amis, voyant que cette impression était favorable, secouait la tête avec ravissement, en disant à voix basse :

"Tout comme Piron ! Tout comme Piron !

Quand j'eus fini, ils éclatèrent d'applaudissements, suivis de toutes sortes de conseils encourageants.

Je ne savais pas si je me tenais sur la tête ou sur les talons. Imaginez les sentiments d'Ovide, exilé chez les Thraces, lorsqu'il trouva un soleil plus radieux que celui de Rome, et sur des tapis de fleurs plus odorantes que celles de Paestum, sous des arbres qui donnaient une ombre plus fraîche que celles du Tibre, écoutait les applaudissements donnés à sa *Tristia* et à ses *Métamorphoses*. J'ai rendu grâce aux dieux qui, spontanément, m'avaient accordé ce moment de paix. Nous verrons qu'elle ne devait être que de courte durée.

[1] Madame de le Peyrouse avait promis à son mari de rester voilée jusqu'à son retour ; madame de la Peyrouse a tenu parole, et a gardé son voile jusqu'à la mort.

CHAPITRE X

Le peintre Lethière—Brutus dévoilé par M. Ponsard—Madame Hannemann—Gohier—Andrieux—Renaud—Desgenettes—Larrey, Augereau et la momie égyptienne—Les soldats de la nouvelle école—Mon éducation dramatique—J'entre dans les bureaux du Département des Forêts—Le armoire pleine de bouteilles vides. — A trois jours du bureau. — Je suis convoqué devant M. Deviolaine.

Entre-temps, comme je l'ai dit, j'étais devenu maître de mes soirées puisque je n'avais plus à voir après le portfolio, et je profitais de ma liberté pour goûter un peu à la vie. Ma mère se souvint d'un vieil ami de mon père, et nous osâmes lui rendre visite. Il appartenait à l'ordre bon enfant des êtres humains et nous a réservé un accueil chaleureux. C'était le célèbre artiste Lethière, peintre de *Brutus Condamnant ses fils*, héroïsme qui m'a toujours paru un peu trop spartiate, mais que *la Lucrèce de M. Ponsard* m'a depuis rendu plus clair. M. Ponsard fut le premier à révéler le grand mystère conjugal que les fils de Brutus n'étaient pas les fils de Brutus, mais seulement le fruit de l'adultère : en les décapitant, Brutus montrait vengeance, non son dévouement à leur égard !

M. Ponsard, on le remarquera, méritait non seulement d'appartenir à l'Académie, mais encore aux Suscriptions et aux Belles-Lettres. Eh bien, le vieil ami de mon père était le peintre du beau tableau intitulé *Brutus Condamnant ses fils*. Il avait peint le portrait de mon père, le représentant tel qu'un cheval avait été abattu sous lui par un boulet de canon ; mon père lui avait aussi siégé pour le modèle de son *Philoctète*, à la Chambre des Députés. Nous nous fîmes bientôt connaître auprès de lui et fûmes reçus à bras ouverts. Il nous embrassa, ma mère et moi, et nous invita à considérer sa maison comme la nôtre, surtout le jeudi, où il fallait toujours nous réserver des places à sa table. Nous avons été très satisfaits de cette dernière offre. Je n'ai aucune envie de cacher à mes lecteurs que nous étions en mesure de saluer l'économie réalisée par le gain d'un dîner non à nos frais ! M. Lethière possédait de beaux talents, un bon cœur et des manières gagnantes. Il y avait alors avec lui, comme esprit dirigeant de sa maison, une jeune femme, blonde, grande et maigre, qui s'habillait presque toujours en noir ; elle s'appelait Mademoiselle d'Hervilly, et sous ce nom elle se fit connaître dans la peinture et la littérature. Elle devint ensuite Madame Hannemann et, sous ce nom, se fit connaître dans le corps médical. Sa nature était froide et très dure, mais elle possédait beaucoup de volonté. Je crois que Madame Hannemann, aujourd'hui veuve, est extrêmement riche. Cette dame, qui était d'un caractère très supérieur, faisait les honneurs de la maison de M. Lethière et recevait ses vieux amis, dont plusieurs avaient été de vieux amis de mon père. Ces vieux amis étaient : M. Gohier, ancien président du Directoire ; Andrieux, Desgenettes, un vieux peintre nommé Renaud et plusieurs autres.

Desgenettes, qui avait connu très intimement mon père en Egypte, me fit aussitôt des démarches amicales et me présenta à Larrey.

J'aurai l'occasion à plusieurs reprises de parler de ce dernier monsieur et de son fils, qui était un de mes meilleurs amis. Le siège d'Anvers en 1832 lui permit glorieusement de prouver qu'il était un digne fils de son père.

De tous ces hommes, Gohier m'a paru le plus remarquable. Contrairement aux lois de la perspective, il existe certaines personnes de calibre ordinaire qui, après avoir occupé, par le stress de circonstances événementielles, des postes élevés, apparaissent de plus en plus grandes à nos yeux à mesure qu'elles s'éloignent. Or, je ne pouvais m'empêcher de considérer comme digne d'attention celui qui avait présidé Barras, Roger-Ducos, Moulin et Sièyes ; car, pour le moment, il avait été le premier des cinq rois qui avaient gouverné la France. Mais je me suis trompé dans l'estimation de sa grandeur : M. Gohier était un homme solide et digne, qui connaissait l'histoire autant qu'on ne peut s'empêcher d'en apprendre, qui ne connaissait rien à la politique et qui n'avait pas de profondeur de jugement. Je ne peux faire mieux que de le comparer à notre Boulay (de la Meurthe), que l'histoire inscrira comme ayant été trois ans vice-président de la République, bien qu'il puisse feindre de n'en avoir aucune idée, même le 2 décembre ! Gohier détestait cordialement Bonaparte ; mais sa haine n'était ni philosophique ni politique, mais entièrement personnelle. Il ne pardonnerait jamais au futur Premier Consul le rôle ridicule qu'il lui avait fait jouer le 18 brumaire, en l'invitant à déjeuner avec Joséphine et en s'invitant à dîner chez lui, alors qu'il changeait tout le gouvernement.

Je n'ai pas besoin de faire le portrait d'Andrieux : tout le monde connaît ce petit vieillard ratatiné, avec sa voix mesquine et ses yeux mesquins, auteur de petites fables, de petites comédies et de petits récits, mort à quatre-vingts ans, laissant derrière lui lui une mauvaise réputation après avoir suscité de mesquins espoirs.

Renaud était un vieil artiste qui avait peint autrefois un tableau très apprécié, la *Jeunesse d'Achille*. Il avait vieilli en peignant le nu. Et dans sa vieillesse, il ne peignait que les Grâces, les naïades et les nymphes, tournant vers le public leur... dos bleu et rose.

Desgenettes était un vieux libertin d'un esprit extrêmement vif et très cynique, mi-soldat, mi-médecin, très friand des vraies déesses de chair et de sang que le vieux Renaud aimait tant copier ; il racontait en temps et en heure les histoires les plus vastes et les plus impudiques, avec une grande joie. Il y avait une grande partie du XVIIIe siècle sur lui.

Larrey, au contraire, avait une apparence austère et puritaine. Il portait les cheveux assez longs, coupés à la manière des princes mérovingiens : il parlait lentement et sérieusement. L'empereur aurait parlé de lui comme de l'homme le plus honnête qu'il ait jamais connu. Outre l'influence de bonté sincère qu'il répandait parmi les jeunes, Larrey nous a présenté à tous une curieuse étude. Il avait connu tous les personnages célèbres de l'Empire ; et il avait coupé la plupart des bras et des jambes qui nécessitaient une amputation ; il avait recueilli bien des renseignements curieux, révélateurs du caractère ou des secrets de l'âme, en écoutant les premières paroles des blessés et les dernières paroles des mourants. Il racontait parfois des anecdotes qui, sans aucune intention malveillante, donnaient une idée de l'ignorance de ces guerriers décorés et emplumés, qui avaient pour la plupart un cœur de lion, mais aussi, pour la plupart, d'esprit plat et infiniment moins. brillant dans n'importe quel salon que sur un champ de bataille. À son retour d'Egypte, Larrey rapporte une curiosité peu appréciée de nos jours, sous la forme d'une momie, mais qui portait à l'époque la curiosité scientifique au plus haut niveau. Lorsqu'il rencontra Augereau, il lui dit :

" Ah ! viens dîner avec moi demain ; je te montrerai une momie que j'ai rapportée des Pyramides. "

— Avec plaisir, répondit Augereau ; et il alla dîner le lendemain.

"Eh bien," dit-il au dessert, "pourquoi n'avons-nous pas encore vu cette momie ?"

"Parce que c'est dans mon bureau", dit Larrey. "Suivez-moi et vous le verrez."

Larrey ouvrait la marche, Augereau le suivait plein de curiosité. Lorsqu'ils atteignirent le bureau, Larrey se dirigea vers la boîte appuyée contre le mur, l'ouvrit et révéla la momie. Alors Augereau s'approcha et le toucha du doigt.

« Je déclare, s'écria-t-il avec mépris, qu'il est mort !

Larrey fut si étonné de cette exclamation qu'il ne songea même pas à s'excuser auprès d'Augereau de l'avoir dérangé en regardant un objet aussi inintéressant qu'une *momie morte.*

Mais pendant toute cette période, tout le monde était littéraire, non pas en soi ou par choix, mais par tradition. Personne n'avait encore oublié que Bonaparte avait signé ses propres proclamations à l'armée d'Egypte, et que Napoléon avait abordé M. de Fontanes chaque fois qu'il le rencontrait pour lui demander :

"Eh bien, monsieur de Fontanes, m'avez-vous trouvé un poète ?"

Mais le jour et l' heure étaient venus pour tous ces poètes qui avaient échappé aux offres magnifiques de M. de Fontanes et de Napoléon. Elles poussaient, fleurissaient et brillaient comme l'aubépine au mois de mai ; et leurs noms commençaient déjà à laisser présager l'immense sensation qu'ils allaient créer dans l'avenir. Ils s'appelaient Lamartine, Hugo, de Vigny, Sainte-Beuve, Méry, Soulié, Barbier, Alfred de Musset, Balzac ; ceux-ci emplissaient déjà, au prix du sang de leur cœur, ce grand et unique courant de poésie auquel la France, l'Europe et le monde entier devaient s'abreuver au cours du XIXe siècle.

Mais le mouvement ne s'opérait pas seulement au sein de cette *pléiade* que je viens de nommer ; une foule d'autres se battaient, chacun aidant la cause générale par des attaques séparées, pour faire une brèche dans les murs de la vieille école de poésie. Dittmer et Cavé publiaient les *Soirées de Neuilly* ; Vitet, les *Barricades* et les *États de Blois* ; Mérimée au *Théâtre de Clara Gazul*. Et notons bien que tous ces mouvements se sont déroulés en dehors de la scène où se déroulait la lutte réelle et en dehors de ses manifestations. La vraie lutte était celle à laquelle moi et Victor Hugo (je me mets en premier pour des raisons chronologiques) allions prendre part. Je m'y préparais non seulement par la suite de ma *Christine* , mais plus encore par l'étude de l'humanité dans son ensemble, combinée à des caractérisations individuelles.

J'ai parlé de l'immense service que les acteurs anglais m'avaient rendu ; Macready, Kean, Young avaient tour à tour achevé l'œuvre commencée par Kemble et Miss Smithson. J'avais vu *Hamlet* , *Roméo* , *Shylock* , *Othello* , *Richard III.* et *Macbeth*. J'avais lu et dévoré non seulement tout Shakespeare, mais même toute la production dramatique étrangère. J'avais reconnu que, dans le monde théâtral, tout émanait de Shakespeare, comme dans le monde extérieur tout doit son existence au soleil ; que rien ne pouvait être comparé à lui ; car, avant tout le monde, il était pourtant aussi suprême en tragédie que Corneille, en comédie que Molière, aussi original que Calderon, aussi réfléchi que Goethe, aussi passionné que Schiller. Je me suis rendu compte que ses œuvres contenaient autant de types que les œuvres de tous les autres réunis. En bref, j'ai reconnu qu'après le Créateur lui-même, Shakespeare avait créé plus que tout autre être. Comme je l'ai dit, lorsque j'ai vu ces artistes anglais, acteurs qui oubliaient qu'ils étaient sur scène, la vie de l'imagination est devenue la vie réelle par le pouvoir de l'art ; leurs paroles et leurs gestes convaincants semblaient les transformer d'acteurs en créatures de Dieu, avec leurs vertus et leurs vices, leurs passions et leurs défauts, — à partir de ce moment ma carrière était décidée. Je sentais que j'avais reçu cet appel spécial qui vient à tout homme. J'éprouvais une confiance en mes propres forces qui me manquait jusqu'alors, et je me jetai hardiment vers l'avenir inconnu qui m'avait jusqu'alors réservé tant de terreurs. Mais, en même temps, je ne me dissimulais pas les difficultés de la carrière à laquelle j'avais consacré ma vie ; Je savais que cela exigerait une étude plus approfondie et plus spéciale que n'importe quelle autre profession ; qu'avant de pouvoir expérimenter avec succès sur la nature vivante, je dois d'abord étudier avec persévérance les œuvres des autres. Je ne me suis donc pas contenté d'une étude superficielle. L'une après l'autre, je prenais les œuvres d'hommes de génie, comme Shakespeare, Molière, Corneille, Calderon, Goethe et Schiller, je les disposais en cadavres sur une table de dissection, et, scalpel à la main, je passais des nuits entières à les sonder. au cœur afin de retrouver les sources de la vie et le secret de la circulation de leur sang. Et après un certain temps, j'ai découvert avec quelle science admirable ils galvanisaient les nerfs et les muscles pour leur donner vie, et avec quelle habileté ils modelaient les différents types de chair destinés à recouvrir l'unique structure osseuse humaine immuable. Car l'homme n'invente pas. Dieu a remis le monde créé entre ses mains et lui a laissé le soin de l'appliquer à ses besoins. Le progrès signifie simplement la conquête quotidienne, mensuelle et éternelle de l'homme sur la matière. Chaque individu, tel qu'il apparaît sur la scène, prend possession du savoir de ses pères, l'élabore de différentes manières, puis meurt après avoir ajouté un rayon de plus à la somme du savoir humain qu'il lègue à ses fils, une étoile. dans la Voie Lactée ! Je cherchais alors non seulement à parfaire mon travail dramatique mais aussi mon éducation dramatique. Mais c'est une erreur, son travail peut être terminé un jour, mais jamais son éducation !

J'étais sur le point de terminer ma pièce, après deux mois de paix et d'encouragements dans mon humble poste au Bureau des Archives, lorsque je reçus du Secrétariat l'avis que, ma position étant presque une sinécure, elle était supprimée et que Il faut que je me tienne prêt à entrer au ministère des Forêts, sous la direction de M. Deviolaine. Ainsi, la tempête qui planait depuis longtemps au-dessus de ma tête avait enfin éclaté. J'ai dit au revoir au vieux père Bichet les larmes aux yeux, et à ses deux amis MM. Pieyre et Parseval de Grandmaison, qui ont promis de suivre ma carrière avec un intérêt sympathique partout où je serai. Le lecteur connaît M. Deviolaine. Au cours des cinq années où j'ai travaillé dans les bureaux du gouvernement, j'avais été considéré comme une *bête noire*, c'est pourquoi j'ai commencé mon nouveau travail officiel sous des auspices peu favorables.

La lutte a commencé dès que j'ai pris mes nouvelles fonctions. Ils voulaient me rassembler avec cinq ou six de mes collègues dans une grande pièce, et je me suis révolté contre cette procédure. Mes compagnons ont bien voulu m'expliquer en toute innocence qu'ils trouvaient une manière avantageuse de tuer le temps, cet ennemi mortel des employés, de s'asseoir ensemble, car ils pouvaient alors causer. Maintenant, parler était exactement ce que je redoutais le plus ; pour eux, c'était un plaisir, pour moi, une torture, car le bavardage distrayait mes idées imaginatives toujours croissantes. Non, au lieu d'avoir envie d'être dans ce grand bureau, jonché de surnuméraires, d'employés et d'assistants, j'avais en vue une sorte de recoin séparé par une simple cloison du bureau du garçon de bureau, et dans lequel il gardait l'encre. des bouteilles qui lui étaient restituées vides. J'ai demandé si je pouvais prendre possession de cet endroit. J'aurais aussi bien pu demander l' archevêché de Cambrai, qui vient d'être vacant. Une clameur effrayante s'éleva à cette demande, du garçon de bureau jusqu'au chef du département *(directeur général)*. Le garçon de bureau demanda aux employés de la grande salle où il pouvait désormais ranger ses bouteilles vides ; les commis dans la grande salle demandèrent au chef adjoint (celui qui n'avait jamais entendu parler de Byron) si je me trouvais trop bien pour travailler avec eux ; le sous-chef de bureau demanda au chef de bureau si j'étais venu au Département des Forêts pour donner ou recevoir des ordres ; le commis en chef demanda au chef du département s'il était habituel qu'un commis payé quinze cents francs ait un bureau à lui seul, comme s'il était un commis en chef à quatre mille. Le chef du département répondit que non seulement c'était absolument contraire aux usages administratifs, mais qu'aucun précédent de ce genre ne me serait permis et que ma prétention était des plus présomptueuse ! J'essayais de m'insérer dans le recoin malheureux qui, pour le moment, constituait la somme de mon ambition, lorsque le chef de bureau sortit hautament du bureau du chef de service, portant l'ordre verbal que l'employé rebelle, qui avait oserait nourrir un instant l'ambitieux espoir de quitter les rangs ordinaires, devait immédiatement y retourner à sa place. Il transmettait immédiatement l'ordre au chef de bureau adjoint, qui le transmettait aux employés ordinaires du grand bureau, qui le transmettaient au garçon de bureau ! C'était la joie dans tout le département : un collègue devait être humilié et, s'il ne prenait pas son humiliation avec humilité, il perdrait sa situation ! Le garçon de bureau a ouvert la porte entre son bureau et le mien ; il venait de faire un déblaiement général dans tout le bureau et avait rapporté toutes les bouteilles vides qu'il avait pu dénicher.

" Mais, ma chère Féresse, lui dis-je en l'observant avec inquiétude, comment crois-tu que je puisse me débrouiller ici avec toutes ces bouteilles, ou plutôt comment toutes ces bouteilles vont-elles s'adapter à moi, à moins que je n'habite dans l'un d'eux, à la manière du *Diable boiteux* ?

"C'est ça!" lorgnait Féresse en déposant les bouteilles fraîches près des anciennes. « *M. le Directeur général* ne considère pas les choses sous cet angle : il veut que je garde cette chambre pour moi et n'entend pas qu'un nouveau venu fasse la loi.

Je me suis approché de lui, le sang recouvrant mon visage.

« Le nouveau venu, si insignifiant soit-il, est toujours votre supérieur, dis-je ; "Alors tu devrais lui parler la tête découverte. Enlève ta casquette, jeune lionceau !"

Et, au même instant, je fis au garçon un revers qui envoya son chapeau voler contre le mur, et je partis. Tout cela se passait en l'absence de M. Deviolaine ; je n'ai donc pas eu le dernier mot en la matière. M. Deviolaine ne reviendrait pas avant deux ou trois jours ; j'ai donc décidé de rentrer chez ma pauvre mère et d'y attendre son retour. Mais avant de quitter le bureau, j'allai raconter tout ce qui s'était passé à Oudard, qui me dit qu'il ne pouvait rien y faire, et j'en informai M. Pieyre, qui me dit qu'il ne pouvait pas faire grand-chose. Ma mère était au désespoir : cela lui rappelait trop mon retour de chez maître Lefèvre, en 1823. Elle se précipita chez Mme Deviolaine. Madame Deviolaine était une excellente femme, mais étroite d'esprit, et elle ne comprenait pas pourquoi un commis avait d'autres ambitions que celle de devenir finalement un commis de premier ordre ; pourquoi un commis de première classe devrait désirer devenir autre chose qu'un commis en chef adjoint ; pourquoi un commis en chef adjoint aurait-il une autre ambition que celle de devenir commis en chef, etc. Elle n'a donc fait aucune promesse à ma mère ; d'ailleurs, la pauvre femme n'avait pas beaucoup d'influence sur son mari, comme elle le savait bien, et elle essayait rarement d'exercer le peu qu'elle possédait. Pendant ce temps, j'avais prié Porcher de venir chez nous. Je lui montrai ma tragédie presque achevée et je lui demandai si, en cas de circonstances défavorables, il m'avancerait une certaine somme.

"C'est foutu !" Porcher répondit : "Une tragédie !... Si cela avait été un vaudeville, je ne dis pas que je le ferais !... Cependant, *faites-le recevoir* et nous verrons."

"Faites-le recevoir!" C'est bien entendu là que réside toute la question.

Ma mère revint à ce moment, et la réponse de Porcher n'était pas de nature à la rassurer. J'écrivis à M. Deviolaine et le priai de lui remettre ma lettre à son retour ; puis j'ai attendu. Nous avons passé trois jours de suspense ; mais pendant ces trois jours je restai au lit et travaillai sans cesse. Pourquoi je me suis arrêté au lit ? Cela nécessite une explication. Pendant que j'étais au Secrétariat, et que je devais être au bureau de dix heures du matin à cinq heures du soir, pour y revenir de huit heures à dix heures, je devais parcourir la distance entre le faubourg Saint-Denis n° 53 au 216 de la rue Saint-Honoré, huit fois par jour, et j'étais si fatigué que je pouvais rarement travailler assis. Alors je me suis couché et j'ai dormi, en posant d'abord mon ouvrage sur la table près de mon lit ; J'ai dormi deux heures, puis à minuit ma mère m'a réveillé et s'est endormie à son tour. C'était la raison pour laquelle je travaillais au lit. Cette habitude de travailler au lit m'a tellement pris que je l'ai conservée longtemps après avoir acquis la liberté d'action, faisant ainsi tout mon travail théâtral. Peut-être cette révélation pourra-t-elle satisfaire les physiologistes qui se sont étendus sur le genre de passion grossière qui a été signalée dans mes premiers travaux et qu'on m'a reproché, peut-être non sans raison. J'ai contracté aussi à cette époque une autre habitude, celle d'écrire mes drames dans un style d'écriture rétrospectif : cette habitude, je ne l'ai jamais perdue, comme l'autre, et jusqu'à ce jour j'ai un style d'écriture pour mes drames et un autre. pour mes romans. Durant ces trois jours j'ai fait d'immenses progrès avec *Christine.* Le quatrième jour, je reçus une lettre de M. Deviolaine, me convoquant à son bureau. Je m'y suis précipité, et cette fois mon cœur n'a pas battu plus vite ; J'avais affronté le pire qui pouvait arriver et j'étais prêt à tout.

" Ah ! te voilà, maudit imbécile ! " s'écria M. Deviolaine en m'apercevant.

"Oui, monsieur, me voici."

"Alors ! alors, monsieur !"

Je n'ai fait aucune réponse.

"Donc nous sommes un trop grand seigneur pour travailler avec des mortels ordinaires ?" continua M. Deviolaine.

"Vous vous trompez... bien au contraire. Je ne suis pas un assez grand seigneur pour travailler avec les autres, c'est pourquoi je veux travailler seul."

— Et vous demandez un bureau pour vous tout seul, exprès pour n'y rien faire d'autre que d'écrire vos sales pièces ?

"Je demande un bureau pour moi seul afin d'avoir le droit de réfléchir en travaillant."

"Et si je ne te laisse pas avoir un bureau pour toi seul ?"

"Je vais essayer de gagner ma vie en tant qu'auteur. Vous savez que je n'ai pas d'autre ressource."

"Et si je ne vous renvoie pas immédiatement, vous pouvez être sûr que c'est pour le bien de votre mère et non pour le vôtre."

"J'en suis pleinement conscient et je vous en suis reconnaissant au nom de ma mère."

" Très bien, prenez donc votre bureau pour vous ; mais je vous préviens que... "

"Vous me donnerez le double du travail de n'importe quel autre employé ?"

"Exactement."

" Ce sera injuste, c'est tout ; mais comme je ne suis pas le plus fort, je me soumettrai. "

"Injuste ! injuste !" cria M. Deviolaine. "Je voudrais que tu saches que je n'ai jamais fait quelque chose d'injuste de ma vie."

"Il semblerait qu'il y ait un début pour tout."

"Avez-vous déjà vu... oh, avez-vous déjà vu une si jeune déchirure !" continua M. Deviolaine en arpentant son bureau, avez-vous déjà vu ! avez-vous déjà vu !...

Puis, se tournant de nouveau vers moi, il dit :

" Très bien, je ne vous traiterai pas injustement ; non, non, vous n'aurez pas plus de travail que les autres ; mais vous en aurez autant, et on vous surveillera pour vous en sortir ! M. Fossier recevra de ma part des ordres pour procéder à cette inspection.

J'ai bougé mes lèvres.

" Et ensuite ! Avez-vous maintenant quelque chose à dire contre M. Fossier ? "

"Non, seulement que je le trouve laid."

"Eh bien, et alors ?"

"Eh bien, je préférerais de loin qu'il soit beau, pour son propre compte d'abord et pour le mien aussi."

— Mais que vous importe que M. Fossier soit laid ou beau ?

"Si je dois rencontrer un visage trois ou quatre fois par jour, je préférerais de loin qu'il soit agréable plutôt que désagréable."

" Eh bien, je n'ai jamais rencontré un jeune chiot aussi maudit de toute ma vie ! Vous voudrez bientôt que je choisisse mes chefs de commis à votre goût !... Sortez ! Retournez à votre bureau et essayez de rattraper le temps perdu. " temps."

— Je le ferai ; mais je veux d'abord vous demander une promesse, monsieur.

"Eh bien, ma foi, s'il ne m'impose pas réellement ses propres conditions !"

"Vous accepterez celui-ci, j'en suis sûr."

"Maintenant, que souhaitez-vous, monsieur le poëte ?"

"Je voudrais que vous-même, chaque jour, négligez le travail que j'ai fait et voyez comment je l'ai fait."

"Eh bien, je vous le promets... Et quand aura lieu la première représentation ?"

« Je peux à peine vous le dire ; mais je suis bien sûr que vous y serez présent !

"Oui, je serai là, à plus d'un titre ; vous pouvez être assez tranquille sur ce point... Maintenant, allez et tenez-vous bien !"

Et il a fait un geste menaçant, sur quoi je suis sorti.

M. Deviolaine m'a tenu parole. Il m'a donné beaucoup de travail sans me surcharger. Mais, comme il l'avait promis, M. Fossier venait toujours m'apporter lui-même l'ouvrage, et si, par malheur, je n'étais pas à mon bureau, M. Deviolaine était immédiatement informé de mon absence.

CHAPITRE XI

Conclusion de *Christine* — Mécène en quelque sorte — Nodier me recommande à Taylor — Le Commissaire Royal et l'auteur d' *Hécube* — Lecture semi-officielle devant Taylor — Lecture officielle devant le Comité — Je suis reçu avec acclamation — L'ivresse du succès — Comment s'écrit l'histoire - M. L'incrédulité de Deviolaine - L'avis de Picard sur ma pièce - L'avis de Nodier - Deuxième lecture au Théâtre-Français et acceptation définitive

Mais aucun de ces obstacles ne m'a empêché d'achever *Christine*. J'avais pourtant à peine écrit la fameuse dernière ligne :

"Eh bien, j'en ai pitié, mon père... Qu'on l'achève !"

quand je me suis retrouvée dans une situation aussi embarrassante que n'importe quelle pauvre fille qui vient de donner naissance à un enfant en dehors du mariage légitime. Que faire de cet enfant bâtard de ma création, né hors des portes de l'Institut et de l'Académie ? Devais-je l'étouffer comme j'avais étouffé ses aînées ? Cela aurait effectivement été une ligne dure ! D'ailleurs, cette petite fille était forte et tout à fait capable de vivre ; il semblait donc bon de la reconnaître ; mais il fallait d'abord trouver un théâtre pour la recevoir, des acteurs pour l'habiller et un public pour l'adopter !

Oh! si seulement Talma vivait ! Mais Talma était morte et je ne connaissais personne au Théâtre-Français. Peut-être me serait-il possible de le gérer par l'intermédiaire de M. Arnault. Mais il demanderait à voir l'ouvrage pour lequel ses services étaient demandés, et il n'aurait pas lu dix lignes avant de le jeter aussi loin de lui que le pauvre M. Drake avait le serpent à sonnette qui l'a mordu à Rouen. Je suis allé chercher Oudard. Je lui dis que ma pièce était terminée et je lui demandai hardiment une lettre d'introduction au Théâtre-Français. Oudard a refusé sous prétexte qu'il n'y connaissait personne. J'ai eu le courage de lui dire que son introduction à la tête du Secrétariat du duc d'Orléans serait toute-puissante.

Il répondit, à la manière de Madame Méchin, quand elle n'était pas encline à promouvoir un but particulier :

"Je n'exercerai jamais mon *influence* dans cette direction."

J'avais remarqué à plusieurs reprises, au Secrétariat, un homme aux sourcils épais et au nez long, qui prenait son tabac à la mode suisse. Cet homme apportait périodiquement dans toutes les pièces de la maison les quatre-vingt-dix billets de théâtre que M. Oudard avait la prérogative de distribuer chaque mois, à raison de trois par jour. Je ne savais pas qui était cet homme, mais j'ai demandé. On m'a dit qu'il était le souffleur.

J'ai guetté ce souffleur, je l'ai surpris dans le couloir et je l'ai prié de me dire quelles démarches étaient nécessaires pour obtenir l'honneur d'une lecture devant le Comité du Théâtre-Français. Il m'a dit que je devais d'abord déposer ma pièce auprès de l'Examinateur ; mais il me prévint que tant d'autres ouvrages y étaient déjà déposés qu'il fallait attendre au moins un an. Comme si je pouvais attendre un an !

"Mais," ai-je demandé, "n'y a-t-il pas de raccourci pour toutes ces formalités ?"

"Oh mon Dieu, oui!" il a répondu, "si vous connaissez le baron Taylor".

Je l'ai remercié.

"Il n'y a aucune raison de me remercier", a-t-il déclaré.

Et il avait raison ; il n'y avait aucune raison de le remercier, car je ne connaissais pas du tout le baron Taylor.

"Connaissez-vous le baron Taylor ?" demandai-je à Lassagne.

"Non", répondit-il; "mais Charles Nodier est son ami intime."

"Et alors ?"

"Eh bien, ne m'as-tu pas dit qu'une fois tu as parlé avec Charles Nodier toute une soirée lors d'une représentation du *Vampire ?* "

"Certainement."

"Écrivez à Charles Nodier."

"Bah ! il m'aura tout oublié."

"Il n'oublie jamais rien ; écris-lui."

J'écrivis à Charles Nodier, évoquant à sa mémoire les Elzévirs, les rotifères, les vampires, et au nom de sa bonté bien connue envers la jeunesse, je le suppliai de me présenter au baron Taylor. On imagine avec quelle impatience j'attendais la réponse. Le baron Taylor lui-même répondit, accédant à ma demande et me fixant un rendez-vous cinq ou six jours plus tard. Il s'excusa en même temps de l'heure qu'il avait fixée ; mais ses nombreux engagements lui laissaient si peu de temps, que sept heures du matin étaient la seule heure à laquelle il pouvait me voir. Bien que je sois probablement le dernier lève-tôt à Paris, j'étais prêt à l'heure dite. C'est vrai, j'étais resté éveillé toute la nuit. Taylor habitait alors au n°42 de la rue de Bondy, quatrième étage. Son appartement se composait d'une antichambre remplie de livres et de bustes ; une salle à manger pleine de photos et de livres ; un salon plein d'armes et de livres ; et une chambre pleine de manuscrits et de livres. Je sonnai à la porte de l'antichambre, le cœur battant à un rythme effroyable. L'humeur bonne ou mauvaise d'un homme qui ne savait rien de moi, qui n'avait aucune incitation à être bienveillant envers moi, qui m'avait reçu par pure bonté, devait décider de ma vie future. Si mon jeu lui déplaisait, il empêcherait tout ce que je pourrais lui apporter plus tard, et j'étais presque à bout de courage et de force. J'avais sonné, assez doucement, je l'avoue, et personne n'y avait répondu ; Je sonnai une seconde fois, aussi doucement que la première fois ; encore une fois, personne ne m'a prêté attention. Et pourtant, en rapprochant mon oreille, il me sembla entendre un bruit révélateur de quelque chose d'inhabituel qui se passait à l'intérieur : des sons confus et des grognements qui sonnaient tantôt comme des éclats de colère, tantôt, en diminuant le ton, comme un accompagnement continu et monotone de basse. Je ne pouvais pas imaginer ce que cela pourrait être ; J'avais peur de déranger Taylor à un tel moment et pourtant c'était l'heure même qu'il avait lui-même fixée pour ma venue. J'ai sonné plus fort. J'entendis une porte s'ouvrir, et simultanément le bruit mystérieux de l'intérieur qui avait tant éveillé ma curiosité depuis dix minutes se fit plus fort que jamais. Enfin, la porte fut ouverte par une vieille servante.

" Ah ! monsieur, dit-elle d'un air troublé, votre venue fera un excellent service à M. le baron. Il vous attend avec impatience ; entrez. "

"Que veux-tu dire?"

"Entrez, entrez... ne perdez pas une minute."

J'entrai vivement dans le salon, où je trouvai Taylor pris dans sa baignoire comme un tigre dans sa tanière, un monsieur près de lui lisant une tragédie intitulée *Hécube*. Ce monsieur avait forcé son entrée, quoi qu'on lui dise. Il avait surpris Taylor comme Charlotte Corday avait surpris Marat lorsqu'elle l'avait poignardé dans son bain ; mais l'agonie qu'endura le commissaire du roi fut plus prolongée que celle de la tribune du peuple. La tragédie faisait deux mille quatre cents lignes ! Lorsque le monsieur m'aperçut, il comprit que sa victime allait lui être arrachée ; il s'agrippa au bain en s'écriant :

– Il n'y a plus que deux actes, monsieur… il n'y a plus que deux actes !

"Deux coups d'épée, deux coups de couteau, deux coups de poignard ! Choisissez parmi les armes alentour, il y en a de toutes sortes ici, choisissez celle qui tranchera le mieux et me tuera sur-le-champ !"

« Monsieur, répondit l'auteur d' *Hécube* , le gouvernement vous a nommé *commissaire du roi* exprès pour écouter ma pièce ; c'est votre devoir d'écouter ma pièce, vous entendrez ma pièce !

" Ah ! c'est justement là que le malheur arrive ! " s'écria Taylor en se tordant les mains. "Oui, monsieur, à mon grand regret je suis *commissaire du roil* ... Mais vous et les gens comme vous me ferez remettre ma démission; vous et vos semblables m'obligerez à y renoncer et à quitter la France. J'ai eu un propose d'aller en Egypte, je l'accepterai ; j'explorerai les sources du Nil jusqu'à la Nubie, jusqu'aux Montagnes de la Lune, et j'irai immédiatement chercher mon passeport.

"Vous pouvez aller en Chine, si vous le souhaitez", répondit le gentleman, "mais vous n'y irez pas avant d'avoir entendu ma pièce."

Taylor poussa un long gémissement, comme un athlète vaincu, me fit signe d'entrer dans sa chambre et, retombant dans sa baignoire, il baissa la tête résignée sur sa poitrine. Le monsieur a continué. La précaution de Taylor de mettre une porte entre lui, son lecteur et moi était tout à fait inutile ; J'ai entendu chaque mot des deux derniers actes d' *Hécube*. Le Tout-Puissant est grand et plein de compassion – qu'il accorde la paix à cet auteur ! Enfin, lorsque la pièce fut terminée, le gentleman se leva et, à la demande pressante de Taylor, consentit à partir. J'ai entendu la vieille femme verrouiller la porte après lui. L'eau du bain avait profité du temps passé à lire pour se refroidir, et Taylor revint dans sa chambre en frissonnant. J'aurais sacrifié un mois de salaire pour qu'il trouve un lit chauffé dans lequel se glisser. Et la raison n'est pas loin à chercher ; car, naturellement, un homme à moitié gelé après avoir écouté cinq actes n'est pas d'humeur favorable pour en entendre cinq autres.

" Hélas ! monsieur, lui dis-je, je suis tombé sur un moment bien inopportun, et je crains que vous ne soyez pas du tout disposé à m'écouter, du moins avec la patience que je pourrais désirer. "

"Oh, monsieur, je ne l'admettrai pas, puisque je ne connais pas encore votre travail", répondit Taylor; mais vous devinez quelle épreuve c'est d'être obligé d'écouter des choses comme celles que je viens d'entendre, chaque jour béni de ma vie.

"Tous les jours?"

"Oui, en effet, et plus souvent ! Voyez, voici mon ordre du jour pour la Commission d'aujourd'hui. Nous devons entendre un *Épaminondas*. "

J'ai poussé un soupir. Ma pauvre *Christine* était prise entre deux feux croisés du classicisme.

« Monsieur le baron, risquai-je de dire, préférez-vous que je vienne un autre jour ?

"Oh ! certainement pas", dit Taylor, "maintenant nous sommes ici..."

« Très bien, dis-je, je vais juste vous lire un acte, et si cela vous fatigue ou vous ennuie, vous devez m'arrêter.

"Très bien," murmura Taylor; "Vous êtes plus miséricordieux que vos confrères. Et c'est bon signe... Allez, continuez, je vous écoute."

En tremblant, je sortis ma pièce de ma poche ; elle paraissait être un volume terriblement gros. Taylor jeta un regard sur l'immense masse avec une expression si alarmée que je lui criai :

" Oh ! monsieur, n'ayez pas peur ! Le manuscrit n'est écrit que sur une seule face du papier. "

Il respira à nouveau. J'ai commencé. J'étais tellement nerveux que je n'arrivais pas à lire ; ma voix tremblait si bien que je ne pouvais pas entendre ma propre voix. Taylor m'a rassuré ; il n'était pas habitué à une telle modestie ! J'ai repris ma lecture et j'ai réussi tant bien que mal à terminer mon premier acte.

"Eh bien, monsieur, je continue ?" » demandai-je d'une voix faible, sans oser lever les yeux.

"Certainement, certainement", répondit Taylor, "continuez. Ma foi, c'est excellent !"

Une nouvelle vie m'est venue, et j'ai lu mon deuxième acte avec plus de confiance que le premier. Quand j'ai eu fini, Taylor lui-même m'a dit de continuer avec le troisième, puis le quatrième, puis le cinquième. J'éprouvais un désir inexprimable de l'embrasser ; mais je me suis abstenu, par crainte des conséquences.

Une fois la lecture terminée, Taylor sauta de son lit.

"Il faut que tu viennes avec moi au Théâtre-Français", dit-il.

"Mais que dois-je faire là-bas ?"

"Eh bien, à votre tour de lire votre pièce dès que possible."

« Le pensez-vous vraiment ? Dois-je le lire au Comité ?

"Pas un jour plus tard que samedi prochain." Et Taylor a crié : « Pierre ! »

Un vieux domestique entra.

"Donnez-moi tous mes vêtements, Pierre."

Puis se tournant vers moi, il dit : « Tu m'excuseras ?

"Oh, il n'y a rien à excuser !..." répondis-je.

Le jeudi suivant (car Taylor n'attendrait pas le samedi, mais avait convoqué un comité spécial), le comité, soit par hasard, soit parce que Taylor avait loué ma pièce de manière extravagante, était très nombreux ; Il y avait autant d'hommes et de femmes bien habillés que si une danse était en route. Les dames parées de chapeaux et de fleurs gais, les messieurs en tenue à la mode, le grand tapis vert, les regards inquisiteurs qui étaient fixés sur moi, chaque détail jusqu'au verre d'eau que Granville a solennellement déposé à mes côtés, et qui m'a semblé très ridicule, tout cela réuni pour m'inspirer une profonde émotion.

Christine était alors bien différente de ce qu'elle est aujourd'hui : c'était une pièce simple, de style romantique, mais fondée sur les traditions classiques. Elle se limitait à cinq actes ; l'action se déroule entièrement à Fontainebleau et est conforme à l'unité de temps, de lieu et d'action posée par Aristote. Plus étrange encore ! il ne contenait pas le personnage de Paula, qui est aujourd'hui la meilleure création de la pièce et le véritable ressort dramatique de toute l'œuvre. Monaldeschi a trahi l'ambition de Christine, mais pas son amour. Et pourtant, j'ai rarement connu un ouvrage ayant connu une première lecture aussi réussie. Ils m'ont fait relire trois fois le monologue de Sentinelli et la scène avec Monaldeschi. J'étais enivré de délice. Ma pièce a été accueillie avec acclamation. Seulement, trois ou quatre des documents à l'ordre du jour contenaient la phrase prudente suivante :

« *Une seconde lecture ou le manuscrit sera soumis à un auteur en qui le Comité a confiance.* »

Le résultat des délibérations de la Comédie-Française fut que la tragédie de *Christine* fut acceptée ; mais, à cause des grandes innovations qu'il contenait, ils n'entreprendraient de l'exécuter qu'après une autre lecture, ou que le manuscrit n'eût été soumis à un autre auteur, qu'ils nommeraient.

Tout cela s'était déroulé sous mes yeux comme une brume. J'avais vu face à face pour la première fois les rois et les reines de la scène tragique et comique : Mademoiselle Mars, Mademoiselle Leverd, Mademoiselle Bourgoin, Madame Valmonzey, Madame Paradol et Mademoiselle Demerson, une *soubrette engageante et intelligente* , qui jouait Molière avec beaucoup de fraîcheur. , et Marivaux avec un style si fini que je n'ai jamais vu chez personne d'autre. Je savais que j'étais accepté et c'était tout ce que je voulais savoir : les conditions que je remplirais, les difficultés que je surmonterais. Je n'ai donc pas attendu la conclusion de la conférence. J'ai remercié Taylor et j'ai quitté le théâtre aussi fier et léger que si ma première maîtresse m'avait dit : « Je t'aime ». Je m'enfuis vers le faubourg Saint-Denis, lorgnant tous ceux que je rencontrais, allant jusqu'à dire : « Vous n'avez pas écrit *Christine* ; vous ne venez pas de sortir du Théâtre-Français ; vous n'avez pas été reçu avec acclamation. , toi toi toi!" Et, dans la joyeuse préoccupation de mes pensées, je n'ai pas pris soin de mesurer mes pas dans un ruisseau, mais j'ai trébuché au milieu de celui-ci ; Je ne faisais pas attention aux voitures, je me bousculais parmi les chevaux. Quand j'arrivai au faubourg Saint-Denis, j'avais perdu mon manuscrit ; mais cela n'avait pas d'importance ! Je connaissais ma pièce par cœur. D'un bond, j'ai bondi dans nos chambres et ma mère a crié, car elle ne m'a jamais revu avant cinq heures.

"Reçu avec acclamation, maman ! reçu avec acclamation !" J'ai crié. Et je me mis à danser autour de nos chambres, ce qui ne laissait que peu de place pour un tel exercice. Ma mère pensait que j'étais devenu fou ; Je ne lui avais pas dit que j'allais à la lecture par peur d'être déçue.

— Et que dira M. Fossier ? s'exclama ma pauvre mère.

"Oh!" Je répondis, en adaptant mes paroles à l'air de *Malbrouck* : « M. Fossier peut dire ce qu'il veut, et s'il n'est pas satisfait, je l'enverrai faire ses affaires !

« Prends garde, mon cher garçon, » répondit ma mère en secouant la tête ; "c'est vous qui serez renvoyés, et pour de bon, aussi."

" Très bien, maman, tant mieux ! Cela me laissera le temps d'assister à mes répétitions. "

"Et supposons que votre pièce soit un échec et que vous ayez perdu votre situation, que deviendrons-nous ?"

"J'écrirai une autre pièce qui réussira."

"Mais en attendant, il faut vivre."

" Ah oui ! c'est bien dommage qu'il faille vivre ; heureusement, dans sept ou huit jours nous aurons de l'acompte. "

"Oui, mais en attendant ce que tu n'as pas encore, mon garçon, suis mon conseil et retourne à ton bureau, afin que personne ne se doute de rien, et ne te vante pas de ce qui est arrivé à personne. ".

"Je crois que vous avez raison, ma mère; et bien que j'aie demandé toute la journée de congé à M. Deviolaine, je vais retourner à mon bureau. Il est deux heures et demie. Eh bien, j'aurai encore le temps d'expédier ma journée. ".

Et je partais en courant vers la rue Saint-Honoré. L'exercice m'a fait du bien, car j'avais besoin d'air frais et d'action ; Je me sentais étouffé dans nos petites pièces. J'ai trouvé une pile de rapports prêts pour moi ; Je me mis à ma tâche et, à six heures, tout était terminé. Mais à ce moment-là, la colère de Féresse contre moi se transformait en haine : je l'avais obligé à rester jusqu'à six heures précises avant d'avoir fini les dernières lignes. Je n'avais jamais écrit aussi vite ni aussi bien. J'ai tout relu deux fois de peur d'avoir interpolé certaines lignes de *Christine* dans les rapports. Mais, comme d'habitude, ils étaient innocents d'effusions poétiques. Je les rendis à Féresse, qui les accompagna au bureau de M. Fossier en grognant comme un ours. Je suis ensuite rentré chez ma chère mère, très épuisé et complètement épuisé par les grands événements de cette journée. Nous étions le 30 avril 1828. J'ai passé la soirée, la nuit et la matinée du lendemain à réécrire mon manuscrit. Vers dix heures, lorsque j'arrivai à l'Administration, je trouvai Ferésse à la porte de son bureau. Il veillait sur moi depuis huit heures du matin, même s'il savait bien que je ne venais jamais avant dix heures.

" Ah ! vous y êtes, " dit-il. "Alors tu écris une tragédie, à ce que j'entends."

"Qui t'as dit ça?"

"Eh bien, mon Dieu, c'est dans le journal."

"Dans le journal?"

"Oui, lis-le par toi-même."

Et il me remit un papier qui contenait effectivement les lignes suivantes :

" Le Théâtre-Français a accepté aujourd'hui avec acclamation et unanimité une tragédie en vers en cinq actes, d'un jeune homme qui n'a encore rien joué. Ce jeune homme est dans les bureaux administratifs de M. le duc d'Orléans, qui lui a facilité la tâche et qui l'a fortement recommandé au Comité de Lecture."

Vous voyez avec quelle précision la presse quotidienne a évalué la situation ! elle n'a pas perdu la tradition, même aujourd'hui. Néanmoins, bien que suffisamment inexactes dans les détails, les nouvelles étaient fondamentalement vraies ; et il circulait de couloir en couloir et d'étage en étage. Il volait de bureau en bureau, au gré des entrées et des sorties, comme si Madame la duchesse d'Orléans eût accouché de jumeaux. J'ai été félicité par tous mes collègues, les uns avec sincérité, les autres avec moquerie ; seul le chef de mon bureau se cachait des regards. Mais comme il m'a fait tenir quatre fois plus de travail que d'habitude, il était évident qu'il avait vu le journal. M. Deviolaine est arrivé à deux heures et à deux heures cinq minutes il m'a fait chercher. Je suis entré dans son bureau la tête en l'air et mes mains posées avec désinvolture sur mes hanches.

"Ah ! te voilà, jeune lame !" il a dit.

"Oui, je suis là."

"Alors tu m'as demandé des vacances hier pour faire des farces !"

"Ai-je négligé mon travail?"

"Ceci n'est pas la question."

"Excusez-moi, monsieur Deviolaine, au contraire c'est la seule question."

"Mais ne vois-tu pas qu'ils se moquent de toi ?"

"Qui a?"

«Les comédiens».

"Néanmoins, ils ont accepté ma pièce."

"Oui, mais ils ne le mettront pas sur scène."

"Ah ! nous verrons !"

"Et s'ils produisent votre pièce..."

"Oui?"

"Il vous faudra encore l'approbation du public."

"Pourquoi imaginez-vous que cela ne plaira pas au public puisqu'il a plu aux comédiens ?"

" Voyons, veux-tu me faire croire que toi qui n'as eu qu'une éducation à trois francs par mois, tu réussiras quand des gens comme M. Viennet, M. Lemercier et M. Lebrun échoueront ?... Viens avec toi!"

"Mais au lieu de me juger avant, ne serait-il pas plus juste d'attendre ?"

"Oh oui, attends dix ans, vingt ans ! J'espère sincèrement que je serai enterré avant que ta pièce soit jouée, et alors je ne la verrai jamais."

A ce moment, Ferésse ouvrit sournoisement la porte.

"Excusez-moi, monsieur Deviolaine," dit-il, "mais il y a ici un *comédien* (il a soigneusement souligné le mot) qui demande M. Dumas."

"Un comédien ! Quel comédien ?" » demanda M. Deviolaine.

"M. Firmin, de la Comédie-Française."

"Oui," répondis-je doucement; "il prend le parti de Monaldeschi."

« Firmin joue dans votre pièce ?

"Oui, il prend Monaldeschi... Oh, c'est admirablement interprété : Firmin joue Monaldeschi, Mademoiselle Mars Christine...."

« Mademoiselle Mars joue dans votre pièce ?

"Certainement."

"Ce n'est pas vrai."

"Voudrais-tu qu'elle te le dise elle-même ?"

« Pensez-vous que je vais prendre la peine de m'assurer que vous mentez ?

"Non, elle viendra ici."

"Mademoiselle Mars viendra ici ?"

"Je suis sûr qu'elle aura la gentillesse de faire ça pour moi."

« Mademoiselle Mars ?

"Oui, tu vois ce Firmin..."

" Arrêtez ! Passez votre chemin ! car, ma foi, vous avez de quoi me retourner la cervelle !... Mademoiselle Mars... Mademoiselle Mars s'est démenée pour vous ? Pensez-y !... Mademoiselle Mars ! " et il leva les mains au ciel, désespéré qu'une idée aussi folle puisse jamais venir à la tête d'un membre de sa famille.

J'ai profité de cette représentation théâtrale pour m'évader. Firmin m'attendait en effet. Il avait profité de son temps pour faire le tour du bureau, et il s'était assuré que les fenêtres de mon bureau donnaient exactement sur celles de la Comédie-Française, circonstance qui offrait de grandes facilités pour mes communications futures. Il est venu, pour ne pas perdre de temps, me proposer de me conduire chez Picard, qui allait lire mon manuscrit. Picard jouissait de la confiance absolue de la Comédie-Française et la Comédie-Française s'appuierait implicitement sur sa décision. J'éprouvais une intense aversion pour Picard, qui, selon moi, avait retardé le développement de la véritable comédie autant que Scribe avait fait avancer la cause du vaudeville. Il était hors de question que Picard puisse comprendre *Christine* ni au point de vue du style, ni au point de vue de la construction. J'ai donc lutté le plus longtemps possible pour ne pas devoir me soumettre à l'arbitrage de Picard. Mais Firmin connaissait très bien Picard et disait qu'il avait un tel penchant pour la jeunesse et que ses conseils étaient si bons que, plutôt que de contrarier Firmin au début de ma carrière, je me suis laissé persuader d'y aller. Il fut convenu que ce soir-là, à quatre heures et demie, Firmin me viendrait chercher et me conduirait chez Picard. A quatre heures et demie, nous partions. *Christine* avait été soigneusement recopiée. On devine que, depuis que j'avais tant soigné les pièces de Théaulon, j'ai pris grand soin des miennes ! Le manuscrit était enroulé et attaché avec un joli morceau de ruban neuf que ma mère m'avait offert.

Où vivait Picard ? Ma parole, je ne saurais le dire et je ne perdrai pas de temps à chercher son adresse. Où qu'il habite, nous sommes arrivés chez lui.

Son apparence correspondait exactement à l'idée que je me faisais de lui : c'était un petit homme difforme avec de longues mains, de petits yeux brillants et un nez pointu comme celui d'une belette. Il nous reçut avec cet air poli et badin qui lui est propre et que beaucoup de gens prennent pour une camaraderie intellectuelle. Nous avons discuté pendant dix minutes et il a feint d'ignorer totalement les nouvelles qu'il possédait depuis le matin ; il a mis à nu l'objet de notre visite et il nous a demandé de lui laisser le manuscrit et de revenir huit jours plus tard. Il nous a donné son humble conseil sur cette question importante, plaidant au préalable notre indulgence si son jugement était plus enclin aux formes classiques courtes de la comédie, plutôt qu'aux *longues productions romantiques (des grandes machines romantiques).* Cet exorde ne présageait rien de bon. Nous avons revu Picard une semaine plus tard ; il nous attendait, et nous le trouvâmes assis dans le même fauteuil, avec le même sourire aux lèvres. Il nous fit asseoir et s'enquit poliment de notre santé ; Finalement, il étendit ses longs doigts sur son bureau et enroula soigneusement mon manuscrit, l'enveloppa et le lia. Puis, avec un sourire gagnant, il m'a dit :

« Mon cher monsieur, avez-vous des moyens de subsistance ?

« Monsieur, répondis-je, je suis commis à quinze cents francs de rente dans les bureaux de M. le duc d'Orléans.

"Eh bien, mon conseil, mon cher garçon, c'est de retourner à votre bureau, de retourner à votre bureau !"

Après une telle déclaration, la conversation fut nécessairement brève. Firmin et moi nous levâmes, nous saluâmes et partîmes. Ou plutôt, je suis parti ; Firmin resta un instant après moi : il souhaitait probablement une explication plus détaillée. Par la porte entrouverte, je vis Picard hausser les épaules avec une telle violence que sa tête semblait risquer de se détacher du corps. Le Molière moderne avait donc l'air extrêmement repoussant, son expression étant surtout remarquablement malveillante. Picard nous avait-il vraiment donné un avis consciencieux ? Firmin en était convaincu, mais j'en ai toujours douté. Il était impossible qu'un intellectuel, aussi étroit soit-il, ne discerne pas : je n'irai pas jusqu'à dire une œuvre remarquable chez *Christine*, mais des œuvres remarquables appartenant à l'école de *Christine*.

Le lendemain, je suis allé voir Taylor, emportant avec moi mon manuscrit contenant les annotations de Picard. Ces annotations étaient constituées de croix, de crochets et de points d'exclamation, qu'on pourrait bien appeler des marques de stupéfaction. Certaines lignes surtout semblaient avoir étonné l'auteur de la *Petite Ville* et des *Deux Philibert.* Ceux-ci avaient été honorés par trois points d'exclamation.

CHRISTINE

"Vous êtes Français, vous; mais ces Italiens, L'idiome mielleux qui détrempe leurs âmes
Semblerait fait exprès pour un peuple de femmes;
D'énergiques accents ont peine à s'y mêler. Un homme est là; l'on croit qu'en homme il va parler;Il parle, on se retourne, et, par un brusque échange,A la place d'un homme, on trouve une louange."—!!!

C'était à la dernière ligne qu'avaient été apposées les trois misérables notes d'exclamation, qui étaient destinées à exprimer bien des choses. Pour la plupart, les critiques de Picard étaient laconiquement brèves. Après les lignes suivantes, vint une énorme note d'interrogation : -

"Sur le chemin des rois, l'oubli couvre ma trace;
Mon nom, comme un vain bruit, s'affaiblit dans l'espace: Ce n'est plus qu'un écho par l'écho répété, Et j'assiste vivante à la postérité.Je crus que plus longtemps—mon erreur fut profonde!—Mon abdication bruir ait dans le monde...
Pour le remplir encore un mais m'est indiqué;Je veux reconquérir cet empire abdiqué.Comme je la donnai, je reprends ma couronne,Et l'on dira que j'ai le caprice du trône!"—?

un point d'interrogation qui semblait dire : « Peut-être que l'auteur comprend ce passage. Moi, certainement pas.

Après la dernière ligne...

"Eh bien, j'en ai pitié, mon père... Qu'on l'achève !"

a été écrit le mot "IMPOSSIBLE".

Était-ce le morceau qui était *impossible* ou seulement cette réplique ? Picard avait eu la délicatesse de me laisser le bénéfice du doute. J'ai raconté mon aventure à Taylor et lui ai montré les notes de Picard.

« Très bien, » dit-il ; "laisse-moi la pièce et reviens demain matin."

J'ai quitté la pièce avec lui, me sentant très abattu. Je commençais à apprendre à mes dépens que les joies du théâtre sont à l'opposé de celles de la nature et n'appartiennent qu'aux premiers jours ; après cette brève période, les véritables ennuis commencent immédiatement. J'ai pris soin de respecter mes fiançailles et j'étais avec Taylor à huit heures le lendemain matin. Il me montra mon manuscrit sur lequel Nodier avait écrit de sa propre main :

"En mon âme et conscience, je déclare que *Christine* est l'une des œuvres les plus remarquables que j'ai lues au cours des vingt dernières années."

"Vous comprenez", me dit Taylor, "j'en aurai besoin pour me soutenir. Vous devez vous tenir prêt à relire votre pièce samedi."

« Monsieur le Baron, lui dis-je, je suis dans un bureau, et là on est d'autant plus strict avec moi que je m'adonne au travail littéraire, que les yeux des bureaucrates considèrent comme un crime impardonnable. Pourrais-je le lire ? dimanche plutôt que samedi ? »

"C'est contraire à toutes les coutumes, mais je verrai ce que je peux faire."

Trois jours plus tard, je recevais mon préavis pour le dimanche suivant. L'assemblée fut encore plus nombreuse que la première fois et la pièce fut applaudie avec encore plus d'enthousiasme, si cela était possible, qu'elle ne l'avait été lors de la lecture précédente. Il fut mis aux voix et accepté à l'unanimité, sous réserve de quelques modifications que je devais arranger après consultation de M. Samson. Heureusement, M. Samson et moi n'étions pas d'accord ; Je dis heureusement, puisque le désaccord m'a amené à refondre toute la pièce, qui a gagné, par ce remaniement, le prologue, les deux actes à Stockholm, l'épilogue à Rome et tout le rôle de Paula. Quand nous serons au bon endroit, nous raconterons comment ces transformations se sont produites ; ils laissaient très loin derrière eux les *Métamorphoses d'Ovide (dont une splendide édition venait d'être publiée par M. Villenave)*. Je dois dire quelques mots de M. de Villenave, qui fut un des hommes les plus instruits et les plus originaux de son temps ; et je dois parler un peu de sa femme, de son fils, de sa fille et de sa maison, tous personnages et choses qui ont eu une grande influence sur cette première partie de ma vie.

CHAPITRE XII

Cordelier-Delanoue—Une séance de l'Athénée—M. Villenave - Sa famille - Les cent trente-deux Nantais - Cathelineau - La chasse *aux bleus* - Forêt - Un chapitre d'histoire - Sauveur - Le Comité royaliste - Souchu - Le tombeau miraculeux - Transporteur

A l'époque des premières représentations des acteurs anglais (qui coïncidaient avec ma fréquentation nocturne des bureaux du Secrétariat), je fis la connaissance d'un jeune homme nommé Cordelier-Delanoue. Cela s'est fait très naturellement. Nous publiions alors *Psyché et Delanoue nous avait envoyé un poème qu'il appelait Hamlet* ; ceci nous l'avons inséré dans notre journal, il est venu nous remercier et Adolphe et moi nous sommes liés d'amitié avec lui, moi surtout. Delanoue était le fils d'un des généraux de la Révolution, qui avait autrefois connu mon père ; cette circonstance nous avait rapprochés et nos sympathies dramatiques et politiques faisaient le reste. Un soir, Delanoue est venu me voir au bureau et m'a proposé de m'emmener à l'Athénée pendant que le courrier du Palais-Royal faisait l'aller-retour à Neuilly. J'ignorais beaucoup de choses, aussi ne m'étonnerai-je pas, je l'espère, si j'avoue que je n'ai jamais entendu parler de l'Athénée. M. Villenave y donnait ce soir-là une soirée littéraire. Je ne savais pas qui était M. Villenave ; et mon ignorance à cet égard était un peu plus excusable que de ne pas savoir ce qu'était l'Athénée. Cependant, j'ai accepté. A cette époque, je n'avais pas l'horreur de faire de nouvelles connaissances qui m'assaillirent plus tard. On m'avait promis quelque chose en rapport avec la littérature et les gens de lettres, et une telle promesse m'aurait poussé à franchir le fil du rasoir qui sert de pont entre le Paradis mahométan et cette terre. Je pourrais franchir une telle limite maintenant, tout enclin au vertige, mais ce serait pour fuir ce que j'étais alors allé chercher. Autant que je me souvienne, les séances de l'Athénée se tenaient dans une salle basse du Palais-Royal, dont l'entrée donnait sur la rue de Valois. On discutait de toutes sortes de sujets qui auraient été insupportables dans les salons, mais qui à l'Athénée étaient tout simplement fastidieux. Les personnes qui discutaient de ces sujets fastidieux avaient droit à un certain nombre de tickets à distribuer aux membres de leur famille, à leurs amis et à leurs connaissances. Ils auraient très bien pu discuter de ces sujets seuls, mais, pour une raison inexplicable, ils préféraient avoir un public. Ce soir-là, la salle était pleine. M. Villenave était très populaire dans le monde, et d'ailleurs ces réunions avaient une certaine célébrité. Si j'étais condamné à être pendu, je ne pourrais pas, pour sauver ma vie, dire ce dont ils ont parlé cette nuit-là. Il s'agissait probablement d'un traité sur un auteur décédé de second ordre, qui servait de prétexte à l'écrivain pour délivrer quelques coups aux vivants. M.

Villenave dirigeait la séance : il y parlait debout, à l'aide de deux candélabres et d'un verre d'alcool. *eau sucrée* près de lui. C'était un bel homme âgé, âgé peut-être à cette époque de soixante-six ou soixante-huit ans. Il avait de splendides cheveux blancs, délicatement bouclés autour de ses tempes ; des yeux noirs qui brillaient d'un feu tout à fait méridional ; il était très grand mais un peu courbé à force de se pencher sur un bureau ; il y avait quelque chose de distingué et de gracieux dans ses mouvements et ses manières. Je m'étais arrêté modestement à la porte pour deux raisons : premièrement, parce que j'étais encore trop inconnu pour imaginer que j'avais le droit d'exclure l'orateur lui-même ou n'importe qui d'autre pour mon propre bien ; deuxièmement, comme je devais rentrer à mon bureau vers neuf heures et demie, il était plus commode d'être près de la porte qu'ailleurs, pour sortir incognito, comme j'étais entré. Delanoue, qui connaissait mieux la société que moi, me quittait pour aller plaisanter avec eux, pendant les courts intervalles où la séance se terminait pour laisser à M. Villenave le temps de reprendre haleine.

L'heure habituelle du courrier étant arrivée, je m'enfuyais tranquillement pour revenir le recevoir à mon bureau, lorsque Delanoue courut après moi et me rattrapa sous le péristyle. Il avait été chargé par la famille Villenave de m'inviter à aller prendre le thé chez eux, après la réunion. Je devais cette faveur aux bonnes choses que mon ami Delanoue avait dites à mon sujet. Il me fallut alors demander où habitaient les Villenave. N° 82 rue de Vaugirard. Oh! mais le 53, faubourg Saint-Denis, était assez loin de chez moi. Heureusement, au cours de mes cinq années de résidence à Paris, j'avais appris à bien connaître ses rues, aussi ne me suis-je pas senti obligé, comme lors de ma première visite, de louer un véhicule pour me conduire de la place du Palais-Royal au rue des Vieux-Augustins. L'invitation transmise par Delanoue avait été si courtoise et si chaleureuse que le moins que je pouvais faire était de l'accepter. J'ai couru au bureau, je me suis occupé du coursier et je suis revenu. Pendant une demi-heure de mon absence, la séance était terminée, et je retournai trouver M. Villenave dans un petit salon ouvert sur la grande salle, recevant les félicitations de ses amis. Delanoue me présenta à M. Villenave et à sa famille. La famille Villenave se composait d'abord de Madame Villenave, une petite vieille dame très aimable, très intellectuelle et une mondaine expérimentée, mais très frimeuse dans sa vie de famille, car elle souffrait, comme Anne d'Autriche, d'un cancer qui finit par tuer son; Théodore Villenave, un grand garçon énergique, auteur, à cette époque, de divers poèmes fugitifs, et traducteur de *Wallenstein* , qui devait faire grand bruit dans les coulisses de l'Odéon pendant trois ou quatre ans avant sa mise en scène. sur scène, où il a eu un accueil assez réussi ; Madame Mélanie Waldor, épouse d'un capitaine d'infanterie en service et en garnison, qui ne fit que de courtes et rares apparitions à Paris, où ceux qui le connaissaient parlaient de lui comme d'un soldat courageux et loyal. Madame Waldor composait, comme son frère, des vers fugitifs qu'elle publiait dans le quotidien ; comme son frère aussi, elle écrivit par la suite une pièce qui connut un grand succès sous le titre de l' *École des Jeunes Filles*. Vint enfin Élisa Waldor, qui n'était à cette époque qu'une charmante petite enfant à tête de chérubin entourée de beaux cheveux dorés et bouclés ; Elle est ensuite devenue une grande et belle femme et s'est mariée deux fois – et chaque fois heureusement, j'espère. [1]

La famille rentra chez elle à pied, de manière patriarcale, accompagnée de cinq ou six amis qui, comme moi, se rendaient rue de Vaugirard, pour y prendre le thé et grignoter du gâteau ensemble. Comme j'étais l'étranger, j'eus la place d'honneur : celle de donner le bras à madame Waldor. Comme la distance était très longue, c'était une bonne occasion de faire connaissance. Mais comme nous ne nous étions jamais vus ni parlé ensemble auparavant, cette longue promenade nous aurait été embarrassants tous deux, si Delanoue ne nous avait rejoint et n'avait fait un troisième dans la conversation entre la place du Palais-Royal et la rue de Vaugirard. Il nous a ainsi rendu à tous deux un grand service, dont nous lui sommes tous deux profondément reconnaissants.

Quelle chose étrange que ces rencontres fortuites ! Comme j'aurais été étonné si quelqu'un m'avait dit que cette famille, dont j'ignorais l'existence quelques heures auparavant et qui m'était complètement étrangère, deviendrait pendant les deux ou trois années suivantes presque aussi proche de moi que le mien, et que je traverserais désormais deux fois par jour la route qui me paraissait alors si longue entre la rue du faubourg-Saint-Denis et la rue de Vaugirard !

Mais j'avais hâte d'arriver à destination, de m'entretenir avec M. Villenave. Je ne me souviens plus comment cela s'est passé ni à quelle occasion, mais un pamphlet qu'il avait écrit est tombé entre mes mains, un petit ouvrage qu'il avait publié en 1794, intitulé *Relation des noyades de cent trente-deux Nantais* . cent trente-deux Nantais). Dès que j'ai vu M. Villenave, je me suis souvenu de ce pamphlet, et dès que j'ai pensé au pamphlet, j'ai résolu de diriger la conversation sur Carrier, et sur Nantes et les cent trente-deux Nantais. Il n'était pas difficile de faire parler M. Villenave ; seulement, sa conversation ressemblait beaucoup à un sermon. Lorsqu'il parlait, il fallait le laisser continuer, ne pas l'interrompre et l'écouter avec une attention respectueuse. Il s'était en effet trouvé à Nantes en 1793, en même temps que Jean-Baptiste Carrier, de sanglante mémoire. À Dieu ne plaise que nous trouvions la moindre excuse pour ce terrible proconsul et les horreurs qu'il a perpétrées ! Mais il faut reconnaître que les Vendéens eux-mêmes lui avaient donné un abominable exemple. Les guerres menées par des prêtres sont souvent des guerres barbares, et on sait, ou plutôt on ne sait pas, qu'au début l'insurrection était entièrement aux mains des prêtres ; les nobles ne s'y mêlèrent que plus tard et, lorsqu'ils y participèrent, la méthode de boucherie devint un peu plus humaine : elle se transforma en fusillade. Le premier à prendre part à cette sanglante querelle fut un sacristain nommé Cathelineau. Machiavel dit que : « Lorsqu'il fut décidé d'assassiner Julien de Médicis dans l'église Sainte-Marie-des-Fleurs, ils choisirent des ecclésiastiques pour faire l'œuvre d'assassinat, car ils étaient moins susceptibles d'être impressionnés par le caractère sacré de l'assassinat. lieu."

C'est un fait étrange mais incontestable que lorsque des hommes de paix, d'amour et de charité se transforment en bourreaux, ils deviennent les plus raffinés en cruauté ; témoin des *in-pace* (donjons) des couvents, témoin des cellules de l'Inquisition, témoin des massacres d'Alby, témoin des autodafés de Madrid, témoin de Jeanne d'Arc, témoin d'Urbain Grandier.

Ce Cathelineau était ce que les gens de la campagne entre Angers et Saint-Laurent appelaient un robuste garçon (*gars*). Trois mois seulement se sont écoulés entre le jour de son premier coup de feu et le jour où il a été tué, mais ces trois mois ont suffi à faire connaître son nom dans l'histoire. Il n'était ni grand ni de manières raffinées ; il ne mesurait que cinq pieds quatre pouces ; mais il avait des épaules bien placées et des hanches magnifiquement équilibrées, et il possédait le beau courage prudent et frais des hommes de l'Ouest. Nous avons dit qu'il était sacristain, mais il était bien d'autres choses encore ; il était maçon, transporteur, marchand de linge, homme marié et père de douze ou quatorze enfants. A peine avait-il été entendu qu'il créa un conseil supérieur composé principalement de prêtres : ils ne s'inquiétaient que peu des nobles. Le chef de ce conseil était le célèbre Bernier, curé d'Angers. Cathelineau était l'homme qu'il lui fallait ; le simple paysan a découvert une méthode plus rapide pour déclencher une insurrection que le pape avec ses bulles ou les prêtres avec leurs sermons. Il conseilla aux curés d'envelopper les crucifix de crêpe noir et de les porter ainsi dans leurs processions. A la vue de leur Christ en deuil, les paysans ne purent plus se contenir ; les femmes s'arrachaient les cheveux, les hommes se frappaient la poitrine et tous juraient de tuer les républicains, racine et branche, puisqu'ils avaient attristé le Sauveur. Il faut ajouter que rien n'est moins chevaleresque et moins patriotique que les proclamations de ces braves gens :

"A bas la conscription ! A bas la milice ! Demeurons dans nos propres campagnes. Les gens nous disent que l'ennemi peut fondre sur nous et menacer nos maisons. Eh bien, qu'ils s'introduisent d'abord sur notre sol, nous serons prêts à les affronter. Là-bas!"

Et ceux qui parlaient ainsi savaient bien que l'ennemi aurait dévasté, pillé et brûlé toute la France et démoli Paris avant de s'aventurer entre leurs haies et parmi leurs ajoncs et dans leurs chemins creux.

C'était comme dire : « Que nous importe ce qui peut arriver à l'Alsace et à la Lorraine, à la Champagne et à la Bourgogne, au Dauphiné et à la Provence ?... Que nous importe s'ils éteignent Paris, la lumière du monde ? ... Le temps de saisir nos fusils quand nous voyons le Cosaque sauter son cheval par-dessus nos haies !

Or, les écrivains les plus pittoresques auraient bien du mal à donner une tournure patriotique à de telles affirmations. Personnellement, je préfère de loin les volontaires qui couraient devant les Prussiens jusqu'à Valmy, à ces paysans qui attendaient tranquillement derrière leurs haies ; et cela d'autant plus que je ne suis pas du tout convaincu qu'ils ne les attendaient pas exprès pour s'allier à eux. Pourquoi ne s'entendraient-ils pas avec les Prussiens ? ils ont engagé de nombreuses négociations avec les Anglais ! La guerre commença alors entre patriotes et royalistes, entre citoyens et paysans. Il y avait des villes constitutionnelles et manufacturières, comme par exemple Chollet, où l'on fabrique de très beaux mouchoirs, qui renfermaient quantité d'ouvriers qui ne souhaitaient pas de Prussiens en France ni d'amis des Prussiens. Un jour, on apprit que les habitants de Bressuire s'étaient révoltés ; ils s'armèrent de piques et se précipitèrent à leur attaque. La ville de Chollet était donc particulièrement visée par la haine des paysans.

Le 4 mars, ils l'attaquent à leur tour. Un commandant de la garde nationale se confiait parmi un groupe de royalistes ; il alla parmi eux pour tenter de réconcilier les deux partis ; bientôt des cris de douleur sortirent de ce groupe dont les membres s'étaient serrés autour de lui et lui coupaient les jambes avec sa propre épée.

Le 10, ce fut le tour de Machecoul ; ici, il y avait moins à faire qu'à Chollet. Machecoul était une petite ville exposée de tous côtés et facile à prendre. Ils apprirent d'abord le danger qu'ils couraient un dimanche ; le tocsin sonna et tous les paysans des environs se dirigèrent vers la ville. Deux cents patriotes se rassemblèrent et s'avancèrent vaillamment contre les assaillants — deux cents contre deux mille ! — la masse s'ouvrit, entoura la petite bande et n'en fit qu'une bouchée. Machecoul avait un curé constitutionnel, et les prêtres qui n'avaient pas prêté serment à la constitution en voulaient à ceux qui l'avaient fait : ils protestaient que ces derniers « gâtaient la profession » ; ils s'emparèrent du pauvre homme alors qu'il venait dire la messe, et ils le tuèrent ; mais il y avait entre eux un plan concerté pour le tuer à quelques centimètres de coups au visage. Le supplice dura longtemps : la vie est parfois très tenace, surtout entre les mains d'habiles bourreaux, qui ne sont pas enclins à le chasser trop vite du corps. Mais tout a une fin : le curé mourut martyr, et, à sa mort, ils consultèrent un vieux chasseur, habile sonneur de clairon, et organisèrent une chasse, fouillant de maison en maison pour retrouver leur proie. Quand ils ont déniché un patriote, ils ont fait sauter la *vue* , au son de laquelle tous les hommes, femmes et enfants sont sortis en courant (dans ce genre de guerre, les femmes et les enfants sont encore pires que les hommes). Quand le patriote était tabassé, le *hallali* était mis au clairon, puis venait la *curée* , qui durait longtemps : elle était exécutée, généralement, par les femmes, à l'aide de ciseaux et de clous, et par les enfants, à l'aide de pierres. . Machecoul se trouve sur une éminence entre deux départements ; on jugea que c'était un bon endroit pour établir une cour de justice ; et ils y massacrèrent pendant quarante-deux jours, du 10 mars au 22 avril.

Le lecteur sait comment l'insurrection s'est étendue de la Basse Vendée à la Haute. Elle fut provoquée par une affaire de Saint-Florent : un émigré avait envoyé son serviteur, un Vendéen nommé Forest, en Vendée pour prêcher la résistance et l'opposition au système militaire. Ils ont essayé de l'arrêter, mais on ne lui a pas refusé d'être entendu ; il prêchait ouvertement la révolte dans les rues. Un gendarme s'approcha de lui ; il sortit un pistolet de sa poche, tira sur le gendarme et le tua. Ce coup de pistolet réveilla ceux qui dormaient encore. Et, remarquez bien, quand ce coup malheureux fut tiré, le tocsin sonnait déjà dans six cents paroisses ; puis il fut emporté par le vent dans toutes les directions ; on n'entendait que le tintement des cloches, comme si des volées d'oiseaux invisibles volaient au-dessus de leurs langues d'airain. La vibration de ces glas mortels, qui se répondaient de village en village, grandissait, s'entrechoquait dans l'air, chargeant l'atmosphère comme un orage, de courants électriques de haine et de vengeance.

En attendant, à quoi s'occupait Cathelineau, l'instigateur de tout cela ? Nous entendrons la version de Michelet :—

« Il avait assez entendu parler du combat de Saint-Florent et des coups de canon ; il ne pouvait non plus ignorer, le 12, l'effroyable massacre du 10, qui avait compromis les côtes vendéennes dans la révolte sans recul. s'il n'avait rien entendu, le tocsin l'aurait assez réveillé : tout le pays semblait en émoi, la terre même tremblait. Il commençait à penser que les choses devenaient sérieuses, et ce n'était que par la prévoyance d'un père de famille qui. il allait bientôt partir, ou bien par prudence militaire, en matière de provisions de vivres, il se mit à chauffer ses fours et à faire du pain. D'abord vint son neveu, avec le récit de la bagarre de Saint-Florent. Il continuait à pétrir sa pâte. Puis les voisins commencèrent à venir : un tailleur, un tisserand, un cordonnier, un chapelier.

"'Eh bien, voisin, qu'allons-nous faire ?'

"Bon vingt-sept d'entre eux s'y étaient rassemblés, décidés à suivre implicitement ses conseils. Il fit remarquer d'abord qu'une crise était survenue : le levain avait fait son œuvre, la fermentation était suffisamment avancée; il était temps d'arrêter de pétrir, d'essuyer son Ils étaient vingt-sept à sortir du village, ils étaient cinq cents, tous des hommes dignes, robustes, courageux et honnêtes, la sélection même des Vendéens. armées, des chefs intrépides se trouvent presque toujours aux premiers rangs, face au canon républicain.

Lorsqu'ils arrivèrent à Chollet, ils étaient quinze mille. Ils s'étaient emparés d'une pièce de canon à Jallais, qu'ils baptisèrent le *Missionnaire* ; et une seconde, en un autre endroit, qui s'appelait *Marie-Jeanne* . Tout au long du parcours, des prêtres rejoignaient leurs rangs, les exhortant, prêchant, chantant la messe. Ils commencèrent le 12, comme nous l'avons vu ; après le 14, une troupe nombreuse se joignit à eux, dirigée par un homme qui devait partager le commandement avec Cathelineau et lui succéder plus tard. C'était Stofflet, un autre paysan rude mais courageux, garde-chasse dans le domaine de M. Maulevrier, dont le petit-fils, pauvre garçon, dernier descendant de la race, fut tué à la chasse, à l'âge de seize ans. Lorsque l'armée vendéenne arriva à Chollet, elle envoya un drapeau de trêve. Étrange envoyé, il était aussi, et il nous donne une bonne idée des temps, des lieux et des circonstances : il avait la tête et les pieds nus ; il portait à la main un crucifix couronné d'épines, entouré d'un immense chapelet ; ses yeux étaient levés au ciel, comme ceux d'un mystique ou d'un martyr, et il criait entre ses sanglots :

"Rendez-vous, mes chers amis, ou vous serez tous mis à feu et à sang !"

Cette convocation a été faite au nom du *commandant* Stofflet et *de l'aumônier* Barbotin.

Toute la garnison de Chollet comprenait trois cents patriotes armés de mousquets et cinq cents armés de piques ; ils essayèrent de résister à quinze mille hommes ; mais, bien sûr, la résistance était totalement impossible ; M. de Beauveau, le chef des Républicains, tomba dès le premier assaut. Les patriotes se retirèrent dans une partie du château qui commandait la place, et d'où ils pouvaient tirer sur les Vendéens lorsqu'ils entraient sur la place ; cela était d'autant plus facile qu'il y avait sur la place un calvaire devant lequel chaque paysan s'agenouillait et priait, sans se soucier des coups de feu, ne revenant au combat qu'une fois ses prières terminées et le signe de croix fait. Ces braves gens — insistons sur le mot et appelons-les des braves gens — car ils ne comprenaient pas l'énormité des crimes qu'ils commettaient , puisque leurs prêtres le leur avaient ordonné ! — ne pillaient pas, mais ils ne tuaient pas seulement au combat. , ce qui était une nécessité, mais même après, et ils tuèrent cruellement, comme nous le verrons.

Nous nous référerons encore à Michelet pour le récit de la façon dont ils tuèrent ; si je vous le racontais dans mes propres mots, vous diriez que je faisais une romance. Lui, on le sait, n'a pas menti ; il a en effet été chassé de sa chaise parce qu'il disait la vérité non seulement sur le passé mais aussi sur l'avenir. Michelet dit :—

« Dès qu'un prisonnier était avoué, les paysans n'hésitaient plus à le tuer, puisque son salut spirituel était assuré ; plusieurs échappèrent à la mort en refusant l'aveu, et en disant qu'ils n'étaient pas encore en état de grâce ; l'un d'eux fut épargné. parce qu'il était protestant et ne pouvait pas se confesser. On avait peur de l'envoyer en damnation. L'histoire a traité très sévèrement les malheureux patriotes qui ont massacré les Vendéens, qui ont fait preuve d'un courage héroïque et sont morts en martyrs. On peut les compter par centaines. Je citerai un exemple, parmi tant d'autres, d'un garçon de seize ans qui, au-dessus du cadavre de son père, cria « *Vive la nation !* » jusqu'à ce qu'il soit transpercé par une vingtaine de baïonnettes. Le célèbre de ces martyrs était Sauveur, officier municipal de Roche-Bernard, disons plutôt de Roche-Sauveur, car il faut conserver son nom. Cette ville, qui est une artère entre Nantes et Vannes, fut attaquée le 16 par un ennemi. immense rassemblement de près de six mille paysans ; il n'y avait pratiquement pas d'hommes armés dans la ville et elle fut contrainte de se rendre. La foule affolée commença aussitôt par massacrer vingt-deux personnes sur la place, sous prétexte d'un coup de fusil parti brusquement en l'air ; ils se précipitèrent sur la mairie et découvrirent le *procureur syndic* Sauveur, un magistrat intrépide et resté fidèle à son poste. Il a été arrêté et emmené ; ils l'ont mis dans un cachot d'où, le lendemain, il a été emmené pour être massacré barbarement. Ils ont échantillonné sur lui toutes sortes d'armes, principalement des pistolets : ils lui ont tiré dessus à petit coup, essayant de lui faire crier : « *Vive le roi !* » mais il se contentait de crier : « *Vive la république !* » Furieux, ils lui tirèrent à la bouche avec de la poudre et le traînèrent devant le Calvaire pour implorer grâce ; il leva les yeux au ciel avec adoration, mais il cria toujours : « *Vive la nation !* » Ensuite, ils lui ont tiré une balle dans l'œil gauche et lui ont donné des coups de pied sur quelques pas ; mutilé et ensanglanté, il se tenait debout, les mains jointes, regardant vers le haut.

"'Recommande ton esprit à Dieu !' criaient ses assassins.

"Ils l'ont abattu ; il est tombé, mais il s'est relevé, serrant fermement sa médaille magistrale et la baisant toujours. De nouveau, on lui a tiré dessus ; il est tombé sur un genou, s'est traîné jusqu'au bord d'une tranchée avec un calme stoïque, sans un seul mouvement. gémissement ou cri de colère ou de désespoir ! Son courage a conduit la foule frénétique à la folie, car ses seuls mots étaient :

" " Achevez-moi, mes amis " et " *Vive la République !* Ne me faites pas traîner, les amis ; " *Vive la nation !* "

"Il a fait sa confession de foi jusqu'au bout, et ils l'ont fait taire à coups de crosse de leurs fusils !"

Qu'en pensez-vous, messieurs royalistes ? Les 2 et 3 septembre ne pourraient sûrement pas vous montrer quelque chose de mieux que cela ? Attendez un peu, ce n'est pas tout ; et ce que nous allons raconter, bien qu'il soit bien compris, n'est pas écrit dans le but de raviver la haine, mais pour faire détester la guerre civile. Si j'emprunte encore une fois les mots de Michelet, ce n'est pas seulement parce qu'ils sont plus éloquents que les miens, mais pour que nous soyons deux à crier « Honte ! Écoutez, et vous verrez combien ses paroles sont vraies :

« Une différence essentielle que nous avons remarquée entre la violence du révolutionnaire et celle du fanatique, poussé par la fureur des prêtres, c'est que les premiers, en tuant, ne désirent que se débarrasser de leur ennemi ; les seconds, inspirés avec les sentiments de férocité des temps de l'Inquisition, ont moins envie de tuer que de faire souffrir, de faire expier la pauvre victime finie dans une misère infinie, dans une agonie prolongée, en manière de venger Dieu. A lire les doux récits idylliques de ! Écrivains royalistes, on pourrait croire que ces insurgés étaient des saints ; que, pour l'essentiel, ils ne se vengeaient et n'exerçaient des représailles que lorsqu'ils y étaient contraints par les cruautés des républicains. Qu'ils nous disent quelles furent les représailles que causèrent les habitants de Pontivy. , le 12 ou le 13 mars, dirigé par un curé réfractaire, pour assassiner dix-sept gardes nationaux sur la place publique ! Était-ce des représailles qui s'exercèrent à Machecoul, pendant six semaines, sous l'autorité organisée du Comité royaliste ? Un certain Souchu, collecteur d'impôts, qui présidait, remplit et vida quatre fois les prisons de la ville. La foule, comme nous l'avons vu, avait d'abord tué par simple jeu, par plaisir brutal. Souchu y mit un terme, et veilla à ce que les exécutions fussent longues et douloureuses. En tant que bourreaux, il préférait particulièrement les enfants, car leurs mains maladroites provoquaient des souffrances plus prolongées. Les hommes aguerris, marins et soldats, ne pouvaient assister à ces actes sans indignation et voulaient les empêcher. C'est pourquoi le Comité royaliste commettait ses meurtres de nuit : il ne tirait plus, mais massacrait ses victimes et recouvrait en toute hâte les mourants avec du papier d'aluminium. Terre. Selon des rapports authentiques faits à la Convention, 542 personnes ont péri en un mois et de quelles morts effroyables ! Lorsqu'ils ne trouvèrent pratiquement plus d'hommes à tuer, ils se tournèrent vers les femmes. Beaucoup étaient républicains et pas assez complaisants envers les prêtres qui leur en voulaient. Un miracle effroyable se produisit : dans une des églises, il y avait le tombeau de quelque saint célèbre ; ils l'ont consulté ; un prêtre disait la messe sur le tombeau et imposait les mains dessus. Voici, la pierre bougeait.

"Je peux le sentir monter !' s'écria le curé.

" Et pourquoi s'est-il soulevé ? Pour exiger un sacrifice agréable à Dieu, à savoir que les femmes ne soient plus épargnées mais massacrées ! Heureusement, en effet, les Républicains, la Garde nationale de Nantes, sont arrivés.

"'Hélas!' leur dirent les citadins en venant vers eux en pleurant et en se tordant les mains : vous venez trop tard. Vous ne pouvez que sauver les murs, la ville elle-même est exterminée !...

"Et ils montrèrent l'endroit où des hommes avaient été enterrés vivants. Horrifiés, ils aperçurent une main ratatinée qui, dans l'angoisse effrayante de l'étouffement, avait saisi et tordu les herbes desséchées...."

Est-ce que ça sert à quelque chose de parler de Carrier après tout ça ? A quoi servirait de raconter ses *bateaux à Soupapes* ; [2] de ses *bagnades républicaines* ; de ses *mariages révolutionnaires* [hommes et femmes liés mains et pieds et jetés dans la Loire] ; de ses *déportations verticales*. [3] Ce ne serait qu'opposer crime contre crime, ce qui ne prouverait rien au-delà de la méchanceté de l'homme. De plus, Carrier a expié ses crimes. Je suis bien conscient que, même si cela a pu suffire à satisfaire aux exigences de la justice en ce qui concerne l'homme lui-même, cela n'a pas suffi à satisfaire l'histoire. C'était en vain que Carrier luttait de toutes ses forces contre l'accusation qui lui tombait dessus comme un choc ; en vain il s'écria, les yeux sombres, les bras tendus et la voix stridente, à ses anciens collègues, devenus ses juges :

" Je ne vous comprends pas ! Vous devez être fou ! Pourquoi me reprocher aujourd'hui ce que vous m'avez ordonné de faire hier ? En m'accusant, la Convention s'accuse elle-même... Ma condamnation, voyez-vous, est votre condamnation aussi ; vous vous retrouverez pris dans la même proscription que moi : si je suis coupable, tout le monde ici l'est aussi... tout le monde, tout le monde, tout le monde jusqu'à la cloche sur la table du président !

Mais tous ses cris étaient inutiles. Et c'est là que réside l'horreur des révolutions ; ils arrivent à un point où la même terreur qui les a poussés à l'action les pousse à la réaction, et où la guillotine, saturée de boire le sang des accusés, est prête à boire avec indifférence et indifférence le sang des juges et des bourreaux ! Cette réaction, qui survint deux jours plus tard, sauva la vie d'André Chénier et de M. Villenave, ainsi que de cent trente et un Nantais, ses compagnons.

---

[1] Hélas ! depuis que ces lignes ont été écrites, la mort est intervenue dans la vie et le bonheur de cette pauvre dame, car j'ai lu un jour dans les journaux de Bruxelles, des paroles froides comme l'acier du moyen âge qu'on remettait autrefois entre les mains d'un squelette:-

" Madame Bataillard, fille de Madame Mélanie Waldor, vient de mourir après une longue et douloureuse maladie. Les funérailles auront lieu demain. Les amis qui n'auraient pas reçu d'invitation à être présents sont invités à se rendre au cimetière à onze heures. heures."

Malheureusement, l'annonce est arrivée trop tard pour moi. Parmi tous ses nombreux amis, je gardais certainement d'elle le souvenir le plus affectueux, et on me refusait la consolation soit de la voir avant sa mort, soit de la suivre jusqu'à sa tombe. La joyeuse enfant, la belle jeune fille, l'épouse sérieuse et intelligente, qui aurait dû mourir longtemps après nous, puisque nous l'avons vue grandir, est partie avant nous, et nous attendons encore ici !

[2] NOTE DU TRADUCTEUR. — Carrier obligea ses victimes à embarquer sur des bateaux qui furent ensuite sabordés.

[3] NOTE DU TRADUCTEUR.—Voir note 2.

CHAPITRE XIII

Maison de M. Villenave - Le règne despotique du maître - La coquetterie du savant - Description du sanctuaire de l'homme de science - Je suis admis grâce à un autographe de *Bonaparte* - La crevasse du mur - Les huit mille feuillets - Le pastel de Latour — Voyages de découverte pour un Elzévir ou un *Faust* — La chute du portrait et la mort de l'original

---

Je voulais parler de M. Villenave, et voici, j'ai parlé de Cathelineau, Stofflet, Sauveur et Carrier. Quelle chose étrange que l'imagination ! l'habitant rebelle de sa maison, qu'on croit y être esclave, mais en réalité sa reine !

J'ai laissé en disant que nous allions prendre le thé chez M. Villenave.

Chaque oiseau fait son propre nid, soit avec des brindilles, soit avec différentes sortes de plumes ; et chaque homme fait sa propre maison - lorsqu'il en possède une - révélatrice de son caractère, de son tempérament et de son idiosyncrasie. La maison de M. Villenave avait donc ses caractères propres, qui reflétaient le goût de son occupant. Il était construit avec des pierres qui étaient autrefois blanches, mais que le temps avait teintées de gris et qui viraient rapidement au noir. Elle ne débouchait pas sur la route ; c'était une maison austère et sombre qui ne se prêtait pas à des actes aussi frivoles ; un mur de dix pieds de haut faisait face à la rue, comme une sorte d'ouvrage extérieur, orné au sommet d'une formidable frange de verre déchiqueté. Ce mur avait deux portes, une grande et une petite. À moins que les voitures ne voulaient entrer, la grande était toujours fermée, ses gonds rouillés, sa serrure cassée ; la petite porte, à côté de la loge du portier, ouvrait et donnait accès au jardin, un jardin très fréquenté dans des allées sans bordures de fleurs, possédant des vignes sans raisin et des arbres sans feuilles qui n'offraient aucune ombre. Si, par hasard, une fleur poussait dans un coin, c'était une fleur sauvage qui avait pris cet enclos humide pour un terrain vague et qui y avait poussé sans s'en apercevoir, un liseron, une marguerite ou une renoncule. Un jour, la pauvre fleur entendait un cri de surprise et voyait une jolie enfant aux joues roses, aux cheveux bouclés et dorés, courir vers elle en toute hâte et les pieds avides, les yeux fixés sur elle, puis la saisir furtivement avec autant de précaution. comme si c'était un papillon ; quand elle l'avait cueilli, elle courait avec une joyeuse surprise vers sa mère en criant :

"Tu vois, maman ! une fleur !..."

Le jardin, qui pouvait faire quinze mètres carrés, était délimité du côté de la maison par une allée de pavés menant à un couloir carrelé de briques rouges carrées, un escalier au fond complétant la vue. Mais avant d'atteindre cet escalier, vous avez d'abord franchi quatre portes. Celle de gauche appartenait à la salle à manger dont la fenêtre donnait sur la partie la plus propre du jardin ; à droite, en face, était une petite pièce peu utilisée, où l'on laissait humides une table et trois ou quatre vieux fauteuils. À plusieurs endroits, le papier peint se déformait et tombait sans que personne ne s'en aperçoive, et il était piqué de taches humides vertes et blanches. Puis, à gauche encore, se trouvait la porte de la cuisine et, à droite, le garde-manger et le garde-manger. Ce rez-de-chaussée sombre et humide ressemblait à une catacombe, et on n'y descendait qu'à l'heure des repas. Les véritables pièces d'habitation où nous nous divertissions étaient au premier étage. Cet étage contenait un petit et un grand salon, ainsi que les chambres appartenant à madame Villenave et à madame Waldor. Nous quittons le petit salon et les deux chambres et nous concentrons toute notre attention sur le grand salon, qui, après les greniers (empressons-nous de les mentionner ici, avant d'avoir le droit d'y entrer), était la pièce la plus étrange. dans la maison. Sa forme était un long rectangle, comportant, à chacun de ses angles, une console supportant un buste. L'un de ces bustes était celui du maître de maison. Entre les deux bustes, au fond, sur une table de marbre, face à la cheminée, se trouvait l'œuvre d'art et d'archéologie la plus importante de la pièce : c'était l'urne en bronze qui contenait autrefois le cœur de Bayard. Un petit bas-relief entourait l'urne représentant le "chevalier *sans peur et sans reproche* " appuyé contre un arbre et baisant le manche de son épée. Viennent ensuite quatre grands tableaux, dont trois portraits et le quatrième un paysage. Commençons par le paysage, honneur à qui l'honneur est dû, le paysage a été de Claude Lorraine. L'un des portraits représentait Anne Boleyn et était signé par Holbein. J'oublie de qui étaient les deux autres tableaux : l'un était de Madame de Montespan et l'autre soit Madame de Sévigné, soit de Grignan, je ne sais plus lequel. Les murs étaient recouverts d'un de ces papiers indéfinis qui ne laissent aucune impression dans la mémoire ; les meubles étaient recouverts de velours d'Utrecht ; de grands canapés aux accoudoirs fins et blancs, comme ceux d'un bossu, invitaient les amis de la famille à se mettre à l'aise ; tandis qu'il y avait des chaises et des fauteuils pour les visiteurs plus formels. Cet étage avait à la fois son roi et sa vice-reine : le roi était M. Villenave, la vice-reine était Mme Waldor. Nous disons volontairement « vice-reine », car dès qu'il entra dans son salon, M. Villenave en devint le maître, le roi, plus que le roi, le despote ! M. Villenave était enclin au caractère tyrannique, et exerçait cette tyrannie sur les étrangers comme sur sa propre famille. Comme ces petits princes d'Italie dont on est obligé d'adopter les principes dès qu'ils ont franchi les frontières de leurs territoires limités, ainsi de M. Villenave, quand vous aviez franchi le seuil de son salon, il ne vous permettait pas de tenir une opinion différente de la sienne sur n'importe quel sujet. Vous êtes devenu partie intégrante de l'être de l'homme qui avait tout vu, tout étudié et qui, en fait, savait tout . Si cet esprit tyrannique était tempéré par la courtoisie du maître de maison, il n'en avait pas moins un effet déprimant sur l'ensemble de la société. Quoique en présence de M. Villenave la conversation fût, comme on disait autrefois, *bien menée*, c'est-à-dire savamment conduite, elle était toujours moins amusante, plus entravée et moins brillante que lorsqu'il n'était pas présent. C'était comme la différence entre un menuet et le jeu du chat dans le coin. C'était exactement l'inverse lors des soirées mondaines de Nodier : Nodier aimait que les gens se sentent aussi à l'aise que lui.

Cela me rappelle que je n'ai pas parlé de Nodier puisque je l'ai décrit comme m'aidant à entrer au Théâtre-Français. Excellent et bien-aimé Nodier ! — un de mes plus chers amis ! Il ne perdra pas, soyez-en sûr, par cet ajournement.

Heureusement, M. Villenave ne paraissait que très rarement au salon, sauf les nuits de l'Athénée. Il passait le reste de son temps au deuxième étage, n'apparaissant parmi sa famille que pour le dîner ; puis, après quelques minutes de causerie, après avoir sermonné son fils et grondé sa femme, il s'étendait dans un fauteuil, se faisait coiffer par sa fille et rentrait dans son appartement. Le quart d'heure pendant lequel les dents du peigne lui grattaient doucement la tête était le moment le plus heureux de la journée pour M. Villenave, le seul repos qu'il s'accordait de son incessante absorption de gribouillage.

"Mais pourquoi s'est-il frisé les cheveux ?" demande quelqu'un.

C'est la question que je me suis moi-même posée.

Madame Waldor déclara que c'était simplement un prétexte pour se faire gratter la tête. M. Villenave a dû être un perroquet dans l'une des métamorphoses qui ont précédé sa vie d'être humain. Madame Villenave, qui connaissait son mari depuis plus longtemps que sa fille, et qui pouvait donc prétendre le connaître mieux, affirmait que c'était par vanité. Et en effet, M. Villenave, qui était un beau vieillard, devait être d'une beauté splendide dans sa jeunesse. Ses traits fortement marqués étaient merveilleusement mis en valeur dans leur encadrement de cheveux blancs flottants, qui mettaient en valeur la lumière ardente de ses beaux yeux noirs. En effet, si M. Villenave était un savant, il était aussi vaniteux, combinaison de vertu et de défaut rarement réunies, mais il n'était vaniteux que de tête. Pour le reste de son apparence, à l'exception de sa cravate, qui était invariablement blanche, il le laissait à son tailleur et à son bottier, ou plutôt aux soins de sa fille, qui s'occupait de ces affaires pour son père. Que son habit fût bleu ou noir, son pantalon large ou étroit, le bout de ses bottes rond ou carré, pourvu que les cheveux de M. Villenave soient bien coiffés, c'était tout ce qui l'intéressait. Nous avons dit que, lorsque sa fille lui avait peigné et bouclé ses cheveux, M. Villenave montait chez lui, ou *chez lui,* comme disent les Anglais. Bonne grace! quel endroit curieux c'était aussi !

Suivez-moi, lecteur, si ces minutieux détails à la manière de Balzac vous amusent, et si vous croyez que la nature prend autant de soin à faire un hysope qu'à faire un cèdre. D'ailleurs, peut-être pourrons-nous dénicher dans le pot-pourri quelque curieuse anecdote, concernant un charmant pastel de Latour. Mais nous n'en sommes pas encore là ; nous y arriverons enfin, comme nous sommes enfin arrivés au sanctuaire de M. Villenave.

Nous avons divisé le rez-de-chaussée en salle à manger, cuisine, cellier ; et au premier étage dans les petits et grands salons et les chambres ; il n'y avait rien de tel au deuxième étage. Le deuxième étage avait cinq pièces, cinq pièces pleines de rien d'autre que des livres et des cartons. Ces cinq salles devaient contenir quarante mille volumes et quatre mille cartons, entassés à terre et sur des tables. L'antichambre à elle seule était une vaste bibliothèque. Elle avait deux entrées : celle de droite conduisait à la chambre de M. Villenave, chambre sur laquelle nous reviendrons. Celle de gauche donnait sur une grande pièce qui, à son tour, donnait sur une pièce beaucoup plus petite. Ces deux pièces, bien entendu, n'étaient que deux bibliothèques. Les quatre murs étaient tapissés de livres posés sur un substrat de boîtes. C'était assez étrange en soi, comme on l'imagine facilement, mais ce n'était pas la chose la plus originale qui attirait l'attention. La disposition la plus ingénieuse était une construction carrée qui se dressait au milieu de la pièce comme un bloc énorme et formait une seconde bibliothèque dans la première, ne laissant que l'espace pour un chemin autour de la pièce, bordé de livres à gauche et à droite, juste assez large. permettre à une seule personne de circuler librement ; une deuxième personne aurait bloqué la circulation. D'ailleurs, seuls les amis les plus intimes de M. Villenave ont jamais prétendu avoir le privilège d'être admis dans ce *sanctum sanctorum*. Le substrat des boîtes contenait des autographes. L'époque de Louis XIV. il lui fallait à lui seul cinq cents cartons ! C'était là le résultat de cinquante années de travail quotidien, concentrées sur ce seul objet ; heure après heure occupée par cette seule passion. C'était, en un mot, la passion douce et ardente d'un collectionneur-né, dans laquelle il mettait son esprit et son bonheur et sa joie et sa vie !

On y retrouvait une partie des papiers de Louis XVI, découverts dans le coffre de fer ; il y avait la correspondance de Malesherbes, deux cents autographes de Rousseau et quatre cents de Voltaire ainsi que les autographes de tous les rois de France, depuis Charlemagne jusqu'à nos jours ; il y avait des dessins de Raphaël et Jules Romain, de Léonard de Vinci, Andrea del Sarto, Lebrun, Lesueur, Greuze, Vanloo, Watteau, Boucher, Vien, David, Girodet, etc.

M. Villenave ne se serait pas départi du contenu de ces deux chambres pour cent mille écus.

Il ne reste plus que la chambre et le cabinet noir derrière l'alcôve de M. Villenave, auquel on accédait par un couloir dont nous aurons l'occasion de dire quelques mots. Seuls ceux qui ont vu cette chambre à coucher, dont le lit était le meuble le moins visible, peuvent concevoir une idée de ce qu'est la chambre d'un bibliomane. C'était dans cette salle que M. Villenave recevait ses amis. Après quatre ou cinq mois d'intimité dans la maison, j'eus l'honneur d'y être reçu. Une vieille servante, appelée, je crois, Françoise, m'y conduisit. J'avais promis à M. Villenave un autographe, non celui de Napoléon, dont il en possédait cinq ou six, ni celui de Bonaparte, dont il en avait trois ou quatre, mais un de *Bonaparte.*

Il avait donné l'ordre de me faire monter à l'étage dès mon arrivée.

Françoise entrouvrit la porte.

« M. Dumas est là, dit-elle.

Généralement, lorsqu'on annonçait quelqu'un, même s'il s'agissait d'un ami intime venu à l'improviste, M. Villenave poussait un grand cri, grondait Françoise et levait les bras au ciel de désespoir ; puis, enfin, quand il avait cédé à son accès de désespoir, et qu'il gémissait et soupirait à satiété, il disait :

" Très bien, Françoise, comme il est là, faites-le entrer. "

L'intrus serait alors laissé entrer.

Ma réception fut tout autre. A peine M. Villenave avait-il entendu mon nom qu'il s'écria :

"Faites-lui entrer ! faites-lui entrer !"

J'y suis allé.

" Ah ! vous voilà, " dit-il. "Eh bien, je parie que vous n'avez pas réussi à le trouver !"

"Quoi?"

"Ce fameux autographe que tu m'as promis hier."

"Oui, en effet... je l'ai trouvé."

"Et tu l'as apporté ?"

"Pour être sûr que je l'ai fait !..."

"Vraiment?"

"C'est ici!"

"Vite, laisse-moi voir!"

Je le lui ai remis. M. Villenave se précipita vers la fenêtre.

« Oui, c'est authentique », dit-il ; " voilà le *u* !... Oh ! il y a le sien à lui , cela ne fait aucun doute. Voyons : '29 vendémiaire an IV', c'est ça !... Arrêtez, arrêtez !" Il est allé dans une boîte. "Voyez, voici un *frimaire* de la même année, signé 'Bonaparte, 12 frimaire'; donc ça a dû être entre le 29 vendémiaire et le 12 frimaire qu'il a laissé tomber son *u* ; cela détermine une grande question historique!"

Pendant que se déroulait ce monologue, j'avais parcouru attentivement la chambre à coucher, et j'avais remarqué que le seul meuble qui n'était pas encombré de livres était le fauteuil d'où il venait de se lever. Après que M. Villenave eut soigneusement examiné l'autographe, il le mit dans un emballage blanc, écrivit sur l'emballage, le mit dans une boîte, remit la boîte à sa place et se laissa tomber dans son fauteuil, avec un soupir de joie. .

" Ah ! maintenant, asseyez-vous, " dit-il.

«Je n'aimerais rien de mieux», répondis-je; "mais sur quoi veux-tu que je m'assoie ?"

"Eh bien, sur le canapé."

"Oh oui, sur le canapé !"

"Et alors ?"

"Eh bien, regarde le canapé par toi-même."

— Ma parole, vous avez raison : c'est plein de livres. N'importe, prenez un fauteuil.

"Avec grand plaisir. Mais les fauteuils...?"

"Les fauteuils ?"

"Sont jonchés comme le canapé."

" Ah ! j'ai tellement de livres... As-tu remarqué la grande fissure dans les murs de la maison ? "

"Non."

" Cela se voit quand même... Eh bien, mon cher monsieur, ce sont les livres ! Les livres démolissent la maison. "

"Les livres ? Comment ?"

"Oui, douze cents feuillets, monsieur, douze cents feuillets splendides et rares; je crois même qu'il y en a des bien inconnus parmi eux, tant ils sont rares! J'ai mis tout cela dans le grenier et je comptais y en mettre davantage, car là Il y avait encore de la place pour douze cents personnes ; quand, tout à coup, la maison trembla, poussa un gémissement et craqua.

"Pourquoi, tu as dû penser que c'était un tremblement de terre ?"

" Exactement !... mais lorsque nous avons constaté que les dégâts étaient limités, nous avons fait venir un architecte. L'architecte a examiné la maison depuis la cave jusqu'au deuxième étage et a déclaré que l'accident ne pouvait être causé que par un poids trop lourd. Et, par conséquent, il a demandé à pouvoir visiter les greniers. Hélas ! c'était ce que je redoutais. Oh ! s'il s'agissait seulement de moi, je ne lui aurais jamais donné la clé ; bon général... Il visita les greniers, découvrit les in-folios, estima que le poids devait atteindre huit mille livres, et déclara qu'il fallait les vendre, sinon il ne répondrait pas des conséquences... Et ils furent vendus, Monsieur!"

"À perte?"

" Non... Hélas ! j'en ai fait un bénéfice de cinq ou six mille francs, parce que, vous savez, les livres prennent de la valeur après avoir été en possession d'un bibliophile ; mais les pauvres in-folios m'ont été perdus, traqués. de dessous le toit qui les avait abrités... Je ne retrouverai plus jamais une telle collection. Mais, je vous prie, prenez une chaise.

Les chaises étaient dans un état semblable à celui des fauteuils et des canapés : aucun n'était inoccupé. J'ai décidé de changer de conversation.

"Oh!" dis-je à M. Villenave en m'approchant de sa niche, au fond de laquelle une porte ouverte donnant sur le couloir me permettait de voir ce qu'il y avait là. " Oh ! monsieur, quel beau pastel vous avez là-bas ! "

— Oui, oui, répondit M. Villenave avec cet air courtois suranné que je n'ai rencontré que chez deux ou trois vieillards aussi vaniteux que lui. "Oui, c'est le portrait d'une vieille amie, je dis vieille, parce que je ne suis plus jeune, et elle, si je me souviens bien, avait cinq ou six ans de plus que moi. Nous avons fait connaissance en 1784 ; vous voyez, ce n'est pas hier. Nous ne nous sommes pas revus depuis 1802, mais cela ne nous a pas empêché de nous écrire chaque semaine, ni d'attendre les lettres hebdomadaires avec exactement le même plaisir... Oui, tu as raison, le pastel est charmant, mais si tu avais connu l'original tu l'aurais trouvé encore plus charmant !"

Et un doux reflet de jeunesse, comme un rayon de soleil, passa sur le beau visage du vieil homme, le rajeunissant de quarante ans.

Hélas! Je ne suis entré que deux fois dans ce tabernacle sacré de l'intellect : j'ai décrit ce qui s'est passé lors de ma première visite, et je raconterai immédiatement ce qui s'est passé lors de la seconde. Mais je dois d' abord répondre à la question de savoir comment M. Villenave a pu réunir tous ces précieux trésors, puisqu'il n'avait pas une grande fortune. Ce fut par patience et par persévérance, comme dirait la Fontaine. Cette collection avait été l'œuvre de toute sa vie. De même que Ghiberti commença les portes du baptistère de Florence quand il était jeune et les termina vieux, ainsi M. Villenave avait consacré cinquante ans à cette tâche. Il n'a jamais brûlé un seul papier ni détruit une lettre. J'ai écrit deux ou trois fois à M. Villenave pour lui demander des renseignements ; eh bien, mes épîtres indignes ont été mises dans leurs emballages, classées et étiquetées. Pourquoi ai-je été ainsi honoré ? Qui peut le dire ? Peut-être pensait-il que je pourrais un jour devenir une grande célébrité. On imagine facilement que s'il conservait des lettres comme les miennes, il conserverait religieusement d'autres choses. Les avis de réunions des sociétés savantes, les invitations aux cérémonies de mariage, les cartes de funérailles, tout était conservé, classé et remis à leur place. Je ne puis dire ce que ne contenait *pas* la collection de M. Villenave ; J'y ai vu une collection de volumes à moitié brûlés, arrachés à l'incendie de la Bastille le 14 juillet.

M. Villenave employait deux aides de camp, ou plutôt limiers : l'un nommé Fontaine, lui-même auteur d'un livre intitulé le *Manuel des Autographes* ; l'autre était un employé du War Office. Deux fois par semaine, ils allaient à la chasse ; ils fouillaient les boutiques des épiciers, qui, habitués à ces visites, mettaient de côté tous les papiers qu'ils croyaient rares ou curieux. Parmi ces papiers, les deux visiteurs faisaient un choix, payant aux épiciers quinze sous la livre, M. Villenave les payant à raison de trente sous. Il y avait aussi ce qu'on pourrait appeler des journées de chasse royales ; ces jours-là, M. Villenave chassait en personne ; tous les épiciers de Paris le connaissaient et s'approchaient de lui les mains pleines de papiers, bien plus précieux pour lui que les roses et les lys.

Le lecteur aurait dû voir M. Villenave lorsqu'il sortait pour prendre ses loisirs, ou plutôt lorsqu'il sortait pour accomplir la principale œuvre de sa vie. Il n'était pas ces jours-là un dandy frisé et vaniteux, il ne portait pas non plus la cravate blanche ni l'habit bleu à boutons d'or ; non, il ne voulait pas paraître trop aisé en présence des vieux bouquinistes chez lesquels il allait glaner ; il portait ces jours-là un vieux chapeau assez sale, une cravate noire coupée par la barbe et un habit non brossé. Puis l'infatigable bibliomane s'avança le long des quais. Ici, les deux mains dans les poches de son pantalon, son grand corps penché, sa belle tête intelligente éclairée de désir, il envoyait ses regards perçants jusqu'au fond de l'assemblage des marchandises, cherchant sans cesse quelque trésor inconnu, un texte de *Faust* ou d'un Elzévir. Parfois, le chasseur rentrait chez lui les mains vides ; alors il était maussade et silencieux au dîner, et se plaignait que sa fille lui tirait les cheveux pendant qu'elle les frisait ; après cela, il prenait son chandelier et montait dans sa chambre sans souhaiter bonne nuit à personne. Au contraire, si une journée de chasse s'avérait productive et que M. Villenave revenait avec un volume précieux ou une édition rare, alors il revenait le visage rayonnant de sourires ; il balançait Élisa dans ses bras ; il plaisantait avec son fils, embrassait sa fille, complimentait sa femme pour le dîner ; et, le dîner terminé, il remerciait son coiffeur en ronronnant comme un chat content. M. Villenave n'avait qu'une cause d'inquiétude : où mettre la nouvelle acquisition ? Les livres étaient si serrés dans leurs étagères qu'on ne pouvait pas passer un coupe-papier entre les deux. Il marchait d'un côté à l'autre, se retournant, virant de bord, se plaignant, levant désespérément ses longs bras vers le ciel, se décidant enfin à poser le livre sur un canapé ou sur l'un des fauteuils ou des chaises, en disant avec un soupir-

"Il faudra lui trouver une place plus tard."

Cette place ne serait jamais trouvée, et le livre resterait sur le canapé, le fauteuil ou la chaise, là où il avait été posé, nouvel obstacle sur le chemin de tout visiteur qui devait trouver une place.

Je connaissais trop l'aversion de M. Villenave pour m'en inquiéter, pour avoir osé une seconde visite dans son sanctuaire, jusqu'au moment où, en refondant *Christine* , j'ai voulu consulter l'écriture autographe de la fille de Gustave-Adolphe ; Je voulais me familiariser avec certaines bizarreries de son personnage qui pourraient éventuellement, pensais-je, se refléter dans ses écrits. Je résolus donc d'oser déranger M. Villenave dans ces régions intellectuelles où il s'élevait bien au-dessus de l'humanité commune. C'était au mois de mars 1829, vers cinq heures de l'après-midi, que je sonnai et que le portail s'ouvrit. Je demandai M. Villenave et on m'introduisit. Je n'avais pas fait beaucoup de pas vers la maison que Françoise me rappela.

"Monsieur!" dit-elle, "monsieur !"

" Qu'y a-t-il, Françoise ? "

"Est-ce que Monsieur veut monter chez M. Villenave ?"

"Oui, Françoise."

"Je pensais que Monsieur rendait visite aux dames comme d'habitude."

"Tu as tort, Françoise."

"Alors Monsieur voudra bien épargner à mes pauvres jambes de monter deux étages et remettre à M. Villenave cette lettre pour celui qui vient d'arriver."

— Volontiers, Françoise.

Françoise m'a donné la lettre, je l'ai prise et je suis montée. J'ai frappé en arrivant à la porte, mais il n'y a pas eu de réponse. J'ai frappé un peu plus fort. Encore une fois pas de réponse. J'ai commencé à me sentir mal à l'aise ; la clé était dans la porte, et la présence de cette clé indiquait variablement la présence de M. Villenave dans sa chambre. Il est certain qu'un accident lui est arrivé. Je frappai une troisième fois, avec l'intention d'entrer si on ne me répondait pas. Il n'y a pas eu de réponse et je suis entré. M. Villenave dormait dans son fauteuil. Le bruit que je fis en entrant et peut-être le courant d'air que je provoquai troublèrent quelques influences magnétiques, et M. Villenave poussa un cri, se réveilla et sursauta.

« Ah ! pardonnez-moi », m'écriai-je. "Je vous demande mille pardons ! Je vous ai dérangé."

"Qui es-tu ? Quelle est ton affaire ?" demanda vivement M. Villenave.

"Pourquoi, ma foi, ne me reconnaissez-vous pas ?... Alexandre Dumas."

"Oh!" dit M. Villenave en haletant.

"Vraiment, monsieur," dis-je, "je suis vraiment désolé. Je me retire."

— Non, non, au contraire, entrez, dit M. Villenave en se passant la main sur le front ; "vous me rendrez service."

Je suis entré.

"Asseyez-vous", dit-il, par habitude.

Huit ou dix feuillets gisaient par terre ; J'en ai formé un tas et je me suis assis dessus.

"Oui, continua M. Villenave, c'était une chose bien singulière... Je me suis endormi, le crépuscule est venu et, entre-temps, mon feu s'est éteint. Vous m'avez réveillé et vous m'avez trouvé dans le noir, alors Je ne m'expliquais pas le bruit à l'intérieur de ma chambre ; c'était sans doute le courant d'air du couloir qui me touchait le visage, mais, au réveil, il me semblait voir quelque chose de blanc, comme un linceul, danser devant mes yeux... . Curieux, n'est-ce pas ? reprit M. Villenave avec un frisson, comme s'il avait froid de part en part. "Mais te voilà, tant mieux !" Et il m'a tendu la main.

J'ai répondu à sa courtoisie en transférant dans ma main gauche la lettre que je lui avais apportée dans ma droite.

"Qu'est-ce que tu as là ?" demanda M. Villenave.

"Ah! pardon, j'oubliais... c'est une lettre que Françoise m'a donnée pour toi et c'est pour cela que je t'ai dérangé."

"Merci... Arrêtez-vous une minute, pourriez-vous vous inquiéter pour un match ? Je suis vraiment encore assez abasourdi, et si j'étais superstitieux, je croirais que j'en avais eu un pressentiment."

Il prit l'allumette que je lui tendais et l'alluma dans les braises rouges de l'âtre. Dès que l'allumette prenait feu, nous pouvions distinguer les objets dans la pièce grâce à sa lumière vacillante, aussi faible soit-elle.

"Oh ! mon Dieu !" M'écriai-je soudain, "qu'est-il arrivé à ton beau pastel ?"

"Comme vous le voyez, la vitre et le cadre sont cassés ; j'attends de l'envoyer chez le vitrier et l'encadreur... c'était une chose bien incompréhensible !"

"Qu'est-ce que c'était ?"

"La façon dont il est tombé."

"Est-ce que le clou est sorti ou la bague s'est cassée ?"

" Ni l'un ni l'autre. Avant-hier, je travaillais toute la soirée ; lorsqu'il arriva minuit moins le quart, j'étais fatigué, mais je devais encore corriger une épreuve d'une petite édition bien pratique de mon *Ovide*. J'ai décidé de combinez repos et travail en me couchant et en corrigeant les épreuves quand j'étais au lit. Alors je me couchai : je posai ma bougie sur la table près du chevet, et la lumière qui en sortait brillait sur le portrait de mon pauvre ami mon regard ; J'ai suivi la lueur des bougies et j'ai dit bonsoir au tableau comme d'habitude... Une fenêtre entrouverte a laissé entrer une petite brise qui a soufflé la flamme de ma bougie de telle sorte qu'il m'a semblé que le portrait me rendait mon bien. la nuit en baissant la tête comme je l'avais fait ! Vous comprendrez que je considérais ce mouvement comme visionnaire et insensé, mais, folie ou vision, mon esprit persistait à m'attarder sur ce mouvement, et plus j'y réfléchissais, plus l'incident semblait plus réel ; mes yeux s'éloignaient de mon *Ovide* et se fixaient sur ce seul point, le tableau ; mes pensées vagabondes remontaient, malgré moi, aux jours de ma jeunesse ; et ces premiers jours se sont succédés devant moi un à un... Ah moi ! Je crois vous avoir dit que l'original de ce pastel occupait une bonne partie de mon attention à ces débuts ! J'étais donc là, repassant à fond dans de vieux souvenirs d'il y a vingt-cinq ans ; J'ai adressé la copie comme si l'original pouvait m'entendre, et ma mémoire a répondu à sa place ; il semblait que les lèvres du pastel bougeaient ; Je pensais que les couleurs du tableau commençaient à s'estomper et que l'expression du visage devenait triste et malheureuse... Quelque chose comme un sourire d'adieu passa sur ses lèvres ; une larme lui vint aux yeux prête à mouiller le verre. Minuit commença à sonner ; et, malgré moi, je frissonnai... pourquoi, je ne saurais le dire ! Le vent soufflait, et, au dernier coup de minuit, tandis que l' horloge vibrait encore, la fenêtre entrouverte s'ouvrit violemment, j'entendis un soupir comme un gémissement, les yeux du portrait se fermèrent, et le tableau tomba sans aucun bruit. le clou qui le retenait ou la corde étant cassée ; et ma bougie s'est éteinte. J'essayai de le rallumer, mais il n'y avait pas de feu dans la grille, il n'y avait pas d'allumettes sur la cheminée ; il était minuit, tout le monde dormait dans la maison ; il n'y avait donc aucun moyen d'obtenir de la lumière. J'ai refermé ma fenêtre et je me suis recouché... Même si je n'avais pas peur, je me sentais très ému, j'étais triste, j'avais une grande envie de pleurer ; J'ai cru entendre quelque chose passer dans ma chambre comme le bruissement d'une robe en soie... J'ai entendu ce bruit trois fois si distinctement que j'ai demandé : « Y a-t-il quelqu'un là-bas ? Finalement, je me suis endormi, très tard, et la première chose que j'ai regardée en me réveillant, c'est mon pauvre pastel, que j'ai trouvé dans l'état où vous le voyez maintenant.

"C'est en effet une histoire étrange !" J'ai dit. "Et as-tu reçu ta lettre hebdomadaire comme d'habitude ?"

"Non, et c'est ce qui m'inquiète; c'est pourquoi j'ai donné ordre à Françoise d'apporter ou de faire parvenir les lettres qui pourraient me venir dès leur arrivée."

"Eh bien," dis-je, "peut-être celui que je viens de vous apporter..."

" Ce n'est pas sa façon de plier : — enfin, tant pis, puisque ça vient d'Angers... "

Puis, la retournant pour briser l'enveloppe, il s'écria : " Ah ! mon Dieu ! elle est scellée de noir ! Pauvre âme, quelque malheur lui est arrivé ! "

Et M. Villenave pâlit en descellant la lettre ; il en renfermait un deuxième.

Ses yeux se remplirent de larmes alors qu'il lisait les premières lignes de la première lettre.

« Écoutez, » dit-il, et il me le tendit, « lisez-le » ; et, tandis qu'il ouvrait silencieusement et tristement la deuxième lettre, je pris la première et lus :

" MONSIEUR, C'est avec une douleur personnelle, accrue par la conscience de ce que vous ressentirez vous aussi, que je dois vous informer que Madame... est décédée dimanche dernier, aux derniers coups de minuit. La veille, alors qu'elle écrivait à vous, elle a été prise d'un mal que nous avons d'abord cru léger, mais qui s'est aggravé jusqu'à sa mort. J'ai le triste devoir de vous envoyer la lettre qu'elle avait commencé à vous écrire, si inachevée soit-elle. Cette lettre vous assurera que son affection pour vous est restée inchangée jusqu'au bout.

" Je reste, Monsieur, dans une grande douleur, comme vous le croirez bien, votre très humble et très obéissant serviteur,

"THÉRÈSE MIRAUD"

" Ainsi, voyez-vous, reprit M. Villenave, c'est au dernier coup de minuit que le portrait est tombé, et c'est au dernier coup de minuit qu'elle est morte. "

Je sentais que son chagrin avait besoin d'une solitude peuplée uniquement de souvenirs passés et ininterrompue par les pauvres tentatives de consolation que je pouvais offrir. J'ai pris mon chapeau, je lui ai serré la main et je suis parti.

Cet incident m'a rappelé l'apparition de mon père, la nuit même de sa mort, qui m'a réveillé quand j'étais petit enfant, et je me suis posé la question si souvent posée et sans réponse : « Quels sont les liens mystérieux qui lient les morts aux vivants ? » Plus tard, lorsque j'ai perdu ma mère, que j'aimais plus que quiconque au monde et qui, de son côté, m'aimait au-delà de toute expression, je me suis souvenu de ces deux visions et, m'agenouillant près du lit sur lequel elle venait d'expirer, , les lèvres sur sa main, je la suppliai, si quelque chose d'elle avait survécu, de m'apparaître encore une fois ; puis, quand la nuit est venue, je me suis allongé dans une pièce isolée et j'ai attendu le cœur battant, espérant avoir la vision bien-aimée. J'ai compté en vain presque toutes les heures de cette nuit, et pas le moindre bruit ni la moindre apparition ne sont venus consoler ma triste veille. Après cela, j'ai douté de toutes ces expériences, qu'elles soient les miennes ou celles des autres ; car l'amour de ma mère pour moi et le mien pour elle étaient si grands que je savais que si elle avait pu se lever une fois de plus de son lieu de repos pour me faire un dernier adieu, elle l'aurait sûrement fait. Mais peut-être seuls les enfants et les vieillards sont-ils privilégiés : les enfants parce qu'ils sont plus près du berceau, les vieillards parce qu'ils sont plus près de la tombe.

CHAPITRE XIV

Roméo et Juliette de Soulié —Anaïs et Lockroy—Pourquoi les actrices françaises ne peuvent pas jouer Juliette—Les études du Conservatoire—Une seconde *Christine* au Théâtre-Français—M. Évariste Dumoulin et Madame Valmonzey — Complot contre moi — Je cède à mon tour de faire jouer ma pièce — Comment j'ai trouvé le sujet d' *Henri III*. —Mon opinion sur cette pièce

Entre-temps, nous étions au début de juin 1828, et Soulié m'informa que l'Odéon avait accepté son *Roméo* , le répétait et était presque prêt à le jouer. Nous ne nous étions pas revus depuis la nuit où nous étions convenus chacun d'écrire notre propre version de *Christine*. Mais il ne m'avait pas oublié et j'ai reçu deux tickets de galerie pour la première soirée. Comme ma mère m'avait souvent entendu parler de Soulié, et comme elle savait que Soulié était une de mes amies, c'est pour la préparer à la première représentation de mon œuvre que je l'ai emmenée voir la première représentation de Soulié. Pauvre mère ! C'était un grand plaisir pour elle de sortir avec moi. Hélas! Je l'avais malheureusement négligée depuis des mois. Nous sommes tellement habitués à ces anges gardiens, nos mères, que nous ne rêvons jamais, en les laissant poursuivre toutes les folies de la jeunesse, qu'un moment viendra, un moment terrible et inattendu, où, à leur tour, ils laisse nous! Alors seulement nous nous souvenons, les larmes aux yeux et le remords au cœur, de ces nombreuses absences inconsidérées et cruelles et nous nous écrions : « Bon Dieu ! pourquoi l'ai-je si souvent quittée pour ceci et cela, pour maintenant être séparé d'elle par toi pour toujours?"

Nous nous dirigeons vers l'Odéon. Une première représentation était une grande affaire à cette époque, surtout lorsque la pièce jouée pour la première fois était par un homme appartenant à la nouvelle école. Néanmoins, cette pièce de Soulié ne fit pas époque : si elle avait été jouée avant la visite de la compagnie anglaise à Paris, elle eût été considérée comme extrêmement avancée, mais, postérieure à leurs représentations, elle n'était en aucun cas à la hauteur. date. Il n'y avait aucune crainte, en effet, que ce soit un échec total, mais il n'y avait aucune chance non plus qu'il soit un grand succès. Notez également qu'il devait être joué sur la même scène et, probablement, avec la même *mise en scène* qui avait accompagné le jeu par Kemble et Miss Smithson du *chef d'œuvre de Shakespeare*. Anaïs et Lockroy se sont vu confier les rôles principaux. C'était presque la première apparition de Lockroy. Il était beau, jeune, romantique et audacieux, un acteur dont on attendait de grandes choses, surtout dans ce genre particulier de rôle. Mais il en fut autrement en ce qui concerne Anaïs. Dans la comédie, elle était admirable et délicieuse, sans faille en goût, en esprit, en délicatesse de style et d'interprétation ; mais dans le drame et la tragédie, elle était tout à fait insuffisante. Et elle devait apparaître sur ces mêmes planches, devant ce même public, dans le même rôle de Juliette que Miss Smithson avait présenté avec une habileté merveilleuse et avec toutes les qualités qui font une grande tragédienne ! D'ailleurs, il n'y avait pas une seule femme à Paris à cette époque qui pût jouer Juliette, et nous pouvons ajouter que nous n'avons personne qui puisse le faire maintenant. Quelle est la raison pour laquelle nous manquons de ce type charmant, de la femme qui allie la gaieté d'esprit aux facultés dramatiques et poétiques ? Pourquoi n'avons-nous jamais produit, et ne produirons probablement jamais avant un avenir lointain, quelqu'un qui rappellera aux yeux et à la mémoire les personnalités de Miss Smithson et de Miss Faucett ? Pourquoi mademoiselle Mars était-elle inégale au rôle de Desdémone, et madame Dorval elle-même inégale à Juliette ? Parce que l'éducation dramatique de nos actrices n'est conduite que sur la base de trois maîtres, sans doute de grande valeur, mais dont le génie ne comporte pas, comme celui de Shakespeare, cet heureux mélange d'expression naturelle, dramatique et poétique qu'on retrouve dans la plupart de ses œuvres. les œuvres du poète anglais. D'ailleurs, au Conservatoire, les élèves ne sont préparés qu'à une seule branche de l'art, soit à la tragédie, soit à la comédie, jamais à la tragédie et à la comédie réunies. Pourquoi, encore une fois ? Car chez les maîtres étudiés – Molière, Corneille et Racine – ces deux styles ne se retrouvent jamais mêlés. C'est une erreur fatale que d'exclure la comédie de l'éducation de la tragédienne, et la tragédie de la formation de la comédienne ; il rend la tragédienne lourde dans la comédie, la comédienne affectée dans la tragédie. Nos théâtres du XVIIe et du XVIIIe siècles n'ont connu que le réalisme des femmes de Molière, la grossièreté des femmes de Corneille ; la rage ou la douceur des femmes de Racine ; les Agnès et Célimène de Molière ; Émilie et Rodogune de Corneille ; Hermione et Aricie de Racine. Vous chercherez en vain parmi elles tout ce qui ressemble aux scènes de nourrice, de balcon et de tombeau, toutes centrées sur le seul personnage de Juliette. Pour atteindre le niveau des acteurs anglais, il faudrait soit ne pas avoir été formé au Conservatoire — ce que je considérerais, pour ma part, comme un net avantage — soit que le Conservatoire permette, en combinaison avec l'étude des acteurs français maîtres, l'étude de maîtres étrangers ou d'auteurs contemporains, dont les œuvres dramatiques contiennent les trois éléments de la nature, de l'art dramatique et du sentiment poétique. Ce serait une affaire très simple à arranger ; cela gênerait, je le sais bien, MM. Samson et Prévôt ; mais qu'importerait à un ministre de l'Intérieur intelligent de rencontrer une telle opposition ? Cela réveillerait évidemment MM. Viennet, Lebrun et Jouy ; mais M. Viennet n'est plus membre de la Chambre des députés, et M. Lebrun n'est plus membre de la Chambre des pairs ; M. Jouy n'appartient plus à la rédaction du *Constitutionnel*

; alors, qu'importeraient leurs remontrances à un ministre de l' Intérieur qui ne se soucie pas d'appartenir ou non à l'Académie ? À première vue, il semble en effet très facile de repérer un ministre de l'Intérieur lucide qui envisage à la légère d'appartenir à l'Académie ; Et bien! nous nous trompons. Cela fait trente ans que nous essayons de trouver un tel homme ! Nous avons vu deux révolutions sans trouver un tel ministre, et nous devrons peut-être vivre encore deux révolutions avant qu'il apparaisse. Je n'ai pas envie de voir deux autres révolutions avant de mourir, mais j'aimerais bien retrouver le ministre.

Le résultat de tout cela est qu'Anaïs, bien que charmante comédienne (elle a probablement été formée au Conservatoire), a fait une Juliette inadéquate ; et Lockroy, qui avait étudié son rôle chez Kemble et Macready et, surtout, y avait réfléchi lui-même, fit des merveilles dans le rôle de Roméo. Une de ces choses merveilleuses était un coup de génie. Lorsqu'il voit Juliette se lever de son tombeau et marcher, il recule, gardant les yeux fixés sur elle, de peur que celle qu'il prend pour un fantôme ne disparaisse, et sent dans le lit funéraire qu'elle vient de quitter, se gardant de prononcer son cri de joie jusqu'à ce qu'il se soit assuré que le lit est vide. La pièce obtient le succès littéraire qu'elle mérite, succès qui culmine avec le dernier acte, presque entièrement emprunté à Shakespeare.

Je ne crois pas avoir jamais été aussi ému à aucune de mes propres représentations que je l'ai été à cette représentation de Soulié ; Je n'ai jamais plus souffert que pendant ces quatre premiers actes, où je sentais que la pièce traînait sans vie et ennuyeuse, réalisant que cette monotonie et ce manque de vie provenaient du *bon goût excessif* du poète, qui avait cru nécessaire d'améliorer Shakespeare. . Cependant, c'était assez original pour satisfaire le public, et le public était content ; mais je suis bien sûr que Soulié lui-même ne l'était pas.

Pendant ce temps, l'influence des critiques de Picard sur *Christine* se faisait sentir à la Comédie-Française. Mademoiselle Mars, qui s'était d'abord enthousiasmée pour le rôle de Christine, se refroidit en l'étudiant ; car, si incomplet qu'il fût alors, elle le sentait au-dessous de ses pouvoirs ; Firmin, si inspiré qu'il fût, manquait du sens de la composition et commençait à s'inquiéter du rôle de Monaldeschi ; enfin Ligier, qui devait jouer le rôle de Sentinelli, quitta la Comédie-Française et se rendit à l'Odéon. Quelque chose de plus grave encore était arrivé. Le Comité du Théâtre-Français avait reçu une deuxième pièce intitulée *Christine*.

Cette seconde *Christine* avait été écrite par un M. Brault, ancien préfet et ami de M. Decazes, qui le soutenait de toutes ses forces. Le rôle principal dans cette nouvelle tragédie, celui de Christine, avait été confié à Mme Valmonzey. Au cas où vous ne sauriez rien de Madame Valmonzey, je vous dirai qui elle était. Madame Valmonzey n'était pas une bonne actrice, mais c'était une très belle femme, la maîtresse de M. Évariste Dumoulin, rédacteur du *Constitutionnel*. On peut peut-être se demander pourquoi je mentionne ce fait. Je réponds que c'est parce que je le dois. À Dieu ne plaise que je provoque inutilement un scandale et que je dise inutilement du mal des morts ; mais j'écris l'histoire de l'art et l'histoire de la littérature et l'histoire du théâtre, et pour que cette histoire soit histoire, il faut dire la vérité.

C'est ce qui arriva à la réception d'une seconde *Christine* au Théâtre-Français et à la suite des amours de M. Évariste Dumoulin et de Mme Valmonzey. M. Évariste Dumoulin a fait savoir que si l'on ne jouait pas la pièce de son ami M. Brault avant celle de M. Alexandre Dumas, il ruinerait le Théâtre-Français par le biais de son journal. Cette déclaration de guerre effraya beaucoup le Théâtre-Français ; néanmoins, comme c'était une chose sérieuse et inédite que demandait au Comité M. Évariste Dumoulin, ils répondirent qu'ils étaient tout prêts à jouer la *Christine de M. Brault* , mais que, pour ce faire, mon consentement à céder mon tour à il faudrait d'abord l'obtenir. M. Brault, d'ailleurs, était atteint d'une maladie incurable, dont il mourut quelque temps après, et ce serait une consolation pour le pauvre mourant de voir sa pièce jouée avant de mourir. C'est ainsi que la demande m'a été faite par son fils, dans une lettre des plus polies et affables, et par le duc de Decazes dans les termes les plus amicaux, me faisant aussi des offres d'aide. De leur côté, les Comédiens du Théâtre-Français se sont engagés, après une réunion du Comité, à jouer ma pièce après avoir joué celle de M. Brault, à la première demande que je leur en ferais.

J'ai toujours été facilement ému par des appels de ce genre. Mais ce report était une affaire sérieuse pour ma mère et pour moi, car nous comptions littéralement sur la production de cette pièce pour avoir les moyens de vivre. Les primes dont j'avais parlé à ma mère avaient été distribuées, mais ma part était inférieure de cinquante francs à celle que recevaient mes collègues, avertissement que je devais mieux me comporter. D'ailleurs, j'étais sous M. Deviolaine, qui avait prédit que ma pièce ne serait jamais jouée, et qui sautait de joie en voyant que sa prophétie allait probablement s'accomplir. Enfin, cette promesse de jouer ma pièce dès que je la demanderais était illusoire, car après la première *Christine* , je ne pouvais guère demander aux Comédiens d'en jouer une seconde avant qu'un an au moins ne se soit écoulé. Mais, en réalité, je ne pouvais rien faire d'autre que céder, car j'étais de toutes parts entouré de sollicitations, même dans la famille Villenave, et d'ailleurs mon propre instinct se conformait à ces sollicitations. J'ai donc cédé et cédé la place à M. Brault.

Aucune récompense n'a accompagné mon sacrifice. Dès le lendemain, les journaux annonçaient que le Comité du Théâtre-Français, ayant discerné plus de chances dans la pièce de M. Brault que dans la mienne, avait décidé que la pièce de M. Brault serait jouée, tandis que la mienne serait ajournée sine die. J'aurais pu protester publiquement, montrer la lettre du fils de M. Brault et révéler l'engagement pris par la Comédie-Française. Je n'ai rien fait de pareil, et depuis ce jour jusqu'à présent, je n'ai jamais prêté attention aux mesquines intrigues des journaux ; Je peux me vanter avec orgueil et sans crainte d'être contredit de ne m'être jamais souillé les mains, ni pour arriver à mes fins, ni pour nuire à autrui. Bien entendu, ni M. Brault, le pauvre poète mourant, ni son fils, ni M. Decazes n'étaient pour quelque part dans toutes ces intrigantes annonces. Je crois même que le fils de M. Brault a eu la décence d'écrire et de raconter la vraie version des faits, et de me remercier publiquement, comme il m'avait remercié en privé. Mais même si je traitais ces difficultés avec dédain, elles avaient leurs ennuis. Ma mère ne lisait jamais les journaux, mais la famille Deviolaine les lisait, et tout le monde dans les bureaux les lisait, et les âmes charitables prenaient soin de dire à ma mère :

— Ma foi, votre fils fait parler de lui !

"Qu'en est-il de?" demandait ma mère, tremblante d'effroi.

Et puis ils s'empressèrent de l'avertir, et attristirent son pauvre cœur, car j'étais elle en tout, et elle s'inquiétait bien plus de moi que moi de moi-même.

Christine de M. Brault furent poussées aussi vite que les miennes avaient été retardées — pourtant tout le monde sait ce que signifie rapidité au Théâtre-Français ; M. Brault eut tout le temps de mourir avant la représentation de sa pièce, qui n'eut qu'un succès médiocre. Quant à Mme Valmonzey, elle n'obtint même aucun succès. Ma pièce a quand même été retardée indéfiniment.

Soulié avait terminé sa *Christine* et l'avait fait accepter à l'Odéon, avec Mademoiselle Georges et Ligier pour jouer les rôles principaux. Et que m'arrivait-il pendant tout ce temps ?...

Une de ces chances que le sort n'offre qu'à ceux qu'il désigne m'a donné le sujet d'*Henri III.* par un autre accident qui m'avait conduit à *Christine*. Le seul placard que j'avais dans mon bureau — le bureau, on s'en souvient, que je convoitais ardemment —, je devais le partager avec Féresse : j'y mettais mon papier, il y mettait ses bouteilles. Un jour, soit par inadvertance, soit pour me jouer un tour, soit pour montrer ses droits supérieurs sur les miens, il m'enleva la clé de cette armoire en faisant une course. Pendant son absence, j'ai épuisé tout le papier qui traînait dans mon bureau et, comme j'avais encore trois ou quatre rapports à recopier, j'ai été chercher du papier. Un volume d'Anquetil était ouvert sur un bureau : je jetai machinalement les yeux dessus, et à la page 95 je lus les lignes suivantes :

« Bien qu'attaché au roi et ennemi de rang du duc de Guise, Saint-Mégrin n'en était pas moins amoureux de la duchesse Catherine de Clèves, et on disait qu'elle lui rendait son amour. L'anecdote laisse entendre que le mari était indifférent au sujet de l'infidélité réelle ou supposée de sa femme, il s'opposait aux supplications de ses parents pour qu'il se venge, et ne punissait l'indiscrétion ou le crime de la duchesse que par une plaisanterie. Un jour, il entra dans sa chambre de bon matin, tenant une potion dans une main et un poignard dans l'autre, après avoir réveillé brutalement sa femme et lui avoir fait des reproches, il dit d'un ton furieux :

« Décidez, madame, si vous devez mourir par poignard ou par poison !

" En vain lui demanda-t-elle pardon ; il la força à faire son choix. Elle but la décoction et se jeta à genoux, recommandant son âme à Dieu et n'attendant que la mort. Elle passa une heure dans la peur ; et puis le Le duc revint d'un air serein et lui dit que ce qu'elle avait pris pour du poison était une excellente soupe. Sans doute cette leçon la rendit plus circonspecte par la suite.

J'ai eu accès à la *Biographie* ; la *Biographie* m'a renvoyé aux *Mémoires de l'Estoile*. Je ne savais pas ce qu'étaient les *Mémoires de l'Estoile* ; J'ai demandé à M. Villenave, qui me les a prêtés. Les *Mémoires de l'Estoile* , tome i. page 35, contient ces lignes :

" Saint-Mégrin, jeune gentilhomme bordelais, beau, riche et bon cœur, était une des chéries frisées entretenues par le roi. Un soir, en revenant, à onze heures, du Louvre, où le roi était , rue du Louvre, près de la rue Saint-Honoré, il fut attaqué par une vingtaine à trente inconnus, armés de pistolets, d'épées et de coutelas, qui le laissèrent sur le trottoir pour mort, et mourut en effet le lendemain ; , et c'était étonnant qu'il ait pu vivre si longtemps, car il avait reçu trente-quatre ou trente-cinq blessures mortelles. Le roi fit transporter son cadavre à Boisy, près de la Bastille, où Quélus, son compagnon, était mort et enterré à Saint-Paul avec autant de pompe et de solennité que ses compagnons Maugiron et Quélus y avaient été enterrés avant lui. Aucune enquête n'a été faite sur l'assassinat, Sa Majesté ayant été prévenue qu'il avait été commis par un instrument . du duc de Guise, à cause des bruits d'intimité entre le jeune mignon et la femme du duc, et que le coup avait été porté par celle qui portait la barbe et les traits de son frère le duc du Maine. Lorsque le roi de Navarre apprit la nouvelle, il dit :

"'Je suis heureux d'apprendre que mon cousin le duc de Guise ne s'est pas laissé cocu par un *mignon de couchette* comme Saint-Mégrin; je souhaite à tous les autres jeunes gens dorés de la cour qui traînent autour des princesses, les reluquant et faisant leur amour pourrait recevoir le même traitement...."

Plus loin, dans les *Mémoires de l'Estoile* , ce passage, concernant la mort de Bussy d'Amboise :

« Le mercredi 19 août, Bussy d'Amboise, premier gentilhomme de compagnie de M. le Duc, gouverneur de l'Anjou, abbé de Bourgueil, qui prenait des airs très hauts et puissants, à cause de la partialité de son maître, et qui avait fait toutes sortes de mauvaises actions et pillé les pays de l'Anjou et du Maine, fut tué par le seigneur de Monsoreau, en compagnie du méchant lieutenant de Saumur, dans une maison appartenant audit seigneur de Monsoreau, où, la nuit, ledit lieutenant, qui était son messager d'amour, l'avait amené coucher cette nuit-là avec la femme dudit Monsoreau, avec qui Bussy faisait l'amour depuis longtemps et avec qui ladite dame avait fait exprès cette fausse assignation pour le faire ; faites-le surprendre par son mari Monsoreau ; lorsqu'il parut vers minuit, il fut aussitôt entouré et attaqué par dix ou une douzaine d'hommes qui accompagnaient le seigneur de Monsoreau, et qui se précipitèrent sur lui avec fureur pour le massacrer : ce monsieur, se voyant si méprisablement trahi, et qu'il était seul (comme dans de telles expéditions on préfère habituellement être), ne cessa cependant pas de se défendre jusqu'au bout, prouvant, comme il l'avait souvent dit, que *la peur n'avait jamais trouvé de place dans son* — tant qu'il restait un pouce d'épée dans sa main, il combattait jusqu'à ce qu'il ne lui reste plus que le manche, puis il se servait de tables, de formes, de chaises et de tabourets, avec lesquels il mettait trois ou quatre de ses membres hors d'état de nuire. ennemis, jusqu'à ce que, maîtrisé par le nombre et privé de toutes armes et moyens de défense, il soit abattu près d'une fenêtre d'où il avait tenté de se jeter dans l'espoir de s'échapper. Telle fut la fin du capitaine Bussy...."

C'est à partir de ces deux paragraphes relatifs à Bussy et à Saint-Mégrin que j'ai construit mon drame. M. Villenave m'a dit que je trouverais des détails sur les mœurs dans deux livres précieux intitulés la *Confession de Sancy* et l'*Ile des Hermaphrodites* .

En relation avec *Henri III.* il est facile de voir que le don dramatique naît chez certaines personnes. J'avais vingt-cinq ans, *Henri III.* fut mon deuxième ouvrage sérieux : que n'importe quel critique consciencieux le prenne et le soumette à l'examen le plus rigoureux, il trouvera beaucoup de reproches dans le style, mais rien dans l'intrigue. J'ai écrit cinquante drames depuis *Henri III.* , mais aucun d'entre eux n'est plus intelligemment construit.

CHAPITRE XV

La lecture d' *Henri III.* chez M. Villenave et M. Roqueplan. — Une autre lecture chez Firmin. — Béranger est présent. — Quelques mots sur son influence et sa popularité. — Effet produit par mon drame. — Réception par la Comédie-Française. — Lutte pour la répartition des rôles. L'ultimatum de de Broval. — Convaincu du crime de poésie, j'en appelle au duc d'Orléans. — Son Altesse Royale retient mon traitement. — M. Laffitte me prête trois mille francs. Condamnation de Béranger

L'exécution d' *Henri III.* fut, relativement parlant, rapide ; dès que l'intrigue fut complètement réglée dans mon esprit, il ne me fallut guère deux mois pour achever l'ouvrage. Je me souviens que, dans l'intervalle entre la composition de l'intrigue et l'exécution de la pièce, j'étais allé à Villers-Cotterêts, pour tourner, je crois ; à mon retour, je partis avant la voiture, et mes jeunes amis Saunier, Labarre et Duez me mirent en route jusqu'au village de Vauciennes. Au cours de notre promenade, je leur ai raconté tout *Henri III.* Du début à la fin. *Henri III.* a été achevé dès que l'intrigue a été achevée. Lorsque je suis occupé à travailler sur une de mes pièces, cela m'aide de raconter l'histoire ; à mesure que je le raconte, j'invente, et, à la fin d'un de ces récits, un beau matin, la pièce est là, toute terminée. Mais il arrive souvent que cette façon de composer, c'est-à-dire de ne commencer la composition qu'après avoir terminé l'intrigue, soit très lente. J'ai gardé ainsi près de cinq ans *mademoiselle de Belle-Isle* dans ma tête, et depuis 1832 j'ai en tête l'intrigue d'un *Juif errant*, en attendant d'avoir un moment de loisir pour l'achever ; ce sera l'un de mes meilleurs travaux. Je n'ai qu'une seule crainte, c'est de mourir avant de pouvoir y parvenir.

Quand j'eus terminé *Henri III.* Je l'ai lu à un petit cercle d'amis chez Madame Waldor. La pièce fit une grande impression ; mais l'avis unanime était que je devrais faire présenter *Christine* en premier. On disait *qu'Henri III.* était trop audacieux pour une première production. Inutile de dire que M. Villenave considérait tous ces nouveaux mouvements littéraires comme des aberrations monstrueuses de l'intelligence humaine. C'était l'époque où une toute nouvelle génération surgissait autour de nous et avec nous. Plusieurs journaux venaient d'être commencés par des hommes de notre époque, pleins des idées nouvelles alors en circulation, en opposition aux vues du *Constitutionnel*, du *Courrier français*, du *Journal de Paris* et du *Journal des Débats*, qui se réservaient désormais l'entièreté du de son éloge à Victor Hugo.

Ces journaux étaient le *Figaro* et le *Sylphe*. Ils ont été édités par Nestor Roqueplan, Alphonse Royer, Louis Desnoyers, Alphonse Karr, Vaillant, Dovalle et une douzaine d'autres champions audacieux de l'école romantique. Je les ai tous invités à se retrouver dans les appartements de

Nestor Roqueplan, en demandant également à Lassagne et Firmin de nous rejoindre. Nestor Roqueplan n'était pas alors magnifiquement logé dans ses appartements de l'Opéra ; ses salons n'étaient pas ornés par Boule, ni les pierres angulaires de Coromandel. Il avait une petite chambre au cinquième étage, avec une cheminée ornée d'un lavabo en guise d'horloge, et des pistolets de duel en guise de chandeliers. Près d'une vingtaine d'entre nous étaient entassés dans cette salle ; nous disposions les matelas du lit sur le sol pour former des divans ; nous avons transformé le châlit en canapé. Je me tenais devant une table éclairée par de simples bougies ; la bouilloire fut mise sur le feu pour que chaque acte puisse être divisé par une tasse de thé — et je commençai. Cette fois, j'avais affaire à des hommes aux opinions audacieuses, et leurs conseils étaient donc exactement contraires : ils déclarèrent tous d'un commun accord que je devais abandonner *Christine* à son sort malheureux et faire avancer *Henri III*. Firmin était enchanté ; il comprenait bien mieux le rôle de Saint-Mégrin qu'il n'avait pu entrer dans celui de Monaldeschi. Il s'est engagé à me demander une lecture et à en hâter une. En attendant, si je le voulais, il réunirait ses collègues comédiens chez lui, pour que je leur lise ma pièce avant la lecture définitive au Théâtre-Français. Je me sentais hors de moi face à mon succès ; Je l'aurais lu cinquante fois si on me l'avait demandé. Je me suis remis entre ses mains et lui ai dit de faire ce qu'il voulait. Comme je m'éloignais, Lassagne me saisit par le bras.

« Mon ami, dit-il, vous n'aviez qu'à moitié raison pour *Christine* ; vous avez tout à fait raison pour *Henri III*. »

Firmin fixa la lecture au jeudi suivant ; il fallait que Béranger y soit présent. Il faut comprendre la portée de ces quelques mots : « Il fallait que Béranger y soit présent ! Béranger était le héros du moment ; de lui Benjamin Constant venait de dire : « Bon vieux Béranger ! il croit écrire des chansons et en réalité il compose des odes ! Ce *mot* avait couru, il avait fait mouche si délicieusement, et tout le parti libéral avait déclaré Béranger le plus grand poète de son temps. Cette partisanerie avait soulevé une certaine opposition, mais elle n'avait eu pour seul effet que de pousser l'enthousiasme à son paroxysme. S'il vous plaît, laissez-moi préciser que je ne veux pas donner l'impression que Béranger a été surfait, mais je pense que c'était plutôt injuste envers les autres ; et par les autres j'entends Lamartine et Hugo. Ils composaient aussi des odes, des odes admirables aussi, et personne n'allait jusqu'à dire qu'ils ne savaient pas aussi composer des chansons. L'explication était que Lamartine et Hugo étaient tous deux membres à part entière du parti royaliste et que le parti royaliste était loin de représenter l'opinion de la majorité. Or, cet engouement populaire n'était pas dû à Béranger comme poète pur et simple ; c'était pour Béranger comme poète national, pour Béranger comme auteur du *Vieux Drapeau* , du *Dieu des bonnes gens* , de la

Grand'mère. Ici, les instincts des masses n'étaient pas en faute ; ils savaient bien que Béranger était un fougueux socialiste, que chacune de ses chansons politiques était un coup de pioche destiné à saper les fondements du trône, et ils applaudissaient des mains et des voix l'audacieux pionnier qui creusait la tranchée par où le peuple devaient, un jour, accéder aux Tuileries. Béranger jouissait donc d'une immense influence ; tous les partis rivalisaient pour savoir qui gagnerait Béranger à ses côtés. On lui offrit la Croix et il la refusa ; on lui a proposé une pension et il l'a refusée ; on lui proposa d'être admis à l'Académie et il la refusa ; personne ne s'est possédé de Béranger, mais au contraire Béranger a gagné la confiance de tout le monde en général et de Laffitte en particulier.

L'amitié de Laffitte avec Béranger et l'influence de Béranger sur Laffitte se manifestent d'une manière singulière en 1830. La France doit le règne de Louis-Philippe à ces deux hommes ; c'est-à-dire la transition indispensable, telle que je la considère, du royalisme aristocratique au régime démocratique, cette étape intermédiaire qu'on a appelée *la royauté bourgeoise*. Nous aurons des détails étranges à raconter lorsque nous arriverons au moment et au lieu convenables ; car, tout au long de cette grande semaine, nous avons été étroitement associés aux créateurs et aux défaiteurs des rois. Mais, pour l'instant, le Béranger que me promettait Firmin n'était pas l'homme politique, mais Béranger le poète, l'auteur de *Lisette* , des *Deux Sœurs de Charité* et de *Frétillon*. Nous devions d'ailleurs avoir des autorités telles que MM. Taylor, Michelot et Samson ; Mlle. Leverd et Mlle. Mars.

Je souhaitais que ma mère ait le plaisir d'assister à cette lecture, car j'étais sûr du succès du numéro, je la persuadai donc de m'accompagner.

Hélas! pauvre mère ! J'aurais pu pressentir qu'elle ne serait pas présente à sa représentation !

La lecture a fait une grande impression sur tout le monde. Bien que, par la nature des choses, Béranger ne puisse pas entrer à fond dans l'esprit de la forme dramatique, lui aussi s'enthousiasma avec les autres, dès les troisième et cinquième actes, et n'hésita pas à prédire que j'aurais un grand succès.

De cette nuit date une amitié entre Béranger et moi, une amitié qui n'a jamais failli. Cette amitié prenait souvent une forme d'expression sardonique, presque amère, car Béranger n'est pas du tout l'homme de bonne humeur qu'on imagine, il a trop de génie pour être génial ; mais cette amitié était toujours sincère et prête à être mise à l'épreuve par des actes et des témoignages.

La lecture, comme je l'ai dit, eut un effet marqué sur toutes les personnes présentes ; mais surtout les cinq comédiens en furent impressionnés : Firmin, Michelot, Samson, Mlle. Mars et Mlle. Levier. Il fut convenu que lorsque le

Comité se réunirait dans deux jours, une lecture spéciale serait demandée et que, faisant usage de la garantie qui m'avait été donnée à l'égard de *Christine* , une faveur particulière serait recherchée à mon égard pour que la pièce puisse être joué le plus tôt possible. La pièce fut lue le 17 septembre 1828 et reçue avec acclamation. Après la lecture, j'ai été convoqué au bureau du directeur, qui était pour le moment vacant. J'y retrouve Taylor, Mademoiselle Mars, Michelot et Firmin. Mademoiselle Mars commença le sujet avec sa franchise habituelle, j'allais dire avec sa franchise brutale habituelle. Je ne devais pas permettre *à Henri III.* à mettre de côté comme je l'ai fait pour *Christine* ; il fallait tout régler d'un coup, pendant que le Comité était d'humeur : la répartition des rôles, la signature du contrat ; et, profitant de l'enthousiasme empressé du Comité, des mesures furent immédiatement prises pour obtenir de l'Administration la *mise en scène* . De plus, mon généreux mécène Taylor était sur le point de quitter le théâtre pour voyager en Orient ; il avait tenu sa promesse envers l'auteur d' *Hécube* et partait, non seulement pour Alexandrie et le Caire, mais même jusqu'à Louxor. On pourrait profiter de son absence pour me faire du mal. J'ai doté Mlle. Mars, Firmin et Michelot avec pleins pouvoirs, et ils se chargeèrent de mes affaires, se constituant mes tuteurs tutélaires, et me déclarant incapable de mener moi-même les négociations nécessaires.

Lorsqu'on discuta la question de la répartition des rôles, Mlle. Mars rencontra une grande opposition. Elle voulait qu'Armand assume le rôle d'Henri III. et Madame Menjaud pour être la page. Maintenant, je voulais que Louise Despréaux soit la page et que Michelot soit Henri III. La discussion a été longue et a duré une semaine. Cette lutte fut le début d'une série de batailles entre Mlle. Mars et moi qui, malgré notre réelle amitié, dura d'abord sur un sujet puis sur un autre, jusqu'à la mort de cette estimable actrice. Mais j'ai tenu bon. J'avais profité des reproches de Mlle. Mars et moi avons renversé la situation contre elle. Madame Menjaud était une femme très talentueuse, mais elle n'était ni assez jeune ni assez jolie pour être page, et c'est justement pour cela que Mlle. Mars ne pouvait se débarrasser de cet égoïsme qui est le défaut des artistes les plus éminents, s'opposant au contraste d'un visage jeune et frais à côté du sien, alors qu'elle avait cinquante et un ans. Je dus me contenter de rétorquer que Louise Despréaux étant une élève de Firmin, je devais l'avoir. C'est la raison pour laquelle je refuse de laisser Armand jouer le rôle d'Henri III. était plus difficile à divulguer. Quoiqu'Armand fût de cinq ou six ans l'aîné de Mlle. Mars, il était encore beau, paraissait assez jeune et était le plus présentable des comédiens français, mais personne, sauf Armand lui-même, n'aurait jamais songé à ce qu'il joue le rôle d'Henri III ! J'ai été obligé de dire à Armand que son jeu était trop réaliste et que je ne souhaitais pas qu'il le prenne. Cette réponse fit d'Armand mon ennemi à vie, et faillit me faire brouiller avec Mlle. Mars.

Tels étaient mes soucis au théâtre ; j'en avais bien d'autres dans les bureaux.

Comme pour *Christine* , les journaux ont immédiatement publié la nouvelle de ma réception, et comme pour *Christine,* il y a eu une grande agitation dans les bureaux. Pourtant, au début, on ne m'a rien dit. Grâce aux moyens de communication aisés entre le Comité et mon petit bureau, Firmin m'a fait appel à plusieurs reprises, et mes absences ultérieures après ses appels, qui avaient trait à diverses difficultés survenant au sujet de la répartition des rôles ou de la *mise en scène* , ayant été Comme je l'ai noté, on m'a concocté une accusation suffisamment grave pour constituer une accusation d'insubordination. Aussi reçus-je un matin, par l'intermédiaire de l'agence de Féresse, une demande pour monter à l'étage et comparaître devant le directeur général. M. de Broval me reçut avec un regard sévère qui présageait un orage. Je me rappelai tout de suite M. Lefèvre et son discours sur la machine bien organisée et sur la roue qui, si petite soit-elle, empêchait le tout de fonctionner. Hélas! depuis six ans, je n'étais pas devenu une roue beaucoup plus grande, et je me sentais aussi petit devant M. de Broval que devant M. Lefèvre. Mais il y avait quelque chose qui remuait au plus profond de mon être et qui grandissait, c'était une confiance en soi que m'avaient donné six années de travail et l'accueil de mes deux pièces *Christine* et *Henri III.* J'attendais donc la tempête avec un calme qui surprit et presque déconcerta M. de Broval.

Enfin, d'un ton doux, il m'expliqua que la littérature et le travail officiel étaient incompatibles et que, sachant comment, malgré l'antipathie naturelle qui les régnait, j'avais essayé de les combiner, il me pria de choisir entre l'une et l'autre. deux.

M. de Broval était un beau causeur, car il avait été commis de troisième classe dans le service diplomatique. Dans les grands jours, il portait, comme je crois l'avoir dit, un habit à col galonné, et sur cet habit la médaille de Saint-Janvier, qu'il avait reçue au mariage du duc d'Orléans avec la fille de Ferdinand d'Orléans. Sicile ; les jours ordinaires, il s'habillait comme tout le monde. Une de ses épaules était plus haute que l'autre et il avait un gros nez rouge. Je n'ai toujours pas eu de chance avec les personnes difformes. Je savais que le moment était venu où je devais jouer mon dernier lancer ; Je laissai M. de Broval procéder aux arrondis de ses phrases et à ses apogées tant aimées, jusqu'à ce qu'il ait fini, et alors je dis :

" Monsieur le Baron, pour autant que j'ai pu suivre votre discours, je suppose que vous me laissez le choix entre ma place de commis-copieur et ma vocation d'homme de lettres. "

— C'est vrai, Dumas, répondit le baron.

« Ma place a été obtenue du duc d'Orléans par le général Foy ; elle m'a été accordée par le duc d'Orléans par son influence ; maintenant, avant de pouvoir croire que le premier prince du sang royal, un homme que tout le monde déclare être un mécène des lettres – et qui justifiait ce titre en recevant dans sa bibliothèque M. Casimir Delavigne, démis de ses fonctions pour crime de poésie – avant, dis-je, de pouvoir croire qu'un tel homme puisse me renvoyer de son administration. pour le même crime que celui commis par M. Casimir Delavigne, qui, dans le cas de M. Casimir Delavigne, était un titre de faveur, je dois recevoir mon *exeat* , soit verbalement, soit par écrit, soit de la bouche, soit de la main de Monsieur le duc d'Orléans, je ne démissionnerai ni n'accepterai de renvoi. Quant à mon salaire, comme M. le baron m'a fait entendre que les cent vingt-cinq francs que je reçois mensuellement sont un impôt exorbitant sur le sien. Le budget de Son Altesse Royale, je suis prêt à y renoncer sur-le-champ."

"Ah ah!" M. de Broval s'écria avec surprise ; "Et comment comptez-vous vivre, vous et votre mère, monsieur ?"

"Cela me regarde, monsieur"; et je m'inclinai et me préparai à prendre congé.

« Prenez note, monsieur Dumas, dit M. de Broval, à partir de la fin du mois prochain vous ne recevrez plus d'appointements.

- De celle-ci, monsieur, si vous le désirez. Cela vous permettra d'économiser cent vingt-cinq francs pour le compte de Son Altesse, et je ne doute pas que Son Altesse vous soit dûment reconnaissante de cette économie.

Sur quoi je m'inclinai de nouveau et me retirai.

M. de Broval tint parole. De retour à mon bureau, j'ai été officiellement informé qu'à l'avenir je pourrais disposer de mon temps comme je l'entendrais, puisqu'à partir de ce jour *mon salaire était suspendu.* Cela semble incroyable et pourtant c'est un fait. De plus, les salaires dans les offices princiers étaient en général si pauvres qu'ils ne suffisaient pas à nous permettre de vivre. Chacun avait donc recours à une industrie particulière pour améliorer son état constant de pénurie : les uns avaient épousé des couturières qui tenaient de petites boutiques ; d'autres avaient des parts dans des écuries de pension ; il y en avait même qui tenaient des restaurants à trente-deux sous dans le Quartier Latin, qui quittaient la plume ducale à cinq heures pour prendre la serviette d'un garçon dans un restaurant bon marché. Et bien! rien ne leur fut dit, on ne leur reprocha pas d'abaisser sa dignité princière aux yeux des autres ; non, leur industrie était vantée et considérée comme tout à fait naturelle et tout à fait ordinaire ; tandis que moi, qui n'éprouvais aucune vocation à épouser un commerçant ; qui ne possédait aucun capital pour investir dans le commerce des taxis ; qui avait l'habitude de mettre une serviette sur mes genoux et non sur mon bras, était considéré comme un criminel parce que je cherchais une voie de salut dans la littérature ! Ils ont suspendu mon salaire parce que j'ai eu un drame et un drame accepté par la Comédie-Française !

Eh bien, j'avais préparé mes plans à l'avance, et ces plans m'avaient fortifié. J'avais décidé de m'adresser à Béranger et de lui demander de m'obtenir un entretien avec Laffitte. Il était tout simplement possible que Laffitte fasse pour moi ce qu'il avait fait pour Théaulon, dans des circonstances similaires. Laffitte pourrait peut-être me prêter mille écus. J'allai raconter à Firmin toutes mes difficultés, et il me conduisit chez Béranger. Et Béranger m'a emmené chez Laffitte. Je dénaturerais la vérité si je disais que M. Laffitte a sauté sur l'occasion de me rendre ce service ; mais je le dénaturerais aussi si je ne m'empressais d'ajouter qu'il me l'a rendu. J'ai signé un billet à ordre de trois mille francs, j'ai déposé une copie de mon manuscrit d' *Henri III*. chez le caissier, et j'ai promis ma parole d'honneur de rendre les trois mille francs lors de la vente du manuscrit. Il n'était pas question d'intérêt.

Je quittai la maison de Laffitte avec mes trois billets de mille francs chacun en poche, je serrai chaleureusement la main de Béranger et je courus chez ma mère. Je l'ai trouvée désespérée ; elle avait déjà entendu ce qui s'était passé. Je tirai de ma poche les trois billets de mille francs et les lui remis entre les mains. Ils ont représenté mon salaire pendant deux ans. Je lui ai expliqué comment j'avais gagné cet argent, mais elle ne s'en rendait pas compte. Néanmoins ma pauvre mère commençait à croire que je n'étais pas tout à fait fou pour écrire des pièces de théâtre, puisque je pouvais emprunter mille écus sur le manuscrit nu d'une de ces pièces, somme équivalente à deux années de mon salaire. Cette nuit-là, je racontai chez M. Villenave ce qui s'était passé. M. Villenave m'a blâmé, mais tout le monde a dit que j'avais bien fait.

Quinze jours après que Béranger m'eut rendu ce service, il fut condamné par le *tribunal de police correctionnelle de la Seine* à dix mille francs d'amende et à neuf mois de prison, comme auteur de l' *Ange gardien* , de la *Gérontocratie* et du *Sacre. de Charles le Simple*. Béranger ne fit pas appel du jugement et il fut prisonnier au début de l'année 1829. Un mois après son entrée en prison, M. Viennet lui rendit visite.

« Eh bien, mon noble chanteur, commença l'auteur du *Philippide* , combien de chansons as-tu déjà composées sous clé ?

— Pas encore, répondit Béranger ; "Pensez-vous que les chansons s'écrivent aussi facilement que les poèmes épiques ?"

CHAPITRE XVI

Le duc d'Orléans fait arrêter mon salaire. Un gribouilleur (*folliculaire*) *Henri III*. et la Censure. — Ma mère est saisie de paralysie. — Cazal. — Edmond Halphen. — Une visite chez le duc d'Orléans. — Première nuit d' *Henri III*. —Effet qu'il produisit sur M. Deviolaine.—M. les félicitations de de Broval

C'est dans ces conditions que survint sur moi l'année 1829, l'année où devait se dérouler le grand duel entre mon passé et mon avenir. Mes relations intimes avec la famille Villenave avaient été le moyen de m'ouvrir plusieurs salons du temps, et parmi ceux-ci celui de la princesse de Salm. C'est ici que j'ai rencontré Lady Morgan, Cooper et Humboldt.

Pendant ce temps, *Henri III*. faisait une grande sensation. On ne parlait que de la révolution que signifiait sa représentation. J'assistais aux répétitions avec une grande assiduité, attiré, disais-je, par mon intérêt pour l'œuvre ; mais, selon Mlle. Mars, la vraie raison était l'intérêt que je portais à une dame extrêmement jolie et charmante, nommée Mlle. Virginie Bourbier, qui a joué un petit rôle dans mon drame. Depuis le mois d'octobre, je n'avais plus mis les pieds dans le bureau. Or, bien que j'eusse travaillé neuf mois par an et que, par conséquent, j'eusse droit aux trois quarts de ma prime, tout le monde, sauf moi, semblait avoir eu part à la distribution des fonds et à la munificence de Son Altesse Royale. Ce n'était pas un simple oubli, comme j'aurais pu l'espérer, même si cela eût été assez humiliant – non, le fait avait été débattu, réfléchi et décidé, et Son Altesse Royale avait daigné écrire à côté de mon nom, de sa propre main :

"Les gratifications de M. Alexandre Dumas sont à retenir, car il s'occupe d'œuvres littéraires."

L'administration était divisée en deux camps à propos de ma position. Certains avaient courageusement osé prendre le parti de la littérature contre la bureaucratie. Parmi mes partisans se trouvait le petit vieux Bichet, dont la tête tournée par M. Pieyre et M. Parseval de Grandmaison soutenait que je ferais de grandes choses... pas aussi grandes, bien sûr, que Piron ; mais je devrais quand même faire connaître mon nom. Les autres étaient Lassagne, Lamy, secrétaire de Mlle. Adélaïde, le fils du directeur de la *comptabilité Jamet* , que son admiration pour les acteurs anglais, et spécialement pour une charmante actrice anglaise, l'avait amené à l'école romantique, et quelques autres, trop dépendants de leurs positions pour oser manifestent ouvertement leur sympathie à mon égard. Oudard est resté neutre. M. Deviolaine hésita ; toutes ces discussions sur moi avaient ébranlé son opinion. Ai-je raison, malgré le monde entier, et malgré mon éducation à trois francs par mois, devrais-je réussir là où des dizaines d'autres avaient échoué ? Il exprimait son doute, de temps en temps, concluant presque toujours son hésitation par les mots suivants :

"Le —— est assez fou pour le faire !"

Comme c'est l'habitude en matière théâtrale, la représentation fut reportée de jour en jour, mais finalement elle fut fixée au 11 février. Mais une grave inquiétude planait sur tout le monde et sur moi en particulier, comme un nuage noir. Le censeur n'avait pas encore pris sa décision définitive sur la pièce. occupait alors cette charge, un misérable qui vivait de scandale, capitalisant sur l'estime de soi ou la faiblesse des autres, auprès duquel Geoffroi était l'honnêteté même et un critique consciencieux. On aurait pu écrire à son sujet les lignes suivantes sur la *Folliculaire de Laville* :

"Un vase de vermeil, une bague de prix,
Du vin surtout, voilà ses cadeaux favoris. On assure—je crois que, sur ce
fait probable,Pour le vrai, la chronique à pris le vraisemblable—Qu'au jour
où nos amis venez du vieux NestorNous souhaitons les ans, et bien
d'autres encor;Au jou r où les fillesuls aiment tant leurs marraines;
Jour de munificence où, sous le nom d'étrennes,
Chacun de son voisin attend quelques tributs,
Et d'une honnête aumône accroît ses revenus,Il revend au rabais, ou plutôt
à l'enchère,Le superflu des vins et de la bonne chère
Dont l'accable le zèle ou l'effroi des acteurs;Et que Follicula, pour qui les
directeursDe schalls et de chapeaux renouvellent l'emplette,Se fait, pendant
deux mois, marchande à la toilette!"

Le monde du théâtre tout entier a rendu hommage à cet homme. Mademoiselle Mars lui donna une pension ; il reçoit des subventions du Théâtre-Français, de l'Odéon, de l'Opéra et de l'Opéra-Comique. Ils venaient vers lui comme au marché libre : il vendait l'éloge aux uns, la calomnie aux autres ; il a tout vendu, même son silence.

Mademoiselle Mars, Firmin, la compagnie de la Comédie-Française et même Taylor lui-même m'avaient poussé à rendre visite à cet homme ; mais j'avais obstinément refusé. Alors, un matin, quelqu'un m'a apporté son papier, qui contenait les lignes suivantes :

" Dans la pièce qui vient d'être acceptée par la Comédie-Française, œuvre d'un auteur qui possède, nous dit-on, un grand mérite, apparaissent des personnages qui avaient un lien honteux avec le sujet (la Cour d'Henri III). dont la nouvelle apparition sur scène servira peut-être à prouver le talent de l'auteur, mais dont la présence, on ne peut le nier, crée une inconvenance impossible à tolérer. L'histoire a conservé les noms de ces misérables héros, de ces personnages infâmes, qui prirent part à un drame. débauche aussi dissolue qu'inexcusable ; nous oserons les appeler par leurs vrais noms, et signifier notre détestation des représentants de ces rôles de *mignons*, à cause du mal scandaleux qu'ils feront aux masses. Si les reçus à ce sujet sont exacts, l'autorité qui honore le théâtre de sa vigilance gardienne ne permettra pas une innovation de cette nature, car elle sait que son premier devoir est seulement d'autoriser les pièces dont la représentation concerne un fils ou une fille. peuvent être innocemment satisfaits lorsqu'ils demandent à leurs parents : « Qu'est-ce que cela signifie ? »

Je m'y attendais et j'étais prêt à y faire face. J'avais à peine lu le paragraphe ci-dessus que je m'armai d'une grosse canne et réapparus dans les bureaux.

"De la Ponce", dis-je, en une phrase scripturaire, "prends ton manteau et ton chapeau."

Je partais à la recherche du critique avec d'autant plus de satisfaction que je savais qu'il y avait des jours où il n'était pas un lâche : si un duel pouvait servir son but, il en mènerait un. J'ai envoyé mon nom.

Il m'attendait, dit-il, lorsqu'il entendit mon nom ; mais il ne s'attendait probablement pas à ce que je vienne à lui dans l'état d'esprit dans lequel je me présentais devant lui.

Allais-je avoir de la chance ou de la malchance ? Je ne saurais le dire, mais le *folliculaire* n'était pas d'une de ses humeurs courageuses : il tournait autour du pot, parlait de son influence auprès du Gouvernement, essayait de nous montrer ses derniers cadeaux du Nouvel An et finissait, en un mot, par proposer à user en ma faveur de son influence auprès de M. de Martignac, *qui était un de ses amis et lui devait de l'argent.*

Je cite spécialement cette phrase, comme exemple de l'impudence de cet homme.

Je lui ai dit que je n'étais pas venu solliciter son influence mais pour lui demander de retirer le plus rapidement possible et de la manière la plus complète son article paru dans les journaux du jour. Le lendemain, son journal contenait les excuses suivantes :

"Nous sommes extrêmement désolés de constater que notre bref article sur *Henri III*, récemment accepté par la Comédie-Français, contenait dans le numéro d'hier des imputations qui étaient loin de notre intention. Nous n'avions pas reçu sur le sujet les informations précises qui sont actuellement dans notre possession, et nous pouvons satisfaire nos lecteurs sur le goût, la délicatesse et le tact avec lesquels les scènes et les personnages auxquels nous avons fait allusion sont traités. Cette manière de traiter le roman s'apparente trop aux traditions classiques pour admettre une objection de notre part. "

Mes lecteurs seront peut-être surpris que j'aie eu un moment d'inquiétude à l'égard d'un tel homme, mais, je dois le répéter pour le croire, si méprisable et méprisable que fût cet homme, il avait son influence. Au lieu que ses expressions d'opinion soient déchirées sous ses yeux par ceux auxquels elles se référaient, elles reçurent l'attention voulue aux yeux de la critique, et j'ai connu intimement un directeur des Beaux-Arts qui lui versa, pendant de nombreuses années, une pension. de mille francs. Pour le reste, que ces excuses aient influencé ou non la Commission des Examinateurs, le lendemain de la parution des excuses, la pièce était restituée moins découpée, lacérée et malmenée qu'elle ne l'aurait été aujourd'hui ! Il est vrai que M. de Martignac, qui avait beaucoup entendu parler de la pièce, désirait en être le censeur, et M. de Martignac, comme chacun le savait, était un homme si intelligent que, pendant qu'il était au gouvernement, Charles X lui-même montra signes d'intelligence.

J'étais au théâtre, ravi de cette évasion inattendue de ma pièce, qui allait maintenant être jouée le samedi suivant, lorsqu'un des domestiques de M. Deviolaine vint précipitamment vers moi, l'air très effrayé, pour me dire que ma mère avait tombée malade alors qu'elle descendait les escaliers après avoir rendu visite à M. Deviolaine, et qu'on n'avait pu la ramener à elle. M. Deviolaine habitait au quatrième étage de la maison d'un nommé Chaulin, papetier, au coin de la rue Saint-Honoré et de la rue de Richelieu. Je m'éloignai précipitamment du théâtre, envoyant le garçon de propriété dire à M. Florence, le médecin du théâtre, que ma mère avait besoin de son aide. En quelques secondes j'étais auprès de ma mère : elle était assise dans un grand fauteuil ; ses yeux étaient ouverts et elle avait repris connaissance, mais elle pouvait à peine parler. Tout un côté de son corps était complètement paralysé. Elle était allée chez Mme Deviolaine ; comme d'habitude, j'avais fait l'objet de conversations ; comme d'habitude, on lui avait dit que j'étais un imbécile volontaire, indigne de la clémence que la maison d'Orléans m'avait témoignée ; que ma pièce serait un échec et qu'elle ne produirait même pas de quoi rendre à M. Laffitte ses mille écus, et qu'alors je me retrouverais sans place et sans avenir devant moi. Ma pauvre mère avait beaucoup pleuré, s'en allant dans une grande détresse, et comme elle allait descendre, elle fut prise d'un malaise, perdit absolument toute force et tomba en tas, les jambes sur l'escalier et le corps sur le sol. atterrissage. Un locataire la trouva dans cette position en montant l'escalier ; il sonna à la porte de M. Deviolaine, et ils la portèrent et la mirent sur une chaise. Ma pauvre mère avait quelque peu repris connaissance au moment où je l'atteignis. Je tâtai son pouls et levai son bras qui devint inerte ; Je la pinçai pour mesurer l'étendue de son insensibilité, et j'arrivai à la conclusion qu'elle venait d'avoir une attaque d'apoplexie, assez grave en tout cas pour provoquer une paralysie du côté gauche. J'ai envoyé chercher de la moutarde et lui ai mis les pieds dans l'eau chaude jusqu'à l'arrivée du médecin. Alors, comme il tardait à venir, j'envoyai chercher une lancette chez un facteur d'instruments qui habitait presque en face, et je résolus de lui faire saigner moi-même le pied si Florence ne venait pas. Mais il est venu et a fait lui-même cette opération ; une légère amélioration se manifesta aussitôt, et, sa langue se sentant plus libre, elle put prononcer quelques mots. Cependant ma sœur s'y était précipitée ; heureusement, elle était à Paris, venue voir la première représentation de ma pièce. Heureusement aussi, il y avait une pièce vide dans la maison – au troisième étage, je crois – et nous l'avons occupée pour un quart. Madame Deviolaine y fit descendre un lit pour ma mère ; nous emportions pour nous des matelas de la rue du Faubourg Saint-Denis ; nous avons posé les matelas par terre dans la chambre de ma mère ; et ma sœur et moi étions déterminés à ne pas la laisser seule un seul instant.

Malheureusement, Thibaut était absent de Paris. Madame de Celles, fille du général Gérard, souffrait de phtisie et avait besoin d'un médecin pour l'accompagner en Italie. Madame de Louvain avait recommandé Thibaut, et il l'avait accompagnée. Comme nous ne connaissions que peu Florence, il se retira pensivement de lui-même après avoir prodigué les premiers soins à notre malade. J'ai donc fait appel à un autre de mes amis, nommé Cazal. C'était un homme extrêmement intelligent qui, lorsqu'il constata que, malgré ses compétences médicales, sa pratique ne se développait pas, il inventa un nouveau type de parapluie et d'ombrelle, déposa un brevet pour ceux-ci et fit fortune. Cazal a passé toute la nuit avec nous auprès de ma mère ; et le lendemain, alors que l'amélioration continuait, il crut qu'il pourrait chercher à la guérir si elle n'avait pas de rechute.

Comme je me réjouissais que l'idée m'était venue de m'adresser à M. Laffitte ! comme je me réjouissais que M. Laffitte m'eût prêté les mille écus ! Nous pouvions au moins être sûrs d'une chose : peu importe l'issue des choses, notre mère ne manquerait de rien pendant sa maladie. D'ailleurs, en apprenant cette nouvelle, un de mes amis, fils d'un célèbre diamantaire, Edmond Halphen, ne sachant pas que j'étais aussi riche qu'Ali Baba, m'envoya une petite bourse contenant vingt louis. Je lui ai rendu les louis, mais j'ai gardé la bourse, en souvenir de cette bonté délicate que si peu de gens m'ont témoignée, et je me souviens de cet acte avec gratitude, car il m'a profondément touché. J'ai cependant parfois rencontré la même générosité spontanée ailleurs, mais chez mes amies *femmes*, pas chez mes amis *hommes*.

Tout troublé que j'étais, — Dieu seul savait combien ce coup m'avait frappé ! — je fus obligé de quitter ma mère pour quelques heures ; mon drame était si nouveau, même pour ceux qui le répétaient, que, si je n'étais présent, leur confiance prenait son envol. Je revins et trouvai tout le monde très préoccupé par le malheur qui m'avait frappé d'une manière si inattendue. Taylor était présent pour me demander à ma place au cas où je ne pourrais pas me présenter. La pièce était prête, ou presque, et il ne faisait aucun doute qu'elle serait jouée le samedi suivant. En rentrant chez moi, je trouvai toute la famille Villenave qui m'attendait, de Théodore à Élisa. Je leur avais manqué la veille, moi qui ne manquais jamais d'aller chez eux un jour, et, quand arriva la lettre qui racontait à mes bons amis ce qui s'était passé, ils vinrent me voir aussitôt. Personne ne peut avoir la moindre idée de l'effort des deux ou trois jours suivants, du profond chagrin causé par l'état mourant de ma mère et du travail terrible de préparer un premier drame pour son épreuve publique.

La veille de la représentation, j'ai fait une démarche que j'avais décidée depuis quelque temps. Je me présentai au Palais-Royal et demandai à voir M. le duc d'Orléans. La demande était si insolite et si audacieuse que, sans doute, les assistants s'attendaient à ce que j'aie une audience. Ils informèrent le duc d'Orléans de ma présence et de ma demande de lui parler. Le duc d'Orléans se répéta deux fois mon nom et donna l'ordre de m'admettre. " Ah ! ah ! c'est vous, monsieur Dumas ? " il a dit. "Quel bon vent vous souffle ici ou plutôt vous ramène encore ?"

« Monseigneur, lui dis-je, demain on joue *Henri III.* »

"Oui," dit-il, "je le sais."

"Eh bien, Monseigneur, je viens vous demander une faveur, ou plutôt un acte de justice."

"Qu'est-ce que c'est?"

"Pour me donner votre présence à ma première représentation.... Il y a un an, Votre Altesse a été informée que j'étais un imbécile et vaniteux; depuis un an je travaille comme humble poète; sans m'entendre , Monseigneur, vous avez pris parti pour ceux de votre suite qui ont été mes accusateurs ; peut-être Votre Altesse aurait-elle dû attendre, mais Votre Altesse a pensé autrement et n'a pas attendu demain. Les choses seront jugées publiquement, tout ce que je viens vous demander ; de vous, Monseigneur, c'est que vous serez présent au jugement.

Le duc me regarda un moment, et voyant avec quel calme je répondais à son regard, il répondit :

" J'aurais accédé à votre demande avec grand plaisir, M. Dumas, car diverses personnes m'ont dit que si vous n'étiez pas un modèle d'industrie, vous étiez un exemple de persévérance ; mais malheureusement c'est impossible. "

" Votre Altesse veut probablement dire qu'un homme qui aspire à causer avec des gens haut placés devrait savoir mieux que d'interroger un prince ; mais, Monseigneur, je suis venu vers vous dans des circonstances si exceptionnelles que j'oserai vous demander d'où vient cette impossibilité. car je dois avouer que cela me déçoit grandement.

" Vous jugerez par vous-même : demain j'attends à dîner vingt à trente princes et princesses. "

" Ne serait-ce pas un nouveau divertissement, Monseigneur, que d'emmener ces princes et ces princesses voir *Henri III* ? "

"Comment pourrais-je les emmener voir quand le dîner commence à six heures et *Henri III* à sept heures ?"

" Que Monseigneur avance son dîner d'une heure et je retarderai *Henri III* d'une heure ; cela donnerait à Monseigneur trois heures pour apaiser la faim de ses augustes invités. "

"Eh bien, ce n'est pas une mauvaise idée... Pensez-vous que le Théâtre-Français consentirait à ce retard ?"

"Ils ne seraient que trop ravis d'accueillir Votre Altesse."

"Mais où dois-je les asseoir ? Je n'ai que trois loges."

"J'ai demandé à l'Administration de ne pas disposer du premier cercle avant d'avoir vu Votre Altesse."

« Vous avez donc osé penser que je devrais consentir à voir votre pièce ?

"Je comptais sur votre sens de la justice... Vous voyez, Monseigneur, j'en appelle à Philippe éveillé."

" Très bien. Allez dire à M. Taylor que, si la Comédie-Français consent à retarder la représentation d'une heure, j'y serai présente, et pour la réaliser j'engagerai tout le cercle. "

— J'y vais immédiatement, Monseigneur.

"Es-tu satisfait?"

"Enchanté ! J'espère aussi que Votre Altesse n'aura aucune raison de se repentir de cette gentillesse."

"Je l'espère aussi.... Va-t'en et bonne chance !"

Je me suis incliné et je suis parti.

Dix minutes plus tard, le théâtre était prévenu ; vingt minutes plus tard, le duc d'Orléans avait reçu une réponse affirmative. Le soir même, des lettres furent envoyées aux invités pour les informer du changement d'heure.

Le jour tant attendu est enfin arrivé ! Ce jour-là, il n'y avait ni répétition ni autre réunion : je pouvais rester aux côtés de ma mère jusqu'au soir. On m'avait donné un certain nombre de billets de théâtre, notamment des billets pour la fosse ; la *claque n'était pas alors* une chose reconnue comme elle l'est aujourd'hui, et le poste d' *entrepreneur de succès* était presque une sinécure : il était laissé aux soins des amis et à l'impartialité du public. La générosité du théâtre m'a permis de signer un ticket de stand pour chacun de mes anciens compagnons de bureau. Porcher et sa femme avaient chacun un billet pour le balcon. J'avais une petite boîte sur la scène elle-même qui contenait deux personnes. Ma sœur avait une des loges du premier rang, où elle recevait Boulanger, de Vigny et Victor Hugo. Je ne connaissais ni Hugo ni de Vigny, et ils se sont présentés à moi désespérés d'avoir une chance autrement. J'ai fait leur connaissance tous les deux ce soir-là. M. Deviolaine avait un billet d'orchestre. Toutes les places restantes dans la maison étaient prises depuis huit jours, et le prix exorbitant de vingt louis était donné pour une loge.

À huit heures moins le quart, j'embrassai ma mère qui, dans l'état embrumé de son cerveau, ne se rendait pas compte à quel point j'étais à la veille de livrer un combat. J'ai rencontré M. Deviolaine dans le couloir.

"Eh bien, jeune homme !..." dit-il, "alors tu as enfin réussi !"

"Qu'est-ce que je t'avais dit?"

"Oui, mais nous n'avons pas encore vu ce que le public pense de votre prose."

"Tu verras, puisque tu es là."

— Je verrai, je verrai, grommela M. Deviolaine. "Il est fort probable que je verrai..."

Je m'éloignai de lui, ne sachant pas ce qu'il voulait dire par ses paroles, et j'atteignis ma loge qui, comme je l'ai dit, était sur la scène. Je pouvais parfaitement voir toute la maison depuis ma boîte. Ceux qui assistèrent à cette représentation se rappelleront quel spectacle splendide c'était : le premier cercle était rempli de princes étouffés sous les ordres de cinq ou six nations ; toute l'aristocratie se pressait dans les premier et deuxième rangs des loges ; les dames scintillaient de diamants.

Le rideau se leva. Je n'ai jamais éprouvé une sensation pareille à celle que me causait un souffle d'air de théâtre en passant sur mon front fiévreux. Le premier acte a été écouté avec patience, même si le récit était long, froid et fastidieux. Le rideau est tombé. Les paroles du duc de Guise : « Saint Paul ! si seulement je pouvais retrouver les assassins de Dugast ! » ont été chaleureusement applaudis, ce qui a réchauffé le public et les acteurs.

J'ai couru voir comment allait ma mère. En revenant au théâtre, je rencontrai M. Deviolaine dans le couloir ; mais dès que je parus, il se retira promptement dans une petite antichambre, exprès, comme je l'imaginais, pour m'éviter. J'ai fait injustice au pauvre cher homme ! il avait de bien autres intentions dans ses pensées.

Le deuxième acte commença ; c'était amusant; la scène du tire-pois qui me faisait très peur se passa sans aucun signe d'objection, et le rideau tomba au milieu d'applaudissements assez généraux.

Le troisième acte fut celui qui décida du succès de la pièce. Dans cet acte se déroule la scène entre le page et la duchesse, et la scène entre la duchesse et le duc, la scène où M. de Guise oblige sa femme à donner rendez-vous à Saint-Mégrin. Si les situations fortes de cette scène trouvaient la faveur du public, la bataille était gagnée. La scène souleva des cris d'horreur, mais en même temps des applaudissements ; c'était la première fois que des scènes dramatiques étaient présentées avec une grande liberté, je dirais même avec une franchise brutale.

Je suis sorti; J'avais très hâte de revoir ma pauvre mère et de l'embrasser, bien qu'elle fût alors à peine en état de comprendre qui l'embrassait.

Comme j'aurais été heureux si elle avait été au théâtre plutôt que sur son lit ! Elle dormait assez paisiblement ; Je l'embrassai sans la réveiller et revins au théâtre. Sous le porche, je rencontrai encore M. Deviolaine, qui s'en allait.

"Quoi!" J'ai dit : "Tu ne vas pas rester jusqu'à la fin ?"

"Comment puis-je rester jusqu'au bout, espèce de brute ?"

"Pourquoi ne peux-tu pas rester ?..."

"Parce que je suis complètement bouleversé ! Parce que je suis retourné... une crise de coliques."

"Ah!" m'écriai-je en riant ; "Alors c'est pour ça que je t'ai vu aller aux toilettes ?"

"Oui, c'était pour ça, monsieur... Vous m'avez déjà coûté cinquante sous ! à deux sous chaque fois... Eh bien, vous me ruinerez !"

" Bah ! tu exagères. Que pourrais-tu faire à la vingt-cinquième fois ? "

"Rien, jeune chiot ! Et la dernière fois, si je n'avais pas été arrêté par les cheveux de ma tête, j'aurais disparu entièrement ! Ah ! quelle affaire !... Oh mon Dieu ! Je suis horriblement malade !" et M. Deviolaine lui posa les deux mains sur le ventre et se mit à courir vers la rue Saint-Honoré.

Je suis allé au théâtre; comme je l'avais bien prévu, depuis le quatrième acte jusqu'à la fin ce fut plus qu'un succès, ce fut un délire croissant : toutes les mains applaudirent, même celles des dames. Madame Malibran, qui n'avait pu trouver place qu'au troisième rang, se penchait hors de sa loge, s'accrochant à un pilier pour ne pas tomber. Puis, lorsque Firmin parut donner le nom de l'auteur, l'enthousiasme fut si universel que le duc d'Orléans lui-même se leva et cria le nom de son employé dont le succès, sinon le plus mérité, du moins était celui de son auteur. le plus marquant de l'époque, venait de le faire saluer comme un poète.

Le soir même, en rentrant chez moi, je trouvai une lettre de M. le baron de Broval, que je rendrai mot pour mot :

« Je ne puis dormir sans vous dire d'abord, ma chère jeune amie, combien je suis heureux de votre splendide triomphe, sans vous féliciter, et surtout votre estimable mère, de tout cœur, car je sais que vous vous sentiez plus soucieux pour elle que pour elle. le vôtre. Ma sœur, moi et tout le personnel du bureau avons profondément sympathisé avec vous ; et maintenant nous nous réjouissons d'un triomphe justement mérité à la fois en raison de votre très grand et persévérant talent et de votre dévouement filial. le succès qui vous attend dans l'avenir qui vous est désormais ouvert ne fera pas obstacle à vos amitiés, et je vous assure que mes sentiments à votre égard sont très chaleureux.

BARON DE BROVAL"

"10 *février* 1829"

C'était l'homme qui, cinq mois auparavant, m'avait obligé à renoncer à mon salaire !

CHAPITRE XVII

Le lendemain de ma victoire... *Henri III.* est interdit... J'obtiens audience avec M. de Martignac. Il lève l'interdit. *Les hommes-obstacles* . Le duc d'Orléans me fait chercher dans sa loge. Son entretien avec Charles X au sujet de mon drame. Un autre gribouilleur. — Visite à Carrel — Tiroir de Gosset et pistolets n° 5 — Un duel impossible

Il a été donné à peu d'hommes de voir s'opérer dans leur vie un changement aussi rapide que celui qui s'est produit dans la mienne pendant ces quatre heures de la représentation d' *Henri III.* Jusqu'à cette nuit-là, j'étais totalement inconnu et, le lendemain, soit en bien, soit en mal, je parlai de tout Paris. De cette nuit sont sorties les haines de gens que je n'avais jamais vus, haines suscitées par la notoriété malvenue attachée à mon nom. Mais les amitiés dataient aussi de cette époque. Que de multitudes de gens m'enviaient cette nuit-là, qui ne savaient pas que je la passais sur un matelas à même le sol, à côté de ma mère mourante ! Le lendemain, la salle était remplie de bouquets ; J'en ai recouvert le lit de ma mère, et elle les a touchés avec la main qui n'était pas paralysée, les rapprochant d'elle ou les repoussant, inconsciente de ce que signifiaient toutes ces fleurs - et peut-être même inconsciente qu'il s'agissait de fleurs. A deux heures de l'après-midi, le lendemain de la représentation, mon manuscrit était vendu six mille francs. Ces six mille francs m'ont été payés en six billets de banque ; et j'allai les montrer à M. Deviolaine.

"Quels sont ces?" Il a demandé.

"C'est le prix de mon manuscrit", répondis-je. — Vous voyez, cela fait trois mille francs de M. Laffitte et trois mille francs de plus.

"Quoi!" s'écria M. Deviolaine ; "Y a-t-il des idiots qui vous l'ont acheté ?"

"Vous voyez par vous-même."

"Eh bien, ce sont des idiots sans cervelle !"

Puis, me rendant les notes et haussant les épaules, il dit :

"Vous ne demandez pas comment je vais!"

"Je n'ai pas osé... Comment vas-tu ?"

"Un peu mieux, heureusement."

"Avez-vous pu retourner au théâtre ?"

"Oui, j'étais là pour la conclusion."

« Étiez-vous là quand mon nom a été annoncé ?

« Quel diable j'étais !

"Et cela ne vous a-t-il pas apporté une petite satisfaction ?"

"Un peu ! Eh bien, coquin, j'ai pleuré comme un bébé !"

" Allons ! ça vous a coûté cher de le reconnaître... Serrons-nous la main. "

"Ah!" dit M. Deviolaine, si seulement votre pauvre père avait pu être là !

"Ma mère aurait pu être là si les gens ne l'avaient pas rendue si malheureuse."

"Allez, viens ! tu ne vas pas me dire que c'est de ma faute si ta mère est au lit, n'est-ce pas ? Mon Dieu ! cela m'a assez tourmenté pendant votre représentation. Je ne pouvais penser à rien d'autre ; je crois que c'était celle qui m'a donné la colique bestiale... Au revoir, qu'est-ce qu'on dit au bureau ?

Je lui montrai la lettre de M. de Broval. Il l'a lu deux fois.

"Eh bien, je n'ai jamais !..." dit-il en me le rendant en haussant les épaules. « Voulez-vous retourner au bureau ? »

"Moi ? Cher moi, non !"

"Eh bien, je pense que vous avez raison. Voulez-vous aller voir M. Fossier?".

"Non en effet."

"Il t'aime bien, néanmoins."

"Alors pourquoi ne m'a-t-il pas écrit une lettre de félicitations aussi ?"

"Eh bien, mais il aurait pu s'attendre à des billets pour sa fille."

"Ça me rappelle. Dois-je te garder une loge pour la deuxième représentation ? Tu n'avais pas une bonne place pour la première... tu étais près de la porte."

"Espèce de canaille ! J'étais là où j'étais, près de la porte... Croyez-vous que cette folle farce que vous venez de faire va vous rapporter plus que ce que vous venez de me montrer ?"

"Certainement."

« Environ combien ?

"Quinze mille francs."

"Quoi!"

— Environ quinze mille francs.

"Et combien de temps faudra-t-il pour obtenir cela ?"

"Peut-être deux mois."

"Donc dans deux mois, vous aurez gagné toute l'année le salaire de trois commis en chef, primes comprises ?"

"Appelez vos trois commis en chef et dites-leur de faire autant pour eux-mêmes."

"Sortez ! J'ai peur que le plafond ne nous tombe sur la tête pendant que vous dites des choses aussi monstrueuses !"

— Demain soir, alors ?

— Oui, demain soir, si je n'ai rien de mieux à faire.

J'étais assez facile. M. Deviolaine n'aurait rien de mieux à faire et n'aurait pas non plus accepté qu'on l'éloigne d'un an de son salaire.

De chez M. Deviolaine, je courus chez M. Laffitte. J'étais fier de pouvoir lui payer si rapidement ce que je lui devais. Je lui ai donné ses mille écus, et il m'a rendu mon billet à ordre et mon manuscrit. Mais je me suis toujours souvenu du service qui m'avait été rendu et qui, rendu au moment où ma mère était tombée malade, était d'une valeur inestimable. Pourtant, je n'étais pas arrivé au bout de mes inquiétudes. En rentrant à mon domicile provisoire, je trouvai une lettre du Théâtre-Français me demandant de me rendre immédiatement au bureau. Je m'y suis précipité et j'ai trouvé le Comité dans un état de consternation, depuis Taylor jusqu'en bas. Ils avaient reçu une lettre du ministre de l'Intérieur suspendant *Henri III*. C'était une affaire bien plus grave que la suspension de mon salaire. Heureusement, Taylor avait décidé de ce qu'il fallait faire. Il me proposa de demander d'urgence une audience à M. de Martignac. Il se chargea lui-même de prendre la lettre et de veiller à ce qu'elle lui soit transmise. Je m'assis et écrivis aussitôt, demandant une audience pour le lendemain. J'ai reçu une réponse deux heures plus tard. M. de Martignac me verrait le lendemain à sept heures. Le lendemain matin, à sept heures, j'étais chez lui. Oh! quelle bénédiction de trouver un ministre à la fois poli et cultivé, comme M. de Martignac ! *rara avis* , comme dirait Juvénal, et, pire encore, un oiseau de passage ! Nous restâmes ensemble une heure, parlant non de la pièce, mais de toutes sortes de sujets ; en dix minutes, nous nous sommes mis d'accord sur la pièce, et j'ai emporté mon manuscrit, sauvé, cette fois non pas de l'Annihilation, mais des Limbes. Oh! pauvre M. de Martignac ! comme il comprenait bien l'Art ! Comme il connaissait bien ce genre d'être humain qui fait obstacle à tout progrès qu'il rencontre sur son chemin, dans le but d'empêcher les autres d'avancer plutôt que d'avancer lui-même ! Ce n'est pas sous l'administration de M. de Martignac que l'Art, partout où il se tournait, rencontrait l'annonce

: « Ce chemin est fermé par ordre des autorités. Et dire que pendant vingt ans les mêmes hommes ont bloqué les mêmes avenues ; que, de vieillards, ils sont devenus décrépits, tandis que nous, jeunes hommes, vieillissons ; qu'à force de mauvaise volonté et de persécutions, ils ont réussi à jeter Lamartine et Hugo dans la politique, Soulié et Balzac dans leurs tombes ; que j'étais presque seul dans ma lutte contre eux ; qu'ils apposaient leur marque sur les choses, comme le sceau de Salomon qui enfermait les génies des *mille et une nuits* dans des vases d'argile ; et que toute cette compression politique et littéraire leur éclatera un jour au visage, tuant et bouleversant tout autour sans se blesser, nains ridés qui attisent sans cesse les feux ardents des révolutions ! Certaines choses, au moins, sont très claires ; que, pendant vingt ans, ces dirigeants furent mesquins, mesquins, méprisables ; qu'ils ont laissé derrière eux un souvenir triste et honteux chez les Allemands, les Hongrois, les Italiens, sur les rives du Nil comme sur les rives du Bosphore, à Mogador comme à Montevideo, dans l'Ancien Monde comme dans le Nouveau ; que, pendant tout le temps qui s'est écoulé entre le jour où M. Sébastiani a annoncé à la Tribune que « l'ordre régnait à Varsovie », et celui où M. Barrot a écrit au *Moniteur* que « les Français sont entrés à Rome ", ils ont démenti non seulement à l'égard de toutes les promesses faites par l'homme, que ces promesses soient venues par M. de la Fayette ou par M. de Lamartine, mais encore plus à l'égard de tout ce qu'on espérait de Dieu, qui destinait la France à soyez l'étoile polaire des autres nations, qui disaient aux peuples : « Vous voulez voguer vers le monde inconnu, vers la Terre promise qu'on appelle la Liberté ; voilà votre boussole. Déployez vos voiles et suivez hardiment ! Au lieu de garder la foi des hommes et d'accomplir la volonté de Dieu, qu'avez-vous fait, pauvres esclaves de la passion et misérables serviteurs de l'aveuglement ? Tu as rendu la mer agitée et les vents contraires pour tout noble navire qui partait sous l'inspiration divine. Vous le savez, je ne vous dis rien de nouveau ; vous savez que tout ce qui est jeune, noble et pur, qui n'a pas été traîné dans la boue du passé et qui s'étend jusqu'aux régions éthérées de l'avenir, est contre vous ; vous savez que ceux que vous avez laissé assassiner par les verges autrichiennes, ceux que vous avez laissés enfermés dans les cachots pontificaux, ceux que vous avez laissé abattre par les canons napolitains, ont été des martyrs. Vous savez que, pendant qu'on vous saluera, tyrans, tandis que vous vous rendrez à vos lieux de divertissement, nous aurons leur dévotion ; vous savez enfin que nous, les porteurs du flambeau, sommes aimés, tandis que vous, ouvriers des ténèbres, êtes détestés ; vous savez que si jamais vos actes vous sont pardonnés, ce sera à cause de ce que nous avons dit en votre faveur ; et de là viennent vos persécutions, impuissantes, Dieu merci, comme toutes choses qui viennent d'en bas et cherchent à nuire à ce qui est en haut... Oui, ce qui est en haut, pour celui qui peut dire : « Je viens d'écrire cette page, et vous je n'ai pas pu l'écrire ", est au-dessus de vous !

Revenons à *Henri III.* , qui n'avait rien à voir avec tout cela, et qui se retrouva soudainement et inopinément élevé au sommet. Mon retour était attendu avec impatience, car on n'osait pas faire de publicité sans la permission du ministre. Je leur ai apporté cette autorisation et ils ont fait de la publicité. M. le duc d'Orléans annonça qu'il serait présent à la seconde représentation. Quand je suis arrivé au théâtre ce soir-là, on m'a dit qu'il était déjà arrivé et qu'il m'avait demandé d'aller dans sa loge. J'ai fait ce qu'on m'a demandé, entre le premier et le deuxième acte. La salle bondée témoignait de la véritable force de mon succès. Le duc d'Orléans me reçut très gracieusement.

« Maintenant, monsieur Dumas, dit-il, n'êtes-vous pas satisfait ? Vous avez gain de cause contre tout le monde, le public et moi compris. Même Broval, Deviolaine et Oudard sont enchantés.

Je me suis incliné.

« Mais quand même, savez-vous, continua-t-il en riant, que vous avez bien failli me causer de sérieux ennuis ?

"Vous, Monseigneur ?"

"Oui je."

"Comment c'est?"

"Le roi m'a fait venir hier."

"Le roi?"

"Oui en effet."

"Et qu'en est-il, Monseigneur ?"

"A propos de ton drame."

" A propos d' *Henri III ?* "

"'Etes-vous au courant de ce qu'on m'a dit, *cousin* ?" dit-il en insistant sur le dernier mot, on m'a dit que vous aviez dans vos bureaux un jeune homme qui a écrit une pièce dans laquelle vous et moi figurons, moi en Henri III et vous en duc de Guise ? '"

"Monseigneur, vous auriez bien entendu pu répondre que le roi s'était trompé et que le jeune homme n'était plus à votre service."

"Non; j'ai préféré répondre autrement et ne pas mentir, puisque je veux vous garder."

"Alors qu'a dit Votre Altesse ?..."

" J'ai dit : " Sire, on vous a mal informé, et pour trois raisons : - Premièrement, je ne bats pas ma femme ; deuxièmement, Madame la duchesse d'Orléans ne m'a pas fait cocu ; troisièmement, Votre Majesté n'a pas un sujet plus fidèle que moi. Pensez-vous que ma réponse était à la hauteur de tout ce que vous m'auriez conseillé de faire ? »

— En effet, Monseigneur, c'est infiniment plus spirituel.

" Et plus près de la vérité, monsieur... Ah ! le rideau se lève : vaquez à vos affaires ; la mienne est de vous écouter. "

Je me suis incliné.

« À propos, dit le duc, Madame la duchesse d'Orléans désire vous voir demain matin pour savoir comment va votre mère.

Je me suis incliné et je me suis retiré.

Oh! quelle puissance que le succès, avec sa notoriété et son tapage autour d'un nom ; avec sa suprématie calme et sereine de l'esprit sur la matière ! M. de Broval, M. Deviolaine et M. Oudard étaient enchantés ; le duc d'Orléans m'avait appelé dans sa loge pour répéter un *mot spirituel* qu'il avait dit au roi ; et enfin Madame la duchesse d'Orléans me verrait le lendemain pour me demander des nouvelles de ma mère ! La naissance, semble-t-il, ne donne que des principautés ; le talent donne la dignité de la principauté.

Le lendemain, je rendis visite à la duchesse d'Orléans, qui me fut aussi gracieuse qu'elle pouvait l'être ; mais hélas! pourquoi toute cette gentillesse est-elle arrivée si tard ? A mon retour, je trouvai dans une enveloppe un journal dont j'ai oublié le nom ; — un ami sensible à ma réputation me l'avait envoyé. Il annonçait le succès d' *Henri III* et ajoutait :

" Ce succès, si grand soit-il, n'étonne pas ceux qui savent comment ces emplois littéraires et politiques sont assurés par la maison d'Orléans. L'auteur est un subalterne à la *solde de Son Altesse Royale.* "

L'article était pénible et mensonger ; mensonge, car la maison d'Orléans, comme on le savait, n'avait projeté de m'aider en aucune façon ; et douloureux, parce que l'auteur, en utilisant le mot « paye » *(gages),* avait évidemment voulu laisser entendre que je n'étais qu'un simple serviteur. Je regardais ma pauvre mère malade, qui, ignorant ce que je lisais, essayait d'exprimer ses premiers désirs de reprendre conscience par des sourires de tendre affection ; et à un moment comme celui-ci, je fus contraint, par un individu que je n'avais jamais vu, dont l'existence même m'était inconnue et qui n'avait aucune raison de me haïr, de la quitter pour exiger des excuses pour un crime grossier. et insulte gratuite ! Je suis allé chez de la Ponce. Je le suppliai de se rendre au bureau du journal et de fixer sur place, avec l'auteur de l'article, les conditions d'un duel pour le lendemain matin. Il s'est écoulé tellement de temps depuis et j'ai si peu de mémoire des blessures que j'ai complètement oublié le nom du journal et le nom de l'écrivain avec lequel j'ai eu la dispute. Je regrette ce dernier, car il s'est si bien comporté dans toute cette affaire que je suis toujours d'avis qu'il a assumé la responsabilité d'un article qui n'était pas le sien. Comme je ne me souviens plus de son nom, permettez-moi de parler de lui sous le nom de M. X.... De la Ponce revint au bout d'une heure environ. Le duel avait été accepté pour le surlendemain, car M. X..., qui se reconnaissait l'auteur de l'article, s'était battu dans l'intervalle avec Carrel. J'allai rendre visite à Carrel, que je connaissais depuis longtemps, pour l'avoir rencontré chez M. de Louvain et aussi chez Méry. Comme moi, lui aussi avait été gratuitement insulté ; comme moi, il avait exigé satisfaction, et il devait rencontrer mon futur adversaire dans un duel au pistolet le lendemain à huit heures du matin. Carrel me complimenta sur mon succès et me promit de faire tout son possible pour que M. X... ne puisse pas se battre avec moi le lendemain. C'était une triste réalité qu'à peine avais-je commencé ma carrière dramatique que, en moins d'une semaine, je fus obligé d'exiger satisfaction de deux hommes, non à cause des critiques portées sur mon talent, mais pour une atteinte à mon caractère personnel. Quelques mots laissés tomber par de la Ponce me firent croire que les pistolets seraient les armes choisies, et Carrel me confirma dans cette opinion ; alors, quand j'ai rencontré Adolphe, je lui ai raconté ce qui s'était passé et je l'ai prié de venir s'entraîner au tir avec moi le lendemain. Même si je ne pouvais pas me permettre de gaspiller de l'argent, j'en avais encore de quoi me permettre une visite une fois par mois chez Gosset. J'y étais devenu un habitué. Nous arrivâmes sur place vers dix heures.

« Philippe ! » J'ai crié au jeune garçon en passant : « Pistolets n° 5 et vingt-cinq balles ».

Philippe est arrivé.

« Vous pouvez avoir vingt-cinq balles, dit-il, mais pas les pistolets n° 5, à moins que vous ne vous entraîniez seul.

"Pourquoi?"

— Parce qu'ils ont été prêtés ce matin à un monsieur qui s'est battu en duel, et il faudrait voir dans quel état il les a ramenés.

Et en effet, le pontet du deuxième pistolet n° 5 avait été brisé et la crosse arrachée.

"Qu'est-ce que ça a fait ?"

— Eh bien ! une balle, dit Philippe.

"Tout à fait, mais qu'en est-il du monsieur qui le détenait ?"

"Il s'est fait couper deux doigts."

"Couper?"

"Oui, coupe !"

"Alors il a dû payer le prix de deux de ses doigts ?"

"Et aussi pour réparer le pistolet."

"Comment s'appelait ce monsieur ?"

" Je ne me souviens plus de son nom ; il se battait avec M. Carrel. "

"Des trucs et des bêtises !"

"C'est vrai."

"Êtes-vous sûr?"

— Bien sûr que oui. Les seconds de M. Carrel ont ramené les pistolets.

« Voyez, dis-je à Adolphe, cela retardera mon duel de demain et ne vous y trompez pas.

Et puis je lui racontai que mon adversaire s'était arrangé pour se battre en duel avec Carrel le jour même, et que c'était probablement lui qui s'était blessé aux deux doigts.

— C'est très facile à savoir, dit Adolphe ; "Allons nous renseigner."

Nous sommes allés chez M. X... et avons constaté que c'était bien lui qui s'était battu ; il avait eu deux doigts arrachés : son troisième et son auriculaire. J'envoyai ma carte de visite à son domestique, et nous partîmes. Nous n'avions pas descendu plus de deux étages lorsque nous entendîmes l'homme courir après nous. M. X... me pria d'entrer. Je le trouvai souriant malgré ses blessures, et très courtois malgré son attaque.

« Veuillez m'excuser, monsieur, dit-il, de la liberté que j'ai prise en vous demandant de revenir me voir ; j'use du privilège d'un blessé.

« Votre blessure est-elle grave, monsieur ? J'ai demandé.

— Non, je m'en suis sorti avec la perte de deux doigts de la main droite ; et comme il m'en reste trois pour vous écrire et vous dire combien je suis désolé de m'être rendu désagréable avec vous, j'ai tout ce qu'il me faut.

« Vous avez encore l'usage de votre gauche pour me serrer la main, monsieur, lui dis-je, et cela vaudrait mieux que de fatiguer votre droite pour tout ce qu'on peut imaginer.

Nous nous sommes serrés la main ; conversé sur des sujets indifférents; puis, dix minutes plus tard, nous nous sommes quittés. Depuis, nous ne nous sommes jamais revus et, comme je l'ai dit, j'ai totalement oublié son nom. J'en garde rancune à ma mémoire, car je me souviendrai toujours de lui avec plaisir.

Un hasard singulier ! Si cet homme ne s'était pas disputé avec Carrel, et si Carrel ne lui avait pas privé ses deux doigts, il se serait battu avec moi, et il aurait pu me tuer ou être tué par moi. Et pour quelle raison, je vous le demande ?

LIVRE III

CHAPITRE I

L'Arsenal - La maison de Nodier - Le profil du maître - Le congrès des bibliophiles - Les trois bougies - Deburau - Mademoiselle Mars et Merlin - La famille de Nodier - Ses amis - Dans quelles maisons je suis à mon meilleur - Le salon de l'Arsenal - Nodier en tant que conteur d'histoires - Le ballon et la poêle chauffante

***

J'ai promis de revenir à Nodier et je tiendrai parole. Après le service que Nodier m'a rendu en m'ouvrant les portes du Théâtre-Français, j'allai le remercier. Nodier a fait mieux pour moi lors de ma deuxième visite que lors de la première : il m'a ouvert les portes de l'Arsenal. Et, pour que mes lecteurs ne soient pas effrayés par ce mot et ne croient que je parle d'une collection d'armes, d'un musée d'artillerie, je m'empresse d'ajouter que les portes de l'Arsenal étaient les portes de la maison de Charles Nodier. Tout le monde connaît le grand bâtiment d'aspect sombre qu'on appelle l'Arsenal, dans l'alignement du quai des Célestins, au fond de la rue de Morland, dominant le fleuve. C'est ici qu'habitait Nodier. Dans ces Mémoires sans prétention, il serait trop éloigné de raconter comment, autrefois, alors que Paris se préparait à la guerre, ce lourd édifice s'élevait sur un terrain appelé le Champ-au-Plâtre ; comment, lorsque le lourd édifice fut élevé, François Ier y fit fondre le canon qui fit bien de fâcheux travaux à Pavie ; comment, ayant besoin d'un terrain, il emprunta une ferme à sa bonne ville de Paris, en promettant de la restituer ; comment, ayant emprunté cette première ferme, il en emprunta une seconde, et une troisième ; comment enfin, sur le principe de l'axiome « Ce qui est bon à prendre est bon à garder », il conserva les trois fermes empruntées — nous raconterons ces choses lorsque, au terme de nos impressions sur l'Europe, l'Asie et l'Afrique, nous nous sommes mis à consigner nos impressions de randonnées à Paris. Ces fermes, ainsi que le grand bâtiment dont nous avons parlé, servaient à entreposer du canon et de la poudre. Un jour, sous le règne de Henri II, une étincelle venue d'on ne sait d'où, — on ne sait d'où partent de terribles incendies ! — mit le feu à la poudrière et la fit exploser. Paris tremble comme Naples et Catana tremblent quand le Vésuve ou l'Etna sont en éruption ; les poissons périrent dans la rivière ; à la secousse inattendue, les maisons voisines vacillèrent puis s'effondrèrent les unes sur les autres. Melun, à une douzaine de lieues, frémit au bruit de l'explosion ; trente personnes projetées en l'air par ce volcan tombèrent en fragments, cent cinquante furent blessées et, ignorant la cause de l'accident, l'attribuèrent aux protestants, contre lesquels ils ne tardèrent pas à formuler des griefs. On comprendra aisément que les bâtiments érigés par François Ier et les trois fermes de la ville de Par ont disparu dans ce tumulte. Charles IX, grand bâtisseur et responsable de la sculpture du

Louvre et de la sculpture de la fontaine des Innocents, visita les ruines avec son architecte. Il dessina le plan d'un nouveau bâtiment, commença la nouvelle construction et, comme il était à la fois un grand artiste et un grand poète, il est probable qu'il en aurait fait une bonne œuvre. Mais la reine Catherine de Médicis, s'étant déjà débarrassée d'un fils, ne fut pas fâchée de se débarrasser de Charles IX, à la manière de François II, pour hâter l'arrivée d'Henri III. Au cas où cette accusation contre Catherine de Médicis paraîtrait un peu trop forte à nos lecteurs, qui préféreraient peut-être considérer la mort de Charles IX. comme jugement de Dieu (acte qui, en effet, pourrait très bien aller de pair avec l'empoisonnement de Charles IX par sa mère), nous reproduirons ici un dialogue enregistré par Bassompierre ; c'est court, mais instructif.

« Sire, dit Bassompierre au roi Louis XIII, assis dans l'embrasure d'une fenêtre du vieux Louvre, sonnant violemment du cor, sire, vous ne devez pas souffler ainsi de toutes vos forces ; vous êtes faible. dans les poumons, et il pourrait vous arriver la même chose qu'au roi Charles IX. »

"Mon cher Bassompierre", Louis XIII. répondit : « Le roi Charles IX n'est pas mort pour avoir sonné trop longtemps et trop souvent du cor ; il est mort d'avoir eu l'imprudence de se réconcilier avec sa mère, après avoir eu la prudence de se brouiller avec Catherine de Médicis.

Revenons à l'Arsenal et à un autre roi qui eut l'imprudence de se brouiller avec sa femme, ou plutôt avec la maison d'Autriche à laquelle elle appartenait, de Henri IV. C'est en effet lui qui acheva l'Arsenal et aménagea le magnifique jardin, que l'on peut encore voir sur les images de l'époque de Louis XIII. Il le donna à Sully pour exercer son ministère des finances ; et c'est ici que le parcimonieux ministre amassa les millions avec lesquels Henri III. entendait poursuivre sa guerre contre les Flandres, lorsque le poignard de Ravaillac mit fin à cet étrange rêve du XVIIe siècle, qui devait devenir réalité au XIXe, à savoir l'union des sept républiques électives et des six républiques héréditaires. monarchies, sous un chef suprême, établi sous le titre de *Congrès de la Paix*.

Ah ! mon cher M. Cobden, vous avec qui j'ai passé autrefois plusieurs jours ennuyeux et partagé quelques dîners mélancoliques en Espagne, l'idée de ce Congrès de la Paix n'est pas née de vous ; elle venait de notre malheureux roi Henri IV : « Rendons à César ce qui est à César.

Aussi, vous tous qui visitez l'Arsenal, sachez que ces belles pièces qui forment aujourd'hui la bibliothèque ont été décorées par Sully avec l'argent d'Henri IV.

En 1823, Charles Nodi er fut nommé bibliothécaire de cette bibliothèque, et quitta la rue de Choiseul, où il habitait, pour s'établir dans sa nouvelle habitation. Mais le bâtiment qui faisait souvent l'objet d'illustrations n'était pas un lieu de vie très magnifique ! Au premier palier d'un escalier à balustrades massives, on rencontrait à gauche une porte mal ajustée qui donnait sur un couloir maçonné ; la salle à manger et le bureau étaient pavés de briques comme le couloir. Trois autres pièces complétaient la suite, trois pièces luxueuses, avec parquet et murs lambrissés : l'une était la chambre de Mme Nodier ; l'autre le salon ; et le troisième l'atelier, la bibliothèque et la chambre de Charles. Charles menait deux existences distinctes : sa vie hebdomadaire était celle d'un ouvrier et d'un bibliophile ; son existence dominicale était celle d'un homme du monde et d'un hôte. Nodier était un personnage adorable ; Je n'ai jamais rencontré ni connu quelqu'un d'aussi instruit, d'aussi artiste et pourtant d'aussi bon caractère que lui, sauf peut-être Méry. Et s'il avait beaucoup de défauts, il n'avait pas de vice, et ses défauts gagnants provenaient de l'originalité de l'homme de génie. Nodier était extravagant, insouciant, dilatoire ; mais c'était la délicieuse oisiveté d'un Figaro. On aurait peut-être pu l'accuser d'être un peu trop mondain ; mais cela aussi venait de sa négligence, du fait qu'il ne prenait pas la peine d'examiner ses sentiments. C'était plutôt toute la communauté des martyrs, pour ainsi dire, que Nodier aimait ainsi ; il avait un cercle restreint d'amis privilégiés qu'il aimait de tout son cœur ; d'autres, il n'en aimait qu'intellectuellement. Nodier était un homme de savoir *par excellence* : il savait tout et bien des choses encore ; car il exerçait la prérogative des hommes de génie : s'il ne savait pas une chose, il inventait sa connaissance de celle-ci, et il faut avouer que son invention était généralement bien plus probable, bien plus ingénieuse, romantique et spécieuse et, j'oserais le dire. disons, bien plus proche de la vérité que de la réalité elle-même. On devine aisément que, avec ce don d'invention, Nodier était une véritable mine de paradoxes. Mais il n'a jamais essayé de vous forcer à accepter ces paradoxes ; il a créé les trois quarts de ses paradoxes pour sa propre diversion.

Un jour, alors que je déjeunais avec un ministre, on m'a demandé...

"Comment s'est passé le déjeuner ?"

"Très bien", répondis-je; "mais si je n'avais pas été là moi-même, j'aurais horriblement ennuyé !"

Ainsi en était-il de Nodier ; de peur de s'ennuyer, il inventait des paradoxes, tout comme je racontais des histoires.

Je dois revenir sur ce que j'ai dit sur Nodier qui était un peu trop enclin à aimer tout le monde. Ma phrase semble quelque peu réprobatrice, mais il ne faut pas la prendre ainsi. Nodier était le philanthrope de Térence, l'homme à qui rien n'est étranger. Nodier aimait, comme le feu réchauffe, comme une torche s'éclaire, comme le soleil brille ; il aimait parce qu'aimer et nouer des amitiés étaient autant le fruit de sa nature que le raisin est le fruit de la vigne. Qu'il me soit permis d'inventer un *mot* pour décrire l'homme qui lui-même en a tant inventé, il était un *amoureux* . J'ai dit qu'il aimait et se liait d'amitié parce que, pour Nodier, les femmes existaient aussi bien que les hommes. Comme il aimait tous les hommes de bonne volonté, ainsi, dans sa jeunesse (et Nodier ne fut jamais vieux), il aimait toutes les femmes aimables. Comment il y était parvenu, il lui aurait été impossible de l'expliquer lui-même. Mais, comme tous les esprits éminemment poétiques, Nodier a toujours confondu le rêve avec l'idéal, et l'idéal avec le monde matériel ; pour Nodier, toutes les fantaisies de son imagination existaient réellement, Thérèse Aubert, la Fée aux miettes, Inès de las Sierras, il vivait au milieu de toutes ces créations de son génie, et jamais sultan n'eut un harem plus magnifique.

Il est intéressant de savoir comment a travaillé un écrivain qui a produit tant de livres, et aussi des livres aussi divertissants, comme il l'a fait. Je vais te dire. Nous prendrons le Nodier de la semaine, romancier, savant et bibliophile, l'auteur du *Dictionnaire des Onomatopées* , *Trilby* , des *Souvenirs de Jeunesse*. Le matin, après deux ou trois heures de travail facile, après avoir couvert une douzaine ou quatorze pages de papier de six pouces de long sur quatre de large, d'une écriture régulière et lisible, sans une seule rature, il considérait sa tâche matinale comme accomplie. et sortit. Lorsqu'il était dehors, Nodier errait sans but, remontant tantôt une rue des boulevards, tantôt une autre, tantôt le long de tel ou tel quai. Quel que soit le chemin qu'il parcourait, trois choses le préoccupaient : les étals des bouquinistes, les vitrines des libraires et des relieurs ; car Nodier aimait presque autant les belles reliures que les livres rares, et je crois qu'il classait bien dans son esprit Deneuil, Derome, Thouvenin et les trois Elzévirs au même rang. Ces promenades aventureuses de Nodier, prolongées par des découvertes de livres ou par des rencontres avec ses amis, commençaient habituellement à midi et se terminaient presque toujours entre trois et quatre heures chez Crozet ou chez Techener. Dans ces maisons, vers cette heure-là, se réunissaient les amateurs de livres de Paris : le marquis de Ganay, le marquis de Châteaugiron, le marquis de Chalabre ; Bérard, le collectionneur d'Elzevir, qui, à ses heures perdues, rédigea la Charte de 1830 ; enfin le bibliophile Jacob, roi du savoir bibliographique lorsque Nodier n'était pas présent, vice-roi lorsque Nodier entra en scène. Ici, ils ont échangé des opinions et discuté *de omni rescibili et quibusdam aliis*. Ces causeries durèrent jusqu'à cinq heures. A cinq heures, Nodier rentra chez lui par un autre chemin que celui qu'il avait parcouru le matin ; ainsi, s'il était venu par les quais, il reviendrait par les boulevards, et s'il était passé par les boulevards, il reviendrait par les quais. A six heures, Nodier dînait avec sa famille. Après le dîner, vint une tasse de café sirotée comme un vrai sybarite, à petits et grands traits, puis on ôta la nappe avec tout ce qui était dessus, et on posa trois bougies sur la table nue. Trois bougies de suif, pas trois de cire. Nodier préférait le suif à la cire. Pourquoi, personne ne l'a jamais su : c'était un de ses caprices. Ces trois bougies, jamais plus, jamais moins, étaient placées triangulairement . Alors Nodier sortit l'ouvrage qu'il faisait et ses plumes — il détestait les plumes en acier — et il travailla jusqu'à neuf ou dix heures du soir. A cette heure-là, il sortit une seconde fois ; mais, cette fois, il suivit invariablement le cours des boulevards ; et, selon ce qui se passerait, il irait à la Porte-Saint-Martin, à l'Ambigu ou aux Funambules. On se souvient que c'est à la Porte-Saint-Martin que je l'ai rencontré pour la première fois.

Il y avait trois acteurs que Nodier adorait : Talma, Potier et Debureau. Lorsque j'ai fait la connaissance de Nodier, Talma était morte depuis trois ans ; et Potier avait pris sa retraite depuis deux ans ; il ne lui restait donc plus que l'attrait irrésistible de Debureau. C'est lui qui, le premier, exalta le célèbre Pierrot ; à cet égard, Janin succède à Nodier et n'est que son imitateur. Nodier a vu le *Bœuf enragé* près de cent fois. A la première représentation de la pièce, il attendit le bœuf jusqu'à la fin, et ne le voyant pas, il sortit et en parla au boxier.

« Madame, demanda-t-il, pourriez-vous m'informer pourquoi cette pantomime que je viens de voir s'appelle le *Bœuf enragé ?* »

— Monsieur, répondit le boxier, parce que c'est son titre.

"Ah!" s'écria Nodier ; et il se retira satisfait de l'explication.

Les six jours de la semaine se déroulaient exactement de la même manière : venait ensuite le dimanche. Chaque dimanche, Nodier sortait à neuf heures du matin pour déjeuner avec Guilbert de Pixérécourt, pour qui il avait alors une profonde admiration et les sentiments les plus amicaux. Il l'appelait le Corneille des boulevards. Il y rencontre les rassemblements scientifiques de Crozet ou de Techener.

Nous avons dit qu'un de ces bibliomanes s'appelait le marquis de Chalabre. Il mourut en laissant une bibliothèque très précieuse, qu'il légua à Mademoiselle Mars. Mademoiselle Mars lisait très peu, ou, à vrai dire, elle ne lisait pas du tout. Elle chargea Merlin de classer les livres qui lui avaient été laissés et d'en organiser la vente. Merlin était l'homme le plus honnête de la planète ; et il s'acquitta de cette commande avec sa conscience habituelle, et il tourna et retourna si soigneusement les feuillets de chaque volume qu'un jour il se rendit chez mademoiselle Mars avec trente ou quarante billets de mille francs à la main, qu'il posa dessus. une table.

« Qu'est-ce que c'est, Merlin ? demanda mademoiselle Mars.

"Je ne sais pas, madame", répondit-il.

" Que veux-tu dire ? Eh bien, ce sont des billets de banque ! "

"Certainement."

"Où les as-tu trouvés ?"

"Dans un portefeuille, sous la couverture d'une Bible très rare ; et comme la Bible vous appartient, ces billets de banque sont aussi les vôtres."

Mademoiselle Mars prit les billets de banque, qui étaient bien entendu les siens, et elle eut toutes les peines du monde à faire accepter à Merlin un cadeau de la Bible dans laquelle il avait, à ce que je comprends, découvert les billets de banque.

Nodier rentrait chez lui entre trois et quatre heures et, comme M. Villenave, se laissait sa fille Marie l'habiller et le titiller. Car nous avons omis de mentionner que la famille de Nodier était composée de sa femme, de sa fille, de sa sœur Madame de Tercy et de sa nièce. A six heures, la table de Nodier serait mise. Trois ou quatre couvertures de rechange seraient fournies en plus du nombre de personnes présentes dans la fête de famille, et celles-ci étaient destinées aux habitués réguliers. Trois ou quatre couvertures supplémentaires furent réservées aux nouveaux arrivants. Les habitués étaient Cailleux, le directeur du Musée ; le baron Taylor, qui allait bientôt laisser sa place vacante à cause de son voyage en Egypte ; Francis Wey, que Nodier aimait comme s'il était son propre enfant, dont le vieil accent aristocratique français n'était guère moins marqué que celui de Nodier, et celui de Dauzats. Les convives occasionnels étaient Bixio, l'immense Saint-Valéry et moi-même. Saint-Valéry était bibliothécaire, comme Nodier. Il mesurait six pieds un pouce et était un homme extrêmement instruit mais ne possédant aucune originalité ni aucun esprit : c'est de lui que Méry écrivit ce vers :

"Il se baisse, et ramasse un oiseau dans les airs !"

Lorsqu'il était à la bibliothèque, il était très rare qu'il ait besoin d'une échelle pour descendre un livre, tant il était grand. Il étendait un de ses longs bras, se dressant sur la pointe des pieds, et trouvait le livre qu'il lui fallait, même s'il était près du plafond. Il était extrêmement susceptible et ne pouvait supporter aucune plaisanterie sur sa grande silhouette, aussi inoffensives soient-elles ; il m'en a voulu longtemps parce qu'un jour, alors qu'il se plaignait auprès de Mme Nodier d'un violent rhume de tête, je lui ai demandé s'il avait eu froid aux pieds, il y a un an.

Lorsque vous étiez admis dans ce cercle intime charmant et désirable de la famille Nodier, vous pouviez dîner avec eux aussi souvent que vous le vouliez. S'il fallait une, deux ou trois couvertures en plus du nombre déjà posé, on les ajoutait ; si la table devait être agrandie, elle était plus longue.

Mais pas de chance pour celui qui se trouvait être le treizième ! on le plaçait impitoyablement à une petite table pour dîner seul, à moins qu'un quatorzième convive, moins attendu encore que lui, ne vienne le relever de sa pénitence. Je fus bientôt au nombre des amis les plus intimes dont je viens de parler, et ma place à table fut réglée une fois pour toutes, entre Mme Nodier et Marie Nodier. Lorsque je parus à la porte, je fus accueilli par des exclamations de joie ; ils se précipitèrent tous sur moi, depuis Nodier jusqu'en bas, qui étendit ses deux grands bras pour m'embrasser ou me serrer la main. Au bout d'un an, de fait acquis, ma place devint reconnue comme mienne de droit : elle resta vacante pour moi jusqu'après le cours de soupe ; alors on se risquait à le remplir, mais s'il m'arrivait d'arriver, soit dix minutes, soit un quart d'heure, soit une demi-heure de retard, même si je n'arrivais qu'au dessert, l'intrus se levait, ou était obligé de faire ainsi, et ma place m'a été cédée. Nodier prétendait que j'étais pour lui une fortune, parce que je l'empêchais de parler ; mais ce qui pouvait être un plaisir, à cet égard, pour le maître oisif de la maison, était une source de chagrin pour ses invités : dispenser de la conversation le causeur le plus fascinant qu'on puisse imaginer équivalait à un crime. Néanmoins, lorsque je fus chargé d'être vice-roi de la conversation, j'étais déterminé à occuper mon poste au mieux de mes capacités. Il est certaines maisons où l'on brille spontanément ; d'autres où l'on est ennuyeux, peu importe comment on essaie d'être l'inverse. Il y avait trois maisons où j'étais à mon meilleur, trois maisons dans lesquelles mon moral s'élevait toujours et scintillait d'une exubérance juvénile ; ces maisons étaient celles de Nodier, de Madame Guyet-Desfontaines et de Zimmermann. Dans tous les autres endroits, je pourrais encore recevoir, mais simplement dans le cadre de relations sociales ordinaires. Mais peu importe que Nodier lui-même soit le bavard (et lorsque c'était le cas, adultes et petits enfants se taisaient tous pour écouter) ; que son silence laissait la conversation à Dauzats, à Bixio ou à moi, le temps passait inaperçu jusqu'à la fin du dîner, un dîner qui aurait pu être envié par le prince le plus puissant de la terre, pourvu que ses goûts fussent intellectuels. . Le dîner terminé, le café fut distribué alors que nous étions encore à table. Nodier était bien trop sybarite pour se lever de table et prendre son Moka inconfortablement debout dans un salon à moitié chauffé, alors qu'il pouvait le prendre allongé sur sa chaise, dans une salle à manger chaude et bien parfumée des arômes de fruits et liqueurs. Pendant ce dernier acte, ou plutôt cet épilogue du dîner, Madame Nodier et Marie se levèrent pour aller éclairer le salon, et moi, qui ne prenais ni café ni liqueurs, je les accompagnais, pour les aider dans leur tâche, ma grande taille étant très grande. utile pour allumer les lustres et les candélabres sans avoir besoin de se tenir debout sur des chaises. Inutile de dire que si M. Saint-Valéry, qui mesurait un pied de plus que moi, était là, la charge de l'éclairage lui revenait de droit.

Lorsque, grâce à nous, le salon fut éclairé, cérémonie qui n'avait lieu que le dimanche, car en semaine les réceptions avaient lieu dans la chambre de Mme Nodier, la lumière illumina les murs lambrissés blancs de Louis XV. des moulures et des meubles d'une extrême simplicité, comprenant une douzaine de chaises ou fauteuils et un canapé recouvert de cachemire rouge, les tentures étant de la même couleur ; un buste de Hugo, une statue d'Henri IV. enfant, un portrait de Nodier et un paysage d'une vue dans les Alpes, par Régnier. A gauche, en entrant, se trouvait le piano de Marie, dans un renfoncement presque comme une pièce à lui seul. Cette niche était assez grande, comme les espaces entre les châlits du temps de Louis XIV, pour que les amis de la maison puissent se tenir autour et causer avec Marie pendant qu'elle jouait des quadrilles et des valses de ses doigts agiles et adroits. Mais les quadrilles et les valses ne commençaient pas avant le moment donné : deux heures, de huit à dix, étaient invariablement consacrées à la conversation ; puis nous avons dansé de dix heures à une heure du matin. Cinq minutes après que Mme Nodier, Marie et moi eussions éclairé le salon, Taylor et Cailleux entrèrent les premiers : ils étaient bien plus à l'aise dans la maison que Nodier lui-même ; puis venait Nodier, le bras passant dans celui de Dauzats ou de Francis Wey ou de Bixio ; car, bien que Nodier n'eût alors que trente-huit ou quarante ans, il était comme une haute plante grimpante qui couvre les murs de feuilles et de fleurs, mais qui a déjà besoin de s'appuyer. Derrière Nodier entra le reste des convives, avec sa petite fille qui dansait et sautait. Dix minutes plus tard, les visiteurs habituels commençaient à arriver : Fontanay et Alfred Johannot, avec leurs deux visages impassibles, toujours mélancoliques au milieu de nos rires et de notre gaieté, comme s'ils eussent un vague pressentiment de mort ; Tony Johannot, qui ne venait jamais sans un nouveau dessin ou une gravure pour enrichir l'album ou la collection de Marie ; Barye, qui avait l'air seul au milieu du tumulte, car il semblait toujours que son esprit était loin de son corps en quête de quelque chose de merveilleux ; Louis Boulanger, aux humeurs variables, aujourd'hui triste, demain gai, toujours le même grand artiste, grand poète et ami fidèle ; Francisque Michel, chercheur de manuscrits anciens, souvent si préoccupé par ses recherches du temps qu'il en oubliait qu'il était venu avec un chapeau ancien de l'époque de Louis XIII. et des pantoufles jaunes ; de Vigny, qui, ignorant sa future transfiguration, daignait encore se mêler aux mortels ; de Musset, presque enfant, rêvant à ses *Contes d'Espagne et d'Italie* ; et fermant la marche, Hugo et Lamartine, les deux rois de la poésie, les paisibles Étéocle et Polynice de l'Art, l'un portant le sceptre de l'ode et l'autre la couronne de l'élégie.

Hélas! et hélas ! qu'est devenu tous ceux qui s'y sont rassemblés ? Fontanay et Alfred Johannot sont morts ; de Vigny s'est rendu invisible ; Taylor est livré à ses voyages ; Lamartine, avec son gouvernement provisoire, a laissé la France lui filer entre les doigts ; Hugo est député et s'efforce de maintenir l'unité du pays, une tâche qui s'est avérée trop difficile pour les mains de son collègue ; et le reste d'entre nous sommes tous dispersés, chacun suivant sa propre carrière laborieuse, entravé par des ennemis malveillants, des lois harcelantes et de mesquines haines ministérielles ; nous luttons, les yeux bandés et fatigués, vers ce monde nouveau que la Providence réserve à nos fils et à nos petits-fils, que nous ne verrons pas, mais vers lequel du moins nos tombeaux, comme des bornes, indiqueront la voie.

Retournons à notre salon, dans lequel entraient maintenant ceux dont je viens de parler, salués avec des salutations effusives de joie. Si Nodier, en sortant de table, alla s'étendre dans son fauteuil au coin du feu, c'est qu'il aimait, à la manière du sybarite égoïste qu'il était, jouir à son aise de quelques jeux de hasard. son imagination, pendant ce moment de bonheur qui suit le café ; si, au contraire, faisant un effort pour rester debout, il s'appuyait contre la cheminée, les mollets vers le feu et le dos au miroir, c'était qu'il allait raconter quelques-unes de ses histoires. Nous étions alors tous sur le *qui-vive* pour sourire aux anecdotes qui allaient sortir de ces lèvres finement modelées, satiriques et spirituelles ; tout le monde gardait le silence ; et il racontait une des délicieuses histoires de sa jeunesse, qui sonnait comme un roman de Longus ou une idylle de Théocrite. Il ressemblait à Walter Scott et Perrault ; le savant aux prises avec le poète, la mémoire aux prises avec l'imagination. Nodier n'était pas seulement amusant à écouter, mais il était en outre agréable à regarder. Son corps grand et maigre, ses longs bras maigres, ses mains blanches et effilées, son long visage plein d'une sereine mélancolie, tout s'harmonisait et s'accordait avec sa voix un peu langoureuse et avec cet accent aristocratique mentionné ci-dessus ; et, que Nodier récitât une histoire d'amour, ou décrivât un combat dans les plaines de la Vendée, ou quelque drame qui se passait place de la Révolution, une conspiration de Cadoudal ou d'Oudet, ses auditeurs retenaient leur souffle pour écouter. , tant le conteur a su merveilleusement aller au cœur de tout ce qu'il décrivait. Ceux qui entraient au milieu s'inclinaient silencieusement et s'asseyaient dans un fauteuil ou s'appuyaient contre les lambris ; le récit se terminait toujours trop tôt ; pourquoi il concluait était un mystère, car nous savions que Nodier pouvait puiser éternellement dans cette bourse de Fortunatus que nous appelons imagination. Nous n'avons pas applaudi, — applaudissons-nous au murmure d'un ruisseau, au chant d'un oiseau, au parfum d'une fleur ? — mais quand le murmure a cessé, le chant s'est éteint, le parfum s'est évaporé, nous avons écouté, nous avons attendu, nous j'en voulais plus ! Alors Nodier se retirait tranquillement de sa position près de la cheminée dans son grand fauteuil ; souriait et se tournait vers Lamartine ou Hugo avec...

« Assez de prose comme celle-là, maintenant, parlons de poésie, de poésie !

Et, sans seconde instance, l'un des deux poètes, de là où il se trouvait, les mains appuyées au dossier d'un fauteuil ou les épaules appuyées contre les murs lambrissés, faisait naître le flux harmonieux et avide de sa fantaisie poétique. ; alors chaque tête se tournerait dans une direction nouvelle, chaque intellect suivrait le vol d'une pensée qui planait au-dessus d'eux sur des ailes d'aigle pour jouer tantôt dans la brume des nuages parmi les éclairs de la tempête, tantôt dans les rayons du soleil.

A ces occasions, les applaudissements ont suivi ; puis, quand les applaudissements avaient cessé, Marie se dirigeait vers son piano et un brillant déluge de notes éclatait dans l'air. C'était le signal d'un quadrille ; les fauteuils et les chaises étaient rangés, les joueurs de cartes se réfugiaient dans les coins, et ceux qui, au lieu de danser, préféraient causer avec Marie, se glissaient dans son alcôve. Nodier fut un des premiers aux tables de cartes ; il ne jouera longtemps qu'à *la bataille* , dans laquelle il prétendait être très expert ; mais, finalement, il fut amené à faire une concession au goût du siècle et joua *à l'écarté* . Quand le bal commençait, Nodier, d'habitude très malchanceux, réclamait les cartes. Dès qu'il a commencé, Nodier s'est effacé, a disparu et a été complètement oublié ; il était de ces hôtes à l'ancienne mode qui s'effacent pour donner la priorité à leurs hôtes, qui, une fois accueillis, deviennent eux-mêmes maîtres de la maison. De plus, après une disparition temporaire de Nodier, il disparaissait entièrement. Il se couchait à temps, ou, pour parler plus exactement, il se couchait tôt. C'était à madame Nodier qu'appartenait le soin de coucher ce grand enfant ; elle quitterait donc d'abord le salon pour préparer son lit. Si c'était l'hiver et qu'il faisait très froid, et que le feu de la cuisine s'était éteint par hasard, on verrait une poêle se faufiler au milieu des danseurs jusqu'à la cheminée du salon, ses larges mâchoires s'ouvriraient pour recevoir les braises ardentes, et alors on l'emporterait dans la chambre de Nodier. Nodier suivit la marmite, et nous ne le vîmes plus cette nuit-là.

Tel était Nodier ; telle était la vie de cet excellent homme.

Une fois, nous l'avons rencontré dans un état d'humiliation, de honte et d'embarras. L'auteur du *Rot de Bohème et ses Sept Châteaux* venait d'être nommé académicien. Il a présenté de très humbles excuses à Hugo et à moi et nous lui avons pardonné.

Après avoir été rejeté cinq fois, Hugo est nommé à son tour. Il ne m'a offert aucune excuse, ce qui était aussi le cas ; puisque je n'aurais certainement pas dû lui pardonner !

CHAPITRE II

Oudard me transmet les désirs du duc d'Orléans. Je suis nommé bibliothécaire adjoint. Comment cela a permis à Son Altesse d'économiser quatre cents francs. Rivalité avec Casimir Delavigne. Pétition de l'école classique contre les productions romantiques. Lettre de soutien de mademoiselle Duchesnois. danse fantastique - Celui qui traitait Racine de *canaille* - Belle indignation du *Constitutionnel* - Première représentation de *Marino Faliero*

On se souvient que, lors de la brève conversation que j'ai eu l'honneur d'avoir avec M. le duc d'Orléans dans sa loge particulière, il avait exprimé le désir de me garder près de lui. Je n'avais aucun motif, maintenant que j'avais acquis ma liberté d'action, de quitter l'homme qui, en tout cas, m'avait assuré ma vie pendant six ans et m'avait permis de poursuivre mes études et de devenir ce que j'étais. D'ailleurs, à cette époque, M. le duc d'Orléans était un représentant typique de ce parti d'opposition auquel j'appartenais de droit comme fils d'un général républicain. M. le duc d'Orléans, fils de régicide, membre du club des Jacobins, défenseur de Marat et redevable à Collot d'Herbois, me semblait en effet, je dois l'avouer, s'il n'avait pas beaucoup dégénéré depuis 1793, être bien plus avancé en 1829 que moi-même. Il a agi à la hauteur du *mot* qu'il a prononcé le jour où j'écrivais sous sa dictée : « Monsieur Dumas, sachez que, si l'on descend de Louis XIV, ne serait-ce que par l'intermédiaire d'un de ses bâtards, c'est encore un un honneur suffisant pour en être fier." Bien entendu, j'avais provoqué ce *mot* par mon hésitation ignorante. D'ailleurs, on pouvait s'enorgueillir d'être un descendant de Louis XIV, tout en blâmant les turpitudes de Louis XV. et les fautes de Louis XVI.; d'ailleurs, d'où venaient même nos pères républicains ? Du Parc-aux-Cerfs et du Petit Trianon. Ainsi donc le duc d'Orléans, sinon précisément prince républicain, comme on l'appelait en 1792, était du moins prince citoyen, comme on l'appelait en 1829. Bref, c'était bon pour ma position, et en harmonie avec mes sympathies, de rester attaché à M. le duc d'Orléans. Toutes ces réflexions avaient eu suffisamment de temps pour mûrir dans mon esprit avant que je reçoive une lettre d'Oudard me demandant de passer chez lui à son bureau. Autrefois, une telle invitation m'aurait beaucoup inquiété ; maintenant, cela m'a seulement fait sourire, et je me suis présenté. Raulot s'inclina presque jusqu'à terre devant moi ; il ouvrit la porte et annonça :

"M. Alexandre Dumas."

Oudard est venu à ma rencontre avec un visage rieur.

« Eh bien, mon cher poète, dit-il, il semble que vous ayez eu un succès incontestable ?

"Oui."

"Permettez-moi d'abord de vous féliciter chaleureusement... Mais qui aurait pu le prévoir ?"

"Ceux qui ont supprimé mes primes et retenu mon salaire ; car je présume que s'ils avaient prévu un échec, ils n'auraient pas eu la cruauté de nous exposer, ma mère et moi, à mourir de faim."

— M. de Broval ne vous a-t-il pas écrit le soir de la représentation ? » demanda Oudard avec une certaine confusion.

"Oui, en effet ; voici sa lettre."

Je lui ai montré la lettre que le lecteur a vue.

"Et je le garde comme modèle", continuai-je en le remettant dans ma poche.

"Comme modèle de quoi ?"

"De mensonge diplomatique et de flagornerie stupide."

"Viens, c'est un langage fort !"

"C'est vrai, mais il faut appeler un chat un chat."

" Quoi qu'il en soit, laissons tomber le sujet et parlons ici de votre position. "

"Cela équivaut à discuter de châteaux dans les airs."

"Je ne parle pas de votre position passée, car je suis bien conscient que vous refuseriez de rester dans la maison dans les anciennes conditions ; nous ne souhaitons pas non plus que vous le fassiez... Vous devez avoir du temps pour votre travail."

"Continuez, mon seigneur Mécène, parlez au nom d'Auguste ; je vous écoute."

"Non, au contraire c'est à toi de parler. Que désires-tu ?"

"Moi ? Je désirais le succès et je l'ai eu. Je ne veux rien d'autre."

"Mais que pouvons-nous faire qui vous plaise ?"

"Pas grand-chose."

"Néanmoins, il doit y avoir un poste dans la maison que vous aimeriez."

"Il n'y en a aucun que je convoite ; mais il y a un poste qui me conviendrait."

"Qu'est-ce que c'est ?"

"Pour être le collègue de M. Casimir Delavigne à la bibliothèque."

Les muscles du visage d'Oudard se contractèrent avec une expression indiquant : "Tu es vraiment ambitieux, mon ami."

"Oh ! en effet, je comprends très bien les difficultés", dis-je.

"Vous voyez, poursuit Oudard, nous avons déjà Vatout et Casimir, bibliothécaire et aide-bibliothécaire."

"Bien sûr, et c'est largement suffisant, n'est-ce pas, quand il n'y a pas de bibliothèque ?"

Car, en effet, la bibliothèque du duc d'Orléans, à cette époque surtout, était bien inférieure.

"Qu'est-ce que tu veux dire par pas de bibliothèque ?" s'écria Oudard ; car, comme le domestique d'un curé, il ne supportait pas que la maison de son maître soit dépréciée. « Nous avons trois mille volumes !

" Vous vous trompez, mon cher Oudard : il y en a trois mille quatre ; car j'ai vu avant-hier les *Mémoires de Dumouriez* qui venaient d'arriver de Londres, chez M. le duc d'Orléans. "

J'ai donné le coup avec bonne humeur, et Oudard l'a donc accepté. Il ne pouvait le conjurer sans se reconnaître touché : il continua :

"Eh bien, eh bien, vous êtes merveilleusement intelligent, mon ami; je transmettrai à Monseigneur votre désir de vous attacher à la maison comme bibliothécaire."

Je l'ai arrêté.

— Reste, entendons-nous bien, Oudard.

"Je ne souhaite rien de mieux."

"Tu ne m'as pas demandé de venir vers toi ?"

"Certainement."

"Ce n'est pas moi qui suis venu de ma propre initiative ?"

"Non."

"Je n'aurais pas dû venir si tu ne m'avais pas écrit."

"Cela aurait été très négligent de votre part."

"Peut-être; mais quand même, je ne suis pas venu. Maintenant vous parlez d'un désir: je n'en ai pas exprimé; ce n'est pas moi qui désire rester attaché au ménage. S'ils veulent me garder, ils doivent faire moi, bibliothécaire ; quant au salaire, ils n'ont pas besoin de m'en donner. Vous voyez, je rends les choses extrêmement faciles à Son Altesse Royale.

" Ah ! est-ce que tu vas toujours être volontaire ? "

" Non, mais je me souviens de ce que M. le duc d'Orléans a daigné écrire, à côté de mon nom, de sa propre écriture, il y a un mois : " Supprimez ses primes ", etc. etc. "

"Viens, je vais te dire quelque chose qui rétablira le prince dans ton estime."

" Ah ! mon cher Oudard, je suis en effet un individu bien trop insignifiant pour prétendre au droit de me disputer avec lui. "

"Eh bien, j'imagine qu'il accepterait la dédicace de votre drame."

"La dédicace de ma pièce, mon cher Oudard, appartient à celui qui l'a fait jouer ; mon drame *Henri III* sera dédié à Taylor."

"Vous faites une erreur, mon cher ami."

"Non, je rembourse une dette."

"Très bien, nous ne continuerons pas le sujet ; alors, un bibliothécaire comme Casimir Delavigne..."

"Ou comme Vatout, si la comparaison vous semble plus simple."

« Savez-vous à quel point vous êtes devenu épigrammatique depuis votre succès ?

"Non; c'est seulement que je peux maintenant dire à haute voix ce que je pensais auparavant inexprimé."

"Eh bien, je vois clairement que tu veux avoir le dernier mot."

"Bien sûr ; essayez de trouver un mot auquel je ne peux pas répondre. *Au revoir !* "

"Adieu!"

Deux jours plus tard, Oudard me rappela ; il avait découvert un poste qui me conviendrait bien mieux que d'être bibliothécaire : à savoir être lectrice de Madame la duchesse d'Orléans. Je remerciai Oudard ; mais je lui ai assuré que je restais fidèle à ma première idée d'être bibliothécaire ou rien du tout.

Nous nous séparâmes un peu plus froidement qu'au début. Deux jours plus tard, je reçus une troisième lettre ; cette fois, il avait trouvé quelque chose qui me conviendrait le mieux. On me ferait *chevalier d'honneur* de Madame Adélaïde ! J'ai persisté obstinément sur le fait que je voulais être bibliothécaire. Finalement, j'ai reçu une quatrième invitation et j'ai effectué une quatrième visite. On avait décidé d'accéder à ma demande, et je fus nommé bibliothécaire adjoint, au salaire de 1200 francs.

Comme j'avais annoncé d'avance que la question d'argent n'avait aucune importance, ils en avaient profité pour proposer à Monseigneur de me payer 300 francs de moins comme bibliothécaire que ce qu'ils m'avaient payé comme commis. Cela n'avait pas d'importance ; mais écoutez, et qu'Harpagon et Grandet se pendent pour n'avoir pas inventé ce qu'ont imaginé les gens qui ont arrangé les affaires de M. le duc d'Orléans et de moi. Comme ils ne m'avaient pas versé de salaire depuis six mois, ils ont anticipé ma nomination de six mois. En conséquence, comme j'avais un salaire de 1500 francs comme commis et de 1200 francs comme bibliothécaire, on épargna, en me payant pour ces six mois de bibliothécaire, la somme de 150 francs, qui, ajoutée à mes primes non payées de 1829, épargna eux 350 francs ; et les 350 francs, ajoutés aux 50 francs retranchés de ma prime de 1828, faisaient un total net de 400 francs de plus dans les coffres princiers. Cela sera admis, n'est-ce pas ? que le duc d'Orléans était entouré d'hommes aux grandes vues ! Malheureusement, ce sont ces mêmes hommes qui, plus tard, entourèrent le roi.

Lors de mon installation à la Bibliothèque, je fis la connaissance de Vatout et de Casimir Delavigne qui, comme Oudard me l'avait prévenu, n'accueillèrent pas mon arrivée avec beaucoup de chaleur. Casimir Delavigne notamment, qui, bien qu'il se soit réconcilié avec moi par la suite, ne pouvait d'abord me pardonner le succès que j'avais eu auprès d' *Henri III*. En effet, mon succès auprès d' *Henri III*. se poursuit tout au long de l'année, et, comme il y a un proverbe selon lequel deux succès, sur scène, ne se rencontrent jamais, le succès d' *Henri III*. a empêché le succès de *Marino Faliero* , qui attendait son tour, et dans lequel Mademoiselle Mars devait incarner Héléna. Mais Mademoiselle Mars fut fiancée pendant trois longs mois avec *Henri III*. ; puis vinrent ses deux mois de vacances ; *Marino Faliero fut* donc reporté à l'hiver prochain. Cela ne convenait pas du tout à Casimir Delavigne.

J'ai raconté comment se déroulèrent les affaires dramatiques de Casimir Delavigne : un conseil de famille fut convoqué à propos de *Marino Faliero* , et il fut décidé que le doge de Venise émigrerait à la Porte-Saint-Martin ; que Madame Dorval, dont la réputation commençait à se répandre, remplacerait Mademoiselle Mars et que Ligier serait séduit de l'Odéon pour jouer Marino Faliero. Cette migration fit une grande sensation. Casimir à la Porte-Saint-Martin ! C'était Coriolan parmi les Volsques ; tous les journaux criaient et gémissaient sur cet exil du barde national, et on commençait à me considérer comme un usurpateur qui s'était levé pour chasser de son trône légitime un roi couronné et consacré. La situation fut compliquée par un événement aussi nouveau qu'inattendu. Une pétition au roi parut, suppliant Sa Majesté de faire pour Corneille, Molière et Racine, qui se tenaient sur leurs piédestaux de marbre dans le *hall* , insensibles à cette agitation, ce que l'auguste prédécesseur de Sa Majesté avait fait pour le roi Ferdinand VII. quand il fut expulsé par les Cortès : — pour les rétablir sur leurs trônes. Hélas! personne n'a jamais été moins ambitieux que moi pour s'emparer des trônes des autres... J'étais assez disposé à prendre un siège ou un fauteuil confortable, oui, un fauteuil surélevé, bien en vue, bien sûr, mais un trône ! le mot et la position étaient trop classiques, et je n'y ai jamais aspiré. C'est inconcevable, n'est-ce pas ? qu'on pouvait trouver sept hommes de lettres assez intolérants, niais, ni ridicules pour faire appel à un roi pour proscrire une méthode d'art, une conception invisible, indéfinissable et intangible, et lui dire hardiment : « Sire, nous sommes les représentants de L'art ; nous seuls savons ce qui est beau ; nous seuls possédons le savoir, le goût et le génie ; il est vrai que le public nous siffle dès que nous paraissons vrais, nos tragédies n'attirent personne lorsqu'elles sont jouées avec nos comédiens ; une aversion marquée, il est vrai, puisqu'ils n'en tirent pas les mêmes bénéfices, quoique les dépenses soient les mêmes ; mais qu'importe, il nous est difficile de mourir et d'être oubliés plutôt que d'être hués ; enterré. Sire, ordonnez que nos pièces, et les nôtres seules, soient jouées ; car nous sommes les seuls descendants de Corneille, de Molière et de Racine, tandis que ces nouveaux venus ne sont que les bâtards de Shakespeare, de Goethe et de Schiller.

Comme c'est logique ! J'étais un bâtard de Shakespeare, de Goethe et de Schiller, parce que je venais de composer *Henri III.* , pièce si éminemment française, que si l'on pouvait lui reprocher quelque chose, ce serait d'avoir représenté trop fidèlement les mœurs de la fin du seizième siècle. Et comme la chose paraît vraiment incroyable, nous placerons sous les yeux de nos lecteurs la pétition de ces messieurs :

" SIRE, — La gloire des lettres n'est pas la moins brillante parmi les gloires françaises, et la gloire de notre théâtre n'est pas la moins brillante de nos gloires littéraires. Ainsi pensaient vos ancêtres lorsqu'ils honoraient le Théâtre-Français d'une protection particulière ; ainsi pensa Louis XIV, à qui elle dut sa première organisation. Ce royal protecteur des lettres, persuadé que les *chefs-d'œuvre* que son règne avait produits ne pouvaient être trop parfaitement représentés, décréta que les meilleurs acteurs dispersés dans les diverses les compagnies que possédait alors le capital seraient réunies en une seule compagnie, appelée les Comédiens Ordinaires du Roi. Il donna des règles à cette compagnie choisie, leur accorda des droits et, entre autres, le privilège exclusif de représenter la tragédie et la haute comédie ; et il joignit à ces faveurs celle de la dotation. Son but, Sire, comme vous le savez, n'était pas seulement de récompenser les acteurs qui avaient le bonheur de lui plaire, mais encore de les encourager dans l'exercice d'un art. qui par son élévation doit être en harmonie avec son esprit royal ; aussi pour perpétuer la prospérité de cet art, et pour établir un théâtre modèle sur des bases solides, tant pour les acteurs que pour les auteurs. Longtemps, les intentions de Louis XIV. furent accomplis par ses successeurs, chez qui il n'y eut aucune baisse, ni de bon goût ni de générosité ; les deux arts qu'il aimait et auxquels la scène française devait sa dignité et sa supériorité y ont régné d'une manière presque incontestée. Telle était la situation des choses au moment du décès de votre auguste frère ; pourquoi faut-il avouer qu'il n'en est plus ainsi aujourd'hui ? La mort de l'acteur dont les talents rivalisaient avec ceux de l'artiste le plus parfait de toutes les époques, a causé plus d'une atteinte au noble art qu'il défendait. Soit par dépravation de goût, soit par conscience de leur incapacité à prendre sa place, certains associés du Théâtre-Français ont prétendu que la méthode artistique dans laquelle excellait Talma ne pouvait plus être utilement poursuivie ; ils cherchent à exclure la tragédie de la scène et à lui substituer des pièces composées à l'imitation des drames les plus farfelus que propose la littérature étrangère, drames que personne n'avait jamais osé reproduire sauf dans nos plus bas théâtres. Il est tout à fait concevable que des acteurs de troisième ordre poursuivent ces tactiques, qui sont conformes à leurs performances indifférentes ; et que, incapables de s'élever jusqu'à la tragédie, ils voudront abaisser l'art au niveau de leur talent ; mais il est presque inconcevable, Sire, que cette attitude soit encouragée par ceux qui devraient la combattre. Non seulement ils violent les privilèges qui leur sont accordés pour faire progresser, en toute occasion possible, la méthode particulière de l'art à laquelle ils se sont attachés ; mais, pour satisfaire aux exigences de cette méthode, qui cherche moins à élever l'âme, à séduire le cœur et à occuper l'esprit, qu'à éblouir les yeux par des moyens matériels, par la distraction de vains spectacles et par l'effet scénique, ils sont épuisant le capital du théâtre, augmentant sa dette et entraînant sa ruine. Et d'autre part, comme la tragédie lutte encore, et avec quelque succès, contre son ignoble rival, malgré tout ce qu'on fait pour l'empêcher, les autorités, non contentes de refuser d'entreprendre les dépenses nécessaires et de fournir les appareils nécessaires, sont faire de son mieux pour décourager complètement les représentations tragiques et n'accorder des subventions qu'aux principaux acteurs dans des sujets que le public désapprouve ; Bien pis encore, pour rendre désormais impossible tout jeu tragique, en prévision du moment où les deux principaux personnages de la tragédie, Mademoiselle Duchesnois et M. Lafond, se seront retirés de la scène, ils les ont contraints à se soumettre à une exil d'un an, sous couvert de vacances, pendant lequel ils se promettent d'achever la ruine absolue du théâtre de Racine, Corneille et Voltaire.

« Sire, les agents en qui vous avez placé votre confiance, pour veiller et contrôler le théâtre, répondent-ils comme il convient à vos desseins bienfaisants ? Était-il entendu que la liberté qui leur était confiée devait être utilisée pour faire avancer la cause du mélodrame jusqu'au au détriment de la tragédie ? Les fonds mis, par votre libéralité, à leur disposition, pour faire avancer la cause du bon goût, devraient-ils être dilapidés au profit de leurs fantaisies particulières, qui tendent à asservir les plus grands noms de l'art au Melpomène ? des boulevards, et de réduire leur art sublime à l'état d'un vil métier ? Nous sommes convaincus, sire, que la gloire de votre règne est concernée par la conservation de toutes les sources de la gloire française, et nous estimons donc de notre devoir de attirez votre attention sur la dégradation dont est menacé le premier de nos théâtres. Sire, le mal est déjà grave. Dans quelques mois il sera irréparable ; dans quelques mois le théâtre fondé par Louis le Grand sera ! être entièrement fermé aux ouvrages qui ont fait les délices des cours les plus polies, des nations les plus éclairées ; il sera tombé au-dessous du niveau des scènes les plus basses, ou plutôt le Théâtre-Français aura cessé d'exister.

"(Signé) AV ARNAULT, N. LEMERCIER, VIENNET, JOUY, ANDRIEUX, JAY, O. LEROY"

Cette curieuse épître était coiffée d'une autre tout aussi étrange, ou, pour mieux dire, elle en était précédée. La lettre de mademoiselle Duchesnois, que nous produirons dans son intégralité, de même que nous avons produit la pétition de ces messieurs, fut la fusée qui avertit le public qu'un grand spectacle pyrotechnique allait avoir lieu.

Mes lecteurs se rappelleront la visite que m'a faite M. Lafond dans mon bureau, pour me demander si j'avais dans ma pièce un garçon intelligent et soigné qui pourrait dire à la reine Christine : « *Sacrebleu !* Votre Majesté n'a pas le droit d'assassiner ce pauvre diable!" On se souviendra que je lui ai dit que non. Sur quoi M. Lafond s'était délicatement retourné sur ses talons, faisant remarquer que sa visite était donc infructueuse.

Après la lecture d'*Henri III.*, M. Lafond s'était dit que le rôle de ce courtisan extrêmement bien constitué, le duc de Guise, lui appartiendrait de droit ; mais, malheureusement, il avait vu le rôle donné à Joanny, qui le jouait remarquablement bien, bien qu'il ne fût pas irréprochable. Cela avait été tout aussi mauvais pour la pauvre mademoiselle Duchesnois : elle avait vu successivement passer sur elle le rôle de Christine et celui de la duchesse de Guise ; elle m'avait fait l'honneur de vouloir les jouer tous deux, et chaque fois, avec une peine infinie, j'avais dû lui expliquer combien il lui était impossible d'assumer l'un ou l'autre rôle ; par conséquent, elle était furieuse. Or, la colère est une mauvaise conseillère, c'est pourquoi mademoiselle Duchesnois écrivit sous son emprise la lettre suivante :

« MONSIEUR, — J'aurais préféré me tenir à l'écart de la querelle qui occupe l'attention des journaux au sujet du Théâtre-Français ; mais, dans la mesure où la défense d'un système qui compromet notre existence sociale repose sur des faits erronés, je J'ai cru de mon devoir envers le public d'offrir certaines explications qui montreront la question sous son vrai jour. Sans doute, le premier devoir des comédiens français doit être de conserver la faveur du public, et on ne peut nous le reprocher. , puisque, depuis trois ans, nous avons successivement réalisé, à grands frais, tous les travaux de la nouvelle école, en conséquence nos parts sont tombées de seize mille à sept mille francs, et nous avons contracté, dans le montant ; intérimaire, une dette estimée à cent mille francs. Cependant, le répertoire ancien et les œuvres basées sur ceux des maîtres anciens, comme *Tartufe, Phèdre, Zaïre, Germanicus, Sylla, Pierre de Portugal, Marie Stuart, l'École des Vieillards. Blanche, le Roman,* s'ils ne glorifient plus la scène, nous rapportent encore de l'argent dans nos poches et contribuent à subvenir aux terribles dépenses de décors et de propriétés nécessaires aux drames. Malgré la ruine de notre prospérité et l'augmentation de notre passif, j'aurais gardé le silence si le bruit ne s'était répandu que nous allions dissoudre notre Association pour nous préparer à une nouvelle direction et lever une telle somme. -appelé Théâtre romantique sur nos ruines. Ces rapports ont pris suffisamment de force pour être repris dans plusieurs journaux, et on a remarqué que les partisans habituels du Commissariat Royal se sont donné beaucoup de mal pour souligner les avantages d'une proposition aussi absurde, au lieu de la nier. Les acteurs tragiques, qui, depuis l'arrivée de M. Taylor, ont été l'objet d'une animadversion à laquelle, jusqu'à récemment, ils n'ont pu trouver de cause, ont été attaqués dans ces mêmes journaux avec une amertume inouïe. et avec le mot d'ordre du moment, *Le public ne veut plus de drames.* Il est indéniable que la tragédie ne rapporte plus les sommes énormes des jours prospères de Talma et des quinze premières années de ma carrière théâtrale ; mais, sans insister sur son importance et sa nécessité, on peut le constater par les quittances, non celles obtenues du Commissariat Royal, mais les quittances mêmes inscrites au *registre des pauvres* (que j'ai consulté, en ce moment même, pour leur publication) - cette tragédie connaîtrait à nouveau des jours prospères si le gouvernement lui accordait la protection qui lui est due, plutôt que de persécuter les acteurs et les auteurs qui en sont encore les partisans. Il serait difficile d'énumérer tous les exemples de mauvaise volonté de M. Taylor : en voici un ou deux qui suffiront à vous convaincre. Trois jeunes comédiens retirés de l'Odéon montrèrent un intérêt et une aptitude pour la tragédie. M. Taylor essaya de les chasser de la Comédie-Française. Il réussit à l'égard de MM. Ligier et Victor ; et si M. David nous a été sauvé, c'est parce qu'une décision du tribunal a annulé le commissaire royal. M. Beauvallet, un jeune homme qui faisait naître de grands espoirs parmi les amis de l'art dramatique, a été obligé de s'engager dans un théâtre secondaire. Et ce n'est pas tout ; ma présence et celle de M. Lafond étaient des obstacles à la réalisation des projets de l'école romantique. Nous avons donc reçu cet hiver une intimation, presque un ordre, de quitter Paris pour un an, sans avoir rien sollicité de la sorte, comme l'ont annoncé certains journaux mal informés. C'est dans ces circonstances, monsieur, que des hommes de lettres distingués, qui, par leurs relations avec les comédiens, connaissent bien mieux la situation du Théâtre-Français que ne le sont les auteurs de nombreux articles, ont cru de leur devoir de présenter un mémoire à le Roi, non pour exclure le nouveau style du drame (plaisanterie inventée par les amis de M. Taylor pour *ridiculiser* un procédé parfaitement justifiable), mais pour réclamer une protection pour les auteurs qui appartiennent à l' école *classique* et pour les acteurs qui les soutiennent, au moins égale à celle donnée à l'école romantique.

"Je vous prie, monsieur, d'avoir la bonté de m'annoncer que je viens de citer MM. Taylor et le vicomte de la Rochefoucauld devant les tribunaux pour répondre de leur violation des règles de notre société, par lesquelles ils ont prorogé une comité depuis quatre ans, dont un tiers, selon les termes de nos statuts, aurait dû être renouvelé annuellement, je vous prie de bien vouloir annoncer, en mon nom, que l'article contenu dans le. *Le Journal de Paris* de ce matin est inexact dans toutes ses affirmations et dans tous ses calculs, et que je m'empresserai de mettre les preuves de cette affirmation devant le public dans le plus bref délai possible. Permettez-moi en même temps de contredire cette fausse affirmation. que l'un quelconque de ceux qui ont signé la pétition a voulu *retirer* ou *renier* sa signature, au contraire, je sais que plusieurs de nos auteurs les plus distingués se préparent à rendre publique leur adhésion au mémoire du Roi. — Je le suis, etc. .,

J. DUCHESNOIS"

Nous avons dit plus haut que sous un ministère intelligent, tout le monde, même le roi, a l'esprit aiguisé.

Le roi répondit ainsi à ses suppliants :

" Messieurs, je ne peux rien faire dans l'affaire que vous désirez ; je n'occupe qu'une place au théâtre, comme tous les Français. "

Or, on me demandera comment M. Arnault a concilié cette exigence dirigée contre moi avec son amitié à mon égard ? Comment pouvait-il me recevoir intimement chez lui et à sa table tous les dimanches, alors qu'il faisait de son mieux pour me faire chasser du théâtre ? Oh! soyez assez doux sur ce point ! M. Arnault avait un esprit plus logique que cela. Le dimanche qui suit la représentation d' *Henri III.* — c'est-à-dire dès le lendemain — je trouvai madame Arnault toute seule dans la maison, et elle me dit, au cours d'une conversation :

" Dumas, quand vous comptez dîner avec nous, prévenez-nous à l'avance ; sinon vous risqueriez de dîner *en tête-à-tête* avec moi, comme aujourd'hui, ce qui n'est pas très amusant pour vous. "

J'ai compris l'allusion et je n'y suis plus jamais retourné.

Le succès d' *Henri III*. On le verra donc, apportait à sa suite tous les avantages et tous les inconvénients des grands succès. J'étais l'auteur à la mode pendant le reste de l'hiver 1829 ; Je reçus d'innombrables invitations, et M. Sosthène de la Rochefoucauld, ministre de la Maison du Roi, m'écrivit une lettre, me donnant l'entrée gratuite dans tous les théâtres royaux, étant assez astucieux pour voir que, s'il ne m'en accordait pas le privilège, J'étais juste le genre d'homme à l'accepter. Devéria a fait une lithographie de moi ; David d'Angers, un médaillon. On verra que rien n'a manqué pour achever mon triomphe, pas même ce côté ridicule qui accompagne toujours une réputation montante.

Alors une foule d'anecdotes se racontèrent sur moi, toutes plus absurdes les unes que les autres. On disait que, après la représentation d' *Henri III*. , quand toutes les lumières de la maison furent éteintes, une danse sabbatique eut lieu *autour* du buste de Racine (il est appuyé contre le mur !), à la lueur des feux mourants du salon vert, semblable au magnifique tableau de Boulanger. danse; qu'on entendit les danseurs spectraux prononcer le refrain sacrilège : « Racine est tombé ! et que même des cris au sang furent poussés par un jeune fanatique du nom d'Amaury Duval, qui réclamait les têtes des académiciens : cri parricide, puisque ce malheureux était le fils de M. Amaury Duval de l'Institut, et neveu de M. Alexandre Duval de l'Académie française.

De plus, un romantique enragé, à qui Dieu avait envoyé l'une des sept plaies d'Egypte en punition de ses péchés, fut accusé - et cette histoire pourrait bien être vraie - d'avoir déclaré dans un éclat de grattage frénétique : « Racine était un véritable scélérat. !"

Ce fanatique s'appelait Gentil.

De telles histoires, racontées au coin du feu, avaient de quoi, on peut l'imaginer, faire dresser les cheveux sur la tête de tous les gens respectables, et le *Constitutionnel* , qui a toujours été le représentant littéraire et politique des gens respectables, fut particulièrement choqué. .

C'est à partir de cette époque que tout homme honnête se livra à la haine de toutes les idées qui ne dataient pas d'un demi-siècle, et de tout auteur qui n'avait pas au moins soixante ans, style d'écriture qui dura de 1830 à 1830. 1850 — le style de haine vigoureux auquel Alceste fait référence et qui, à notre avis, ronge bien plus facilement le cœur des gens faibles d'esprit, méchants et jaloux que celui des hommes de bonne volonté.

On attendait chaque jour une nouvelle Saint-Barthélemy, et le pauvre M. Auger, qui venait de se suicider dans de si tristes circonstances, était félicité d'avoir échappé par le suicide à un massacre général. La consternation fut telle que tout le parti classique ne produisit qu'une seule pièce, ce qui fut un échec. C'était *Elisabeth d'Angleterre*, de M. Ancelot. Car on n'appelle pas *Marino Faliero de Casimir Delavigne*, pompeusement baptisé mélodrame en vers, une production classique. Le choix même du sujet, *Marino Faliero*, et l'imitation des principales scènes de Byron, formaient une double concession au génie étranger et au goût moderne.

Casimir Delavigne, comme nous l'avons remarqué ailleurs, est né quinze ans trop tôt pour participer pleinement à la nouvelle école ; son style semblait toujours gêné, et oscillant sans cesse entre Voltaire et Byron, Chénier et Shakespeare, sans jamais parvenir à habiller ses idées d'une manière définie. Pourtant, rien n'avait été négligé pour faire *de Marino Faliero* un succès. Les journaux avaient beaucoup parlé de l'ingratitude des membres de la Comédie-Française et du transfert de M. Ligier à la Porte-Saint-Martin. On annonça que la musique de l'ouverture était de Rossini et les costumes de M. Delaroche. Or M. Delaroche était l'exacte analogie en peinture de ce que Casimir Delavigne était en littérature ; tous deux jouissaient alors d'une réputation bien trop grande pour durer, et étaient destinés à la voir pâlir, décroître et presque expirer au cours de leur vie. Cependant, Rossini avait composé la musique et Delaroche avait conçu les costumes.

La pièce a été produite le 30 mai et a connu un grand succès ; mais, chose étrange à raconter, le rôle le plus élaboré de l'auteur n'était pas le plus applaudi, et le principal succès de l'acteur ne revenait pas à Ligier ou à Madame Dorval : il revenait à Gobert, qui jouait le rôle d'Israël Bertuccio.

L'œuvre a été montée avec beaucoup de somptuosité et un soin scrupuleux, notamment en ce qui concerne les costumes. M. Delaroche, ayant jugé désirable, pour donner un effet plus pittoresque à ses dessins, de les faire flotter au vent, le costumier de théâtre imagina l'ingénieuse idée de coudre de l'air dans les manteaux.

J'ai donné ailleurs mon opinion sur cette pièce.

CHAPITRE III

Mesmérisme - Expérience pendant une transe - Je me laisse hypnotiser - Mon observation là-dessus - Je commence moi-même à hypnotiser - Expérience faite dans une diligence - Une autre expérience chez le *procureur de la République* de Joigny - Petite Marie D - Sa prédictions politiques - je la guéris de la peur

---

Entre la représentation de ma pièce et celle de Casimir Delavigne, le monde scientifique était très occupé d'un événement important qui consacrait le pouvoir du magnétisme, controversé depuis l'époque de Mesmer.

L'un des chirurgiens les plus habiles de l'époque, Jules Cloquet, venait d'opérer Madame Pl... pour un cancer du sein, sans qu'elle éprouvât la moindre douleur, elle ayant été mise en transe par le mesmérisme.

Un mot sur le mesmérisme. Laissons les réalités et tournons-nous vers les abstractions.

Madame Pl..., sur laquelle cette étrange expérience venait d'être faite, avait entre soixante-quatre et soixante-cinq ans ; elle était veuve depuis dix ans et souffrait depuis deux ou trois ans de gonflements glandulaires au sein droit. Le docteur Chap... était son médecin-conseil ; il pratiquait le magnétisme depuis un certain temps et s'y sentait apte. Il essaya de l'appliquer à la guérison de Madame Pl..., mais le désordre était allé trop loin, et il décida d'essayer s'il était possible d'atténuer ses douleurs pendant l'opération. Jules Cloquet fut consulté et on lui proposa d'opérer le malade endormi. Il y consentit, heureux de pouvoir constater par lui-même un phénomène à l'égard duquel il était sceptique et, en même temps, heureux de pouvoir épargner au patient les souffrances inévitablement liées à l'une des opérations chirurgicales les plus douloureuses. Le docteur Chap... magnétisa Madame Pl... et rendit tout son côté droit complètement insensible à la douleur. L'ablation du sein a commencé par une incision de onze pouces de long, suivie d'une autre de neuf pouces de long. Grâce à ces deux incisions, ils purent atteindre plusieurs glandes situées sous l'aisselle, qui furent soigneusement disséquées. Au cours de l'opération, qui a duré dix minutes, le patient n'a montré aucun signe de sensibilité. Pour reprendre les propres mots du chirurgien...

« On aurait dit qu'il *opérait un cadavre* ; sauf que, une fois l'opération terminée et que l'on baignait la plaie de la malade avec une éponge, elle s'écria à deux reprises, sans sortir de son état de transe : « Dépêchez-vous et finis, et ne me chatouille pas comme ça !'"

L'opération terminée, Madame Pl... fut sortie de sa transe : elle ne se souvenait de rien, n'avait ressenti aucune douleur et montrait un profond étonnement que l'opération soit terminée. Le pansement fut fait de la manière habituelle et la plaie présenta tous les symptômes d'une cicatrisation rapide. Au bout d'une semaine, Madame Pl... partit en voiture. La suppuration diminuait et la plaie faisait de rapides progrès vers la guérison, lorsque, vers le soir du quinzième jour, le malade se plaignit d'une grande oppression, et des gonflements commencèrent à se manifester dans les membres inférieurs.

Tout cela n'est que la simple vérité : maintenant vient le merveilleux. Madame Pl... avait une fille qui venait de la campagne pour allaiter sa mère. Le Dr Chap——, ayant vu qu'elle avait l'esprit très clair, la plongea dans un sommeil magnétique et la consulta sur l'état de sa mère. A la première tentative qu'elle fit pour voir, son visage devint troublé et les larmes lui montèrent aux yeux.

Puis elle annonça que la mort paisible mais inévitable de sa mère aurait lieu le lendemain matin. Interrogée sur l'état intérieur de la poitrine de sa mère, elle dit que le poumon droit était tout à fait mort, qu'il était vide, suppurant du côté le plus proche de la partie inférieure de l'épine et baigné de liquide séreux ; que le poumon gauche était sain et seul soutenait la vie. Quant aux viscères abdominaux, le foie, selon elle, était blanchâtre et ridé ; mais les intestins étaient sains.

Ces dépositions ont été consignées en présence de témoins.

Le lendemain, à l'heure indiquée, Madame Pl... mourut. L'autopsie fut pratiquée en présence des députés de l'Académie et l'état du corps fut jugé conforme précisément à la description faite par la jeune fille hypnotisée.

C'est ce qui a été rapporté dans les journaux, rapporté dans le rapport officiel, qui m'a été raconté et confirmé par Jules Cloquet lui-même, un jour où nous parlions ensemble, avant la découverte du chloroforme, des grands mystères de la nature qui déroutent l'intelligence humaine. Plus tard, alors que je préparais mon livre *Joseph Balsamo* , désireux d'approfondir la question souvent débattue du pouvoir ou de l'impuissance du magnétisme, j'ai décidé de faire quelques expériences personnelles, sans m'appuyer sur celles produites par des étrangers intéressés à accréditer le magnétisme. J'ai donc étudié le magnétisme de première main, et le résultat de mes investigations a été le suivant :

J'étais doté de grands pouvoirs magnétiques, et ce pouvoir, en règle générale, faisait effet sur deux personnes sur trois sur lesquelles j'expérimentais. Je m'empresse de déclarer que je ne l'ai jamais pratiqué que sur des jeunes filles ou des femmes. Ce pouvoir en relation avec les phénomènes physiques est incontestable. Une femme qui s'est une fois soumise au sommeil magnétique est l'esclave de l'homme qui l'a envoyée dormir . Même après son réveil, elle se souvient ou oublie ce qui s'est passé pendant son sommeil, selon la volonté du magnétiseur. On pourrait lui faire tuer quelqu'un pendant son sommeil et, s'il voulait qu'elle ignore totalement avoir commis son crime, elle n'en saurait jamais rien. L'hypnotiseur peut faire ressentir à sa victime une douleur de n'importe quelle sorte, n'importe où ; il n'a qu'à toucher l'endroit avec le bout de son doigt, le bout d'un bâton ou le bout d'une barre de fer. Il peut provoquer une sensation de chaleur avec la glace, une sensation de froid avec le feu ; il peut provoquer l'ivresse avec un verre d'eau, voire avec un verre vide. Il peut mettre un bras, une jambe ou tout le corps en état de catalepsie, et le rendre dur et rigide comme une barre de fer ou doux et souple comme une écharpe. Il peut provoquer une insensibilité à la piqûre d'une aiguille, à la lame d'un bistouri ou au coup de cautère.

Je crois que toutes ces choses relèvent du domaine des phénomènes physiques. Même le cerveau peut être poussé à un tel point d'excitation qu'il fait d'un être ordinaire un poète ; un enfant de douze ans possède les idées, les sentiments et la manière de les exprimer d'une personne de vingt ou vingt-cinq ans.

En 1848, j'ai fait un tour en Bourgogne. Ma fille et moi étions dans le même carrosse avec une très charmante dame de trente à trente-deux ans ; nous n'avons échangé que quelques mots ; il était onze heures du soir ; et une des choses qu'elle m'avait dite, c'était qu'elle ne dormait jamais lorsqu'elle voyageait. Dix minutes plus tard, non seulement elle dormait, mais elle dormait avec sa tête sur mon épaule. Je l'ai réveillée; elle fut extrêmement surprise de constater qu'elle s'était endormie et qu'elle s'était endormie dans la position où elle se trouvait. Je renouvelai l'expérience deux ou trois fois dans la nuit, et ma force de volonté était suffisante, sans avoir besoin de toucher mon voisin, pour réussir dans tous les cas.

Lorsque la voiture s'arrêta à la poste et qu'on changeait les chevaux, je la réveillai brusquement et lui demandai quelle heure il était ; elle ouvrit les yeux et essaya de sortir sa montre.

« Peu importe, » lui dis-je ; "donne-moi l'heure à ta montre sans la regarder."

"Trois heures moins trois", répondit-elle immédiatement

Nous appelâmes le postillon, et à la lueur de sa lanterne nous vérifiâmes qu'il était trois heures moins trois exactement.

C'étaient à peu près toutes les expériences que j'essayais sur cette dame ; ils ont donné les résultats que je viens de raconter, et, à l'exception de l'heure indiquée sans regarder la montre, ils appartiennent tous à l'ordre des phénomènes physiques.

A Joigny, je fis une visite officielle à M. Lorin, *procureur de la République* , que je n'avais jamais rencontré auparavant. C'était à peu près à l'époque de la publication de *Balsamo* , qui avait fait fureur sur le magnétisme. J'entrais rarement dans un salon à cette époque sans être interrogé sur ce grand mystère. A Joigny, je répondis, comme toujours :

"Le pouvoir magnétique existe ; il peut être pratiqué, mais ses fondements scientifiques ne sont pas encore connus. Il est dans un état similaire à celui des montgolfières : on peut les envoyer vers le haut, mais aucun moyen de les diriger n'a encore été imaginé."

Des doutes ont alors été exprimés par les personnes présentes, et notamment par les femmes. Je demandai à une de ces dames, Madame B...,
si elle me permettrait de l'endormir ; elle a refusé de manière à me convaincre qu'elle ne serait pas excessivement en colère si je le faisais sans sa permission. Néanmoins, j'ai pris une attitude de soumission envers elle ; mais, cinq minutes plus tard, m'étant levé comme pour regarder une gravure accrochée au-dessus de son fauteuil, j'appelai à mon secours toute ma puissance magnétique et pendant cinq minutes je voulus avec insistance qu'elle s'endorme ; au bout de ces cinq minutes, elle dormait. Alors je commençai une série d'expériences extrêmement curieuses sur cette dame, qui m'était totalement étrangère, dans une maison où je n'étais jamais entré auparavant et où je suis rentré depuis. Madame B..., malgré sa volonté, obéit à la fois à mes mandats exprimés et aussi à mes souhaits muets. Toutes les sensations ordinaires en elle étaient inversées : le feu était comme de la glace, la glace comme du feu. Elle se plaignait d'un violent mal de tête : je lui ai bandé le front avec un pansement imaginaire qui, lui dis-je, contenait de la neige, et elle éprouva aussitôt une délicieuse sensation de fraîcheur ; puis, un instant après, elle essuyait de son front l'eau du pansement imaginaire, comme si la chaleur de sa tête faisait fondre la neige supposée ; mais bientôt son mouchoir ne suffisait plus pour l'opération ; elle a emprunté celui d'un ami ; enfin, à la demande d'un mouchoir fut suivie celle d'une serviette ; puis, sa robe et le reste de ses vêtements étant humides, elle demanda à pouvoir aller dans une chambre pour tout changer. Je lui ai laissé ressentir cette sensation de froid jusqu'à ce qu'elle frissonne ; puis, tout d'un coup, j'ai donné l'ordre que ses vêtements se sèchent tout seuls, et ils se sont séchés tout seuls. Bien sûr, tout cela était dans l'imagination de la dame hypnotisée. Elle avait une voix extrêmement fine, d'un registre assez étendu, mais qui s'arrêtait net au *si ionique.* Je lui ai ordonné de chanter à hauteur de *ré ;* elle chantait et donnait parfaitement les deux dernières notes, exploit impossible pour elle dans son état ordinaire, et qu'elle essaya en vain lorsque je l'avais réveillée de son sommeil magnétique. Une femme travaillait dans la pièce voisine. J'ai mis un coupe-papier dans les mains de la somnambule et je lui ai fait croire que c'était un vrai couteau. Puis je lui ai ordonné d'aller poignarder l'ouvrière.

Alors le libre arbitre qui lui restait se révolta ; elle refusait, se tordait, s'accrochait aux meubles, mais je n'avais qu'à vouloir et à indiquer la direction que je voulais qu'elle prenne, et elle obéit et s'approcha de l'ouvrière, complètement stupéfaite, le couteau levé.

Ses yeux étaient ouverts et son visage, qui était très joli, prenait une admirable expression scénique, aussi belle que celle de Miss Faucit lorsqu'elle joue la scène du somnambulisme dans *Hamlet*. La *procureure de la République* était terrifiée à l'idée d'un tel pouvoir, qui pouvait pousser malgré elle au crime. Quand j'eus voulu que Madame B... revienne au calme, j'essayai de lui faire voir les choses à distance. Lorsque le colonel S. M..., qui était un de mes amis, séjournait à Joigny avec son régiment, elle avait fait sa connaissance, alors je lui demandai où était le colonel à cette heure-là et ce qu'il faisait.

Elle répondit que le colonel S. M... était en garnison à Lyon et en ce moment, au café des officiers, où il causait avec le lieutenant-colonel, près du billard. Puis, tout à coup, elle vit le colonel pâlir, chanceler et s'asseoir sur un banc. Il venait d'être pris de rhumatismes au genou. Je lui ai touché le genou et j'ai souhaité qu'elle ressente elle-même la même douleur : elle a poussé un cri, s'est raidie et a versé beaucoup de larmes. Nous fûmes si effrayés par ce chagrin fictif, qui montrait tous les symptômes d'un trouble réel, que je la réveillai. Dès qu'elle fut réveillée, elle se souvint de ce que je souhaitais qu'elle se souvienne et oublia les choses que je lui avais ordonné d'oublier.

Commence alors une autre série d'expériences sur la femme alors qu'elle était éveillée.

Je l'enfermai dans un cercle imaginaire que je dessinai avec un bâton, et je quittai la pièce en lui défendant de quitter le cercle. Au bout de cinq minutes, je revins et la trouvai assise au centre du salon, attendant ma permission de reprendre sa liberté. Elle s'assit dans un coin de la pièce et je me plaçai à l'extrémité opposée ; Je lui ai dit de faire tout son possible pour ne pas venir vers moi, et en même temps je lui ai ordonné de venir vers moi. Elle s'accrocha à son fauteuil, mais, attirée par une force irrésistible, elle fut obligée de lâcher prise ; puis elle s'assit par terre pour résister à l'attraction, mais la précaution fut inutile : elle arriva en se traînant. Lorsqu'elle fut à mes pieds, il me suffisait de tendre la main vers sa tête et de lever lentement la main ; elle se leva docilement, et malgré ses efforts, elle se tint devant moi. Elle a demandé un verre d'eau ; elle l'a goûté, et c'était vraiment de l'eau ; puis, avant qu'elle ait posé le verre ou qu'il ait quitté ses mains, je lui ai dit que l'eau était du Kirsch : elle savait bien que ce n'était pas le cas, et pourtant, dès la première gorgée qu'elle avalait, elle s'écria qu'elle brûlait sa bouche. Pauvre femme! C'était une charmante jeune créature, qui a connu depuis un mystère encore plus profond : celui de la mort ! Je me demande si elle se souvient ou a oublié ce qui s'est passé lorsqu'elle était sur terre ?

Je n'en ai pas encore fini avec le sujet du magnétisme ; au contraire, j'ai à raconter un autre incident des plus extraordinaires de ce genre, qui s'est produit en présence de douze à quinze personnes. Ce qui suit est un simple récit, rédigé sous forme de rapport juridique par deux des témoins et signé à l'époque par nous tous.

Pendant mon séjour à Auxerre, je fus reçu dans la maison de M. D.... Il a eu deux enfants, un garçon de six ans et une fille de onze ans. La fille s'appelait Marie, et c'était une jolie enfant, comme un ange, car ses joues étaient pâles et ses yeux étaient noirs et presque austères. C'était une créature d'une délicatesse exquise, mais, bien entendu, elle ne possédait que l'intelligence et les qualités habituelles à un enfant de son âge, et je n'avais donc prêté que très peu d'attention à elle, me contentant de faire remarquer à ma fille qu'elle était très jolie. . Et ma fille, qui était d'accord avec moi, a fait un portrait de l'enfant éveillé. Un jour, nous dînions dans une salle qui donnait sur le jardin. Nous étions au dessert ; les deux enfants avaient quitté la table et jouaient au milieu des arbustes et des fleurs. Nous discutions de l'éternelle question du magnétisme, sujet dont la constante récurrence m'ennuyait d'autant plus que s'exprimaient les doutes habituels que je ne pouvais confronter qu'aux faits ; or, comme ces faits s'étaient presque toujours déroulés dans un lieu différent de celui où se déroulait la discussion, j'étais obligé de choisir parmi les personnes présentes un sujet que je devinais susceptible d'être facilement hypnotisé, et, qu'il le veuille ou non, d'opérer sur ce sujet. Or, quiconque a déjà pratiqué l'art hypnotique sait que l'exercice est aussi fatigant pour l'hypnotiseur que pour l'hypnotisé. J'ai raconté plusieurs des incidents que je viens de rapporter dans le chapitre précédent, mais ils ont été reçus avec la plus grande incrédulité.

« Je ne croirais pas au mesmérisme, me dit Madame D..., à moins que, par exemple (et elle cherchait le sujet le plus invraisemblable qu'elle puisse trouver), à moins que vous ne mettiez ma fille Marie en transe. "

"Appelez Mademoiselle Marie et laissez-la s'asseoir à sa place habituelle à table; donnez-lui un biscuit et des fruits, et pendant qu'elle mange, j'essaierai de la mettre en transe."

"Il n'y a aucun danger, n'est-ce pas ?"

"De quoi?"

"Cela ne nuira pas à la santé de ma fille ?"

"Pas le moindre."

"Marie!"

Ils appelèrent l'enfant, et elle accourut ; ils ont mis des reines-claudes et un biscuit dans son assiette et lui ont dit de les manger là où elle était. Son siège était près de moi, à ma gauche. Pendant que tout le monde continuait à parler, comme si de rien n'était, j'ai tendu la main derrière la tête de l'enfant et j'étais la seule à garder le silence, ma volonté étant concentrée à l'endormir. En une demi-minute, elle avait arrêté tout mouvement, et semblait absorbée dans la contemplation d'une reine-claude qu'elle allait mettre dans sa bouche.

" Qu'as-tu, Marie ? " demanda sa mère.

L'enfant ne répondit pas : elle dormait.

La chose s'était produite si rapidement que j'avais du mal à y croire moi-même. Je lui ai fait appuyer la tête contre le dossier de la chaise sans la toucher, juste par mon pouvoir d'attraction ; son visage ressemblait à l'image d'une paix parfaite. J'ai fait quelques passes avec ma main, de haut en bas devant ses yeux, pour qu'elle les ouvre. Elle ouvrit les yeux, les globes oculaires levés vers le ciel, une légère pellicule irisée apparaissant en dessous, l'enfant était en transe. Dans cet état, les paupières ne frémissent pas et les objets peuvent être rapprochés de la pupille sans provoquer le moindre mouvement. Ma fille a fait son portrait, alors qu'elle était dans cette transe, en compagne de l'autre. Il y avait une telle ressemblance dans le deuxième portrait avec celui d'un ange, qu'elle y ajouta des ailes, et le dessin ressemblait à une étude d'après les belles têtes d'ange de Giotto ou du Pérugin. L'enfant était en transe : il restait maintenant à savoir si elle pouvait parler. Un simple effleurement de ma main sur la sienne lui donnait sa voix : une simple invitation à se lever et à marcher lui donnait du mouvement. Mais sa voix était plaintive et sans ton ; ses mouvements ressemblaient plus à ceux d'un automate qu'à ceux d'un être vivant. Que ses yeux soient fermés ou ouverts, qu'elle avance ou recule, elle se déplaçait avec la même aisance et le même sentiment de sécurité. J'ai commencé par l'isoler des autres, pour qu'elle ne m'entende et ne réponde qu'à moi. Les voix de son père et de sa mère ne lui parvenaient plus ; un simple souhait de ma part, j'ai exprimé par un signe, j'ai changé son état d'isolement et j'ai remis l'enfant en contact avec la personne que j'avais choisi pour son interrogateur. Je lui ai transmis plusieurs questions, auxquelles elle a répondu si justement, si intelligemment et si brièvement, que l'idée est venue tout à coup à son oncle de me dire :

"Interrogez-la sur des sujets politiques."

L'enfant, je le répète, avait onze ans. Toutes les questions politiques lui étaient donc parfaitement inconnues ; elle ignorait également la politique et les personnages politiques.

Je ferai le récit exact du déroulement de cet étrange contre-interrogatoire, sans accorder la moindre foi à aucune des prédictions faites par l'enfant ;

c'étaient des prédictions, je l'avoue, que je serais extrêmement fâché de voir se réaliser, et je ne peux les attribuer qu'à l'état fébrile dans lequel le sommeil hypnotique avait jeté son cerveau.

Je consacrerai les pages suivantes au dialogue et donnerai les termes exacts dans lesquels il s'est déroulé.

— Dans quel état social sommes-nous à l'heure actuelle, mon enfant ?

"Nous sommes une République, monsieur."

"Pouvez-vous m'expliquer ce qu'est une République ?"

"C'est le partage égal des droits entre toutes les classes de personnes qui composent la nation, sans distinction de rang, de naissance ou de circonstances."

Nous nous regardâmes tous, étonnés de ce début ; les réponses étaient venues sans aucune hésitation et comme si elle les avait apprises d'avance. Je me suis tourné vers sa mère.

"Allons-nous continuer, madame?" J'ai demandé.

Elle était presque muette d'étonnement.

"Oh ! Ciel !" dit-elle, "je crains que cela n'épuise trop la pauvre enfant de répondre à de telles questions ; elles sont bien au-delà de la portée de son âge et de son entendement. La façon dont elle y répond", a ajouté la mère, "me terrifie."

Je me tournai de nouveau vers l'enfant.

"Est-ce que le sommeil hypnotique te fatigue, Marie ?"

"Pas du tout, monsieur."

"Tu penses donc que tu peux répondre facilement à mes questions ?"

"Certainement."

"Ce ne sont pourtant pas les questions habituelles qu'on pose à un enfant de votre âge."

"Dieu veut que je les comprenne."

Nous nous regardâmes à nouveau.

"Continuez", dit la mère.

« Continuez », s'est exclamé tout le reste de la compagnie, avec une vive curiosité.

« La forme actuelle de gouvernement va-t-elle perdurer ?

"Oui, monsieur; cela durera plusieurs années."

« Est-ce que Lamartine ou Ledru-Rollin en seront les remparts ?

"Ni l'un ni l'autre."

"Alors nous aurons un président ?"

"Oui."

"Et après ce président, qui aurons-nous ?"

"Henri V."

"Henri V.?... Mais tu sais bien, mon enfant, qu'il est en exil!"

"Oui, mais il reviendra en France."

"Comment va-t-il rentrer en France ? De force ?"

"Non, du consentement du peuple français."

"Et où va-t-il rentrer en France ?"

"A Grenoble."

« Devra-t-il se battre pour obtenir une entrée ?

" Non ; il viendra par l'Italie ; d'Italie il entrera dans le Dauphiné, et un matin on rapportera : " Henri V est dans la citadelle de Grenoble. "

"Il y a donc une citadelle à Grenoble ?"

"Oui, monsieur."

"Peux-tu le voir?"

"Oui, en hauteur."

"Et la ville ?"

"La ville est en contrebas, dans la vallée."

"Y a-t-il une rivière dans la ville ?"

"Il y en a deux."

« Leurs eaux sont-elles de la même couleur ?

"Non ; l'un est blanc et l'autre vert."

Nous nous regardâmes avec un étonnement encore plus grand qu'au début. Marie n'était jamais allée à Grenoble et on ne pensait même pas qu'elle connaissait le nom de la capitale du Dauphiné lorsqu'elle était dans ses sens ordinaires.

— Mais êtes-vous bien sûr que le duc de Bordeaux sera à Grenoble ?

"Aussi sûr que si son nom était écrit ici" ; et elle montra son front.

"A quoi ressemble-t-il ? Viens, fais-nous une description de lui."

"Il est de taille moyenne, un peu gros; il est auburn; ses yeux sont bleus et ses cheveux sont coiffés de la même manière que ceux des anges dessinés par mademoiselle Marie Dumas."

"Eh bien, alors qu'il passe devant vos yeux, remarquez-vous quelque chose de particulier dans sa démarche ?"

"Il boite."

"Et où ira-t-il depuis Grenoble ?"

"À Lyon."

« Ne s'opposeront-ils pas à son entrée à Lyon ?

"Ils essaieront de le faire au début, mais je vois un certain nombre d'ouvriers passer devant lui, le conduisant à l'intérieur."

« Il n'y a pas eu de coups de feu ?

— Oh oui, monsieur, plusieurs ; mais il n'y a pas grand mal.

« Où sont tirés ces coups de feu ?

"Sur la route de Lyon à Paris."

— Par quel faubourg entrera-t-il à Paris ?

"Par Saint-Martin."

" Mais, mon enfant, à quoi servira qu'Henri V devienne roi de France, puisqu'il n'a pas d'enfants... " ajoutai-je en hésitant, " et on dit qu'il ne peut en avoir ? "

" Oh ! ce n'est pas sa faute, monsieur ; c'est celle de sa femme. "

— Cela revient au même, ma chère Marie, puisque le divorce n'est pas permis.

"Oh oui ! mais il va se passer quelque chose qui n'est désormais connu que de Dieu et de moi-même."

"Qu'est-ce que c'est?"

"Sa femme mourra de phtisie."

"Et avec qui va-t-il épouser ? Une princesse russe ou allemande, je suppose ?"

"Non; il dira: 'Je suis revenu par la volonté du peuple français, j'épouserai donc une fille du peuple.'"

Nous rions : la divination commençait à se mêler à la prophétie.

"Et où trouvera-t-il cette fille du Peuple, mon enfant ?"

" Il dira : " Cherchez la jeune fille que j'ai vue au n° 42 du faubourg Saint-Martin, où elle était montée sur un poteau de rue ; elle était vêtue d'une robe blanche et agitait une branche verte à la main. .'"

"Eh bien, iront-ils au faubourg Saint-Martin ?"

"Certainement."

"Vont-ils retrouver la jeune fille ?"

"Oui, au n°42."

« À quelle famille appartient-elle ?

"Son père est menuisier."

"Connaissez-vous le nom de cette future reine ?"

"Léontine."

"Et le prince épousera cette jeune fille ?"

"Oui."

"Il aura un fils d'elle ?"

"Il en aura deux."

« Comment s'appellera l'aîné : Henri ou Charles ?

" Ni l'un ni l'autre. Henri V. dira que ces deux noms ont porté trop de malheur à ceux qui les ont portés : ils appelleront l'enfant Léon. "

"Combien de temps Henri V règnera-t-il ?"

"Entre dix et onze ans."

"Comment va-t-il mourir ?"

"Il mourra d'une pleurésie, contractée en buvant de l'eau froide à une fontaine, un jour, alors qu'il chasse dans la forêt de Saint-Germain."

" Mais souviens-toi, mon enfant, que tu fais cette prophétie devant douze à quinze personnes : l'un de nous ici pourra avertir le prince et alors, si on lui dit qu'il mourra s'il boit de l'eau froide, il s'abstiendra d'en boire. ".

"Il sera prévenu, mais il en boira quand même ; car il dira qu'il a mangé beaucoup de glace quand il avait chaud, donc il peut sûrement boire de l'eau froide."

"Qui va le prévenir ?"

"Votre fils, qui sera l'un de ses amis intimes."

" Quoi ! mon fils un des amis intimes du prince ? "

"Oui, vous savez bien que les opinions de votre fils diffèrent des vôtres."

Ma fille et moi avons échangé des regards et éclaté de rire, car Alexandre et moi nous disputons éternellement sur la politique.

"Et quand Henri V. sera mort, Léon Ier accédera au trône ?"

"Oui, monsieur."

« Que va-t-il se passer pendant son règne ?

"Je ne vois pas plus loin : réveille-moi."

Je me suis empressé de la réveiller, mais elle ne se souvenait de rien à son réveil ; Je lui ai posé quelques questions sur Lamartine, Ledru-Rollin, Grenoble, Henri V. et Léon I., et elle a éclaté de rire. Je passai deux pouces sur son front pour lui faire souvenir, et elle s'en souvint instantanément ; Je la suppliai de recommencer l'histoire, et elle la répéta fidèlement, exactement dans les mêmes termes, afin que celle qui avait noté mes questions et ses réponses pendant qu'elle les prononçait puisse corriger le premier récit par le second.

J'ai depuis, à plusieurs reprises, fait d'autres expériences sur cet enfant ; il semblait n'y avoir aucune limite au pouvoir que le mesmérisme avait en elle, ou plutôt sur elle ; Je pourrais la rendre muette, aveugle ou sourde à volonté ; et, d'un mot, je pouvais lui rendre toutes ses facultés et les exciter à un degré de perfection qui semblait dépasser les limites des connaissances mortelles. Par exemple, si je l'envoyais au piano, endormie ou éveillée, peu importe, elle commencerait une sonate ; quelqu'un me fredonnait à voix basse un air qu'on désirait jouer à l'enfant, au lieu de la sonate ; la sonate s'arrêtait instantanément, et aussitôt que je tendais la main vers elle, l'enfant jouait l'air demandé. Nous avons tenté cette expérience une vingtaine de fois devant les gens les plus incrédules, et elle n'a jamais échoué.

La maison du père de Marie a été construite sur l'emplacement d'un ancien cimetière ; plusieurs inscriptions funéraires pouvaient être déchiffrées même sur les pierres du mur du jardin ; et à cause de cela, quand la nuit tomba, le pauvre enfant n'osait pas bouger, mais tremblait de peur. Le soir de mon départ, Madame D... me parla de cette terreur, et mon influence sur l'enfant était si grande, qu'elle me demanda si je n'y pouvais rien. J'étais tellement habitué à faire des miracles que je répondis que rien de plus simple et que nous en ferions immédiatement l'expérience. J'appelai donc l'enfant, et, mettant mes deux mains sur sa tête, voulant qu'elle soit éloignée de toute crainte, je lui dis :

"Marie, ta mère vient de me donner des pêches pour mon voyage ; va me chercher quelques feuilles de vigne du jardin pour les envelopper."

Il était neuf heures du soir et il faisait très noir. L'enfant sortait et revenait en chantant ; elle rapportait les feuilles de vigne qu'elle avait cueillies à l'endroit même où se trouvaient les pierres tombales qui lui causaient tant de terreur le jour. A partir de cette heure, elle n'hésita plus à entrer dans le jardin ou dans toute autre partie de la maison, à toute heure de la nuit et même sans lumière.

Je reviens à Auxerre trois mois plus tard ; Je n'avais annoncé mon voyage à personne. Deux jours avant mon arrivée, ils voulaient faire arracher une dent à la petite Marie.

"Non, ma chère mère," dit-elle, "attends; M. Dumas sera là après-demain: il me prendra le petit doigt, pendant qu'on m'arrachera la dent, et alors je n'aurai plus de douleur. ".

Je suis venu le jour où elle a dit : J'ai tenu la main de l'enfant dans la mienne pendant l'opération, qui s'est déroulée sans qu'elle ressente la moindre douleur.

Si l'on me demande une explication des phénomènes que je viens de raconter, je ne puis en donner. Je déclare simplement ce qui s'est passé. Je ne suis pas partisan du magnétisme, je ne l'utilise que lorsqu'on m'y oblige, et cela me fatigue toujours excessivement. Je crois qu'une personne déshonorante pourrait utiliser le magnétisme à des fins néfastes, et je doute qu'une personne bien intentionnée fasse le moindre bien en le pratiquant. Le magnétisme est un passe-temps, il n'est pas encore devenu une science.

CHAPITRE IV

Nouveaux procès d'éditeurs de journaux. Le *Mouton enragé* . Fontan. Le mot d'Harel à son sujet. Les *Fils de l'Homme* devant le tribunal de police. L'auteur plaide sa cause en vers. Prose de Guillebert – Accusations de prison à Sainte-Pélagie – Embarras du duc d'Orléans à propos d'un portrait historique – Les deux usurpations

---

Nous laissâmes le gouvernement occupé à emprisonner Béranger pendant neuf mois, vers la fin de l'année 1828 ; on le voit aujourd'hui, en juillet 1829, poursuivre le *corsaire* au tribunal de police, et condamner M. Vremiot, son gérant, à quinze jours de prison et à 300 francs d'amende, pour un article intitulé *Sottise des deux parties*. Le même mois, elle poursuivit Fontan pour un article de l' *Album* intitulé Le *Mouton enragé* ; et Barthélemy pour son poème *Fils de l'Homme*. Comme ces deux procès firent grande sensation, et comme l'opinion générale était qu'en les rendant impopulaires ils participaient à la chute du gouvernement, nous approfondirons la question.

Le 20 juin 1829, Fontan, qui avait eu une tragédie appelée *Perkin Warbeck*, jouait à l'Odéon un an ou deux auparavant, publiant dans l'ancien *Album* , édité par Magallon, un article intitulé Le *Mouton enragé*. Le ministre public a estimé que cet article constituait une insulte à la personne du roi et a porté l'affaire devant le tribunal de police.

Les passages suivants sont ceux particulièrement précisés dans l'accusation :

« Imaginez-vous un joli mouton blanc, peigné, frisé et lavé chaque matin ; avec des yeux lunettes, de longues oreilles, des pattes fusiformes, la mâchoire inférieure (ou, en d'autres termes, la lèvre inférieure) lourde et pendante. ; enfin, un vrai mouton bernois. Il marche à la tête du troupeau dont il est à peu près le monarque ; un immense pré est son pâturage et celui de ses congénères ; sur lui de droit. Et ici poussait l'herbe la plus tendre, et il s'y engraissait, ce qui ravissait son âme ! et montre ses dents comme preuve de son plaisir. Malgré son apparence douce, il peut être désagréable lorsqu'il est réveillé ; il peut alors mordre comme n'importe quel autre animal. On m'a dit qu'une brebis qui lui était apparentée le mordait tout le temps. Elle l'a rencontré une fois, parce qu'elle estimait qu'il ne gouvernait pas ses ouailles avec suffisamment de despotisme. Je vous le dis sous le sceau du secret : le pauvre Robin-Mouton est fou ! Sa folie n'est pas apparente ; au contraire, il s'efforce de le cacher ; s'il sent approcher une crise et le désir de satisfaire une mauvaise pensée, il a soin de regarder d'abord si personne ne l'observe ; car Mouton-Robin connaît le sort réservé aux animaux atteints de cette maladie : il vit dans la crainte des balles, notre Robin-Mouton ! Et puis, il est conscient de sa faiblesse. Si seulement il était un taureau, ah ! comment il utiliserait ses cornes ! il vous laisserait bientôt voir. Comme il insisterait sur ses prérogatives parmi les moutons de sa connaissance ! Il pourrait même être assez courageux pour déclarer la guerre à un troupeau voisin. Mais hélas! il vient d'une souche qui n'aime pas beaucoup se battre, et si séduisants que puissent lui être les agréments de la conquête, il arrive à l'amère conclusion qu'il n'a que du sang de mouton qui coule dans ses veines. Cette idée fatale le désespère. — N'importe, Robin, tu n'as pas grand chose à te plaindre ; il suffit de mener une vie luxueuse et oisive. Qu'as-tu à faire du matin au soir ? Rien. Vous mangez, vous buvez et vous dormez : vos moutons exécutent fidèlement vos ordres et satisfont vos moindres caprices ; ils sautent pour exécuter vos ordres ; que peux-tu désirer de plus ? Croyez ce que je vous dis et n'essayez pas de sortir de votre état de tranquillité animale ; écrasez ces vastes idées de gloire, qui sont trop grandes pour votre cerveau étroit ; végétez de la même manière que vos pères ont végété avant vous ; Le Ciel a fait de toi un mouton, meurs mouton ! Je te le dis franchement, tu serais un tout à fait charmant quadrupède si, *in petto*, tu étais seulement sain d'esprit !

Fontan fut condamné à dix ans de prison et à 10 000 francs d'amende. La sentence était un peu trop sévère et provoqua un grand tollé. On admettra que l'article n'était pas assez bon pour mériter ce traitement sévère. Le résultat fut d'élever Fontan à la hauteur d'un martyr. Et Fontan, d'un caractère énergique et têtu, ne cherchait pas à se justifier devant ses juges.

« Messieurs, » dit-il simplement, « que j'aie ou non voulu que mon article supporte l'interprétation que vous lui donnez, j'ai le droit de refuser toute explication sur le sujet ; je ne permets à personne d'examiner le sanctuaire intérieur de ma conscience. J'avais envie d'écrire un article sur un mouton fou et je l'ai fait ; c'est la seule explication que je devais ou désirais vous donner.

J'ai très bien connu Fontan chez M. Villenave, c'était un grand ami de Théodore, un homme grossier, qui ne manquait pourtant pas d'un certain sens poétique. Il était impur jusqu'au cynisme, et moins aristocratique que Schaunard dans la *Vie de bohème* ; au lieu d'avoir une pipe pour fumer continuellement et une autre plus fine quand il sortait, il n'avait qu'une pipe coupée qui ne quittait jamais sa bouche, qui sentait mauvais quand on l'allumait et entre ses dents, mais qui sentait bien pire quand on l'éteignait et qu'on l'enfonçait. sa poche.

Cette condamnation rendit le nom de Fontan célèbre. Je crois que la révolution de Juillet l'a trouvé à Poissy. Il réapparut au milieu d'une certaine popularité, mais ce n'était que la popularité passagère de la persécution.

Harel, qui était directeur de l'Odéon, eut très vite l'idée de mettre à profit cette popularité en demandant à Fontan de lui écrire une pièce. Fontan s'y conforma et écrivit *Jeanne la Folle* , mais ce fut un échec, ou, en tout cas, seulement un succès partiel. Harel est venu vers moi après la représentation et m'a dit :

"C'est certain que j'ai été trompé en Fontan. Il y a chez lui plus de prison que de talent !"

C'était malheureusement vrai. Le pauvre Fontan est mort très jeune et n'a rien laissé de remarquable derrière lui ; il publia un volume de poésie et vit monter sur scène deux ou trois drames ou tragédies.

La peine de Barthélemy fut moins sévère ; il a été condamné à trois mois de prison et à une amende de 1000 francs.

Nous donnerons les raisons qui ont conduit à son procès. Nous avons déjà diverti nos lecteurs avec les débuts de Barthélemy et Méry. Ils savent comment ces deux poètes se sont rencontrés et comment ont été concoctées la *Villéliade* , la *Peyronnéide* , la *Corbiéréide* et bien d'autres pièces qui ont retenu l'attention du public pendant quelques années. Le plus important de ces poèmes était *Napoléon en Égypte* . Cela a pris énormément de temps et a été publié en dix éditions en moins de six mois.

Méry, qui avait soif de soleil, était allé chercher la chaleur et les brises marines, ces deux éléments opposés qui se conjuguent pourtant admirablement à Marseille. Barthélemy, resté seul, eut l'idée d'aller à Vienne offrir au jeune duc de Reichstadt l'exemplaire d'un poème dont son père figurait comme le héros. Pour reprendre les mots de Benjamin Constant, de même que le père avait été *autorisé* à mourir d'un cancer politique, le fils était en quelque sorte *autorisé à mourir* mourir d'une maladie de la poitrine. Une charmante danseuse et une belle archiduchesse étaient les deux étranges médecins que l'Autriche chargeait de suivre les progrès de la maladie du prince, qui, trois ans plus tard, n'était plus qu'une question d'histoire.

Le voyage de Barthélemy fut bien entendu inutile : il ne fut pas autorisé à s'approcher du prince, et il rapporta son poème sans qu'on lui ait permis de le lui offrir. Mais l'Odyssée de Barthélemy lui avait fourni le sujet d'un nouveau poème intitulé Le *Fils de l'Homme,* et c'était ce poème qui était dénoncé par la loi. Barthélemy proclame d'avance son intention de se défendre en vers. Bien sûr, une telle proclamation remplit le tribunal de police où devait se tenir, dès huit heures du matin, ce procès poétique. Barthélemy a tenu parole. Voici quelques lignes de ce singulier plaidoyer qui est sans précédent dans les annales de la justice.

« Messieurs, commença-t-il :

"Voilà donc mon délit! sur un faible poëme
La critique en simarre appelle l'anathème; Et ces vers, ennemis de la France
et du roi, Témoins accusateurs, se dressent contre moi! Hélas! durant les
nuits dont la paix me consei lle ,
Quand je forçais mes yeux à soutenir la veille,Et que seul, aux lueurs de
deux mourants flambeaux,De ce pénible écrit j'assemblais les lambeaux,Qui
m'eût dit que cette œuvre, en naissant étouffée,D'un greffe criminel
déplorable trophée,Appellerai t un jour sur ces bancs ennemis
Ma muse, vierge encor des arrêts de Thémis?Peut-être ai-je failli mais,
crédule victime,Moi-même, j'ai bien pu m'aveugler sur mon crime, Puisque
des magistrats, vieux au métier des loisM'ont jugé non coupable une
première et une fois.Aussi
, je l'avoûrai, la foudre inattendue,Du haut du firmament à mes pieds
descendue,D'une moindre stupeur eût frappé mon esprit,Que le soir si
funeste à mon livre proscritOù d'un pouvoir jaloux les sombres
émissairesSe montraient en écharpe à mes pâles libraires,
Et, craignant d'ajourner leur gloire au lendemain,Cherchaient *le Fils de
l'homme* , un mandat à la main.
Cependant, je rend grâce au hasard tutélaireQui, s'vant un ami de mes torts
solidaire,Sur moi seul de la loi suspend l'arrêt f atal.
Triste plus que moi-même, au rivage natal
Il attend aujourd'hui l'heure de la justice.
S'il eût été présent, il serait mon complice.Éternels compagnons dans les
mêmes travaux,Forts de notre union, frères et non rivaux,Jusqu'ici, dans
l'arène à nos forces permise,
Nos deux noms enlacés n'eurent qu' 'une devise,Et jamais l'un de nous,
reniant son appui,N'eût voulu d'un laurier qui n'eût été qu'à lui.Trois ans,
on entendit notre voix populaireHarceler les géants assister au
ministère;Trois ans , sur les s élus du conseil souverain
Nos bras ont agité le fouet alexandrin;
Et jamais l'ennemi, froissé de nos victoires,
N'arrêta nos élans par des réquisitoires. Mais, dès le jour vengeur où,
captive longtemps, La foudre du Château gronda sur les titans ,
Suspendant tout à coup ses longues philippiques, Notre muse plus
fièrement, osant des chants épiques,Évoqua du milieu des sables
africainsLes soldats hasardeux des temps républicains,Et montra réunis en
faisceau militaire,Les drapeaux lumineux du Thabor et du Caire;
De nos cœurs citoyens là fut le dernier cri;Notre muse se tut, et, tandis que
MéryAllait sous le soleil de la vieille PhocéeRessusciter un corps utilisé par
la pensée,'J'osai, vers le Danube égarant mon essor,A la cour de Pyrrhus le
fils d'Hector cherche.
Je portais avec soin, dans mes humbles tablettes,Ces dons qu'aux pieds des

rois déposent les poëtes,Et, poëte, j'allais pour redire à son filsL'histoire d'un soldat, aux plaines de Memphis.Voilà tout le complot d'un long pèlerinage.Un pouvoir soupçonneux repoussa mon hommage,
Et, moi, loin d'un argus que rien n'avait fléchi,Je repassai le Rhin, imprudemment franchi."

Ce qui précède constituait sa défense quant aux faits. Après avoir défendu le thème, Barthélemy passe à la forme ; il se plaignait de la méthode d'interprétation que les juges de tous les temps ont poussée à l'extrême, de sorte qu'ils persécutent soit sous la branche aînée, soit sous la branche cadette des Bourbons, soit sous M. Cavaignac, soit sous M. Louis-Bonaparte ; il a dit-

"Pourtant, voilà mon crime! Un songe, une élégie
Me condamne moi-même à mon apologie! Partout, sur ce vélin, je frissonne de voirDes vers séditieux soulignés d'un trait noir;Le doigt accusateur laisse partout sa trace,Et je suis criminel jusque dans ma préface;Ah! du moi s, il fallait, moins prompt à me juger
Pour me juger, tout lire et tout interroger;Il fallait, surmontant les ennuis de l'ouvrage,Jusqu'au dernier feuillet forcer votre courage ,Et, traversant mon livre un scalpel à la main,Avancer hardiment jusqu'au bout du chemin
Certes, si comme vous on dépeçait un livre,
Combien peu d'écrivains seraient dignes de vivre !Qu'on pourrait facilement trouver de noirs. desseinsJusque dans l'Évangile et les ouvrages saints!Ma prose est toujours prête à disculper ma muse;
La note me défend quand le texte m'accuse;D'un tissu régulier pourquoi rompre le fil?De quel droit venez-vous, annotateur subtil ,Dédaignant mon histoire, attaquer mon poëme,Prendre comme mon tout la moitié de moi-même,Et, fort de ma pensée arrê tée au milieu,
Diviser contre moi l'indivisible aveu?Mais j'ose plus encor, fort de mon innocence ,Armé du texte seul, j'accepte la défense;Seulement, n'allez pas, envenimant mes vers,D'un sens clair et précis extraire un sens pervers!Gardez-vous de ch ercher, trop savant interprète,
Sous ma lucide phrase une énigme secrète!Ainsi, quand vous lirez: 'qu'à mes yeux éblouis,La gloire a dérobé les fils de saint Louis;Qu'aveuglément soumis aux droits de la puissance,Je ne me doutais pas, dans mon adolescence ,
Que l'héritier des lys, exilé de Mittau,Régnait chez les Anglais dans un humble château,Et que, depuis vingt ans, sa bonté paternelle!Rédigeait pour son peuple une charte éternelle!'Lisez de bonne foi comme chacun me lit.Pourquoi vous tourmenter à flairer un délit,
A tourner ma franchise en coupable ironie, A voir un seul côté de mon double génie?Voulez-vous donc me lire aux lueurs du fanal
Dont la sainte *Gazette* escorte son journal,

Et, serrant vos deux mains à soutenir intéressées,Exprimer du poi son en tordant mes pensées?"

Ce sont là certainement les vers bien tournés d'un versificateur très habile, sinon d'un grand poète. A Athènes, devant l'Aréopagitica où Eschyle plaidait sa cause, M. Barthélemy eût été acquitté ! Mais à quoi pouvait-il s'attendre ? Nous ne sommes pas Athéniens et nos juges ne sont en aucun cas des archontes.

Le poète poursuivit néanmoins, même s'il était facile de lire, sur les visages renfrognés des juges, leur manque de sympathie pour la défense des accusés.

Écoutons encore Barthélemy :

"Jusqu'ici, l'on m'a vu, d'un visage tranquille,
Conquérir pour ma cause un facile avantage. J'ai vengé sans effort, dans mon livre semés, Quelsques vers, quelques mots par Thémis décimés.
Redoublons de courage : un grand effort nous reste ; Abordons sans pâlir ce passage funeste,
De l'un à l'autre bout chargé de sombres croix ! Là, sapant par mes vœux le palais de nos rois, Ébranlant de l'État la base légitime ,D'un sang usurpateur j'appelle le régime,J'invoque la Discorde aux bras ensanglantés!Est -il vrai Suis-je donc si coupable?... Écoutez
! connaîtreCe qu'il est, ce qu'il fut et ce qu'il pouvait être.Oh! que tu dois souvent te dire et repasserDans quel grand avenir tu devais te lancer!Combien dans ton b erceau fut court ton premier rêve
Doublement protégé par le droit et le glaive,Des peuples rassurés espoir consolateur,Petit-fils d'un César, et fils d'un empereur,Légataire du monde, en naissant roi de Rome,Tu n'es plus aujourdhui rien que le *fils de l' homme!*
Pourtant, quel fils de roi contre ce nom obscur N'échangerait son titre et son sceptre futur ? Mais quoi ! content d'un nom qui vaut un diadème,Ne veux-tu rien, un jour, conquérir par toi-même?La nuit, quand douze fois ta pendule à frémi,Qu'aucun bruit ne sort plus du palais endormi,
Et que, seul au milieu d'un appartement vide,
Tu veilles, obsédé par ta pensée avide,
Sans doute que parfois sur ton sort à venir. Un démon familial te vient entretenir. Oui, tant que ton aïeul, sur ton adolescence, De sa noble tutelle étendra la puissance,
Les jaloux archiducs, comprimant leur orgueil,Du vieillard tout-puissant imiteront l'accueil;Mais qui peut garantir cette paix fraternelle?Peut-être en ce moment la mort lève son aile;Tôt ou tard, au milieu de se s gardes hongrois,
Elle mettra la faulx sur le doyen des rois. Alors, il sera temps d'expliquer ce problème D'une sorte mystérieuse ignorée de toi-même.

Fils de Napoléon, petits-fils de François,
Entre deux avenirs il faudra faire un choix. Puisses-tu, dominé par le sang de ta mère,
Bannir de ta pensée une vaine chimère, Et de l'ambition éteindre le flambeau ! Le destin qui te reste est encore assez beau;Les rois ont grandement consolé ton jeune âge;Le duché de Reichstadt est un riche apanage,Et tu po urras, un jour, colonel allemand,
Conduire à la parade un noble régiment!Qu'à ce but désormais ton jeune cœur aspire;Borne là tes désirs, ta gloire et ton empire.Des règnes imprévus ne gardons plus l'espoir,Ce qu'on vit une fois ne doit plus se revoir! '"

Il n'en est rien, ô poète ! Nous ne reverrons plus jamais ce que nous avons vu ; l'enfant fantôme que vous avez invoqué de sa tombe prématurée ne devait être vu par l'histoire que comme un pâle spectre présenté dans une lointaine distance poétique, comme Astyanax ou Britannicus ; les jours passés, nous n'en saurons plus. Mais l'avenir nous réservait une vision plus extraordinaire encore, qui devait confirmer les paroles que me disait le docteur Schlegel en 1838 : « L'histoire a été inventée pour prouver la futilité des exemples qu'elle nous donne.

Pendant ce temps, Barthélemy était condamné à trois mois de prison et à 1000 francs d'amende, malgré ou peut-être à cause de sa plaidoirie. Mais si le prisonnier n'en avait pas fini avec la justice, la justice n'en avait pas non plus fini avec le prisonnier. A peine Barthélemy fut-il dans la prison qu'il reçut de M. Guillebert, greffier, la lettre suivante :

"PARIS, 6 *mai* 1830

« MONSIEUR,—J'ai eu l'honneur de vous demander dans ma lettre du 22 mars dernier, de régler les amendes et frais que vous avez été condamnés à payer par ordonnance de la Cour Royale du 7 janvier dernier, s'élevant à :—

Facture

francs

Amende 1 000 00

Dix pour cent 100 00

Frais juridiques et appel idem 81 45

Total, 1 181 45

"Je réitère ma demande, car je me suis trompé lors de ma première demande, de 1208 francs 95 centimes. Je vous prie d'acquitter ces versements au plus tard le 10ème instant, pour éviter la mise en exécution des voies de droit selon l'article 52 du *Code. pénal.*

"J'ai l'honneur de rester

"GUILLEBERT, *Greffier"*

Et M. Guillebert, qui eût été aussi poli avec n'importe quel prisonnier, mais qui sans doute n'aurait pas été aussi pointilleux avec lui s'il n'avait pas été poète, eut la complaisance de mettre ce 52e article du *Code pénal* , auquel il fait allusion si délicatement, dans un post-scriptum. C'est l'article qui, je suppose, est resté inchangé sous le gouvernement du roi Louis-Philippe Ier, et sous celui de M. Bonaparte :

Article 52

"La saisie-arrêt pour amendes, restitutions, dommages et intérêts, ainsi que pour frais, peut être exécutée par voie d'emprisonnement."

A cette lettre Barthélemy répondit, le 9 mai 1830, par une épître intitulée *La Bourse ou la Prison.* Mais en comparaison de Fontan et Magallon, Barthélemy n'avait rien à redire : il était logé dans un palais. Le palais était libre de loyer, mais il nous donne le tarif pour le prix de son mobilier :

francs

Lit ordinaire, deux matelas, draps, une couverture et

renforcer 4 50

Pour chaque couverture supplémentaire 6 50

Un oreiller 9 50

Une chaise 6 50

Une table 6 50

Total, 33 50

Et c'est par ces actions que le gouvernement s'aliénait du peuple par les procès scandaleux successivement de Carbonneau, Pleignies et Tolleron ; de l'armée par les exécutions de Bories, Raoul, Goubin et Pommier ; de la haute aristocratie militaire par l'assassinat de Brune, Ramel, Ney et Mouton-

Duverney ; des classes moyennes par la dissolution de la garde nationale ; et s'aliénait une race bien plus dangereuse encore, celle des poètes, des journalistes et des hommes de lettres, par les phrases qui frappèrent successivement des hommes comme Paul-Louis Courier, Cauchois-Lemaire, Magallon, Béranger, Fontan et Barthélemy.

Or, un gouvernement qui a contre lui le peuple, l'armée, la bourgeoisie et la littérature est en très mauvais état, et ce gouvernement était donc en très mauvais état le 31 juillet 1829, jour où il prononça sa sentence le 31 juillet 1829. Barthélemy ; exactement un an plus tard, jour pour jour, elle était disparue.

Enfin, une anecdote que je m'apprête à raconter prouvera que j'avais prévu en partie la tendance des événements à venir. Ma nouvelle position à la bibliothèque du duc d'Orléans (poste qui, comme je l'ai déjà fait remarquer à mes lecteurs, était plus honorifique que lucrative) avait pour moi le grand avantage de me procurer un immense bureau, où je pouvais porter sur mes recherches littéraires et historiques presque aussi bien et bien plus confortablement qu'à la Bibliothèque royale. J'étais donc plus régulier dans ma fréquentation qu'aucun de mes deux confrères, Vatout et Casimir Delavigne. Aussi, un jour que le duc d'Orléans entra, fredonnant un air de la foule, ce qui était son habitude lorsqu'il était de bonne humeur, ce qu'il était, je dois le dire, presque toujours, il dit :

"Alors ! vous êtes seul, monsieur Dumas ?"

"Oui, Monseigneur."

Le duc d'Orléans fit deux ou trois tours dans la bibliothèque, continuant toujours à chanter. Puis il reprit, un instant plus tard :

"Ni Vatout, ni Casimir, ni Tallencourt ?..."

"MM. Vatout et Casimir ne sont pas venus, Monseigneur, et Tallencourt est sorti."

Deux fois encore, il fit le tour de la bibliothèque, toujours en fredonnant. Il souhaitait évidemment engager la conversation, alors j'ai osé lui demander :

"Monseigneur veut-il quelque chose que je puisse faire en l'absence des autres messieurs ?"

"Non, je voulais montrer à Vatout un portrait historique et lui demander son avis."

— Malheureusement, comme Monseigneur a besoin de conseils, je crains de ne pouvoir remplacer M. Vatout.

"Venez néanmoins avec moi", dit le duc.

Je m'inclinai et suivis le prince de la bibliothèque à la galerie de tableaux.

Sur un chevalet reposait un portrait qu'on venait de rapporter de l'encadreur ; il attendait que le nom de l'original soit peint sur le cadre. C'était un portrait de l'empereur, peint par Manzaisse. Trouver, en 1829, un portrait de l'empereur dans le palais du premier prince du sang royal était une audace si nouvelle que je ne pouvais que m'en étonner.

« Que penses-tu de ce portrait ? demanda le duc d'Orléans.

« Je n'aime pas beaucoup les tableaux de M. Mauzaisse, monseigneur.

" Ah c'est vrai, j'oubliais que tu étais un romantique en peinture et en littérature. Tu admires la peinture de M. Delacroix ? "

— Oui, Monseigneur ; aussi de M. Delacroix, M. Scheffer, M. Granet, M. Decamps, M. Boulanger, M. Eugène Devéria... oh ! nous nous laissons une grande marge !

" Excellent ! Je sais que vous savez tout sur ces messieurs, mais ce n'est pas mon propos actuel. C'est un portrait que je viens de faire peindre pour ma galerie ; et il n'y manque rien, comme vous le voyez, sauf l'insertion de Dois-je mettre *Bonaparte ? Cela* ressemblerait à une affectation de ne reconnaître que le Premier Consul. Cela semblerait une affectation de l'appeler empereur ; c'est sur ce point que je voulais consulter Vatout.

"Mais, répondis-je, cela me paraît très simple : dites *Napoléon Bonaparte* , monseigneur."

"Oui, mais cela implique toujours l'empereur... Napoléon, si ma mémoire est bonne, a été injuste envers votre famille et vous n'avez aucun amour pour lui, je crois."

"Monseigneur, je dois avouer qu'en ce qui concerne ce grand homme, je partage l'opinion de Mme Turenne sur lui, celle de l'admiration."

" C'était un grand homme ; mais il y avait deux taches terribles sur son caractère : l'une était un crime, l'autre une faute : son assassinat du duc d'Enghien et son mariage avec Marie-Louise. "

– Monseigneur pardonne-t-il son usurpation ?

"Je ne l'ai pas dit."

« Monseigneur connaît le *Médecin malgré lui ?* »

"Oui, je l'admire énormément."

"Eh bien, dans *Médecin malgré lui,* Sganarille dit qu'il y a des pédés *et* des pédés."

"Je veux dire, je présume...?"

"Qu'il y a des usurpations et des usurpations."

"Bah!"

"Oui, Monseigneur."

"Je ne comprends pas ce que tu veux dire."

« Je veux dire — et vous qui êtes si juste, Monseigneur, vous me comprendrez aisément — qu'il y a une usurpation qui substitue une dynastie à une autre dynastie par l'instrument de la violence, brisant partout toutes les racines de l'ancienne dynastie. le pays, tous les intérêts qui s'y rattachent, laissant assez longtemps parmi l'aristocratie et les classes moyennes et populaires des blessures vives et ouvertes qui tardent à se cicatriser, et il y a l'usurpation qui substitue purement et simplement un homme à un autre, un vert ; acheté pour une branche desséchée, et popularité pour l'impopularité, voilà ce que j'entends, Monseigneur, par mes deux usurpations.

Le duc d'Orléans leva la main en riant, comme pour m'arrêter ; mais il m'a quand même laissé finir.

« Monsieur Dumas, me dit-il, c'est une question un peu subtile, et qui, s'il vous faut y répondre, devrait être renvoyée à un conseil et non à un prince du sang. Cependant vous avez raison . pour le portrait, je mettrai *Napoléon Bonaparte* .

Je me suis incliné et je me suis retiré dans la bibliothèque.

Le duc resta dans la galerie de tableaux, perdu dans ses pensées.

CHAPITRE V

Les choses qui sont les plus grands ennemis du succès d'une pièce. - L'honnêteté de Mademoiselle Mars comme actrice. - Sa loge. - Les habitués de ses soupers. - Vatout. - Denniée. - Becquet. Accueil—Ses derniers jours sur scène.—Résultat matériel du succès d' *Henri III.* —Ma première spéculation—La refonte de *Christine* —Où j'ai cherché mon inspiration— Deux autres idées

---

A la trente-cinquième représentation d' *Henri III.* Mademoiselle Mars fut obligée de prendre ses vacances. Elle s'efforça de persuader la Comédie-Française de la compenser pour ce congé ; elle leur donna toutes les facilités possibles, mais la Comédie-Française ne voulut rien écouter. Le succès d' *Henri III.* servait certains intérêts mais blessait certains *amour-propres.* A la Comédie-Française, on souffre d'une particularité inconnue, ou à peu près, dans aucun autre théâtre. L'auteur dont la pièce est jouée se fait des ennemis de tous les acteurs qui n'y participent pas.

Vers la fin du règne d' *Henri III.* Je remarquai Monrose, un excellent comédien dont les talents auraient dû l'élever au-dessus des mesquines jalousies de ceux de moindre génie, entrer dans la salle verte, se frottant les mains et s'écriant joyeusement :

" Ah ! nous avons pris ce soir cinq cents francs de moins qu'à la dernière représentation ! "

J'étais présent : il ne m'avait pas aperçu d'abord, et, lorsqu'il m'a aperçu, il a fait semblant de ne pas m'avoir vu et s'est éloigné.

Mademoiselle Mars était sur le point de renoncer à ses vacances, tant elle hésitait à interrompre le succès de la course.

Mademoiselle Mars était une actrice extrêmement simple et honnête, j'ai presque dit un honnête *homme* et d'une précision minutieuse ; chacun faisait son devoir lorsqu'il était en relation avec elle, car elle faisait le sien avec autant de soin qu'une élève lors de sa première année de pensionnat. Une fois seulement, elle était en retard de quelques minutes à une répétition.

— Je vous demande pardon d'être en retard d'un quart d'heure, dit-elle en entrant ; mais je viens de perdre quarante mille francs... Allons vite et commençons. Et elle a répété comme si de rien n'était.

Un jour, alors qu'elle montait sur scène, elle eut une sorte de crise d'apoplexie ; mais, au lieu d'interrompre la pièce, comme l'eût fait toute autre actrice, elle fit chercher des sangsues, et entre le premier et le troisième acte elle profita du deuxième acte, où elle n'avait pas à paraître, pour les lui appliquer. poitrine. Quand je suis entré dans sa loge après la pièce, elle était couverte de sang jusqu'à ses pantoufles.

Mademoiselle Mars avait une très grande chambre, la même que celle qu'a aujourd'hui Mademoiselle Rachel. À la fin de chaque représentation, la salle était toujours remplie de monde. Mademoiselle Mars ne se souciait pas le moins du monde de la présence de ses visiteurs ; elle se déshabillait et enlevait sa peinture et son rouge avec une modeste dextérité tout à fait remarquable : elle avait notamment une manière de changer de chemise en parlant, sans rien montrer de sa personne au-delà du bout de ses doigts, c'était un *tour de force*. Quand sa toilette fut terminée, ceux qui voulaient la raccompagner chez elle l'accompagnèrent et trouvèrent un souper prêt. Les habitués de ces soupers étaient Vatout, Romieu, Denniée, Becquet et moi, entre hommes, et Julienne, sa compagne, un personnage, la belle Amigo, la belle Madame Mira, et quelquefois une vieille dame nommée Fusil.

Mornay venait tous les soirs pour conduire mademoiselle Mars au théâtre, ou la reconduisait saine et sauve.

Mes lecteurs connaissent Romieu ; Je l'ai présenté en compagnie de son ami Rousseau. Comme je n'ai rien de nouveau à dire sur lui, je le laisse de côté.

Mais j'ai à peine décrit Vatout ; Madame Valmore l'enlevait bien lorsqu'elle le qualifiait de « *papillon en bottines* ». Vatout était plein de petits défauts et de grandes qualités. Il vous tendait avec dédain un doigt si vous lui proposiez de lui serrer la main, et il prenait des airs de grand seigneur sans jamais parvenir à se faire prendre pour un grand seigneur. Il avait bon cœur malgré ses manières hautaines ; et un esprit charmant derrière son apparence maladroite. Il avait une façon de dire certaines choses qui ne lui convenait pas du tout. Une de ses monstrueuses affectations était de chercher à ressembler au duc d'Orléans ; On m'a même assuré que, en toute confiance, il laissait tirer des conclusions sur cette ressemblance. Le duc d'Orléans l'aimait beaucoup et, lorsqu'il était roi, entretenait avec lui son amitié. A la *Cour Citoyenne,* on citait ses plaisanteries et on chantait ses chansons. Il y en a eu une en particulier concernant le maire d'Eu, qui a fait fureur. Nos modestes lecteurs nous permettront-ils de l'insérer ici ? car, à notre avis, c'était là son titre le plus digne d'accéder à l'Académie. Ne faisons pas d'injustice au pauvre Vatout.

LE MAIRE D'EU

AIR —*à faire*

"L'ambition, c'est des bêtises;Ça vous rend triste et soucieux;Mais, dans le vieux manoir des Guises.Qui ne serait ambitieux?...Tourmenté du besoin de faireQu elque chose dans ce beau lieu,
J'ai brigué l'honneur d'être maire,Et l'on m'a nommé maire d'Eu!

Notre origine n'est pas claire...Rollon nous gouverna jadis;Mais César fut- il notre père,Où descendons-nous, de Smerdis ?Dans l'embarras de ma pensée,Un mot peut tout concilier :
Nous sommes issus de Persée ;Voyez plutôt mon mobilier !

Je ne suis pas fort à mon aise:Ma mairie est un petit coin,Et mon trône une simple chaiseQui me sert en cas de besoin;Mes habitudes ne sentent pas l'ambre:Mon équi page brille peu;
Mais que m'importe! un pot de chambreSuffit bien pour un maire d'Eu!

On vante partout ma police;Ce qu'on fait ne m'échappe pas.A tous je rends bonne justice;J'observe avec soin tous, les cas.On ne peut ni manger ni boireSans que tou t passe sous mes yeux;
Mais c'est surtout les jours de foireQu'on me voit souvent sur les lieux.

Grâce aux roses que l'on recueilleDans mon laborieux emploi,Je préfère mon portefeuille
A celui des agents du roi.
Je brave les ordres sinistresQui brise leur pouvoir tout net;
Et, plus puissant que les ministres,J'entre, en tout temps, au cabinet.

Je me complais dans mon empire;Il ne me cause aucun souci;Moi, j'aime l'air que l'on y respire;On voit, on sent la mer d'ici!Partout l'aisance et le bien-ê tre ;
Ma vie est un bouquet de fleurs..Aussi j'aime beaucoup mieux êtreMaire d'Eu que maire d'ailleurs!

Beau château bâti par les Guises,Mer d'azur baignant le Tréport,Lieux où Lauzun fit des bêtises,Je suis à vous jusqu'à la mort;Je veux, sous l'éch arpe française,
Mourir en sénateur romain,Calme et tranquille sur ma chaise Tenant mes papiers à la main !

Vatout est aussi l'auteur du célèbre *mot* dit à un fonctionnaire qui, accompagnant le roi dans une rue secondaire où celui-ci était déterminé à pénétrer, s'excusait à chaque pas des obstacles qu'il rencontrait. De nombreuses poules y avaient pondu, du type dont Henri IV. avait dit : « Arrête, arrête, maman ! Je préfère de beaucoup voir la poule que l'œuf !

si j'avais su que Votre Majesté avait l'intention de passer par ici, je les aurais tous fait évacuer.

— Vous n'auriez pas eu le droit de faire cela, monsieur le maire, dit gravement Vatout ; "ils ont leurs papiers !"

Entre 1821 et 1822, Vatout écrit un livre qui connaît un énorme succès. Il s'agissait des aventures de la Charte et s'intitulait *Histoire de la fille d'un Roi*. Plus tard, il écrivit *Idée fixe* , peu lue ; puis, une sorte de roman intitulé la *Conspiration de Cellamare* ; enfin, diverses publications sur les châteaux royaux. En somme, rien de bien frappant ; mais néanmoins il était rongé par le désir de devenir académicien, Scribe le poussant à le faire. Il a atteint son but, le pauvre garçon ; mais dans l'intervalle entre sa nomination et sa réception, étant aussi fidèle à la cause royale pendant son exil qu'il l'avait été à l'apogée de sa puissance, il alla rendre visite aux exilés à Claremont, où il tomba malade après dîner, et il est mort vingt-quatre heures plus tard ! Il est mort sans avoir eu la joie de siéger une seule fois à l'Académie ! Pauvre Vatout ! Personne, j'en suis sûr, ne lui a rendu plus justice ni ne l'a plus regretté que moi. J'ai obtenu avec beaucoup de difficulté le vote de Hugo pour lui.

Toute la société parisienne connaissait Denniée, ex-ordonnateur général, qui, homme d'esprit et avide de plaisir, parlait comme si sa bouche était pleine de coquilles de noix et racontait une foule d'histoires et d'anecdotes toutes plus étranges et plus étranges les unes que les autres. plus amusants que les précédents, avec une prononciation si défectueuse qu'ils acquièrent un air d'originalité convaincant. Il adorait Mademoiselle Mars, qui l'aimait beaucoup en retour. Si trois jours se passaient sans que Denniée soit vue chez elle, on se demandait ce qu'il était devenu ; car rien d'autre qu'une maladie ou un accident ne pouvait, croyait-on, expliquer une si longue absence.

Becquet était aussi connu que Denniée : peut-être était-il encore plus connu. Il était l'un des collaborateurs hebdomadaires du *Journal des Débâts*. Il était extrêmement intelligent ; mais, à mesure qu'il s'enivrait régulièrement une fois par jour, son intellect s'émoussait peu à peu. Deux de ses paroles souvent citées servent à illustrer le genre de respect et d'affection filiale qu'il avait pour son père. Un jour, Becquet l'aîné reprochait à son fils sa fâcheuse habitude d'ivresse, en lui disant :

" Vois, misérable, comme tu vieillis ; tu seras pris pour mon père, et je te survivrai dix ans ! "

"Ah!" Becquet rétorqua nonchalamment : « Pourquoi me dis-tu toujours des choses si désagréables ?

Becquet avait une autre habitude, celle de contracter des dettes. Il devait de l'argent à tout le monde, et cet endettement généralisé désespérait son père.

"Misérable!" il lui dit une autre fois (c'était le terme habituel du père Becquet pour son fils, tantôt comme adjectif, tantôt comme substantif) : « Misérable ! il a dit, "par Dieu et par diable, je ne peux pas concevoir comment vous pouvez vivre ainsi."

« Restez, mon père, répondit Becquet, vous venez d'évoquer les deux seules puissances à qui je ne dois rien.

Le jour de la mort de son père, il est triste de dire que c'était un jour de fête pour Becquet, qui faisait la fête dans le cœur et dans la bourse, il dîna au *café de Paris* et commanda son menu comme un homme qui n'a rien à payer ; mais, quand il s'agissait du vin, il appela le garçon ; un doute s'était probablement élevé dans son esprit et il souhaitait l'avis d'un expert.

« Garçon, demanda-t-il, le Bordelais est-il en deuil ?

Deux heures plus tard, ils ramenèrent Becquet chez lui.

Une nuit, je rencontrai Becquet dans une de ces merveilleuses ivresses que lui seul pouvait emporter avec tant de noblesse. C'était le 21 janvier.

"Quoi!" lui dis-je, ivre en ce jour de tous les jours, Becquet ?

" Puis-je demander s'il y a, par hasard, un jour où un homme ne peut pas être ivre s'il le souhaite ? " demanda avec étonnement l'auteur du *Mouchoir bleu* .

" Certes, j'aurais dû le croire, surtout pour vous qui êtes royaliste, puisque c'est l'anniversaire de la mort de Louis XVI. "

Becquet parut réfléchir un instant sur la gravité de mon observation ; puis, posant une main sur mon épaule...

" S'ils n'avaient pas coupé la tête du bon roi Louis XVI, pensez-vous qu'il serait mort maintenant ? "

"C'est plus que probable."

— Eh bien, dit Becquet en claquant négligemment des doigts, comment peux-tu me dire quelque chose ?

Et il partit avec l'aplomb de l'ivrogne qui, après une longue pratique, a appris à être supérieur à la plupart des buveurs en étant toujours capable de marcher droit lorsqu'il est ivre.

C'est ivre mort, après avoir quitté la maison de mademoiselle Mars, que Becquet écrivit pour le *Journal des Débats le fameux article* qui se terminait par ces mots, et qui renversa la monarchie :

"Malheureuse France ! Malheureux roi !" "Malheureuse France ! Malheureux Roi !"

Becquet est mort de boisson et est mort en buvant. Durant les six derniers mois de sa vie, il ne fut jamais sobre : ses yeux devinrent ternes et sans expression ; ses actions étaient involontaires et instinctives ; sa main tâtait machinalement la bouteille pour verser du vin dans son verre, qu'il n'avait pas la force de vider. Jusqu'au dernier moment, mademoiselle Mars le reçut avec cette sincère amitié qui était une de ses plus belles vertus. Lorsque Becquet mourut, elle n'eut pas le cœur de le regretter, même si elle versa des larmes à la nouvelle.

Mornay formait un singulier contraste avec tous ceux dont j'ai parlé. Mornay était élégant et aristocratique, c'était la *noblesse* incarnée, et, en plus de toutes ces qualités, il avait autant d'esprit que nous tous réunis. Lorsque Mornay fut nommé plénipotentiaire et partit d'abord pour le grand-duché de Bade, puis pour la Suède, mademoiselle Mars perdit la plus brillante étoile de son salon. Il y a des esprits qui possèdent les qualités d'un amadou bien assaisonné et qui mettent le feu à tout ce qui les entoure ; Mornay était de ceux-là ; le reste d'entre nous lui a servi du silex. Lorsque, par hasard, il se trouvait trop fatigué pour user de son esprit, il comptait sur nous pour suppléer à son déficit. Mornay n'avait pas de fortune ; mais Mademoiselle Mars lui laissa à sa mort un revenu de 40 000 livres par an. Il décrocha un portrait d'elle qu'il emporta avec lui en disant : « C'est la seule chose à laquelle j'ai droit ici », et il laissa les 40 000 livres annuelles aux héritiers de mademoiselle Mars.

Mademoiselle Mars au théâtre et Mademoiselle Mars dans sa maison particulière étaient deux êtres bien différents. Sur scène, sa voix était envoûtante, presque comme une chanson, et ses regards étaient attachants et doux, pleins d'un charme envoûtant. À la maison, sa voix était dure, elle avait l'air presque dure et ses mouvements étaient brusques et impatients. Sa voix de théâtre était acquise, un instrument sur lequel on lui avait appris à jouer et dont elle jouait à merveille, mais elle s'en méfiait avec raison lorsqu'il lui fallait exprimer de grandes crises de passion, ou donner effet à de grands sommets de poésie ; elle avait peur alors de forcer ses notes douces, et elle enviait presque à madame Dorval sa voix rauque et rauque qui lui permettait de pousser des cris pitoyables qui lui allaient droit au cœur. Je n'ai jamais connu personne plus modeste sur ses talents que Mademoiselle Mars : elle ne parlait jamais d'elle, de ses triomphes, ni de ses créations ; elle admirait profondément son père Mouvel ; elle était son élève, et cela lui faisait un plaisir évident de parler de lui. Elle était aussi une grande admiratrice de mademoiselle Contat, et il était étrange de l'entendre avouer son infériorité à cette grande actrice, sur certains points d'art. Je ne puis dire si toutes les histoires racontées sur l'âge de mademoiselle Mars sont vraies, mais je sais qu'elle n'en a jamais caché une semaine à ses amis. Elle possédait dans son salon une sculpture en marbre de Boule, qui avait été offerte par la reine Marie-Antoinette à sa mère car elles avaient accouché toutes les deux le même jour. Mademoiselle Mars devait donc avoir exactement le même âge que la duchesse d'Angoulême, née le 19 décembre 1778. Quand Mademoiselle Mars aimait, elle pouvait être charmante, car elle avait un grand fonds d'humour ; sa voix était justement celle qui pouvait imiter, et lorsqu'elle critiquait les membres de la Comédie-Française, de Mademoiselle Plessy à Ligier, c'était laconique mais capital. Elle montrait beaucoup de gentillesse et d'intérêt envers les personnes qu'elle pensait posséder du talent et les aidait de ses conseils, de son talent et de son influence. Elle a un jour sauvé un clown qui jouait sur la place de Metz et ne s'est jamais reposée jusqu'à ce qu'elle lui ait trouvé un petit emplacement. Elle me le recommanda en 1833 ou 1834, mais je n'eus pas l'occasion de lui confier un rôle avant quinze ou dix-huit ans, lorsque je lui confiai le rôle de Lorrain dans la *barrière de Clichy*. Cet homme s'appelait Patonnelle et il était l'un des meilleurs cavaliers du Cirque.

Comme Talma, Mademoiselle Mars a vu sa réputation grandir jusqu'au jour même où elle a définitivement quitté la scène. Sa dernière création, Mademoiselle de Belle-Isle, fut l'une de ses plus heureuses interprétations. J'étais son dernier partisan au théâtre et, selon toute vraisemblance, j'ai eu la chance de prolonger sa carrière de deux ou trois ans.

Les derniers jours de son séjour à la Comédie-Française sont teintés d'amertume. Un jour, lors d'une représentation supplémentaire, quelqu'un lui jeta à ses pieds une couronne d'immortelles, comme on en met sur les tombeaux. Il avait été monté dans une des loges mêmes du théâtre, et je pourrais, si je le voulais, indiquer dans qui. Lorsqu'elle quitta la scène, la même chose se produisit comme après la perte de Talma. Chacun se croyait capable de remplacer Talma, et chacun espérait remplacer mademoiselle Mars : ils l'essayaient dans leurs anciens rôles ; ils en ont inventé de nouveaux. Les dirigeants et les journaux ont fait leur part en vantant et en louant les réputations naissantes. Ils avaient l'argent de Turenne ; avaient-ils même l'argent de mademoiselle Mars ?...

Bien *qu'Henri III.* n'avait pas apporté une très grande richesse à notre maison, elle avait néanmoins produit un changement considérable : d'abord et avant tout elle nous avait libérés des dettes ; elle avait remboursé Porcher et M. Laffitte ; elle nous avait permis de quitter notre humble logement de la rue Saint-Denis et de louer pour ma mère un appartement au rez-de-chaussée avec jardin, au n° 7 de la rue Madame. On lui avait recommandé de prendre l'air et de faire de l'exercice, et j'ai choisi cette rue et ce quartier pour être près de Mesdames Villenave et Waldor, qui pour des raisons familiales avaient quitté leur maison de la rue de Vaugirard et pris un appartement au n° 1. 11 rue Madame. Je m'étais loué une chambre à part, au quatrième étage, à l'angle de la rue de l'Université et de la rue du Bac, et, comme ma nouvelle position m'amenait des visiteurs parmi les dames et messieurs du Théâtre-Français, j'ai rendu cette pièce aussi jolie que je pouvais me le permettre.

Comme j'avais appris par expérience passée à ne jamais trop me fier à l'avenir, j'avais composé ma nourriture pendant un an, en payant 1800 francs d'avance ; ou, pour être plus exact, j'ai payé 365 coupons pour le petit-déjeuner et 365 tickets pour le dîner, vin non inclus. Malheureusement, un mois après avoir pris cet arrangement, le Café Desmares a fait faillite et j'ai perdu le paiement de mon année et mes repas. C'était ma première spéculation, et ça s'est mal passé, on le verra.

Pendant ce temps, je recevais des reproches d'une demoiselle extrêmement charmante du Théâtre-Français, qui râlait parce que, après avoir joué un rôle insignifiant dans *Henri III.* il n'y en avait pas du tout pour elle dans *Christine* — car je me flattais encore de l'espoir que ma *Christine* serait encore jouée au Théâtre-Français, malgré le retard dû à M. Brault, décédé entre-temps ; et maintenant la Comédie-Française n'était pas non plus pressée de s'y mettre. Ses reproches me parvinrent, comme ils étaient mérités, et je crus lui devoir une double réparation. J'ai donc répondu...

"Rassurez-vous : je vais refondre *Christine* pour la rendre plus dramatique et plus actuelle, et il sortira de la transformation quelque chose qui, je l'espère, vous satisfera."

L'esprit d'un ouvrier est souvent plein de préjugés singuliers, qui sont parfois assez bizarres pour confiner à la manie : tantôt il s'imagine qu'il ne peut concevoir ses projets que dans tel ou tel endroit ; tantôt, qu'il ne peut écrire sa pièce que sur un papier spécial. Je me suis mis en tête que je ne pourrais faire évoluer une nouvelle *Christine* de mon ancienne *Christine* que si je faisais un court voyage et que j'étais bercé par le mouvement d'une voiture. Comme je n'étais pas encore assez riche pour monter en voiture, j'ai choisi une diligence ; peu importe où allait la diligence, pourvu que j'aie le *coupé*, l'intérieur ou la *rotonde* pour moi seul. Je me rendis à la cour des Messageries et, après quelques heures d'attente, je trouvai ce que je cherchais, un autocar sans passager dans le *coupé*. La diligence était à destination du Havre. C'était en effet une chance pour moi, car je n'étais jamais allé dans un port maritime et je ferais d'une pierre deux coups. A cette époque, il fallait bien vingt heures pour aller de Paris au Havre ; cela, encore une fois, me convenait assez bien. L'inspiration aurait tout le temps d'agir, ou elle ne viendrait jamais du tout.

Je me mis en route et, comme l'imagination joue naturellement un rôle principal dans les œuvres d'art, lorsque mon imagination eut ce qu'elle voulait comme conditions extérieures de travail, elle se mit à travailler. Lorsque j'arrivai au Havre, ma pièce était remaniée ; J'avais partagé les scènes entre Stockholm, Fontainebleau et Rome, et le personnage de Paula est né de cette nouvelle genèse. Cela impliquait une refonte complète et une réécriture de la pièce entière, et il ne restait que très peu de choses de la pièce originale. Quoique j'étais très pressé de me mettre au travail, je ne repartis pas pour Paris avant d'avoir vu la mer. Je restai au Havre juste le temps de manger des huîtres, de faire un tour sur la mer et d'acheter quelques vases en porcelaine que j'aurais pu trouver moins cher à Paris, puis je montai dans la diligence. En soixante-douze heures, j'avais parcouru mon chemin et reconstitué ma pièce.

J'ai parlé des étranges préjugés qui imposent impérieusement certaines conditions dans lesquelles le travail doit s'accomplir. Personne n'est moins maniaque que moi ; personne qui prend l'habitude de travailler sans cesse, comme moi, ne pourrait travailler avec plus de facilité que moi, et pourtant, trois fois, je me suis senti absolument obligé d'obéir à un caprice. La première occasion que je viens de raconter ; le second concernait la composition de *Don Juan de Marana* , et le troisième était lié au *capitaine Paul.* J'étais possédé par l'idée que je ne pouvais concevoir mon drame fantastique qu'au son d'une certaine musique. J'ai demandé des billets à mon ami Zimmermann, pour le Conservatoire, et, dans le coin d'une loge avec trois inconnus, les yeux fermés comme si je dormais, apaisé jusqu'à la semi-inconscience par Beethoven et Weber, j'ai composé les principales scènes de mon drame en deux heures.

C'était différent dans le cas du *capitaine Paul* : j'avais besoin de mer, d'un large horizon, de nuages courant dans le ciel et de brises sifflant dans les gréements et les mâts des navires. J'ai fait un voyage en Sicile et j'ai ancré mon petit bateau pendant quelques heures à l'entrée du détroit de Messine. En deux jours, *le capitaine Paul* avait terminé.

A mon retour, j'ai trouvé une lettre d'Hugo. Le succès d' *Henri III.* lui avait inspiré l'envie d'écrire un drame, et il m'a invité à aller l'entendre lire chez Devéria. Ce drame, c'était *Marion Delorme.*

CHAPITRE VI

Victor Hugo — Sa naissance — Sa mère — Les Chassebœuf et les Comètes — Le Capitaine Hugo — La signification de son nom — Le parrain de Victor — La famille Hugo en Corse — M. Hugo est appelé à Naples par Joseph Bonaparte. — Il est nommé colonel et gouverneur de la province d'Avellino. — Souvenirs de la petite enfance du poète. — Fra Diavolo. — Joseph, roi d'Espagne. — Le colonel Hugo est nommé général, comte, marquis et major. domo—L'archevêque de Tarragone—Madame Hugo et ses enfants à Paris—Le couvent des Feuillantines

Nous allons maintenant consacrer quelques pages à l'auteur de *Marion Delorme* , *de Notre-Dame de Paris* et *des Orientales* ; car nous estimons qu'il vaut bien la digression.

Victor Hugo est né le 26 mars 1803. Où et dans quelles conditions le poète lui-même nous dit à la première page de ses *Feuilles d'Automne* :—

"Ce siècle avait deux ans; Rome remplaçait Sparte;
Déjà Napoléon perçait sous Bon aparte,
Et du premier consul, trop gêné par le droit, Le front de l'empereur brisait
le masque étroit. Alors, dans Besançon, vieille ville espagnole, Jeté comme
la graine au gré de l'air qui vole,Naquit, d'un sang breton et lorrain à la
fois,Un enfant sa ns couleur, sans regard et sans voix
Si débile, qu'il fut, ainsi qu'une chimère; ,Abandonné de tous, excepté de sa
mère,Et que son cou, ployé comme un frêle roseau,Fit faire, en même
temps, sa bière et son berceau.Cet enfant que la vie effaçait de son l ivre,
Et qui n'avait pas même un lendemain à vivre,C'est moi...."

L'enfant était en effet si faible que, quinze mois après sa naissance, il ne pouvait même pas soutenir sa tête sur ses épaules, mais, comme si elle était déjà chargée de toutes les pensées dont elle ne possédait que le germe, il persistait. tomba en avant sur sa poitrine.

Le poète continue :

Je vous dirai peut-être, quelque jour,
Quel lait pur, que de soins, que de vœux, que d'amour, Prodigués pour ma
vie, en naissant condamnée, M'ont fait deux fois le fils de ma mère
obstinée.

Sa mère, de sang breton, qui s'est battue avec persévérance contre la mort pour la vie de son enfant, en vraie mère et en Bretonne, était la fille d'un riche armateur nantais et la petite-fille d'un des dirigeants de l'armée nantaise. *bourgeoisie* dans ce pays de l'opposition. Elle était en outre cousine allemande de Constantin François, comte de Chassebœuf, qui renonça à ce nom grand féodal, qui rappelle celui des *barons pasteurs* du Moyen Âge, pour celui de

Volney, qui ne ferait que rappeler celui d'un comédien de province, si le gentilhomme qui a eu l'étrange fantaisie de prendre ce nom ne l'avait pas rendu célèbre en le mettant au début de son *Voyage en Égypte* et à la fin de ses *Ruines* ; elle était en outre la cousine d'une autre célébrité impériale, le comte Cornet, dont les goûts étaient moins littéraires que politiques. Le comte Cornet, dont le nom est peut-être oublié aujourd'hui, était député de Nantes et membre du Conseil des Cinq-Cents ; il participa aux événements du fameux 18 brumaire, qui changea la face de la France pendant un demi-siècle. Au lieu de défendre les privilèges de l'Assemblée, il soutint les prétentions de Bonaparte ; et Napoléon, par gratitude, le fit sénateur — récompense habituelle pour de tels services — puis compte ; et pour qu'il possédât tout ce que possédaient, en quantité sinon en qualité, les membres de l'ancienne noblesse ralliés à l'Empire, il lui donna des armoiries ; mais, par une de ces plaisanteries que se permet quelquefois un soldat couronné, ces armoiries, qui rappelaient l'origine un peu plébéienne de celui qu'on voulait anoblir, étaient d'azur à trois cornets d'argent.

Madame Hugo s'appelait Sophie Trébuchet. Elle avait, comme nous l'avons vu, deux pairies dans sa famille, celle du comte Volney et celle du comte Cornet. N'oubliez pas ce fait, car nous aurons encore l'occasion d'y faire référence. Le sang lorrain dont chante le poète venait de son père, Joseph-Léopold-Sigisbert Hugo. De ce côté, la descendance noble était incontestable ; il provient d'une ancienne source allemande.

Son grand-père, Georges Hugo, était capitaine des gardes de quelque duc de Lorraine, et avait été anobli en 1531, par lettres patentes datées de Lillebonne, en Normandie, par ce duc, qui lui accorda pour guise d'armoiries, un champ. d'azur, *au chef d'argent* , deux merlettes en sable. Trois merlettes sont, comme on le sait, les armes de la Maison de Lorraine. Le duc n'aurait donc pas pu faire plus pour son capitaine ; une autre merlette, et il l'aurait mis au même niveau que lui-même. Mais ceux qui désirent des détails plus complets que nous donnons à ce sujet, et une plus grande autorité, devraient consulter Hozier, registre IV., sous la rubrique de *Hugo.* Cependant, comme nous croyons à la magie des noms, nous donnerons quelques informations que Hozier ne donne pas : à savoir que le vieux mot allemand *hugo* est équivalent au mot latin *spiritus* , et signifie souffle, âme, esprit !

Plus un enfant est faible, plus il faut se hâter de le baptiser. Le major Sigisbert Hugo, commandant alors à B esançon, qui était le dépôt d'un régiment corse, voyant son troisième fils si délicat, se retourna et choisit pour parrain Victor Faneau de la Horie, fusillé en 1812 pour avoir été le l'esprit instigateur de la conspiration dont Mallet fut l'agent actif. Et c'est de lui que le poète reçut son prénom de *Victor* , qui, ajouté à son nom de famille, qu'il le précède ou le suive, ne peut se traduire autrement que par :

« Esprit conquérant – âme triomphante – souffle victorieux !

Le poète n'a jamais songé à s'appeler d'un autre nom que celui que le hasard de sa naissance lui avait décrété, comme l'avait fait son cousin maternel Chassebœuf, et nous verrons même plus tard que, lorsque l'adjonction lui eût été utile, il refusa de s'appeler Hugo-Cornet.

Le père de Victor était l'un des rudes champions engendrés par la Révolution ; il prit les armes en 1791 et ne rengaina son épée qu'en 1815. D'autres gardèrent la leur en usage jusqu'en 1830 et 1848, mais cela leur apporta rarement la chance. En 1795, il était lieutenant et combattit dans la guerre vendéenne. C'est sa compagnie qui faisait partie du détachement, dirigé par le commandant Muscar, qui prit Charette dans la forêt de la Chabotière. Par une étrange coïncidence, ce fut le colonel Hugo qui captura Fra Diavolo en Calabre, et le général Hugo qui prit Juan Martin, autrement connu sous le nom d' *Empecinado* , sur les rives du Tage ; ils furent les trois principaux chefs de cette grande période de guerres qui dura plus d'un quart de siècle. Bien entendu, on comprendra bien qu'on ne compare pas le noble et loyal Charette au brigand calabrais ou au bandit espagnol. Charette est fusillé, Fra Diavolo pendu et Juan Martin garrotté. Après le règlement pacifique de la Vendée, le lieutenant obtint son grade de capitaine, quitta la Loire pour le Rhin et la guerre civile pour les campagnes étrangères, et s'attacha à l'état-major de Moreau, avec lequel il fit la campagne de 1796 ; il se rendit ensuite en Italie, pour servir dans le corps d'armée de Masséna.

A propos de mon père, j'ai dit quelle antipathie Bonaparte éprouvait envers les officiers qui venaient à lui déjà distingués par leurs actions dans les armées de l'Ouest, des Pyrénées et du Nord. Le capitaine Sigisbert Hugo en est un autre exemple. A la bataille de Caldiero, Masséna lui commanda de tenir la tête du pont, avec sa compagnie, et il fut le pivot sur lequel tourna le sort de toute la bataille ; Masséna espérait donc pouvoir récompenser ce magnifique fait d'armes en obtenant au capitaine Hugo sa majorité (*chef de bataillon*). Mais il n'avait pas tenu compte de la haine du général en chef. Bonaparte demanda d'où venait le capitaine Hugo, et lorsqu'il apprit qu'il avait appartenu à l' armée du Rhin, il annula la nomination. Le roi Louis-Philippe a fait à peu près la même injustice envers le général que Bonaparte envers le capitaine : le nom de la bataille de Caldiero est sur l'arc de triomphe d'Étoile, mais celui du général Hugo n'y est pas. Le poète vengea cet étrange oubli dans le dernier vers de sa dernière strophe sur l'Arc de Triomphe de l'Étoile :

"Quand ma pensée ainsi, vieillissant ton attique,
Te fait de l'avenir un passé magnifique, Alors, sous ta grandeur je me
courbe effrayé; J'admire! et, fils pieux, passant que l'art anime, Je ne regrette
rie n devant ton mur sublime,
Que Phidias absent, et mon père oublié!"

Cependant, comme le capitaine Hugo n'était pas au nombre de ceux qui ont été battus dans leur carrière, il a finalement obtenu sa majorité, mais dans quelles circonstances je ne sais pas. Quoi qu'il en soit, il était major, et se trouvait par hasard en garnison à Lunéville lorsque les conférences pour la ratification du traité de Campo-Formio furent commencées dans cette ville. Lors de ces conférences, Joseph Bonaparte, qui fut plus tard roi de Naples, puis roi d'Espagne et des Indes, était plénipotentiaire de la République. J'ai bien connu ce roi de Naples et d'Espagne à Florence. Son caractère était plus doux qu'élevé, plus placide qu'audacieux ; comme ses frères Louis et Lucien, et on pourrait même dire comme son frère Napoléon, il avait d'abord eu une passion pour la littérature ; les autres avaient écrit des mémoires, des comédies et des poèmes épiques, lui avait écrit des romans. Sa fille, la princesse Zénaïde, aujourd'hui princesse de Canino, portait, je crois, le nom d'une des héroïnes de son père. Joseph Bonaparte, comme plénipotentiaire, se lia avec le major Hugo, qui, comme nous l'avons dit, rejoignit le dépôt du régiment corse à Besançon une fois les conférences terminées. Et nous avons également dit que c'est là qu'est né le célèbre poète dont nous écrivons aujourd'hui.

Quelques mois après sa naissance, le dépôt dont son père commandait reçut l'ordre d'entrer en garnison sur l'île d'Elbe. Et sur cette île, où Napoléon commença son déclin et sa chute, l'auteur de l' *Ode à la Colonne* , ou plutôt des *Odes à la Colonne* , commença à se renforcer.

La première langue que l'enfant, prédestiné à être si célèbre, apprit à parler fut l'italien ; et le premier mot qu'il prononça, après ces deux mots par lesquels commencent toutes les voix, lèvres et langues humaines, *papa* et *maman* , fut une apostrophe à sa gouvernante : « *cattiva* ! » a-t-il appelé un jour, avant que quiconque sache qu'il avait appris le sens du mot. Peut-être que l'on ne sait pas généralement que *cattiva* signifie *méchant*. De l'île d'Elbe, l'enfant ne se souvient de rien, ni de son premier séjour parmi ses semblables ; rien de ce premier arrêt au seuil de son existence n'est resté dans sa mémoire.

En 1806, le plénipotentiaire Joseph fut nommé roi de Naples ; il se souvint alors de son ami le major de Lunéville ; il s'enquit de ce qu'il était devenu, apprit qu'il demeurait à l'île d'Elbe et qu'il avait été promu au grade de lieutenant-colonel ou, comme on l'appelait encore en 1806, *de gros-major*. Il lui écrivit et lui proposa de venir faire fortune avec lui, et de l'aider à établir son trône dans la belle ville que tous devraient voir avant de mourir, et repartir pour mourir dès qu'ils l'auront vue. . Mais personne n'osait se lancer dans de telles escapades militaires sans l'autorisation du maître. Le lieutenant-colonel Hugo demande à l'empereur Napoléon l'autorisation de se rattacher au roi Joseph. L'empereur Napoléon daignait répondre que non seulement il autorisait ce changement de service, mais qu'il serait heureux de voir un élément français dans les armées de son frère, qui n'étaient que les ailes de sa propre armée.

Les Français ne prennent jamais service dans une armée étrangère sans certains sentiments de regret, mais cette armée était destinée à être l'une des ailes de l'armée nationale. Et pour atténuer autant que possible les difficultés de cet exil, le nouveau roi promut *le gros-major* Hugo colonel, le nomma aide de camp et le nomma gouverneur de la province d'Avellino. Une fois installé dans son poste de gouverneur, le mari fit venir sa femme et ses enfants, qu'il désirait ardemment avoir près de lui. Ainsi, en 1807, Madame Hugo et ses trois fils partent pour Naples ; et l'enfant continuait la vie d'errance qui avait commencé dès son berceau, et qui, continuée tout au long de sa jeunesse, devait être son lot jusqu'au seuil de l'âge adulte. C'est à ces longs voyages entrepris à ses débuts que le poète fait allusion dans les vers suivants :

"Enfant, sur un tambour ma crèche fut posé;
Dans un casque pour moi l'eau sainte fut puisée;Un soldat, m'ombrageant d'un belliqueux faisceau
De quelque vieux lambeau d'une bannière utilisée,Fit les langes de mon berceau .

Parmi les chars poudreux, les armes éclatantes,Une muse des camps m'emporta sous les tentes.Je dormis sur l'affût des canons meurtriers;J'aimai les fiers coursiers aux crinières flottantes,
Et l'éperon froissant les rauques étriers.

Avec nos camps vainqueurs, dans l'Europe asservie,J'errai; je parcourus la terre avant la vie,Et, tout enfant encor, des vieillards recueillisM'écoutaient, racontant d'une b ouche ravie
Mes jours si peu et nombreux déjà si remplis.

Je visitai cette île en noirs débris féconde,Plus tard premier degré d'une chute profonde!Le haut Cenis, dont l'aigle aime les rocs lointains,Entendit, de son antre où l'avalanche gronde,Ses vi eux glaçons crier sous mes pas enfantins.

Vers l'Adige et l'Arno, je vins des bords du Rhône; Je vis de l'Occident l'auguste Babylone: Rome, toujours vivante au fond de ses tombeaux,

Reine du monde encor sur un débris de trône,Avec une pourpre en lambeau x.

Puis Turin ; puis Florence, aux plaisirs toujours prêts;Naple, aux bords embaumés où le printemps s'arrête,Et que Vésuve en feu couvre d'un dais brûlant,Comme un guerrier jaloux qui, témoin d'une fête,Jette, au milieu des fleurs , fils panache sanglan t?"

Heureux, cent fois heureux, l'homme qui parvient à broder la toile de sa vie avec des personnages si magiques ! Moi aussi, j'ai eu des souvenirs semblables à ceux de mon frère littéraire, mais j'ai exprimé les miens dans une humble prose, et je me réjouis de les retrouver exprimés dans sa splendide et sonore poésie. De là remontent les premiers souvenirs de l'enfant, souvenirs indélébiles, qui brillent encore clairement lorsque l'extrême vieillesse nous surprend, comme un mirage reflète une oasis disparue.

Hugo, qui n'avait parcouru qu'une seule fois la belle Italie, me parlait souvent des grands tableaux qui lui restaient en mémoire ; ils étaient aussi présents à son esprit que s'il avait été mon compagnon pendant mes quinze ou vingt voyages ! Mais il ne se souvenait jamais des choses dans leurs conditions normales ; ils lui revenaient toujours à propos de quelque incident ou accident momentané qui eût changé leur aspect ordinaire. Ainsi, Parme est restée dans les mémoires comme entourée par une inondation ; Le pic volcanique d'Acquapendente se détachait, éclairé par les éclairs d'un orage ; la colonne Trajane en relation avec les fouilles qui se poursuivaient autour d'elle. Et pourtant, ses souvenirs étaient aussi exacts qu'ils pouvaient l'être. Florence, avec ses auberges crénelées, ses palais massifs, ses forteresses de granit ; Rome, avec ses fontaines bondissantes, ses obélisques qui la font ressembler à une ville de l'Egypte ancienne, et sa colonnade du Bernin, sœur jumelle de celle du Louvre ; Naples, avec ses promenades, sa Pausilippe, sa rue de Tolède, sa baie, ses îles et son Vésuve. Les trois enfants s'étaient amusés pendant le long voyage à faire des croix avec de la paille et à les placer dans les fentes des portes vitrées et dans les rainures dans lesquelles ils couraient. Quand les paysans italiens, surtout ceux qui habitaient dans les environs de Rome, virent ces simples calvaires, fidèles au culte des images, ils s'agenouillaient ou du moins faisaient le signe de la croix. Les jeunes voyageurs avaient été très effrayés à la vue des têtes de bandits accrochées aux poteaux au bord des routes, se ratatinant au soleil. Pendant longtemps, les enfants pauvres ont refusé de croire qu'il s'agissait réellement de têtes humaines et ont persisté à dire qu'il s'agissait de masques à perruques comme ceux qu'on pendait devant tous les salons de coiffure à cette époque ; mais lorsqu'ils furent démontés et montrés, dans toute leur hideuse réalité, ils restèrent très profondément gravés dans la mémoire de Victor.

Dans le cas d'un homme comme Hugo, génie hors du commun, qui a déjà joué et jouera encore un grand rôle dans l'histoire littéraire et politique de son pays, il est du devoir de ceux qui l'ont connu de le représenter. pour ses contemporains et ses successeurs, dans le clair et le sombre qui formaient le caractère de l'homme et le génie du poète. Espérons que le génie du poète se démarquera sans faille tout au long de notre récit : le caractère de l'homme parlera de lui-même par sa ligne de conduite et ses actions accomplies.

Un foyer pour Madame Hugo et ses fils ne fut pas préparé pour eux à Naples, mais à Avellino, capitale de la province dont le colonel Hugo avait été nommé gouverneur. Cette demeure était dans un palais, un palais de marbre, comme la plupart des palais de ce pays, où le marbre est plus commun que la pierre ; mais ce palais possédait une étrange particularité qui devait certainement attirer l'attention et rester dans la mémoire d'un enfant.

Une de ces secousses sismiques qui sont fréquentes dans la péninsule italienne venait de secouer la Calabre d'un bout à l'autre ; le palais de marbre d'Avellino avait été ébranlé comme le reste des édifices ; cependant, étant sur une base plus solide qu'eux, après avoir oscillé et tremblé dans la balance pendant un moment, il resta debout, mais resta fissuré du toit à la base. La fissure s'étendait en diagonale sur le mur de la chambre de Victor, de sorte qu'il pouvait voir la campagne à travers cette ouverture très originale presque aussi clairement qu'à travers sa fenêtre. Le palais était bâti sur une sorte de précipice, bordé de grands noyers, qui produisent d'énormes noix appelées *avelines* (avelines), du nom du district où on les cultive. Lorsque ces noix atteignaient leur maturité, les enfants passaient leurs journées à errer parmi les arbres, suspendus au-dessus du gouffre, pour en ramasser les bottes. Sans doute cela a appris à Hugo cette familiarité avec les hauts lieux, ce mépris des précipices et cette indifférence pour le vide, qu'il possédait plus que la plupart des hommes et qui me remplissait d'admiration, car j'ai le vertige au balcon d'un premier étage.

Vers cette époque, l'un des ennemis les plus acharnés des Français était Michel Pezza, surnommé Fra Diavolo, sur lequel mon confrère Scribe composa un opéra-comique, bien que la vie de l'original fût un drame des plus terribles ! Fra Diavolo avait commencé comme chef de brigands, un peu à la manière de Cartouche, mais avec plus de cruauté. Il exerça ce métier romantique, jusqu'à ce que le cardinal Ruffo, un autre chef de brigand, seulement dans une sphère supérieure de la société, conçoive l'idée de reconquérir Naples pour son souverain bien-aimé Ferdinand Ier, qui avait abandonné sa capitale, déguisé en laquais, à la suite de l'invasion française, provoquée par ses proclamations insolentes.

Tout le monde connaît la terrible histoire des Deux-Siciles, les orgies de sang présidées par deux courtisanes, dans lesquelles disparut toute une génération, et dans lesquelles, pour empêcher la ruine de l'État, elles furent obligées de donner des salaires fixes aux bourreaux, qui recevaient dix ducats par exécution.

Fra Diavolo rejoignit avec sa bande l'armée du cardinal Ruffo, avec laquelle il marcha sur Naples, la reprit en compagnie du cardinal, et fut finalement nommé colonel (et même comte, si je comprends bien) par Ferdinand Ier. Néanmoins, Ferdinand Ier revint à La Sicile plus tard, non seulement fugitif devant l'invasion française, mais aussi devant un frère de l'empereur ; et Fra Diavolo, avec son grade de colonel et son titre de comte, recommença sa guérilla et son brigandage. Le colonel Hugo fut chargé de le prendre et sa tête fut mise à prix de 20 000 ducats. Il s'en était déjà sorti une fois grâce à un prodigieux exploit d'audace et d'adresse. Il fut poursuivi, traqué et encerclé de toutes parts, par deux cent cinquante à trois cents hommes, le reste de sa bande ; mais il espérait pouvoir s'échapper par un défilé qu'il croyait connaître de lui seul. Il s'était donc dirigé vers ce défilé, mais, à sa grande surprise, il trouva cette dernière voie de fuite gardée comme les autres. Son dernier espoir s'était évanoui ! Il n'avait aucun moyen de revenir en arrière ; ils avaient essayé toutes les gorges et avaient trouvé un mur de baïonnettes barrant le passage.

"Allez donc, il ne nous reste plus qu'un chemin !..." s'écria Fra Diavolo. "Peut-être nous laissera-t-on le prendre ! Attachez-moi pieds et poings liés à un cheval... Vous m'avez fait prisonnier et vous me conduisez chez le colonel français pour obtenir vos vingt mille ducats, prix de ma tête. Laissez le reposez-vous auprès de mon lieutenant et faites comme lui.

Il fallut se hâter, car ils étaient en vue du détachement français, qui s'inquiétait de savoir qui pouvait être cette troupe d'hommes ; de plus, ils avaient l'habitude, surtout dans des circonstances désespérées, de suivre les instructions de Fra Diavolo avec une obéissance aveugle. En une seconde, il fut sanglé et attaché, comme Mazeppa, sur un cheval, et le cortège continua sa route, se dirigeant droit vers le détachement français. Ce détachement était composé de cinq ou six cents hommes et était commandé par un major. Lorsqu'ils virent la troupe marcher vers eux, le bataillon français marcha à sa rencontre et les deux corps se retrouvèrent au corps à corps. La troupe calabraise s'arrêta à cent pieds des Français, et seul le lieutenant, vêtu comme un simple paysan, sortit des rangs et s'avança vers le major.

"Quelle est votre affaire et qui est l'homme que vous avez attaché là ?" demanda le major.

"Cet homme attaché, c'est Fra Diavolo", répondit le lieutenant, "que nous avons attrapé... et nous voulons les vingt mille ducats promis pour sa tête."

Instantanément, le nom de Fra Diavolo passa de bouche en bouche.

"Vous avez emmené Fra Diavolo ?" s'écria le major.

— Oui, reprit le lieutenant, et pour preuve, le voilà pieds et poings liés et attaché au cheval.

Les yeux de Fra Diavolo brillèrent de feu.

"Comment l'as-tu emmené ?" demanda le major.

Le lieutenant inventa une fable, selon laquelle Fra Diavolo, traqué, poursuivi, encerclé, s'était réfugié dans un village qu'il croyait ami pour lui ; mais il avait été arrêté, saisi et lié pendant la nuit, et tout le village avait formé son escorte de peur qu'il ne s'évade.

"Bandits ! misérables ! traîtres !" s'écria Fra Diavolo.

L'explication suffisait au major ; d'ailleurs, l'essentiel était que Fra Diavolo soit attrapé ; toute explication d'accompagnement concernant la capture n'était que de simples questions de curiosité.

"Très bien!" il a dit; "donne-moi ton bandit."

— Certainement ; mais remettez-nous d'abord les vingt mille ducats.

"Comment est-il probable que j'aie vingt mille ducats avec moi ?" rétorqua le major.

« Dans ce cas, dit le lieutenant, pas d'argent, pas de Fra Diavolo !

"Humph!..." dit le major.

" Oh ! je sais bien que vous êtes la force la plus forte, " remarqua le lieutenant, " et que vous pouvez nous prendre si vous le souhaitez ; mais si vous nous prenez, vous nous aurez volé vingt mille ducats dans nos poches. "

Le major était une âme logique et il réalisa la justesse du raisonnement.

« Très bien, dit-il, conduisez votre prisonnier au quartier général ; je vous donnerai cent hommes pour vous accompagner.

Le lieutenant et Fra Diavolo échangèrent un regard sournois qui laissait entendre que le major avait fait leur jeu.

Les cent hommes de l'escorte et les deux cent cinquante paysans calabrais partirent pour le quartier général à six lieues de là. Mais le quartier général n'a jamais reçu de nouvelles de Fra Diavolo, et la centaine d'hommes de l'escorte n'a jamais reparu. Lorsqu'un défilé était atteint, la centaine de Français étaient massacrés, et Fra Diavolo et ses deux cent cinquante hommes regagnaient les montagnes ! Le colonel Hugo voulait continuer la poursuite ; et, à partir de ce moment-là, il y eut une série constante de tromperies, de marches et de contre-mars entre lui et le chef calabrais, qui aboutirent à la défaite de Fra Diavolo. Capté une seconde fois, Fra Diavolo fut envoyé à Naples, où devait avoir lieu son procès, et les 20 000 ducats furent immédiatement reversés à ceux qui l'avaient emmené. Un matin, le colonel Hugo apprit que Fra Diavolo était condamné à être pendu.

"Suspendu!" Le mot semblait étrange aux oreilles françaises. Le colonel Hugo partit aussitôt pour Naples et obtint audience du roi, auprès duquel il voulait solliciter une commutation, non de la peine, mais des modalités d'exécution. Il a demandé que, comme Fra Diavolo avait été soldat, il puisse être fusillé. Malheureusement, Fra Diavolo avait été un bandit avant de devenir soldat, et il avait servi ses propres intérêts avant de s'enrôler dans les services du cardinal Ruffo et de Ferdinand Ier. Les preuves documentaires présentées au colonel Hugo par le roi Joseph étaient tellement remplies de crimes volontaires, meurtres et incendies incendiaires que le colonel Hugo fut le premier à retirer sa proposition. En conséquence, le colonel Michel Pezza, autrement dit Fra Diavolo, et comte de je ne sais quel titre, fut sommairement pendu.

En 1808, Napoléon ayant déclaré que les Bourbons d'Espagne avaient cessé de régner, Joseph Bonaparte passa du trône des Deux-Siciles à celui d'Espagne, où le suivit le colonel Hugo. Dès son arrivée à Madrid, le colonel Hugo est nommé général de brigade, gouverneur du cours du Tage, premier majordome et premier aide de camp du roi, grand d'Espagne, comte de Cogolludo et marquis de Cifuentes et de Siguença! C'étaient de grandes preuves de faveur ; mais il y en avait un parmi tous que le colonel Hugo acceptait avec quelque aversion : c'était le titre de marquis.

« Sire, dit-il à Joseph, lorsque le roi d'Espagne daignait lui annoncer ses intentions à son égard, je croyais que l'empereur avait aboli le titre de marquis ?

"Pas en Espagne, mon cher colonel... seulement en France."

« Sire, insistait le nouveau général, si l'empereur ne l'a aboli qu'en France, Molière l'a aboli partout ailleurs.

Et le général Hugo se contenta d'utiliser le titre de comte, et ne porta jamais celui de marquis. Mais, malgré cela, il n'en était pas moins marquis et majordome. Parmi les privilèges qui accompagnaient cette dernière fonction était celui de présenter les gens au roi. Un jour, le nouveau majordome dut présenter au roi Joseph l'archevêque de Tarragone, venu professer son allégeance au roi. L'archevêque de Tarragone avait une réputation de laideur qui laissait loin derrière elle celle que le fils du général Hugo conféra plus tard au sonneur de Notre-Dame. Ainsi, lorsque le majordome regarda le digne prélat et reconnut que sa laideur non seulement n'avait pas été exagérée, mais qu'elle était peut-être encore pire qu'on le disait, ignorant que l'archevêque pouvait parler et comprendre le français, il ne put s'abstenir d'ajouter, après avoir prononcé la formule capitale en pur castillan : « *Señor, presento á vuestra Magestad el señor arzobispo de Tarragona* », les mots suivants en français : « La brute la plus scélérate du royaume de Votre Majesté ! "

L'archevêque salua respectueusement le roi ; puis, se tournant vers le majordome, il dit dans le français le plus pur, avec un accent impeccable :

"Je vous remercie, général !"

Dans l'état précaire de déstabilisation que traversait alors l'Espagne, le général Hugo jugea hors de question, en quittant Naples, d'amener sa famille avec lui. Madame Hugo, Abel, Eugène et Victor rentrent donc en France. Dès que Madame Hugo revint à Paris, elle prit un vieux couvent qui avait appartenu aux Feuillantines ; car, pendant les deux années passées au palais d'Avellino, elle avait appris à apprécier l'effet sur la santé de ses enfants d'une résidence aérée, où ils avaient de la place pour courir et jouer librement. Nous verrons plus tard, à propos de ce couvent, quels souvenirs son grand jardin, son soleil radieux et son ombre fraîche ont laissé dans l'esprit du poète. Ici, les trois enfants eurent toute liberté, comme j'avais été laissée dans le grand parc de Saint-Rémy dont j'ai décrit les splendeurs. Ici, Hugo parvient à éviter les épreuves universitaires et apprend assez bien son latin et à peine son grec, grâce aux soins d'un prêtre marié, ancien oratorien, nommé Larivière.

« *Il savait le latin très-bien, très-mal le grec !* » disait de lui son élève, dans un bout de vers encore inédit.

Madame Hugo habita cette retraite qui abrita sa belle progéniture de 1808 à 1811. Au début de 1811, elle reçut une lettre de son mari. Le gouvernement du roi Joseph semblait établi, et il devint donc nécessaire de se rendre à Madrid, où ses trois enfants pourraient être attachés à la cour comme pages.

CHAPITRE VII

Départ pour l'Espagne.—Voyage de Paris à Bayonne.—Le trésor.—Ordre de marche du convoi.—M. du Saillant—M. de Cotadilla — Irun — Ernani — Salinas — Le bataillon des *écloppés* — Les provisions de Madame Hugo — Les quarante grenadiers hollandais — Mondragon — Le précipice — Burgos — Celadas — Alerte — La revue de la reine

Comme nous allons le voir, c'était alors une belle affaire de se rendre à Madrid. Il y avait d'abord la France à traverser de Paris à Bayonne. Ce n'était qu'une question de temps. Il y a un siècle, il fallait cinq semaines, et il y a quarante ans, neuf jours, pour parcourir une distance qui, plus tard, se faisait en cinquante heures, et qui se fait aujourd'hui en quinze ou dix-huit. On dormait à Blois, à Angoulême et à Bordeaux. Il y avait ensuite l'Espagne à traverser, de Bayonne à Madrid. Nous verrons plus tard combien il était pénible de traverser l'Espagne de Bayonne à Madrid en l'an de grâce 1811, la septième année du règne de Napoléon. Madame Hugo engagea toute la diligence pour emmener elle-même, ses enfants et ses domestiques à travers la France. Les diligences, à cette époque et pendant toute la période, portèrent la livrée de l'empereur ; c'étaient de grands carrosses peints en vert ; l'intérieur contenait six places et les *cabriolets de cuir* trois places, soit un total de neuf places. L'ensemble des bagages était déposé en arrière et en haut. Six personnes seulement occupaient la vaste arche, qui partait en route à l'heure habituelle et roulait lourdement vers la frontière. A Poitiers, deux passagers ont souhaité prendre place dans le car, un Français et un Espagnol. On leur dit que toute la diligence était conduite par une dame française ; mais ils parurent si déçus que Madame Hugo leur offrit à tous deux des places à condition qu'ils ne payèrent rien, et ils acceptèrent son offre. Madame Hugo gardait pour elle l'intérieur du carrosse, Abel, Eugène, la servante et sa femme de chambre ; Victor refusa d'être dépossédé de son siège sur le cabriolet et resta là avec les deux étranges passagers. Il gardait un souvenir ineffaçable d'un des voyageurs qui s'appelait Isnel, car il l'avait gavé, ainsi que ses frères, de gâteaux et de friandises pendant tout le voyage. Enfin, le neuvième jour, ils atteignirent Bayonne ; mais là ils furent obligés de s'arrêter : ils ne purent entrer en Espagne avec ce qu'on appelait un trésor. C'est un curieux morceau d'histoire. Joseph était roi d'Espagne, mais sa souveraineté se limitait à Madrid et aux régions occupées par l'armée française. Toutes les autres parties du pays étaient en état d'insurrection. Lorsqu'un corps d'armée entrant dans le pays se frayait un passage à travers les forces insurrectionnelles, celles -ci, après s'être ouvertes devant elles, se refermaient derrière elles, et l'armée devenait une sorte d'île flottante, une Délos, constamment secouée par les vagues de la révolte. Il n'existe aucun moyen de lever des cotisations dans de telles circonstances. Ainsi le roi d'Espagne et des Indes, qui, en réalité, n'était pas plus en possession de l'Espagne que des Indes, non seulement ne pouvait entretenir les splendeurs de sa cour, mais serait même mort de faim à Madrid, si Napoléon n'avait pas envoyé quatre fois par an *ses rentes à ce préfet de l'empire*. Les revenus du roi Joseph étaient de 48 000 000 de francs. On lui envoyait donc tous les trois mois un envoi de 12 millions de francs. Et cela s'appelait le *trésor*. Bien entendu, on comprendra aisément que ce trésor était amoureusement convoité par les guérilleros espagnols, et qu'il fallait donc qu'une forte escorte l'accompagne, pour tenir ces messieurs le plus à distance possible. Les voyageurs qui devaient se rendre à Madrid se mettaient sous la protection de cette escorte tout comme les pèlerins de La Mecque se mettaient sous la protection des caravanes. Mais, malgré toutes les précautions et l'escorte de deux ou trois mille hommes, le trésor et les pèlerins n'étaient pas toujours en sécurité ; le convoi précédent avait été attaqué, pillé et tué à Salinas avec une atrocité effroyable. Le général Lejeune, si je me souviens bien, a dressé un tableau de cette attaque, qui a été exposé au Salon de 1824 ou 1825. Néanmoins, il était beaucoup plus sûr de suivre le convoi, et notre groupe a donc attendu près d'un mois pour à Bayonne. Il est arrivé vers la fin avril.

Cependant, madame Hugo avait eu tout le temps d'achever ses préparatifs ; elle avait acheté une voiture, la seule d'ailleurs qu'il y ait à vendre à Bayonne. C'était un de ces grands véhicules en forme de malle que l'on ne voit aujourd'hui que dans les dessins de Piranèse et aussi, peut-être, occasionnellement dans la procession d'un gala pontifical dans les rues de Rome. Imaginez-vous un coffre énorme, suspendu entre deux poteaux, à des sangles colossales, avec des marches unies à ces poteaux, de sorte que vous commenciez à grimper par-dessus le poteau, et finissiez par descendre dans la voiture. Ce véhicule présentait cependant un avantage : d'une simple poussée, il pouvait être transformé en forteresse, ses flancs étant à l'épreuve des tirs et destructibles uniquement par balles ou par mitraille. Avant le départ, une grave controverse surgit concernant la direction à suivre pendant la marche. Il y avait environ trois cents voitures et cinq ou six cents passagers qui attendaient, comme madame Hugo, l'escorte rassurante ; et il n'était pas facile de faire respecter les règles de l'étiquette dans une telle foule, composée d'ailleurs presque exclusivement d'hommes ou de femmes attachés aux plus hautes charges de l'État, ou de membres des plus anciennes familles d'Espagne.

En jetant un coup d'œil sur l'ordre de marche, on s'aperçoit que les lieux désirables, sur lesquels chacun faisait valoir ses revendications particulières, possédaient une valeur qui rend excusable l'acharnement pour lequel ils étaient disputés. Voici comment était organisée la marche du convoi, avec son escorte d'un détachement de trois mille hommes :

D'abord, en tête, comme avant-garde, marchaient cinq cents hommes, les armes chargées. Viennent ensuite les chariots contenant le trésor, vingt-cinq ou trente voitures, entourées de mille hommes placés sur cinq profondeurs. Viennent ensuite les voyageurs, selon leur rang, leur titre, leur grade et surtout selon l'ancienneté de leurs titres de noblesse. Ces voyageurs, qui, comme nous l'avons dit, pouvaient facilement être au nombre de six cents, remplissaient trois cents voitures, les unes tirées par quatre et les autres par six mulets, formant une ligne d'une lieue de longueur. Cette ligne ne pouvait être défendue avec autant d'énergie que le trésor ; il lui aurait fallu dix mille hommes au lieu de trois pour le protéger. Les voitures n'étaient donc gardées que par une seule ligne de soldats, au lieu de cinq de front. Enfin, le convoi fut complété par cinq cents hommes supplémentaires traînant un morceau de canon formant l'extrémité de cet immense reptile, qui pouvait mordre avec la tête et piquer avec la queue. La conséquence de cette disposition était que, pour être convenablement gardé, il fallait être bien sûr d'être de la partie du convoi qui se trouvait immédiatement derrière les wagons contenant le trésor. Ce n'était donc pas simplement une question d'étiquette, qui venait en premier, en deuxième ou en troisième, mais une question de vie ou de mort.

Madame Hugo, qui devait se protéger elle-même et protéger ses trois enfants en même temps, avançait sa revendication non pas comme une femme craintive, mais comme une mère inquiète. Plusieurs grandes dames d'Espagne de très vieille famille, et parmi elles la duchesse de Villa-Hermosa, avaient le droit, si elles avaient voulu le faire valoir, de prendre préséance sur madame Hugo ; mais comme Madame Hugo était la femme d'un général français, aide de camp du roi, elle avait la préséance sur toutes les autres et allait la première, malgré les protestations, les récriminations et les plaintes des grands d'Espagne, hommes et femmes, ses supérieurs. Elle avait été aussi merveilleusement aidée dans sa prétention par l'arrivée à Bayonne d'un aide de camp de son mari, M. le marquis du Saillant, fils de cette sœur de Mirabeau que le célèbre orateur aimait et tenait suffisamment en haute estime. J'aimerais connaître ses paroles et ses actes politiques, dans l'une des lettres les plus curieuses qu'il ait écrites.

L'escorte était commandée d'abord par le duc de Cotadilla, homme d'un noble nom, d'une grande fortune et d'un immense appétit, qui s'était rangé à celui de Joseph ; et, deuxièmement, par le colonel de Montfort, un jeune homme de trente ans, charmant dans son uniforme de hussard, et appartenant à la race des chouchous frisés qui étaient pourtant de braves jeunes colonels ; parmi lesquels se trouvaient les colonels Lefèvre, Bessières et Moncey, tous fils de maréchaux tués ou mutilés sur les champs de bataille de l'Empire ; Le colonel Moncey fut probablement le seul à avoir survécu à ces dix années de tempête de tirs et d'obus et à avoir vu la Restauration. Le duc de Cotadilla et M. de Montfort produisirent une impression bien différente sur la jeune imagination du futur poète. Vingt ans plus tard, nous retrouvons une réminiscence dans *Claude Gueux* de l'impression faite par l'appétit du duc de Cotadilla.

"Claude Gueux était un grand mangeur; c'était une particularité de sa constitution; il possédait un estomac fait de telle façon que la nourriture de deux hommes suffisait à peine pour lui suffire une journée. M. de Cotadilla avait un appétit semblable et j'en ai ri : mais ce qui peut faire la joie d'un grand-duc d'Espagne qui possédait 500 000 moutons est un fardeau pour un ouvrier et un malheur pour un prisonnier.

Il n'y a aucune autre mention, ni avant ni après ce paragraphe, du duc de Cotadilla dans *Claude Gueux* ; on voit donc que cet illustre grand espagnol a laissé une marque toute particulière dans la mémoire de Victor Hugo.

Je ne sais si Hugo a parlé quelque part du colonel Montfort ; mais il le fera un jour ou l'autre, car les premiers souvenirs d'enfance doivent surgir tôt ou tard.

Le marquis du Saillant était un homme de cinquante ou cinquante-cinq ans, qui aimait prendre la vie facilement, toujours courageux, mais le plus brave de tous si on le dérangeait à un repas ou pendant son sommeil, car rien ne lui était plus désagréable que d'être dérangé. , il fit alors de son mieux pour faire souffrir l'ennemi pour le déranger.

Eh bien, enfin l'immense cavalcade se mit en mouvement et traversa la Bidassoa en vue de l'île des Faisans, la célèbre île politique et matrimoniale. La première nuit, ils dormirent à Irun. L'esprit de l'enfant était vivement impressionné par le nouveau style architectural, les manières étranges et le langage différent. Il se souvint toujours de cette halte à Irun et la revisita dans ses rêves poétiques, ainsi que les villes de Burgos, Vittoria et Valladolid, notées d'autres manières :

"L'Espagne me montrait ses couvents, ses bastilles;
Burgos, sa cathédrale aux aiguilles gothiques;
Irun, ses toits de bois ; Vittoria, ses tours;
Et toi, Valladolid, tes palais de familles, Fiers de laisser rouiller des chaînes dans leurs cours.

Mes souvenirs germaient dans mon âme échauffée; J'allais chantant des vers d'une vo ix étouffée,
Et ma mère, en secret observant tous mes pas, Pleurait et souriait, disant : 'C'est une féeQui lui parle et qu' 'on ne voit pas!'"

La manière de voyager aussi produisit une profonde impression sur le cerveau de l'enfant qui, en tant qu'homme, devait posséder la faculté descriptive au plus haut degré ! Comme on se représente bien les cinq cents hommes qui formaient l'avant-garde ; les milliers qui escortaient les chariots lourds et bruyants ; la grande voiture aux dorures à moitié usées, qui venait ensuite, tirée par six mulets , renforcés, dans les endroits difficiles, par deux et même quatre bœufs, conduits par un *maire* , [1] escortés par deux *zagales* ! [2] Pensez au soleil brûlant, à la poussière desséchante, aux bras étincelants dans l'atmosphère rougeoyante, aux villages dévastés et aux populations hostiles et menaçantes, aux souvenirs indiciblement terribles et sanglants qui semblaient appartenir plutôt aux îles du Pacifique qu'aux vers un continent européen ! — et nous aurons une idée de scènes que nous ne pouvons tenter de décrire, et que seul Hugo lui-même pourrait raconter.

Le premier jour, ils firent trois lieues ! Le deuxième jour, ils s'arrêtèrent pour la nuit au village d'Ernani. Dans les souvenirs du poète, le nom du village est remplacé par celui d'un homme. Tout le monde connaît le bandit romantique, amant de Doña Sol, adversaire de Charles Quint et rival de Ruy Gomez. Le troisième jour, un curieux spectacle s'offre aux yeux des voyageurs : un bataillon d' *écloppés*. Un bataillon d' *écloppés* était un rassemblement de soldats de toutes armes, débris de vingt combats, ou peut-être d'une seule bataille ; car, à cette époque, les combats étaient menés de manière barbare : souvent, deux, trois ou quatre régiments étaient anéantis ; jusqu'à mille, quinze cents ou deux mille blessés seraient ramassés sur le champ de bataille ; une jambe serait coupée ici, un bras là, une balle extraite de l'un, des éclats arrachés sur un autre. Tous ceux-là iraient à l'arrière et, une fois guéris, ou presque, des débris de quatre ou cinq régiments différents se formerait un bataillon d' *écloppés* (infirmes), qui serait renvoyé en France et laissé se défendre en chemin. là. Les pauvres gens devaient se sortir comme ils pouvaient du terrible jeu de la guerre.

Notre cortège rencontra donc un de ces bataillons à Salinas. Il était composé d'infanterie légère, de cuirassiers, de carabiniers et de hussards. Pas un homme parmi eux qui n'ait perdu un bras ou une jambe, un nez ou un œil ; mais ils étaient gais, chantaient et criaient : « Vive l'empereur ! Les enfants furent particulièrement frappés par le fait que chaque homme portait un perroquet ou un singe sur son épaule ou à l'arçon de sa selle ; certains avaient même les deux. Ils étaient venus du Portugal, où ils avaient laissé leurs membres derrière eux, et d'où ils avaient ramené cette ménagerie.

A Mondragon, deux ou trois lieues avant Salinas, grâce au dévouement des soldats, ils échappèrent à un danger très sérieux. Par « ils », j'entends Madame Hugo et ses trois enfants. Mais une légère explication sera nécessaire avant de rendre compte de cet incident. Les soldats recevaient leurs rations tous les trois jours ; selon leur habitude, ils consommaient les rations de trois jours dans les premières vingt-quatre heures, ou jetaient ce qui leur pesait ; de sorte que tout le cortège jeûnait habituellement un jour au moins sur trois.

Ce jeûne était d'autant plus pénible à supporter — surtout en ce qui concerne les liquides, qui n'étaient pas jetés mais généralement consommés prématurément — qu'ils voyageaient à travers des plaines arides, sous un soleil brûlant et dans un air suffocant. Ils partaient au point du jour pour profiter de l'air frais, s'arrêtaient à midi pour manger et boire, puis ils repartaient et voyagèrent jusqu'à la nuit. Les soldats campaient autour des chariots ; les officiers et voyageurs logés dans les villages ou villes en cantonnement ; Madame Hugo était généralement logée à l'Alcade. Là, sa distribution de rations lui était faite tous les soirs : c'était la même allocation que celle donnée à son mari lorsqu'il était en campagne, soit vingt rations. Or ces portions étaient très grandes ; de grandes montagnes de pain, de viande et plus de vin qu'elle ne pouvait en consommer, s'entassaient devant elle chaque nuit. Les soldats qui marchaient à droite et à gauche de sa voiture, à côté des six mulets et de l'immense char, étaient une quarantaine d'hommes. C'étaient des grenadiers hollandais ; car l'armée française, à cette époque, comme les légions romaines du temps d'Auguste, était un mélange de toutes les nations de l'Europe. Ces quarante hommes partageaient les rations de madame Hugo, qui n'avait pas besoin de vingt portions de pain, de viande et de vin pour elle, ses enfants et ses domestiques, puisqu'elle et eux étaient presque toujours nourris par l'hôte chez qui ils logeaient ; Le *maire* et les deux *zagales n'en avaient pas* non plus besoin, puisqu'ils vivaient d'un verre d'eau, d'un morceau de pain enduit d'ail et de la fumée de leurs cigarettes. Les quarante Hollandais furent donc profondément reconnaissants envers Madame Hugo, et leur gratitude s'exprima à deux reprises. Nous raconterons tout de suite le premier : le second viendra en son temps.

On quitte Mondragon par un tunnel sombre et escarpé qui forme la porte de la ville ; la chaussée qui traverse ce tunnel tourne brusquement à droite, au bord d'un précipice. De légères palissades étaient placées en bordure de la chaussée pour donner aux véhicules transportés au-dessus du gouffre une dernière chance de se relever, s'ils se heurtaient, par hasard, à l'une de ces barrières. Que le *maire* et *les zagales* ne connaissaient pas la géographie du quartier, ou qu'ils fussent incapables de contrôler le lourd car, lorsque le véhicule sortit du tunnel obscur, il avançait d'un pas rapide, emporté par son propre poids, vers le précipice, lorsque les grenadiers hollandais, apercevant le danger de madame Hugo, se précipitèrent à la tête des mulets et, les forçant à se retourner vivement, arrêtèrent la voiture au moment où une des roues commençait à rouler au bord du précipice. Pendant un instant, les voyageurs furent littéralement suspendus entre la vie et la mort. Mais la vie a pris le dessus. Deux ou trois soldats faillirent être renversés par le choc ; mais les uns s'accrochaient aux traces et les autres aux poteaux. Et justement, les seules blessures furent quelques contusions et plaies, ce qui ne les empêcha pas de s'amuser ce soir-là avec la distribution de rations de Madame

Hugo. Le duc de Cotadilla, qui était très galant, malgré ses soixante ans, et qui galopait devant la portière de madame Hugo pendant tout le voyage, ajouta à cette distribution quelques bouteilles de rhum, et il y eut un festin régulier.

Après environ douze ou quatorze jours de voyage, ils atteignirent Burgos. Ils avaient eu de fréquentes alertes depuis qu'ils avaient quitté Bayonne, mais avaient souvent constaté que ceux qu'ils prenaient pour des guérilleros n'étaient que de tranquilles muletiers, réunis en bandes pour leur propre protection. Cette erreur était facile à commettre, car les muletiers étaient armés presque comme des soldats et ne pouvaient être distingués de ceux-là, à cause de la poussière soulevée autour d'eux, que de près, quand on voyait qu'ils montaient des mulets et non des chevaux. A Burgos, on fit une halte de trois ou quatre jours, et Madame Hugo profita de l'occasion offerte par ces journées pour montrer à ses enfants la cathédrale, ce merveilleux édifice d'architecture gothique, la porte de Charles Quint et le tombeau du Cid.

Du tombeau du Cid, les soldats avaient fait une cible de fusil. L'enfant quitta Burgos hébété et essoufflé d'émerveillement. Tout jeune qu'il fût, il éprouvait déjà une admiration passionnée pour les *chefs-d'œuvre* de l'architecture ; et la cathédrale de Burgos, avec ses soixante ou quatre-vingts clochers, est en effet un chef-d'œuvre du genre. Par une étrange coïncidence, le général Hugo, qui commandait la retraite espagnole en 1813, renversa trois de ces clochers en faisant sauter la citadelle de la ville de Burgos, dont il était le dernier gouverneur.

Plus ils avançaient, plus les traces de destruction devenaient fréquentes. Après Burgos, ils s'arrêtèrent dans un village qui était autrefois Celadas ; c'était un amas de ruines d'un bout à l'autre ; et, comme si l'on avait craint que le lieu ne revienne à la vie, les ruines avaient été entièrement incendiées. Rien de plus triste que de voir ce village ravagé par le feu, au milieu des plaines brûlées par le soleil. Quelques pans de murs étaient en ruine et sans toit et, à partir d'eux, les enfants appartenant à la caravane formèrent une forteresse, divisant bientôt leur petit groupe en assiégeants et assiégés. La guerre, qui était alors le métier des pères, était le jeu des enfants. Le petit Victor et ses deux frères faisaient partie du parti assiégeant. Juste au moment où ils escaladent une brèche pour entrer dans la ville, et que Victor, qui a toujours aimé les hauteurs, court le long du sommet d'un mur, sans doute pour faire diversion lors de l'attaque, il perd pied et tombe du sommet la tête la première. du mur dans une cave découverte, et sa tête a heurté le coin d'une pierre avec une telle violence qu'il a été stupéfait et est resté là où il est tombé. Personne ne l'avait vu tomber : sa descente s'était effectuée trop rapidement pour qu'il puisse crier. L'assaut se poursuivit donc comme si les assiégeants n'avaient pas perdu un seul des leurs. Lorsque la ville fut prise, vainqueurs et vaincus se comptèrent, et alors seulement ils découvrirent que l'un d'eux, le jeune Victor Hugo, était resté glorieusement sur le champ de bataille. Ils se mirent à sa recherche, Abel et Eugène en tête, et le fouillèrent si soigneusement dans tous les coins et recoins, qu'ils découvrirent bientôt le blessé au fond d'une cave. On le crut mort, car il ne donnait aucun signe de vie, et ils s'enfuirent avec lui au milieu de grandes lamentations auprès de Mme Hugo, qui vit bientôt qu'il vivait encore.

Nous avons oublié de mentionner qu'il y avait dans le convoi des spécimens de toutes sortes d'humanité, dont six ou huit conseillers d'État, que Napoléon envoyait tout faits à son frère ! On trouva donc facilement un médecin. Le médecin s'est occupé de l'enfant et, heureusement, le choc avait été pire que le coup lui-même ; la blessure était donc plus effrayante à regarder que dangereuse et, bien que l'on puisse encore aujourd'hui voir clairement la marque de la coupure, à l'endroit où Hugo sépare ses cheveux, le lendemain l'enfant avait tout oublié ; et comme Kléber après la prise d'Alexandrie, il était prêt à participer au siège d'une nouvelle ville.

Jusqu'à présent, rien de grave n'avait perturbé la marche de la caravane. Parfois, une balle d'un guérillero caché s'enfonçait dans l'épaisseur des panneaux d'une des voitures, ou brisait la vitre d'une porte ; et le colonel Montfort enverrait une vingtaine de hussards chercher dans les broussailles d'où était parti le coup perdu ; mais il était assez facile dans cette partie du pays que traversaient alors les voyageurs, pour que le coupable glisse le long des flancs d'un ravin ou gagne une gorge de montagne et se mette hors de portée.

Une nuit cependant, ils eurent une véritable alarme et s'attendirent cette fois à se trouver réellement face à face avec un ennemi redoutable. Ils avaient parcouru près des deux tiers du chemin et avaient atteint la petite ville de Valverde, un ensemble de maisons sombres, aux hauts murs et sans fenêtres, ressemblant à un nid de forteresses du temps de Louis XIII. Comme d'habitude, l'escorte avait établi son camp à l'entrée de la ville, des sentinelles avaient été postées dans toutes les directions et les voyageurs et officiers avaient reçu leurs papiers de cantonnement pour les maisons des principaux habitants. Madame Hugo, comme d'habitude, logeait à l'Alcade. En la quittant, le duc de Cotadilla dit :

" Soyez sur vos gardes, madame ; nous sommes au cœur de l'insurrection, et votre hôte a non seulement une très mauvaise réputation, mais aussi une très mauvaise figure. "

Madame Hugo ne pouvait juger que de la figure, et son opinion là-dessus coïncidait entièrement avec celle du duc de Cotadilla. D'ailleurs, l'intérieur de la maison s'accordait avec l'aspect de la ville et de son hôte : les portes étaient fermées de fer et doublées de tôle de plomb ; il y avait des vestibules austères et sombres comme les couloirs d'un couvent, des pièces immenses aux murs nus, avec seulement de la terre pour sol au rez-de-chaussée et des briques au premier étage ; et le mobilier se composait de bancs en bois et de fauteuils en cuir. Lorsque madame Hugo eut parcouru toute la maison pour choisir les chambres qui lui convenaient le mieux, elle se décida pour une immense chambre basse au rez-de-chaussée , éclairée par une branche de pin brûlant dans une main de fer fixée au mur ; elle tirait son lit de l'immense valise qui l'enfermait pendant le jour, et couchait les enfants sur une douzaine de peaux de mouton, plaçait M. du Saillant dans un renfoncement attenant à la grande chambre et, la nuit tombée, attendait ce qui pourrait arriver. Les perspectives n'étaient pas réjouissantes ; les événements auxquels on pouvait s'attendre étaient terribles à envisager, car les Espagnols n'avaient cessé de se forger une réputation de férocité depuis le début de la guerre ; et les tortures qu'ils inventèrent pour les misérables Français tombés entre leurs mains étaient d'une horreur inavouable. Chez les peuples primitifs, qui sont tout à fait sauvages, comme les Turcs par exemple, on sait à quoi s'attendre ; ce sera l'une de leurs trois méthodes de torture et d'exécution : couper les têtes, étrangler ou empaler ; et l'imagination des bourreaux ne dépasse pas ces trois manières de tuer. Mais avec un peuple civilisé comme les Espagnols, qui eurent leur Charles Quint, Philippe II. et l'Inquisition, c'est une autre affaire : le misérable condamné à mort peut être rôti à feu doux, scié entre deux planches, posé sur le crémaillère, pendu par les pieds ; ou avoir ses entrailles dénouées comme un écheveau de coton ; ou son corps coupé en tranches comme un pourpoint du XVIe siècle ; ou ses yeux crevés, son nez, sa langue ou ses mains coupées. Les bourreaux espagnols sont des hommes de ressources ! D'ailleurs, s'ils avaient épuisé leur imagination, il leur restait les ressources de l'Inquisition, car il ne faut pas oublier que les hommes qui ont combattu contre nous étaient avant tout des catholiques, des prêtres et des saints !

Malgré de telles réflexions, assez décourageantes pour une mère qui répond devant son mari de sa sécurité et de celle de leurs trois enfants, Madame Hugo commença à s'endormir, enviant la tranquillité du colonel du Saillant, qui dormait depuis longtemps. dans le renfoncement qu'ils avaient découvert à côté de cette salle basse, quand, tout à coup, le cri : « Aux armes ! et le bruit d'une fusillade vive la réveilla. Elle s'était couchée avec très peu de vêtements, surtout après l'avertissement qu'elle avait reçu, et elle s'est levée en un instant. La fusillade continuait, quoique quelque peu irrégulièrement dirigée, et les cris : Aux armes ! redoublé. Au milieu de ces cris, quelqu'un frappa aux volets extérieurs de la grande salle basse, assez fort pour être entendu, mais évidemment destiné à rassurer. Madame Hugo ouvrit le volet. C'était le colonel Montfort qui avait frappé aux volets du pommeau de son épée.

" C'est moi, madame, dit-il, colonel Montfort, qui ai l'honneur de m'adresser à vous. L'ennemi nous a attaqués, mais nous avons pris des mesures pour lui faire un bon accueil, soyez donc tranquille. En tout cas, s'il vous plaît barricadez-vous ici, et ouvrez-vous seulement au duc de Cotadilla ou à moi.

Madame Hugo remercia le colonel Montfort de ses soins attentifs ; M. du Saillant sortit vers lui, et elle ferma la porte derrière lui, la barricada avec toutes les précautions possibles, et attendit la suite des événements. Les tirs continuèrent quelque temps et parurent même parfois s'intensifier ; finalement elle diminua et s'éteignit peu à peu. Lequel avait été victorieux ? Français ou Espagnols ? Elle ne le savait pas encore, mais elle avait bon espoir que les Français avaient gagné, et bientôt ce fut de nouveaux coups sur les volets, et, au milieu d'éclats de rire, que madame Hugo reconnut comme venant du duc de Cotadilla, le colonel Montfort et aide de camp de son mari, on lui demande d'ouvrir la grande porte. Cela fait, les trois officiers entrèrent.

Un trompettiste des hussards avait découvert, aux portes de la ville, un bout de prairie où il pensait que son cheval, auquel il était très attaché, pourrait trouver un peu d'herbe fraîche lorsque les sentinelles auraient été placées, il avait piqueté son cheval en cette petite oasis. Un paysan avait remarqué et étonné cette confiance et, la nuit tombée, il s'était glissé de buisson en buisson pour voler le cheval ; l'animal lui avait laissé s'approcher jusqu'à ce qu'il sente le piquet se détacher, lorsque, dans une violente secousse, il se dégagea de son voleur et s'enfuit en hennissant et en se cabrant vers le camp français. La sentinelle s'avança en criant : « Qui y va ? Et le cheval, bien entendu, le dépassa sans répondre. La sentinelle tire et se replie sur le premier avant-poste en criant : « Aux armes ! Le premier avant-poste tira et cria : « Aux armes ! puis les soldats, à leur tour, avaient couru vers leurs fusils entassés et chargés, tiré et crié : « Aux armes ! De là l'alarme, les tirs, le tumulte effrayant qui, depuis une heure, remplissait de feu, de fumée et de bruit la petite ville de Valverde.

Personne ne songeait à essayer de se rendormir le reste de la nuit. Madame Hugo et les trois officiers la passèrent donc ensemble, et le lendemain matin, au point du jour, ils continuèrent leur marche.

Le lendemain, une autre scène presque aussi grotesque que l'incident alarmant de la nuit précédente se préparait pour les voyageurs, sous les rayons du chaud soleil de midi. Ils s'arrêtaient à cette heure-là au milieu d'une grande plaine. Les soldats étaient couverts de poussière et ruisselants de sueur, sous un soleil de 35 degrés centigrades, après avoir fini leur repas, lorsqu'un courrier arriva pour le duc de Cotadilla, pour annoncer que la reine, qui partait aussi sous escorte, pour rejoindre son mari, passerait bientôt par le cortège. Le duc de Cotadilla remercia le courrier de ses renseignements et, lorsqu'il eut connaissance de l'heure à laquelle ils devaient rencontrer la reine et constata qu'ils pouvaient encore compter sur près d'une heure, il renvoya le courrier. Puis il se dirigea vers la porte du carrosse de Mme Hugo, où, on le sait, il avait l'habitude de converser.

« Madame, dit-il, j'ose vous demander de baisser vos stores, d'abord à cause du soleil, et ensuite à cause du spectacle que vous verriez parmi l'escorte. La reine va passer dans une heure. temps, et je désire lui témoigner la déférence en faisant en sorte que mes hommes s'habillent en tenue de défilé et, pour ce faire, ils devront tout changer, depuis leurs cols jusqu'à leurs leggings, lors de cette transformation, qui sera encore plus. plus étendues que celles que j'ai décrites, il y aura des évolutions qui peuvent être belles à voir pour un général ou un colonel, mais qui sont plus inconvenantes à voir pour une dame. Je vous ai prévenu, madame, et je vais maintenant vous avertir. la duchesse de Villa-Hermosa et les autres dames.

Et, avec sa politesse habituelle, le duc de Cotadilla prit congé de madame Hugo et donna ses ordres. Madame Hugo baissa ses stores.

Les ordres du duc de Cotadilla étaient que les hommes devaient immédiatement revêtir leur tenue de parade pour tracer le chemin de la reine. Les hommes formèrent rapidement une seule ligne sur tout le bord de la route, empilèrent les armes, ouvrirent les sacs à dos et commencèrent leur toilette. Ils venaient d'atteindre la partie la plus délicate de leur toilette, à cause de laquelle le duc de Cotadilla avait conseillé aux dames de baisser les stores de leur voiture, lorsqu'un énorme nuage de poussière apparut au sommet d'une montagne à cinq cents pieds de là, et cria : de "La reine ! La reine !" retentit dans les airs. La reine était arrivée une demi-heure plus tôt que ne l'avait annoncé le courrier. Une tête plus forte que celle du duc de Cotadilla aurait pu être bouleversée par un pareil accident ; d'ailleurs, aucun livre sur l'art de la guerre n'avait prévu une telle éventualité. Il garda donc le silence et, livrés à leur propre inspiration, les tambours sonnèrent l'appel aux armes, les soldats épaulèrent leurs armes et les sous-officiers crièrent : « Entrez !

Il s'avéra donc que la reine d'Espagne tenait une revue comme aucune autre reine ou impératrice, fût-elle même Marguerite de Bourgogne ou Catherine II, n'en avait jamais tenue ; et, comme elle apprit plus tard que M. de Cotadilla avait été prévenu de son arrivée, rien ne lui ôta l'idée que la nudité de ces trois mille hommes était une plaisanterie que l'illustre duc lui avait préparée.

La reine passa, et comme la tenue de parade ne leur servait plus, ils reprirent leur uniforme quotidien, remirent leurs beaux habits dans leurs sacs, le signal du départ fut donné et le voyage reprit.

[1] Note du traducteur. — Chef espagnol d'un attelage de mules.

[2] Jeunes bergers.

CHAPITRE VIII

Ségovie—M. de Tilly. — L'Alcazar. — Les doublons. — Le château de M. de la Calprenède et celui d'un grand espagnol. — La *bourdaloue* . — Otero. — Les Hollandais encore. — Le Guadarrama. — L'arrivée à Madrid. — Le palais de Masserano. — La comète. — Le Collège. —Don Manoël et Don Bazilio—Tacite et Plaute—Lillo—L'hiver 1812 à 1813—L'Empecinado—Le verre d' *eau sucrée* —L'armée des mérinos—Retour à Paris

Enfin ils atteignirent Valladolid ; puis, après y être resté quelques jours, ils se rendirent de Valladolid à Ségovie à travers des montagnes escarpées, tantôt aux pointes acérées, tantôt conduisant par des pentes plus douces à de hauts sommets d'où ils pouvaient voir de vastes plaines se dorant au soleil de juin.

Le comte de Tilly était gouverneur de Ségovie. Il appartenait à l'ancienne cour, était page de Louis XVI. et laissèrent des Mémoires qui ne manquent pas d'un certain pittoresque qui leur est propre, qualité bien plus rare à cette époque que celle de susciter l'intérêt. Il se présente à la porte de la voiture de Madame Hugo pour l'accueillir, l'installe dans un palais et la soigne ainsi que ses enfants pendant leur escale à Ségovie.

L'événement qui frappa le plus le jeune poète et resta le plus vivement gravé dans sa mémoire pendant son séjour dans cette ville fut sa visite à l'Alcazar, ce splendide palais des fées, moins célèbre mais aussi beau que ceux de Grenade et de Séville, avec sa galerie de portraits. de tous les rois maures peints aux trèfles et sur fonds d'or. Nous n'avons pas besoin d'expliquer à nos lecteurs que ces tableaux sont postérieurs à l'époque arabe, la religion des Arabes leur interdisant de peindre des images. À cette époque, l'Alcazar servait également de Monnaie. M. de Tilly emmena madame Hugo et ses enfants dans la salle de monnaie, où il fit frapper un doublon spécialement pour chaque enfant. L'un des plus grands problèmes de jeunesse de Hugo fut la perte de sa pièce à Madrid en la laissant tomber à travers la fente d'une portière cochère.

Ils attendirent des renforts huit jours ; car ils n'osaient pas risquer de partir pour Madrid sans une nouvelle escorte ; à l'arrivée de cette nouvelle escorte, ils reprirent leur route pour rejoindre le convoi sur la route de Madrid. A Ségovie, madame Hugo, comme on le sait, avait, grâce à l'intervention du comte Tilly, été hébergée dans le palais d'un grand espagnol. Comme dans le palais de M. de la Calprenède, tout était en argent, lustres, assiettes, bassines, cuvettes, tout, jusqu'aux articles de chambre. Un des meubles qui charma particulièrement Madame Hugo par sa beauté et l'originalité de sa forme était une ravissante petite *bourdaloue.*

Ici, on m'arrêtera et on me demandera pourquoi une commode de nuit aurait dû être associée au nom du célèbre élève des Jésuites et pourquoi un ustensile de chambre aurait dû porter le nom d'un prédicateur. Je vous expliquerai, après en avoir fini avec la fascination de Madame Hugo pour ce petit meuble et les conséquences qui en ont découlé.

Eh bien, madame Hugo fut si ravie de la forme de la charmante *bourdaloue* qu'elle demanda au maître de la maison où elle demeurait si elle pouvait la lui acheter. Mais, en vrai Espagnol, le vieux Castillan était un ennemi implacable de notre nation, aussi répondit-il que Madame Hugo pouvait avoir l'objet tant convoité si elle le voulait, mais qu'il ne vendait jamais rien aux Français. Comme, dans ce cas, le prendre équivalait à le voler, madame Hugo s'abstint, supposant que la *bourdaloue* faisait partie d'une collection qu'il serait dommage de gâcher. Expliquons maintenant pourquoi ces petits vaisseaux allongés sont appelés *bourdaloues*. Le célèbre prédicateur donnait des sermons si interminables que les dames étaient obligées de prendre certaines précautions contre leur longueur, que nous ne pensons pas avoir besoin d'expliquer plus en détail. Plus heureux que Christophe Colomb, qui donna son nom à un nouveau continent, le pilier de l'éloquence chrétienne donna son nom à un nouveau meuble, fabriqué spécialement grâce à son œuvre, et qui, de par sa forme longue et étroite, se transportait facilement. .

Maintenant que nous pensons avoir élucidé cette question historique à la satisfaction de nos lecteurs, nous allons rejoindre le convoi dans son voyage vers Madrid. Elle était arrivée à une lieue d'Otero, où ils devaient passer la nuit et dont ils distinguaient déjà les tours, lorsque, parce qu'un des rayons d'une roue arrière du gigantesque carrosse de Madame Hugo s'était cassé en deux, ils durent faire un passage forcé. arrêt sur la grande route pavée d'énormes morceaux de roche. Fidèle à ses habitudes courtoises, le duc de Cotadilla avait ordonné un arrêt général, provoquant une explosion d'objections. Arrêt général à sept heures du soir ! une halte qui pourrait durer quelques heures et permettre de rattraper le convoi à la tombée de la nuit ! Le duc n'aurait guère pu faire davantage, même si l'accident était arrivé à l'un des wagons contenant le trésor, et il excédait complètement ses devoirs alors qu'il ne s'agissait que de la femme d'un général français, une dame qui avait été membre de l'armée. Aristocratie espagnole depuis à peine trois ans ! Il y eut donc une grande clameur dans tout le convoi. Il y avait eu des précédents dans des cas semblables, et la malheureuse voiture avait été abandonnée, sac et bagages, à la merci de la Providence ! Le duc de Cotadilla voulut tenir parole, mais il dut céder devant le concert des plaintes. Le convoi comptait continuer sa route vers Otero ; mais une aide sur laquelle elle n'avait pas compté devait être apportée à Mme Hugo et à son pauvre carrosse abandonné. Les quarante grenadiers hollandais demandèrent la faveur de rester auprès de son carrosse comme escorte jusqu'à ce que la roue soit réparée et qu'il soit possible de continuer le voyage. Cette faveur leur fut accordée. Le convoi s'est éloigné et peu à peu, comme une marée descendante, a laissé l'autocar bloqué sur l'autoroute. Mais jamais naufragés seuls sur une île déserte ne se mirent à travailler avec plus d'énergie à la construction d'un radeau que les quarante grenadiers hollandais ne le firent à la réparation de la roue. Cela a été terminé en une heure environ. Lorsqu'ils repartirent, l'arrière du convoi était depuis longtemps perdu de vue et l'obscurité commençait à tomber. Cependant, malgré toutes ces circonstances défavorables, le carrosse, avec madame Hugo, ses trois enfants, la servante, la femme de chambre, les quarante grenadiers hollandais, entrèrent à Otero à dix heures du soir, sans avoir eu à payer de péage aux guérilleros : un péage. coup de chance le plus inhabituel. Pendant la nuit, grâce aux efforts d'un charron local, qu'ils contraignirent de force à entreprendre le travail, avec deux forgerons de l'armée surveillant ses travaux, la voiture fut réparée ; et le lendemain, il était prêt à prendre place en tête de la file des voitures.

Ils atteignirent la chaîne des montagnes Guadarrama et commencèrent à les gravir ; gravissant le plus haut sommet, ils firent halte au pied du lion gigantesque qui tourne le dos à la Vieille-Castille, et, une patte sur l'écusson des Espagnes, regarde vers la Nouvelle-Castille ; puis ils descendirent vers la campagne autour de Madrid. La campagne de Rome est nue et sombre, mais parsemée d'un soleil radieux, et semble vivante, si l'on peut dire, malgré sa solitude. La campagne de Madrid est nue, aride et grise, et ressemble à un cimetière. Et l'Escurial se dresse au fond de la plaine comme un tombeau. C'est en effet l'impression qu'il m'a laissée, et aussi l'impression qu'il a laissée à Hugo, qui l'a visité trente-cinq ans avant moi.

"L'Espagne m'accueillit livré à la conquête;
Je franchis le Burgare où mugit la tempête;
De loin y pour un tombeau, je pris l'Escurial,
Et le triple aqueduc vit s'incliner ma têteDevant son front impérial.

Là, je voyais les feux des haltes militairesNoircir les murs croulants des villes solitaires;La tente de l'église envahissait le seuil
;

Le convoi serpentait à travers la plaine depuis l'Escurial jusqu'à Madrid comme un long serpent ; ils n'ont dormi qu'une seule fois sur la route, à Galapagar. Le lendemain, vers six heures du soir, ils étaient arrivés à Madrid. A peine étaient-ils entrés dans les rues que tout le monde se débanda, ravi de ne plus être soumis à la discipline militaire. Madame Hugo fit ses adieux au duc de Cotadilla, au colonel Montfort et à ses quarante Hollandais ; puis le colonel du Saillant la conduisit au palais des princes de Masserano, préparé pour sa réception. Le général était à son poste de gouverneur à Guadalajara : nous verrons plus tard ce qu'il y faisait.

Le palais de Masserano se trouvait dans la *rue de la Reyna*. C'était un vaste édifice du XVIIe siècle, dans toute la splendeur et la sévérité de cette époque ; elle n'avait pas de jardin mais une multitude de petites cours carrées pavées de marbre, chacune avec une fontaine au centre. On ne pouvait entrer dans ces cours que par une sorte de poterne ; le soleil ne les pénétrait jamais, car les murs qui les entouraient mesuraient de quarante à cinquante pieds de haut ; et ils étaient tout juste assez grands pour qu'un loup puisse se promener autour de la fontaine ; en fait, c'étaient simplement des réserves d'ombre et de fraîcheur. D'après la mémoire de Victor, l'intérieur du palais était d'une incroyable magnificence ; en particulier la salle à manger, qui avait de grandes fenêtres sur chacun de ses quatre côtés, à travers lesquelles la lumière révélait dans toute leur splendeur de splendides tableaux de Fra Bartolommeo, Velasquez, Murillo, Sébastien del Piombo, Léonard de Vinci, Raphaël et Michel-Ange. . Cette salle à manger donnait sur un grand salon tapissé de damas rouge, qui donnait sur un autre salon tapissé de damas bleu, qui à son tour conduisait à ce qu'on appelait la chambre de la princesse, chambre immense, tapissée et meublée de soieries bleues et de fleurs. argent. De l'autre côté de la salle à manger, par une antichambre ornée uniquement de coffres en chêne destinés à servir de sièges aux domestiques, on pénétrait dans une grande galerie qui renfermait une collection de portraits en pied des comtes de Masserano, en tenue de cour, également des princes du même nom ; la principauté ne remontait d'ailleurs qu'au milieu du XVIIe siècle. C'était dans ces grandes galeries que les enfants jouaient à cache-cache avec les fils du général Lucotte, dans des salles de cent cinquante pieds de long, et parmi des vases chinois et des porcelaines de six pieds de haut ! Leurs soirées se passaient sur un grand balcon d'où ils voyaient la comète, dans lequel ils distinguaient la Vierge tendant la main à Ferdinand VII, ainsi disaient les prêtres espagnols.

Un matin, une escorte de cavalerie westphalienne arriva, accompagnant un messager porteur d'une lettre du général Hugo. Le général ne put venir à Madrid, étant occupé à faire la guerre sur les rives du Tage. Le but principal de la lettre était de recommander le meilleur collège pour l'éducation des trois enfants. Ils devaient être placés au Séminaire des Nobles, où ils seraient préparés comme pages du roi. Il n'était pas habituel d'accepter des garçons de moins de treize ans, mais, bien qu'Abel n'en ait que douze, Eugène dix et Victor huit, une exception fut faite en leur faveur et une licence du roi prévoyait leur admission immédiate. Ils durent quitter le splendide palais Masserano, avec ses belles peintures de maîtres anciens, ses splendides tapisseries, ses interminables galeries décorées de vases chinois et ses murs sur lesquels trois générations de comtes et de princes semblaient ressusciter dans leurs costumes d'apparat ou en leurs atours de guerre, pour le sombre séminaire de la *rue San-Isidro*. Le séminaire des Nobles était en effet un édifice redoutable et sévère, avec ses grandes cours sans arbres, et on pourrait presque dire ses vastes salles d'école sans écoliers. Il y avait vingt-cinq élèves, sans compter les trois nouveaux venus dans ce séminaire, qui en comptait trois cents avant l'invasion française. C'était à peu près la proportion de l'aristocratie espagnole qui s'était ralliée à Joseph Bonaparte. Et outre les vingt-cinq savants, il y avait, comme nous l'avons dit, les trois fils du général Hugo et un prisonnier espagnol. Le séminaire paraissait en effet un endroit sombre aux enfants pauvres lorsqu'ils y entraient. Imaginez ces salles de classe, ces dortoirs, ces toilettes et ces réfectoires destinés à répondre aux besoins de trois cents élèves, ne contenant plus que vingt-cinq écoliers malheureux, qui semblaient perdus là-dedans. La phrase de Virgile, *rari nantes* , semblait tout à fait répondre à cette question. L'établissement était tenu par deux jésuites qui contrôlaient le collège avec une rigueur apparemment égale ; ces deux jésuites représentaient chacun des types opposés de leur ordre : l'un s'appelait Don Manoël et l'autre Don Bazilio. Don Bazilio était grand et avait près de cinquante-cinq ans ; son front était nu et chauve, et son nez ressemblait à un bec de vautour ; sa bouche était grande et ferme et son menton dépassait. Il avait un caractère dur et sévère et ne pardonnait jamais. Mais, en même temps, il était juste et n'était jamais puni que s'il était mérité. L'autre, Don Manoël, était potelé et très large. Sa silhouette était trapue ; il avait un visage souriant, presque gai ; et ses manières envers les nouveaux arrivants étaient douces, gracieuses et caressantes ; à en juger par son apparence, il était toujours prêt à excuser, ou du moins à tenir compte des fautes ; il était extrêmement faux, très trompeur et tout à fait malicieux ; il dirigeait seul le collège, malgré la prétendue collaboration de don Bazilio, sans doute par ordre de ses supérieurs. Lorsque les premiers signes de sympathie se furent dissipés, Don Manoël devint insupportable. Les gars commencèrent par détester don Bazilio ; mais comme il était juste, malgré sa sévérité, cette haine s'estompa peu à peu ; tandis qu'au contraire on commençait par aimer don Manoël, et on finissait par le détester. Mais lorsque ce dernier sentiment s'est éveillé, il s'est accru *crescendo*.

Les études que ces deux jésuites donnaient à leurs élèves étaient ridicules. Ils étaient si faibles que, dans un collège composé de jeunes gens de dix-huit à vingt ans, il fallut ouvrir une classe spéciale pour les nouveaux arrivants, dont le plus âgé n'avait que douze ans. Ils jugeèrent en effet les capacités des enfants à leur taille lorsqu'ils commencèrent à les examiner, et donnèrent à Abel un Quintus Curtius, à Eugène *De Viris* et au petit Victor un *Epitome*. Mais à la vue de ce livre, dont il avait fini depuis longtemps auparavant, l'enfant se révolta et demanda hardiment Tacite. Les pères se regardèrent avec stupéfaction et, sans punir l'audacieux garçon qui s'était livré à cette plaisanterie intempestive, ils lui apportèrent le livre. Victor l'ouvrit et traduisit aussitôt le paragraphe sur Cocceius Nerva sur lequel il était tombé au hasard. Les deux autres frères reprirent Tacite à leur tour et donnèrent une preuve d'habileté égale, sinon supérieure. Ils leur amenèrent Persée et Juvénal ; les enfants connaissaient ces deux satiristes et pouvaient non seulement les interpréter, mais proposaient même de réciter par cœur des satires entières. Ainsi les enfants fraîchement arrivés de France se moquaient de ces trois auteurs, considérés au Séminaire des Nobles comme hors de portée des rhéteurs de vingt ans ! Les deux Jésuites s'accordèrent, décidèrent qu'il leur faudrait faire un cours spécial pour les trois nouveaux venus et décidèrent qu'ils leur expliqueraient Plaute. C'est Don Manoël, un vrai jésuite, qui a choisi un auteur plein d'ellipses, hérissé d'idiomes, bourré de patois romain, comme celui que Molière met dans la bouche de ses paysans, et faisant sans cesse allusion à des coutumes disparues même à l'époque de Cicéron. Mais la fin de Don Manoël était accomplie : les cerveaux des enfants s'engourdissaient à cause de Plaute ; et c'était exactement ce qu'il souhaitait, briser leur orgueil. Les vingt-deux autres élèves étaient des Espagnols, fils de grands espagnols qui avaient partagé leur sort avec Joseph. Parmi eux se trouvaient deux fils de haute naissance auxquels Victor dédia différents Souvenirs dans ses œuvres : l'un, le Comte de Belverana, qu'il mit dans sa *Lucrèce Borgia* , et Raymond de Benavente, à qui il adressa, en 1823, l'Ode qui commence avec cette strophe :—

"Hélas sourire! j'ai compris ton,
Semblable au ris du condamné é
Quand le mot qui doit le proscrireA son oreille a résonné! En pressant ta main convulsive,J'ai compris ta douleur pensive,Et ton regard morne et profond,Qui , pareil à l'éclair des nues, Brille sur des mers inconnues, Mais ne peut en montrer le fond."

Le jeune poète remarqua une coutume particulière aux mœurs espagnoles, à savoir que ces enfants, dont l'âge variait de treize ans et chaque année jusqu'à vingt ans, utilisaient tous entre eux la forme familière de s'adresser, comme il convient aux fils de grands espagnols, et ne s'adressaient jamais entre eux. par leurs noms de baptême ou de famille, mais seulement par leurs titres de prince, duc, marquis, comte ou baron. Ils appelaient Victor « Baron », ce qui le remplissait de fierté.

Parmi ces jeunes gens — et pour être exact dans nos chiffres il faudrait réduire à vingt et un le nombre de ces nobles juvéniles — il y en avait un qui n'était ni chevalier, ni baron, ni comte, ni marquis, ni duc, ni prince, et qui pourtant n'était pas le détenu le moins remarquable du collège. C'était un jeune officier espagnol nommé Lillo, âgé de quinze ans , qui avait été fait prisonnier au siège de Badajoz. Il s'était battu comme un démon, avait tué de sa propre main un grenadier français et n'avait été capturé qu'après une défense héroïque. Ils allaient le fusiller lorsque le maréchal Soult passa par là, et, s'étant renseigné et informé de ce qui se faisait, ils le firent expédier à Madrid, avec ordre de le placer au collège. L'ordre fut exécuté et Lillo fut envoyé au collège, mais en double qualité d'élève et de prisonnier. Le garçon, qui avait porté le grade de sous-lieutenant, avait commandé des hommes adultes, avait combattu en rase campagne, équipé comme un soldat, s'était mal pris à la discipline collégiale pleine de chicanes jésuitiques, à laquelle il avait dû se soumettre comme tous les autres. , sauf en ce qui concerne le dortoir commun, où cependant chaque élève avait sa propre cabine. Il restait donc, autant qu'il lui était permis, seul dans la solitude, la rage brûlante au cœur, et dans ses relations avec les autres jeunes garçons, il était froid, mélancolique et hautain. Bien entendu, les trois garçons français étaient l'objet de son aversion particulière, et il se disputait constamment avec l'un et parfois avec les trois fils du général attaché à Joseph, lui soldat de Ferdinand VII. Un jour, il appela Napoléon *Napoladron* avant Eugène – il est vrai que presque tous les Espagnols appelaient le conquérant d'Austerlitz par ce surnom, mais Eugène n'en était pas moins sensible ? il reçut l'insulte à ce sujet, et il rétorqua que Lillo avait été fait prisonnier entre les jambes d'un grenadier français. Lillo avait un compas à la main ; il n'attendit aucune autre arme, mais se jeta sur Eugène et le poignarda brutalement à la joue. La blessure, ou plutôt la déchirure, mesurait un pouce et demi de longueur. Eugène voulait se battre en duel, et Lillo le voulait bien ; mais les professeurs intervinrent et séparaient le jeune et le garçon. Lillo disparut le lendemain ; et ni Victor ni son frère n'ont jamais entendu parler de ce qui lui était arrivé. J'entends encore la voix grave de Victor lorsqu'il m'a raconté l'anecdote en disant :

"Et le jeune homme avait raison : il défendait son pays... mais les enfants ne comprennent pas cela."

La vie au Séminaire des Nobles était cloistrale ; probablement aucun monastère dans toute l'Espagne n'appliquait des règles plus strictes. Une fois tous les quinze jours, ils allaient se promener, mais même cela était restreint, et ils ne pouvaient même pas aller aux Délices (correspondant à nos Champs-Élysées), par crainte des bandes de guérilla. Ces vingt ou vingt-cinq garçons auraient été une grande prise et valaient une bonne rançon, appartenant, comme ils l'étaient, non seulement aux premières familles de Madrid, mais aussi aux familles qui avaient partagé leur sort avec le frère de *Napoladron* , comme Lillo l'avait appelé.

De temps en temps, les garçons levaient les yeux au bruit d'une porte qui s'ouvrait et ils voyaient apparaître une vision du XVIIe siècle au début du XIXe. Un jour, alors qu'au réfectoire, ils prenaient leur repas en silence, pendant qu'un jeune maître, assis sur une chaise surélevée au milieu d'une immense salle, leur lisait en espagnol un livre pieux, tout à coup, la porte s'ouvrit. , après quelques coups, comme si un prince, un cardinal ou un grand espagnol se trouvait dehors. Les quatre petits garçons de Benavente n'avaient pas vu leur mère depuis plus d'un an, et c'était la princesse de Benavente. Elle fit quelques pas dans la pièce et attendit. Alors ses quatre fils se levèrent, se rangèrent selon leur âge, l'aîné d'abord, le second ensuite, et ainsi de suite, et, sans faire un pas plus vite que l'autre, s'avancèrent cérémonieusement et baisèrent tour à tour la main de leur mère, du plus grand au plus petit. Les trois jeunes Français furent très étonnés de cette façon de procéder et ne parvinrent pas à comprendre une telle étiquette, car ils avaient l'habitude de se précipiter vers leur mère et de se jeter à son cou lorsqu'ils l'apercevaient.

Au bout de six mois de séjour au Séminaire des Nobles, Abel atteignit sa douzième année et fut autorisé par un privilège spécial à entrer comme page à cet âge.

Puis vint l'hiver et la famine. Il faisait froid partout pendant l'hiver fatal de 1812-1813, bien que ce ne soit rien comparé à la rigueur qu'a connue la Russie.

C'était le destin de Napoléon d'attirer et de concentrer sur lui l'attention du monde lors de ses revers comme lors de ses victoires.

Les vingt-cinq élèves enterrés dans ce vaste séminaire des Nobles, dans les dortoirs, salles d'école et réfectoires destinés à trois cents détenus, périrent de froid. Rien ne pouvait réchauffer ces grandes pièces où il n'y avait pas une seule cheminée ; des braseros placés au milieu des pièces ne servaient qu'à souligner le triomphe de l'hiver. En outre, non seulement les enfants mouraient de froid, mais, pire encore, ils mouraient de faim. En 1812, les plus riches de Madrid ne pouvaient pas obtenir de pain. Et le roi Joseph lui-même, probablement pour donner le bon exemple, ordonna qu'on ne serve à sa table que du pain de soldat. On trouvait constamment dans les rues des gens qui n'avaient même pas autant de chaleur que les braseros du Séminaire des Nobles ou le pain de l'armée du roi Joseph, couchés sur les seuils des grands, en manteaux en lambeaux et mourant de faim et de froid. S'ils étaient encore en vie, tous les efforts étaient faits pour les nourrir et les réchauffer ; s'ils étaient morts, ils étaient enlevés et enterrés. Le pain manquait aussi au séminaire des Nobles qu'ailleurs, et les jeunes se plaignaient amèrement de la faim ; aux moins patients, le père Manoël disait :

"Faites le signe de croix sur votre ventre, et cela vous nourrira."

Les garçons ont fait de nombreuses croix et, même si cette action les a un peu réchauffés, elle ne les a certainement pas nourris. Mais on soupçonnait don Manoël, qui gardait de la graisse parmi toutes ces figures tristes et émaciées, d'avoir une intimité illicite avec la cuisine, qu'il cachait même à don Bazilio.

Pendant ce temps, le général Hugo faisait la guerre sur les rives du Tage contre le célèbre Juan Martin, surnommé l' *Empecinado* , comme il l'avait fait contre Charette en Vendée et contre Fra Diavolo en Calabre. Il a lui-même rendu un récit modeste et savant des mouvements stratégiques de cette belle campagne, qui s'est terminée par la capture et l'exécution du capitaine des hordes de guérilleros qu'il combattait. Nous ne sélectionnerons que quelques-uns des récits pittoresques des dangers encourus, ces fragments que l'Histoire laisse tomber de sa robe et que les chroniqueurs rassemblent soigneusement pour leurs Mémoires.

Un jour, le général Hugo et une centaine d'hommes arrivèrent dans un village situé sur l'un des nombreux petits ruisseaux qui se jettent dans le Tage. Afin d'éviter de provoquer des alarmes inutiles, il entra dans le village avec seulement ses deux aides de camp, pour obtenir des habitants quelques renseignements dont il avait besoin. Il venait de son camp, qui comptait cinq à six mille hommes, situé une lieue plus bas sur le fleuve. Pour obtenir les renseignements désirés, il s'adressa au propriétaire d'une grande sucrerie, qui, le voyant accompagné de deux aides de camp seulement, ne dit jamais un mot. Le général Hugo avait soif. Incapable de s'informer, il pensa qu'il pourrait quand même se procurer un rafraîchissement et demanda un verre d'eau.

"Eau?" » a déclaré le propriétaire de la raffinerie de sucre. "Il y en a beaucoup dans la rivière."

Et il ferma la porte au nez du général. Le général attendit un moment pour voir si la porte se rouvrirait. Au lieu de la porte, c'était une fenêtre qui s'ouvrait, la bouche d'un pistolet dépassait sournoisement, tirait et une balle passait en sifflant. Au bruit du coup de feu, le détachement resté à l'extérieur de la ville s'y précipite ; et quand les soldats apprirent ce qui venait de se passer, ils voulurent démolir l'usine sucrière et incendier le village. Le général Hugo les arrêta et dit à son ordonnance : « Retournez au camp et invitez l'ensemble des six mille hommes qui le forment, en mon nom, à venir boire de l' *eau sucrée* ; ce sera un régal pour eux... il y a longtemps que les pauvres diables n'y ont pas goûté ! C'était une des vertus particulières de l'époque impériale que de comprendre vite quand on voulait comprendre : l'aide de camp comprit et partit au galop. Les soldats ont également compris. Ils ont forcé les portes de la sucrerie, ont jeté deux ou trois mille pains de sucre dans la rivière ; et pendant le reste de la journée, les six mille hommes du général Hugo eurent à boire autant *d'eau sucrée* qu'ils voulaient ! Ce fut la seule vengeance qu'il prit du refus d'un verre d'eau et du coup de feu tiré sur lui. Cet acte est resté dans les annales de l'armée espagnole comme l'une des plaisanteries les plus savoureuses qu'un général ait jamais faites à ses hommes.

Une autre fois, alors qu'ils marchaient également sur les rives du Tage, à l'endroit où moi-même - je raconterai l'histoire en temps voulu - j'ai séjourné trente ans plus tard, une nuit misérable, dans les grandes plaines de la Vieille Castille, entre Tolède et Aranjuez, et c'était justement un soleil si brûlant qui faisait amèrement regretter à Sancho de ne pas avoir sous la main un excellent fromage blanc, tout à coup, les éclaireurs se replièrent au grand galop sur l'avant-garde pour avertir le général Hugo que ce qui semblait être un corps d'armée ennemi, en nombre considérable, marchait à la rencontre de l'armée française. Et, en effet, on voyait à l'horizon un si grand nuage de poussière que seul un grand corps d'hommes ou le simoom pouvait produire. Cette poussière brillait comme ces nuages pourpres et dorés qui apparaissent dans l'atmosphère pendant les jours de canicule les plus chauds. Le général Hugo donne l'ordre de s'arrêter. Il partit ensuite en avant avec une centaine d'hommes pour examiner lui-même la position de l'ennemi et, si possible, deviner ses intentions. Cela ne faisait aucun doute : c'était une troupe immense, à en juger par l'espace qu'elle occupait et la poussière qu'elle soulevait, et elle marchait vers lui avec une de ses ailes sur la rive droite du Tage. L'infanterie reçut aussitôt l'ordre de se préparer au combat, l'artillerie de planter ses batteries sur une petite butte et la cavalerie de prendre position sur l'aile droite. Puis ils envoyèrent en avant quelques hommes à cheval sous le commandement d'un officier d'ordonnance. Mais l'officier et les hommes revinrent au galop quelques instants plus tard. Le général Hugo pensait que ses hommes avaient dû être *repoussés* , et comme pas un seul coup de feu n'avait été tiré, il s'apprêtait à donner un bon coup aux fugitifs lorsqu'en s'approchant, il détecta des signes d'hilarité sans équivoque sur les visages des officiers et des hommes.

"Bien qu'est-ce que c'est?" demanda le général. "Qui est notre ennemi ?"

"Général, répondit l'aide de camp, notre ennemi est un troupeau de trois cent mille moutons mérinos conduit par deux cents chiens, conduit par une douzaine de bergers, et appartenant à M. *Quatrecentberger.* "

"Qu'est-ce que c'est que cette bêtise, monsieur ?" dit le général en fronçant les sourcils.

« Je ne plaisante pas, général, dit l'officier, et dans dix minutes vous verrez que j'ai eu l'honneur de vous dire la vérité exacte.

Un troupeau de 300 000 moutons ! Cela a mis l'eau à la bouche des soldats ! Quelle suite convenable pour les tonneaux d' *eau sucrée* que le général leur avait fournis !

Le corps d'armée était composé de 4,000 hommes ; chaque soldat pouvait avoir au moins un mouton pour lui seul, et chacun commençait à réfléchir au genre de sauce qu'il servirait à son propre plat.

A l'annonce de cette étrange nouvelle, M. Hugo s'avança au front. Et là, il aperçut d'abord à travers la poussière une douzaine d'hommes à cheval, armés de longs bâtons cloués comme des lances ; derrière eux venait le front impénétrable de 300 000 moutons ; et sur les talons de ces 300 000 moutons, deux cents chiens aboyeurs et mordants s'élancent çà et là. Cela ressemblait à la migration d'une grande tribu arabe, au temps d'Abraham. L'histoire était tout à fait exacte, sauf le nom du propriétaire, que l'officier s'était permis de mal prononcer légèrement selon la circonstance. Le nom du propriétaire n'était pas *Quatrecentberger* (quatre cents bergers), mais *Katzenberger*. On verra que la différence de prononciation était si légère qu'on peut pardonner à l'officier son jeu de mots approprié. M. Katzenberger était un riche spéculateur alsacien qui avait risqué la quasi-totalité de sa fortune dans une spéculation sur les moutons mérinos. Une grande mélancolie se répandit dans les troupes lorsqu'on apprit que le troupeau appartenait à un compatriote. Il était tout à fait improbable que M. Hugo permette que soit saisie le troupeau de M. Katzenberger, soit de 300 000 bêtes, soit même de 400 000 bêtes. Et en effet, le chef des bergers, qui avait tremblé un moment devant la ruine imminente de son maître, reçut du général Hugo la promesse que non seulement tous les poils de ses mérinos resteraient libres, mais qu'il avoir un passeport demandant à tous les corps d'armée français de traiter les bergers, chiens et moutons de M. Katzenberger avec le plus grand respect.

C'était un incident étrange ! Le troupeau arriva en France sans accident grave, et par cette fortune presque inattendue, M. Katzenberger doubla, triple et quadrupla sa fortune. Son premier geste fut d'offrir au général Hugo une somme d'argent proportionnelle au service qu'il lui avait rendu. La première et dernière décision du général Hugo fut de refuser la somme proposée. Je crois que c'était 300 000 francs, un franc par mouton.

Et disons ici que le général Hugo, qui occupa une haute position pendant quatre ans pendant les guerres d'Espagne, chargé de diriger la retraite de Madrid à Bayonne, position qui laissa toujours au général de grandes facilités pour s'enrichir, mourut sans aucune galerie de tableaux, ni un seul Murillo, ni Velasquez, ni Zurbaran, ne possédant d'autre fortune que sa pension de retraite. Cela semble incroyable, n'est-ce pas ? Et pourtant il en était ainsi. Mais, me demanderont les directeurs du Musée, ou ces collectionneurs millionnaires qui ont acheté des tableaux 600 000, 200 000, 50 000 et même 25 000 francs, lors de la vente après le décès de feu le maréchal Soult, quel profit a-t-il retiré de sa conduite désintéressée. envers M. Katzenberger ? Il profita d'un dîner annuel que M. Katzenberger était venu exprès de Strasbourg pour lui offrir, ainsi qu'à tous les membres de sa famille à Paris, le jour anniversaire du grand événement qui fit sa fortune. Et ce dîner était d'une ampleur splendide : il a dû coûter au moins cinquante louis au Strasbourgeois reconnaissant.

Durant l'hiver 1812 et les premiers mois de 1813, à la suite de nos malheurs en Russie, la situation commença à prendre en Espagne un aspect si menaçant que le général Hugo crut dangereux de garder sa femme et ses enfants à Madrid. C'est pourquoi Madame Hugo et ses deux plus jeunes fils furent mis sous la protection d'une escorte tout aussi forte que celle que nous avons décrite, et ils firent le voyage de retour de Madrid à Bayonne en route vers Paris, avec autant de succès qu'ils avaient voyagé entre Bayonne et Bayonne. et Madrid. Madame Hugo avait cru bon de garder le couvent des Feuillantines, alors les deux enfants retournèrent à leur ancien nid avec son ombre et sa lumière, ses souvenirs de travail et de jeu, et en plus l'abbé Larivière et son *Tacite* . Abel Hugo, un jeune soldat de treize ans, est resté avec son père.

CHAPITRE IX

Le collège et le jardin des Feuillantines - Grenadier ou général - Première apparition publique de Victor Hugo - Il obtient une mention honorable à l'examen de l'Académie - Il remporte trois prix aux Jeux Floraux - *Han d'Islande* - Le poète et le garde du corps - Le mariage d'Hugo - Les *Odes et Ballades* - Proposition faite par le cousin Cornet

Cette misérable année 1813 fut une étrange période d'introspection. *Un jour* ... Mais laissons le poète lui-même décrire les choses, dans les vers ci-dessous :—

"J'eus, dans ma blonde enfance, hélas, trop éphémère,
Trois maîtres : un jardin, un vieux prêtre et ma mère. Le jardin était grand, profond , mystérieux,
Fermé par de hauts murs aux regards curieux, Semé de fleurs s'ou voixvrant ainsi que des paupières,Et d'insectes vermeils qui couraient sur les pierres;Plein de bourdonnements et de confuses;Au milieu presqu'un champ, dans le fond presqu'un bois,
tout nourri de Tacite et. d'Homère,Était un doux vieillard; ma mère était ma mère.Ainsi, je grandissais sous un triple rayon!...
Oh si Gauthier me prêtait son crayon,
Je vous dessinerais d'un trait une figureQui, chez ma mè re, un soir entra, fâcheux augure!
Un docteur au front pauvre, au maintien solennel;Et je verrais éclore a vos bouches sans champ,Portes de votre cœur qu'aucun souci ne mine,Ce rire éblouissant qui parfois m'éclaire.

Lorsque cet homme entra je jouais a u jardin,
Et rien qu'en le voyant je m'arrêtai soudain. C'était le principal d'un collège quelconque; Les tritons que Coypel groupe autour d'une conque, Les faunes que Watteau dans les bois fourvoya,Les sorciers de Rembrandt, les gnomes de Goya,
Les diables variés, vrais cauchemars de moine,
Dont Callot, en riant, taquine saint Antoine,Sont laids mais sont charmants; Difformes, mais remplis
D'un feu qui, de leur visage, anime tous les plis,
Et parfois, dans leurs yeux, jette un éclair rapide ! Notre homme était fort laid, mais il était stupide !

Pardon, j'en parle encor comme un franc écolier;C'est mal; ce que j'ai dit, tachez de l'oublier. Car de votre âge heureux, qu'un pédant embarrasse, J'ai gardait la colère et j'ai perdu la grâce.

Cet homme ch auve et noir, très effrayant pour moi,
Et dont ma mère aussi d'abord eut quelque effroi, Tout en multipliant les
humbles attitudes, Apportait des avis et des sollicitudes : Que l'enfant
n'était pas dirigé; que, parfois,Il importait son livre en rêvant dans les bois;
Qu'il croisait au hasard dans cette solitude;Qu'on devait y chanter, que la
sévèreÉtait fille de l'ombre et des cloîtres profonds;Qu'une lampe pendue à
de sombres plafonds,Qui de cent écoliers guide la plume agile, Éclairait
mieux Hora ce et Catulle et Virgile,
Et versait à l'esprit des rayons bien meilleurs Que le soleil qui joue à travers
l'arbre en fleurs; Et qu'enfin, il fallait aux enfants, loin des mères, Le joug,
le dur travail, et les larmes amères.Là dessus le collège, aimable et
triomphant,
Avec un doux sourire, offrait au jeune enfant,Ivre de liberté, d'air, de joie et
de roses,Ses bancs de chêne noir, ses longs dortoirs moroses ,Les salles
qu'on verrouille et qu'à tous leurs pilliersSculpte avec un vieux clou l'ennui
des é coliers;
Les magisters qui font, parmi les paperasses,Manger l'heure du jeu par les
pensums voraces,Et, sans eau, sans gazon, sans arbres, sans fruits mûrs,Sa
grande cour pavée, entre quatre grands murs!"

Ici, j'aimerais interrompre la citation et continuer en prose ; mais, à vrai dire,
je n'en ai pas le courage. Oh! que vos rides sont fines, mon ami, et quelle joie
pour moi, non seulement de les faire lire — tout le monde les a lu — mais
de les faire relire par les cent mille lecteurs dont les yeux parcourra ce
chapitre et qui soupirera, les regards tournés vers l'Angleterre...

"Soupir qui va vers toi sur la brise du soir,
Fait d'un quart de tristesse et de trois quarts d'espoir."

Reprenons le fil des vers de Hugo, au milieu desquels j'ai eu l'audace d'oser
en mettre quelques-uns de mon cru :

"L'homme congédié, de ses discours frappé,
Ma mère demeura triste et préoccupée.—Que faire? que vouloir? qui donc
avait raison,Ou le morne collège ou l'heureuse maison?
Qui sait mieux de la vie accomplir l' œuvre austère, L'écolier turbulant ou
l'enfant solitaire ?—Problèmes questions ! Elle hésitait beaucoup. L'affaire
était bien grave, Ame par le destin non pas les livre s faite,
De quel front repousser ce. prophète tragiqueAu ton si magistral, aux
gestes si certains,Qui lui parlait au noms des Grecs et des Latins?Le prêtre
était savant, sans doute mais, que sais-je,Apprend-on par le maître ou bien
par le collège?Et; p uis enfin,—souvent ainsi nous triomphons,—
L'homme le plus vulgaire à de grands mots profonds

Qui trouble quelquefois la femme la plus forte... Pauvre mère, laquelle choisir des ! deux chemins?Tout le sort de s on fils se pesait dans ses mains.

Tremblante, elle tenait cette lourde balance,Et croyait bien la voir, par moment, en silence,Pencher vers le collège, hélas! en opposantMon bonheur à venir à mon bonheur présent.Elle songeait ainsi, sans sommeil et san s trêve;

C'était l'été vers l'heure ou la lune se lève,Par un de ces beaux soirs qui ressemblent au jour,Avec moins de clarté, mais avec plus d'amour.Dans son parc, où jouaient le rayon et la brise ,Elle errait toujours triste et toujours indécise,Ques tionnant tout has l'eau, le ciel, la forêt,

Écoutant au hasard les voix qu'elle entendrait.C'est dans ces moments là que le jardin paisible,

La broussaille où remue un insecte invisible,

Le scarabée, ami des feuilles, le lézardCourant au clair de lune au fond du vieux puisard,

La faïence à fleur bleue où vit la plante grasse,Le dôme oriental du sombre Val-de-Grâce,

Le cloître du couvent, brisé mais doux encore,

Les marroniers, la verte allée aux boutons d'or, La statue où sans bruit se meut l'omb re des branches,

Les pâles liserons, les pâquerettes blanches, Les cent fleurs du buisson, de l'arbre, du roseau,Qui fait en parfums les chansons à l'oiseau,Se mirent dans la mare ou se cache sous l'herbe,Ou qui, de l'ébénier chargeant le front super be,

Au bord des clairs étangs, se mêlant au bouleau, Tremblent en grappes d'or dans les moires de l'eau,Et le ciel scintillant derrière les ramées,Et les toits répandant de charmantes fumées;C'est dans ces moments-là, comme je vous le dis,Que tout ce b eau jardin, radieux paradis,

Tous ces vieux murs croulants, toutes ces jeunes roses,Tous ces objets pensifs, toutes ces douces chosesParlèrent à ma mère avec l'onde et le vent,Et lui dirent tout has : 'Laisse-nous cet enfant !' Laisse-nous cet enfant, pau vre mère troublée;

Cette prunelle ardente, ingénue, étoilée,Cette tête au front pur qu'aucun deuil ne voilà,Cette âme neuve encor, mère, laisse-nous la,Ne va pas la jeter au hasard dans la foule:La foule est un torrent qui brise ce qu'il roule.Ainsi que les oiseaux, les enfants ont leurs peurs.

Laisse à notre air limpide, à nos moites vapeurs, A nos soupirs légers comme l'aile d'un songe, Cette bouche où jamais n'a passé le mensonge, Ce sourire naïf que sa candeur défend. e-nous cet enfant!

Nous ne lui donnerons que de bonnes pensées;Nous changeons en jours les lunes commencées;Dieu deviendra visible à voir les yeux enchantés;Car

nous sommes les fleurs, les rameaux, les clartés;Nous sommes la nature, et
la source éternelle
Où toute soif s 'étanche, où se lave toute aile;
Et les bois et les champs, du sage seul comprennent, Font l'éducation de
tous les grands esprits; Laisse grandir l'enfant parmi nos bruits sublimes,
Nous le pénétrons de ces parfums intimes
Nés du souff le céleste épars dans tout beau lieu,
Qui font sortir de l'homme et monter jusqu'à Dieu, Comme le chant d'un
luth, comme l'encens d'un vase,
L'espérance, l'amour, la prière et l'extase !
Nous pencherons ses yeux vers l'ombre d'ici bas, Vers le secret de tou t
entr'ouvert sous ses pas.
D'enfant nous ferons homme, et d'homme poëte;Pour former de ses sens
la corolle inquiète,C'est nous qu'il faut choisir, et nous lui
montreronsComment, de l'aube au soir, du chêne aux
moucherons;Emplissant tout, reflets, couleurs , brumes, haleines,
La vie aux mille aspects rit dans les vertes plaines;Nous te le rendrons
simple et des précieux ébloui,Et nous ferons germer de toute part en
lui,Pour l'homme, triste d' effet, perdu sous tant de causesCette pitié qui
naît du spectacle clé des choses.
Laisse-nous cet enfant, nous lui ferons un cœurQui comprendra la femme;
un esprit non moqueur,Où naîtront librement le songe et la chimère;Qui
prendra Dieu pour livre et les champs pour grammaire;Une âme pour foyer
de secrètes faveurs,Q ui luira doucement sur tous les fronts rêveurs,
Et, comme le soleil dans les fleurs fécondées, Jettera des rayons sur toutes
les idées.'Ainsi parlaient, à l'heure où la ville se tait,L'astre, la plante et
l'arbre,—et ma mère écoutait.Enfant! ont-ils tenu leur promesse sacrée ?
Je ne sais, mais je sais que ma mère adoréeLes crut, et m'épargnant
d'ennuyeuses prisons,Confia ma jeune âme à leurs douces leçons!"

On voit par ce que nous dit le poète lui-même quelle lutte sa mère dut
soutenir (ayant pour alliée le beau jardin des Feuillantines) contre un maître
du collège, envoyé par M. de Fontanes, qui était inquiet, après la La mode
de Napoléon, c'est qu'un enfant grandisse sauvagement au fond d'un vieux
cloître, échappant ainsi à l'enseignement universitaire qui, de tous temps et
sous tous les règnes, a eu pour objet le dressage de poulains à grands pas.
Ainsi, à quinze ans, le vieux couvent des Feuillantines avait rempli ses
promesses et fait de l'enfant un poète. Nous en verrons davantage tout à
l'heure, mais revenons pour l'instant au général Hugo, qui, au moment même
où se déroulait le conflit mère-fils, aidait à la retraite d'Espagne, après les
deux grandes batailles de Salamanque et Vittoria, le Leipzig et Waterloo du
Sud. Il avait avec lui, comme aide de camp, son fils Abel, qui, à quatorze ans
seulement, avait déjà assisté et pris part à trois batailles rangées et à dix-sept

escarmouches. Il n'avait rien à envier à son ancien condisciple Lillo, du Séminaire des Nobles, qui était officier à quinze ans.

Lorsque le reste de l'armée espagnole revint en France, ils trouvèrent un *corps d'observation français* qui les attendait avec l'ordre impérial d'incorporer l'armée espagnole à l'armée française. Mais ces quatre années de service en Espagne, cette campagne ardue pendant laquelle ils avaient eu à lutter non seulement contre deux armées, mais contre la population tout entière ; ces terribles sièges n'avaient d'égal que les guerres antiques, lorsque les femmes et les enfants défendaient chaque coin des remparts, chaque maison et chaque pierre, le mousquet et le poignard à la main ; ces sierras, rappelant les guerres des Titans, quand des feux étaient allumés sur tous les hauts sommets ; ces montagnes déchiquetées prises par des charges de cavalerie ; ces forteresses rocheuses défendues et emportées les unes après les autres ; ces dizaines de passages chacun comme un autre Thermopyles ; cette boucherie où la torture et la mort attendaient tout prisonnier, tout n'a servi à rien, a été oubliée, a cessé d'exister, n'a jamais existé dès l'évacuation de l'Espagne. On aurait pu demander à Napoléon pourquoi il avait évacué la Russie. Mais il avait fallu un véritable dieu pour plier l'invincible sous lui ; comme Thor, fils d'Odin, il avait lutté contre la Mort elle-même ; il n'avait pas été vaincu comme Xerxès, il avait été écrasé comme Cambyse. La distinction est subtile, mais on ne songeait pas plus à disputer avec le vainqueur d'Austerlitz qu'avec le héros vaincu à la Bérésina. Ainsi, les services des Français en Espagne étaient considérés comme nuls et, à l'exception des 200 000 hommes restés sur les champs de bataille de Talavera, Saragosse, Bayleu, Salamanque et Vittoria, tout se passait comme si de rien n'était.

En conséquence, le général Hugo trouva cet ordre qui lui était adressé à Bayonne :

« *Le major* Hugo se mettra aussitôt sous le commandement du général Belliard.

Le lendemain, le général Hugo se présente chez le général Belliard en uniforme de grenadier ordinaire à épaulettes de laine. Belliard ne le reconnut pas. Le général Hugo a donné son nom.

« Que signifie cet uniforme de simple soldat ? » s'enquit Belliard.

"Grenadier ou général", fut la réponse de Hugo.

Et Belliard l'entoura de ses bras. Le jour même, il renvoya l'ordre à l'empereur. Il fut rendu avec cette correction en marge de la main de Napoléon :

« *Le général* Hugo prendra immédiatement le commandement à Thionville.

L'histoire a relaté les détails de ce siège au cours duquel le général Hugo défendit la citadelle et gouverna la ville. La citadelle de Thionville fut l'une des dernières en date à arborer le drapeau tricolore. Mais il dut céder, mais aux Bourbons, et non à l'ennemi. Le général Hugo ne pouvait s'arrêter à Paris : il y avait trop de scènes déchirantes pour le vieux soldat dans la capitale, où les femmes jetaient des fleurs devant les Cosaques, où le peuple criait « *Vivent les alliés !* » et où la statue du L'empereur fut traîné dans les caniveaux.

Il achète le château Saint-Lazare à Blois et s'y retire. Les moyens ne permirent pas de conserver plus longtemps le beau couvent des Feuillantines. Madame Hugo resta à Paris dans de modestes appartements, pour soigner ses enfants, Eugène et Victor étant placés au pensionnat de l'abbé Cordier, rue Sainte-Marguerite n° 41. Abel, officier dispensé de ces choses, fut laissé libre. Eugène et Victor étaient destinés à l'École polytechnique.

Nous avons déjà souligné que le couvent des Feuillantines avait tenu parole et fait de Victor un poète. Parlons maintenant des premières tentatives du garçon.

Comme j'aurais été reconnaissant aujourd'hui à tout contemporain de Dante, de Shakespeare ou de Corneille qui me donnerait de pareils détails de leur vie, que vingt ans d'amitié avec Victor Hugo me permettent de donner ici !

C'était justement l'apogée de la Restauration. L'Académie avait annoncé comme thème de son prix annuel, qui sera décerné le 25 août, jour de la Saint-Louis, "Le bonheur qu'apportent les études dans toutes les situations de la vie".

Victor a participé au concours sans en parler à personne. Il inscrivit son nom, selon les règles du concours, sur un papier cacheté avec son morceau de vers ; mais, après son nom, il ajouta son âge, quatorze ans et demi. En plus de donner ainsi son âge, il y avait ces vers au cours du poème :

"Moi qui, toujours fuyant les cités et les cours,
De trois lustres à peine ai vu finir le cours."

Pensez à ce futur philosophe qui, à quatorze ans, avait *fui les villes et les cours !* Quelle délicieuse naïveté enfantine ! Mais, chose étrange à raconter, c'est cet aveu de quatorze ans qui condamna le poète et l'empêcha de remporter le prix. M. Raynouard, le *rapporteur*, a déclaré que le concurrent, en s'accordant *trois lustres à peine* — c'était le mode de décompte en 1817 et qui est encore utilisé par l'Académie — avait voulu se moquer de l'Académie. Et comme s'il n'était pas d'usage qu'on se moque de l'Académie, le prix fut partagé entre Saintine et Lebrun. Pourtant, ils lurent toute la pièce composée par l'impudent qui se moquait de l'Académie en parlant de ses quatorze ans et demi. L'assemblée, qui aimait que l'Académie se joue ainsi, applaudit vivement les vers du jeune poète, qui, au moment même où on le louait à l'Académie, jouait aux prisonniers dans la cour du collège.

La strophe suivante fut particulièrement applaudie et aurait été bisée si les rappels étaient permis à l'Académie :

"Mon Virgile à la main, bocages verts et sombres,
Que j'aime à m'égarer sous vos paisibles ombres !
Que j'aime, en parcourant vos gracieux détours,
A pleurer sur Didon, à plaindre ses amours ! Là, mon âme , tranquille et sans inquiétude,S'ouvre avec plus de verve aux charmes de l'étude;Là, mon cœur est plus tendre et sait mieu x compatir
A des maux que peut-être il doit un jour sentir."

Cela avait été un concours remarquable ; car, parmi les concurrents, outre ceux que nous avons nommés qui remportèrent le prix, Saintine et Lebrun, se trouvaient Casimir Delavigne, Loyson, qui a acquis depuis une certaine popularité interrompue par la mort, et Victor Hugo. Loyson obtint l' *accès* , et Victor Hugo, malgré les affirmations de M. Raynouard selon lesquelles il s'était moqué de l'Académie, fut le premier à avoir une mention honorable.

Casimir Delavigne, qui avait réellement commis le crime de se moquer de l'Académie en traitant le sujet exactement à l'opposé, eut une mention honorable à part en dehors du concours.

Victor jouait au camp des prisonniers, comme nous l'avons dit, tandis qu'on l'applaudissait à l'Académie. Les premières nouvelles qu'il apprit de son succès lui furent apportées par Abel et par Malitourne, qui accoururent, se jetèrent sur lui et lui racontèrent ce qui venait de se passer et qu'il aurait très probablement obtenu le prix si l'Académie avait été prête à le faire. admettre qu'un poète de quatorze ans aurait pu écrire ces lignes. Cette supposition — non qu'il ait voulu se moquer de l'Académie, mais qu'il pouvait mentir — blessa extrêmement l'enfant, et il se procura son acte de naissance et l'envoya à l'Académie.

Regardez les photos ! vide latus!

Il fallait alors qu'ils y croient. Et l'indignation de cette digne grand-mère se changea en admiration.

M. Raynouard, secrétaire perpétuel, envoya au poète honoré une lettre caractéristique. Il y avait une délicieuse faute d'orthographe dans la lettre envoyée par le secrétaire perpétuel : il disait à Victor Hugo qu'il serait heureux de faire *sa* connaissance. Deux autres membres de l'Académie écrivirent au jeune poète sans suggestion extérieure. C'étaient François de Neufchâteau et Campenon.

"Tendre ami des neuf sœurs, mes bras vous sont ouverts,
Venez, j'aime toujours les vers !"

» écrit François de Neufchâteau.

"L'esprit et le bon goût nous ont rassasiés;
J'ai rencontré des cœurs de glacePour des vers pleins de charme et de verve et de grâce
Que Malfilâtre eut enviés!"

» écrit Campenon.

Et Chateaubriand appelait Hugo « *l'Enfant sublime* ». L'appellation lui restait.

A partir de ce moment, le jeune homme n'était plus son propre maître, mais il était livré à ce tyran dévorant que nous appelons la Poésie.

A cette époque, on participait encore aux *Jeux Floraux* et Hugo y participa deux années de suite, 1818 et 1819. Il remporta trois prix. Les pièces réussies furent *Moïse sur le Nil*, les *Vierges de Verdun* et la *Statue de Henri IV*. En outre, il publia deux satires et une ode. Les satires étaient le *Télégraphe* et le *Racoleur politique* ; l'ode était l' *Ode sur la Vendée*. Il publia ces trois choses à ses frais et, chose étrange, elles lui rapportèrent 800 francs.

La poésie se vendait à cette époque : la société était avide de nouveautés et, lorsqu'on lui offrait quelque chose de nouveau, elle mettait ses lèvres à la coupe avec empressement.

Pendant ce temps, deux années de rhétorique en latin, deux années de philosophie et quatre années de mathématiques avaient préparé l'élève à son entrée à l'École polytechnique.

Il commençait alors à envisager sérieusement l'avenir, pour la première fois, et cela le terrifiait. La vocation pour laquelle il était formé n'était pas celle pour laquelle il était fait.

Alors qu'il s'apprêtait à franchir le pas et à se présenter à l'examen, il écrivit à son père qu'il avait trouvé un métier : il était poète et ne souhaitait pas entrer à l'École ; il se passerait de son allocation de 1200 francs. Le général Hugo était lui-même un homme de décision et il comprit que le garçon avait pris sa décision ; il n'y avait pas de temps à perdre : Victor avait encore dix-huit mois pour étudier. Il supprima l'allocation et abandonna le poète à ses propres ressources. Victor possédait en lui un trésor aussi inépuisable que ceux des *Mille et une nuits*, et il possédait les 800 francs de ses satires et de son ode. Avec ces 800 francs il vécut treize mois, et pendant ces treize mois il composa *Han d'Islande*. Ce curieux livre était l'ouvrage d'un jeune de dix-neuf ans.

Alors qu'il écrivait *Han d'Islande,* la mère de Victor décède, un événement qui influence considérablement le ton sombre de son œuvre. C'était son premier chagrin et il ne l'a jamais oublié. Depuis le jour où ce profond chagrin s'est installé sur sa vie, Victor n'a jamais porté que des vêtements noirs ou un habit noir, et il n'a jamais scellé ses lettres qu'avec de la cire à cacheter noire.

Et en effet, nous qui l'avons vu grandir, depuis ses années d'enfance aux Feuillantines, à Avellino et au Séminaire des Nobles, devinons combien sa mère lui tenait à cœur. Un jour, dans un de ces moments de profonde douleur où le cœur douloureux cherche un environnement en harmonie avec son propre deuil, le jeune homme se rendit à Versailles, le plus triste et le plus triste de tous les lieux. Il déjeunait au café, tenant à la main un journal qu'il ne lisait pas, car il était plongé dans ses pensées. Un sauveteur, qui n'avait pas l'esprit réfléchi et qui voulait lire, lui ôta le journal des mains. Victor, à dix-neuf ans, était blond et délicat de teint et il n'en paraissait que quinze. Le sauveteur pensait qu'il s'agissait d'un garçon, mais il avait insulté un homme, un homme qui se trouvait dans l'une des crises sombres de la vie, où le danger est souvent une bénédiction. Le jeune homme accepta donc la querelle qui lui était imposée, si grossière et insensée qu'elle fût. Ils se battaient à coups d'épée, presque de temps à autre, et Victor reçut une entaille au bras. Ce *contretemps* gêna l'apparition de *Han d'Islande* pendant quinze jours. Heureusement, son cœur affligé avait son étoile comme toute nuit noire, et sa fleur comme tout précipice ; il était amoureux ! Il était passionnément amoureux de Mademoiselle Foucher, une jeune fille de quinze ans avec laquelle il avait grandi. Il épousa cette jeune fille, et elle est aujourd'hui l'épouse dévouée qui suivit le poète en exil. *Han d'Islande* , vendu 1000 francs, était la dot des mariés, qui ne pouvaient totaliser à eux deux que trente-cinq ans. Les témoins du mariage étaient Alexandre Soumet et Alfred de Vigny, tous deux poètes débutants dans la vie et dans l'art eux-mêmes. Ce millier de francs devait servir au ménage.

Le premier volume de poésie que Victor publie à cette époque est imprimé chez Guiraudet, n° 335 rue Saint-Honoré et vendu chez Pélissier, place du Palais-Royal ; cela lui rapporta 900 francs qui devaient être dépensés en luxe. Et avec ces 900 francs le poète acheta le premier châle qu'il offrit à sa jeune épouse. D'autres femmes, épouses de banquiers et de princes, ont eu de plus beaux châles de cachemire que le vôtre, Madame Hugo, mais aucune n'a été tissée dans un tissu plus précieux et plus précieux !

Ce premier tome fut un immense succès. Je me souviens en avoir entendu parler lorsque j'étais en province.

Le premier volume de Lamartine, *Méditations poétiques* , parut en 1820. Il connut un succès énorme et mérité, et tôt ou tard il était destiné à être remplacé par un autre rival à succès. Il se trouva cette fois que le rival eut le même succès, et les deux succès se succédèrent, se soutenant main dans la main. Il ne s'est rien passé qui ait pu mettre en désaccord les poètes, tant leurs styles étaient si différents ; et la politique, trente ans plus tard, n'a pas réussi à séparer les deux hommes, aussi différentes soient leurs opinions.

Le mariage eut lieu chez M. Foucher, le père de la mariée, qui demeurait au War Office. Le repas de noces eut lieu dans la salle même où, par une étrange coïncidence sur laquelle nous reviendrons tout à l'heure, fut condamné le général la Horie, parrain de Victor.

Han d'Islande , que nous avons le plus injustement abandonné, a obtenu, en raison de sa curieuse originalité, un tout aussi grand succès que ses sœurs admirées, les belles et fraîches *Odes*. Mais il ne portait pas le nom de son auteur et il était impossible de deviner que ce bouquet de lys, de lilas et de roses appelé *Odes et Ballades* poussait à l'ombre du chêne rude et sombre appelé *Han d'Islande*. Nodier lit et s'émerveille devant cette dernière production. Bon et digne Nodier ! on le trouvait toujours nourrissant son esprit de tout ce qui pouvait le nourrir et de tout ce qui pouvait élargir son intellect. Il annonça que Byron et Mathurin étaient dépassés et que l'auteur inconnu de *Han d'Islande* avait atteint l'idéal du cauchemar. Lui, celui qui devait écrire *Smarra* ! était, ma parole, très modeste. Nodier n'était pas le genre d'homme à qui un auteur pouvait longtemps cacher son anonymat, quel que soit le déguisement sous lequel il se maquillait. Le grand bibliomane qui avait fait tant de découvertes de ce genre, tout aussi difficiles à déceler, découvrit que Victor Hugo était l'auteur de *Han d'Islande*. Mais qui était Victor Hugo ? Était-il un misanthrope comme Timon, un cynique comme Diogène ou un pleureur comme Démocrite ? Il souleva le voile et trouva, comme nous le savons, un jeune homme au teint clair, qui venait à peine d'atteindre sa vingtième année et n'en paraissait que seize. Il recula d'étonnement : c'était incroyable. Il s'attendait à retrouver le visage déformé d'un vieux pessimiste ; il retrouva le sourire jeune, ouvert et plein d'espoir d'un poète en herbe. Dès la première fois qu'ils se sont rencontrés, les bases d'une amitié ont été posées et rien n'a jamais changé. Nodier a toujours aimé et a été aimé de cette façon.

Entre-temps, une compétence qui équivalait presque à une fortune était acquise aux jeunes ménagères : la première édition de *Han d'Islande* , vendue 1000 francs, était épuisée, et au moment où Thiers faisait ses débuts littéraires, sous couvert de du nom de Félix Bodin, avec son *Histoire de la Révolution* , Victor vendait sa deuxième édition du *Han d'Islande* pour 10 000 francs. Lecointre et Durey furent les éditeurs qui répandirent ainsi de l'or sur le lit nuptial des jeunes gens. Les honneurs frappent désormais à leur porte. Nous avons parlé plus haut du cousin Cornet, qui avait été fait sénateur et comte sous l'Empire, et pair de France sous la Restauration ; La renommée grandissante de Victor satisfait la fierté familiale du vieux député de Nantes et membre des *Cinq Cents*. Il n'avait pas d'enfant à qui léguer ses armoiries d'azur avec ses trois cornets d'argent et ses robes de pair ; il proposa donc de jeter le manteau sur les épaules du jeune poète à une condition. Certes, la condition était sévère : pour que le nom du donateur ne soit pas oublié, le jeune poète devait se faire appeler Victor Hugo-Cornet. La proposition fut transmise par le général Hugo à l'auteur du *Han d'Islande* et des *Odes et Ballades*. L'auteur de *Han d'Islande* et des *Odes et Ballades* répondit qu'il préférait s'appeler simplement Victor Hugo ; et s'il voulait devenir pair de France dans l'avenir, il n'avait pas besoin de l'aide d'un autre, mais il le deviendrait par ses propres efforts. L'offre du comte Cornet fut donc déclinée.

Il avait un autre cousin, le comte Volney, qui faillit lui faire une proposition semblable pour devenir son héritier ; mais, par malheur, il découvrit que *Han d'Islande* avait été écrit de la même main que les *Odes et Ballades* , alors il secoua la tête et boutonna plus étroitement qu'auparavant les robes de son pair sur ses propres épaules.

CHAPITRE X

Léopoldine — Les opinions du fils de la Vendéenne — La conspiration
Delon — Hugo offre refuge à Delon — Louis XVIII. accorde une pension
de douze cents francs à l'auteur des *Odes et Ballades* - Le poète au bureau du
directeur général des postes - Comment il apprend l'existence du *cabinet noir*
- Il est fait chevalier de la Légion d'honneur —Beauchesne— *Bug-Jargal* —
La soirée de l'ambassadeur d'Autriche— *Ode à la Colonne* — *Cromwell* —
Comment *Marion Delorme* a été écrite

En 1824, en même temps que parut un nouveau volume des Odes, naissait
la délicieuse petite Léopoldine, dont il assista plus tard à la mort dans de si
tristes circonstances devant le château de Villequier, noyée avec son mari, un
beau jour, par un soudain coup de vent. C'était un cruel coup du destin,
destiné peut-être à prouver la disposition du cœur du père, qui allait être
durement éprouvée pendant les jours de guerre civile qui se préparaient pour
lui. Toutes ces Odes portaient l'empreinte des opinions royalistes. Le jeune
homme, à peine sorti de l'enfance, était le fils de sa mère vendéenne, cette
sainte femme qui sauva la vie de dix-neuf prêtres dans la guerre civile de
1793. Les amis du général Hugo, qui tenaient ce qu'on appelait alors des «
opinions libérales », sans appartenir ouvertement à l'opposition, étaient
pourtant souvent préoccupés par ces tendances ultra-monarchiques ; mais le
général secoua la tête et leur répondit en souriant.

"Laissons les choses au temps", dit-il. "Le garçon partage les opinions de sa
mère ; l'homme partage celles de son père."

Voici une déclaration du poète lui-même, qui énonce la promesse faite par
son père, non seulement à un ami, mais à la France, à l'avenir et au monde
entier :

" *Décembre* 1820

« Les jeunes insensibles qui succèdent aujourd'hui aux idées politiques sont
dans une situation étrange : nos pères sont généralement bonapartistes et nos
mères royalistes. Nos pères ne voient en Napoléon que l'homme qui leur a
donné des épaulettes ; nos mères ne voient en Bonaparte que l'homme qui
leur a pris leurs fils loin d'eux. Nos pères voient dans la Révolution le plus
grand résultat que puisse produire le génie d'une Assemblée nationale, la plus
grande chose que le génie d'un homme puisse inventer.

« Pour nos mères, la Révolution n'était que la guillotine, et l'Empire une épée.
Nous, les enfants nés sous le Consulat, avons tous été élevés sur les genoux

de nos mères, — nos pères étaient au camp, — et comme ils étaient souvent privés de leurs maris et de leurs frères par les caprices de l'Homme conquérant, ils plaçaient leurs espoirs sur nous, jeunes écoliers de huit et dix ans, et leurs doux yeux maternels se remplissaient de larmes à la pensée qu'en 1820 nous aurions dix-huit ans. , et en 1825 être soit colonels, soit tués. L'acclamation qui accueillit Louis XVIII en 1814 fut le cri de joie de nos mères. Il est bien peu d'adolescents de notre génération qui aient sucé, avec le lait de leur mère, une haine. des deux périodes de violents bouleversements qui précédèrent la Restauration, Robespierre fut le croque-mitaine qui effraya les enfants de 1803, et Bonaparte le croque-mitaine qui effraya les enfants de 1815. Je soutenais dernièrement avec force mes opinions vendéennes en présence de mon père. Il m'écouta en silence, puis il se tourna vers le général L...., qui était avec lui, et me dit : « Laissons les choses au temps : l'enfant partage les opinions de sa mère ; l'homme suivra celui de son père. Cette prophétie m'a fait réfléchir. Quoi qu'il en soit, et même en admettant que, jusqu'à un certain point, l'expérience modifie les impressions que nous recevons pendant nos premières années, *l'homme honnête est sûr de ne pas s'égarer s'il soumet toutes ces modifications aux rigueurs de la vie. critique de sa conscience. Une bonne conscience toujours éveillée le sauve de tous les pièges sournois où son honnêteté pourrait s'égarer.* Au Moyen Âge, les gens croyaient que tout liquide dans lequel reposait un saphir était un conservateur contre la peste, les anthrax, la lèpre et toutes sortes de maladies. Jean-Baptiste de Rocoles disait : « La conscience est un saphir semblable ! »

Ces quelques lignes expliquent complètement la conduite politique de Victor aux différentes périodes de sa vie. Cependant les opinions royalistes qu'il révélait dans ses beaux vers à ceux qui considéraient ces opinions comme une hérésie étaient absoutes par de bonnes actions.

Mentionnons un fait qui servira aussi à montrer la vie du poète sous un aspect original. En 1822, la conspiration Berton éclate et tous les regards se tournent vers Saumur. Parmi les conspirateurs , outre Berton, mort vaillamment, et Café, qui s'ouvrit les veines comme un héros d'autrefois avec un morceau de verre brisé, il y avait un jeune homme nommé Delon. J'avais aperçu quelquefois ce jeune homme chez M. Deviolaine, avec qui il était parent, soit portant le petit Victor sur son épaule, soit faisant sauter le futur poète sur ses genoux. Il était le fils d'un vieil officier qui avait servi sous les ordres du général Hugo. Dans le fameux procès des Chauffeurs, cet officier était capitaine *rapporteur* ; dans le non moins célèbre procès de Malet, il fut le grand *rapporteur* et, dans les deux procès, sans faire de distinction entre les accusés, il les avait condamnés à mort. Ainsi le général La Horie, parrain de Victor, dont on a déjà parlé, fut fusillé sur ordre de Delon. C'était une étrange coïncidence que le fils de l'homme qui avait prononcé la sentence de mort contre d'autres pour complot, soit condamné à mort pour la même cause ! Depuis le jour où le major Delon avait prononcé la sentence contre le général La Horie, au lieu de refuser de juger l'affaire, il y avait eu une rupture complète entre la famille Hugo et Delon.

Mais bien que les relations sexuelles entre les pères aient été interrompues, il n'y a pas eu de rupture entre les enfants. Victor habitait alors au n° 10 de la rue de Mézières. Un matin, il lut dans les journaux la terrible histoire de la conspiration de Saumur. Presque toutes les personnes concernées ont été arrêtées, à l'exception de Delon, qui s'était évadé. Très vite, des souvenirs enfantins, forts et indélébiles, surgissent à l'esprit du poète ; il s'empara de son matériel d'écriture et, oubliant les haines familiales et les divergences d'opinions, il écrivit à Madame Delon, à Saint-Denis :

"MADAME, j'apprends que votre fils est proscrit et fugitif; nous avons des opinions différentes, mais ce n'est qu'une raison de plus pour qu'on ne le chercherait pas chez moi. Je l'attendrai, à quelque heure du jour ou de la nuit qu'il vient il sera le bienvenu. Je suis sûr qu'aucun autre refuge ne peut être plus sûr pour lui que la part de ma chambre que je lui offre. J'habite une maison sans concierge, rue de Mézières n° 10. au cinquième étage, je veillerai à ce que la porte reste ouverte jour et nuit.

"Acceptez mes salutations les plus respectueuses, chère madame, et croyez-moi, les vôtres, VICTOR HUGO"

Lorsque cette lettre fut écrite, avec la naïveté d'un enfant, le poète la confia à la poste. Au poste ! Une lettre adressée à la mère d'un homme que toute la police recherchait ! Eh bien, quand il a été publié, Victor sortait tous les soirs au crépuscule pour explorer le quartier, s'attendant à trouver Delon dans chaque homme adossé à un mur. Delon n'est jamais apparu. Mais autre chose apparut, à l'immense surprise du poète, qui n'avait fait aucune démarche dans ce sens , à savoir une pension de 1200 francs que l'auteur d' *Odes et Ballades* reçut un matin dans sa petite chambre de la rue de Mézières. , la concession étant signée par Louis XVIII. Cela ne pouvait arriver à un moment plus opportun, car le poète venait de se marier.

Le 13 avril 1825, Hugo se rend à l'hôtel des Postes pour embaucher trois places sur le wagon-poste pour lui, sa femme et un domestique. Ils allaient à Blois. Il tenait à assurer à l'avance ces trois sièges, mais malheureusement ce n'était pas chose facile : le courrier allait jusqu'à Bordeaux, et gagner des places jusqu'à Blois, c'était risquer le vide des sièges de Blois à Bordeaux. Cependant la faveur dont Victor avait besoin pouvait être accordée par un seul homme, et cet homme était M. Roger, le ministre des Postes. M. Roger avait l'air d'être un homme de lettres, il appartenait à l'Académie et pourrait peut-être exaucer son désir à Victor Hugo. Victor décida donc de se rendre chez le ministre des Postes. L'huissier annonça le poète et, au nom de Victor

Hugo, qui était alors déjà bien connu, notamment à cause de l'ode parue sur la mort de Louis XVIII. (l'ode que nous avons déjà en partie citée), M. Roger se leva et s'approcha du poète avec des démonstrations de la plus grande amitié. Inutile de le raconter, la demande de places réservées sur le wagon-poste pour Blois fut immédiatement accordée. Mais M. Roger, ayant le bonheur d'avoir obtenu la visite du poète, ne le laissa pas partir facilement : il le fit asseoir, et ils causèrent ensemble.

« A propos, s'écria tout à coup M. Roger au milieu de la conversation, savez-vous à quoi vous devez votre pension de douze cents francs, mon cher poète ?

"Eh bien, je le dois probablement à mes petits efforts en littérature", répondit Victor en riant.

"Oui, bien sûr", répondit le ministre des Postes ; "mais voudriez-vous que je vous dise exactement comment vous l'avez obtenu ?"

"Certainement, je serais heureux de le savoir, je dois l'avouer."

« Vous souvenez-vous de la conspiration de Saumur ?

"Bien sûr."

« Vous souvenez-vous d'un jeune homme nommé Delon qui s'est compromis dans cette conspiration ?

"Parfaitement bien."

"Vous vous souvenez lui avoir écrit, ou plutôt à sa mère, pour offrir au hors-la-loi la moitié de votre chambre au n° 10 de la rue de Mézières ?"

Victor ne répondit pas cette fois ; il regarda le ministre des Postes avec des yeux étonnés, non pas étonné de la magnificence du digne M. Roger, mais de sa puissance de pénétration. Il avait écrit cette lettre seul, entre ses quatre murs : il n'en avait parlé à personne. Pas même son dernier verre, ce confident qu'était Louis XI. cette pensée devait être brûlée, puisqu'elle avait été réceptrice de certains secrets – il n'en savait rien, puisqu'il ne portait jamais de bonnet de nuit.

« Eh bien, continua le ministre des Postes, cette lettre a été déposée devant le roi Louis XVIII, qui vous connaissait déjà comme poète. « Ah ! ah ! dit le roi, il possède de grands talents et un bon cœur... il faut récompenser ce jeune homme ! et il a ordonné qu'une pension de douze cents francs vous soit fixée.

— Mais, balbutia finalement Victor, comment ma lettre est-elle parvenue à la connaissance du roi Louis XVIII ?

Le ministre des Postes éclata de rire homérique. Et, si simple que fût le poète, il finit par comprendre.

« Mais, s'écria-t-il, qu'est devenue la lettre ?

"Pourquoi, *naturellement* , il a été remplacé au poste."

"Et atteint sa destination ?"

"Probablement."

"Mais si Delon avait accepté mon offre et était venu vers moi, que se serait-il passé ?"

"Il aurait été arrêté, jugé et probablement exécuté, mon cher poète."

" De sorte que ma lettre aurait été considérée pour lui comme un piège mortel ; et s'il avait été arrêté, jugé et exécuté... la pension que j'ai reçue aurait été l'argent du sang ! Oh !..."

Victor poussa un cri d'horreur de ce qui pouvait arriver, se mit les mains sur la tête et se précipita dans l'antichambre, où M. Roger le suivit en riant beaucoup, lui disant qu'il avait laissé son chapeau derrière lui et disant :

"N'oubliez pas que la malle-poste est entièrement à votre service, pour après-demain, 15 avril."

Son horreur face à ce qui aurait pu arriver s'est progressivement calmée, et Hugo a repris son souffle lorsqu'il a réalisé que Delon était en sécurité en Angleterre. Mais il commença à croire à l'existence de ce fameux cabinet noir, qu'il considérait comme une fable, et il se jura de ne plus jamais offrir un refuge aux hors-la-loi par le biais de la poste ordinaire.

Lorsque le jour du départ pour Blois arriva, lui, Madame Hugo et sa femme de chambre se rendirent à l'hôtel des Postes et, au moment où il s'apprêtait à monter dans la voiture, un officier d'ordonnance, qui était presque trop tard, arriva à cheval à au grand galop et mit dans sa main une lettre qui portait le sceau du roi. Il contenait une commission le faisant chevalier de la Légion d'honneur, signée de Charles X. Hugo n'avait alors que vingt-trois ans, et c'est un âge où de telles choses font un immense plaisir, surtout si elles sont accordées gracieusement. Dans la promotion générale, Hugo et Lamartine avaient d'abord été mêlés dans ce qu'on appelle communément un *lot* , et le roi Charles X avait rayé leurs deux noms. M. de la Rochefoucauld, qui approuvait la liste et était particulièrement heureux de la présence des deux jeunes poètes, osa demander à Sa Majesté pourquoi elle avait radié deux noms aussi célèbres que les leurs ?

- Précisément parce qu'ils sont si célèbres, monsieur, répondit Charles X, afin qu'on ne puisse les confondre avec d'autres noms. Vous me présenterez un rapport séparé pour MM. Lamartine et Hugo.

Le mandat était accompagné d'une lettre officielle de M. le comte Sosthène de la Rochefoucauld et d'une lettre amicale de son secrétaire, M. de Beauchesne.

M. de Beauchesne, ou plutôt Beauchesne, fut un véritable guide pour M. de la Rochefoucauld dans toutes les bonnes œuvres qu'il fit, et il faut mentionner que le directeur des Beaux-Arts, grandement raillé par les journaux de l'opposition à l'époque, cette époque-là — je ne parle pas de questions politiques — a fait un excellent travail pour encourager les efforts littéraires. Je répète cependant que Beauchesne fut son guide en ces matières. Beauchesne était alors un charmant garçon de vingt-quatre ou vingt-cinq ans, et est depuis devenu un charmant poète. Il avait un cœur si loyal qu'il semblait avoir pris pour devise « *Video nec invideo* » ; et, en effet, qu'aurait-il pu désirer de plus ? Tous les grands l'appelaient *frère* , et tous les bons l'appelaient *ami.* Breton libre et loyal à la chute de la véritable monarchie, Beauchesne reste fidèle à ses ruines. Je raconterai à sa place qu'une fois nous avons failli nous battre en politique, et je soutiendrai que nous n'avons jamais été meilleurs amis qu'alors, lorsque nous nous affrontions l'épée à la main. Cher Beauchesne! Il a disparu tout à coup : il a fallu dix ou quinze ans avant que je le revoie, mais un matin il est venu me voir comme s'il était parti la veille et nous nous sommes embrassés chaleureusement. Il apportait avec lui une charmante tragédie ou un drame, je ne l'oublie plus, une fantaisie tirée d'un de nos anciens *fabliaux* , les *Épreuves de la belle Griseldis* , qui, selon toute vraisemblance, sera lue, reçue, jouée et applaudie au Théâtre. -Français. Il possédait une charmante petite demeure au bois de Boulogne qu'il vendit. Le lierre n'a pas le temps de pousser sur les demeures des poètes. Je me souviens qu'au moment où il venait de construire sa maison, il m'avait envoyé son album pour y écrire quelques lignes, et j'écrivais ceci :

"Beauchesne, vous avez une douce retraite;
Moi, je suis sans abri pour les jours de malheur! Que votre beau castel,
pour reposer sa tête, Garde dans son grenier, une place au poëte, Qui vous garde en échange une place en son cœur."

J'ai perdu Beauchesne de vue une seconde fois. Il m'est arrivé une catastrophe qui m'a laissé indifférent, mais que la plupart des gens considèrent comme un grand malheur. J'ai ouvert une lettre pleine de tendre sympathie. C'était de Beauchesne. Je n'y ai pas répondu alors; J'y répondrai aujourd'hui. Comme ce n'est pas la dernière fois que je mentionnerai le cher Beauchesne, je ne lui dirai pas *adieu* mais *au revoir !* ...

Hugo reçut donc en même temps son brevet de chevalier et la lettre officielle de M. de la Rochefoucauld, avec celle amicale de Beauchesne. Il les boutonna tous les trois près de son cœur, monta dans le carrosse et composa toute la ballade des *Deux Archers* pendant le trajet entre Paris et Blois. Arrivé à Blois, il remet avec joie son brevet entre les mains de son père. Le vieux soldat ôta d'un ancien manteau, qui avait reçu la poussière de nombreux pays, une de ses anciennes décorations qui avaient affronté le feu de nombreuses batailles, et l'attacha à la boutonnière de son fils en essuyant une larme - je soupçonne fortement que l'œil de tout père est capable de cette faiblesse. Au cours de ce séjour à Blois, le poète reçut une lettre privée de Charles X l'invitant à assister à son couronnement à Reims, et Hugo partit en compagnie de Nodier.

A Reims, il retrouve Lamartine, avec qui il fait la connaissance. Ils reconnurent chacun l'hospitalité du roi, Lamartine par son *Chant du sacre* ; Hugo par son *Ode à Charles X.*

En 1826, *Bug-Jargal* apparaît. Tout comme *Christine* avait été composée avant *Henri III.*, donc *Bug-Jargal* avait été terminé avant *Han d'Islande.* Je ne sais pas pourquoi cette transposition chronologique a été faite dans la publication.

En 1827, l'ambassadeur d'Autriche donna une grande soirée à laquelle il invita tous les personnages les plus illustres de France, et tous les personnages les plus illustres de France, toujours avides d'assister aux soirées, se rendirent à celle de l'ambassadeur. Les maréchaux étaient là, parmi le peuple, et il se passa une chose singulière dans cette soirée-là. A la porte du salon, le laquais d'usage annonçait les noms des visiteurs jugés dignes d'une invitation. Quand le maréchal Soult arriva, le laquais lui demanda : « Quel nom dois-je annoncer ?

" *Le duc de Dalmatie* ", répondit le maréchal.

« *M. le maréchal Soult* », annonça le laquais qui avait reçu ses ordres.

On aurait très bien pu croire que c'était une erreur, aussi l' *illustre épée* (comme on l'appelait depuis Louis-Philippe, qui, probablement, ne se souciait pas plus de l'appeler le duc de Dalmatie que l'Autrichien) Ambassadeur) n'y prêta aucune attention.

Le maréchal Mortier venait ensuite.

"Quel nom dois-je donner ?" demanda le laquais.

" *Le duc de Trévise.* "

« *M. le maréchal Mortier* », cria le laquais.

Les yeux des deux vieux camarades de l'empereur se lançaient des éclairs d'interrogation ; mais ils ne savaient que répondre, car la meilleure solution n'était pas encore tout à fait claire.

Le maréchal Marmont arrive troisième.

"Quel nom dois-je annoncer ?" demanda le laquais.

" *Le duc de Raguse.* "

« M. *le maréchal Marmont* », annonça le laquais.

Cette fois, il ne pouvait y avoir aucune erreur ; alors les deux premiers arrivés rejoignirent le troisième et lui firent part de leur difficulté. Mais ils décidèrent tous les trois d'attendre encore un peu.

Le duc de Reggio, le duc de Tarente et tous les autres ducs de la création impériale arrivèrent tour à tour et, bien qu'ils donnèrent tous leurs titres ducaux, ils ne furent annoncés que par leur nom de famille.

L'insulte était ouverte et manifeste, et offerte publiquement, et pourtant les hommes insultés se retirèrent silencieusement, pour nourrir l'insulte qu'ils avaient endurée. Aucun d'eux n'a pensé à frapper l'insulteur. Mais un poète était prêt à exiger réparation et à l'obtenir à leur place ! Trois jours après que cette insulte eut été faite à toute l'armée, dans la personne de ses chefs, parut l' *Ode à la Colonne* .

ODE À LA COLONNE

"O monument vengeur, trophée indélébile! Bronze qui, tournoyant sur ta base immobile,Semble porter au ciel ta gloire et ton néant,Et de tout ce qu'a fait une main colossale,Seul es resté debout! ruine triomphale
De l'édifice du géant !

Débris du grand empire et de la grande armée, Colonne d'où si haut parle la renommée ! Je t'aime l'étranger t'admirer avec effroi, J'aime tes vieux héros sculptés par la. victoire,Et tous ces fantômes de gloireQui se pressent autour de toi.

J'aime voir sur tes flancs, colonne étincelante!Revivre ces soldats qu'en leur onde sanglanteOnt roulés le Danube, et le Rhin, et le Pô;Tu mets, comme un guerrier, le pied sur ta conquête, J'aime ton piédestal d'armures et ta tête,
Dont le panache est un drapeau

Au bronze de Henri, mon orgueil te marie. J'aime à vous voir tous deux, honneur de. la patrie,Immortels, dominant nos troubles passagers,Sortir, signes jumeaux d'amour et de colère,Lui, de l'épargne populaire,Toi, des ars enaux étrangers

Que de fois, tu le sais, quand la nuit sous ses voilesFait. fuir la blanche lune, ou trembler les étoiles,Je viens, triste, évoquer tes fastes devant moi,Et d'un œil enflammé, dévorant ton histoire,Prendre, convive obscur, ma part de t ant de gloire
Comme un pâtre au banquet d 'un roi !

Que de fois j'ai cru voir, ô colonne française!Ton airain ennemi rugir dans la fournaise;Que de fois, ranimant des combattants épars,Heurtant sur tes parois leurs armes dérouillées,J'ai ressuscité ces mêlées
Qui s'assiègent de toutes les pièces!

Jamais, ô monument ! même ivres de leur nombre,Les étrangers sans peur, n'ont passé sur ton ombre;Leurs pas n'ébranlent point ton bronze souverain,Quand le sort une fois les poussa vers nos rives;Ils n'osaient é taler leurs parades oisives
Devant tes batailles d'airain.

Mais quoi! n'entends-je point, avec de sourds murmures,
De ta base à ton front bruire les armures?Colonne! il m'a vu qu'éblouissant mes yeux, Tes bataillons cuivrés cherchaient à redescendre; Que tes demi-dieux, noirs d'une héroïque cendre, Interrompaient soudain leur marche vers les cieux.

Leurs voix mêlaient des noms à leur vieille devise :
TARENTE, REGGIO, DALMATIE ET TRÉVISE,
Et leurs aigles, sortant de leur puissant sommeil, Suivaient d'un bec ardent cet aigle à double tête
Dont l'œil, ami de l'ombre où son essor s'arrête,
Se baisse à leur regard comme au feu de soleil.

Qu'est-ce donc, et pourquoi, bronze envie de Rome, Vois-je tes légions frémir comme un seul homme ? Quel impossible outrage à ta hauteur atteint ?
Qui donc a réveillé ces ombres immortelles,Ces aigles qui, battant ta base de leurs ailes,Dans leur ongle captif pressent leur foudre éteinte ?

Je comprends : l'étranger, qui nous croit sans mémoire, Veut, feuillet par fe uillet, déchirer notre histoire,
Écrite avec du sang, à la pointe du fer... Ose-t-il, imprudent, heurter tant de

trophées ? De ce bronze, forgé de foudres étouffées,Chaque étincelle est un éclair.

Est-ce Napoléon qu'il frappe en notre armée ? Veut-il, de cette gloire en tant lieux semée,
Disputer l'héritage à nos vieux généraux ? Pour un fardeau pareil il a la main débile : L'empire d'Alexandre et les armes d'Achille Ne se partagent qu'aux héros.

Mais non ; l'Autrichien, dans sa fierté qu'il dompte,Est cont ent si leurs noms ne disent que sa honte;
Il fait de sa défaite un titre à nos guerriers,Et, craignant des vainqueurs moins que des feudaters,Ils pardonne aux fleurons de nos ducs militaires,Si ne sont que des lauriers.

Bronze! il n'a donc jamais, fi er pour une victoire,
Subi de tes splendeurs l'aspect expiatoire?D'où vient tant de courage à cet audacieux?Croit-il impunément toucher à nos annales?Et comment donc lit-il ces pages triomphalesQue tu déroules dans les cieux ?

Est-ce un langage obscur à ses égards timides ?
Euh ! qu'il s'en fasse instruire au pied des Pyramides,A Vienne, au vieux Kremlin, au morne Escurial;Qu'il en parle à ces rois, cour dorée et nombreuse,Qui naguère peuplaient, d'une tente poudreuse,
Le vestibule impérial!

A quoi pense-t-il donc, l'étranger qui nous brave ?
N'avions nous pas hier l'Europe pour esclave?Nous, subir de son joug l'indigne talion!Non, au champ du combat nous pouvons réparer.On nous a mutilés, mais le temps a peut-êtreFait croître l'ongle du lion....

De quel droit viennent-ils découronner nos gloires ? Les Bourbons ont toujours adopté des victoires ; Nos rois t'ont défendu d'un ennemi tremblant, O trophée ! A leurs pieds tes palmes se déposent;Et si tes quatre aigles reposent,C'est à l'ombre du drapeau blanc.

Quoi qu'il en soit ! le globe est ému de volcans électriques,Derrière l'Océan grondent les Amériques,Stamboul rugit, Hellé remonte aux jours anciens;Lisbonne se débat aux mains de l'Angleterre;Seul, le vieux peuple franc s'indigne que la terreTremble ea d' autres pas que les siens.

Prenez garde, étrangers ! nous ne savons que faire;La paix nous berce en vain dans son oisive sphère,L'arène de la guerre a pour nous tant

d'attrait!Nous froissons dans nos mains, hélas! inoccupées.Des lyres à
défaut d'é pées;
Nous chantons comme sur combattrait.

Prenez garde! la France, où grandit un autre âge,
N'est pas si morte encor, qu'elle souffre un outrage ;
Les partis pour un temps voileront leur drapeau. Contre une injure, ici, tout
grandi, tout se lève, Tout s'ar me, et la Vendée aiguisera son glaive
Sur la pierre de Waterloo.

Vous dérobez des noms! Quoi donc, faut-il qu'on ailleLever sur tous vos
champs des titres de bataille? Faut-il, quittant ces noms par la valeur
trouvée, Pour nos gloires chez vous chercher d'autres baptêmes;
Sur l'airain de vos canons mêmes
Ne sont-ils point assez gravés ?

L'étranger brisait le blason de la France ! On verrait, enhardi par notre
indifférence. Sur nos fiers écussons tomber son vil marteau ! Ah ! comme
ce Romain qui rem uait la terre,
Vous portez, ô Français, et la paix et la guerreDans les plis de votre
manteau !

Votre aile en ce moment touche, à sa fantaisie,L'Afrique par Cadix et par
Moscou l'Asie;Vous chassez en courant Anglais, Russes, Germains;Les
tours croulents devant vos trompettes fatales,
Et de toutes les capitalesVos drapeaux savent les chemins .

Quand leur destin se pèse avec vos destinées,Toutes les nations s'inclinent
détrônées;La gloire pour vos noms n'a point assez de bruit;Sans cesser
autour de vous les États se déplacent
Quand votre astre paraît tous les autres s'effacent; Quand vous marchez,
l'univers suit.

Que l'Autriche en rampant, de nœuds vous environne,Les deux géants de
France ont foulé sa couronne;L'histoire, qui des temps ouvre le Panthé on,
Montre, empreints aux deux fronts du vautour d'Allemagne,La sandale de
Charlemagne ,L'éperon de Napoléon.

Allez, vous n'avez plus l'aigle qui, de son aire,Sur tous les fronts trop hauts
portaient votre tonnerre
Mais il vous reste encor l'oriflamme et le lys;
Mais c'est le coq gaulois qui réveille le monde, Et son cri peut promettre à
votre nuit profonde L'aube du soleil d'Austerlitz.

C'est moi qui me taisais ! moi qu'enivrai naguèreMon nom saxon mêlé
parmi des cris de guerre;Moi qui suivais le vol d' un drapeau triomphant;
Qui, joignant aux clairons ma voix entrecoupée,Eus pour premier hochet le
nœud d'or d'une épée;
Moi qui fus un soldat quand j'étais un enfant !

Non, frères ! non, Français de cet âge d'attente ! Nous avons tous grandi
sur le seuil de la tente ;
Condamnés à la paix, aiglons bannis des cieux, Sachons du moins, veillant
aux gloires paternelles, Garder de tout affront, jalouses sentinelles, Les
armures de nos aïeux.

C'était le premier signe d'opposition contre le gouvernement des Bourbons
de l'ancienne branche qu'avait donné Hugo.

Au cours de la même année 1827, *Cromwell* fut publié. Le poème lui-même
n'a pas suscité autant de discussions que la préface, qui était une nouveauté
dans le monde poétique. En 1828 paraissent les *Orientales* et le *Dernier jour
d'un condamné.* Enfin, le 16 février 1829, comme je l'ai dit, *Henri III.* a été joué.

Hugo et Lamartine étaient presque entièrement responsables de la
révolution dans le monde poétique, mais la révolution de l'ensemble du
drame restait encore à venir. Heureusement *Henri III.* a commencé le travail
avec son style audacieux et nouveau. D'ailleurs cette représentation, dont j'ai
déjà donné tous les détails, ravit Hugo et lui donna beaucoup
d'encouragement. Nous nous sommes vus après la pièce et il m'a tendu la
main.

"Ah!" J'ai crié : "J'ai enfin la chance de saisir ta main !"

J'étais très heureux de mon succès, mais le droit de serrer ces mains était la
chose la plus précieuse que j'avais gagnée.

"Maintenant," dit Hugo, "ce sera mon tour ensuite !"

"Le jour venu, ne m'oublie pas...."

"Vous serez à la première lecture."

"Est-ce une promesse ?"

"C'est un engagement définitif !"

Sur ce, nous nous sommes séparés.

Et en effet, dès le lendemain, Hugo choisit le drame de *Marion Delorme* parmi
les différents sujets qui lui venaient déjà en tête. Car, tout comme une mère
porte son enfant en elle jusqu'à ce qu'il soit mûr pour la naissance, de même

nous, créateurs mentaux, portons nos sujets dans notre cerveau avant qu'ils ne naissent. Puis, un jour, il se dit : « Le 1er juin 1829, je commencerai mon drame. Et à cette date, il s'est effectivement mis au travail.

Le 19, il avait accompli les trois premiers actes. Le 20, au point du jour, alors que le soleil se levait et remplissait sa fenêtre de ses rayons dorés, illuminant sa chambre de la rue Notre-Dame-des-Champs, il composa les premières lignes de son quatrième acte :

"LE DUC DE BELLEGARDE.
Condamné ?

LE MARQUIS DE NANGIS .
Condamné !

LE DUC DE BELLEGARDE .
Bien !... mais le roi fait grâce ?..."

Le lendemain, vingt-quatre heures plus tard, alors que le soleil revenait à sa visite habituelle, il écrivit la dernière ligne :

"On peut bien, une fois, être roi par mégarde !"

Pendant ces vingt-quatre heures, il n'avait ni mangé, ni bu, ni dormi ; mais il avait écrit un acte de près de six cents vers, acte que je considère comme un chef-d'œuvre ; six cents vers qui, à mon avis, sont parmi les plus beaux de la langue française.

Le 27 juin, *Marion Delorme* a terminé son travail.

CHAPITRE XI

Lecture de *Marion Delorme* chez Devéria - Course-poursuite des réalisateurs - *Marion Delorme* est arrêtée par la Censure - Hugo obtient une audience avec Charles X. - Son drame est définitivement interdit - On lui envoie le brevet de pension, qu'il refuse - Il se met au travail sur *Hernani* et l'achève en vingt-quatre jours.

Hugo n'avait pas besoin d'écrire à Nodier comme moi, et d'attendre un rendez-vous avec Taylor : il était déjà aussi célèbre avant *Marion Delorme* que j'étais inconnu avant *Henri III*.

Comme je l'ai déjà mentionné, Hugo m'a informé d'une lecture chez Devéria, et a invité Taylor à cette lecture, ainsi que de Vigny, Émile Deschamps, Sainte-Beuve, Soumet, Boulanger et Beauchesne, en fait toutes les Pléiades ; et ainsi la lecture commença.

Le premier acte de *Marion Delorme* est un chef-d'œuvre ; il n'y a rien là-dedans auquel on puisse s'opposer, si ce n'est la manie de Hugo de faire entrer ses personnages par des fenêtres au lieu de par des portes, qui se trahit ici pour la première fois. Personne ne pourrait être plus libre de sentiments envieux que moi. J'ai donc écouté ce premier acte avec la plus profonde admiration, mêlée cependant d'une certaine tristesse. Je sentais à quel point j'étais en retard sur son style et combien de temps il me faudrait avant d'y parvenir, si jamais j'y parvenais. Puis vinrent successivement le deuxième et les trois derniers actes. J'étais assis à côté de Taylor, et à la dernière ligne de la pièce, il s'est penché vers moi et m'a dit :

"Eh bien, qu'en penses-tu ?"

Je répondis que je serais pendu si Victor ne nous avait montré son plus bel ouvrage. Et j'ai ajouté : "Je suis certain qu'il l'a fait."

"Pourquoi penses-tu ça?"

"Parce que *Marion Delorme* montre toutes les qualités du travail d'un homme mûr et aucun des défauts d'un jeune. Le progrès est impossible à celui qui commence par un travail parfait ou presque parfait."

Je suis curieux de constater que j'avais raison, que ce soit par vanité ou non ; Je continue de croire que *Marion Delorme* est, sinon tout à fait, sa meilleure œuvre, du moins une de ses meilleures. Je l'ai félicité très chaleureusement et très sincèrement ; Je n'avais jamais rien entendu de comparable aux répliques de *Marion Delorme*. J'ai été bouleversé par la splendeur de leur style, moi qui ai manqué de style tout au long de mon œuvre. Si on m'avait demandé d'échanger dix ans de ma vie contre un jour l'acquisition d'un tel style , je n'aurais pas hésité un seul instant, je les aurais donnés sur-le-champ ! Une chose m'a beaucoup offensé dans le cinquième acte : Didier va à la mort sans pardonner à Marion. Je priai Hugo de substituer à ce caractère inflexible un esprit plus humain. Sainte-Beuve était d'accord avec moi et, entre nous, nous obtenions le pardon de la pauvre Marion.

Vint maintenant la question de la censure. Aucun de nous ne croyait qu'il surpasserait le personnage de Louis XIII, quoique admirablement dessiné, simplement à cause de son dessin précis et de la vivacité de ses coloris. Il est vrai que l'acte qui contenait Louis XIII. on aurait pu le retirer sans rien gâcher à l'intérêt de la pièce, et Crosnier l'a omis plusieurs fois au théâtre de la Porte-Saint-Martin, sans que le public s'en aperçoive. C'était ce que les critiques des petits mots et des petites choses appellent une superfétation, un *hors-d'œuvre*. Quel magnifique *hors-d'œuvre* ! Quelle superfétation sublime ! Je laisserais chacun choisir parmi mes drames, si j'avais pu écrire le quatrième acte de *Marion Delorme*. Ce fut d'ailleurs un grand échec de Victor Hugo, pour un temps, de composer ses quatrièmes actes de manière à ce qu'ils puissent être sortis comme des épisodes séparés. Le quatrième acte d' *Hernani* , qui contient le prodigieux monologue de Charles Quint, peut être retiré sans nuire à la pièce, et il en est de même du quatrième acte de *Ruy Blas*. Mais de ce que ce quatrième acte ne faisait pas partie intégrante de la pièce, s'ensuit-il qu'une conception merveilleuse doive être supprimée ? Parce qu'une femme est belle, faut-il absolument jeter ses bijoux à l'eau, surtout s'ils valent des milliers ?...

La nouvelle de la lecture a fuité à Paris et il y a eu une véritable course-poursuite des directeurs de théâtre rue Notre-Dame-des-Champs pour obtenir *Marion Delorme* . Harel est arrivé le premier. Dès son entrée, il s'empare du manuscrit et, malgré tout, commence à y écrire sous le titre : « Reçu au théâtre de l'Odéon, le 14 juillet 1829 ». C'était l'anniversaire de la prise de la Bastille, et Harel pensait surprendre *Marion Delorme* comme la Bastille avait été prise par nos pères ! Harel fut repoussé avec perte ; mais, comme son nom figurait sur le manuscrit, il s'en tint à ce qu'il en avait pris possession.

Un ou deux jours après la tentative d'Harel, M. Crosnier fut annoncé et introduit au salon. Hugo lisait un journal ; il se leva et fit asseoir M. Crosnier. Lorsque M. Crosnier le prit, Hugo lui-même reprit sa place et attendit. Mais comme M. Crosnier gardait le silence, Hugo reprit son journal ; ce qui décida M. Crosnier à ouvrir la bouche.

« Monsieur, dit-il en s'adressant à Hugo, je suis venu voir votre père ; on m'a dit qu'il habitait ici. Si ce n'est pas trop profiter de votre bonté, auriez-vous la bonté de lui dire que je suis ici?"

"Hélas, monsieur," répondit Hugo, "mon père est mort il y a un an, et je présume que c'est avec moi que vous désirez parler."

"Je désire parler à M. Victor Hugo."

"Je le suis, monsieur."

Crosnier ne pouvait croire que ce jeune homme menu, au teint frais, qui n'avait l'air que d'un garçon de vingt ans, pût être l'homme dont on faisait déjà tant de bruit depuis cinq ou six ans. Il révéla cependant l'objet de sa visite. Il était venu demander *à Marion Delorme* le théâtre de la Porte-Saint-Martin. Hugo sourit et lui fit la même réponse qu'Harel avait reçue, à savoir qu'on avait promis au Théâtre-Français le premier refus. Crosnier sourit à son tour, de ce sourire fin qui lui est propre ; puis, prenant une plume...

« Monsieur Hugo, dit-il, permettez-moi d'inscrire mon acceptation sous celle de mon confrère.

– Écrivez ce qu'il vous plaira, monsieur, dit Hugo ; "mais tu dois te rappeler qu'il y a déjà deux acceptations avant la tienne."

" N'importe, monsieur, je veux prendre ma place. Car, bénissez-moi ! qui sait ? C'est peut-être moi qui ferai ressortir votre pièce, bien qu'elle ait déjà été acceptée deux fois ! "

Et il écrivit sous l'acceptation de Harel :

"Reçu au théâtre de la Porte-Saint-Martin, le 16 juillet 1829."

Forte de cette double acceptation, *Marion Delorme* a été présentée au Théâtre-Français et a été accueillie par des applaudissements unanimes. Je me souviens qu'à la sortie de la lecture, plein d'enthousiasme pour ce que nous avions tous entendu, Émile Deschamps montrait une affiche qui annonçait la pièce de la soirée et, haussant les épaules, s'écria avec compassion, à la vue du *chef-d'œuvre de Racine :* —

"Et *ils* vont jouer *Britannicus* !..."

Aucun d'entre nous aujourd'hui, pas même Émile Deschamps, n'avouerait avoir prononcé ce *mot*. Je suis sûr que nous aurions tous dû le dire en 1829, et plus d'un qui a rendu depuis lors sa visite aux trente-neuf académiciens lui enviait en ce moment cette phrase.

La pièce a été distribuée et immédiatement après sa réception, les répétitions ont commencé. Mademoiselle Mars jouait Marion ; Firmin, Didier ; Joanny, Nangis; Menjaud, Saverny, etc. Mais, un matin, la terrible nouvelle se répandit que la pièce avait été arrêtée par la censure ! La même chose était arrivée à *Henri III.* ; le Censeur arrêtait toujours tout ; c'était son affaire, et la peine pouvait ensuite être assouplie, si l'œuvre justifiait son existence ou si l'auteur criait assez fort. J'avais fait des remontrances à *Henri III.* il était sorti sain et sauf de ses griffes, grâce à M. de Martignac qui était venu à mon secours. Hugo s'adressa donc à M. de Martignac. Mais aussi bien intentionné, cultivé et même littéraire que soit ce modèle de ministres passés, présents et futurs, il s'avouait impuissant. C'était une question qui ne concernait pas seulement un Valois mais un Bourbon ; non seulement un prédécesseur, mais le grand-père de Charles X. Personne d'autre que Charles X ne pouvait se prononcer sur cette question familiale. Hugo décide de demander audience à Charles X et celle-ci lui est accordée. A cette époque, les personnes qui s'approchaient des rois de France devaient porter des vêtements de cour *à la française* et une épée. Hugo émit de grandes objections à devoir se soumettre à ce déguisement ; mais Taylor entreprit de rassembler les vêtements nécessaires. Il attachait une grande importance à *Marion Delorme* et, pour obtenir l'autorisation de la réaliser, il aurait habillé Hugo en Turc ou en Chinois. Le jour de l'audience arriva et Hugo se rendit à Saint-Cloud, où il trouva l'antichambre bondée. Parmi les assistants se trouvaient Mme du Cayla, qui venait de mettre la dernière main au ministère Polignac ; et Michaud de l'Académie, qui partait pour la Palestine. Michaud était lecteur du roi. Il était couvert d'autant de galons d'or que les manteaux de quatre généraux réunis ! C'était néanmoins un homme d'un grand génie. Hugo était occupé à lui parler lorsque les deux portes s'ouvrirent et que Son Altesse Royale Monseigneur le Dauphin fut annoncé. Hugo n'avait jamais vu l'être pour lequel il avait souhaité qu'on élève l'Arc de triomphe, sauf de loin :

"Que le géant de notre gloire
Pût y passer sans se baisser !"

Il vit ce qui ressemblait à un singe, mais sans la grâce d'un singe ; une sorte de momie, au visage perpétuellement déformé par la névralgie, traversant la salle, répondant à tous les saluts, salutations et hommages par un grognement sourd, d'où on ne distinguait pas clairement un seul mot. Et c'était le conquérant du Trocadéro ! le pacificateur de l'Espagne ! Il ne faisait pas plus attention à madame du Cayla qu'aux autres. Peut-être que si quelque courtisan lui avait murmuré qu'un grand poète était présent, il se serait arrêté pour voir quelle sorte d'animal était un poète. Aucun courtisan n'en informa Monseigneur le Dauphin et il passa sans s'arrêter. Peu de temps après, le roi Charles X passa avec une présence aussi gracieuse et souriante que celle de son fils était grotesque et de mauvaise humeur. Il salua d'un mot Mme du Cayla, serra la main de Michaud et de Victor, salua les autres et entra dans sa salle d'audience. Un instant après, madame la comtesse du Cayla fut appelée. Sans se soucier du temps qu'elle attendait, ni si elle était venue avant les autres visiteurs, le dernier roi de la lignée des rois chevaleresques la fit chercher le premier, parce qu'elle était une femme. Madame du Cayla resta près d'une heure avec le roi. Ce ne fut pas trop long pour donner naissance à un ministère qui, un an plus tard, devait lui-même donner naissance à la Révolution de Juillet. Puis, quand Madame du Cayla se retira, on appela le poète. Charles X se souvint d'abord qu'il était le successeur de François Ier, puis qu'il était le descendant de Louis XIV. Le poète entra, et nous le laisserons raconter dans ses propres mots ce qui se passa lors de cette remarquable entrevue :

"C'était le sept août.—O sombre destinée!
C'était le premier jour de leur dernière année!Seuls, dans un lieu royal, côte à côte marchant,Deux hommes, par endroits du coude se touchant,Causaient... . Grand souvenir qui dans mon cœur se grave !Le premier avait l'air fatigué, triste et grave,Comme un trop faible devant qui porte un lourd projet.Une
double épaulette à couronne chargeaitSon uniforme vert à ganse purpurine,Et l'ordre. et la toison faisait, sur sa poitrine, Près du large cordon moiré de bleu changeant, Deux foyers lumineux, l'un d' or, l'autre d'argent
C'était un roi, vieillard à la tête blanchie, Penché du. poids des ans et de la monarchie! L'autre était un jeune homme étranger chez les rois,
Un poëte, un passant, une voix inutile...

Dans un coin, une table, un fauteuil d e velours
Miraient dans le parquet leurs pieds dorés et lourds;Par une porte en vitre, au dehors, l'œil, en foule,Apercevait au loin des armoires de Boule,Des vases du Japon, des laques, des émauxEt des lustres d'or aux immenses rameaux.Un salon r ouge orné de glaces de Venise,
Plein de ces bronzes grecs que l'esprit divinise,Multipliait sans fin ses lustres de cristal;Et, comme une statue à lames de métal,On voyait, casque au front, luire, dans l'encoignure, Une garde argent et bleu, d'une fière tournure.

Or, entre le poëte et le vieux roi courbé, De quoi s'agissait-il? D'un pauvre ange tombé
Dont l'amour refaisait l'âme avec son haleine :
De Marion, lavée ainsi que Madeleine, Qui boitait et traînait son pas estropié,La censure, serpent, l'ayant mordue au pied.

Le poëte voulait faire, un soir, apparaîtreLouis-Treize, ce roi sur qui régnait un prêtre;Tout un siècle: marquis, bourreaux, fous, bateleurs;Et que la foule vînt, et qu'à travers les pleurs,Par moments, dans un drame étincelant et som bre,

Du pâle cardinal on crût voir passer l'ombre.

Le vieillard hésite.—Que sert de mettre à nuLouis-Treize, ce roi, chétif et mal venu ?A quoi bon remuer un mort dans une tombe ?Que veut-on ? où est le court ? sait-on bien où l'on tombe ? Tout n'est-il pas d' éjà croulant de tout côté ?
Tout ne s'en va-t-il pas dans trop de liberté? N'est-il pas temps plutôt, après quinze ans d'épreuve, De relever la digue et d'arrêter le fleuve? Certe, un roi peut reprendre alors qu'il a donné.Quant au théâtre, il faut, le trô ne étant miné,
Étouffer des deux mains sa flamme trop hardie;Car la foule est le peuple, et d'une comédiePeut jaillir l'étincelle aux rayons lividesQui met le feu dans l'ombre aux révolutions ! Puis il niait l'histoire, et, quoi qu'il puisse être,
A ce jeune rêveur disputait son ancêtre ;
L'accueillant bien, d'ailleurs; bon, royal, gracieux,Et le questionnant sur ses propres aïeux.

Tout en laissant aux rois les noms dont on les nomme,Le poëte luttait fermement, comme un hommeÉpris de liberté , passionné pour l'art, Respectueux pourtant pour ce noble vieillard.Il disait : 'Tout est grave, en ce siècle où tout penche .L'art, tranquille et puissant, veut une allure franche.Les rois morts sont sa proie; il faut la lui laisser. Il n'est pas ennemi ; pourquoi le courroucer
Et le livrer, dans l'ombre, à des tortionnaires, Lui dont la main fermée est pleine de tonnerres ? Cette main, s'il l'ouvrait, redoutable envoyé, Sur la France éblouie et le Louvre effrayé,
On s 'épouvanterait—trop tard, s'il faut le dire,—
D'y voir subitement tant de foudres reluire!Oh! les tyrans d'en a nuisent au roi d'en haut. Le peuple est toujours là qui prend la muse au mot, Quand l'indignation, jusqu'au roi qu'on révère, Monte du front pensif de l'artiste sévère ! Sire, à ce qui chancelle est-on bien appuyé ?
La censure est un toit mauvais, mal étayé,Toujours prêt à tomber sur les noms qu'il abrite.Sire, un souffle imprudent, loin de l'éteindre, irriteLe foyer, tout à coup terrible et tournoyant,Et, d'un art lumineux, fait un art flamboyant.
D'ailleurs, ne cherchât-on que la splendeur royale,Pour cette nation moqueuse mais loyale,Au lieu des grands tableaux qu'offrait le grand Louis,Roi-soleil fécondant les lis épanouis,Qui, tenant sous son sceptre un monde en équilibre ,
Faisait Racine heureux, laissait Molière libre, Quel spectacle, grand Dieu ! qu'un groupe de censeursArmés et parlant has, vils esclaves chasseurs,A plat ventre couchés, épiant l'heure où rentreLe drame, fier lion, dans l'histoire, son antre!'

Ici, vo yant vers lui, d'un front plus incliné,
Se tourner doucement le vieillard étonné, Il hasardait plus loin sa pensée inquiète, Et, laissant de côté le drame et le poëte, Attentif, il sondait le dessein vaste et noir
Qu 'au fond de ce roi triste, il venait d'entrevoir.

— Se pourrait-il ? quelqu'un aurait cette espérance? Briser le droit de tous! retrancher à la France, Comme on ôte un jouet à l'enfant malgréé, De l'air, de la lumière et de la liberté ! Le roi ne voudrait pas, lui ? roi sage et roi juste!Pu is, sélectionner les mots pour cette oreille auguste,
Il disait que les temps ont des flots souverains;Que rien, ni ponts hardis, ni canaux souterrains,Jamais, excepté Dieu, rien n'arrête et ne dompteLe Qui grandit ou l'Océan qui monte; Que le plus s fort vaisseau sombre et se perd souvent,
Qui veut rompre de front et la vague et le vent, Et que, pour peuples s'y briser, dans la lutte insensée,
On a derrière soi, roche partout dressée,
Tout son siècle, les mœurs, l'esprit qu'on veut braver, Le port même où l a nef aurait pu se sauver !...
Charles-Dix, souriant, répondit : 'O poète ! '

Le soir, tout rayonnant de lumière et de fête.Regorgeant de soldats, de princes, de valets,Saint-Cloud, joyeux et vert, autour du fier palaisDont la Seine, en fuyant, reflète les beaux marbres,
Semblait avec amour presser sa touffe d'arbres;L'arc de triomphe, orné de victoires d'airain;Le Louvre, étincelant, fleurdelysé, serein,Lui répondait de loin du milieu de la ville;Tout ce royal ensemble avait un air tranquille,Et, da ns le calme aspect d'un repos solennel,
Je ne sais quoi de grand qui semblait éternel!"

Le lendemain de cet entretien et du refus — car Charles X refusait que *Marion Delorme* soit jouée — la pension de Victor Hugo, qui était de 2 400 francs, fut portée à 6 000 livres, en compensation. Tout le monde sait comment le poète refusa, nous ne dirons pas avec mépris, mais avec dignité, cette augmentation de sa pension. Depuis, de nombreuses discussions ont fait rage autour de ce refus. Certains puritains adhèrent encore aujourd'hui à l'avis du sénateur de M. Louis Bonaparte, et reprochent au poète d'avoir conservé sa pension initiale de 2400 francs après l'interdiction de *Marion Delorme* par Charles X. Que Dieu ait pitié d'eux ! Ils sont désormais dans les salles de l'Elysée et le meilleur poète de France, et donc du monde, est à Jersey ! Je demande pardon à Lamartine de parler de Hugo comme du premier poète de France et du monde : Hugo est exilé, et Lamartine est trop généreux pour ne pas lui céder la palme. Si Lamartine avait été banni comme

Hugo — et, au nom de sa renommée, je regrette qu'il ne le soit pas —, j'aurais dit : « Les deux premiers poètes de France et du monde !

Un jour, dans un club, je parlais du prince Louis Bonaparte et je l'appelais « Monseigneur ». C'était à l'époque de l'exil du prince Louis Bonaparte. Une voix m'a crié :

« Il n'y a plus de *Monseigneur*. »

"Je parle toujours de ceux qui sont exilés sous ce titre", répondis-je.

Et ma voix a été noyée sous les applaudissements.

Quand Hugo revint de Saint-Cloud, il trouva Taylor qui l'attendait. Les nouvelles qu'il rapportait étaient déjà assez mauvaises, comme celles du page de Mme Malbrouck. Taylor était désespéré.

"Nous n'avons rien d'autre dans nos portefeuilles !" Il a répété.

A cette époque, la Comédie-Française avait dix pièces de M. Viennet, quatre ou cinq de M. Delrieu, deux ou trois de M. Lemercier, sans compter *le Pertinax de M. Arnault et le Julien* de M. de Jouy , etc. etc. Et cela C'était ce que Taylor appelait n'avoir rien dans ses portefeuilles !

"Nous construisions sur *Marion Delorme* pour la saison hivernale, dit-il, et maintenant notre saison hivernale va être gâchée !"

Hugo le laissa continuer à se lamenter et demanda ensuite :

"Quand espériez-vous jouer *Marion Delorme* ?"

"Eh bien, soit en janvier, soit en février."

" Ah bien ! alors nous aurons de la marge... Très bien... " et il se mit à faire un calcul. "Nous sommes le 7 août : revenez me voir le 1er octobre."

Taylor revint le 1er octobre. Hugo ramassa un manuscrit et le lui tendit. C'était *Hernani*. Hugo avait commencé ce deuxième ouvrage le 17 septembre et l'avait terminé le 25 du même mois. Il avait mis trois jours de moins sur sa composition que dans le cas de *Marion Delorme*. Hâtons-nous cependant d'expliquer que les intrigues des deux pièces avaient été préalablement mûries dans la tête du poète.

CHAPITRE XII

L'invasion des barbares - Répétitions d' *Hernani* - Mademoiselle Mars et les vers sur le *lion* - La scène des *portraits* - Hugo enlève à Mademoiselle Mars le rôle de Doña Sol - La complaisance flatteuse de Michelot envers le public - Le quatrain sur l'armoire —Joanny

Il n'y avait cette fois rien à craindre de la censure : si ce n'était pour des raisons de modestie, il n'y avait rien chez *Hernani* à quoi elle pût s'opposer. Je crois bien avoir parlé de la *modestie* de la censure ! Ma parole, comme c'est choquant de ma part ! mais puisque je l'ai dit, que cela reste !

La pièce a naturellement pris la place de sa première-née, *Marion Delorme* ; il fut lu pour la forme, reçu avec des hourras et des acclamations — Hugo lisait très bien, surtout ses propres œuvres — les rôles furent attribués et les répétitions commencèrent aussitôt. Je n'évoque pas ici la qualité des lectures de Hugo parce que je pense que sa manière de lire a eu d'une manière ou d'une autre une influence sur l'enthousiasme de son accueil, mais parce que, ne l'ayant jamais entendu parler à la Tribune, je ne peux me faire aucune idée du style de son discours public des opinions très différentes que j'ai entendues exprimées concernant son style oratoire. Je peux seulement dire que ses discours, lus, m'ont toujours semblé être des chefs-d'œuvre de langage et de logique.

Avec les répétitions commencèrent les soucis. Personne au Théâtre-Français n'éprouvait de véritable sympathie pour l'école romantique, sauf le vieux Joanny ; les autres (et mademoiselle Mars était la première, malgré le splendide succès qu'elle venait de remporter dans la duchesse de Guise) considéraient réellement cet empiétement comme une espèce d'invasion barbare à laquelle ils étaient obligés de se soumettre en riant. Sous les flatteries que nous faisait Mademoiselle Mars, il y avait toujours la réserve mentale d'une femme indignée. Michelot, professeur au Conservatoire, homme du monde, aux manières finies, nous montrait son côté le plus gracieux et le plus agréable ; mais au fond, il nous détestait. Et quant à Firmin, dont le talent nous était si essentiel, un talent réel, bien qu'il n'ait rien à voir avec les plus hautes formes de la forme, à savoir le côté plastique de l'art, eh bien, son jugement littéraire ne valait rien ; il possédait simplement une sorte d'instinct dramatique qui tenait lieu d'art et donnait du mouvement et de la vie à son jeu. Il nous aimait assez, parce que nous lui fournissions les moyens d'exercer ses qualités d'action et de vie ; mais il avait terriblement peur de l'école plus ancienne et restait donc neutre dans toutes les querelles littéraires, apparaissant rarement à une lecture, afin d'éviter d'être obligé de donner son opinion. Il n'était pas une pierre d'achoppement, mais en revanche il n'était certainement pas un soutien.

La pièce, c'est-à-dire les rôles principaux, fut distribuée entre les quatre acteurs principaux du Théâtre-Français que nous venons de citer. Mademoiselle Mars jouait Doña Sol ; Joanny, Ruy Gomez ; Michelot, Charles Quint ; et Firmin, Hernani. J'ai dit que mademoiselle Mars n'éprouvait aucune sympathie pour notre style littéraire ; mais je dois ajouter ou plutôt répéter que, dans ses relations théâtrales, elle était strictement honorable, et qu'après avoir fait sa première représentation d'un rôle et enduré le feu des applaudissements ou des sifflements qui avaient salué la chute du rideau, quelle que soit la pièce dans laquelle elle jouait, elle serait morte plutôt que de céder ; elle se soumettrait au martyre plutôt que — nous ne dirons pas de renier sa foi, car notre école n'était pas incluse dans son credo — de manquer à sa parole.

Mais avant d'en arriver là, il y eut entre cinquante et soixante répétitions à faire, au cours desquelles un nombre incalculable d'observations furent hasardées aux dépens de l'auteur, des grimaces furent faites et des coups d'épingle lui furent donnés. Et bien sûr, il arrivait souvent que ces piqûres d'épingle pénétraient à travers la peau et poignardaient jusqu'au cœur. J'ai raconté mes propres souffrances à Mademoiselle Mars pendant les répétitions d' *Henri III.* ; les discussions, les querelles, les disputes même que j'avais avec elle, les scènes passionnées que, malgré mon obscurité, je ne pouvais m'empêcher de provoquer, quoi que je risquais dans l'avenir. La même chose risquait tout aussi bien d'arriver à Hugo, et elle s'est effectivement produite. Mais Hugo et moi étions deux personnages absolument différents : il était froid et calme, poli et sévère, et gardait le souvenir du bien ou du mal qu'on lui avait fait ; tandis que je suis ouvert, rapide et démonstratif, et je joue avec les choses, oubliant le mal et parfois le bien. Les disputes entre Mademoiselle Mars et Hugo étaient donc tout à fait différentes des miennes. Et rappelez-vous que, sur scène, les dialogues entre acteur et auteur ont généralement lieu sous la rampe, c'est-à-dire entre la scène et l'orchestre, afin que pas un mot ne soit perdu par les trente à quarante comédiens, musiciens. , managers, figurants, call-boys, briquets et pompiers présents aux répétitions. Ce public, on l'aura compris, fait toujours de son mieux pour capter tout épisode susceptible de distraire l' *ennui* du travail quotidien, la répétition elle-même ; ce fait ajoute considérablement à l'irritabilité nerveuse des interlocuteurs et, par conséquent, tend à introduire une certaine acidité dans les communications téléphoniques qui ont lieu entre l'orchestre et la scène.

Les choses se sont passées un peu de cette façon. Au milieu de la répétition, Mademoiselle Mars s'arrêtait brusquement.

« Excusez-moi, mon ami, disait-elle à Firmin, à Michelot ou à Joanny, je veux parler à l'auteur.

L'acteur à qui elle adressait sa remarque acquiesçait et restait immobile et silencieux là où il se trouvait.

Mademoiselle Mars s'approchait de la rampe, la main se protégeant les yeux, bien qu'elle sache assez dans quelle partie de l'orchestre chercher l'auteur qu'elle feignait de trouver. C'était son petit lever de rideau.

"M. Hugo ?" elle demanderait. "Est-ce que M. Hugo est là ?".

« Je suis là, madame », répondait Hugo en se levant de son siège.

" Ah ! c'est bon !... merci... Voulez-vous me le dire, monsieur Hugo... "

"Madame?"

"J'ai cette ligne à dire—

'Vous êtes, mon lion, superbe et généreux !'"

"Oui, madame; Hernani vous dit...

« Hélas ! j'aime pourtant d'un amour bien profond!
Ne pleure pas... Mourons plutôt ! Que n'ai-je un monde,Je te le donnerais!
Je suis bien malheureux !

Et tu lui réponds :

"Vous êtes, mon lion, superbe et généreux !"

« Aimez-vous cette phrase, M. Hugo ?

"Lequel?"

"' *Vous êtes, mon lion!* '"

" C'est comme ça que je l'ai écrit, madame ; donc je pense que ça va. "

"Alors tu t'en tiens à ton *lion ?* "

"Je peux ou non, madame. Si vous trouvez quelque chose de mieux, je l'insérerai à la place."

"Ce n'est pas à moi de le faire ; je n'en suis pas l'auteur."

— Eh bien, madame ; s'il en est ainsi, laissez ce qui est écrit exactement tel que vous le trouvez.

" Vraiment, ça me paraît bien comique d'appeler M. Firmin *mon lion !* "

" Oh ! c'est parce qu'en jouant le rôle de Doña Sol, vous vous considérez comme Mademoiselle Mars. Si vous étiez un véritable élève de Ruy Gomez de Sylva, un noble castillan du XVIe siècle, vous ne verriez qu'Hernani dans M. Firmin ; vous le regarderiez comme un terrible chef voleur, qui faisait trembler Charles-Quint même dans sa capitale ; alors vous comprendriez comment une telle femme pouvait appeler un tel homme *fils lion* , et vous ne le regarderiez plus comme un lion. bande dessinée!"

" Très bien ! si vous vous en tenez à votre *lion,* nous n'en dirons pas plus. C'est mon devoir de dire ce qui est écrit, et comme le manuscrit porte « *mon lion !* », je dirai « *mon lion !* » Bien sûr, c'est tout. un pour moi. Continuons, Firmin !

'Vous êtes, mon lion, superbe et généreux !'"

Et la répétition allait reprendre.

Mais, le lendemain, lorsque Mademoiselle Mars arriva au même endroit, elle s'arrêta comme la veille et, comme la veille, elle s'approcha de la rampe, faisant encore semblant de chercher l'auteur avec ses mains se protégeant les yeux. .

"M. Hugo ?" disait-elle de sa voix dure, la voix de Mademoiselle Mars et non de Célimène. « Est-ce que M. Hugo est là ?

« Me voici, madame », répondait Hugo avec la même placidité.

"Oh ! tout va bien. Je suis content que tu sois là."

"J'ai eu l'honneur de vous présenter mes compliments avant la répétition, madame."

"C'est vrai... Eh bien, y as-tu réfléchi ?"

"Pour quoi, madame ?"

"A cause de ce que je t'ai dit hier."

"Vous m'avez fait l'honneur de me dire bien des choses hier."

"Oui, c'était vrai... mais je veux dire à propos de ce fameux hémistiche."

"Lequel?"

"Oh, mon Dieu ! tu connais bien celui dont je parle !"

— Je jure que non, madame ; vous faites tant de suggestions intéressantes et précieuses que je les confonds les unes avec les autres.

"Je veux dire la phrase sur le *lion.* "

" Ah oui ! ' *Vous êtes, mon lion !* ' Je me souviens...."

"Eh bien, as-tu trouvé une autre ligne ?"

"J'avoue que je n'ai pas essayé d'y penser."

"Vous ne pensez donc pas que la ligne soit risquée ?"

"Qu'est-ce que tu entends par risqué ?"

"Tout ce qui est susceptible d'être sifflé."

"Je n'ai jamais prétendu prétendre être exempté d'être sifflé."

"C'est peut-être le cas, mais tu devrais éviter autant que possible d'être sifflé."

"Alors tu penses que la phrase *du lion* sera sifflée ?"

"J'en suis certain!"

"Alors, madame, ce sera parce que vous ne l'avez pas rendu avec votre talent habituel."

"Je le dirai de mon mieux... Tout de même, je préférerais..."

"Quoi?"

"Pour dire quelque chose de différent..."

"Quoi?"

« Pour le modifier complètement ! »

"Pour quoi?"

« Dire » — et Mademoiselle Mars faisait semblant de chercher le mot qu'elle tournait réellement dans sa tête depuis trois jours — « dire, par exemple... hum !... dire... hum ! !

« Vous êtes, *monseigneur*, superbe et généreux !

Monseigneur permet de scanner la ligne tout comme *mon lion*, n'est-ce pas ?

— En effet, madame ; seul *mon lion* allège la ligne, et *monseigneur* l'alourdit.

"Je préférerais de loin être sifflé pour un bon vers plutôt qu'applaudir pour un mauvais. Très bien, très bien... nous ne nous en préoccuperons plus... Je dirai votre *bon vers* sans rien y changer ! Allons, Firmin, mon ami, continuons...

'Vous êtes, mon lion, superbe et généreux !'"

C'est un fait notoire que, le jour de la première représentation, Mademoiselle Mars a dit : « *Vous êtes, monseigneur !* » au lieu de « *Vous êtes, mon lion !* »

La phrase n'a été ni applaudie ni sifflée : elle ne valait pas non plus la peine d'être remarquée.

Un peu plus loin, Ruy Gomez, après avoir surpris Hernani et Doña Sol dans les bras l'un de l'autre, à l'annonce de la venue du roi, cache Hernani dans une chambre dont la porte est cachée par un tableau. Commence alors la célèbre scène connue sous le titre de *scène des portraits*, composée de soixante-seize lignes et se déroulant entre Don Carlos et Ruy Gomez, la scène dans laquelle Doña Sol écoute muette et immobile comme une statue, dans laquelle elle n'y participe que lorsque le roi veut faire arrêter le duc ; lorsqu'elle arrache son voile et se jette entre le duc et les gardes en s'écriant :

"Roi don Carlos, vous êtes
Un mauvais roi!..."

Ce long silence et cette absence de mouvement avaient toujours offensé mademoiselle Mars. Le Théâtre-Français était habitué aux traditions des comédies de Molière ou des tragédies de Corneille et s'insurgeait contre la *mise en scène* du drame moderne, ne comprenant ni la passion de l'action ni la poésie du calme dans leur ensemble. La conséquence était que la pauvre Doña Sol ne savait que faire d'elle-même pendant ces soixante-seize lignes. Un jour, elle a décidé d'en parler avec l'auteur. Vous connaissez sa façon d'interrompre les répétitions et de passer sous le feu des projecteurs. L'auteur était devant l'orchestre et Mademoiselle Mars derrière la rampe.

« Êtes-vous là, monsieur Hugo ?

"Oui madame."

" Ah bien !... Rendez-moi service. "

"Avec le plus grand plaisir... Qu'est-ce que c'est ?"

"Dites-moi ce que je dois faire ici."

"Où?"

"Sur scène, pendant que M. Michelot et M. Joanny dialoguent."

"Vous devez écouter, madame."

"Oui ! Je dois écouter... Je le sais ; mais je trouve l'écoute plutôt fastidieuse."

" Pourtant, vous savez, la scène était à l'origine beaucoup plus longue et je l'ai déjà raccourcie de vingt lignes. "

"Oui, mais ne pourrais-tu pas couper encore vingt lignes ?"

"Impossible, madame !"

"Ou, en tout cas, arrange-toi pour que j'y participe d'une manière ou d'une
autre."

"Mais vous participez naturellement par votre présence même. Il s'agit de
l'homme que vous aimez dont on débat sur la vie ou la mort; il me semble
que la situation est suffisamment émouvante et forte pour vous permettre
d'attendre patiemment et en silence le fermer."

"Tout de même... c'est long !"

"Je ne le sens pas, madame."

" Très bien ! alors nous n'en dirons pas plus... Mais le public se demandera
certainement : " Que fait Mademoiselle Mars avec sa main sur sa poitrine ?
Il n'était pas nécessaire de lui donner un rôle juste rester debout, avec un
voile sur les yeux, sans dire un mot pendant un demi-acte !'"

« Le public dira que sous la main de Doña Sol — et non de Mademoiselle
Mars — son cœur bat ; que, sous le voile de Doña Sol — et non de
Mademoiselle Mars — son visage est cramoisi d'espoir ou pâlit de terreur ;
que , pendant le silence — non pas de Mademoiselle Mars mais — de Doña
Sol, l'amante d'Hernani, la tempête s'accumule dans son cœur qui éclate dans
ces paroles peu respectueuses d'un sujet envers son souverain :

'Roi don Carlos, vous êtes
Un mauvais roi!...'

Et croyez-moi, madame, cela suffira au public.

" Si telle est votre idée, tant mieux. Ce n'est pas à cause de moi que je m'en
soucie : s'ils sifflent pendant la scène ce ne sera pas contre moi, ils sifflent,
puisque je ne dis pas un mot... Allons, Michelot ; allons, Joanny ;

'Roi don Carlos, vous êtes
Un mauvais roi!..

Voilà, cela vous satisfait, monsieur Hugo ?

"Parfaitement, madame." Et Hugo s'inclina et s'assit avec son imperturbable
sérénité.

Le lendemain, mademoiselle Mars arrêta la répétition au même endroit,
s'approcha de la rampe et, se protégeant les yeux de sa main, dit exactement
de la même voix que celle de la veille :

« Êtes-vous là, monsieur Hugo ?

"Je suis là, madame."

"Eh bien, tu m'as trouvé quelque chose à dire ?"

"Où?"

"Eh bien, vous savez où... dans la scène célèbre où ces messieurs disent cent cinquante vers pendant que je les regarde et ne prononce pas un mot... Je sais qu'ils sont charmants à contempler, mais cent cinquante les lignes sont longues à dire."

" D'abord, madame, la scène ne fait pas cent cinquante vers, elle n'en a que soixante-seize, car je les ai comptés ; ensuite, je ne vous ai fait aucune promesse de mettre quelque chose à dire. , puisqu'au contraire j'ai essayé de vous prouver que votre silence et votre immobilité, d'où vous sortez avec *un éclat terrible* , est une des beautés de toute la scène."

"Beautés, beautés !... J'ai bien peur que le public ne soit pas d'accord avec vous."

"Nous verrons."

"Oui, mais tu verras peut-être un peu trop tard... Alors tu veux vraiment faire ce que tu veux en ne me donnant rien à dire pendant toute la scène ?"

"Je fais."

"C'est tout à moi, je vais aller au fond de la scène et laisser ces messieurs parler de leurs affaires devant. "

" Vous pouvez vous retirer au fond de la scène si vous le souhaitez, madame, mais comme les affaires en discussion sont autant les vôtres que les leurs, vous gâterez la scène... Quand cela vous plaira, madame, la répétition aura lieu. avec."

Et la répétition s'est poursuivie.

Mais chaque jour il y avait des interruptions du genre de celles que nous venons de signaler ; cela contrariait beaucoup Hugo, car il n'était encore qu'au début de sa carrière dramatique, et s'imaginait que la plus grande difficulté était la création de la pièce et la plus frustrante celle de la mettre en forme ; il découvre maintenant que tout cela n'est qu'un jeu d'enfant comparé aux répétitions. Enfin, un jour, il perdit patience et, la répétition terminée, il monta sur scène et, s'approchant de Mademoiselle Mars, il dit :

"Madame, puis-je avoir l'honneur de quelques mots avec vous ?"

"Avec moi?" répondit mademoiselle Mars étonnée de ce début solennel.

"Avec toi."

"Où?"

"Où vous voulez."

« Viens par ici, alors » ; et, marchant la première, mademoiselle Mars conduisit Hugo dans ce qu'on appelait alors le *petit foyer*, qui était, je crois, situé là où se trouve aujourd'hui le salon appartenant à la loge du directeur. Louise Despréaux était assise seule dans un coin.

Nous avons dit que Louise Despréaux était une des aversions préférées de Mademoiselle Mars, Madame Menjaud étant sa préférée. J'ai raconté, en temps et lieu, la scène que j'ai eue avec mademoiselle Mars à propos de Louise Despréaux concernant la distribution du morceau de page à la duchesse de Guise. Lorsqu'elle vit entrer mademoiselle Mars et Hugo, elle se leva discrètement et quitta la pièce ; bien que je soupçonne fortement que, avec la curiosité de dix-sept ans, elle a collé son oreille et son jeune visage rose au trou de la serrure.

Mademoiselle Mars s'appuyait contre la cheminée, tenant son rôle à la main.

"Eh bien, que veux-tu me dire ?" elle a demandé.

"Je voulais vous dire, madame, que je viens de prendre une résolution."

" Qu'y a-t-il, monsieur ? "

"Pour vous demander de renoncer à votre rôle."

"Mon rôle !... Lequel ?"

"Celui que vous avez demandé dans mon drame, à mon grand honneur."

-- Quoi ! le rôle de doña Sol, s'écria mademoiselle Mars étonnée ; "tu veux dire cette partie ?" ... Et elle montra le rouleau de papier qu'elle tenait à la main, fronçant ses sourcils noirs sur ces yeux qui pouvaient parfois prendre une expression incroyablement dure.

Hugo s'inclina.

"Oui," dit-il, "le rôle de Doña Sol que tu tiens dans ta main."

" Ah ! c'est ça, n'est-ce pas ? " dit mademoiselle Mars ; et elle frappa la cheminée de marbre avec le rouleau, et frappa le parquet avec son pied. "C'est la première fois qu'un auteur me demande de renoncer à mon rôle !"

" Très bien, madame ; je pense qu'il est temps de donner l'exemple et je le donnerai. "

"Mais pourquoi veux-tu me le prendre ?"

— Parce que je crois avoir raison de dire, madame, que lorsque vous m'honorez de vos propos, vous avez l'air d'oublier complètement à qui vous parlez.

— De quelle manière, monsieur ?

" Oh ! je sais que vous êtes une dame de grand talent... mais il y a un point, je le répète, sur lequel vous semblez ignorer, sur lequel je devrais attirer votre attention ; c'est que moi aussi, madame, Je suis une personne de talent : tenez compte de ce fait, je vous en supplie, et traitez-moi en conséquence."

« Vous pensez donc que je vais mal jouer votre rôle ?

"Je sais que vous le jouerez admirablement bien, madame, mais je sais aussi que, dès le début des répétitions, vous avez été extrêmement grossière avec moi, conduite indigne tant de mademoiselle Mars que de M. Victor Hugo."

"Oh!" murmura-t-elle en mordant ses lèvres pâles, "tu mérites effectivement qu'on te rende ton rôle !"

Hugo lui tendit la main.

"Je suis prêt à le prendre, madame", dit-il.

"Et si je n'y joue pas, qui le fera ?"

" Oh ! ma parole, madame, la première personne qui viendra sous la main... Eh bien, mademoiselle Despréaux, par exemple. Elle n'a certes pas votre talent, mais elle est jeune et elle est jolie, et ainsi elle remplira deux des trois conditions exigées par le rôle ; alors aussi elle me donnera la déférence à laquelle j'ai droit, dont j'ai dû me plaindre de votre part.

Et Hugo restait debout, le bras tendu et la main ouverte, attendant que Mademoiselle Mars lui rende le rôle.

"Mademoiselle Despréaux ! Mademoiselle Despréaux !" murmura mademoiselle Mars. " Ah ! en effet, c'est une bonne plaisanterie !... On dirait donc que vous faites de l'attention à mademoiselle Despréaux ? "

"Moi ? Je ne lui ai jamais dit un mot de ma vie !"

"Et tu me demandes définitivement et formellement de te rendre ma part ?"

"Formellement et définitivement, je vous demande de me restituer le rôle."

"Très bien , je garderai le rôle... Je le jouerai, et comme personne d'autre ne le jouerait à Paris, je le jure."

" Qu'il en soit ainsi. Gardez le rôle ; seulement, n'oubliez pas ce que je vous ai dit sur la courtoisie qui doit prévaloir entre des personnes de notre distinction. "

Et Hugo salua Mademoiselle Mars et la laissa complètement envahie par cette dignité hautaine à laquelle les auteurs de l'Empire ne l'avaient pas accoutumée ; ils avaient rampé devant son talent, conscients que, sans elle, leurs pièces ne leur rapporteraient pas un sou.

Dès ce jour, Mademoiselle Mars se montra froide mais polie avec Hugo et, comme elle le lui avait promis, le soir de la première représentation, elle joua le rôle à la perfection.

Michelot, très différent de mademoiselle Mars, était poli jusqu'à la flagornerie ; mais comme il nous détestait au fond de son cœur, lorsque vint l'heure de la lutte, au lieu de combattre loyalement et vaillamment, comme le fit mademoiselle Mars, il se dirigea sournoisement vers l'ennemi et fit savoir aux tireurs d'élite dans la fosse où, à aux moments les plus opportuns, ils pourraient trouver nos points les plus faibles. On prit avec le rôle de Michelot bien des libertés qu'un acteur peu soucieux de l'opinion populaire ne se serait jamais permis de prendre. En effet, avant la représentation, nous avions mené une rude guerre contre les passages risqués du rôle de Don Carlos ; Je me souviens entre autres d'avoir fait découper à grand regret à Hugo un quatrain auquel Michelot semblait s'accrocher avec ténacité : j'ai depuis découvert pourquoi. Ces quatre vers avaient cette tournure charmante et surannée qui est naturelle à Hugo et à personne d'autre.

Lorsque Ruy Gomez de Sylva retourne chez sa nièce et est sur le point de surprendre Don Carlos et Hernani, ce dernier, craignant pour la réputation de Doña Sol, souhaite cacher le roi et lui-même dans le placard très étroit que Don Carlos était sur le point de partir, et il se sentait suffisamment mal à l'aise tout seul ; mais le roi s'est rebellé contre cette suggestion. Est-ce effectivement le cas, dit-il...

"Est-ce donc une game à mettre des chrétiens ?
Nous nous pressons un peu; vous y tenez, j'y tiens. Le duc entre et s'en vient vers l'armoire où nous sommes,Pour y prendre un cigare.. .. Il y trouve deux hommes!"

Pour que ces vers aient leur effet comique, il faut qu'ils soient lancés avec la légèreté et l'allure facile d'un roi qui n'a que dix-neuf ans et qui est aux beaux jours de la prospérité (remarquez que Charles-Quint n'avait que dix-neuf ans lorsqu'il fut enfant). fait empereur d'Allemagne) — eh bien, ils furent déclamés sur le même ton que Mahomet disait :

"Si j'avais à répondre à d'autres que Topyre,
Je ne ferais parler que le Dieu qui m'inspire; Le glaive et l'Alcoran, dans
mes terribles mains, Imposeraient silence au reste des humains!"

C'était parfaitement idiot ! ainsi, sur ma persuasion, et malgré les objections
de Michelot, qui espérait en privé que ces lignes produiraient *leur effet* ,
l'effacement fut décidé et impitoyablement respecté.

J'ai dit qu'il en était tout autrement de Joanny : c'était un vieux soldat, une
âme d'honneur et d'ouverture, qui venait à la quatrième répétition sans son
manuscrit, car il connaissait déjà bien son rôle ; donc s'il fallait lui reprocher
quelque chose, c'est qu'il est devenu *blasé* , par les trente à quarante
répétitions générales, avant la première représentation publique de la pièce.

Cette première représentation fut une affaire importante pour notre parti.
J'avais gagné le Valmy de la révolution littéraire ; Hugo doit remporter les
Jemmapes pour que la nouvelle école soit en bonne voie vers la victoire.
Ainsi, lorsque viendra le temps de parler de la première reproduction d'
Hernani , nous lui accorderons toute l'attention qu'elle mérite. Mais il faut
pour l'instant être esclave de la chronologie et passer de Victor Hugo à de
Vigny, d' *Hernani* à *Othello*.

CHAPITRE XIII

Alfred de Vigny — L'homme et ses œuvres — Harel, le directeur de l'Odéon — La chute de *Christine de Soulié* — Parenthèse sur Lassailly — Lettre de Harel, avec préface de moi et post-scriptum de Soulié — Je lis ma *Christine* à l'Odéon — Harel demande à moi de le mettre en prose - Première représentation du *More de Venise* - Les acteurs et les papiers

Alors que le Théâtre-Français attendait le fameux 1er octobre, où Hugo s'était engagé à fournir le drame sans nom auquel il travaillait, à la place de *Marion Delorme* , *ils décidèrent de répéter Othello* de Shakespeare , traduit par Alfred de Vigny, qui , en commun avec *Henri III.* et *Marion Delorme* , avait été accueillie avec enthousiasme lors de sa lecture devant la commission.

Alfred de Vigny complète la trinité poétique de l'époque, même si son œuvre est d'un ordre inférieur : on parle de Hugo et Lamartine, ou de Lamartine et Hugo, et on parle d'Alfred de Vigny comme du rang suivant. Alfred de Vigny avait très peu d'imagination, mais il avait un style fin et correct ; il était connu par son roman *Cinq-Mars* , qui n'aurait rencontré qu'un succès moyen s'il était paru aujourd'hui, mais, venant à une époque de disette littéraire, il eut un grand succès.

Lors de la lecture de Hugo, *Marion Delorme* de Vigny avait murmuré à ses amis — on dit toujours ce genre de choses entre amis — que Didier et Saverny, les deux personnages principaux du drame, étaient une imitation de Cinq-Mars et de Thou. Mais je suis convaincu que, lorsque Hugo a écrit sa pièce, il n'a même pas pensé au roman de Vigny.

Outre le roman *Cinq-Mars* , de Vigny avait composé plusieurs petits poèmes délicats à la manière alors courante : Byron avait lancé la mode pour ce genre de poème. Parmi ces cinq ou six charmants petits poèmes se trouvaient *Eloa* et *Dolorida*. Enfin, il venait de publier une élégie extrêmement touchante sur deux jeunes malheureux qui s'étaient suicidés à Montmorency, sous le couvert du bruit de la musique d'un bal.

De Vigny était un homme très singulier ; il était poli, affable et doux dans toutes ses relations, mais il affectait la plus totale absence de mondanité, une affectation d'ailleurs qui s'accordait parfaitement avec son visage charmant, ses traits délicats et raffinés, encadrés dans de longs cheveux blonds et bouclés, le faisant ressembler à un frère des chérubins. De Vigny n'est jamais descendu aux choses terrestres s'il pouvait l'éviter ; si par hasard il repliait ses ailes et se reposait sur le sommet d'une montagne, c'était une concession qu'il faisait à l'humanité, parce qu'après tout cela lui était utile lors de son bref rapport avec nous. Hugo et moi étions très étonnés de son inconscience totale des besoins matériels de notre nature, que beaucoup d'entre nous, Hugo et moi parmi eux, satisfaisions non seulement sans aucun sentiment de honte, mais avec une certaine jouissance sensuelle. Aucun de nous n'avait jamais surpris de Vigny à table. Dorval, qui pendant sept ans de sa vie avait passé plusieurs heures par jour avec lui, nous déclara avec un étonnement allant jusqu'à la terreur, qu'elle ne l'avait même jamais vu manger un radis ! Or, même Proserpine, une déesse, n'était pas si sobre que cela ; emportée par Pluton dans les régions inférieures, elle avait, dès le début, malgré la préoccupation d'esprit à laquelle son séjour peu appétissant l'avait naturellement disposée, réussi à manger sept graines de grenade ! Néanmoins, ces caractéristiques n'empêchaient pas de Vigny d'être un agréable compagnon, un gentleman jusqu'au bout des doigts, toujours prêt à vous rendre service et totalement incapable de vous faire du mal. Personne ne connaissait exactement l'âge de de Vigny ; mais, à en juger approximativement, comme on savait que de Vigny avait servi dans les gardes au retour de Louis XVIII, et en supposant qu'il avait dix-huit ans au moment où il entra au service, disons en 1815, il devait en avoir trente-deux en 1829.

On remarquera que tous ces grands révolutionnaires étaient très jeunes et que les poètes révolutionnaires ressemblaient beaucoup aux trois généraux de la Révolution dont j'ai, je crois, parlé, qui commandaient l'armée de Sambre-et-Meuse, et dont les âges cumulés comptaient soixante-dix ans : Hoche, Marceau et mon père.

La prochaine représentation d' *Othello* fit grand bruit. Nous connaissions tous la traduction de de Vigny, et même si nous aurions préféré être soutenus par des troupes nationales et un général français plutôt que par ce poétique condottiere, nous avons compris qu'il fallait accepter toutes les armes possibles contre nos ennemis, surtout lorsque de telles les armes provenaient de l'arsenal de notre grand maître à tous : Shakespeare. Mademoiselle Mars et Joanny se virent attribuer les rôles principaux. C'étaient de puissants auxiliaires, mais ils n'étaient pas exactement ceux que nous recherchions. Mademoiselle Mars et Joanny avaient l'air un peu gênées dans des vêtements qui (dramatiquement parlant) ne convenaient pas à leurs silhouettes. Mademoiselle Mars était une charmante femme de l'Empire, raffinée, légère, délicate, gracieuse, satirique, n'ayant rien de la douce et innocente mélancolie de la maîtresse du Maure ; et Joanny, avec son nez *rétroussé à la* Odry et ses gestes sans grandeur ni majesté, ne se rappelait pas le sombre et terrible amant de Desdémone. Le rôle de Iago que Ducis avait remplacé par celui de Pezarre, comme on remplace une jambe de chair et d'os par une jambe de bois , échoit à Perrier, et devait faire pour la première fois son apparition en plein jour.

La représentation était donc attendue avec beaucoup d'impatience ; mais, en attendant cette occasion solennelle qui, comme nous l'avons dit, devait avoir lieu au Théâtre-Français, une autre production se préparait à l'Odéon et qui me tenait particulièrement à cœur, à savoir la *Christine à Fontainebleau* de Frédéric Soulié. . *La Christine* de M. Brault est décédée quelques jours après sa naissance, comme je l'ai dit en temps et lieu, et avait disparu sans laisser de trace !

L'Odéon avait été récemment réorganisé sur de nouvelles lignes. Harel, que l'on a vu tenter de saisir par surprise *Marion Delorme* chez Hugo, ancien secrétaire de Cambacérès, ancien sous-préfet du département de l'Aisne, ancien préfet des Landes, réfugié politique en 1815, rédacteur en chef du *Nain Jaune* en Belgique, bref, l'un des hommes les plus polyvalents qui aient jamais vécu, venait d'être nommé directeur de l'Odéon, je crois à la place d'Éric Bernard. Il avait ouvert le théâtre avec *États de Blois* de Lucien Arnault , qui ne rencontra pas un grand succès, malgré la manière somptueuse dont la pièce avait été montée ; et, en bon journaliste et habile à manier le triple élément que sont le feuilleton, le court paragraphe et la bouffée, Harel a su mettre le tambour en faveur de *Christine à Fontainebleau* de mon ami Frédéric Soulié .

Je n'avais pas revu Frédéric depuis la nuit où nous nous étions séparés avec froideur l'un envers l'autre et avions décidé chacun de continuer avec nos *Christine*. *Henri III*. et son succès et toute la renommée qu'il avait apporté étaient passés sans que j'entende prononcer le nom de Soulié. Sa *Christine* était terminée et ce fut la dernière fois que j'entendis parler de lui. Il m'avait envoyé deux places de tribune pour sa *Juliette* et je lui avais envoyé deux billets de balcon pour mon *Henri III*. , et c'était là l'étendue de notre échange de politesse. Je m'attendais à ce qu'on m'envoie des places pour *Christine* , mais, à mon grand étonnement, je ne les ai pas reçues. Plus tard, j'appris que cela était dû à Harel, qui craignait que je joue un mauvais tour à la pièce et s'opposait donc à ce qu'on m'envoie des billets.

Comme je n'avais pas de siège pour la première représentation, je n'ai fait aucun effort pour m'en procurer un ; et je me couchai tout à fait satisfait de savoir le lendemain matin à la première heure si la pièce avait été accueillie avec des applaudissements ou sifflée. En effet, un de mes bons amis, un garçon qui n'avait alors rien fait d'autre que de montrer des promesses de talent mais qui a depuis fait sa marque, Achille Comte, est venu dans ma chambre le lendemain à sept heures. La pauvre *Christine* était tombée à plat ventre. Soulié avait apparemment eu l'idée d'introduire un bandit italien dans la forêt de Fontainebleau, et cela avait produit l'effet le plus grotesque qu'on puisse imaginer. La veille, j'aurais pensé que cette nouvelle m'aurait ravi après le traitement que Soulié m'avait réservé ; mais, au contraire, cela me rendait terriblement malheureux. Les amitiés innocentes et primitives de notre jeunesse sont les seules véritables amitiés.

La lecture de *Marion* m'avait non seulement profondément impressionné, mais elle m'avait rendu un immense service : elle m'avait ouvert des suggestions poétiques jusqu'alors insoupçonnées ; cela m'avait révélé des possibilités dans la manière de traiter la poésie auxquelles je n'avais jamais pensé ; enfin, cela m'avait donné ma première idée pour *Antony*. Le lendemain de la lecture de *Marion Delorme*, je me suis mis au travail avec un courage peu commun. Avant que la musique des vers que j'avais écoutés la nuit précédente ait cessé de résonner à mes oreilles, j'avais commencé, inspiré par l'harmonie de leurs accords mourants ; et la nouvelle *Christine* ouvrit les yeux sur les accents de cet écho lointain et mélodieux qui vivait encore dans mon esprit, bien que le son lui-même ait cessé.

Il faut me permettre une brève digression au sujet de *Christine* : je la donne comme une étude des mœurs et coutumes et j'espère qu'on ne la prendra pas pour de la vantardise.

Il y avait alors, en dehors du monde littéraire, un grand gaillard à moitié idiot, avec un long nez crochu et des jambes comme le Seringuinos des *Pilules du Diable*. Il était, je crois, fils d'un apothicaire d'Orléans et il jouait le jeune Don Juan auprès des femmes de chambre et des filles du portier, qu'il transformait en baronnes et duchesses dans ses élégies et ses sonnets ; il a écrit un roman qui a été publié mais, j'en suis sûr, n'a jamais été lu. Ce roman s'intitulait les *Roueries de Trialph*. Il s'appelait Lassailly.

Il y a certains gens qui acquièrent l'étrange privilège d'introduire le grotesque dans les scènes les plus tristes et les plus déchirantes, et Lassailly était l'un des plus favorisés de ces pourvoyeurs de ridicule. Un jour, je m'étais couché et j'écrivais la première scène entre Paula et Monaldeschi et j'en étais arrivé à ces lignes :

"Oh! garde-moi! je serai ta servante!
Tout ce qu'une amour pur ou délirante invente
De bonheurs, oui, pour toi, je les inventerai!
Quand tu me maudiras, moi, je te bénirai—J'aurai des mots d'amour qui
guérit ton âme; Je consens qu'une autre soit ta femme; Je promets de
l'aimer, d'obéir à sa loi;
!..."

Soudain, j'entendis la porte de mon salon s'ouvrir et un être hurlant d'une sorte ou d'une autre s'approcha de ma chambre ; ensuite je vis la porte de ma chambre s'ouvrir et Lassailly entra, se jetant sur le tapis et s'arrachant les cheveux. L'apparition fut si inattendue, si étrange et même si terrifiante que je tendis la main vers les pistolets à double canon que je gardais dans un renfoncement au chevet de mon lit. Quand j'ai vu que c'était Lassailly, j'ai repoussé les pistolets et j'ai attendu une explication sur cette exhibition de bouffonnerie. L'explication était assez triste : le père du pauvre diable s'était jeté dans la rivière et Lassailly venait d'apprendre à la fois que son père s'était noyé et que son corps, après avoir été sorti de l'eau, avait été exposé à la Morgue d'Orléans, d'où il ne pouvait être retiré sans le paiement d'une certaine somme d'argent. Lassailly n'avait pas un sou pour cette somme et il était venu me la demander. À la vue du fils pleurant son père, qui avait connu une mort aussi déplorable, je ne pouvais visualiser qu'une seule image mentale : je n'étais pas tellement impressionné par le chagrin du fils, qui, si extravagant dans son expression, point de grotesque, était peut-être encore sincère au fond ; mais par la pensée de la misère réelle, imprévue et irréparable du pauvre malheureux qui avait été tiré des eaux de la Loire, pâle et ruisselant et triste, les yeux éteints par la mort et le visage barbouillé d'herbes de rivière, maintenant couché sur les pierres humides de la Morgue. Je n'ai pas cherché à consoler Lassailly : on n'offre du réconfort que si on le demande. Rachel pleurant ses enfants à Ramah et remplissant l'air de ses lamentations, ne serait pas consolé, parce qu'ils ne l'étaient pas.

" Mon ami, lui dis-je, venons au plus pressant de l'affaire. Tu veux aller à Orléans, n'est-ce pas ? Enterrer ton père ? Tu dis que cela te coûtera cent francs ; je crois que c'est possible. " cela vous coûtera plus que cela, et je voudrais vous offrir ce dont vous aurez besoin ; mais je ne puis vous offrir que ce que je possède... Ouvrez ce tiroir du chiffonnier qui contient cent trente-cinq francs. , prends cent trente et laisse-m'en cinq...."

Lassailly essaya de se jeter dans mes bras, tenta de m'embrasser et m'appela son sauveur ; mais je le repoussai doucement, désignai de la main le tiroir et répétai :

"Là, là... prends-le... prends cent trente francs et laisse-m'en cinq."

Il a pris la somme et est parti, et après son départ, j'ai repris et terminé ma scène entre Paula et Monaldeschi. Quinze jours plus tard, le premier, et pour être précis aussi le dernier, numéro d'un petit papier me fut apporté. Un critique a annoncé dans un article préliminaire qu'il s'agissait de dire pour la première fois la vérité sur les diverses fausses réputations de haut vol qui ont surgi en une nuit. L'article poursuit en disant que cela signifiait enfin mettre les hommes et les choses à la place que Dieu avait prévu qu'ils occupent.

I Cette série des vengeurs de la justice, ces exécutions littéraires, a commencé avec Alexandre Dumas. L'article était signé Lassailly et lui rapportait cent francs ! L'homme qui m'a apporté le journal savait ce que j'avais fait pour Lassailly quinze jours auparavant.

"Eh bien," demanda-t-il, "qu'en dis-tu ?"

"Pauvre garçon!" J'ai répondu; " il a peut-être dû enterrer sa mère ! "

Et je fourrai le journal dans le tiroir du chiffonnier d'où il avait pris les cent trente francs qu'il n'avait jamais remboursés. Lassailly est décédé depuis et le journal n'a jamais été ressuscité.

Revenons maintenant aux deux *Christine*. Directement, comme je l'ai dit, j'ai appris l'échec de Soulié, j'ai terminé le mien en un mois presque, et il avait alors la forme qu'il a aujourd'hui. J'allai, le jour même, retrouver le directeur du Théâtre-Français, dont j'ai oublié le nom. C'était une sorte de mulâtre, avec de grands yeux et une peau jaune, et, la lettre du comité à la main, *la Christine de M. Brault* ayant été jouée, j'ai demandé que la mienne soit mise en répétition. Il devait effectivement y avoir un comité le lendemain ; et le directeur répondit qu'il leur soumettrait l'affaire. La commission a décidé que, comme il était de notoriété publique que j'avais modifié mon travail, je devais me soumettre à une deuxième lecture. Mais comme cette deuxième lecture était en réalité une troisième lecture, j'ai d'emblée décliné la proposition. Et avec cette lutte avec la Comédie-Française commença entre nous une série durable d'ententes amicales. Au milieu du conflit, je reçus une lettre de Harel rédigée dans les termes suivants :

" MON CHER DUMAS, — Que pensez-vous de cette idée de Mademoiselle Georges ? Jouer votre *Christine* immédiatement, sur la même scène et avec les mêmes acteurs que ceux qui ont joué la *Christine de Soulié* ? Les conditions à régler vous-même. Vous n'avez pas besoin de le faire. troublez-vous la tête avec l'idée que vous étranglerez l'ouvrage d'un ami, parce qu'il est mort hier de mort naturelle. — Bien à vous, HAREL.

J'appelai mon serviteur, et sur l'épître que j'ai transcrite ci-dessus, j'écrivis ces mots :

" MON CHER FRÉDÉRIC, — Lis cette lettre. Quel coquin ton ami Harel ! — Le vôtre, ALEX. DUMAS. "

Mon domestique porta la lettre à la scierie de la Gare et, une heure plus tard, il me rapporta cette réponse au bas de la même lettre. Frédéric avait écrit...

" MON CHER DUMAS, Harel n'est pas mon ami, c'est un manager. Harel n'est pas un coquin, seulement un spéculateur. Je ne ferais pas ce qu'il fait, mais je lui conseillerais d'accepter. Rassemblez les fragments de mon *Christine* — et je vous préviens, il y en a beaucoup — jetez le m dans le panier du premier chiffonnier qui passera devant vous et faites jouer votre propre morceau. — Bien à vous, F. SOULIÉ."

On conviendra que la lettre de Harel était un document très curieux, avec sa préface et son post-scriptum. Avec cette autorisation, je ne voyais aucune difficulté à accepter les offres d'Harel. Ma seule stipulation était que, que ma pièce soit reçue ou non à la lecture du comité, elle devrait être traitée dans les six semaines suivant la date de l'entente.

La lecture devant le comité était fixée au samedi suivant et la lecture devant les comédiens au dimanche soir. J'avais mes raisons de me méfier de la commission : elle m'avait reçu sous réserve de correction et, comme la commission du Théâtre-Français m'avait donné Samson pour réviseur, la commission de l'Odéon nomma MM. Tissot et Sainte-Beuve comme leurs conseillers. En se levant pour partir, Cavé déclara que la pièce contenait de beaux passages, mais qu'elle n'était pas propre à jouer. Et c'était le seul ami que j'avais au sein du comité !

Harel était complètement stupéfait ; car, bien qu'il fût un homme capable, il ne pouvait pas distinguer la bonne poésie de la mauvaise, et ne savait pas ce qui était grand ou beau.

Je souhaite qu'il soit bien compris que je n'entends pas ces remarques s'appliquer à ses doutes sur *Christine* , mais seulement à son jugement en général. Il adorait Voltaire et, avant de mourir, il eut le bonheur d'être décoré pour son éloge de l'auteur du *Zaïre*. Si j'admirais beaucoup Voltaire comme philosophe et narrateur, en revanche je pensais peu à lui comme poète, et surtout comme poète dramatique ; en tant que dramaturge, ses méthodes sont ordinaires, éculées et mélodramatiques ; en tant qu'écrivain, ses vers sont pauvres, sentencieux et mal rimés. C'est malheureux pour le philosophe de Ferney, mais il faut avouer que ce n'est que dans son infâme poème la *Pucelle* qu'il est à peu près inaccessible ; et même ceux qui sont révoltés par son impiété, sa calomnie historique et son ingratitude patriotique sont obligés d'admirer l'œuvre, car c'est un chef-d'œuvre.

Malgré l'avis de Cavé et l'indignation d'Harel, la lecture devant les comédiens put encore avoir lieu le lendemain : elle avait été convenue. Je dis que *cela avait été convenu* , car, s'il ne l'avait pas été, la lecture n'aurait certainement jamais eu lieu. Et Harel demanda la permission que Jules Janin assistât à la lecture. Janin avait alors cédé tous ses droits à Harel, et bien que je ne me fie pas absolument au goût fantaisiste et capricieux du futur prince de la critique, je ne m'opposai pas à sa présence. Je possédais, à cette époque, l'horrible quantité d'assurance qui accompagne toujours l'inexpérience et l'autosatisfaction suprême. Il a fallu beaucoup de succès pour me guérir de mon orgueil !

Je fais la lecture aux acteurs, cette classe de gens qui, tout bien considéré, est la plus prompte à juger d'avance de l'effet d'une pièce, bien que tout acteur, en général, écoute l'œuvre qu'on lui lit de son côté. son propre point de vue, pense principalement aux effets de son propre rôle et ne se soucie pas de ceux de ses voisins. La lecture fut un grand succès, mais Harel n'en fut pas moins troublé par une idée qu'il ne révéla que le lendemain. Il est venu me voir au point du jour pour me proposer, en toute simplicité, de mettre *Christine* en prose. Et c'est ainsi qu'Harel s'est montré à moi dans toute sa gloire dès le début. Bien sûr, je lui ai ri au nez et, après m'être moqué de lui, je lui ai montré la porte.

Le lendemain, la première répétition a eu lieu, comme si aucune suggestion de ce genre n'avait jamais été faite. La pièce était majuscule : Georges jouait Christine ; Ligier, Sentinelli; Lockroy, Monaldeschi; et mademoiselle Noblet, dont c'était presque le début, jouait Paula. Il avait été décrété d'en haut que celui pour qui ce dernier rôle avait été fait ne devait pas le jouer ! "L'homme propose, Dieu dispose." Même les deux petits rôles des assassins de Monaldeschi furent joués par deux acteurs du plus haut mérite, Stockleit et Duparay.

Au moment où mes répétitions commençaient, celles d'Alfred de Vigny se terminaient. Nos partisans relatifs étaient exaspérés contre nous, et pour cause. Ils exigeaient haut et fort que nous ne soyons pas joués, tandis que nous exigeions avec des cris encore plus forts que nous soyons joués.

La première représentation du *More de Venise* était introduite à chaque apparition d'une bataille. Mademoiselle Mars avait parcouru tous les bagages de l'ancienne comédie à la nouvelle école moderne du théâtre ; nous avions conquis Joanny, Perrier et Firmin, et enfin il n'y avait pas un seul acteur jusqu'à l'excellent David, qui avait accepté le petit rôle de Cassio, qui ne jouerait pas dans l'exposition shakespearienne qui se préparait. Il fallait voir la rage des hommes qui, depuis trente ans, monopolisaient le Théâtre-Français, pour avoir une idée des hurlements et des injures qui nous étaient lancées. Ces messieurs ne semblaient connaître Shakespeare que par ce que Voltaire en avait dit, et Schiller par M. Petitot. Lorsque M. Lebrun et M. Ancelot eurent emprunté au Shakespeare allemand leur *Maria Stuart* et *leur Fiesque , ils décidèrent que MM.* Ancelot et Lebrun avaient ainsi fait un grand honneur à Schiller, et une foule d'articles avaient démontré que des œuvres très indifférentes, des œuvres dignes seulement de la scène d'une foire, étaient de véritables chefs-d'œuvre classiques ! Cette fois, le public n'allait pas voir Shakespeare corrigé, castré et amarré, mais, hormis la perte qu'il devait nécessairement subir par la traduction, le géant lui-même, qui avait gardé la place suprême en Angleterre aux XVIe, XVIIe et XVIIIe siècles. . Si ces exhibitions sacrilèges continuaient, que pourrait dire Zaïre face à Desdémone, Ninus avec Hamlet ou les *Deux Gendres* avec *le roi Lear ?* Des contrefaçons aussi pâles et maladives de la nature et de la vérité doivent échouer et n'aboutir à rien ou souffrir en comparaison !

J'ai ouvert par hasard un journal et j'y ai lu :—

"La représentation du *More de Venise* se prépare comme s'il allait y avoir une bataille pour trancher quelque grande question littéraire. Il s'agit de savoir si Shakespeare, Schiller et Goethe vont chasser Corneille, Racine et Voltaire de la scène française. ".

C'était là un délicieux écart de vérité et une méchanceté exquise ; car, grâce à l'idée de l'expulsion des maîtres, elle excitait les classes bourgeoises, et la question, qui était tout à fait hors de propos, par la forme même qu'elle prenait, justifiait ceux qui la posaient.

Non! en effet non ! Ces maîtres d'art ne furent pas plus chassés de leur Parnasse séculaire, pas plus que la *bourgeoisie* ne chassa l'aristocratie des positions qu'elle occupait depuis le début de la monarchie. Non, nous n'avons pas dit à ces grands maîtres : « Retirez-vous et cédez-nous votre place ! mais : « Permettez-nous d'aspirer aux mêmes droits que vous, si nous le méritons. L'Olympe païen était assez grand pour contenir six mille dieux, faites donc un peu d'espace, vous, dieux de l'ancienne France, pour les Scandinaves et les Teutoniques. dieux. La religion de Molière, de Corneille et de Racine a toujours été celle de l'État ; mais que la liberté de toutes les religions soit proclamée !

Mais ils étaient trop étroits et exclusifs, et, au lieu d'accueillir ces nouveaux dieux, au lieu de saluer tout ce qu'ils avaient de haut et de ne critiquer que ce qu'ils avaient d'indigne, les exilés politiques d'hier voulaient aujourd'hui imposer une proscription littéraire. Cela semble incroyablement étrange et mystérieux, mais c'était néanmoins le cas !

Malgré une violente opposition, *Othello* réussit. Les gémissements de l'Africain jaloux se firent entendre pour la première fois, et les gens furent émus et frissonnèrent sous les sanglots de cette colère terrible. Joanny, emporté par son rôle, était souvent remarquable dans son jeu, et une ou deux fois il était sublime. Je n'ai jamais rien vu de plus pittoresque que cette grande figure africaine qui parcourait la scène dans l'obscurité de la nuit, drapée comme un spectre dans son grand *burnous blanc* , murmurant d'une voix sombre, les bras tendus vers la demeure de Desdémone :

"... Mettez-vous au lit sur-le-champ ; je serai de retour tout de suite..."

Mademoiselle Mars, qui possédait dans son art un discernement beaucoup plus large que Joanny, était uniformément excellente ; autrefois elle était sublime, c'est-à-dire où, sautant sur son lit, elle s'écrie, démentant d'avance l'accusation de Iago :

"Il ne le dira pas."

J'écris tout cela de mémoire, comme on le devine facilement, et je ne cite donc que les parties qui se sont le plus clairement imposées à mon esprit, après un intervalle de vingt-deux ans. On me pardonnera donc de ne citer que ces deux exemples.

Eh bien, ce qui était étrange dans la situation, c'était que les journaux libéraux, ceux qui criaient au mouvement et au progrès en politique, étaient les réactionnaires en littérature ; tandis que les journaux royalistes, ceux qui prenaient le parti de la stagnation et du conservatisme en politique, étaient les révolutionnaires en littérature. C'était encore plus difficile à comprendre si l'on ne savait que le *Constitutionnel*, le *Courrier français* et le *Pandore* étaient édités par MM. Jay, Jouy, Arnault, Étienne, Viennet, etc., tandis que la *Quotidienne*, le *Drapeau blanc* et la *Foudre* étaient sous la direction de Merle, Théaulon, Brisset, Martainville, Lassagne, Nodier et Mély-Jeannin. L'un des décors travaillait pour le Théâtre-Français et, ayant usurpé le poste, entendait le conserver ; les autres, en général, n'avaient travaillé que pour les théâtres de boulevard, et ceux-ci s'empressaient de faire faire une brèche dans les remparts classiques pour y accéder. Merle était d'ailleurs l'époux de Madame Dorval, dont le talent commençait à peine à faire sensation et qui avait créé avec un succès incontestable les rôles d'Amélie dans *Trente Ans ou la Vie d'un Joueur* et de Charlotte Corday dans *Sept Heures*, également de Louise dans *l'Incendiaire*. Il n'est pas nécessaire de mentionner le rôle d'Héléna dans *Marino Faliero*, car le rôle était médiocre et Madame Dorval n'était pas capable de transformer un mauvais rôle en un bon.

J'ai mentionné que les répétitions de *Christine* avaient commencé. Laissons-les poursuivre leur route et jeter un coup d'oeil dans le monde de la vie citadine, que nous avons déserté depuis très longtemps pour le monde de la scène. En changeant de scène, nous conduirons néanmoins notre lecteur chez un comédien qui méritait tout autant d'attention que les acteurs que nous quittons. D'ailleurs, il n'était pas de ceux qui, depuis cinquante ans, avaient joué les rôles les moins marquants du grand drame qui avait attiré toutes les attentions et occupé tous les esprits, à la fin du XVIIIe siècle et au début du XIXe siècle. Dévoilons que nous allons parler de Paul-François-Jean-Nicodème, comte de Barras.

CHAPITRE XIV

Citoyen général Barras... Le docteur Cabarrus me le présente. Les deux seuls regrets de Barras. Ses dîners. Le valet de pied de la princesse de Chimay. Fauche-Borel. Le duc de Bordeaux fait du désordre. Leçon d'histoire donnée à un ambassadeur. Walter Scott et Barras. Le dernier bonheur du vieux *directeur* — Sa mort

J'ai raconté comment ma pièce à succès *Henri III.* m'avait lancé dans le monde et la curiosité y était excitée pour son auteur. Barras était du nombre de ceux qui voulaient me présenter. Le nom que j'ai hérité de mon père avait une signification historique particulière pour l'Homme de la Convention, le Directoire, le 9 thermidor et le 13 vendémiaire.

L'histoire de Barras est connue par cœur. Il était fils d'une ancienne famille provençale, et il était entré de bonne heure dans l'armée ; il avait été envoyé dans l'île de France et dans l'Inde, où il avait vaillamment participé à la défense de Pondichéry. Il quitta le service avec le grade de capitaine et était venu à Paris, où il avait mené une vie extrêmement dissipée. Arraché à cette vie de plaisirs par ses concitoyens varois, qui en firent leur député, en 1792, il avait été conventionnel chez les Montagnards ; fut chargé, l'année suivante, d'une mission visant à supprimer à la fois le mouvement fédéraliste et royaliste qui agitait le Sud ; avait aidé à la reprise de Toulon aux Anglais ; et c'est là qu'il avait fait la connaissance du major Bonaparte, et qu'il pouvait ainsi juger de l'avantage qu'un tel homme présenterait à un parti. Le 9 thermidor, il est nommé commandant des forces armées de Paris : c'est lui qui s'empare de Robespierre et le livre à l'échafaud. Quelques jours plus tard, il fut lui-même attaqué par les sections (appelées par la Convention à la place de mon père, qui ne pouvait, comme nous l'avons vu, répondre à l'appel en raison de son absence) ; il pousse en avant Bonaparte, qui est pour lui le 13 vendémiaire et contre lui le 18 brumaire. On disait alors (mais c'est, je crois, une des calomnies que les conquérants ne font que trop volontiers, à l'égard des vaincus, à l'égard de leurs victoires, lorsqu'elles ne sont pas équitablement gagnées) que Barras poursuivait des négociations pour le retour des Bourbons et douze millions furent promis à ce nouveau général Monk pour prix de leur restauration.

Les événements du 18 brumaire ayant écrasé la contre-révolution bourbonienne, Barras, proscrit par son ancien protecteur, se retira à Bruxelles puis à Rome. Il ne revient en France qu'en 1816 ; s'installant à Chaillot, où il résidait depuis, et où, grâce à un revenu de 200 000 livres qu'il avait économisé sur les divers naufrages de sa carrière politique, il entretenait un ménage charmant et très luxueux, servi par une suite nombreuse. de domestiques. Je parle spécialement du nombre des domestiques, car Barras avait toujours à sa somptueuse table autant de domestiques que d'invités, et plusieurs fois j'y ai dîné alors qu'il y avait vingt à vingt-cinq convives.

Je fus présenté au vieux dictateur par un de mes plus vieux et meilleurs amis, un homme que j'étais toujours ravi de voir quand j'allais bien et encore plus heureux de voir si j'étais malade, à savoir le docteur Cabarrus, fils de la belle Madame. Tallien. Cabarrus était alors, et est toujours, un bel homme solidement bâti, avec un visage sympathique et un caractère à accorder. Doué d'une nature charmante, d'un savoir solide et d'une observation infatigable, Cabarrus avait, moins par sa position sociale que par son travail personnel, été jeté au milieu de tous les cercles aristocratiques, aristocraties de naissance, de talent et de science. Personne ne pouvait mieux raconter une histoire que lui, ou, don plus rare encore, être meilleur auditeur que lui : il avait une bouche fine, délicate et souriante, et montrait quand il riait une jolie dentition qui illuminait son visage. Barras l'aimait beaucoup, ce qui n'était pas étonnant, car tous ceux qui connaissaient Cabarrus l'aimaient.

C'est donc Cabarrus qui m'a emmené, un mercredi matin, chez Barras. On m'avait prévenu qu'on appelait toujours le vieux dictateur *citoyen général* ; il n'y avait évidemment aucune contrainte en la matière, mais c'était le titre qui lui plaisait le plus.

Barras nous reçut assis dans un grand fauteuil, qu'il quitta aussi rarement pendant les dernières années de sa vie que Louis XVIII. a quitté son. Il se souvenait parfaitement de mon père et de l'accident qui l'avait empêché de prendre le commandement des armées le 13 vendémiaire, et je me souviens que plusieurs fois ce jour-là il me répéta cette phrase que je reproduis mot pour mot :

" Jeune homme, n'oubliez pas ce que vous dit un vieux républicain : je n'ai que deux regrets, je devrais plutôt les appeler remords, qui seront les seuls présents à mon chevet quand je viendrai mourir. J'ai les deux... léger remords d'avoir renversé Robespierre par le 9 thermidor et d'avoir porté Bonaparte au pouvoir par le 13 vendémiaire.

On observera que je n'ai pas oublié ce que m'a dit Barras, quoique sur l'un des deux points (je laisse deviner lequel) je ne sois pas entièrement de son avis.

Mercredi était le jour de la réception de Barras. Cabarrus l'avait choisi dans l'espoir que le « citoyen général » m'inviterait à dîner, où je rencontrerais divers représentants de la fin du siècle dernier et des débuts du siècle actuel , représentants qui, soit dit en passant, quels qu'ils fussent, lorsqu'ils entraient dans la maison de Barras, ils devenaient soumis à l'esprit républicain et n'étaient que de simples citoyens, hommes ou femmes. Cabarrus ne fut pas déçu : le vieux dictateur nous invita à rester dîner et, si nous ne souhaitions pas retourner à Paris, nous proposa de prendre une voiture pour nous promener dans les bois jusqu'à l'heure du dîner. Cabarrus avait ses affaires à régler, et j'avais les miennes ; nous acceptâmes donc l'invitation à dîner, mais déclinâmes la voiture et priâmes Barras.

En 1829, Barras était un très bel homme de soixante-quatorze ans. Je le vois maintenant dans son fauteuil à roulettes, sa tête et ses mains semblant être les seules parties de lui qui fussent encore vivantes, mais celles-ci semblaient contenir assez de vitalité pour tout son corps : il portait une casquette qui ne quittait jamais son corps. tête et qu'il n'a jamais enlevé à personne. De temps en temps, cette vie morale, si l'on peut dire, cette vie artificielle et pleine de volonté, l'abandonnait et il ressemblait alors à un mourant.

Nous sommes retournés dîner. J'ai dîné trois fois avec Barras, et à chaque dîner j'ai été témoin d'un incident singulièrement étrange. La première fois, celle dont je parle, nous étions entre vingt et vingt-cinq. Parmi les invités se trouvait Madame Tallien, devenue princesse de Chimay. Elle venait accompagnée d'un valet de pied dont les merveilleux panaches faisaient l'admiration de toute la compagnie. Nous avions été introduits dans le salon, où les premiers venus faisaient les honneurs de la maison à ceux qui arrivaient plus tard. Barras ne paraissait qu'à table. Quand l'heure du dîner arriva, les portes pliantes s'ouvrirent dans la salle à manger et chaque convive trouva la place qui lui avait été réservée ; la porte de la chambre fut alors ouverte et Barras fut amené au centre de la table ; puis les convives s'assirent et attaquèrent de bon appétit ce repas délicat. Le repas de Barras était très bizarre : on lui apportait un énorme gigot de mouton et on le découpait de manière à faire ressortir toute la sauce ; le joint était ensuite ramené à la cuisine et la sauce était laissée dans l'assiette creuse de Barras. Il buvait du pain dans la sauce et cette concoction constituait son repas. Je ne l'ai jamais vu manger autre chose lors des trois fois où j'ai dîné avec lui.

Ce jour-là, au milieu du dîner, on entendait dans la cuisine un grand bruit comme si on se battait, et on entendait des cris mêlés d'éclats de rire. Barras avait l'habitude d'être admirablement servi et d'une manière inhabituellement silencieuse. Pas un seul des serviteurs qui attendaient derrière les invités n'a jamais soufflé un mot, ni fait trembler une assiette, ni fait tinter l'argenterie. Hormis le luxe de la nourriture dont la table était remplie, on aurait pu se croire dans une école pythagoricienne. Un seul homme avait le droit de parler quand il le voulait : c'était le valet de chambre, l'intendant et, mieux encore, l'ami de Barras. Il s'appelait Courtand.

« Courtande ! Barras a demandé en fronçant les sourcils, "c'est quoi tout ce bruit ?"

— Je ne sais pas, citoyen général, répondit Courtand, tout aussi étonné lui-même de cette infraction aux règles de la maison ; "Je vais aller voir."

Courtand sortit et, cinq secondes après, rentra, tous les visages se tournant vers la porte pour le regarder.

"Bien?" demanda Barras.

— Oh ! ce n'est rien, citoyen général, répondit Courtand en riant.

"Mais de quoi s'agissait-il ?"

« Les domestiques des citoyens présents — et Courtand montrait les invités qui, il faut le dire, appartenaient pour la plupart à l'opinion républicaine — arrachent les plumes du valet de pied du citoyen Tallien et le pauvre diable hurle parce qu'on lui pince un peu la peau. pendant qu'ils le font. »

"Et qu'a-t-il fait pour mériter d'être plumé vivant par les autres serviteurs ?" demanda Barras.

« Il appelait sa maîtresse *Madame la Princesse de Chimay !* »

" Alors il mérite son châtiment : sa maîtresse ne s'appelle pas la princesse de Chimay, elle s'appelle le citoyen Tallien. "

Une autre fois — cela aussi arrivait à table — une place resta vide. L'invité qui était en retard était le célèbre agent royaliste que vous connaissez, Fauche-Borel, qui, six mois plus tard, fut réduit à la misère par l'ingratitude des Bourbons, et se suicida en se jetant d'une fenêtre à Neuchâtel. Il était très intime chez Barras et on disait que c'était par son intermédiaire que furent engagées en 1792 les négociations avortées entre les Bourbons et le vieux dictateur. Bien! Fauche-Borel était en retard : il arrivait au rôtissoire, le visage couvert de larmes, tenant son mouchoir à la main.

— Ah ! vous voilà, mon cher Fauche-Borel, s'écria Barras. "Pourquoi es-tu si tard?"

" Ah ! citoyen général, demandez plutôt pourquoi je suis si bouleversé. "

"Eh bien, mon cher, qu'y a-t-il ?"

"Oh! général, j'ai vu le spectacle le plus touchant, le plus émouvant, le plus instructif... Je viens des Tuileries..."

" Ah ! ah !... et c'est là que tu as vu cette scène touchante, émouvante, instructive ? Tu as eu bien de la chance, mon ami, d'avoir réussi à tomber sur tes pieds ! Viens, raconte-nous ce que tu as vu, afin que nous puissions nous aussi être ému, adouci et édifié.

— Eh bien, citoyen général, M. le duc de Bordeaux a renversé de l'eau sur le parquet du grand salon où il jouait.

"Vraiment!"

« Et le duc de Damas lui dit : « Monseigneur, vous avez fait du désordre par terre ; j'en suis bien désolé, mais il faut que vous l'essuyiez. « Quoi ! Je dois l'essuyer ! s'écria le jeune prince. "Pourquoi n'y a-t-il pas de serviteurs ici ?" — Il y en a, mais comme le désordre a été fait cette fois par Votre Altesse, Votre Altesse doit l'essuyer... Allez chercher une serpillère ! » dit le duc à un valet de pied ; et, comme l'homme hésitait, il ajouta : « Faites ce que je vous commande ! Le laquais est arrivé avec une serpillière cinq minutes plus tard, et Son Altesse a versé beaucoup de larmes ; mais M. de Damas a été ferme et Monseigneur a été obligé de nettoyer lui-même le désordre qu'il avait fait ! Qu'en dites-vous, citoyen général ?

- Je dois dire, répondit Barras avec le ton sarcastique qui lui était habituel, que le précepteur du duc de Bordeaux a bien fait d'enseigner un métier à son élève ; de sorte qu'au départ de ses nobles parents, il aura quelque chose en main. ses mains à prendre.

Une autre fois, encore à table, un général célèbre, militaire éminent et homme remarquable, alors ambassadeur à Constantinople, raconta avec amertume une scène qui se passa pendant la Révolution.

Par hasard, Courtand, valet de chambre et intendant de Barras et ami à la parole libre, se tenait derrière le fauteuil du général. Il toucha l'épaule du général au milieu même de son récit.

« Général, dit-il, je dois vous arrêter : cela ne s'est pas du tout produit comme vous le racontez : vous calomniez la Révolution !

Le général se tourna avec indignation vers Barras pour attirer son attention sur cette familiarité de son laquais. Mais Barras éclata :

" Messieurs, Courtand a raison ! Racontez l'épisode tel qu'il s'est passé, Courtand ; rétablissez les faits et donnez une leçon d'histoire à monsieur l'ambassadeur. "

Et Courtand raconta les faits tels qu'ils s'étaient produits, à la grande satisfaction de Barras et à l'étonnement étonné de la société.

Lorsque Walter Scott vint à Paris rechercher des documents relatifs au règne de Napoléon, dont il se proposait d'écrire la vie, Barras, qui avait de précieux papiers à lui montrer, désira le voir et pria Cabarrus, qui connaissait l'histoire de l'Empire. Révolution aussi intime que Courtand, mais qui savait mieux que lui le dire (nous n'offensons pas la mémoire du citoyen général Barras) : inviter le célèbre romancier à venir dîner avec lui. Cabarrus commença par avoir une longue conversation avec Walter Scott, qui, se sachant dans la société du fils de Madame Tallien, parla beaucoup de tous les événements auxquels la mère de Cabarrus avait joué un rôle : enfin, le messager s'approcha du véritable objet. de sa visite et transmet l'invitation de Barras au poète écossais. Mais Walter Scott secoua la tête.

"Je ne peux pas dîner avec cet homme", répondit-il. "J'écrirai contre lui, et on dira, comme on dit en Ecosse, 'que *je lui ai jeté ses propres assiettes à la tête !* '"

Un après-midi, Cabarrus m'a invité à passer une heure avec lui dans l'après-midi, et je me suis présenté ponctuellement à l'heure fixée.

« Barras va mourir aujourd'hui, me dit-il ; " Voudrais-tu le voir une dernière fois avant sa mort ? "

"Certainement", répondis-je; car j'avais hâte de pouvoir dire plus tard à des gens qui ne le connaissaient que de nom : « J'ai vu Barras le jour de sa mort.

"Très bien, viens avec moi : je pars littéralement dans le but de lui dire au revoir."

Nous montâmes en voiture et allâmes à Chaillot. Nous trouvâmes Courtand très mélancolique, et lorsque Cabarrus lui demanda comment allait son maître, il se contenta de secouer la tête. Il fit quand même entrer Cabarrus dans la chambre du mourant, et, comme j'étais avec Cabarrus, il me laissa entrer aussi. Nous nous attendions à trouver Barras triste et pâle, faible et déprimé, mais il était joyeux et souriant et presque rose, même si cette couleur n'était qu'une bouffée de fièvre. Nous avons commencé par nous excuser de ma présence : j'avais rencontré Cabarrus sur les Champs-Élysées et, apprenant qu'il allait s'enquérir de Barras, j'ai souhaité l'accompagner. Barras me fit une petite inclination amicale de la tête pour me signifier que j'étais le bienvenu.

— Mais, s'écria Cabarrus, que m'a dit, général, ce pessimiste de la cour ? Il a fait croire que vous étiez pire ; au contraire, vous avez l'air tellement mieux !

"Ah oui!" dit Barras, parce que tu me trouves seul et gai... cela n'empêche que je serai mort ce soir, mon cher Cabarrus ! Entends-tu ça, Dumas ? Je suis comme Léonidas et je souperai ce soir. avec Pluton ! je pourrai dire à ton père, qui serait assez heureux de te voir, que je t'ai vu aujourd'hui.

"Mais de quoi riez-vous quand nous sommes entrés ?" » s'enquit Cabarrus, essayant de détourner la conversation des discussions sur la mort vers les questions de vie.

"Qu'est-ce qui m'a fait rire ?" Barras a répondu. "Je vais vous le dire. Parce que je viens de jouer un tour capital à nos dirigeants... Comme j'ai été un homme de pouvoir, ils ont eu les yeux rivés sur moi ; ils savent que je vais mourir, et ils ont guetté au moment de ma mort pour saisir mes papiers. Je me suis donc occupé, depuis le matin, de mettre mon sceau sur ces trente ou quarante cartons. Après ma mort, ils seront saisis mais j'ai donné des instructions pour qu'un avocat soit présent ; on sera convoqué et l'affaire sera jugée publiquement devant un tribunal de justice... Cela peut durer quatre ou six mois ou un an... après quoi mes héritiers seront perdants, mes papiers étant propriété de l'État, ils seront alors solennellement ouverts. ces quarante cartons que vous voyez là, devant un conseil des ministres... et, au lieu des précieux papiers, qui sont en lieu sûr, savez-vous ce qu'ils trouveront ?

"Non, j'avoue que je n'en ai pas la moindre idée."

"Les factures de ma blanchisseuse depuis trente-cinq ans... et elles demanderont beaucoup d'addition, car j'ai envoyé beaucoup de linge sale aux blanchisseries depuis le 9 thermidor...."

Barras éclata d'un rire si franc et si joyeux qu'il tomba épuisé, et ce soir-là il mourut, comme il l'avait prédit, peu avant la Révolution de 1830.

FIN DU VOL. III